CONSIGLIANO LA LETTURA...

"Quest'opera è una splendida introduzione ai temi chiave del dibattito intorno alla liturgia, nell'inevitabile cornice rappresentata dal contesto storico dello sviluppo della liturgia e della riforma avvenuta negli anni '60. Ne raccomando di cuore la lettura".
 —JOSEPH SHAW, presidente della Federazione internazionale *Una Voce* e presidente della Latin Mass Society of England & Wales.

"Logico e al contempo lirico, questo volume è una profonda riflessione sul significato della tradizione tanto in generale quanto nella liturgia romana in particolare. La conoscenza che l'autore ha del tema trattato è speculativa e pratica al contempo, mentre il suo stile è tanto appassionato quanto ironico e, se talvolta è polemico, mai è ingiusto. Per quanto non tutti possano concordare con le singole conclusioni, questo è un libro che nessuno che abbia a cuore il bene della Chiesa dovrebbe ignorare".
 —P. THOMAS CREAN OP, autore di *The Mass and the Saints*

"*Il Rito Romano di Ieri e di Domani*" è un'ammirevole e dettagliata dimostrazione del fatto che il Novus Ordo di Paolo VI non è la Messa romana, ma un rito complessivamente diverso. Noi cattolici che celebriamo e preghiamo secondo il Rito Romano dobbiamo lasciarci definitivamente alle spalle il messale di Paolo VI e far proselitismo per la Tradizione con un sorriso sulle labbra. Tutte le prove depongono a favore del Rito Romano antico, ma fin troppi sono ancora prigionieri dell'ignoranza. Quest'eloquente *apologia*, scritta da un uomo il cui amore per Cristo, per la Chiesa e per la Messa è così evidente, merita ampia diffusione: a leggerla dovrebbero essere tanto i sacerdoti cattolici quanto i laici più attenti e desiderosi di informarsi su una questione cruciale per il cristianesimo di oggi".
 —P. RICHARD CIPOLLA

"Il felice aumento, in tutto il mondo, del numero di Messe celebrate secondo l'*usus antiquior* deve essere accompagnato da una viva consapevolezza di cosa realmente sia la "tradizione liturgica vivente" della Chiesa. Lo studio di Peter Kwasniewski offre un importante contributo per la comprensione profonda di questa tradizione. Opera contemporaneamente liturgica, storica, teologica e spirituale, Il *Rito Romano di Ieri e di Domani* assicura all'autore un posto di primo piano tra gli studiosi della Rivoluzione che, dal 1969, ha contrapposto il *ritus modernus* di Paolo VI al rito della Tradizione della Chiesa latina".

—**ROBERTO DE MATTEI**, autore di *Love for the Papacy and Filial Resistance to the Pope in the History of the Church*

"A partire dalla rivoluzione liturgica seguita al Concilio Vaticano II, validi studiosi cattolici, per lo più laici e laiche, hanno studiato, faticato, discusso, hanno scritto e tenuto conferenze sulla liturgia e faticosamente creato un diffuso consenso, basato sui fatti, a favore della Tradizione. Il dottor Kwasniewski sintetizza le conclusioni accademiche dell'ultimo mezzo secolo".

—**P. JOHN HUNWICKE**

"Se volete comprendere perché l'istinto di tanti giovani, la competenza di tanti studiosi e l'intima consapevolezza di tanti sacerdoti non fa che portare sempre più credenti a un "ritorno al futuro", al nostro futuro in tutta la sua pienezza, allora non potrete fare a meno di sviscerare questo dettagliato e irrefutabile inno del dott. Kwasniewski a Cristo nella Sacra Tradizione".

—**DOTT. JOHN C. RAO**

"In questo libro appassionato, il dott. Kwasniewski propone un insieme di argomenti inconfutabili a favore del Rito Romano tradizionale. Egli guida con mano sicura il lettore fra questioni oggetto di frequente dibattito: la natura delle liturgie "tradizionali" d'Oriente e d'Occidente, la liturgia della Settimana Santa ante 1955, lo *status* del Novus Ordo quale "forma" del Rito Romano, il ruolo di papa Paolo VI nelle riforme degli anni '60 - e molto altro ancora".

—**STUART CHESSMAN**, Society of St. Hugh of Cluny

IL RITO ROMANO DI IERI E DI DOMANI

{[PETER A. KWASNIEWSKI]}

Il Rito Romano di Ieri e di Domani

∞§∞

RITORNARE ALLA LITURGIA
LATINA TRADIZIONALE DOPO
SETTANT'ANNI DI ESILIO

Prefazione di Martin Mosebach

Il Rito Romano di Ieri e di Domani: Ritornare alla Liturgia Tradizionale Latina dopo settant'anni di esilio
© 2024 Peter A. Kwasniewski.
Titolo originale: *The Once and Future Roman Rite: Returning to the Traditional Latin Liturgy after Seventy Years of Exile*
© 2022 Peter A. Kwasniewski.
Tutti i diritti riservati.
Traduzione in italiano di Carlo Schena.

La creazione, lo sfruttamento e la distribuzione di qualsiasi edizione non autorizzata di questo lavoro, in qualsiasi formato esistente ora o in futuro – inclusi ma non limitati a testo, audio e video – è vietata senza la previa autorizzazione scritta dell'editore.

Estratti dal *Catechismo della Chiesa Cattolica* – Libreria Editrice Vaticana. Usato con permesso.

Os Justi Press
P.O. Box 21814
Lincoln, NE 68542
USA
www.osjustipress.com

distribuito attraverso Amazon e altri servizi online e dalle librerie locali su richiesta
(contattare l'editore: info@osjustipress.com)

ISBN 978-1-960711-75-5 (in brossura)
ISBN 978-1-960711-76-2 (copertina rigida)
ISBN 978-1-960711-77-9 (ebook)

Copertina e impaginazione a cura di Michael Schrauzer.

Immagine di copertina: Frontespizio di un'edizione del *Missale Romano* del 1629, pubblicato a Colonia da Cornelius ab Egmondt; stampa di Simon van de Passe, su disegno del monogrammista DVB; immagine di pubblico dominio dal Rijksstudio del Rijksmuseum di Amsterdam.

Dedicato a tutti i sacerdoti che offrono il Santo
Sacrificio in comunione con la Chiesa di
tutti i tempi aderendo alla Tradizione di ogni epoca ieri, oggi e
per sempre *sacerdotes in
aeternum pro eccle-
sia et pro Deo*

✠

Quoniam quae perfecisti destruxerunt: iustus autem quid fecit?

Quello che hai fatto con tanta cura l'han distrutto; e il giusto che può fare?

—Salmo 10, 4

Il Papa non è un monarca assoluto, la cui volontà è legge, ma è il custode della Tradizione autentica e quindi il primo garante dell'obbedienza.... La legge cui deve attenersi non è l'agire ad libitum, ma l'obbedienza alla fede. Per cui, nei confronti della liturgia, ha il compito di un giardiniere e non di un tecnico che costruisce macchine nuove e butta quelle vecchie.

—Joseph Ratzinger

INDICE

Nota del traduttore. xi
Prefazione di Martin Mosebach xiii
Introduzione xxi
Abbreviazioni e altre indicazioni xxxii

1 La Tradizione come norma ultima 3
2 Le leggi dello sviluppo organico e la rottura del 1969 . . . 37
3 Iperpapalismo e mutazione liturgica 89
4 L'*Apologia* di Paolo VI per la Nuova Messa.
   Un riesame 123
5 Due "forme": Fatto liturgico o Fiat canonico? 163
6 Quanto un Papa può modificare i nostri riti?
   E perché dovrebbe farlo? 201
7 Crescita o corruzione? Modello cattolico e modelli
   protestanti-modernisti a confronto 221
8 Il Canone Romano: pilastro e fondamento
   del rito romano . . . .
9 Il dislocamento del *Mysterium Fidei* 295
10 Bizantina, Tridentina, Montiniana:
   due fratelli e un estraneo 311
11 Salvato dal dimenticatoio 349
12 Il Rito Romano di Ieri e di Domani 371

Epilogo: Opposizioni. 419
Ringraziamenti. 421
Appendice: Papa Paolo VI sulla riforma liturgica . . . 423
Fonti per gli epigrafi. 439
Fonti dell'opera d'arte 441
Bibliografia consigliata 442
Informazioni sull'autore 451

Le CELEBRANT distribué les CIERGES le jour de la CHANDELEUR.

PROCESSION de la CHANDELEUR.

Les TÉNÈBRES.

On porte le St SACREMENT dans le TOMBEAU.

Le FEU nouveau le jour du SAMEDI SAINT.

BENEDICTION du CIERGE PASCAL.

NOTA DEL TRADUTTORE

IL MANOSCRITTO È FRUTTO DI UN LAVORO DI elaborazione e confronto con l'autore, col quale sono stati discussi tutti gli adattamenti e le modifiche imposti dalla traduzione in italiano dell'opera.

Le citazioni della Sacra Scrittura sono tratte dalla versione che più si avvicina a quella inglese utilizzata dall'autore: tra quelle a cui si è fatto ricorso la CEI 1974, CEI 2008, Martini, Ricciotti, Tintori; talvolta, laddove lo imponevano ragioni di coerenza all'originale inglese, si è offerta una traduzione propria dal latino della Nova Vulgata.

Le orazioni e gli altri elementi eucologici sono stati generalmente tradotti in proprio.

Nel capitolo 12, analogamente a quanto fatto dall'autore nell'opera originale, dell'inno *Vexilla Regis* si è offerta una traduzione artistica in volgare, di autore ignoto.

I riferimenti inclusi nella bibliografia finale proposta dall'autore, inclusiva di opere italiane, opere già pubblicate in italiano ed opere inedite, si sono lasciati immutati rispetto alla versione originale, con rimando per approfondimenti alle edizioni inglesi ivi menzionate (il lettore interessato non avrà difficoltà a verificare personalmente l'esistenza e la disponibilità di edizioni tradotte).

Laddove presente un'edizione italiana delle opere citate dall'autore, si è fatto il possibile per reperirla e offrirla ai lettori. Ove ciò non sia stato possibile, si è offerta una traduzione personale dei passaggi citati, dando di ciò indicazione in nota (con la dicitura "trad. personale"). Personale è anche, laddove non diversamente indicato, la traduzione delle citazioni da giornali e periodici.

Per la verifica delle fonti devo ringraziare l'amico Nicola De Grandi (corrispondente ambrosiano per il sito New Liturgical Movement), il dotto sacerdote che scrive sotto lo pseudonimo di "Spigolatore Romano" e soprattutto un giovane seminarista che ha preferito rimanere anonimo.

Carlo Schena

BREVIARIVM ROMANVM

Ex decreto Sacrosancti Concilij Tridentini restitutum,

Pii V. Pont. Max. iussu editum,

ET

Clementis VIII. auctoritate recognitum.

ANTVERPIÆ,
EX OFFICINA PLANTINIANA,
Apud Viduam et Filios Ioannis Moreti.
M. DC. XIV.

PREFAZIONE

Poche cose sono un fallimento totale e assoluto. Su questa terra, ciò che è giusto e ciò che è sbagliato, ciò che è buono e ciò che è cattivo, ciò che è brutto e ciò che è bello, tendono raramente ad apparire in maniera uniforme. Generalmente, le contraddizioni si mescolano l'una con l'altra: la discussione ruota attorno a un infinito "da un lato... dall'altro". Perciò mi mette a disagio il fatto che, da cinquant'anni a questa parte, per quanto mi sforzi, non riesco a trovare alcunché da lodare nella riforma della Messa di Rito Romano di Paolo VI architettata da Mons. Bugnini, quel maestro della *tabula rasa*, senza dimenticare gli innumerevoli inventori di liturgia non autorizzati sparsi per tutto il mondo. In piena onestà intellettuale, non riesco a pensare proprio a nulla, sebbene diffidi di me stesso e in linea di principio sia disposto ad accettare che, in una questione personalmente tanto dolorosa, qualcuno possa dimostrare di avere ragione a mio dispetto.

Allo stesso tempo, in un certo senso, sono anche grato per il colossale disastro di Paolo VI. Durante i grandiosi lavori di demolizione dopo il 1968, che hanno mandato in rovina la struttura della Chiesa fino ad allora preservata da tanti pericoli – mentre chiese e conventi si svuotavano, mentre gli altari venivano girati e le chitarre facevano la loro comparsa nella Messa, e mentre i sacerdoti, nella misura in cui non avevano abbandonato l'incarico, si crogiolavano nelle invenzioni liturgiche – mi ero allontanato molto da qualsiasi pratica religiosa. Quando vi tornai, qualche anno dopo, rimasi esterrefatto di fronte all'opera di distruzione nel frattempo realizzata.

La mia appartenenza alla Chiesa cattolica risale a mia madre, originaria di Colonia. Un tempo Colonia era una città cattolica per antonomasia e veniva chiamata "Santa Colonia" per via delle sue dodici chiese romaniche, che godono tutte dello status di cattedrale e che molti intenditori considerano più importanti della stessa Cattedrale. Ma, come sempre nel caso di ambienti così chiusi, non si poteva sfuggire alla Chiesa, soprattutto alla sua autorità temporale. Tutto apparteneva alla Chiesa, la Chiesa era coinvolta in tutti gli affari della città - e ciò non sempre era piacevole. Molte persone si tenevano a una scettica distanza dalla Chiesa, soprattutto gli uomini. Da questo punto di vista, la Chiesa di Colonia aveva qualcosa in comune con la cultura latina: la chiesa era una faccenda da donne. Se e quando andavano a Messa, molti uomini arrivavano alla consacrazione e se ne andavano dopo il Pater Noster. Un coinvolgimento eccessivo nelle questioni di chiesa era percepito come poco virile. I vecchi scapoli che curiosavano in sacrestia erano chiamati "rane d'acqua santa".

Questa è l'atmosfera in cui sono cresciuto. Se la catastrofe liturgica non si fosse abbattuta sulla Chiesa e sul mondo - dal momento che lo sguardo della liturgia tradizionale si è sempre concentrato sul mondo intero, o quantomeno sulla sua salvezza - nel migliore dei casi sarei rimasto molto più probabilmente a una benevola distanza dalla Chiesa. Almeno per quanto mi riguarda, si è dimostrata vera ancora una volta la triste legge per cui qualcosa di buono dev'essere prima mortalmente minacciato perché si possa nuovamente apprezzare il suo vero valore. Così, gli anni del mio ritorno alla Chiesa furono sempre più caratterizzati dallo sforzo di conoscere meglio ciò che era andato perduto.

Permettetemi di entrare nello specifico. A Francoforte, dopo una lunga lotta con un vescovo ostile, riuscimmo ad ottenere la celebrazione di una Messa in rito tradizionale una volta al mese e, in seguito, una volta alla settimana nei giorni lavorativi, nella brutta cappella di un albergo (le chiese millenarie della mia città natale erano, ovviamente, fuori discussione). Tuttavia, abbiamo dovuto imparare da zero a servire all'altare. Anche i sacerdoti nominati dal vescovo erano altrettanto incerti. Ben presto ci rendemmo conto che gli stessi laici dovevano capire come celebrare una Messa *rite et recte* per poter aiutare il sacerdote. Ormai anch'io dovevo diventare una "rana d'acqua santa" se quello che volevamo era una celebrazione regolare. O servivo all'altare io stesso o non ci sarebbe stato alcun chierichetto. Il

Prefazione

mio retaggio preconcettuale di ciò che era compatibile con la dignità di un uomo adulto dovette essere dimenticato senza alcun indugio. Ma in questo modo la mia vita conobbe un arricchimento pressoché illimitato!

Fu molto utile un manualetto per sacrestani con istruzioni dettagliate per la liturgia, chiamato "Müller-Frei". Ma sembrava la trasposizione in liturgia di un regolamento d'esercitazioni militari prussiano. Il libricino non si soffermava punto sul motivo e sul significato delle singole rubriche. Quanti desiderino ridicolizzare come "rubricismo" il complesso di regole dell'antica liturgia troverebbero in "Müller-Frei" musica per le loro orecchie. Una cosa mi divenne chiara: la catastrofe liturgica non fu soltanto l'opera di prelati presuntuosi che raffazzonarono con fretta sospetta un servizio di culto protestante. Al contrario, fu preceduta da una mancanza di comprensione che si era accumulata nel corso di molte decadi. Persino i più pii sacerdoti non erano spesso in grado di rispondere alle domande sui particolari della liturgia. Ma che gioia scoprire che queste risposte esistevano e che ognuna di esse apriva una visione più profonda della sostanziale coerenza dell'insieme!

E non ho mai smesso di imparare. Dopo quasi quarant'anni di esperienza della liturgia latina tradizionale, non passa anno in cui non scopra qualcosa d'importante, di cui non avevo mai nemmeno sospettato l'esistenza – e tutto ciò dopo che sono tornato tra i banchi lasciando il servizio dell'altare a una folla di giovani chierichetti, tutti molto più competenti di quanto io non lo sia mai stato. È questo il grande errore in cui cadono quei prelati romani che immaginano di poter sopprimere, ora, il rito romano tradizionale. Chiunque, dal momento in cui acquisisce una reale comprensione di questa liturgia, rimarrà per sempre consapevole dei tanti difetti del nuovo rito. Non è possibile ritornare a un tempo anteriore a questa consapevolezza. Ma nessuno dovrebbe lanciarsi in un dibattito sulla "validità" del nuovo rito. Esso è valido. E proprio perché è valido (per lo meno quando viene celebrato correttamente seguendo i libri liturgici), il suo oscuramento del divin sacrificio è ancora più ignominioso.

IL RITO ROMANO DI IERI E DI DOMANI

La battaglia per il ripristino della liturgia tradizionale della Chiesa Romana presenta diversi aspetti: teologico, perché si tratta di preservare il carattere di sacrificio della Santa Messa; politico, perché con esso si sostiene la struttura gerarchica della Chiesa; ed estetico, perché attraverso di esso si difende la convinzione che la religione dell'Incarnazione divina richieda un'espressione accessibile ai sensi. È una battaglia spirituale – ma se tutto ciò che conta fosse la forza e il peso delle argomentazioni, sarebbe da lungo tempo già vinta. Infatti, davanti al disastro creato dai liturgisti, il potente partito della riforma ha perso ogni stimolo a difendere il proprio lavoro. Ora si affida interamente a uno sciocco positivismo giuridico: "la Chiesa ha preso un'altra strada; i cambiamenti sono irreversibili; ora è semplicemente così, bisogna obbedire". Non fa ingiustizia all'attuale prefetto della Congregazione per il Culto Divino riassumere in questo modo le sue indicazioni.

In questa battaglia liturgica, non si tratta solo di sconfiggere un'ideologia e una teologia perverse e quindi, in definitiva, di prevalere nello scontro tra argomenti. La liturgia romana, che possiamo chiamare "divina" con pari diritto degli ortodossi – e forse dovremmo abituarci a farlo – unisce il naturale e il soprannaturale. La sua causa non durerà se non riceverà una conferma soprannaturale. I santi sono una tale conferma. Il movimento per la preservazione del rito tradizionale avrà successo solo se produrrà dei santi. Nello scrivere queste parole, sono quasi terrorizzato, ma non c'è niente da fare: quest'intuizione altro non è che una legge spirituale. Per il passato, possiamo certamente citare dei santi protettori della liturgia romana. Il loro capofila è senz'altro Papa San Gregorio Magno, che questi riti non li ha affatto inventati, ma riverentemente organizzati. Suoi eredi sono tutti coloro che oggi celebrano la Messa tradizionale. Dobbiamo poi ricordare San Giovanni Damasceno, che ha lottato contro l'iconoclastia di Costantinopoli. Le riforme del XX secolo non solo furono accompagnate da una nuova ondata d'iconoclastia, ma osarono danneggiare la più grande di tutte le icone: il Santo Sacrificio della Messa. San Giovanni Damasceno è, inoltre, legato alla "Festa del Trionfo dell'Ortodossia", che il mondo ortodosso

Prefazione

celebra ogni prima domenica di Quaresima; questa festa può rappresentare un modello per la speranza cattolica di una "restaurazione della liturgia ortodossa".

Durante la riforma protestante in Germania, Inghilterra e Francia, ci furono indubbiamente dei martiri che si batterono e soffrirono non solo in generale per la religione cattolica, ma in particolare per la liturgia. Occorre scoprirli per invocare la loro intercessione. La vicenda dei vignaioli di Rüdesheim, nel tardo Settecento, è commovente. Questi si opposero al divieto di cantare in gregoriano imposto dall'"illuminato" vescovo di Magonza e, di conseguenza, furono deportati e condannati a una lunga prigionia. Finora nessuno si è preoccupato di promuoverne la causa di canonizzazione, ma possiamo star certi che il loro sacrificio fu ben accetto. Tra queste fila troviamo anche quei sacerdoti che, nei campi di concentramento tedeschi e russi, celebrarono la Santa Messa senza alcuna abbreviazione, con due acini d'uva di contrabbando, furono traditi e ne dovettero pagare le conseguenze con la vita. E poi San Padre Pio, lo stimmatizzato, che con le piaghe sanguinanti di Cristo ne divenne egli stesso un'icona, così appalesando in modo unico il carattere sacrificale della Messa. Non celebrò mai la nuova Messa, morendo poco prima della sua introduzione.

Peter Kwasniewski non è soltanto un baluardo d'erudizione, ma anche uomo dall'arguzia provocatoria. Così, ha recentemente proposto di ottenere dalle Nazioni Unite il riconoscimento del rito romano tradizionale come parte del "patrimonio culturale immateriale" dell'umanità.[1] Considerando la generale distruzione della cultura provocata dalle guerre del ventesimo e ventunesimo secolo e la spesso violenta riorganizzazione del mondo intero da parte dell'industria e del commercio, il concetto di patrimonio culturale mondiale è ben comprensibile: preservare dalla distruzione, almeno temporaneamente, alcuni edifici, paesaggi e tradizioni di grande rilievo.[2] Quanto è giunto dal passato fino

---

1 Si veda Peter Kwasniewski, "The Latin Mass as Intangible Cultural Heritage", *OnePeterFive*, 24 Novembre 2021.
2 In effetti, su richiesta dei governi di Grecia e Cipro, nel 2019 l'UNESCO ha riconosciuto il canto bizantino come parte del patrimonio culturale immateriale dell'umanità.

al nostro minaccioso presente, quanto appartiene alle tradizioni di un popolo e potrà essere fecondo anche in futuro, dovrebbe essere sottratto dal torrente impetuoso del cambiamento e dalla "furia del dileguare" di cui parlava il filosofo Hegel. In un contesto del genere, l'arte liutaria di Cremona, lo yoga indiano, la rumba cubana, la danza Zaouli della Costa d'Avorio e la costruzione di barche Phinisi in Indonesia sono entrate a far parte di questo elenco; non ci può forse stare anche la liturgia cattolica tradizionale? Osservata da una prospettiva non cristiana, certamente sì! La petizione per l'inserimento in questo elenco sarebbe semplice da scrivere. Tuttavia, secondo la procedura delle Nazioni Unite, deve essere uno Stato a farsi carico della questione. Lo stato sovrano della Città del Vaticano sarebbe disposto a farlo? Si dà tanto valore alle magnifiche chiese dell'antichità: le basiliche del primo millennio cristiano, le cattedrali gotiche, gli splendidi templi del barocco, tutti edificati fino ai minimi dettagli secondo le rubriche dell'antica liturgia; queste strutture sono quindi "liturgia edificata" e sono del tutto incomprensibili al di fuori dello scopo per cui sono state realizzate.

All'inizio del XX secolo, la Francia espropriò tutte le chiese del paese e sembrò che la politica, influenzata dalla massoneria, avrebbe potuto proibire la celebrazione della Santa Messa in esse. Il grande romanziere Marcel Proust, cattolico di nascita ma agnostico, scrisse un commovente appello: "La Mort des Cathédrales".[3] Se nelle antiche chiese fosse stata vietata la divina liturgia, anche la loro architettura sarebbe stata condannata a morte. Arrivò a chiedere che le cattedrali fossero abbattute se in esse non si fossero più dovute celebrare le Sante Messe, perché senza la liturgia avrebbero perso la loro anima. I grandi intenditori si recavano a Bayreuth per gustare le opere di Wagner, ma ogni domenica nelle cattedrali era messo in scena uno "spettacolo" molto più importante di tutte le opere di Wagner messe assieme. Anche Oscar Wilde espresse entusiasmo per le qualità

---

3 Per un'edizione inglese con commento, si veda Marcel Proust, *La morte delle cattedrali*, trad. inglese di John Pepino (Milwaukee, WI: Wiseblood Books, 2021).

Prefazione

della liturgia tradizionale: essa era l'unica cosa che congiungeva l'età moderna con l'antica cultura greca. In modo simile argomentarono i tanti intellettuali inglesi – Agatha Christie non era che l'ultima tra loro – che implorarono Paolo VI di non metter mano all'antica liturgia.[4] Quel che dichiararono è cosa buona e giusta: in effetti, tale liturgia generò gran parte della cultura europea. Dante, Cervantes e Mozart vi parteciparono innumerevoli volte e lasciarono che il loro spirito di artisti ne fosse plasmato. Ma ancora più importante dell'antichità pagana ricordata da Oscar Wilde è la sorprendente continuità con l'antico culto del tempio giudaico, che continua a vivere nella liturgia tradizionale romana e la ricollega alla storia primordiale dell'umanità. Fra i molti aspetti discutibili della riforma della Messa di Paolo VI fu proprio la rimozione di molti elementi giudaici dalla liturgia. Se *qualcosa* merita il titolo di "patrimonio culturale dell'umanità", ciò è proprio la liturgia romana tradizionale.

Eppure la candidatura UNESCO proposta da Kwasniewski è in realtà una battuta sardonica, non solo perché si appella a un'entità impensabilmente avulsa da una qualsiasi religione, ma anche perché le Nazioni Unite, nonostante tutto, sanno comprendere la preziosità della liturgia meglio delle istituzioni che hanno il compito di tutelarla! Ciò che il nostro professore, che ha posto tutta la sua vita sotto il segno della liturgia tradizionale, comprende meglio di Marcel Proust e di Oscar Wilde è che l'innegabile bellezza e le sovrabbondanti ricchezze culturali rinvenibili negli antichi riti non sono che effetti collaterali ed esteriori di qualcosa che è un mistero per i moderni esteti: la verità. E la verità non ha bisogno di essere custodita al sicuro in un museo, ma esige piuttosto viva testimonianza. Le comunità legate al rito antico lo hanno capito. Il Papa e i suoi funzionari, al contrario, con tutti i loro argomenti (quali che siano), non paiono nemmeno sfiorare questa realtà.

Così, da decenni ormai, siamo ai ferri corti. Nello scontro sulla liturgia, potere e verità si trovano su fronti opposti. Forse che un giorno l'abbondanza di conoscenza, saggezza e preghiera già

---

4 Per la dichiarazione e i suoi firmatari, si veda Joseph Shaw, ed., *The Case for Liturgical Restoration* (Brooklyn, NY: Angelico Press, 2019), pp. 213-16.

dispiegata a favore della verità della divina liturgia sposterà l'ago della bilancia? La vacuità del potere diverrà evidente? Quanti tendono al pessimismo in proposito (perché, fondamentalmente, molte cose lo giustificano) dovrebbero porsi un'altra domanda. Sarebbero disposti, se gli avversari romani della liturgia tradizionale dovessero prevalere definitivamente, a rassegnarsi, a rinunciare alla lotta e ad accettare il Novus Ordo di Paolo VI? L'autore di questo volume ha risolto la questione, per quanto lo riguarda, e in queste pagine troverete la sua risposta.

Martin Mosebach
Francoforte
3 Marzo 2022

⁅ INTRODUZIONE ⁆

"L'inizio della saggezza è chiamare le cose con il loro nome."
— Confucio

IL CUORE DEL PRESENTE LIBRO È COSTITUITO da una serie di conferenze e articoli realizzati intorno al cinquantesimo anniversario (definirlo "d'oro", per qualche motivo, non mi sembra appropriato) dalla promulgazione e dell'entrata in vigore del *Novus Ordo Missae*– vale a dire il 3 aprile e il 30 novembre 1969. Man mano che il 2019 iniziava e volgeva al termine, gli anniversari di questi due fatidici momenti hanno offerto occasioni di riflessione, di lamento e di rinnovato impegno nella grande opera della restaurazione. Era mia intenzione pubblicare un libro a fine 2019, ma la Divina Provvidenza aveva altri piani per quell'anno - e anche per i due successivi.

Man mano che approfondivo i miei studi liturgici, mi rendevo sempre più conto di quanto i problemi ordinariamente individuati nel Novus Ordo fossero stati anticipati, in teoria come in pratica, già molti anni prima del lavoro della commissione nota come *Consilium ad exsequendam Constitutionem de sacra Liturgia* (in breve, "Consilium") istituita da Paolo VI dopo il Concilio Vaticano II. Cresceva in me la consapevolezza che un libro su questo anniversario, seppur incentrato sul Novus Ordo, doveva gettare lo sguardo oltre i precedenti cinquant'anni, ai settant'anni di "cattività babilonese" che potremmo simbolicamente far decorrere o dal 1948, anno di istituzione della Commissione Piana, fino al 2018, quando la Commissione Ecclesia Dei concesse per la prima volta un superfluo ma cortese permesso di celebrare la Settimana Santa ante 1955, *oppure* dal 1951, anno in cui fu introdotta per la prima volta la Veglia Pasquale sperimentale, al 2021, anno in cui ci si aspettava che Roma strizzasse un generale occhiolino a quanti desideravano riprendere molti elementi tradizionali ante 1955. Nell'aprile del 2021 scrivevo queste parole piene di speranza: "Non viene dato alcun permesso esplicito, perché nessun permesso è necessario per ciò che da tempo immemore è sacro e grande. I cattolici di rito latino, a piccoli gruppi, qua e là, stanno ritornando al tempio della liturgia dopo settant'anni di esilio".[5]

E poi è arrivato, il 16 luglio 2021, il motu proprio *Traditionis Custodes* con la sua lettera di accompagnamento, pensati per soppiantare il motu proprio *Summorum Pontificum* e *la sua* lettera di accompagnamento, e il 18 dicembre i *Responsa ad Dubia* della Congregazione per il Culto Divino. Ho paragonato TC e i *Responsa* alle bombe atomiche sganciate su Hiroshima e Nagasaki.[6] Era iniziata una guerra per piegare alla conformità ideologica tutti i cattolici tradizionali. In un attimo, l'intero panorama era cambiato.

Ciò che era cambiato, però, non era esattamente ciò che potevano immaginare il Papa o la Curia. Sotto gli effetti di un ultramontanismo vecchio stile, i cui fumi ancora aleggiano nelle bombole d'ossigeno dell'alta gerarchia, si pensava che una volta dichiarato il fallimento del "grande esperimento" delle "due forme" del rito romano, tutti i cattolici avrebbero fatto quadrato attorno al successore di Pietro e alla sua fidata banda curiale. In realtà, le reazioni dei vescovi sono state decisamente variegate, spaziando da un'adesione pedissequa a generose dispense fino a un silenzio certosino, e soprattutto tra i laici e il basso clero si è acceso uno zelo incandescente di fronte a ciò che quasi tutto il mondo, anche quello culturalmente più indifferente, ha interpretato come una gratuita dichiarazione di guerra perpetrata con un legalismo puntiglioso e una rigidità senza cuore che puzza tanto d'ipocrisia nel momento in cui giunge dai profeti della periferia con l'odore delle pecore, del dialogo abramitico e della misericordia illimitata verso i peccatori. In breve, il movimento tradizionalista ha ricevuto la sua più grande spinta interna e la più grande campagna pubblicitaria della storia, con un numero sempre maggiore di cattolici resi consapevoli delle questioni in gioco, con le evidenze di una più diffusa curiosità, simpatia e

---

5   "Ending Seventy Years of Liturgical Exile: The Return of the Pre-55 Holy Week", *New Liturgical Movement* [NLM], 19 Aprile 2021.
6   Si veda il mio articolo "A Supreme Moment of Decision, Courtesy of 'Divine Worship'", *OnePeterFive*, 18 dicembre 2021.

Introduzione

sostegno, e col riaccendersi di quel fervore che ha caratterizzato il movimento tradizionalista (allora molto più piccolo) nel periodo più difficile che ha affrontato, tra il 1969 e il 1984.

Qual è l'obiettivo di questo libro? In queste pagine dimostrerò che esiste, in realtà, un unico rito romano – e questo non è il Novus Ordo; o meglio, il Novus Ordo non ne è una vera e propria parte, ma un rito completamente diverso. Sosterrò che è nostro grave dovere ripristinare la Messa tradizionale in latino come rito eucaristico proprio e normativo della Chiesa di Roma, la *lex orandi* definitivamente codificata da San Pio V e recepita intatta da tutti i suoi successori fino al tempestoso XX secolo. Nel capitolo 2, che potrebbe essere definito il cuore dell'opera – nato come conferenza dal titolo "Beyond 'Smells and Bells': Why We Need the Objective Content of the *Usus Antiquior*" [che possiamo tradurre come "Oltre i 'pizzi e merletti': perché abbiamo bisogno del contenuto oggettivo dell'*Usus Antiquior*", NdT] – avanzerò la tesi che il *Novus Ordo Missae* rappresenta una rottura con gli elementi fondamentali di tutte le liturgie di derivazione apostolica e che, di conseguenza, viola il solenne dovere della Chiesa di ricevere, conservare, custodire e trasmettere i frutti dello sviluppo liturgico. Dal momento che questo sviluppo è, di fatto, uno dei principali modi in cui lo Spirito Santo guida la Chiesa "alla verità tutta intera" nello scorrere dei secoli, secondo la promessa di Cristo, un così grande "peccato contro lo Spirito Santo" (per così dire) non può che avere enormi conseguenze negative, come del resto dimostrano gli ultimi cinque decenni. Nemmeno è possibile colmare l'abisso tra l'antico e il nuovo con trattamenti cosmetici o un vestiario elegante, perché il problema è nell'ordine di una mutazione genetica, o di un trauma agli organi interni. L'unica soluzione profonda e permanente è quella di preservare la continuità con la viva tradizione liturgica che si trova nell'*usus antiquior*.

Detta così, la tesi non è certo nuova: sarei un pessimo tradizionalista se non seguissi le orme dei miei tanti predecessori! Decadi or sono, il liturgista tedesco Klaus Gamber ebbe a dire che il nuovo rito non poteva essere chiamato *ritus Romanus*, ma doveva essere chiamato *ritus modernus*. Del tutto simili le considerazioni di Michael Davies, come anche di sacerdoti come Bryan Houghton, Roger-Thomas Calmel, Raymond Dulac e Anthony Cekada, tra gli altri. Si potrebbe citare nello stesso senso il *Breve Esame Critico*, noto anche come "Intervento Ottaviani". Joseph Ratzinger, diplomaticamente, scelse un diverso modo di esprimersi, ma negli anni precedenti al suo pontificato affermò tante cose assai vicine all'impostazione di Gamber.[7]

Dato che la mia tesi non è in alcun modo inedita, il valore di questo libro consiste nel fornire al lettore una presentazione convincente e aggiornata delle ragioni fondamentali per cui i tradizionalisti ritengono che ci sia stata una rottura grave e costantemente dannosa nella liturgia della Chiesa cattolica di rito latino; e del perché, in risposta, propugniamo un ritorno senza riserve alla piena tradizione. Per dimostrare la mia tesi esporrò quanto segue:

- che la tradizione è normativa per la Chiesa e per *ciascun membro* della Chiesa – non escluso, ma al contrario soprattutto incluso, il Papa;
- che è legittimo parlare di uno "sviluppo organico" della liturgia e che possiamo formulare le leggi di tale sviluppo;
- che attraverso questi strumenti possiamo distinguere la crescita dalla corruzione, come fece Newman riguardo alla dottrina cristiana (*lex credendi*), e così proteggere una tradizione divinamente voluta (la *lex orandi*) dalle tendenze manomissorie dell'archeologismo e del modernismo.

---

[7] Furono gli scritti del Cardinal Ratzinger a risvegliare il mio senso di meraviglia per il mistero della liturgia, il mio desiderio di capire cosa le è successo nella nostra epoca e il mio zelo per il recupero di ciò che è andato perduto. Fu lui a farmi iniziare un percorso che partì dalle "vere intenzioni del Concilio Vaticano II", proseguì con la Riforma della Riforma, si soffermò brevemente sul "mutuo arricchimento" delle "due forme" e infine sfociò in un incondizionato tradizionalismo (o restaurazionismo, se preferite). È vero, in quest'ultimo miglio del mio viaggio Ratzinger è rimasto, per così dire, alle spalle: lui si è fermato, sembrerebbe, alla terza tappa. Ma non smetterò mai di essergli grato per aver acceso nella mia anima un formidabile entusiasmo ed avermi sostenuto lungo il cammino con le sue magnifiche intuizioni.

Introduzione

- che esistono notevoli elementi identificativi del rito romano, così come di tutti i riti tradizionali, che sono in parte o del tutto assenti nel Novus Ordo, il che lo rende come un estraneo dalla loro compagnia;
- che la riforma liturgica, per come si è realizzata, mostra dei tratti di nominalismo, volontarismo, protestantesimo, razionalismo e altri errori decisamente moderni;
- che la Chiesa è affetta dall'influenza di un falso e pericoloso "iperpapalismo" che fa del papa un monarca assoluto la cui volontà è legge, che può trattare l'eredità cattolica come fosse di sua proprietà, modificandola a suo piacimento e costringendo chiunque a piegarsi ai suoi disegni;
- che gli argomenti avanzati da Paolo VI a difesa e a favore della riforma postconciliare dimostrano al contrario che essa deve essere rigettata *tout court*;
- che dobbiamo ripristinare il rito romano nella sua pienezza tridentina, utilizzando edizioni dei libri liturgici che non soffrano della devastazione prodotta dalle riforme di metà anni Cinquanta/inizio anni Sessanta, scriteriate e dilatorie;
- e ultimo, ma non per importanza, che non è necessario né mai potrà essere richiesto alcun permesso speciale per render culto a Dio con gli autentici riti liturgici della Chiesa cattolica.

Ecco gli argomenti trattati in questo libro. Ogni conferenza e articolo è stato ampiamente riveduto in vista dell'inclusione in questo libro. In appendice si trovano i testi integrali di tre discorsi sulla riforma liturgica pronunciati da Paolo VI (richiamati e commentati nel capitolo 4), oltre a una selezione di più brevi citazioni sul medesimo tema. Il volume si chiude con le fonti da cui provengono le epigrafi ed una bibliografia selezionata.

In questo genere di discussioni si ha facilmente l'impressione che l'unico argomento di conversazione sia la Messa. Se è comprensibile e giusto che la Messa sia il punto focale – è, dopo tutto, l'atto di culto centrale della Chiesa cattolica e il "luogo" in cui la maggior parte dei cattolici "incontra" Cristo e la Sua Chiesa – nondimeno la sacra liturgia include molto altro: non solo gli altri sei riti sacramentali, ma anche l'Ufficio Divino, le benedizioni, gli esorcismi, i riti pontificali e così via. *Tutto ciò è stato modificato in modo altrettanto (e talvolta anche più) drastico di quanto lo sia stata la Messa.* Pertanto le critiche che in queste pagine si rivolgono al *Novus Ordo Missae* sono da intendersi, *mutatis mutandis*, come critiche a tutti i nuovi libri liturgici promulgati da Paolo VI, poiché, in quanto prodotti delle medesime commissioni guidate dai medesimi scopi, condividono il medesimo tipo di debolezze, così come le loro controparti tradizionali, il distillato di oltre due millenni di preghiera (non si dimentichino le origini ebraiche), condividono analoghe perfezioni.

L'"establishment liturgico" non è in grado di offrire alcun argomento significativo a favore delle invenzioni del Consilium, un'opera tanto mastodontica quanto dannosa. Sin dall'inizio il loro argomento è stato il pugno, prima rivestito di velluto, oggi di ferro. Il loro lavoro consisteva nel riesumare, rimaneggiare e combinare pezzetti di storia liturgica e chiamarlo un "restauro". Finito il lavoro, quanti volevano imporlo parlarono senza alcuna onestà di come esso preservasse la continuità con il passato, di come nulla di importante fosse andato perso, di come tutto ciò che era prezioso fosse stato conservato – anzi, migliorato![8] Pensavano forse che la loro colossale impostura non sarebbe mai stata scoperta? Nulla sfugge all'occhio vigile di Cristo; quanti cercano di manipolare la Sua Chiesa ne risponderanno davanti al Giusto Giudice.

La responsabilità della rottura con la tradizione ricade interamente sulle spalle di chi queste novità le ha volute, progettate e messe in atto. A oltre cinquant'anni dalla formale inaugurazione dei nuovi riti, siamo come pesci che nuotano in acque contaminate, incolpevoli quest'inquinamento. Lentamente, passo dopo passo, le colpe vanno rimediate: un messale, un sacerdote, un altare, una Messa alla volta. Paolo VI pensava di poter abolire

---

8   Per numerosi esempi di tali affermazioni e una confutazione supportata da dati concreti, si veda Matthew Hazell, "'All the Elements of the Roman Rite'? Mythbusting, Part II", *NLM*, 1 ottobre 2021. Si vedano anche i miei articoli "'O, What a Tangled Web...': Thirty-Three Falsehoods in the CDW's *Responsa ad Dubia*", *OnePeterFive*, 5 gennaio 2022, e "The Outrageous Propaganda of Archbishop Roche", *Rorate Caeli*, 22 gennaio 2022.

Introduzione

la Messa tradizionale con un tratto di penna pontificia. Il tempo ha dimostrato quanto vana fosse la sua ambizione. Ovunque nel mondo, in ogni Paese, la Messa di sempre sta risorgendo. Ironia della sorte, è grazie all'indomabile frenesia di Internet che è esploso il movimento per il ripristino di una tradizione che precede di secoli l'invenzione della stampa, per non parlare degli apparecchi elettrici o elettronici. In questo convergere di antico e nuovo c'è sia dramma che umorismo. Il divino, il sacro, il santo, non possono essere sepolti, non possono essere banditi, non possono essere barattati. La voce della Chiesa orante non può esser messa a tacere. A tempo debito, essa riemergerà, esploderà nuovamente ovunque sia stata soppressa. Iniziamo appena a vedere il rinascimento cattolico, proprio mentre il resto del moderno Occidente si precipita a ritmo forsennato a riempire i gironi dell'inferno.

I cattolici in cerca della tradizione, per molti decenni, hanno promosso un ritorno al *Missale Romanum* del 1962 e ai corrispondenti libri liturgici, precedenti alla valanga di cambiamenti che ha seguito il Concilio. Eppure questi libri liturgici *si inseriscono appieno* in un periodo di sempre più rapida mutazione che già intaccava duramente la sostanza dell'eredità tridentina: la nuova Veglia Pasquale del 1951, la nuova Settimana Santa del 1955, il nuovo codice delle rubriche del 1960, e così via. Furono tutti progetti provvisori che preparavano la "ricostruzione totale" o *instauratio magna* (per usare un'espressione del filosofo Francesco Bacone) che ebbe luogo nel decennio successivo alla *Sacrosanctum Concilium* del 1963. In un periodo di caos, il Messale del 1962 ha rappresentato una "roccia di stabilità", come l'ha definita Michael Davies, ma si tratta altresì di un'isola sulla quale non ci possiamo accampare definitivamente.

Quand'è, esattamente, che il casto amore per una delicata riforma si è trasformato in una sfrenata passione di novità? Alcuni danno la colpa a Pio X per le sue profonde modifiche all'ordine dei salmi come pregati dalla Chiesa romana fin dai primi secoli. Altri accusano Pio XII per aver sostenuto una commissione per la riforma liturgica che diede ad Annibale Bugnini il suo primo incarico in Vaticano e diede al mondo una Settimana Santa mutilata, la cui grandezza d'un tempo si frantumò in un assemblaggio incoerente. Altri ancora puntano il dito contro Giovanni XXIII per aver modificato il Canone Romano e per la sua ingenuità nel convocare un concilio ecumenico pieno di vescovi svampiti e progressisti militanti. La maggioranza, tuttavia, indicherebbe in Paolo VI il distruttore per eccellenza, incapace di riposare finché non avesse visto l'eredità millenaria smantellata e ricostruita in stile moderno. Ma non vediamo forse, in tutto ciò, una predilezione dei papi per la prevaricazione, per l'indulgere a un potere petrino monarchico in grado di *ricostruire* il culto della Chiesa quando di regola, come dimostra la gran parte della storia del papato, i pontefici l'hanno piuttosto ricevuto con gratitudine, difeso con vigilanza e adornato con riverenza? I papi non dovrebbero considerarsi soprattutto come servitori del grande patrimonio loro tramandato, piuttosto che giudici dei suoi presunti difetti e fabbricatori del suo più recente modello? È troppo chiedere che siano "custodi della tradizione"?

Per lo più, chi veramente crede nelle "magnifiche sorti e progressive" della riforma liturgica è ormai piuttosto anziano. Abituati come sono a sedere al vertice della piramide ecclesiastica da così tanto tempo, hanno stentato a prestare attenzione ai tradizionalisti o a credere che rappresentassero una minaccia. I progressisti più consapevoli del disgregarsi dell'egemonia del loro partito, come Massimo Faggioli, Andrea Grillo, Anthony Ruff, Austin Ivereigh e, naturalmente, Arthur Roche, oscillano indecisi tra un negazionismo compiaciuto e un panico incontrollato. La letteratura più seria è tutta dalla parte dei tradizionalisti e le ragioni della riforma si indeboliscono di giorno in giorno, sia che la si valuti in base ai suoi principi operativi, sia che la si giudichi in base ai suoi frutti effettivi. Nessuna ricerca seria sostiene ormai più la riforma (al contrario, molti dei suoi assiomi fondamentali sono stati smentiti da studi migliori), ma i suoi sostenitori saranno gli ultimi a riconoscere questo vuoto abissale: basti osservare come gli ultimi sostenitori del Novus Ordo ancora in vita ignorano il meticoloso lavoro di studiosi come

Introduzione

Laszlo Dobszay, Lauren Pristas, Dom Alcuin Reid e Michael Fiedrowicz, mentre condiscono i loro discorsi con parti più o meno uguali di nostalgici mantra anni '60 e stantie "certezze" del tardo Movimento Liturgico, il cui valore scientifico è pari a quello del mesmerismo e del flogisto. Così sono le distratte abitudini dei despoti alla vigilia della loro caduta.

Nei mesi successivi alla pubblicazione di *Traditionis Custodes*, molte persone, animate da buone intenzioni, hanno inviato lettere personali, lettere aperte e petizioni al Papa e ai funzionari vaticani, pregandoli, a suon di tanti "per favore" e "grazie", di "non toglierci la Messa" e così via. Lungi da me affermare che tali iniziative non possano portare a nulla di buono: ciascuno è libero di firmarle. Probabilmente sono rimasto fin troppe volte deluso dalla mancata risposta a oltre due dozzine di petizioni su argomenti gravissimi avanzate in precedenza, alcune delle quali firmate da *centinaia di migliaia* di persone e indirizzate direttamente al Papa, e che non hanno però sortito alcun risultato[9] – o, più probabilmente, hanno solo rinforzato nel Papa e nella sua cerchia l'idea dell'esistenza di un pericoloso movimento "tradizionalista, fondamentalista, integralista" (ecc.) da stroncare prima che si infiltri e dirotti la Chiesa verso una continuità profonda con il suo insegnamento e il suo modo di vivere preconciliari!

Scordiamoci le petizioni. Quello di cui abbiamo più bisogno sono preti, preti e ancora preti che si rifiutino, in qualsiasi circostanza – comprese minacce, allontanamenti o sanzioni – di rinunciare alla Messa in latino, al *Rituale*, al Breviario e così via; che continuino a essere gli eroi di cui i laici hanno bisogno e che Nostro Signore si merita e premia; che comprendano che in un tempo di crisi, in uno stato di guerra, si fa tutto ciò che è possibile, lasciando il resto a Dio; che sperimentino la ricchezza della provvidenza di Dio nei laici che corrono in loro aiuto, di modo che, nel dare e ricevere beni naturali e soprannaturali, le membra si sostengano a vicenda, come tanto spesso esorta San

---

9 Si veda *Defending the Faith against Present Heresies*, ed. John R. T. Lamont e Claudio Pierantoni (Waterloo, ON: Arouca Press, 2020), pp. 323-31.

Paolo. È così che la tradizione si è salvata negli anni '70 e non sarà diversamente nei nostri giorni. La strada sarà scomoda e accidentata? Senza dubbio. Ma c'è una grande gloria nel difendere ciò che è vero, giusto e sacro contro i suoi persecutori perversi e meschini.

Certe cose questo libro non le farà. Non presenterà una storia e un'analisi formale dell'*usus antiquior*: a tal fine, consiglio *The Traditional Mass* di Michael Fiedrowicz: *History, Form, and Theology of the Classical Roman Rite* (Angelico Press, 2020). Non presenterà una difesa a tutto campo della superiorità dei riti antichi: per quello consiglio la lettura del mio libro *Reclaiming Our Roman Catholic Birthright: The Genius and Timeliness of the Traditional Latin Mass* (Angelico Press, 2020), e altre mie opere nella stessa linea[10]. Non racconterà la storia del movimento tradizionalista: al riguardo, i lettori dovrebbero procurarsi una copia di *Faith of Our Fathers: A Brief History of Catholic Traditionalism in the Catholic Traditionalism, from Triumph to Traditionis Custodes* (Angelico Press, 2022), di Stuart Chessman. Non offrirà un'analisi dettagliata di *Traditionis Custodes*, né difenderà i diritti e i doveri di laici e basso clero nei confronti di comandi o divieti illegittimi dei loro superiori: su questi punti, raccomando *From Benedict's Peace to Francis's War: Catholics Respond to the Motu Proprio Traditionis Custodes on the Latin Mass* (Angelico Press, 2021) e il mio trattato *La vera obbedienza nella Chiesa: Una guida al discernimento in tempi difficili* (Fede & Cultura, 2022). Queste opere, assieme a quelle già in vostro possesso, formeranno una robusta biblioteca essenziale sui perché e i percome del tradizionalismo liturgico romano-cattolico.

Nessuno che comprenda la teologia cattolica e la storia della liturgia romana e che ambisca all'onestà intellettuale può accettare il Novus Ordo come un'espressione vera e organica della preghiera liturgica romana. Esiste un solo rito romano: può esserci e ci sarà un solo rito romano. L'unica espressione della *lex orandi* del *ritus Romanus* è la liturgia latina tradizionale della Chiesa di Roma. Tutto il resto è vanità e afflizione di spirito (cfr. Eccle 1,14).

---

10 Si veda la bibliografia.

Introduzione

Quali che siano i clamorosi errori e gli strabilianti abbagli che ci hanno portato alla nostra moderna cattività babilonese, noi che amiamo la Chiesa e la sua Tradizione dobbiam far nostro il motto britannico, "keep calm and carry on" (calma e andiamo avanti), custodendo, difendendo e promuovendo la preziosa eredità che tutti noi, indegni, abbiamo ricevuto.

Peter A. Kwasniewski
12 marzo 2022
Festa di San Gregorio Magno

ABBREVIAZIONI E CONVENZIONI

NLM   New Liturgical Movement
DOL   Documents on the Liturgy 1963-1979
SC   Sacrosanctum Concilium
ST   Summa Theologiae
TLM   Messa tradizionale in latino

Per evitare lo sgradevole accumulo di collegamenti ipertestuali nelle note, gli articoli online sono stati citati semplicemente per autore, titolo, sito web e data.

I salmi sono indicati nella numerazione dei Settanta/Vulgata.

In questo libro ricorrono spesso gli anni 1955 e 1969. Ciascuno di questi anni ha visto l'emanazione di un importante documento: il decreto *Maxima Redemptionis Nostrae Mysteria* della Sacra Congregazione dei Riti (16 novembre 1955), che introduceva una Settimana Santa "restaurata", e la costituzione apostolica *Missale Romanum* (3 aprile 1969), che promulgava il *Novus Ordo Missae*, entrato poi in vigore il 30 novembre 1969. Alcuni scrittori utilizzano gli anni 1956 e 1970 come punti di riferimento, perché la Settimana Santa pacelliana entrò in vigore nel 1956 e la prima edizione completa del *"Missale Romanum"* di Paolo VI fu promulgata il 26 marzo 1970, tramite il Decreto della Sacra Congregazione per il Culto Divino *"Celebrationes Eucharistiae"*. In realtà, a un attento esame, l'introduzione della nuova Messa è risultata estremamente goffa e confusa, con la pubblicazione di quattro versioni dell'*Ordinamento Generale* tra il 6 aprile 1969 e il 27 marzo 1975 (senza contare le correzioni *ad hoc*), oltre a molteplici versioni e correzioni del nuovo messale (cfr. *DOL* 202-13), per non parlare della tardiva comparsa delle sue edizioni vernacolari.

Poiché la Chiesa è una società non di spiriti ma di uomini, creature composte di anima e corpo, che esprimono ogni verità sotto immagini e segni, che portano nel corpo una forma ineffabile della loro anima, nella Chiesa tutto questo complesso celeste di confessione, preghiera e lode, espresso in una lingua sacra, modulata da un ritmo soprannaturale, è prodotto anche dai segni esterni, dai riti e dalle cerimonie che sono il corpo della liturgia.... Non temiamo di affermare che la Liturgia contiene ogni bellezza di sentimento, melodia e forma, in misura non solo pari, ma infinitamente superiore a tutto quanto ad essa si possa paragonare, eccezion fatta per i Sacri Libri della Scrittura.

—Dom Prosper Guéranger

Soltanto la Chiesa cattolica è bella.... Il celebrante, il diacono e il suddiacono, gli accoliti con le candele, l'incenso e il canto: tutto concorre a un unico fine, un unico atto di culto. Si percepisce che è vera adorazione; ogni senso, gli occhi, le orecchie, l'olfatto, si rendono conto che si compie tale adorazione. I fedeli inginocchiati in terra mentre pregano i grani o recitano i loro atti; il coro che scandisce il Kyrie; il sacerdote e i suoi ministri che s'inchinano e rivolgono l'uno all'altro il Confiteor. Questa è adorazione, e ben più alta della ragione.

—John Henry Newman

Tra i molti mali che sono stati riversati sulla Chiesa dopo il Concilio Vaticano II, il più grave è di gran lunga la distruzione della liturgia tradizionale e della vita di devozione che l'accompagnava. Se la liturgia non fosse stata toccata, l'anarchia dottrinale e l'asservimento ai costumi moderni penetrati nella Chiesa sotto Paolo VI avrebbero avuto un effetto minimo sui comuni fedeli. È soprattutto la perdita della Messa di cui si sono nutriti secoli di devozione che ha trasformato la Chiesa moderna in una landa desolata e l'ha resa zoppa in quanto forza spirituale.

—Henry Sire

❦[1]❧
La Tradizione come norma ultima

OGNI VOLTA CHE SI CELEBRA UNA LITURGIA cristiana, si avrà la recitazione di preghiere, inni e letture, e il compimento di azioni pratiche e simboliche da parte di diversi individui. Molto probabilmente l'evento comporterà anche l'impiego di oggetti, arredi e indumenti particolari.

Se ci limitassimo a questa visione panoramica, come fossimo a diecimila metri d'altezza, la maggior parte delle liturgie cristiane avrebbe senz'altro molto in comune. Abbiamo un ministro che le guida, alcune persone con ruoli di supporto, la lettura della Bibbia e un po' di pane e vino. Ma, come dice il proverbio, "il diavolo è nei dettagli", un modo di pensare invero un po' contorto, dato che è Dio, che li crea e li governa in modo provvidenziale, a trovarsi, molto di più, nei dettagli. Diversamente dalle interviste papali volanti, la liturgia normalmente non si osserva da lontano, a diecimila metri d'altezza.[1] Essa è qualcosa di estremamente concreto, articolato

---

[1] Un quotidiano riporta le parole di un fedele a proposito della Messa: "Leggere Lc 24 mi ha fatto scoprire l'Eucaristia e la potenza della Messa. [. . .] In questo brano, Gesù si presenta ai discepoli [di Emmaus, NdT], li istruisce attraverso le Scritture, che sono la Liturgia della Parola, e spezza con loro il pane, che è la Liturgia Eucaristica. Poi essi se ne vanno, che è il congedo finale, annunciando a tutti ciò che era accaduto. Beh, questa è la Messa!" ("St. Paul VI's 'Missale Romanum' Turns 50", *National Catholic Register*, 3 aprile 2019). Ecco a cosa è stata ridotta la Messa: una caricatura da fumetto. Al contrario, sfogliando le pagine di un vero *fumetto* per bambini di epoca pre-conciliare, *Know Your Mass* (Catechetical Guild, 1954, ripubblicato da Angelus Press), troviamo una catechesi sulla Messa più accurata, completa e profonda di quella che si può trovare in uno qualsiasi dei nostri sgargianti programmi di catechesi per adulti. La continuità tra il rito tradizionale e quello moderno deve essere valutata *a livello specifico*, non generale. È (più o meno) facile mettere in fila le *parti* della Messa nuova e antica e dire che, in fondo, non c'è poi così tanta differenza. Ma l'immensa differenza non sta (ad esempio) al livello del mero "avere letture bibliche": se restiamo a un livello così generale, si può a malapena dire che esistano diversi *riti*,

e definito; non può essere generica o vaga, ma deve puntare con decisione in questa o quest'altra direzione, risoluta a ogni passo del cammino. La domanda sorge impellente: come si deve celebrare la liturgia cristiana? La si inventa man mano che si procede? Si ingaggia qualcuno che la inventi per noi? Si mette insieme una commissione chiedendole di preparare qualche bozza e di metterla ai voti? Oppure la si può trovare, da qualche parte, già completa, accogliendola con gratitudine di modo che, invece di sprecare energie per reinventare la ruota, ci possiamo dedicare a utilizzare nel modo più bello e denso di preghiera un dono che già ci è stato fatto?

Un tempo i cattolici avevano una risposta convincente alla domanda: "Come si deve celebrare la liturgia?". La risposta era tanto ricca quanto semplice: la *tradizione*. Noi riceviamo la nostra liturgia dalla tradizione apostolica sviluppata in secoli di pratica fedele. Dato che gli Apostoli erano riuniti attorno a Cristo nel cenacolo, i nostri riti avranno sempre alcune caratteristiche in comune; dato che gli Apostoli si sparsero in tutto il mondo e fondarono chiese locali ovunque andarono, i nostri riti avranno anche delle differenze – come differenti sono il greco e il latino, il copto e lo slavo, l'ambrosiano, il romano, il mozarabico. Ma l'intuizione fondamentale, l'istinto di un cattolico sta sempre nel cercare la tradizione per esser certi del fatto che *ciò* che facciamo e *come* lo facciamo si basa il più possibile su un precedente: il precedente di migliaia di santi, di innumerevoli chiese e cappelle della cristianità, di schiere innumerevoli di sacerdoti, monaci, suore e laici. Ciascuno dei ventuno concili ecumenici della Chiesa cattolica fu reso solenne da una liturgia che i padri conciliari già consideravano tradizionale: vuoi l'antica liturgia greca al Concilio di Nicea, vuoi il rito tridentino al Concilio Vaticano II.

A fronte di questa prassi unanime di duemila anni di cristianesimo apostolico-sacramentale, d'Oriente e d'Occidente, non è un problema da poco che oggi la risposta a quella stessa

---

dato che ciascuno di essi prevede fondamentalmente le stesse cose: il canto del proprio, la lettura di Letture, il ricorrere di litanie o petizioni, la recita di un'anafora, del Padre Nostro, etc. La differenza risulterà piuttosto (ad esempio) da *quale* Epistola e Vangelo vengono letti in quale domenica, con quale ordine e per quali motivi.

domanda – "come si deve celebrare la liturgia?" – sia questione vessata, divisiva, esplosiva. E lo è diventata per una e una sola ragione: si è ripudiata la normatività della tradizione. Quanti rifiutano di farsi guidare da essa sono caduti in un arbitrio dal quale non c'è scampo, se non con decisioni e azioni ancora più arbitrarie. È tempo di ripensare dalle fondamenta la questione di fondo.

Tutti i capitoli di questo libro contribuiranno a tale sforzo. Nel presente capitolo si fisseranno due principi: in generale, il ruolo costitutivo della tradizione nel cattolicesimo; più in particolare, l'importanza di attenersi alle tradizioni da lungo tempo praticate e tramandate, anche se non fanno parte del deposito della fede. La mia tesi è duplice. In primo luogo, che le tradizioni ecclesiastiche, soprattutto per quanto riguarda gli aspetti "esteriori" della liturgia nel suo sviluppo nel tempo, devono essere onorati e conservati perché intimamente connessi al contenuto e al corretto esercizio della religione. In secondo luogo, che dopo oltre mezzo secolo in cui questo legame è stato allentato o negato, un crescente numero di cattolici sta per la prima volta incontrando tradizioni "rivivificate", sperimentando come siano buone e giuste, date le verità in cui crediamo e i misteri che veneriamo. Il successo di questa rinascita, in un momento di forte declino della pratica religiosa, offre una prova empirica del fatto che i cosiddetti aspetti "esteriori", difesi dai cultori della tradizione, restano e sempre resteranno una via efficace per l'unione con Dio.[2]

---

[2] A volte si obietta ai tradizionalisti che la loro analisi della crisi della Chiesa si basa esclusivamente sul mondo occidentale sviluppato (in particolare Europa e Stati Uniti) e che non tengono conto della situazione in Sud America, Africa e Asia, dove la Chiesa – con il Novus Ordo – sta crescendo e persino, in alcuni luoghi, prosperando. Per rispondere vorrei dire, in primo luogo, che i tradizionalisti sono ben consapevoli della situazione mondiale, come dimostra, ad esempio, il lavoro della *Federazione Internazionale Una Voce* e di *Paix Liturgique*. In secondo luogo, non si deve offrire una visione romanticizzata della Chiesa nelle regioni in via di sviluppo: anch'essa è afflitta da una serie di mali analoghi a quelli che attanagliano il moderno Occidente (in gran parte causati da politici e investitori liberaldemocratici), mali ai quali la tradizione cattolica offre rimedi straordinariamente adeguati e urgenti. In terzo luogo, l'evangelizzazione della maggior parte del mondo cattolico è stata originariamente realizzata da cattolici tradizionali (quando erano, in effetti, l'unico tipo di cattolici esistenti), e ovunque oggi la tradizione cattolica

STATE SALDI E MANTENETE LE TRADIZIONI

In passato nessuno si sarebbe sorpreso a sentir parlare del cattolicesimo come di una religione intrinsecamente tradizionale. Questa fu una delle principali obiezioni mosse dai protestanti, i quali, adagiatisi sulla dottrina tutt'altro che scritturale del *sola scriptura*, scoprirono ovviamente che molto di ciò che la Chiesa cattolica insegnava e praticava non si trovava alla lettera nella Bibbia. Eppure una simile scoperta non avrebbe certo sorpreso i discepoli dell'apostolo Paolo, che scrisse ai Corinzi: "Vi lodo perché in ogni cosa vi ricordate di me e conservate le tradizioni così come ve le ho trasmesse" (1 Cor 11,2), e ai Tessalonicesi: "Perciò, fratelli, state saldi e mantenete le tradizioni che avete appreso sia dalla nostra parola sia dalla nostra lettera" (2 Tess 2,15).

I Padri della Chiesa sottolineano questo punto con la consueta impetuosità. Nel suo trattato *Sullo Spirito Santo* del 375 San Basilio Magno scrive: "Fra le dottrine e le proclamazioni custodite nella Chiesa, talune le deriviamo dall'insegnamento scritto, altre le abbiamo ricevute dalla tradizione apostolica, a noi trasmesse segretamente. Ma entrambe hanno lo stesso valore per la pietà. E questo non lo potrà negare nessuno che abbia una sia pur modesta esperienza delle istituzioni ecclesiastiche. Se infatti noi tentassimo di scartare i costumi non scritti [*agraphos*] che non hanno grande incidenza, a nostra insaputa danneggeremmo il Vangelo proprio nelle parti essenziali: anzi di più: ridurremmo la proclamazione a un nome vuoto".[3]

San Basilio fornisce esempi di cose che i cristiani credono per tradizione, alcune delle quali potrebbero sorprendere il lettore moderno:

> Per esempio - per richiamare la prima diffusissima consuetudine - chi ci ha insegnato per iscritto a segnare col

---

sopravviva o sia reintrodotta abbondano i buoni frutti. Si veda il mio articolo "Did the Reformed Liturgical Rites Cause a Boom in Missionary Lands?", *NLM*, 6 luglio 2020; cfr. Joseph Shaw, ed., *The Case for Liturgical Restoration: Una Voce Studies on the Traditional Latin Mass* (Brooklyn, NY: Angelico Press, 2019), in particolare i capitoli 25-34 sul tema "The Ancient Mass and Evangelization".
3 San Basilio, *Lo Spirito Santo*, 27,66, trad. di Giovanna Azzalli Bernardelli (Roma: Città Nuova, 1993), p. 181.

segno di croce coloro che sperano nel nome del Signore nostro Gesù Cristo? Quale scrittura ci ha insegnato a star rivolti a oriente durante la preghiera? Le parole dell'epiclesi, al momento della consacrazione del pane dell'Eucaristia e del calice della benedizione, chi è il santo che ce le ha lasciate per iscritto? Non ci accontentiamo infatti delle parole che l'Apostolo o il Vangelo ci hanno riportato; altre noi aggiungiamo prima e dopo di esse, che hanno grande significato per il sacramento e le desumiamo dall'insegnamento non scritto. Benediciamo anche l'acqua del battesimo e l'olio dell'unzione e inoltre lo stesso battezzato. Sull'autorità di quali scritti? Non è questo in virtù della tradizione custodita in silenzio e nella segretezza [dagli iniziati]? Che dire ancora? La stessa consacrazione dell'olio, quale testo scritto ce l'ha insegnata? Da dove deriva la triplice immersione battesimale? E tutti gli altri riti connessi col battesimo, la rinuncia a Satana e ai suoi angeli, da quale scrittura proviene? Non è da questo insegnamento privato e segreto, che i nostri padri custodirono in un silenzio scevro da agitazione e da curiosità, ben sapendo che nel silenzio si salva la sacralità del mistero? Delle cose che non è lecito contemplare ai non iniziati, come potrebbe essere ragionevole divulgare l'insegnamento per iscritto?[4]

Un altro Padre della Chiesa, San Vincenzo di Lérins, intorno all'anno 434, dice questo nel suo grande trattato *Commonitorio per l'antichità e l'universalità della fede cattolica contro le novità profane di tutte le eresie* (un titolo di cui Hilaire Belloc sarebbe stato orgoglioso):

> Ma cos'è un deposito? Il deposito è ciò che ti è stato affidato, non trovato da te; tu l'hai ricevuto, non escogitato con le tue forze. Esso non è frutto di ingegno personale, ma di dottrina; non riservato per un uso privato, ma appartenente a una tradizione pubblica. Non uscì da te, ma a te venne: nei suoi riguardi tu non puoi comportarti da autore, ma da semplice custode. Tu non ne sei l'iniziatore, ma il discepolo; non spetterà a te dirigerlo, ma è tuo dovere seguirlo.

---

4 San Basilio, pp. 181-182.

Custodisci il deposito, egli dice; conserva cioè inviolato e illibato il talento (cfr. Mt 25,15) della fede cattolica. Ciò che ti è stato affidato, questo devi custodire presso di te e trasmettere. Tu hai ricevuto dell'oro, rendi dunque dell'oro. Non posso ammettere che tu sostituisca una cosa con un'altra. No, tu non puoi impudentemente sostituire l'oro con del piombo o cercare d'ingannare dando del bronzo al posto del metallo prezioso. Voglio dell'oro puro, non ciò che ne ha solo l'apparenza.[5]

Si può continuare all'infinito con citazioni di questo tipo. I Padri della Chiesa vedono il cristianesimo come una religione sociale e gerarchica in cui ad alcuni uomini - agli Apostoli e ai loro successori - sono stati affidati dogmi, pratiche liturgiche e giudizi morali che devono essere trasmessi fedelmente da una generazione all'altra.

UN DEPOSITO DI PAROLE E SIMBOLI

Questo è un punto chiave: la verità e il modo di vivere rivelati da Dio, *nella loro totalità*, furono anzitutto "depositati" nella *tradizione*, cioè nelle menti degli uomini che Dio aveva scelto come suoi fidati collaboratori; solo in seguito *una parte* di tutto ciò fu messa per iscritto, secondo la discrezione di coloro ai quali il deposito era stato affidato.[6] Dobbiamo liberarci dall'idea di una Bibbia, di un catechismo o di una *Summa* caduti dal cielo nelle mani dei profeti o degli apostoli. La Rivelazione era una luce spirituale ben definita che Dio aveva piantato nella mente dei Suoi strumenti,

---

5   San Vincenzo di Lérins, *Commonitorium*, cap. 22, n. 53, trad. Cesare Colafemmina (Alba: Ed. Paoline, 1968), pp. 134-135.
6   Questo perché gli Apostoli hanno ricevuto l'insegnamento del Signore prima che fosse messo per iscritto (cfr. P. Chad Ripperger, *Topics on Tradition* [n.p.: Sensus Traditionis Press, 2013], p. 5). Oreste Brownson esprime in modo eccellente questa visione, che è quella cattolica: "Cattolicità indica che l'intera rivelazione è stata rivolta alla Chiesa, a prescindere dai documenti scritti. [. . .] Il deposito della rivelazione non è "la Sacra Scrittura, più la tradizione". Le divine tradizioni abbracciano l'intera rivelazione, e non solo quella parte che non si trova nella Sacra Scrittura; ed è proprio perché la Chiesa possiede la fede tutta intera in queste divine tradizioni - che per aiuto soprannaturale conserva, trasmette fedelmente e interpreta infallibilmente - che essa può stabilire la norma dell'interpretazione delle Scritture" ("Newman's Development of Christian Doctrine", *Brownson's Quarterly Review* 3.3 [luglio 1846]).

incaricandoli di spiegarla a voce e di metterne per iscritto una porzione a beneficio di un pubblico lontano o futuro. Ma è evidente che sarebbe stato impossibile mettere *tutto* per iscritto: come racconta San Giovanni nel capitolo 21 del suo Vangelo: "Vi sono ancora molte altre cose compiute da Gesù che, se fossero scritte una per una, penso che il mondo stesso non basterebbe a contenere i libri che si dovrebbero scrivere". Né gli Apostoli né i Padri della Chiesa hanno ritenuto di dovere o poter mettere per iscritto tutto ciò che appartiene al mistero della vita in Cristo. La Chiesa conserva nel suo cuore materno dei ricordi troppo profondi per essere espressi a parole e delle realtà che trovano la loro espressione in segni e simboli, piuttosto che nel linguaggio scritto.

Ad esempio, i cristiani hanno celebrato *ad orientem*, ossia rivolti verso est, per secoli e secoli prima che a qualcuno venisse in mente di spiegare per iscritto il perché di questa pratica, e del resto tali spiegazioni esistono solo perché qua e là un Padre della Chiesa, come San Basilio il Grande, scelse di menzionare en passant l'usanza mentre difendeva un altro dogma. Il fatto è che il culto *ad orientem* non è una dottrina, pur avendo fondamenti e implicazioni dottrinali; non è una dichiarazione o un'affermazione o un testo che possiamo analizzare.[7] È una postura corporea,

---

[7] Questa è una delle principali debolezze dell'apologetica cattolica moderna, che si fissa sulle proposizioni dottrinali ma trascura i loro fondamenti pre-dottrinali, il contesto liturgico e lo scopo dossologico. Potremmo dire che questi apologeti tentano di tener ferma la *lex credendi* indipendentemente dalla *lex orandi*. Un apologeta cattolico può memorizzare l'intera *Summa*, ma se la sua preghiera non è in continuità col modo di pregare di San Tommaso, è assai probabile che non creda e non viva la stessa religione secondo cui credeva e viveva San Tommaso. Scrivendo a Edward Pusey, John Henry Newman descrive la differenza che la sua conversione ha determinato nel suo rapporto con i Padri della Chiesa: "Ricordo bene quanto mi paresse di essere un reietto, quando prendevo dagli scaffali della mia biblioteca i volumi di Sant'Atanasio o di San Basilio e mi mettevo a studiarli; e di come, al contrario, quando fui finalmente condotto nella comunione cattolica, li baciai con diletto, con la sensazione di possedere in essi più di tutto ciò che avevo perduto; e di come dissi alle pagine inanimate, come rivolgendomi direttamente ai gloriosi santi che le avevano lasciate in eredità alla Chiesa: "Ora siete mie e io sono vostro, al di là d'ogni dubbio" (*A Letter Addressed to the Rev. E. B. Pusey, D. D. on Occasion of his Eirenicon*, §1, trad. personale). Lo stesso vale per la liturgia tradizionale, tramite cui possiamo dire alla tradizione cattolica di tutti i secoli: "Ora tu sei mia e io sono tuo, al di là d'ogni dubbio". Con il Novus Ordo, tutto ciò è impossibile per principio.

un'azione che compiamo, un atteggiamento non verbale che assumiamo con tutto il nostro essere. In questo senso, è pre-dottrinale, pre-verbale, pre-concettuale; ed è anche per questo che è così fondamentale. Le prime cose che gli esseri umani percepiscono dopo la nascita e durante l'infanzia non sono formulazioni con soggetto e predicato, ma semplici immagini sensibili; il linguaggio e il pensiero crescono lentamente, ma il volto di nostra madre che si china dolcemente su di noi è presente fin dall'inizio, immediato, palpabile, dominante e determinante. Così sono i simboli fondamentali della liturgia: essi ci formano prima che noi sappiamo di esserne plasmati; determinano i nostri pensieri prima che li pensiamo; imprimono la verità nei nostri occhi, orecchie e nasi, sulle nostre mani e ginocchia. Di conseguenza, i gesti, le posture e gli oggetti del culto cristiano non sono meno importanti dei testi della liturgia; anzi, per molti versi, sono più importanti. Per esempio, una Messa in cui i fedeli si inginocchiano per lunghi periodi di silenzio affermerà con maggior forza la presenza nascosta, misteriosa e sublime di Dio rispetto a una Messa in cui il silenzio e l'inginocchiarsi sono più limitati o addirittura assenti. Una Messa con l'uso dell'incenso assumerà immediatamente un carattere sacro più elevato rispetto a una Messa senza incenso.[8] "La mia preghiera sia rivolta come incenso al tuo cospetto; l'elevazione delle mie mani, come sacrificio della sera" (Sal 140,2; cfr. Ap 8,3-4). L'Offertorio della Messa del Corpus Domini applica Levitico 21,6 ai ministri della Nuova Alleanza: *Sacerdotes Domini incensum et panes offerunt Deo: et ideo sancti erunt Deo suo, et non polluent nomen ejus, alleluia,* "I sacerdoti del Signore offrono a Dio l'incenso e i pani: e perciò saranno santi al loro Dio e non contamineranno il suo Nome, alleluia". Quante cose esprimono il dolce fumo che si spande, il movimento risoluto delle mani, il capo chinato, lo sguardo rivolto verso l'alto, l'elevazione del

---

8 Quando il re Salomone racconta a Hiram, re di Tiro, il suo desiderio di costruire il Tempio, equipara in pratica il culto all'offerta di incenso: "Il tempio che io intendo costruire deve essere grande, perché il nostro Dio è più grande di tutti gli dèi. Ma chi avrà la capacità di costruirgli un tempio, quando i cieli e i cieli dei cieli non bastano per contenerlo? E chi sono io perché gli costruisca un tempio, anche solo per bruciare incenso alla sua presenza?" (2 Cron. 2, 5-6).

La Tradizione come norma ultima

calice!⁹ Dobbiamo prendere sul serio quella panoplia di manifestazioni non verbali della tradizione, perché anch'esse ci sono state tramandate dai nostri avi e portano con sé la verità del Vangelo.

I DIVERSI TIPI DI TRADIZIONE

La parola "tradizione" deriva dal latino *trans* e *dare*, e indica quindi il passaggio, la consegna di qualcosa. Perché qualcosa possa dirsi tradizionale, è necessario che sia stata stabilita da un'autorità competente e quindi tramandata e coltivata da altri. Uno dei migliori manuali del XX secolo, il *Manuale Theologiae Dogmaticae* di Jean-Marie Hervé, distingue quattro tipi di tradizione: dominica, divino-apostolica, umano-apostolica ed ecclesiastica. La "tradizione dominica" è quella stabilita da Cristo stesso, come nel caso dell'indissolubilità del matrimonio e della necessità del digiuno. La "tradizione divino-apostolica" comprende tutto quanto lo Spirito Santo ha ispirato gli Apostoli a introdurre come parte della costituzione della Chiesa, come l'ordinazione dei diaconi e le prime disposizioni liturgiche che si sarebbero sviluppate, nel tempo, nelle famiglie dei riti orientali e occidentali; la "tradizione umano-apostolica" si riferisce, invece, a ciò che essi stessi hanno ritenuto opportuno istituire in quanto rappresentanti di Cristo, come quei determinati periodi in cui i cristiani sono chiamati a praticare il digiuno e l'astinenza. Infine, la "tradizione ecclesiastica" si riferisce a tutto ciò che la Chiesa ha istituito o adottato dopo l'epoca apostolica (ad esempio, la durata esatta dei periodi di Avvento e Quaresima, le ottave di Natale, Pasqua e Pentecoste, le Rogazioni e i paramenti che il sacerdote indossa all'altare).¹⁰

Tutti e quattro i tipi di tradizione hanno una caratteristica comune: sono introdotti da un'autorità (Cristo, lo Spirito Santo, gli Apostoli, la Chiesa) e poi continuamente tramandati, conservati e promossi. Il Deposito della Fede, l'insieme della tradizione dominica e divino-apostolica, non ammette cambiamenti; esso è pienamente istituito al momento della sua promulgazione, che si conclude alla

---

9 Si veda Romano Guardini, *Sacred Signs*, trad. inglese di Grace Branham (St. Louis: Pio Decimo Press, 1955; ristampa Os Justi Press, 2015).
10 Si veda Ripperger, *Topics on Tradition*, p. 6-10. San Leone Magno attribuisce agli Apostoli l'istituzione delle Quattro Tempora.

morte dell'ultimo Apostolo. La tradizione umano-apostolica poteva affermarsi solo entro una certa finestra temporale; dopo la morte di San Giovanni, non può essere modificata, ma solo dismessa. La tradizione ecclesiastica è la categoria più complessa.

Le prime due categorie, dominica e divino-apostolica, possiamo chiamarle Tradizione con la T maiuscola: esse, nella loro origine e nel loro contenuto, sono divine e, come Dio, immutabili. Le ultime due categorie, umano-apostolica ed ecclesiastica, possono essere definite umane più che divine, ma con l'importante precisazione che nascono sotto la guida divina e possiedono una misura d'autorità divina. Sebbene le tradizioni ecclesiastiche si sviluppino e cambino, la prassi costante della Chiesa cattolica nel corso dei secoli – non sarebbe esagerato chiamarla la regola o il principio – è stata quella di conservare ciò che fa già parte della sua vita, e ciò è tanto più vero quanto più universalmente tali tradizioni permeano l'insieme dei fedeli.[11] Ne seguono due corollari. In primo luogo, più antica è la tradizione, più è certo che sia vera, appropriata e salutare. In secondo luogo, si possono ammettere nuove prassi solo quando queste perfezionano, cristallizzano, amplificano o migliorano in altro modo le tradizioni già esistenti. Le prassi ben radicate e longeve sono note come consuetudini; esse funzionano come leggi, godendo di un valore normativo e di una forza vincolante all'interno di una comunità. Quando un'usanza è così antica e/o diffusa che nessuno ne ricorda le origini (spesso non si sa chi l'abbia introdotta, né dove e quando), si definisce immemorabile e per ciò stesso venerabile.

La grande venerazione con cui la Chiesa custodisce le sue tradizioni emerge nelle seguenti parole del Concilio di Trento, in cui si elogia il Canone Romano:

---

11   La rilevanza di questo principio è evidente se si considera che il *Missale Romanum* di Pio V, promulgato nel 1570, era ben poco diverso dai messali già in uso da molti secoli ed è poi rimasto universalmente utilizzato dalla Chiesa cattolica di rito romano per quattrocento anni. La sua abolizione, quindi, fu un esempio particolarmente eclatante di disprezzo per la tradizione ecclesiastica. Sarebbe in effetti difficile concepire un atto più temerario e *non-cattolico* di quest'arrogante liquidazione di un patrimonio accumulato in secoli di culto pubblico e pietà personale.

La Tradizione come norma ultima

E poiché le cose sante devono essere trattate santamente, e questo è il sacrificio più santo, la Chiesa Cattolica, perché esso potesse essere offerto e ricevuto degnamente e con riverenza, ha stabilito da molti secoli il sacro canone, talmente puro da ogni errore, da non contenere niente, che non profumi estremamente di santità e di pietà, e non innalzi a Dio la mente di quelli che lo offrono, formato com'è dalle parole stesse del Signore, da quanto hanno trasmesso gli apostoli e istituito piamente anche i santi pontefici.[12]

Questa citazione ci rimanda a tutte le sfere della tradizione: dominica ("le parole stesse del Signore"), divino e umano-apostolica ("quanto hanno trasmesso gli apostoli") ed ecclesiastica ("quanto hanno istituito piamente i santi pontefici"). Il Concilio di Trento innalza per la nostra ammirazione e piena adesione la più perfetta dimostrazione della bontà e giustizia della prassi millenaria del culto della Chiesa: vale a dire, il testo liturgico centrale e definitivo per il sacrificio eucaristico di tutti i riti d'Occidente, integro come appare sin dall'anno 604. Dovrebbe farci non poco riflettere il fatto che proprio questa preghiera sia stata non soltanto modificata, ma resa meramente facoltativa dalle riforme liturgiche degli anni Sessanta, i cui protagonisti guardavano al Canone con disprezzo.[13]

ASPETTI ESSENZIALI E INCIDENTALI: LA CONFUSIONE DI UNA DISTINZIONE

Se possiamo riconoscere con Hervé che nella Chiesa esistono diversi tipi di tradizione e che non tutti godono di eguale autorità o immutabilità, noi cattolici dobbiamo comunque valorizzare l'*insieme* della nostra tradizione ad ogni suo livello, perché l'intreccio di tutti i suoi elementi forma il bellissimo e minuzioso arazzo della Fede. Per questo motivo è non solo fuorviante ma addirittura pericoloso operare una distinzione troppo netta tra ciò che è "essenziale", "sostanziale" o "primario" e ciò che è "accidentale", "accessorio" o "secondario".[14]

---

12 Concilio di Trento, Sess. XXII, cap. 4.
13 Come vedremo in dettaglio nei capitoli 8 e 9.
14 Il termine "accidentale", nel senso in cui l'userò, deriva dalla filosofia greca: diversamente dalla sostanza, che indica la realtà di fondo permanente, gli accidenti sono quelle caratteristiche che hanno la loro esistenza solo *entro*

IL RITO ROMANO DI IERI E DI DOMANI

Prendiamo la seguente affermazione: "Nella Messa tutto ciò che conta è la presenza di Gesù; tutto il resto è secondario". O, più in breve, "la Messa è sempre la Messa". Senza dubbio è estremamente importante che Gesù sia presente, perché altrimenti ciò che mangiamo non è altro che cibo ordinario. Ma la liturgia ha uno scopo più grande del prepararci un pasto, e persino la presenza di Nostro Signore ha una portata e uno scopo più grandi della sola Comunione sacramentale. La Messa è l'atto solenne, pubblico e formale di adorazione, ringraziamento e supplica che Cristo Sommo Sacerdote offre al Padre, e che tutto il Suo Corpo Mistico offre in unione con Lui. È l'atto principe della virtù della religione, con il quale offriamo a Dio un sacrificio di lode degno della Sua gloria. È la massima espressione delle virtù teologali di fede, speranza e carità. È l'irruzione del regno dei cieli nel nostro tempo e nel nostro spazio terreni. È la festa nuziale del Re dei re. È la ricapitolazione dell'intero universo creato nel suo Alfa e Omega. Proprio perché essa è tutte queste cose, la Chiesa, nel corso dei secoli, non ha lesinato sforzi né spese per rendere più belli e più solenni i suoi riti liturgici. Come disse giustamente Giovanni Paolo II: "Come la donna dell'unzione di Betania, la Chiesa non ha temuto di «sprecare», investendo il meglio delle sue risorse per esprimere il suo stupore adorante di fronte al dono incommensurabile dell'Eucaristia".[15] Quindi, se è vero che le uniche cose *necessarie* per la validità di una Messa di rito romano sono il pane di grano e il vino d'uva, un sacerdote e le parole della consacrazione, pensare che questo sia *sufficiente* per l'offerta del Santo Sacrificio della Messa tradisce una visione riduttiva, minimalista e gretta. Glorificare Dio e santificare le nostre anime non possono essere separati dall'*adeguatezza* del culto che Gli offriamo.

Si può fare un'analogia: la tradizione dominica è come l'anima, quella divino-apostolica è come il corpo, e le altre due

---

una sostanza, qualificandola, quantificandola o modificandola in altro modo. Esempi di sostanza sono: l'uomo, il cavallo, la rosa, la quercia, il ferro, l'oro; esempi di accidente sono: il bianco, il giallo, il caldo, il freddo, il metro, i due metri, il doppio, la metà, il sedersi, lo stare in piedi. Cose del genere non possiedono di per sé un'esistenza extra-mentale, al di fuori della mente, ma esistono solo in connessione con le sostanze.

15 Lettera enciclica *Ecclesia de Eucharistia*, §48.

(umano-apostolica ed ecclesiastica) sono come gli abiti portati sul corpo. Tutte e tre si fondono per "fare" l'uomo. Qualcuno potrebbe obiettare che l'abbigliamento di una persona non ha importanza, perché non fa parte della sua natura o della sua essenza. Il principe dei filosofi, Aristotele, colloca l'abbigliamento tra le categorie degli accidenti. La cosa essenziale (potremmo dire) è l'essere chi e ciò che si è: un essere umano, una persona; ciò che si *indossa* è puramente accidentale. La fallacia di questo ragionamento consiste nel sostituire una considerazione metafisica a una considerazione morale e psicologica. Il nostro abbigliamento è metafisicamente estrinseco a noi, ma non per questo siamo dei nudisti: il nostro abbigliamento è un'estensione della nostra umanità, una manifestazione della nostra personalità. Non dobbiamo spingerci fino a dire che "l'abito *fa* il monaco", ma senza dubbio esso *presenta* il monaco, lo caratterizza, lo predispone a un compito piuttosto che a un altro, come pure lo maschera, lo nasconde, lo protegge.[16] Come ha scritto John Senior, con parole che non valgono solo per i monaci ma per tutti: "Nell'ordine morale e spirituale, noi diventiamo ciò che indossiamo tanto quanto ciò che indossiamo diventa noi – e lo stesso vale per il modo in cui mangiamo e per ciò che facciamo. [. . .] L'abito dei monaci, le campane, la vita ordinata, la 'conversazione', la musica, i giardini, la preghiera, il duro lavoro e le mura del convento: tutte queste forme accidentali e accessorie conformavano la vita morale e spirituale dei cristiani all'amore di Maria e di suo Figlio".[17]

Allo stesso modo, l'essenza della liturgia della Chiesa è semplice: sta tutta nel tempio del Cuore di Gesù Cristo, nostro eterno Sommo Sacerdote, dove risiede il perfetto culto del Padre nello Spirito. Ma l'"abito" di questo culto è di importanza decisiva *per noi*, che interagiamo con Nostro Signore attraverso il Suo Corpo

---

16 Ciò è un'applicazione del principio più ampio per cui le culture (ivi incluse le sottoculture) si manifestano nell'aspetto, nell'abbigliamento, nel comportamento, nel linguaggio e in altri caratteri. Le sottoculture definite dagli stili musicali – la musica classica, il jazz, l'heavy metal, il rap, il country, il reggae – offrono un chiaro esempio di tale assunto.

17 John Senior, *The Restoration of Christian Culture* (Norfolk, VA: IHS Press, 2008), pp. 130-31.

visibile, la Chiesa, e attraverso i suoi riti visibili. Il modo in cui questi riti sono strutturati, svolti e partecipati influenzerà inevitabilmente la nostra comprensione dei misteri della fede e la nostra capacità di metterli in pratica nella nostra vita. L'abito che ricopre il corpo delle nostre preghiere è, semmai, di gran lunga più importante di qualunque abito che un essere umano possa indossare.

Possiamo vedere quanto sia debole e problematica la distinzione così spesso tracciata tra elementi primari e secondari nella liturgia considerando alcuni altri esempi tratti dalla vita quotidiana. Il sesso di una persona – maschile o femminile – è un elemento primario o secondario? La natura umana in quanto tale – ossia astrattamente considerata – non è né maschile né femminile, ma solo uno sciocco potrebbe pensare che la mascolinità o la femminilità non siano di enorme importanza rispetto al *modo* in cui questa o quella persona è un essere umano, al modo in cui la sua umanità viene sperimentata, vissuta e condivisa. La lingua in cui una persona viene allevata, e attraverso cui impara non solo a parlare ma anche a *pensare*, è forse una questione di importanza secondaria e accessoria, solo perché in teoria avrebbe potuto parlarne una diversa? Sappiamo, al contrario, che la lingua può allargare o restringere le possibilità stesse del pensiero.[18] Lo stesso si può dire della più ampia cultura in cui un bambino si trova a nascere e dalla quale trarrà aspirazioni più o meno elevate, orizzonti più o meno ampi. La cultura, dunque, è un aspetto primario o secondario nella costituzione di una persona umana? E ancora, non fa davvero alcuna differenza se una persona sia alta o bassa? Aristotele osserva che una persona di bassa statura può essere graziosa, ma non bella.[19] Analogamente, una liturgia eucaristica, per essere bella, deve possedere una certa consistenza, portata, densità e peso; altrimenti, il massimo che può raggiungere è la graziosità. In generale, la forza cumulativa degli elementi cosiddetti "secondari" è così grande che

---

18 Il cristianesimo si è sviluppato in un ambiente greco-romano in cui la filosofia aveva raggiunto notevoli conquiste nel campo dei concetti necessari per le formulazioni teologiche. Più tardi l'opera missionaria scoprì che alcune tribù primitive usano lingue in cui non è nemmeno possibile formulare il Credo cristiano.
19 Cfr. *Etica Nicomachea*, libro 4, cap. 3, 1123b7.

La Tradizione come norma ultima

l'elemento "primario" non può esistere, né esprimersi, farsi udire o risuonare senza di essi. San Basilio coglie bene la vanità di chi cerca un'essenza indipendente dalle sue qualità: "Non andiamo in cerca di una natura priva di qualità date dalla condizione della sua esistenza, ma sappiamo che tutti i fenomeni di cui la vediamo rivestita riguardano la condizione della sua esistenza e completano la sua essenza. Provate a togliere con la ragione ognuna delle qualità che essa possiede, e arriverete al nulla. Togliete il nero, il bianco, il peso, la densità, le qualità che riguardano il gusto, in una parola tutto ciò che vediamo in essa, e la sostanza svanisce".[20]

Pertanto, dobbiamo respingere il modo maldestro e superficiale con cui questa distinzione tra sostanza e accidente è stata utilizzata per smantellare e riconfigurare la liturgia romana in un modo che viola la sua genealogia, la sua cultura, la sua fisionomia, il suo linguaggio, la sua bellezza, la sua "personalità".

COSA DICIAMO – COME LO DICIAMO

Permettetemi di proporre un altro esempio: pensate al rapporto tra ciò che diciamo e come lo diciamo. *Cosa* diciamo è il contenuto concettuale che desideriamo comunicare a un terzo; *come* lo diciamo comprende la dizione, l'elocuzione e l'emozione, ossia la scelta delle parole, la chiarezza nel pronunciarle e il tono della voce. Si prenda il famoso monologo di Amleto:

> Essere, o non essere, questo è il dilemma:
> se sia più nobile nella mente soffrire
> colpi di fionda e dardi d'oltraggiosa fortuna
> o prender armi contro un mare d'affanni
> e, opponendosi, por loro fine? Morire, dormire...
> nient'altro, e con un sonno dire che poniamo fine
> al dolore del cuore e ai mille tumulti naturali
> di cui è erede la carne: è una conclusione
> da desiderarsi devotamente.

E se provassimo a riscrivere questo grande discorso nello stile di un moderno manuale?

---

20 Basilio di Cesarea, *Esamerone*, Hom. I, n. 8, trad. personale da quella inglese di Blomfield Jackson, in *Nicene and Post-Nicene Fathers*, Second Series, vol. 8, a cura di. Philip Schaff e Henry Wace (Buffalo, NY: Christian Literature Publishing Co., 1895), rivisto ed edito per New Advent da Kevin Knight.

IL RITO ROMANO DI IERI E DI DOMANI

> Il problema per lui era se continuare a esistere o meno, se fosse meglio sopportare le difficoltà di una situazione a malapena sopportabile, o resistere ai numerosi problemi che affliggono una persona, e quindi porvi fine opponendovisi. Pensò alla possibilità di morire: sarebbe stato semplice, come dormire. E con quel sonno possiamo porre fine ai numerosi dolori e alle miserie che gli esseri umani devono sopportare. È una fine che tutti auspicheremmo.[21]

Terribile, no? Nessuno pagherebbe per andare a teatro a sentire qualcosa del genere. Ma la vera poesia di Shakespeare ha attirato spettatori per oltre quattrocento anni e continua a farlo anche ai nostri giorni, quando peraltro l'inglese elisabettiano è, per molti, di difficile comprensione. Il pubblico non va a teatro soltanto per sapere il "succo del discorso", che sa di poter trovare comodamente su Wikipedia. Va per vivere un'esperienza complessa fatta di storia e interpretazione, di recitazione e sofferenza, di bellezza udibile e visibile. Il significato dell'opera si trova nella totalità irriducibile di questi elementi.

Se poi confrontiamo le pagine di un grande poeta del romanticismo con la sceneggiatura di qualche dimenticabilissimo film hollywoodiano d'oggigiorno, ci rendiamo subito conto che, pur trattando della stessa realtà – ad esempio, dell'*eros* o amore erotico che, sebbene macchiato dal peccato, fa comunque parte della creazione di Dio – il modo in cui la esprimono è così enormemente diverso che è come se stessero parlando di realtà, di fatto, diverse. Se il poeta eleva il tema con un bel linguaggio, dandogli una luce quasi spirituale, il regista lo sporca e lo svilisce con immagini gratuite che incitano alla lussuria e corrompono l'immaginazione. L'uno trasforma quasi l'*eros* in qualcosa di migliore; l'altro lo svuota di qualsiasi traccia di amore disinteressato. Spiace constatare lo stesso contrasto quando si confronta una traduzione elegante della Bibbia, come la King James Version inglese, con una versione priva di qualsiasi espressività come la New American Bible, che da decenni tormenta

---

21 Lo spunto per questa riscrittura è stato preso dal sito www.nosweatshakespeare.com/quotes/soliloquies/hamlet-to-be-or-not-to-be, consultato in data 26 febbraio 2020. La pagina web è stata in seguito modificata, ma il contenuto rimane dello stesso spirito.

La Tradizione come norma ultima

innumerevoli orecchie statunitensi.[22] Se noi esseri umani fossimo puri intelletti, potremmo scambiarci concetti senza usare parole, ma di fatto siamo intelletti incarnati o, con maggiore realismo tomistico, corpi intellettualizzati, per cui i significati che intendiamo trasmettere comprendono anche il modo in cui li trasmettiamo. In questo caso, corpo e abito sono, in un certo senso, inseparabili.

È piuttosto naif affermare che "una cosa è il dogma, un'altra è il modo in cui lo esprimiamo", come se le parole che usiamo per articolare la dottrina cristiana, le forme esteriori, fossero come un mucchio di magliette intercambiabili, da indossare a piacere perché tanto fan tutte "il loro dovere".[23] Ma abbiamo visto come questa sia una falsa metafora. Anche nell'ambito del dogma, il *modo* in cui una cosa viene detta è intimamente legato a *cosa* viene detto. La formula dogmatica a cui giunge un concilio o un papa è, nella sua particolarità concreta, la manifestazione della verità a cui la Chiesa è giunta a forza di studio, dibattiti e preghiere, e che impone con autorità ai fedeli. La verità da credere non è un concetto al di là della formula, ma il concetto *nella* formula. È, in breve, un'immagine in miniatura del Verbo fatto carne. Non è che le nostre formulazioni autorevoli, come il Credo apostolico o quello niceno-costantinopolitano, tendano incerte verso un'espressione adeguata, senza mai raggiungerla del tutto. No: il Credo è perfettamente vero in ogni sua riga e mai ha bisogno d'essere modificato. Certo, ci sono verità in più che possiamo aggiungervi – è per questo che i nostri Credo diventano più lunghi col passare del tempo. Ma ciò che già c'era non viene modificato né scartato.

---

22 Il dott. Anthony Esolen ha potuto dire che la New American Bible è scritta non in inglese ma in *nabbish*, ossia una lingua non parlata da alcuna esistente razza di creature. Si veda "A Bumping Boxcar Language", *First Things*, giugno 2011. È poi tornato più volte sui vizi della NAB, da ultimo nel suo *In the Beginning Was the Word: An Annotated Reading of the Prologue of John* (Brooklyn, NY: Angelico Press, 2021).

23 La più famosa espressione di questa posizione si trova nel discorso di apertura del Concilio Vaticano II di Giovanni XXIII: "occorre che questa dottrina certa ed immutabile, alla quale si deve prestare un assenso fedele, sia approfondita ed esposta secondo quanto è richiesto dai nostri tempi. Altro è infatti il deposito della Fede, cioè le verità che sono contenute nella nostra veneranda dottrina, altro è il modo con il quale esse sono annunziate, sempre però nello stesso senso e nella stessa accezione".

Facciamo un'applicazione di questo principio in campo liturgico: non è indifferente se diciamo "Signore, non son degno di riceverti, ma di' soltanto una parola ed io sarò guarito", come i cattolici di lingua inglese hanno fatto per quarant'anni nel Novus Ordo, oppure "Signore, non son degno *che tu entri sotto il mio tetto*, ma di' soltanto una parola e *l'anima mia sarà guarita*", come gli stessi cattolici dicono dal 2011, quando è entrata in vigore una nuova e più accurata traduzione. Non è indifferente se lo diciamo una sola volta in inglese o tre volte in latino. Non è questione di "zuppa o pan bagnato" se la Comunione la riceviamo in piedi e sulla mano o in ginocchio e sulla lingua, o se il Santo Sacrificio viene offerto rivolti verso oriente e verso il Sole di Giustizia oppure rivolti verso sé stessi, chiusi nel cerchio dell'assemblea. Non è la "stessa cosa detta in modi diversi". Sono, nel migliore dei casi, cose simili dette in modi alternativi; a volte, ahimè, cose opposte dette in modi opposti.

SIAMO STATI CREATI PER COSE PIÙ GRANDI – TRA CUI LA TRADIZIONE

Separare la sostanza dall'accidente, l'essenziale dall'accidentale, il concetto dall'espressione, il significato dal modo, non è poi una cosa tanto semplice. In effetti, mi viene in mente un solo caso in cui, per potenza divina, la sostanza è separata dall'accidente: il miracolo della transustanziazione. In ogni altro caso, sostanza e accidente si trovano insieme, a volte persino strettamente legati, come il colore della pelle è nella pelle; o come peli e capelli, pur non essendo vivi, sono tuttavia radicati nel cuoio capelluto o nel volto di un uomo. Una lezione, questa, che dovremmo tenere bene a mente quando consideriamo il valore e il peso delle tradizioni umano-apostoliche ed ecclesiastiche.[24] Perché sono proprio

---

24 In altre parole, corriamo il rischio di danneggiare o sfigurare una sostanza quando ne modifichiamo gli accidenti. Solo Dio può eseguire quest'operazione in modo impeccabile, e lo fa per un solo, speciale motivo: nutrirci di Sé stesso. In questo solo caso le leggi della natura vengono sospese. In ogni altro caso siamo tenuti a vivere in accordo con esse e a rispettarle quali decreti divini. Vi è, per di più, lo specifico problema dell'impossibilità di sapere con certezza quali dettagli nelle pratiche della nostra religione siano di istituzione divina o comunque divinamente ispirati. Ad esempio, nel Medioevo, l'esatta formula verbale della consacrazione del calice, comprese le parole *"mysterium fidei"*, era attribuita direttamente a Nostro Signore o agli Apostoli, e nemmeno

La Tradizione come norma ultima

queste tradizioni – alcune delle quali risalgono all'età apostolica, come ricorda San Basilio menzionando la preghiera rivolta verso oriente (*ad orientem*) – che più se la sono vista brutta negli ultimi cinquant'anni. Assistiamo a uno smantellamento totale, quasi un'epurazione staliniana, delle tradizioni, fenomeno a cui potremmo giustamente applicare la definizione specifica di "memoricidio", un omicidio della memoria.

Esiste tuttavia un'ironia divina nella nostra odierna situazione. Le generazioni più giovani incontrano la liturgia romana tradizionale in tutta la sua bellezza e potenza come se fosse qualcosa di nuovo, anziché come una cosa già in circolazione, che si possa dare per scontata. Quest'imprevisto bagliore di novità sul volto invecchiato della religione[25] genera spesso un sentimento di entusiasmo, meraviglia, gioia. È qualcosa di provocatorio e stimolante. Nutre la fede proprio come quei mirabolanti *"superfood"* che si trovano nei supermercati di prodotti salutistici. Le generazioni nate dopo il Concilio possono imbattersi *per la prima volta* in cose come il latino, il canto gregoriano, la polifonia, il culto *ad orientem*, calici gotici o paramenti di broccato, e reagire dicendo: "È così che dovrebbe essere!". Si può dire che questi giovani dimostrano sperimentalmente i motivi per cui lo Spirito Santo ha ispirato la Chiesa ad adottare queste pratiche e forme artistiche.[26] La ricomparsa

---

gli studiosi più meticolosi sono stati in grado di individuare un particolare momento storico in cui le parole *"mysterium fidei"* sarebbero state introdotte per la prima volta; tutto ciò che possiamo dire, ammettendo la triste incompletezza dei documenti dell'antichità, è che questo è quanto si trova nei più antichi manoscritti a noi sopravvissuti, tutti contenenti queste parole. Non è dunque assai più prudente – anzi, un dovere di riverenza verso quanto abbiamo di più sacro – conservare la formula così come appare nelle più antiche attestazioni del Canone Romano in nostro possesso? Si veda sul punto il capitolo 9.

25 Per rovesciare poeticamente lo stesso concetto, potremmo definirlo un nobile raggio dorato dell'antichità, venuto a posarsi su quello che era diventato lo smunto volto della Chiesa moderna (penso qui ad Aristotele, secondo cui il piacere completa l'operazione "come la bellezza che si aggiunge a coloro che sono nel fiore dell'età": Etica Nicomachea 10.4)

26 Sull'adeguatezza del canto latino-gregoriano al culto Romano-cattolico, si veda l'insuperabile studio di Michael Fiedrowicz, *The Traditional Mass: History, Form, and Theology of the Classical Roman Rite*, trad. inglese di Rose Pfeifer (Brooklyn, NY: Angelico Press, 2010), cap. 8: "Sacred Language", pp. 153-89; cfr. la mia conferenza "Gregorian Chant: Perfect Music for the Sacred Liturgy", *Rorate Caeli*, 1 febbraio 2020.

di elementi della tradizione cattolica che molti consideravano morti e sepolti ha un che di magico, quasi come quei video in *time-lapse* in cui le piante crescono in pochi istanti dal seme alla maturazione, fino al frutto. I più giovani hanno il privilegio di ricevere in un sol colpo, come discesa in forma compiuta dalla Gerusalemme Celeste, un'eredità che ha in realtà richiesto secoli per giungere a perfezione.

Una frase che viene spesso detta ai giovani dai benintenzionati promotori della nuova evangelizzazione dice: "Siete stati creati per cose più grandi". Una versione contemporanea della celebre frase di Sant'Agostino: "Tu ci hai fatti per Te, o Signore, e il nostro cuore è inquieto finché non riposa in Te". Certo, questa affermazione si riferisce soprattutto a Dio stesso, ma anche a tutto ciò che Egli ha donato al suo popolo nella storia della Chiesa, doni attraverso i quali possiamo trovare la (e riposo nella) Sua bellezza e santità. Non è venuto a portare soltanto lo stretto indispensabile, ma piuttosto un ricchissimo banchetto. Noi cattolici di rito latino possiamo trovare quest'abbondanza da Dio donata nel rito della Messa tradizionale, nell'Ufficio Divino, nei riti dei sacramenti, delle benedizioni e processioni, e in una miriade di devozioni. Quanto più grande è la nostra fame di sacro e la nostra sete di trascendenza, tanto più sarà gradito questo banchetto! La liturgia secolare della Chiesa cattolica è il frutto fecondo della rugiada dello Spirito Santo, come se si fossero realizzate, nella benedizione di Cristo sulla Sua Chiesa, le parole della benedizione di Isacco su Giacobbe: "Dio ti conceda rugiada dal cielo, terre grasse, frumento e mosto in abbondanza" (Gen 27,28). La storia di Israele ne offre un indizio: "Quando di notte cadeva la rugiada sul campo, cadeva anche la manna" (Num 11,9), come a dire: là dove lo Spirito Santo agisce nel corpo dei fedeli, lì troveremo il nutrimento che Dio ci ha preparato. Possiamo allora dire con il profeta Giobbe: "La mia radice avrà adito alle acque e la rugiada cadrà di notte sul mio ramo" (Gb 29,19).[27]

---

27 O, secondo la versione della Bibbia Martini: "La mia radice diffondesi lungo le acque, e la rugiada si poserà su' miei rami".

La Tradizione come norma ultima

TREMENDO E AFFASCINANTE

Una marea crescente di dati indica che i giovani stanno abbandonando il cristianesimo in massa. Questo fenomeno è trasversale a tutte le diverse confessioni. Studi recenti, come il tedesco Shell Jugendstudie, mostrano come la chiesa sia un luogo in cui, di regola, non è facile trovare dei giovani. Qual è di preciso il problema?

Ci sono, come sempre, diverse teorie, ma credo che dovremmo prendere in seria considerazione la tesi di Dom Karl Wallner, monaco dell'Abbazia di Heiligenkreuz con decenni di esperienza nella pastorale giovanile. In una conferenza intitolata "La profanazione del sacro e la sacralizzazione del profano", Wallner sostiene che

> l'esperienza del sacro è più fondamentale della nozione del divino. Ciò significa che la religiosità si basa innanzitutto sul lasciarsi toccare dall'esistenza di qualcosa che trascende il quotidiano, attraverso una sorta di purezza e maestosità, qualcosa che impone rispetto, qualcosa d'inaspettato. È solo a partire da questa esperienza che l'uomo ricerca in Dio l'origine di questo sentimento. [...] La necessità di essere coinvolti da quanto si avverte come "sacro", fino al punto di far rizzare i capelli in testa, è fondamentale per l'uomo, perché l'uomo è predestinato al sacro.[28]

A partire da questa intuizione, Wallner giunge a individuare il problema fondamentale del culto cattolico moderno nella mancanza di una *sensazione* palpabile, di un incontro con il sacro: "Se non coltiviamo il sacro e il decoro nelle nostre chiese, se dimentichiamo il *tremendum* e il *fascinans*, allora possiamo aspettarci che la psicologia umana si volgerà altrove per colmare quel bisogno di tremare di fronte a qualcosa di maestoso. Se riduciamo le nostre cerimonie liturgiche al livello di semplici cerimonie mondane, se le banalizziamo, non dobbiamo poi stupirci se le persone vanno altrove per soddisfare il loro innato desiderio di spazi sacri, simboli sacri, persone e testi sacri, da

---

28 Intervento in occasione dell'Accademia Internazionale tenuta il 31 agosto 2016 ad Aigen; trad. inglese di Aelredus Rievallensis, "Dom Karl Wallner: The Profanation of the Sacred and the Sacralisation of the Profane" sul blog *Canticum Salomonis*, 10 gennaio 2018.

venerare".²⁹ Fu proprio il movimento della desacralizzazione in nome della modernizzazione – dove la "modernità" era concepita in termini razionalistici e utilitaristici, escludendo la dimensione sensoriale, poetica, intuitiva e mistica del cattolicesimo – a caratterizzare le riforme liturgiche ed ecclesiali degli anni Sessanta!

Perché queste riforme erano destinate al fallimento? Uno dei motivi principali è il dominio della verbosità, dall'inizio alla fine; verbosità peraltro legata allo Zeitgeist degli anni Sessanta e Settanta. Tentando di essere "al passo con i tempi", il Novus Ordo si è cementato nell'epoca in cui ha visto la luce, perdendo le caratteristiche perenni e senza tempo del culto cattolico. Pensate al modo in cui viene celebrata Messa in una tipica chiesa parrocchiale. Paramenti, arredi sacri, canti e architettura sono fin troppo spesso una moda fossilizzata dai tempi d'oro della *boomer generation*. Quanti giovani e giovani adulti vorrebbero mai avere a che fare con cose del genere? Quante persone in generale desiderano genuinamente essere inondate di parole? Parole nel rito d'apertura coi suoi vuoti convenevoli (compreso l'immancabile e aliturgico "Buongiorno!"³⁰), parole in molteplici letture recitate con vezzi teatrali, in un'omelia sconclusionata, in un'anemica e sdolcinata "preghiera dei fedeli", in una preghiera eucaristica e in riti di comunione

---

29 Aelredus Rievallensis, trad., "Dom Karl Wallner". *Tremendum* significa terribile, che incute timore, spavento; *fascinans* indica qualcosa che assorbe, incanta, avvince. Questa coppia di parole è stata utilizzata come descrizione del sacro da Rudolf Otto. Wallner offre esempi di surrogati di pratiche religiose con cui le persone cercano di trovare o dare un significato a sé stesse e di entrare in contatto con qualcosa di "separato" dal quotidiano, come i pellegrinaggi sulle tombe di persone famose, un'ossessiva devozione allo sport, il culto dei VIP, la drammaturgia dei film e dei festival di musica rock, la dedizione zelante ad un movimento politico, le pratiche superstiziose. Non posso raccomandare abbastanza la lettura di questa conferenza, che contiene intuizioni preziose per comprendere gli ultimi cinquant'anni nonché le prospettive e i pericoli del momento attuale. Dovrebbero leggerla attentamente, in particolare, tutti coloro che si occupano di pastorale giovanile.
30 Si veda "De-ritualization" in Thomas Day, *Why Catholics Can't Sing*, ed. riv. (New York: Crossroad, 2013), pp. 38-54. Per un approfondimento sul problema della verbosità e della perdita del canto integrale come anche del silenzio, si veda Peter Kwasniewski, *Nobile bellezza, sublime santità. Perché la modernità ha bisogno della Messa tradizionale* (Verona: Fede & Cultura, 2021), cap. 10, "La pace della Messa bassa e la gloria della Messa solenne."

La Tradizione come norma ultima

interamente ad alta voce, nonché in battute conclusive ed ulteriori avvisi sulle attività parrocchiali? Come può la pace di Cristo pervadere le anime quando da parete a parete dominano rumore e chiacchiere? Non è certo una buona ricetta per attirare convertiti e ri-convertiti.[31] I cosiddetti *"nones"* - cioè coloro che non professano alcuna religione - preferiscono di gran lunga digiunare nel silenzio zen o ricorrere a droghe psichedeliche, piuttosto che abbuffarsi di un buffet verbale *all-you-can-eat*. E chi può biasimarli?

TESTIMONI DELL'INASPETTATO

Mentre il mondo del culto moderno, all'avanguardia quanto dei pantaloni a zampa di elefante, è in continua emorragia dei propri aderenti, sui giornali, riviste, social media e blog appaiono continuamente testimonianze di cattolici giovani e meno giovani che raccontano come il loro incontro con la liturgia tradizionale sia stato un drammatico momento di rivelazione, un inaspettato episodio di sindrome di Stendhal, una teofania che li ha attirati con forza verso Cristo e la sua Chiesa.

Scrivendo a proposito di liturgia, mi capita spesso di incontrare persone che vogliono condividere con me le proprie esperienze. Talvolta mi spiegano come la Messa tradizionale abbia insegnato loro, per la prima volta, a *pregare*, invece di un mero dire preghiere. Anche per me è stato così: non sono mai riuscito a comprendere l'idea della *lectio divina*, del pregare con la Bibbia, finché frequentando la Messa tradizionale non ho scoperto che questa, dall'inizio alla fine, consiste nella meditazione, anzi nella *mediazione* della Bibbia:

> Dal Salmo 50 all'Asperges, dal Salmo 42 ai piedi dell'altare al Graduale e all'Alleluia o Tratto tra le due letture,

---

[31] A giudicare dai contatti avuti coi fedeli nel corso degli anni, dalle testimonianze lette su carta o in rete e dagli aneddoti che tante persone hanno condiviso con me, azzarderei a dire che pochi di quanti oggi entrano nella Chiesa sono stati motivati a farlo dalla liturgia Novus Ordo nella sua veste anni '70. Queste persone entrano e rimangono nella Chiesa *malgrado* la liturgia, o perché non hanno idea alcuna di come la liturgia dovrebbe essere, o perché si sono imbattute in un Novus Ordo celebrato in maniera più decorosa, in linea con le loro aspettative. Ciò che ci ha dato il Consilium, nel *modus celebrandi* privilegiato da Paolo VI, è privo di qualsiasi forza attrattiva. Si veda il capitolo 4.

dai Salmi 140 e 25 all'Offertorio al Salmo 115 alla Comunione del sacerdote, dal Prologo di San Giovanni al termine della Messa fino ai versetti dei Salmi 17, 84, 101, 123 e altri ancora sparsi qua e là, oltre ai richiami agli altri libri sacri, l'*usus antiquior* adotta un approccio "immersivo" alla Sacra Scrittura la cui mancanza si avverte dolorosamente, nel suo rimpiazzo. La liturgia antica insegna al sacerdote e al popolo come *pregare* la Parola di Dio, come comprenderne il compimento e la realtà nel momento presente. È un corso intensivo di *lectio divina*. La liturgia ci mostra come la Parola sia per il culto e come il culto sia per la comunione in una sola carne col Dio incarnato.[32]

Vediamo quattro testimonianze – una selezione a rappresentare il gran numero di quelle che ho raccolto – sull'efficacia spirituale della liturgia tradizionale.[33] La prima:

> Sono ormai cinque mesi che partecipo alla Messa in latino ogni domenica. Devo dire che ha conquistato profondamente e completamente il mio cuore in modi che mai mi sarei aspettato. Ho cercato di rimanere aperto e sensibile a entrambe le espressioni della Messa, ma più vado avanti e più scopro che la Messa in latino possiede una bellezza e una verità che altrove, semplicemente, mancano. Trovo affascinante come mi sia stata rivelata improvvisamente, in questo modo. Ho frequentato il Novus Ordo con grande fedeltà, quotidianamente, per molto tempo. È come se un velo mi fosse stato tolto dagli occhi, e mi ritrovo perdutamente innamorato.

E il simile resoconto di un'altra persona:

> Adesso la Messa Tradizionale è la nostra messa ordinaria. All'inizio è risultato un po' sconvolgente, ma in un paio di mesi ci è diventato tutto più normale. Io con mia moglie siamo rimasti sbalorditi dal fatto che, per quanto all'inizio

---

32 Peter Kwasniewski, *Reclaiming Our Roman Catholic Birthright: The Genius and Timeliness of the Traditional Latin Mass* (Brooklyn, NY: Angelico Press, 2020), p. 163. Non v'è nulla di più profondamente non-protestante ed anti-protestante di questa caratteristica dell'antica liturgia cattolica. Cfr. Peter Kwasniewski, *Rinascita. La messa tradizionale come soluzione alla crisi della Chiesa* (Verona: Fede & Cultura, 2022), pp. 44-59 e 151-67.

33 Altri esempi possono essere trovati nel capitolo 1 di *Nobile bellezza, sublime santità*.

La Tradizione come norma ultima

non avessimo idea di cosa stesse succedendo, abbiamo pregato di più, durante la Messa, nel primo mese di Messa tradizionale che negli ultimi 10 anni di liturgie Novus Ordo messe insieme (o, almeno, la sensazione è stata quella!).

Da un ex alunno dell'Università Francescana di Steubenville:

> Posso onestamente dire di non essere mai stata così convinto, appassionato e assolutamente sconcertato riguardo alla nostra fede da quando, questa primavera, sono capitato alla mia prima Messa in latino. Dov'era tutto ciò durante tutta la mia vita?!? Perché al mondo qualcuno dovrebbe mai modificarla?!? Perché non l'avevamo alla Franciscan University?!? È stato come trovarsi morti di fame e imbattersi improvvisamente in un ricco banchetto; o totalmente disidratati, e poi essere portati fuori, misericordiosamente, sotto la pioggia. *Finalmente,* nonostante e pur in mezzo alla mia angoscia e alla mia confusione, il cattolicesimo ha un senso. Mi sento come se fossi finalmente tornato a casa.[34]

Un quarto esempio:

> Ho 38 anni e ho passato tutta la mia vita nella Messa Novus Ordo. Sono stata molto tiepida fino a circa quattro anni fa, quando Nostra Signora mi ha condotto a un'autentica relazione con suo Figlio attraverso il Rosario. [. . .] Ho finalmente assistito per la prima volta alla Messa tradizionale il mese scorso e sono rimasta talmente sopraffatta dalla solennità e dalla bellezza della Messa che non ho potuto trattenere le lacrime.

Ed è solo una delle tante persone che hanno avuto questa reazione – e ciò, ovviamente, non a causa di una qualche nostalgia (una trentottenne non ha l'età per essere nostalgica, a meno che non intendiamo la "nostalgia" nel senso filosofico e rarefatto con cui l'hanno concepita Wojtyła e Ratzinger[35]). Sulla scia dei Padri del deserto, dovremmo soffermarci sul significato delle lacrime. Nei miei venticinque anni come direttore di musica sacra per il

---

34 Quest'ex alunno frequentava Steubenville prima che la Messa Tradizionale iniziasse a essere celebrata regolarmente nel campus.
35 Si veda Peter Kwasniewski, "'What Is Most Deeply Human': Two Contrasting Approaches to Nostalgia", *NLM*, 30 dicembre 2013.

Novus Ordo, solo un paio di volte ho visto qualcuno uscire di chiesa in lacrime perché commosso dalla liturgia. Capita invece piuttosto spesso di vedere, durante una *Missa Cantata*, persone adulte o anziane con le lacrime agli occhi per "la solennità e la bellezza" che hanno sperimentato. È cosa nota tra i musicisti, probabilmente perché è più facile che queste persone ci avvicinino al termine della celebrazione. Lacrime del genere sono il segno di una commozione profonda, al di là del chiasso delle opinioni e dei preconcetti. Sono il segno di una liberazione e di una restaurazione interiori, di un ritorno a sé stessi e insieme di un'uscita da sé stessi. Sono l'esatto opposto di una messinscena; o di qualcosa fatto controvoglia solo perché fa bene, come prendere dell'olio di fegato di merluzzo. Anche se è difficile che tali persone, in seguito, abbiamo spesso questo genere di reazione, soprattutto quando si saranno abituate alla Messa tradizionale, il semplice fatto che questa forma di Messa susciti simili reazioni è già di per sé altamente significativo alla luce dei rilievi formulati da Wallner.

Come a riassumere tutte queste reazioni, Dom Alcuin Reid afferma, parlando della liturgia tradizionale:

> Quanto esige suscita in noi una risposta. Scopriamo che la sobrietà e la bellezza del rito, il silenzio in cui troviamo spazio per la preghiera interiore, la musica che non cerca di imitare il mondo o di blandire le emozioni ma che ci sfida e ci aiuta nell'adorazione del divino, insomma scopriamo che l'intera esperienza rituale dell'arcano e del sacro ci eleva, ci nutre.[36]

LO SPLENDORE DELLA VERITÀ

"Aspetta un momento" – obietterà a questo punto uno scettico – "In fondo tutto ciò non è soltanto una sorta di estetismo? Non è che vi state preoccupando di cose superficiali e vi dimenticate di ciò che conta *davvero*: che Gesù è presente nell'Eucaristia e che nel mio cuore ci siano fede e amore?"[37]

---

[36] Si veda Alcuin Reid, "On the Tenth Anniversary of *Summorum Pontificum*, We Can Safely Say the Doomsayers Are Wrong", *Catholic Herald* [ed. UK], 7 luglio 2017.

[37] Così, per fare un esempio concreto, il popolare apologeta Dave Armstrong ha affermato, a proposito del modo di ricevere la Santa Comunione:

La Tradizione come norma ultima

Questa, indubbiamente, è tra le più comuni obiezioni mosse contro il nostro insistere sul primato della tradizione. Possiamo confutarla se torniamo al rapporto tra sostanza e accidente. Infatti, non basta dire che sostanza e accidenti stanno sempre insieme e che, al di fuori della Santa Eucaristia, mai troviamo l'una separata dagli altri. In effetti, e ancor più, noi percepiamo la sostanza *attraverso* i suoi accidenti; la liturgia ci si rivolge come ad esseri incarnati, non come ad intelletti fluttuanti o a fasci vibranti d'emozioni, e la nostra risposta deve coinvolgere tutto il nostro essere, e non solo una qualche parte che più ci aggrada. Proprio gli accidenti ci permettono di accedere alla sostanza, di attingervi, di intuirla, di conoscerne le profondità. Scrive, a proposito della capacità dell'intelletto di "leggere all'interno delle cose" sulla base di quanto viene recepito dai sensi, San Tommaso d'Aquino: "*sotto* gli accidenti è nascosta la natura sostanziale delle cose, *sotto* le parole è nascosto il loro significato, *sotto* le similitudini e le figure è nascosta la verità in tal modo figurata; e anche le realtà intelligibili sono sempre *interiori* rispetto a quelle sensibili percepite esternamente; inoltre *nelle* cause sono nascosti gli effetti, e viceversa."[38] Il non-essenziale apre all'essenziale, come un sorriso o un broncio, una risata o una lacrima aprono una finestra sul cuore, o come l'oceano che si perde all'orizzonte apre all'infinità del suo Creatore. È proprio questa la qualità delle più grandi opere d'arte: mentre guardiamo ai contorni e colori immediati di un ritratto di Vermeer o di Rembrandt, la nostra mente viene trasportata oltre

---

"La questione essenziale, secondo le Sacre Scritture e la Santa Madre Chiesa, sta nella riverenza, nella solennità e nella pietà. Ciò che conta è quanto abbiamo dentro, e sarà esso a determinare il nostro comportamento esteriore, il nostro contegno e le nostre disposizioni" (*Communion in the Hand: Reactionaries vs. St. Cyril*, Patheos, 15 marzo 2020). Curiosamente, egli omette l'ovvia osservazione per cui la comunione in mano è stata gradualmente sostituita da quella in bocca *proprio perché* la fede della Chiesa stava ricercando il comportamento esteriore più adatto al mistero celebrato; né ammette che la causalità funziona nella direzione opposta, ossia che sono i nostri comportamenti, contegni e disposizioni ad influenzare "quanto abbiamo dentro". In presenza di un rito capace di rendere il credente più consapevole della sua partecipazione a un atto religioso di capitale importanza vi saranno molte meno comunioni superficiali, senza fede o in stato di peccato.

38 *Summa theologiae* [ST] II-II, q. 8, a. 1.

di essi, verso una realtà più grande di qualsiasi cosa un artista possa mai dipingere: l'intensità della vita, la luce dell'anima. La bellezza avviene, per così dire, quando c'è *chiarezza* su ciò che *la cosa in sé stessa* è. Quando qualcuno è attratto dalla liturgia tradizionale per ciò che vede o sente, non è a causa di una sua fissazione su queste cose, ma perché queste cose si coagulano intorno ad una realtà, il Sacrificio della Croce, e la mettono in risalto con una chiarezza che appaga. Le qualità esterne (o "accidenti") tanto si armonizzano con la natura del mistero che il risultato è lo *splendore* della *verità*. Per l'uomo come insieme di anima e corpo, per il cristiano come discepolo del Verbo fatto carne, *entrambi* gli elementi sono necessari: la verità *e* lo splendore. *Confessio et pulchritudo in conspectu ejus; sanctimonia et magnificentia in sanctificatione ejus.* "Lode e bellezza stanno davanti a Lui: santità e maestà nel Suo santuario" (Sal 95,6). Dom Gerard Calvet ce ne offre un commento perfetto:

> Nella Chiesa si entra da due porte: la porta dell'intelligenza e la porta della bellezza. La porta stretta [...] è quella dell'intelligenza; è aperta agli intellettuali e agli studiosi. La porta più larga è quella della bellezza. La Chiesa, nel suo mistero impenetrabile [...] ha bisogno di una terrena epifania accessibile a tutti: e questa è la maestosità dei suoi templi, lo splendore della sua liturgia e la dolcezza del suo canto.
>
> Pensiamo a un gruppo di turisti giapponesi in visita alla Cattedrale di Notre Dame di Parigi. Osservano l'altezza delle vetrate, l'armonia delle proporzioni. Supponiamo poi che in quel momento, avvolti in piviali di velluto aurifregiato, entrino in processione i sacri ministri per i vespri solenni. I visitatori assistono in silenzio; sono estasiati: la bellezza ha aperto loro le sue porte. Ora, la *Summa Theologiae* di San Tommaso d'Aquino e Notre Dame a Parigi sono prodotti della stessa epoca. Dicono le stesse cose. Ma chi tra quei visitatori ha letto la *Summa* di San Tommaso? Questo stesso fenomeno si riscontra a tutti i livelli. I turisti che visitano l'Acropoli d'Atene si trovano di fronte a una civiltà della bellezza. Ma chi tra loro è in grado di comprendere Aristotele?
>
> E così è per la bellezza della liturgia. Più d'ogni altra cosa merita di essere chiamata lo splendore della verità. Essa apre ai piccoli come ai grandi i tesori della sua magnificenza: la

La Tradizione come norma ultima

bellezza della salmodia, dei canti e dei testi sacri, le candele, l'armonia dei movimenti e la dignità del portamento. Con arte sovrana la liturgia esercita un' influenza realmente seducente sulle anime, che tocca direttamente, prima ancora che lo spirito ne percepisca l'influsso.[39]

Proprio per questo motivo – perché gli elementi esteriori ci dicono qualcosa della realtà che servono e ci attirano verso di essa – occorre fare attenzione che essi siano in armonia, che l'aspetto esteriore non contraddica apertamente o velatamente quello interiore. Sarebbe inappropriato mettere le vesti di un re su un poveretto, o un anello d'oro al muso di un maiale: c'è una discordanza tra la decorazione e la cosa decorata. Lo stesso vale anche in senso inverso: un re non indossa stracci sporchi, né il suo cavallo monta una sella da quattro soldi. Rivestire il re di abiti da re e adornare la sua cavalcatura in modo regale: ciò è *dignum et justum*. La superficie deve corrispondere alla natura della cosa e condurci direttamente in essa. Ciò non vuol dire essere "fissati" sugli aspetti esteriori, ma che gli aspetti esteriori *ci portano a fissare* il significato interiore.[40] Coventry Patmore condensa quest'intuizione in una quartina:

> Se Saggezza si vuol corteggiata,
> se vuol lo stolto dal sogno destare,
> ha d'esser lieta oltre che buona,
> e buona non sol esser, ma sembrare.[41]

---

39 Un monaco benedettino [Dom Gerard Calvet], *Four Benefits of the Liturgy* (Southampton: Saint Austin Press, 1999), pp. 19-20, trad. personale da quella inglese.

40 Si possono applicare alla liturgia come modalità di retorica gli argomenti a favore di una buona retorica verbale del Dr. Glenn Arbery: "A lungo si sono criticati gli abili oratori per aver fatto apparire delle false idee di bene più attraenti del bene reale. In *Paradiso perduto*, Milton scrive che il diavolo Belial 'potrebbe far sembrare il peggiore/il migliore dei motivi, per confondere e sconvolgere/i più maturi dei consigli'. Ma se qualcuno dal "lato sbagliato" può essere tanto efficace, è sufficiente trovarsi dal "lato giusto"? Nient'affatto. È necessario che il miglior ragionamento appaia anche come il migliore, nei suoi veri lineamenti e nella sua bellezza, e che ciò che è buono appaia come buono attraverso la padronanza delle medesime arti di cui dispone anche il più sottile dei nemici. Ne va del nostro futuro" ("O Oratory!", *President's Bulletin*, 22 febbraio 2018).

41 *The Angel in the House*, Libro I, canto X, strofa introduttiva, trad. personale. L'originale: "Would Wisdom for herself be woo'd, / And wake the

È *attraverso* la tradizione umano-apostolica ed ecclesiastica, come "accidenti", che possiamo accedere alla tradizione dominica e divino-apostolica, la "sostanza". Il patrimonio di caratteristiche più cangianti e, se vogliamo, superficiali ci permette di accedere al patrimonio del deposito immutabile, di attingervi, di intuirlo, di conoscerne le profondità. Ciò che incontriamo attraverso le tradizioni ecclesiastiche è la divina verità nella sua incomprensibile maestosità – e altro modo non ci è dato, fuor da una diretta ispirazione divina, per incontrarla. Ecco perché l'amore per la tradizione liturgica non è un capriccio passeggero o una fissazione sull'esteriorità, ma un percorso normale e necessario verso il cuore della questione: il Sacro Cuore di Nostro Signore, la saggezza e l'amore che Egli ha voluto affidare alla Sua Chiesa. Lungo questo percorso, che al contempo rende umile il nostro intelletto per la sua dipendenza dal sensibile, dal contingente e dal ricevuto, e nobilita i nostri sensi facendone compagni di viaggio verso la verità trascendente, veniamo integralmente santificati.

ALL'AMATO, TUTTO IL MEGLIO

Vale la pena di citare un'autrice spirituale, meravigliosa ma un po' sconosciuta, della Francia del XVII secolo, Madre Mectilde del Santissimo Sacramento (1614-1698), fondatrice delle Benedettine dell'Adorazione Perpetua. Una volta, nel momento in cui il Santissimo Sacramento doveva essere portato per la prima volta nella cappella di uno dei suoi conventi, Madre Mectilde espresse apertamente il suo sconcerto per la mancanza di cura nella decorazione di altari e santuari da parte dei giansenisti dell'epoca:

> Gesù Cristo, Nostro Signore, doveva fare il Suo ingresso nella Sua casa. Il giorno seguente, la festa di Ognissanti, ella disse, come presa dalla meraviglia: "Quale inconcepibile bontà v'è in Nostro Signore, a voler dimorare con noi! Oh! Che gran giorno è domani, gran festa per noi! Si porti tutto quanto v'è di più bello, di più fastoso, perché io possa adornarne l'altare. Rimango davvero esterrefatta che d'ogni parte del mondo non si porti tutto

---

foolish from his dream / She must be glad as well as good, / And must not only be, but seem".

La Tradizione come norma ultima

ciò che v'è di più ricco e di più raro per porlo sull'altare. Ma come! Quando i re entrano nelle loro città e i loro regni, ogni sorta di pompa è apprestata per riceverli. E che! Il mio Dio verrà ad abitare in mezzo a dei poveri miserabili, a delle misere creature, e nessuno vi pone pensiero? È assurdo. Non posso sopportarlo, né riesco a stupirmi abbastanza di questi giansenisti che non intendono adornare i loro altari".[42]

Madre Mectilde ha quella buona, naturale e corretta reazione che ha ogni innamorata quando pensa all'onore dovuto all'amato, e con zelo avverte che l'amato merita tutto quello che possiamo dare, il meglio che possiamo dare, da capo a piedi, interiormente ed esteriormente.

Si ricordino le reazioni poc'anzi riportate: la ragazza che scrive: "sono rimasta talmente sopraffatta dalla solennità e dalla bellezza della Messa che non ho potuto trattenere le lacrime"; il padre di famiglia che confessa: "più vado avanti e più scopro che la Messa in latino possiede una bellezza e una verità che altrove, semplicemente, mancano. [...] È come se un velo mi fosse stato tolto dagli occhi, e mi ritrovo perdutamente innamorato"; l'ex alunno della Franciscan University che sospira: "Mi sento come se fossi finalmente tornato a casa"; la coppia di coniugi che rimangono "sbalorditi" dal modo in cui la Messa antica suscita la loro preghiera; lo studioso che appunta: "Quanto esige suscita in noi una risposta". Attenzione: *non si tratta di reazioni relative alla Presenza Reale di Cristo, che si trova in qualsiasi forma della Messa. Si tratta delle reazioni a una costellazione di tradizioni ecclesiastiche*

---

42 *The Mystery of Incomprehensible Love: The Eucharistic Message of Mother Mectilde of the Blessed Sacrament* (Brooklyn, NY: Angelico Press, 2020), 101. Occorre ricordare che i giansenisti erano razionalisti in campo liturgico: volevano semplificazione, abbreviazione, vernacolarizzazione, riduzione delle feste, reintroduzione di pratiche antiche da lungo tempo superate, e così via - tendenze tutte che si sarebbero ripresentate nell'ultima fase del Movimento Liturgico sfociato nel Novus Ordo. Si veda Kwasniewski, *Nobile bellezza, sublime santità*, pp. 156-78; Kwasniewski, *Reclaiming Our Birthright*, pp. 48-53; "Does Pius VI's *Auctorem Fidei* Support Paul VI's Novus Ordo?", nel mio libro *The Road from Hyperpapalism to Catholicism: Rethinking the Papacy in a Time of Ecclesial Disintegration* (Waterloo, ON: Arouca Press, 2022), vol. 1, cap. 9.

che, *concentrate*, si sono tramandate per secoli per poi essere indecorosamente rottamate nella reinvenzione postconciliare della nostra auto-percezione comunitaria. La liturgia tradizionale ha il potere di suscitare in noi atteggiamenti appropriati al momento in cui assistiamo al Santo Sacrificio, col privilegio di stare alla presenza in carne e ossa di Nostro Signore: l'umiltà, il timore reverenziale, la devozione, la contrizione, l'abbandono di sé, la gioia tranquilla. Senza tutto ciò, come possiamo essere quei "veri adoratori" che "adorano il Padre in spirito e verità" (cfr. Gv 4,23-24)? Come potrà la Chiesa guarire dal suo caos interiore, o essere capace di offrire al mondo una sicura salvezza?

Gli entusiasti fautori di una "nuova evangelizzazione" devono abituare le orecchie a un messaggio nuovo: ciò di cui più oggi abbiamo bisogno nella Chiesa cattolica non è un maggiore adattamento ai gusti e alle tattiche del mondo secolarizzato, bensì il riaccendersi del fuoco, della luce e del calore che hanno reso vincente e gloriosa l'*antica* evangelizzazione.[43] "Chi ha orecchi, ascolti ciò che lo Spirito dice alle Chiese" (Ap 2,17). La diffusa riscoperta della tradizione è una grazia straordinaria, data in risposta all'allarmante amnesia identitaria, a quella crisi di fedeltà e persino di identità che la Chiesa cattolica sta attraversando nel nostro tempo. Volendo trarre una metafora dalla medicina, è come se alla recrudescenza del cancro modernista faccia fronte la rigenerazione cellulare della tradizione.

Alla fine, o i cattolici saranno tradizionali o non saranno affatto. Questa consapevolezza ci conforta nella prova e, allo stesso tempo, suscita un senso sempre crescente di responsabilità: la tradizione non è qualcosa che, in noi, prevale automaticamente, senza alcun nostro sforzo, come del resto non lo sono l'ortodossia o la buona morale. Proprio come dobbiamo educarci nella dottrina cattolica e lottare contro la nostra natura umana decaduta attraverso l'ascesi

---

43 Claire Chretien, "US Bishops ask young Catholics why they stayed in Church. They respond it's the Latin Mass", *LifeSiteNews*, 13 giugno 2019. Il numero di testimonianze di questo tipo è ormai così grande che se ne potrebbero facilmente compilare diverse antologie. Si veda, per averne un assaggio, David Dashiell, ed., *Ever Ancient, Ever New: Why Younger Generations are Embracing Traditional Catholicism* (Gastonia, NC: TAN Books, 2022).

La Tradizione come norma ultima

e la cosciente aspirazione alla virtù, così dobbiamo imparare (o reimparare) le nostre tradizioni in tutta la loro ampiezza e ricchezza, o esse evaporeranno nei venti roventi della tarda modernità. Un autore contemporaneo, Lewis Hyde, ha coniato l'espressione "la fatica della gratitudine": fare veramente propria un'eredità significa essere consapevoli del suo valore, esserne grati a Dio, faticare per conoscerla sempre meglio e adoperarsi perché si mantenga viva e vegeta e perché, malgrado ogni ostacolo, sia trasmessa ai posteri. Dobbiamo far nostro il sentimento del Salmista: "La sorte è caduta per me sopra le cose migliori: e certamente la mia eredità è preziosa per me" (Sal 15,6). Scrisse un giorno sant'Agostino: "Dio, che ti ha creato senza di te, non ti salverà senza di te". Siamo fortunati, non siamo noi a dover *creare* le tradizioni ecclesiastiche, ma Dio *ci chiede*, con il Suo aiuto, di salvarle. Queste tradizioni si meritano una "protezione ambientale" molto più di quanto l'abbia mai meritata qualsiasi specie animale o vegetale in via di estinzione.

Senz'altro San Paolo intercede per noi e continua ad ammonirci dal suo trono apostolico, nella gloria: "Fratelli, state saldi e mantenete le tradizioni". Davvero Dio ci ha dato la rugiada del cielo, le primizie della terra, l'abbondanza di grano e vino. Egli desidera da noi lacrime di desiderio per Lui, un desiderio che Egli suscita nel mezzo del Suo Tempio, attraverso la bellezza penetrante e l'impressionante riverenza dei nostri riti tradizionali. Ha trasformato il pane del nostro dolore nella manna degli angeli; la mera acqua che ci mantiene in vita l'ha trasformata nel vino del Suo sangue, che dona vita eterna nella visione beatifica. Ai felici sposi delle nozze di Cana, e quindi a tutti noi che siamo invitati, con Sua Madre, alle nozze dell'Agnello, si possono certamente applicare le parole del Salmista: "Saranno inebriati della opulenza della tua casa, e al torrente delle tue delizie darai loro da bere" (Sal 35,9).

È nella Liturgia che lo spirito che ha ispirato le Sacre Scritture continua a parlare; la Liturgia è la tradizione stessa nel suo più alto grado di forza e solennità.

—Dom Prosper Guéranger

Dobbiamo conservare, e continuare con il massimo rispetto una tradizione tramandata di secolo in secolo, una tradizione piena di significato (come chiunque deve ammettere), infine una tradizione che, proprio perché misteriosamente ispirata dallo Spirito Santo, sfugge a ogni calcolo umano.

—Herman Schmidt (1961)

Per "profane novità di parole" ci riferiamo qui a nuovi canti, nuove cronache, nuove letture e orazioni e altre novità del genere che non facevano parte del culto dei nostri antenati.... L'Apostolo ci esorta a evitare queste profane novità di parole perché "nel riordinare le cose, deve aversi in vista qualche chiaro vantaggio, tale da giustificare l'allontanamento da una norma che da tempo immemorabile è parsa giusta" (*CICiv*, Dig. 1.4.2 pr.). "Non dovrebbero introdursi novità senza motivo, perché il cambiamento è pericoloso e giustamente lo si rimprovera di aprire la porta a [ulteriori] novità" (distinzione 11, Quis nesciat). E "la novità adottata nel rito ecclesiastico è madre della temerarietà, sorella della superstizione e figlia della leggerezza", secondo quanto scrive San Bernardo nella sua Epistola ai Canonici di Lione.

—Rodolfo de Rivo († 1403)

… { 2 }…

Le leggi dello sviluppo organico e la rottura del 1969

TRA TUTTE LE DOMANDE CHE CI SI PUÒ porre sulla liturgia, tre sono le più elementari: Da dove viene? Perché è così com'è? E che differenza fa tutto ciò? Talvolta capita di incontrare cattolici tradizionali che pensano al rito romano classico come a qualcosa che è stato istituito nei minimi dettagli da Cristo stesso, vuoi durante l'Ultima Cena, vuoi durante i quaranta giorni successivi alla sua resurrezione, quasi si trattasse di una versione più piacevole e meno affrettata di quei corsi di preparazione alla celebrazione della Messa in latino organizzati sulla scia di *Summorum Pontificum*. Qualcuno potrebbe rimanere deluso nell'apprendere che questo non è affatto il modo in cui le cose, storicamente, sono andate. Tuttavia, come spero di dimostrare, che la liturgia venisse istituita sin dall'inizio nei suoi dettagli sarebbe stato tanto inopportuno quanto lo sarebbe stato, per Nostro Signore, il consegnare agli Apostoli la *Summa theologiae* o il *Compendio di teologia dogmatica* di Ludwig Ott. E la ragione di ciò è molto simile a quella indicata da Sant'Agostino quando elogia il tortuoso procedere dei settantatré libri ispirati della Sacra Scrittura, scritti nel corso di molti secoli da molti individui con stili e accenti differenti, ma che nel complesso costituiscono un unico volume donato da Dio e che converge su Cristo.

Sappiamo dalla Sacra Scrittura che la liturgia della Nuova Alleanza è stata istituita da Nostro Signore e ha conosciuto un processo di crescita già durante la vita degli Apostoli, che continuarono a partecipare alle funzioni giudaiche fintanto che la loro presenza fu tollerata, mentre in privato si riunivano per lo "spezzar del pane". Le testimonianze storiche – come i vari messali, lezionari e raccolte di gregoriano in nostro possesso – mostrano uno sviluppo graduale nel culto pubblico della Chiesa, specialmente dopo che questa ottenne la libertà con l'Editto di Milano del 313, grazie al quale poté trasferire la liturgia nelle ampie basiliche romane. Nei riti orientali come in quelli occidentali, ogni secolo produce nuovi frutti – nuove preghiere, feste e cerimonie – ma *sempre* sulla base di quanto precede, in un processo che viene meglio compreso come un'elaborazione e un'ulteriore estensione dei contenuti preesistenti. Questo è, a mio avviso, il significato più elementare di sviluppo "organico": tutto ciò che viene dopo emerge, come in modo naturale, da ciò che già c'era.[1]

Naturalmente in tutto ciò entra in gioco il libero arbitrio dell'uomo e il libero corso degli eventi storici contingenti. Non siamo automi che agiscono in modo predeterminato, né la storia della Chiesa è come un treno che procede su binari prestabiliti. Non c'era alcuna necessità intrinseca che Santo Stefano fosse il primo martire, o che il culto di San Lorenzo assumesse un tale rilievo nella Chiesa romana, o che il rito romano fosse adottato da Carlo Magno in Gallia e poi riportato oltre le Alpi assieme agli abbellimenti gallicani, come la processione della Domenica delle Palme[2]. Più in generale, non era necessario che tutti i cristiani celebrassero nella stessa maniera: ecco perché abbiamo molte famiglie di riti liturgici ortodossi, siano essi il romano, l'ambrosiano, il mozarabico, il copto, il caldeo, il bizantino, lo slavo o il siro-malabarese.

Il modo di intendere e valutare lo sviluppo della liturgia è la questione fondamentale alla base di ogni dibattito o divergenza in campo liturgico, non soltanto ai nostri giorni, ma, si

---

1 Il Concilio Vaticano II si richiama proprio a questo concetto: "Non si introducano innovazioni se non quando lo richieda una vera e accertata utilità della Chiesa, e con l'avvertenza che le nuove forme scaturiscano organicamente, in qualche maniera, da quelle già esistenti" (Costituzione sulla Sacra Liturgia *Sacrosanctum Concilium* [SC], §23). Mai un testo conciliare fu maggiormente violentato, all'atto pratico. Ad oggi, lo studio definitivo sul tema rimane *Lo sviluppo organico della liturgia* di Dom Alcuin Reid, trad. Valentina Poggi (Siena: Cantagalli, 2013). Devo sottolineare, tuttavia, che non concordo con Reid sulla difendibilità della Riforma della Settimana Santa di Pio XII. Si vedano i capitoli 7 e 12.
2 Si veda l'eccellente sintesi storica di Michael Fiedrowicz in *The Traditional Mass: History, Form, and Theology of the Classical Roman Rite*, trad. ing. di Rose Pfeifer (Brooklyn, NY: Angelico Press, 2020), pp. 17-24.

può ragionevolmente ritenere, lungo tutta la storia della Chiesa. Pertanto, comprendere il modo in cui la liturgia si sviluppa ci pone di fronte a una sfida non dissimile da quella affrontata da John Henry Newman quando scrisse il suo saggio sullo "*Sviluppo della dottrina cristiana*". Come distinguere gli sviluppi buoni da quelli cattivi, altrimenti noti come corruzioni? [3] Qual è il rapporto tra elementi essenziali immutabili ed elementi mutevoli e accidentali? Può essere legittimo considerare "la divina liturgia" come qualcosa che ci giunge dal cielo, che dobbiamo semplicemente ricevere, analogamente alla rivelazione divina? Oppure la liturgia cristiana è in uno stato di perpetua evoluzione? È possibile armonizzare i due punti di vista vedendo la liturgia come teleologica, ovvero in movimento nel tempo verso una qualche perfezione o pienezza di forma che, di fatto, a un certo punto raggiunge? E se è così, possiamo individuare questo punto? Quali criteri potremmo usare per identificarlo?

Nella sua prefazione al libro *Lo sviluppo organico della liturgia* di Alcuin Reid, l'allora cardinale Joseph Ratzinger scrisse quanto segue:

> La crescita è possibile solo se viene preservata l'identità della liturgia, e [. . .] uno sviluppo adeguato è possibile soltanto prestando attenzione alle leggi che dall'interno sostengono questo "organismo". Come un giardiniere accompagna una pianta durante la sua crescita con la dovuta attenzione alle sue energie vitali e alle sue leggi, così anche la Chiesa dovrebbe accompagnare rispettosamente il cammino della liturgia attraverso i tempi, distinguendo ciò che aiuta e risana da ciò che violenta e distrugge. Se le cose stanno in tal modo, allora dobbiamo cercare di definire quale sia la struttura interna di un rito, nonché le sue leggi vitali, così da trovare anche le giuste strade per preservare la sua energia vitale nel mutare dei tempi per incrementarla e rinnovarla. [4]

---

3 Si veda "Claude de Vert's Simple, Literal, and Historical Explanation of the Ceremonies of the Mass: A Watershed of the Catholic Enlightenment", *Canticum Salomonis*, 6 maggio 2019.
4 Dom Alcuin Reid, *Lo sviluppo organico della liturgia*, trad. Valentina Poggi (Siena: Cantagalli, 2013), p. 5.

Se riusciremo ad articolare tali criteri, avremo una solida guida per molti altri punti oggetto di dibattito, come ad esempio se (e quanto) le cerimonie liturgiche debbano essere solenni, se la preghiera *ad orientem* e la lingua latina siano da conservare, a quali tipi di musica, paramenti e architettura sia opportuno ricorrere, in che modo i fedeli debbano presentarsi per la Santa Comunione, e così via.

LA DISTINZIONE VINCENZIANA:
PROFECTUS E *PERMUTATIO*

Il padre della Chiesa del V secolo San Vincenzo di Lérins spiega in che modo la dottrina cristiana possa legittimamente svilupparsi nel tempo. A San Vincenzo non interessa limitarsi a descrivere il cambiamento, come farebbe un sociologo; piuttosto, egli propone un quadro teologico circa il tipo di cambiamento possibile e auspicabile in seno al cristianesimo:

> [È necessario] che la religione delle anime imiti il modo di svilupparsi dei corpi, i cui elementi, benché col progredire degli anni si evolvano e crescano, rimangono però sempre gli stessi. C'è grande differenza, infatti, tra il fiore dell'infanzia e la maturità della vecchiaia; tuttavia, quelli che ora sono vecchi sono gli stessi che furono adolescenti. L'aspetto e il portamento di un individuo muteranno, ma si tratterà sempre della stessa natura e della stessa persona. Piccole sono le membra dei lattanti e più grandi quelle dei giovani, e tuttavia sono le stesse. Tante membra hanno gli adulti, quante ne hanno i bambini, e se qualche cosa di nuovo appare in età più matura già preesisteva nell'embrione; cosicché nulla di nuovo si manifesta nell'adulto che non si trovasse in forma latente nel fanciullo.
>
> Non c'è alcun dubbio che questo è il processo regolare e normale del progresso, secondo l'ordine preciso e bellissimo della crescita: l'aumento dell'età rivela nei grandi le stesse parti e proporzioni che la sapienza del Creatore aveva delineato nei piccoli. Se la forma umana prendesse in seguito un aspetto estraneo alla sua specie, se le fosse aggiunto o tolto qualche membro, necessariamente tutto il corpo perirebbe o diventerebbe mostruoso, o perlomeno si debiliterebbe.

Le leggi dello sviluppo organico e la rottura del 1969

> Le stesse leggi di crescita [*profectus*] deve seguire il dogma cristiano, sì che esso si consolidi nel corso degli anni, si sviluppi nel tempo, si renda più maestoso con l'età, in maniera tale però che rimanga incorrotto e incontaminato, integro e perfetto in tutte le sue parti e, per così dire, in tutte le sue membra e sensi, senza ammettere nessuna alterazione [*permutatio*], nessuna perdita delle sue proprietà, nessuna variazione di ciò che è definito.[5]

Una riflessione simile la fece il cardinale Alfons Maria Stickler (1910-2007), grande canonista e sostenitore della liturgia tradizionale. Egli scrive che la Chiesa "non è stata fondata da Cristo come un'istituzione già rigidamente e irrevocabilmente costituita, ma come un organismo vivente che – come il corpo [umano], che è un'immagine della Chiesa – doveva conoscere uno sviluppo, passando dallo stato embrionale, in cui tutte le caratteristiche essenziali del suo essere erano presenti in forma germinale, a un processo di crescita secondo le circostanze esterne e un necessario adattamento alle stesse, e pure – non da ultimo – attraverso l'azione positiva del libero arbitrio umano".[6] Quest'analogia con un organismo vivente, corporeo, è stata sovente applicata anche alla liturgia, che cresce fino alla piena maturità attraverso un processo di articolazione ed espansione, un po' come una quercia da una ghianda.

Tuttavia, non si deve forse mettere in dubbio quest'analogia per il fatto che dovrebbe implicare, a un certo punto, uno stato di decrepita vecchiaia? In effetti, ciò è quanto pensavano i riformatori della liturgia di metà Novecento: che la liturgia romana fosse invecchiata, raggrinzita, ossificata, fossilizzata. Aveva smesso di svilupparsi per diventare un "pezzo da museo". Per questo motivo, a loro avviso, essa aveva smesso di attrarre o edificare gli uomini moderni.[7]

---

5 San Vincenzo di Lérins, *Commonitorium*, cap. 23, nn. 55-56, trad. Cesare Colafemmina (Alba: Ed. Paoline, 1968), pp. 137-138.
6 Citato in Roberto de Mattei, "Defending 'True Devotion to the Chair of St. Peter': A Response to Professor Douglas Farrow", *Catholic Family News*, 17 dicembre 2018.
7 Pur riconoscendo l'esagerazione di queste affermazioni – c'erano molti segnali positivi nel periodo tra la prima e la seconda guerra mondiale: conversioni, vocazioni abbondanti, famiglie numerose e un'eccellente

Ma l'analogia di San Vincenzo non vuole stabilire una corrispondenza biunivoca tra lo sviluppo della dottrina e le leggi che governano la biologia, soprattutto dal momento che questa si trova sotto il regno del peccato originale e della relativa punizione, la morte. Se l'uomo non fosse caduto dallo stato di grazia, sarebbe ugualmente cresciuto dall'infanzia fino alla piena maturità, ma sarebbe poi rimasto nel fiore della salute fino a quando Dio non l'avesse direttamente chiamato in cielo. Allo stesso modo, la dottrina della Chiesa, o meglio, l'espressione della sua dottrina, si sviluppa fino alla maturità, ma non declina mai nella malattia, nella vecchiaia o nella senilità.[8] Parimenti, la sua liturgia si sviluppa sotto la guida della Divina Provvidenza, sotto il soffio dello Spirito Santo, che è Signore e dà la *vita*, rendendo nuovamente presenti i misteri del Cristo glorificato, che ha vinto la morte e vive per sempre. Di conseguenza, *questa* liturgia, nelle sue grandi linee come nei suoi adorabili dettagli, cresce di forza in forza, di gloria in gloria, fino a raggiungere una statura che può essere

---

letteratura cattolica in tutte le più importanti lingue – è tuttavia innegabile la crescente disaffezione verso il cattolicesimo, all'epoca, da parte dei popoli europei continentali; e già prima del Concilio Vaticano II si notava un calo nelle corrispondenti statistiche. La consapevolezza della necessità di una nuova opera di promozione del cattolicesimo spiega l'apparente plausibilità delle motivazioni per cui Giovanni XXIII convocò il Concilio Vaticano II. Come è noto, tuttavia, nel mondo occidentale il generale declino in ogni settore della vita cattolica è rapidamente accelerato, dopo il Concilio. È evidente questo, a dir poco, non ha raggiunto gli obiettivi per i quali era stato convocato.

8 Questo è ciò che accade, piuttosto, nelle eresie e negli scismi, come possiamo vedere nel caso dei protestanti e dei vetero-cattolici. Il cardinale indiano Ivan Dias, in rappresentanza del Vaticano alla quattordicesima Conferenza [anglicana, NdT] di Lambeth del 2008, ha pronunciato queste sorprendenti parole: "Oggi si parla molto di malattie come l'Alzheimer e il Parkinson. Per analogia, i loro sintomi si possono, talvolta, riscontrare anche nelle nostre comunità cristiane. Per esempio, quando viviamo in modo miope in un presente fugace, dimenticando la nostra antica eredità e le nostre tradizioni apostoliche, potremmo benissimo soffrire di un Alzheimer spirituale. E quando la nostra condotta è disordinata, e andiamo capricciosamente per la nostra strada senza alcun coordinamento con il capo o con le altre membra della nostra comunità, potrebbe trattarsi di Parkinson ecclesiale". Si veda Hilary White, "Anglican Communion Suffering Spiritual Alzheimer's and Ecclesial Parkinson's: Vatican Observer", *LifeSiteNews*, 24 luglio 2008.

Le leggi dello sviluppo organico e la rottura del 1969

considerata la sua forma matura, come quella di un uomo di trentatré anni.[9] L'archetipo dello sviluppo liturgico, come di ogni altra realtà, è lo stesso Nostro Signore Gesù Cristo. *Et Jesus proficiebat sapientia, et aetate, et gratia apud Deum et homines*: "E Gesù cresceva in sapienza, età e grazia davanti a Dio e agli uomini" (Lc 2,52). Si noti che, secondo San Luca, Nostro Signore avanza, *proficiebat*; non retrocede né si arrende, non crolla né si corrompe. Come afferma Re Davide, parlando in persona del venturo re consacrato: "perché non abbandonerai la mia anima negli inferi, né lascerai che il tuo santo veda la corruzione" (Sal 15,10).

Nostro Signore ha scelto non di entrare nel mondo come uomo già cresciuto o già glorificato, ma di cominciare con la nostra piccolezza, di accettare la nostra crescita, di soffrire la nostra morte, di essere sepolto, risorgere dal sepolcro e ascendere al cielo con le Sue ferite luminose. Così pure la liturgia della Chiesa, prendendo a modello la vita di Cristo, comincerà con la piccolezza, crescerà fino alla maturità ("nella misura che conviene alla piena maturità di Cristo") per poi sperimentare una sorta di morte. Ma non si tratta di una morte *sul piano storico*, come se la liturgia, dopo aver raggiunto il suo massimo splendore, potesse poi decadere e corrompersi. Nella vita di un essere umano avvengono molti drastici cambiamenti dal concepimento alla nascita, dall'infanzia alla fanciullezza, dall'adolescenza alla piena maturità, ma oltre questo punto il cambiamento più significativo è la morte corporea. Pertanto, proprio come la dottrina progredisce dal suo concepimento come verità rivelata fino alla piena maturità di quando è espressa come un dogma, e mai cesserà d'esser vera, così anche la liturgia progredisce in modo tale da raggiungere e conservare la sua perfezione formale – "Tu lo fai entrare e lo pianti sul monte della tua eredità, luogo che per

---

9 Così si può vedere in una nuova luce quel magnifico passaggio del capitolo 4 della Lettera agli Efesini di San Paolo. Cristo, ascendendo al cielo, ha concesso agli uomini dei doni: alcuni li ha fatti apostoli, altri profeti, altri ancora evangelisti, pastori e dottori... e perché? "Per il perfezionamento dei santi, per il lavoro del ministero, per l'edificazione del corpo di Cristo: finché tutti ci riuniamo nell'unità della fede e della conoscenza del Figlio di Dio, fino all'uomo perfetto, nella misura che conviene alla piena maturità di Cristo" (Ef 4, 12-13).

tua dimora, Signore, hai preparato, santuario che le tue mani, Signore, hanno fondato" (Es 15,17) – e poi "morirà", per così dire, alla fine dei tempi, quando Cristo tornerà nella gloria ed ogni rito simbolico lascerà il posto alla luce del Dio pienamente manifestato. Come afferma San Giovanni a proposito della sua visione del cielo nell'Apocalisse: "Non vidi alcun tempio in essa perché il Signore Dio, l'Onnipotente, e l'Agnello sono il suo tempio. La città non ha bisogno della luce del sole, né della luce della luna perché la gloria di Dio la illumina e la sua lampada è l'Agnello" (Ap 21, 22-23).[10] E tuttavia, la liturgia terrena non sarà tanto abolita quanto piuttosto assorbita dalla liturgia celeste. Come l'Antica Legge, non conoscerà cancellazione, ma compimento. Se la liturgia potesse parlare in prima persona, anch'essa potrebbe pronunciare arditamente le parole del Messia: "Tu non abbandonerai la mia anima negli inferi, né lascerai che il tuo santo veda la corruzione".[11]

IL CANONE VINCENZIANO: DOTTRINA E LITURGIA

San Vincenzo di Lérins è inoltre famoso per il cosiddetto "canone vincenziano", vale a dire una regola che permette di distinguere la dottrina ortodossa dall'eresia, in modo da distinguere la fede cattolica dalle sue contraffazioni. Il canone recita così: "Nella stessa Chiesa Cattolica bisogna avere la più grande cura nel ritenere ciò che è stato creduto dappertutto, sempre e da tutti. Questo è veramente e propriamente cattolico, secondo l'idea di universalità racchiusa nell'etimologia stessa della parola. Ma questo avverrà se noi seguiremo l'universalità, l'antichità, il consenso generale".[12]

---

10 Si può qui opportunamente vedere il "sole" come simbolo dell'Eucaristia e la "luna" come simbolo degli altri sacramenti e sacramentali che ad essa preparano o da essa derivano.
11 Nella sua magnitudine, la riforma liturgica paolina era sbagliata *in linea di principio*, perché si basava sul presupposto che la liturgia *a un certo punto della* storia potesse, per così dire, "morire" – e che in effetti fosse morta, dovendo quindi essere rianimata o rimpiazzata. Un intervento così radicale somiglia più alla sostituzione di una persona con un suo clone che non a un lieve intervento di chirurgia estetica per eliminare delle imperfezioni cutanee.
12 San Vincenzo di Lérins, *Commonitorium*, cap. 2, n. 6, trad. Cesare Colafemmina (Alba: Ed. Paoline, 1968), pp. 61-62.

Le leggi dello sviluppo organico e la rottura del 1969

Per quanto appagante e suggestiva possa suonare – *ubique, semper, et ab omnibus* – questa regola non è però di così facile applicazione, e molto inchiostro è stato versato in merito ai suoi punti di forza e di debolezza, nonché alla finezza che occorre usare nella sua applicazione. [13] Nondimeno, essa incarna il temperamento conservatore dei Padri della Chiesa nel loro insieme e si può dire, senza esagerare, che rifletta il pensiero della Chiesa stessa, dal momento che, nel corso dei secoli, troviamo il medesimo canone o sue parafrasi invocati come principio autorevole.

Il canone vincenziano è stato formulato con riferimento alla dottrina, ma può e deve essere applicato anche alla liturgia, coerentemente all'assioma *lex orandi, lex credendi* – ossia, il modo in cui preghiamo rivela e conferma ciò che crediamo. Dato che sappiamo che la liturgia si sviluppa nella storia, al pari della dottrina, dobbiamo operare la stessa distinzione tra cambiamento o mutazione dell'essenza (*permutatio*) e sviluppo in termini di arricchimento, espansione, approfondimento (*profectus*). [14] Come ebbe a dire un grande ammiratore di San Vincenzo, John Henry Newman: "Un vero sviluppo [...] può definirsi quello che conserva il corso degli sviluppi antecedenti, poiché si tratta, realmente, di quegli antecedenti e di qualcosa che va oltre ad essi: è un'aggiunta che illustra, non oscura, corrobora, non corregge, il complesso di idee da cui procede; e tale è il suo tratto distintivo rispetto alla corruzione". [15]

Le nuove stagioni liturgiche, le feste, le processioni e le devozioni introdotte nel corso del tempo sono paragonabili alle definizioni dogmatiche che adornano la storia della Chiesa. I dogmi non sono nuovi, ma lo è la loro formulazione; la celebrazione dei sacri misteri non è nuova, ma la forma particolare del calendario

---

13 Si veda Thomas G. Guarino, *Vincent of Lérins and the Development of Doctrine* (Grand Rapids, MI: Baker Academic, 2013).
14 Sulla scia di San Vincenzo, potremmo quasi abbozzare una formula matematica: antichità × universalità = venerabilità.
15 John Henry Newman, *Essay on the Development of Christian Doctrine*, cap. 5, §6, n. 1, trad. personale [il passaggio è sorprendentemente assente nella versione italiana citata *infra* ed edita in Italia per Il Mulino, Bologna, 1967] (London: Longmans, Green, and Co., 1909), p. 200.

liturgico, dei testi e dei riti attraverso i quali i sacri misteri vengono celebrati emerge nel tempo. Ma *una volta che* i riti liturgici *sono* emersi, essi costituiscono lo strumento privilegiato attraverso cui si esprime e si vive la fede della Chiesa; non si possono sostituire a capriccio, né modificare al di là di ogni riconoscibilità, né più né meno di quanto i canoni e i decreti del Concilio di Trento possano essere contraddetti o messi nel dimenticatoio. Si tratta del principio del conservatorismo teologico e liturgico: la Chiesa tiene ben stretto ciò che lo Spirito Santo fa nascere in essa.

Pertanto, dobbiamo immaginare in questi termini un "canone vincenziano liturgico": ciò che ritroviamo in tutti i riti liturgici apostolici man mano che si sviluppano nel corso del tempo è quanto si deve riconoscere come praticato, in modo esplicito o implicito, "sempre, ovunque e da tutti". Qualche elemento è esplicito sin dall'inizio, come l'uso di pane e vino come materia dell'Eucarestia. Altri elementi emergono nel corso dei secoli, ma vengono dunque adottati da tutti, ovunque, e conservati costantemente a partire da quel momento – vengono cioè trattati con lo stesso rispetto reverenziale riservato agli elementi originari. La lista che si potrebbe stilare di questi elementi è lunga, ma qui mi limiterò a otto esempi particolarmente importanti.

1. Tutte le liturgie tradizionali, d'Oriente e d'Occidente, celebrano i sacri misteri con il sacerdote e il popolo rivolti verso est ovvero, come si suol dire, *ad orientem*. Come abbiamo visto nel capitolo precedente, San Basilio il Grande, uno dei Padri Cappadoci e tra i più autorevoli padri della Chiesa, individua in questa pratica un'usanza tramandata dagli Apostoli; San Giovanni Damasceno, figura di spicco della teologia greca, la difende avvalendosi della testimonianza dell'uno e dell'altro Testamento.[16]

---

16 Si veda Uwe Michael Lang, *Turning Towards the Lord: Orientation in Liturgical Prayer* (San Francisco: Ignatius Press, 2008), e l'insuperabile studio di Stefan Heid, *Altar und Kirche: Prinzipien christlicher Liturgie* (Regensburg: Schnell und Steiner, 2019). Esistono, storicamente, alcuni casi in cui si sarebbe potuto pensare che la liturgia fosse celebrata *versus populum* a causa dell'insolita posizione geografica o della conformazione del luogo di culto; in questi casi, però, l'est corrispondeva alla parte della navata dove si riunivano i laici e, quindi, celebrando la liturgia verso est la si sarebbe celebrata, incidentalmente, verso il popolo; ma il fattore determinante, anche in questo

Le leggi dello sviluppo organico e la rottura del 1969

2. Tutte le liturgie tradizionali, d'Oriente e d'Occidente, utilizzano un'anafora (ossia una preghiera eucaristica) antica e fissa o, se ne hanno più d'una (come nei riti orientali), specificano quale anafora deve essere utilizzata nei diversi giorni o stagioni dell'anno liturgico.

3. Tutte le liturgie tradizionali, d'Oriente e d'Occidente, ricorrono a un elaborato offertorio con il quale viene chiaramente significata la finalità sacrificale del pane e del vino. Nel rito bizantino, ciò avviene, in parte, prima del pubblico inizio della liturgia, quando il sacerdote prepara la prosfora; nei riti occidentali, come il romano e l'ambrosiano, l'offertorio trova posto prima dell'inizio dell'anafora.[17]

4. Tutte le liturgie tradizionali, d'Oriente e d'Occidente, trattano il Santissimo Sacramento con la massima venerazione. Soltanto il clero può maneggiare le offerte consacrate. È il clero che porge il Signore direttamente sulla lingua dei laici. Ogni eventuale frammento viene raccolto e consumato con cura. Mai mancano

---

caso, era l'oriente, non la congregazione. Diverse sono le configurazioni in termini di architettura e ministri sacri, ma l'orientamento verso l'est è un filo conduttore. In ogni caso, le antiche basiliche non erano progettate in modo che il popolo potesse "vedere tutto ciò che accadeva" all'altare; spesso, infatti, non soltanto l'altare era collocato su una piattaforma elevata e al di sotto di un ciborio (o baldacchino), ma le spesse tende che avvolgevano tale ciborio venivano chiuse durante l'anafora, con un effetto simile a quello dell'iconostasi orientale. Si veda Shawn Tribe, "The Altar and Its Canopy: The Ciborium Magnum or Baldachin", *Liturgical Arts Journal*, 25 gennaio 2018 e "The Form of the Altar and the Liturgical Movement", *Liturgical Arts Journal*, 14 gennaio 2022. Ad ogni modo, un *versus populum* accidentale è ben altra cosa rispetto all'insistenza sul fatto che la liturgia *deve* esser detta "verso il popolo", una postura antropocentrica che mina la teocentricità del culto divino.

17 Si veda la dettagliata serie d'articoli di Gregory DiPippo, che dimostra l'universalità dell'offertorio in tutti i riti d'occidente, una volta stabilizzati; e confuta al contempo le accuse che all'offertorio hanno rivolto i riformatori (sia protestanti che cattolico-modernisti): "The Theology of the Offertory", su *NLM*, parte 1, "A Response to a Recent Article Quoted on *PrayTell*", 24 febbraio 2014; parte 2, "The Offertory and Priesthood in the Liturgy", 28 febbraio 2014; parte 3, "A Different Theology?" 8 marzo 2014; parte 4, "An Ecumenical Problem", 28 marzo 2014; parte 5, "What the Offertory Really Means", 9 maggio 2014; parte 6, "Prolepsis in the Offertory", 26 giugno 2014. La parte 7 è composta da numerosi articoli più brevi riguardo ai vari usi regionali d'Occidente in seno agli ordini religiosi e monastici e nell'Inghilterra, Francia, Spagna e Germania d'epoca medievale.

ricchi e profondi segni d'adorazione. Le dita del sacerdote e i vasi sacri vengono accuratamente ripuliti.[18]

5. Tutte le liturgie tradizionali, d'Oriente e d'Occidente, hanno una struttura gerarchica: i ruoli di vescovo, sacerdote, diacono, suddiacono, lettore, accolito e così via sono delineati con chiarezza. Questi ruoli vengono ricoperti soltanto da uomini, perché si tratta, in tutti i casi, di modalità di esercizio del sacerdozio regale di Cristo nella carne concreta. Anche i fedeli presenti hanno il loro ruolo, che non va confuso con quello dei ministri. Inoltre, è possibile che si svolgano contemporaneamente più livelli d'azione liturgica, con i ministri che recitano preghiere o compiono azioni non destinate a esser udite o viste dalla congregazione, mentre il popolo e il coro cantano e/o partecipano silenziosamente in svariati modi.[19]

6. In connessione con il precedente punto, tutte le liturgie tradizionali, d'Oriente e d'Occidente, ricorrono all'espressività della struttura della chiesa, in cui il presbiterio, che rappresenta il Sancta Sanctorum e la Chiesa Trionfante, è nettamente separato dalla navata, che rappresenta questo mondo e la Chiesa Militante. Soltanto alcuni individui, debitamente rivestiti dei paramenti, possono prestare il loro ministero nel presbiterio, durante la liturgia. La teologia cristiana è quindi articolata nella stessa architettura, soprattutto attraverso l'uso di barriere, porte e immagini dei santi.

7. Tutte le liturgie tradizionali, d'Oriente e d'Occidente, mettono in canto i propri testi liturgici secondo antiche melodie che sono cresciute insieme a quei testi come ne fossero l'"abito musicale" – in Occidente, ciò equivale principalmente al canto gregoriano. Inoltre, per quasi ogni giorno dell'anno ecclesiastico sono previste orazioni fisse (cantate o recitate) e antifone proprie; quando si opta per una Messa votiva, il suo contenuto è comunque articolato in modo completo. Tali antifone e orazioni coprono, in totale onestà e integrità, dottrina e credo cristiani nella loro

---

18 Su tutti questi punti si veda il mio libro *Holy Bread of Eternal Life: Restoring Eucharistic Reverence in an Age of Impiety* (Manchester, NH: Sophia Institute Press, 2020).
19 A questo proposito, si veda il mio libro *Ministri di Cristo: Recuperare i ruoli di clero e laici in un'epoca di confusione*. Verona: Amicitia Liturgica, 2023.

interezza, senza nascondere sotto il tappeto gli argomenti più scomodi. Così la liturgia parlerà spesso della fragilità umana, del peccato, della concupiscenza, del nostro bisogno della grazia divina per essere salvati, del pericolo della dannazione eterna, della resistenza che dobbiamo opporre ai demoni e agli infedeli, della chiamata a convertire i pagani, del male che sono l'eresia e lo scisma, del bene che sono il digiuno, l'astinenza e la castità, del primato dei beni celesti e spirituali su quelli temporali e terreni, della regalità di Cristo sugli Stati e sulle società e di altri temi del genere – tutti temi prominenti nel Messale romano tradizionale. Anche i lezionari si attengono alle medesime regole: si ha un lezionario annuale (cioè un solo ciclo di un solo anno) con letture di tradizione ben consolidata, pensate per essere messe in canto, selezionate in base alla loro adeguatezza al contesto liturgico e intese ad affrontare senza timore il paradosso di noi mortali, deboli ed erranti, ma chiamati all'ascesi e alla divinizzazione.

8. Tutte le liturgie tradizionali, d'Oriente e d'Occidente, si svolgono in una modalità linguistica elevata, vuoi con l'uso di un linguaggio ieratico e stilizzato come il greco bizantino, il latino cristiano o lo slavo ecclesiastico, vuoi con l'uso di un immaginario elaborato e di una fraseologia inusuale, come si riscontra nelle forme vernacolari dei riti orientali. In entrambi i casi, una componente chiave è la ripetizione rituale e numerologicamente significativa.[20]

E, quasi come meta-principio, tutti gli elementi summenzionati sono considerati e trattati come dei *requisiti* – e non come opzioni lasciate alla discrezione pastorale o alla scelta estemporanea del celebrante o di chicchessia. In un autentico culto cristiano, *si deve* offrire il santo sacrificio rivolti verso l'oriente liturgico; *si deve* utilizzare un'anafora prefissata; *si deve* compiere un offertorio oblativo e manifestare in modo inequivocabile l'intenzione di offrire la vittima divina; *si deve* maneggiare, consumare e distribuire il Santissimo Sacramento con la massima venerazione, osservando le distinzioni ontologiche tra chierici e non chierici e tra uomini e donne; *si deve* rispettare il mutuo

---

20 Si veda la mia conferenza "Poets, Lovers, Children, Madmen-and Worshipers: Why We Repeat Ourselves in the Liturgy", *Rorate Caeli*, 19 febbraio 2019.

parallelismo tra liturgia, teologia e architettura; *si devono* pronunciare o cantare le antifone, orazioni e letture dettate dal rito, che insieme vanno a costituire un'espressione matura e ricca di dogma e devozione.

Possiamo quindi affermare con la massima sicurezza che se ci trovassimo di fronte a una liturgia eucaristica che *non* contiene tutti e otto questi elementi – o che non li deve necessariamente contenere – questa rappresenterebbe una violazione del canone vincenziano e non sarebbe una liturgia Eucaristica nel senso pieno e proprio del termine. Sarebbe un servizio religioso o una paraliturgia contenente una consacrazione. Qualsiasi rito che si discosti da quanto è stato praticato sempre, ovunque e da tutti non potrebbe che costituire un'inescusabile e imperdonabile rottura con la tradizione. Nessuna ermeneutica della continuità potrebbe mai riparare questa frattura, perché si tratterebbe di una frattura causata non da "interpretazioni" soggettive (come implica il termine "ermeneutica") ma da oggettive omissioni, difetti, aberrazioni e vizi. Nemmeno un'abbondante profusione di "pizzi e merletti" potrebbe risolvere il problema, perché questo riguarda non solo l'esteriorità artistica, ma la stessa costituzione interna del rito, nei suoi testi, cerimonie e rubriche. Nella migliore delle ipotesi, pizzi e merletti potrebbero soltanto nascondere i problemi più profondi, un po' come la neve fresca, appena caduta, potrebbe al più coprire temporaneamente le brutture di una grigia zona industriale.

IL NOVUS ORDO IGNORA E VÌOLA IL CANONE VINCENZIANO

Passiamo ora in rassegna gli otto elementi citati per vedere come il Novus Ordo si colloca rispetto a una tradizione cattolica pienamente sviluppata.

1. Ormai non è più un segreto gelosamente custodito il fatto che le rubriche del Novus Ordo permettono, anzi sembrano presupporre, un culto rivolto verso l'est (*ad orientem*) anziché verso il popolo (*versus populum*).[21] Tuttavia, l'attuazione del Novus Ordo

---

21 Si veda il mio articolo "The Normativity of *Ad Orientem* Worship According to the Ordinary Form's Rubrics", *NLM*, 23 novembre 2015.

Le leggi dello sviluppo organico e la rottura del 1969

da parte di vescovi *e papi* negli ultimi cinquant'anni ha implacabilmente favorito il *versus populum*, al punto che sia Paolo VI nel marzo 1965 che Francesco nel luglio 2016 hanno sostanzialmente equiparato la liturgia riformata alla postura *versus populum*.[22] Una restaurazione universale dell'*ad orientem* nel Novus Ordo ha le stesse probabilità di una restaurazione dello Stato Pontificio e della Santa Inquisizione. E anche se lo si celebra ad orientem, il Novus Ordo permette comunque l'una o l'altra postura nonostante i loro significati opposti, il che equivale a una forma di relativismo; e lascia la decisione nelle mani del sacerdote, il che è una forma di volontarismo. Più in generale, possiamo dire che il Novus Ordo racchiude in sé gli errori della filosofia moderna: nel suo pregiudizio contro il linguaggio antropologico universale dei simboli, nella sua ineluttabile infinità di opzioni, nella sua monotona verbosità finalizzata a un'immediata comprensione, nella sua scarsità e vaghezza rubricale e nella vera e propria Torre di Babele creata dai messali in lingua volgare esso si dimostra caratterizzato da nominalismo, volontarismo, razionalismo e relativismo.[23]

Vale anche la pena di notare che uno dei primi sostenitori della celebrazione *versus populum* fu Martin Lutero, in linea con la sua concezione non sacrificale della Messa: "Lasciamo pure stare tutti i paramenti, l'altare, le candele, finché non siano consumati dall'usura, o finché non decideremo di cambiarli. E se poi qualcuno vuole far diversamente, che lo faccia. Ma per la vera Messa tra i veri cristiani, l'altare non dovrà restare nella sua forma attuale e il sacerdote dovrà sempre volgersi verso il popolo, come possiamo senza dubbio ritenere abbia fatto Cristo durante l'Ultima Cena. Ecco, tutto ciò si realizzerà a suo tempo".[24]

---

22 Tanto che il cardinal Cupich di Chicago ha tentato di vietare nella sua arcidiocesi, a partire da dicembre 2021, la celebrazione *ad orientem* delle messe Novus Ordo: un'iniziativa che sottintende una scarsa conoscenza della liturgia in termini di rubriche, leggi, storia e tradizione.
23 Nel loro complesso, questi -*ismi* riassumono l'intero arco della filosofia moderna, con le sue radici in Ockham, la sua fioritura in Cartesio, il suo frutto in Nietzsche e la sua decadenza in Derrida o Rorty (o qualsiasi altro filosofo relativista/riduzionista).
24 Dal documento del 1526 *Deutsche Messe und Ordnung des Gottesdienstes*, trad. personale. La tesi di Lutero sull'Ultima Cena è fallace: si veda Fiedrowicz, *Traditional Mass*, p. 143.

2. Il Novus Ordo offre uno stuolo di preghiere eucaristiche di nuova composizione da cui il celebrante può scegliere *ad libitum*. L'anafora tradizionale del Rito Romano, il Canone Romano, non è mai obbligatoria, e l'omissione di questo gioiello della liturgia latina è prassi comune.

3. A fronte di un rito d'offertorio particolarmente sviluppato e consolidato da secoli, il Novus Ordo rappresenta la prima liturgia nella storia della Chiesa che ripudia un offertorio oblativo, sacrificale, sostituendolo con una "presentazione dei doni" in funzione di una cena e basata sulla *berakah* ebraica, incapace di significare in modo inequivocabile che la Messa è un vero e proprio sacrificio per la propiziazione dei peccati e per il bene dei vivi e dei defunti, offerto alla Santissima Trinità dal Figlio di Dio secondo la Sua natura umana. Vale ancora la pena di notare che Lutero, nel progettare un Ordo Missae ad uso dei suoi seguaci, eliminò l'Offertorio romano, che definì "quel totale abominio al cui servizio è stato forzato tutto ciò che precede nella Messa, donde è chiamato Offertorium, e a causa del quale pressoché tutto suona e puzza di oblazione".[25] Sulla base di simili sentimenti e convinzioni agì anche Thomas Cranmer.[26] Come "frutto di un'elaborazione che lo Spirito Santo ha

---

25 Si veda Martin Lutero, *Formula missae et communionis pro ecclesia Wittembergensis* (1523), in *Works of Martin Luther*, vol. 6 (Philadelphia: Muhlenberg Press, 1932), 88. Una descrizione del progetto di Lutero per la Messa e dei suoi criteri su cosa mantenere e cosa rifiutare della Messa si trova in F. A. Gasquet e E. Bishop, *Edward VI and the Book of Common Prayer* (London: John Hodges, 1891), pp. 220-24. È inquietante constatare quanti degli stessi passi compiuti da Lutero siano stati poi seguiti dagli architetti del Novus Ordo. Ciò conferma l'osservazione di Ratzinger secondo cui, dopo il Vaticano II, i liturgisti siano propensi a dar ragione più a Lutero che a Trento. Si veda "The Theology of the Liturgy", in *Theology of the Liturgy: The Sacramental Foundation of Christian Existence (Collected Works of Joseph Ratzinger*, vol. 11), ed. Michael J. Miller. Michael J. Miller (San Francisco: Ignatius Press, 2014), pp. 541-57; cfr. pp. 207-17. Si veda anche Michael Davies, *Pope Paul's New Mass* (Kansas City, MO: Angelus Press, 2009), pp. 329-47.
26 Come scrivono Gasquet e Bishop: "Risulterà quindi che l'antica oblazione rituale, alla quale era così intimamente associata l'idea di sacrificio, fu spazzata via. Ciò era certamente conforme alle ben note opinioni di Cranmer. [...] Per comprendere appieno la portata della novità occorre tenere presente che tale oblazione rituale aveva posto in tutte le liturgie

suscitato, guidato e sancito", scrive Michel-Louis Guérard des Lauriers, l'Offertorio "costituisce un sacro tesoro che sarebbe un sacrilegio permettere di violare".[27]

4. Nel Novus Ordo, le specifiche rubriche del rito non tutelano il Santissimo Sacramento: le azioni rituali che offrono a Nostro Signore Eucaristico la più alta venerazione di cui siamo capaci e che a Lui è dovuta sono state intenzionalmente rimosse. Il risultato è che il Santissimo viene spesso trattato con una venerazione superficiale, dato che di più le rubriche non chiedono; la gran parte delle espressioni di rispetto e adorazione dipendono dalla privata devozione di clero e popolo. Le rubriche e le cerimonie, in questo senso, sono del tutto inadeguate, motivo per cui i sacerdoti più devoti si ritrovano a importare le pratiche antiche nella Messa nuova. Dal momento che il lavoro dei suoi architetti si svolgeva sotto l'influenza delle teorie di metà Novecento sulla presenza di Cristo nell'assemblea e nella liturgia nel suo complesso – verità che meritano di essere riconosciute, ma *non* a scapito dell'unica presenza personale e sostanziale di Nostro Signore nella Santa Eucaristia – il Novus Ordo che ne è derivato può essere definito la prima liturgia "non Eucaristico-centrica", ossia una liturgia che non è manifestamente centrata sulla Presenza Reale di Cristo sotto le specie del pane e del vino.

5. Il Novus Ordo è cocciutamente orizzontale nei suoi modi operativi: le funzioni della gerarchia sono annullate o confuse, la distinzione tra clero e laici è sfumata, i ruoli di uomini e donne sono mescolati in un modo pensabile solo nell'epoca post-Rivoluzione sessuale;[28] in luogo della verticalità d'azioni simultanee dirette a Dio, c'è una liturgia lineare, modulare, sequenziale, al servizio di un razionalismo orientato come a un pubblico.

6. Il Novus Ordo ha un effetto disintegrante o corrosivo sull'architettura ecclesiastica e su tutti gli altri elementi estetici della liturgia. Né il rito né le sue rubriche rispettano il simbolismo

---

[della cristianità]" (*Edward VI*, p. 196). Cfr. Michael Davies, *Cranmer's Godly Order: The Destruction of Catholicism through Liturgical Change*, ed. riv. (Fort Collins, CO: Roman Catholic Books, 1995).
27 Citato in Fiedrowicz, *Traditional Mass*, p. 261 nota 30.
28 Si veda Kwasniewski, *Ministri di Cristo*.

della separazione e dell'articolazione interne all'edificio ecclesiastico. Il Novus Ordo non è mai stato in grado di produrre splendide chiese e splendidi paramenti; la sua combinazione di archeologismo e modernismo è letale per l'architettura e la decorazione degli edifici sacri. Qualsiasi chiesa decente edificata negli ultimi cinquant'anni, come pure qualsiasi bel paramento prodotto in questo periodo, hanno preso a modello le opere d'arte create per il rito romano classico. Chiese e paramenti di nuova realizzazione, ma in stile tradizionale, si trovano in uno stato di tensione con i riti che vi si celebrano, poiché ogni stile tipicamente cattolico, dal romanico al gotico al barocco, è stato concepito unicamente e specificamente per la celebrazione dei riti latino-tradizionali. Quasi uno sterile ibrido tra due diverse specie, al Novus Ordo manca il fecondo potere culturale del suo genitore, concepito per via naturale. Artisti e architetti dovranno sempre spingersi oltre i suoi confini se vorranno produrre grandi opere adatte alla sacra liturgia.[29]

7. Il Novus Ordo *può* essere cantato in gregoriano, ma Paolo VI ha espresso chiaramente le sue intenzioni nel 1969: Il canto gregoriano doveva essere sacrificato a favore della comprensione verbale della lingua volgare.[30] Quindi, la modalità standard della nuova liturgia è quella della declamazione del testo ad alta voce, a scopo didattico; il canto è un'opzione poco utilizzata, e

---

29 Una conferma di questo giudizio la si può trovare nel testo della "petizione di Agatha Christie" firmata da molti esponenti di spicco del panorama culturale inglese per protestare contro la grave perdita data dall'abbandono della Messa tradizionale: cfr. Joseph Shaw, ed., *The Case for Liturgical Restoration: Una Voce Studies on the Traditional Latin Mass* (Brooklyn, NY: Angelico Press, 2019), pp. 213-16; cfr. Martin Mosebach, "Liturgy is Art", in *The Heresy of Formlessness: The Roman Liturgy and Its Enemy*, rev. ed. (Brooklyn, NY: Angelico Press, 2018), pp. 67-80.

30 Si veda il capitolo 4. Paolo VI si aspettava l'adozione della lingua volgare per le realtà parrocchiali incoraggiando al contempo le comunità monastiche a preservare il canto gregoriano, in latino: si veda la lettera apostolica *Sacrificium Laudis* del 1966, tradotta in inglese da p. Thomas Crean, OP, in https://lms.org.uk/sacrificium_laudis. Quanto scarso e poco serio sia il sostegno al canto gregoriano è ben mostrato dal fatto che sul sito web del Vaticano non esiste alcuna traduzione di questa lettera apostolica al di fuori di quella italiana.

Le leggi dello sviluppo organico e la rottura del 1969

in effetti mal si adatta alla liturgia riformata, come venticinque anni d'esperienza come direttore di coro m'hanno insegnato in prima persona. Salvo il caso dei semplici scambi dialogici, il canto gregoriano è musica contemplativa offerta a Dio, laddove il rito riformato richiede una musica "del popolo, dal popolo, per il popolo". Per di più, i testi fondamentali della Messa Novus Ordo – l'Ordinario, i Propri, i Comuni – mancano di quella fissità e stabilità che hanno nel rito classico, e il lezionario pluriennale, realizzato interamente ex novo, aumenta enormemente la quantità di letture, non curandosi della loro collocazione eucaristica, mentre elimina al contempo molte letture prima presenti, tra le quali pagine che ci pongono di fronte alle verità più impegnative della Fede, verità che noi, in quanto esseri umani decaduti, abbiamo bisogno di sentire tanto quanto le verità più consolanti. Le orazioni del Novus Ordo sono notoriamente semplificate, banalizzate e modificate in chiave politicamente corretta: raramente usano immagini militari, ad esempio, e fanno di tutto per evitare di parlare della debolezza umana, dei pericoli incombenti, di prove e avversità, della prigionia del peccato, delle ferite da questo causate, delle offese alla maestà di Dio, di rimorso, riparazione, penitenza, dei nemici di Cristo e della Croce, dei diritti di Dio sugli uomini e sulle nazioni, dei meriti dei santi, dei miracoli, delle apparizioni e dei novissimi. Le orazioni del rito antico parlano ampiamente di questi temi, mentre il nuovo rito li evita deliberatamente e sistematicamente, come ammesso dai suoi stessi ideatori e dimostrato in seguito da numerosi studiosi.[31] Il nuovo rito ha riportato inalterato soltanto il 13% delle orazioni del vecchio messale, scartando o modificando profondamente il resto, o recuperando preghiere più antiche riscrivendole così da renderle appetibili alla mentalità

---

31 Cfr. Lauren Pristas, "The Orations of the Vatican II Missal: Policies for Revision", *Communio* 30 (inverno 2003): pp. 621-53, dove si trova la traduzione e un commento all'illuminante saggio del 1971 di Antoine Dumas, "The Orations of the New Roman Missal". Numerosi esempi si possono trovare nel fondamentale volume di Pristas *The Collects of the Roman Missals: A Comparative Study of the Sundays in Proper Seasons Before and After the Second Vatican Council* (Londra/New York: Bloomsbury T&T Clark, 2013).

moderna.³² La prima volta che ne son venuto a conoscenza, per poco non son caduto dalla sedia. Nella misura in cui la Messa è l'espressione più perfetta della nostra santa religione e delle sue verità, questo confronto tra testi mi ha fatto capire quanto differente sia la religione³³ espressa e presentata dalla nuova Messa dalla religione espressa e presentata dalla Messa antica. Si sovrappongono in qualche misura, ma non sono la stessa cosa. La *lex orandi* è la *lex credendi*, cosicché se si apportano sufficienti modifiche all'una, inevitabilmente si cambierà anche l'altra.

8. Il Novus Ordo nella sua *editio typica* e nelle sue versioni in volgare è privo di una modalità linguistica elevata. Tale giudizio riguarda tanto la New American Bible quanto la revisione ICEL [Commissione internazionale per l'inglese nella liturgia] del 2011, che, sebbene migliore rispetto alla traduzione precedente, è ancora arida, piatta e priva d'eloquenza. In sintonia con l'impaziente utilitarismo della nostra epoca, le parole e i gesti ripetuti sono stati ridotti al minimo.

Così tante e così grandi deviazioni dal comune patrimonio liturgico cristiano portano a chiederci: ma cosa passava per la testa dei riformatori degli anni '60? Come poterono agire con tanta noncuranza o addirittura disprezzo per ciò che, solo pochi anni prima, chiunque avrebbe lodato come il tesoro più prezioso della Chiesa? I riformatori si sono mossi come se la liturgia nient'altro fosse che un espediente temporaneo, una creazione umana senza alcun valore o peso intrinseco in virtù del quale dovremmo privilegiare le eleganti strutture del passato rispetto all'efficienza dei nostri blocchi di vetro e acciaio. Devono quindi aver fatto propria anche quella riduzione neoscolastica della liturgia a forma e materia del sacramento.³⁴ Il modernista

---

32 P. Anthony Cekada, un pioniere nel campo della ricerca comparatistica, aveva per primo avanzato una stima del 17%; ora Matthew Hazell ha però dimostrato che la percentuale è di appena il 13%. Per quanto riguarda testi, grafici e analisi, si veda Hazell, "All the Elements of the Roman Rite?".

33 Qui il termine "religione" è usato nel senso più antico e proprio della scolastica per cui designa una virtù morale, anzi la più alta virtù morale, per la quale rendiamo onore a Dio *attraverso* parole, azioni e segni esteriori.

34 Nucleo necessario dell'Ufficio Divino è il Salterio, cosa che lo rende vulnerabile alla manipolazione di quanti si credono orgogliosamente capaci di

Le leggi dello sviluppo organico e la rottura del 1969

liturgico, o liturgista moderno, pensa che lo sviluppo storico della liturgia non rientri nel campo della Divina Provvidenza o nell'opera che lo Spirito Santo svolge per condurre la Chiesa alla pienezza della verità; non è un processo teleologico che culmina nella maturità.[35] Non fu mai altro che pura convenzione, qualcosa di messo insieme da un gruppo di persone in un momento determinato – nient'altro che il "frutto del lavoro dell'uomo", assemblato da un comitato di esperti e animato su comando di un papa. Inutile dire che *mai* questo fu il modo in cui la liturgia venne vista e trattata fino a metà Novecento. Si osservi la sicurezza con cui uno scrittore gesuita parlava, nel 1950, della Messa in latino: "L'impostazione rituale di quest'atto centrale è garantita. [...] È lo Spirito di Dio Stesso che si è mosso lungo i secoli della nostra storia e ha plasmato per noi questa liturgia, che porta quindi il peso non solo del nostro credo ma della stessa storia cristiana. [...] La nostra Messa d'Occidente custodisce e ci rende vivo, per così dire, il passaggio di Cristo attraverso le terre in cui la nostra civiltà, i nostri modi di pensare e d'esprimersi, sono cresciuti e maturati".[36]

---

concepire un migliore *cursus psalmorum*, senza alcun rispetto per la struttura dell'Ufficio e le sue restanti componenti. Ancora più vulnerabili ai peggiori eccessi del costruttivismo sono le benedizioni (così come le troviamo, ad esempio, nel *Rituale Romanum*), dal momento che esse non hanno, a conferir loro la stabilità, né la forma e la materia proprie dei sacramenti né i salmi, punto di riferimento per l'ufficio. Analizzeremo meglio il "riduzionismo neoscolastico" nel capitolo 5.

35 O peggio: il modernista attribuisce allo Spirito Santo il totale azzeramento e la ri-creazione della preghiera della Chiesa; ed anzi, della sua stessa dottrina e morale. John Rao commenta con mordente ironia il richiamo che tanto spesso gli ideologi post-conciliari fanno alla Terza Persona della Santissima Trinità: "Ogni loro azione antropocentrica veniva difesa facendo riferimento a un'ovvia guida dello Spirito Santo che io, a loro dire, presumibilmente disprezzavo; uno Spirito Santo che, improvvisamente e inspiegabilmente, aveva scambiato la sua amicizia con la Tradizione cattolica per una foga distruttrice pari a quella della dea Shiva". *Love in the Ruins: Modern Catholics in Search of the Ancient Faith*, ed. Anne M. Larson (Kansas City, MO: Angelus Press, 2009), p. 102.

36 P. John Coventry, *The Breaking of Bread: A Short History of the Mass* (New York: Sheed & Ward, 1950), p. 3. Coventry afferma lo stesso anche in relazione ai vari riti orientali.

IL RITO ROMANO DI IERI E DI DOMANI

LE LEGGI DELLO SVILUPPO ORGANICO

Possiamo raccogliere le conclusioni raggiunte finora e formularle sotto forma di "leggi"? Senz'altro, e ci farà d'aiuto visivo il Diagramma 1.

Sullo sfondo di questo schema teniamo a mente la promessa di Nostro Signore: *Cum autem venerit ille Spiritus veritatis, docebit vos omnem veritatem*, "Quando però verrà lo Spirito di verità, egli vi guiderà alla verità tutta intera" (Gv 16,13).[37] Tale promessa include la pienezza della liturgia. Se davvero la Chiesa è governata dallo Spirito di Dio, ci si può aspettare che la sua liturgia, nelle sue grandi linee e nelle sue forme consolidate, con il tempo maturi e diventi più perfetta. Da ciò non seguirebbe, allora, che il tasso di cambiamento man mano rallenti e che gradualmente l'opera dello Spirito si sposti dall'ispirazione di nuove preghiere alla preservazione delle preghiere che già ha ispirato? Un rito liturgico crescerà in perfezione fino al raggiungimento di una certa maturità, per poi cessare di svilupparsi se non in modo incidentale o marginale.

Il diagramma si serve di due linee per illustrare questa relazione inversa. La linea discendente rappresenta la creazione delle forme liturgiche, mentre la linea ascendente rappresenta la preservazione delle forme liturgiche esistenti. Via via che la prima azione si affievolisce, la seconda diventa dominante, fino a quando non si realizza, nella sacra liturgia della Chiesa, quel versetto di Ezechiele: "La tua fama si diffuse fra le genti per la tua bellezza, che era perfetta, per la gloria che io avevo posta in te, parola del Signore Dio." (Ez 16,14).[38] La linea discendente ci

---

37 San Tommaso d'Aquino (ST II-II, q. 1, a. 9, s.c.) cita questo versetto come prova dell'indefettibilità della Chiesa: "la Chiesa universale non può sbagliare, perché è governata dallo Spirito Santo, che è Spirito di verità. Infatti il Signore promise questo ai discepoli in *Gv* 16,13: *Quando verrà lo Spirito di verità, egli vi insegnerà tutta la verità*". Ancora, ST III, q. 83, a. 5, s.c.: "[A favore di queste cose] sta la consuetudine della Chiesa; la quale non può errare, essendo guidata dallo Spirito Santo".

38 Questo intero capitolo di Ezechiele, in particolare i versetti da 8 a 26, può essere letto come la descrizione di un dramma storico in tre fasi: primo, la vocazione d'Israele e l'antica alleanza; secondo, la venuta di Cristo e la nuova alleanza, che inaugurò un tempo di maturazione e di regale splendore;

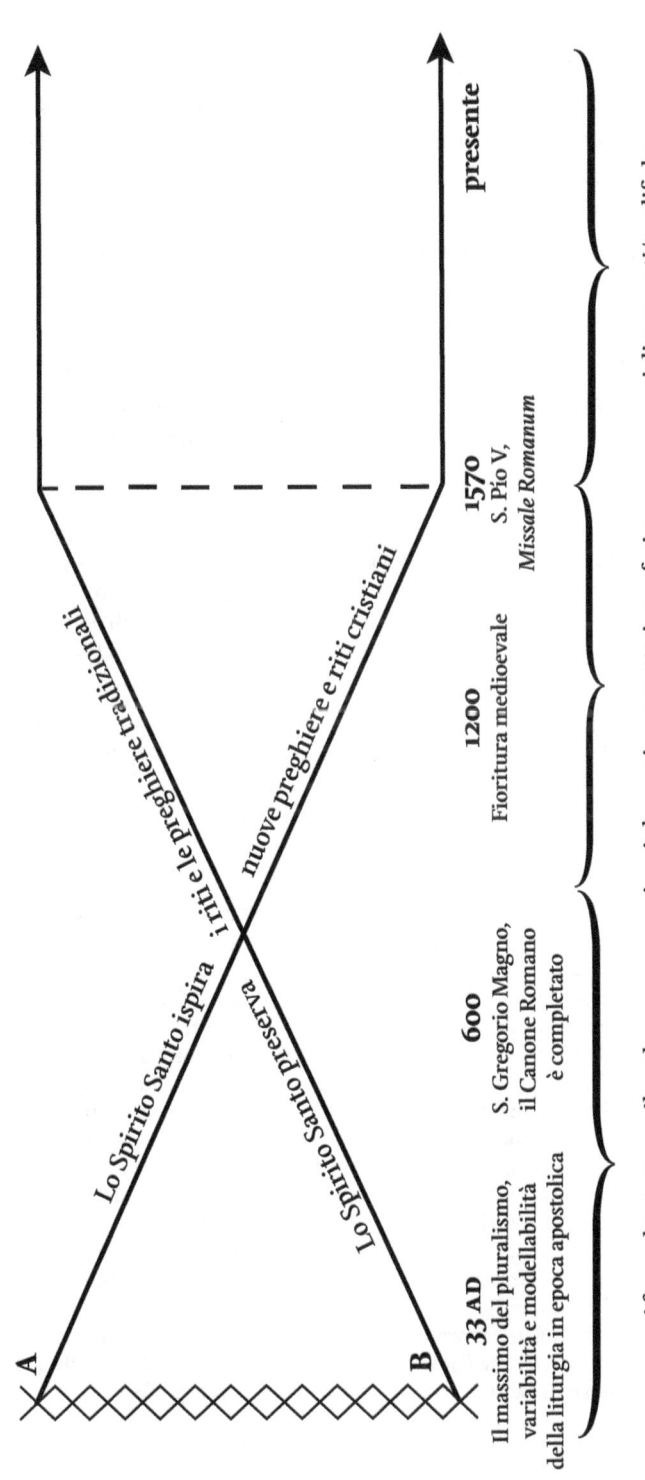

ricorda la discesa della colomba sul Messia, o le lingue di fuoco che a Pentecoste annunciano un nuovo ordine delle cose. Mai ci sarà un nuovo ordine: quello di Cristo, donato al mondo con la potenza del suo Spirito, è definitivo.[39] Di conseguenza, non è lecito aspettarsi un'epoca, dopo l'età apostolica, in cui vengano ad esistenza *nuovi* sacramenti *o* riti cristiani fondamentalmente nuovi. La linea ascendente, di contro, ci richiama alla mente l'Ascensione e l'Assunzione, emblemi del nostro destino eterno nell'immutabile beatitudine del cielo. Nel suo svilupparsi nel tempo, la liturgia diventa, in modo sempre più evidente, l'immagine immutabile del banchetto escatologico. Per dirla con le maestose parole di Newman:

> Quando anche l'ultimo apostolo fu portato al suo trono superno, e l'oracolo dell'ispirazione fu chiuso per sempre, quando i fedeli furono lasciati a quel governo ordinario che doveva sostituire la special stagione dell'azione miracolosa, allora si alzò davanti ai loro occhi nella sua forma normale e nelle sue piene proporzioni quel maestoso Tempio, i cui piani erano stati delineati fin dall'inizio da nostro Signore stesso fra i Suoi discepoli eletti. Fu allora che la Gerarchia apparve in una gloria visibile, e si sedette ai suoi posti ordinati nella congregazione dei fedeli. Quindi seguirono, a tempo debito, le sante assemblee periodiche [i Concili], e i solenni riti di culto e l'onore dei luoghi sacri, e la decorazione delle strutture materiali; un evento dopo l'altro, realizzando in atti e in

---

terzo, l'apostasia del XX secolo, quando gli uomini di Chiesa si prostituirono ai valori mondani, crearono dei "variopinti santuari" agli dèi del mondo e fecero dell'umanesimo una religione, bruciando incenso ad "immagini di uomini". A tali valori, dei e immagini, gli uomini di chiesa hanno sacrificato i figli e le figlie della Chiesa, con l'esodo esteriore degli innumerevoli battezzati che hanno abbandonato la Chiesa e l'esodo interiore dei fedeli che hanno smesso di credere o anche solo di conoscere la Fede cattolica.

39 P. Carlo Balić: "Ora, questo Spirito dei sette doni che abita in noi non come in mezzo a rovine, ma come in un tempio (1 Cor 3,16-17; 6,19) è lo Spirito di Pentecoste, è lo Spirito di verità (Gv 14,17) la cui speciale missione consiste nel rivelare al mondo la piena sostanza di Cristo e tutte le meraviglie che il Figlio di Dio aveva tenute nascoste o non aveva completamente e chiaramente svelate", Gregorianum, vol. 33, n. 1 (1952), p. 110, cit. in Roberto de Mattei, *Love for the Papacy and Filial Resistance to the Pope in the History of the Church* (Brooklyn, NY: Angelico Press, 2019), p. 119.

Le leggi dello sviluppo organico e la rottura del 1969

fatti la grande idea che era stata trasmessa alla Chiesa sin dal giorno della Pentecoste.[40]

LEGGE N. 1. *Esiste un vero sviluppo per quanto riguarda i riti liturgici.* Non sono piovuti dal cielo nella loro forma perfetta, né sono assolutamente fissi e cristallizzati.[41] Come in generale per dogmi e morale, così per la liturgia, il Signore dona agli esseri umani la dignità d'essere vere cause dell'articolazione della dottrina, dell'applicazione delle leggi e dell'arricchimento del pubblico culto.

LEGGE N. 2. *Un autentico sviluppo origina da ciò che il Signore ha affidato agli Apostoli e vi rimane fedele.* Il "deposito della fede" racchiude in sé ogni principio della sacra dottrina, cosicché nulla di ciò che è stato enunciato in seguito dai concili ecumenici o dal magistero papale può porsi in contraddizione con esso. Analogamente, gli Apostoli, spingendosi fino ai vari confini del mondo, portarono con sé i semi o principi di quei riti liturgici che poi fiorirono quali riti principali della Chiesa. Non esiste un rito liturgico che non appartenga a una precisa tradizione apostolica protrattasi con continuità nel tempo. Come ebbe a dire Joseph Ratzinger:

> [È] importante constatare come i singoli riti facciano riferimento ai luoghi di origine apostolica del cristianesimo, cercando in tal modo un contatto diretto nello spazio

---

40 John Henry Newman, *Sermons Preached on Various Occasions* (Londra: Longmans, Green, and Co., 1908), Sermone 11, "Order, the Witness and Instrument of Unity", p. 192, trad. personale.

41 Può essere utile richiamare qui una distinzione di San Tommaso: "Come l'uomo ha una certa perfezione della sua natura non appena nasce, perfezione che appartiene all'essenza stessa della sua specie, mentre invece c'è un'altra perfezione che egli acquista crescendo, così ugualmente v'è una perfezione della carità che appartiene all'essenza stessa della carità, per cui l'uomo ama Dio sopra ogni cosa e non ama nulla che sia contrario a Dio, mentre c'è un'altra perfezione della carità, anche in questa vita, alla quale l'uomo giunge tramite una sorta di crescita spirituale – ad esempio, quando l'uomo si astiene anche dalle cose lecite per darsi più liberamente al servizio di Dio" (ST II-II, q. 184, a. 3, ad 3). Analogamente, la liturgia cristiana, già dalla sua nascita possiede la perfezione fondamentale di essere ciò che è per istituzione di Cristo, ossia la sede dell'unità nella carità; e tuttavia essa è destinata a crescere, e cresce per grazia divina, di modo che Dio possa essere sempre più pienamente amato e servito attraverso gli atti che essa postula e le opportunità che essa offre.

e nel tempo con l'evento della Rivelazione. Anche qui vale dunque il principio per cui l'«unica volta» e il «per sempre» si appartengono a vicenda, per cui la fede cristiana non può mai essere separata dal terreno dell'evento santo, dalla scelta di Dio che ha voluto parlare con noi, farsi uomo, morire e risorgere in un determinato spazio e in un determinato tempo. Solo dall'«unica volta» può venire il «per sempre». La Chiesa non prega in una temporalità generica e astratta: essa non può abbandonare le sue radici; essa riconosce il vero parlare di Dio proprio nella concretezza della sua storia, nel luogo e nel tempo a cui Egli ci lega e che lega noi tutti tra di noi. Il rito implica l'elemento diacronico, la preghiera con i Padri e con gli Apostoli, che include, allo stesso tempo, un momento locale che si estende da Gerusalemme ad Antiochia, fino a Roma, Alessandria e Costantinopoli. I riti non sono quindi solo prodotti dell'inculturazione, benché abbiano fatto propri elementi di culture diverse. Essi sono figure della tradizione apostolica e del suo sviluppo nei grandi ambiti tradizionali. [...] Esse sono sottratte all'intervento del singolo, della singola comunità o anche di una Chiesa particolare. La non arbitrarietà è un elemento costitutivo della loro stessa natura. Essi sono espressione del fatto che nella liturgia mi viene incontro qualcosa che non sono io a farmi da me stesso, che io entro in qualche cosa di più grande che, ultimamente, proviene dalla Rivelazione. [Pertanto] non si può accettare che si possano formare dei riti completamente nuovi.[42]

Un rito non può essere fabbricato *ex nihilo*. Da qui la sentenza del Concilio di Trento che anatemizza chiunque intenda cambiare i riti ricevuti e approvati per farne di nuovi.[43] Da questa osservazione risulta evidente che nemmeno un Papa ha, né potrebbe avere, l'autorità di creare un rito nuovo.[44]

LEGGE N. 3. *La "verità" verso cui lo Spirito Santo guida la Chiesa include lo sviluppo della sua liturgia.* Ne segue che qualsiasi rifiuto consistente o totale di elementi che per un lungo lasso di tempo

---

42 *Introduzione allo spirito della liturgia*, trad. di Giuseppe Reguzzoni (Cinisello Balsamo: Edizioni San Paolo, 2001), pp. 160ss.
43 Del canone tratteremo più avanti.
44 Si vedano, per ulteriori approfondimenti, i capitoli 3 e 8.

Le leggi dello sviluppo organico e la rottura del 1969

sono stati praticati e accettati nella Chiesa è, in un certo senso, un peccato contro lo Spirito Santo, e qualsiasi tentativo di ricostruire un rito dalle fondamenta non può che riflettere una falsa teologia della Chiesa e della Trinità.[45] Ciò è tanto più evidente se si ricorda che la liturgia è il luogo della rivelazione divina data dal Padre, l'estensione nel tempo e nello spazio dell'incarnazione del Figlio, l'effusione dello Spirito nella preghiera della Sposa di Cristo.

LEGGE N. 4. *Man mano che la liturgia si sviluppa, essa diventa più completa e perfetta*, sia come espressione dei misteri della fede, sia come veicolo per inculcare nei fedeli le virtù appropriate e per suscitare in essi quegli atti di fede, speranza e carità che son richiesti da questi santi misteri. Perciò, esattamente come i Credo della Chiesa crescono nella loro pienezza fino a raggiungere una certa perfezione (vedi Schema 2), così pure i riti liturgici della Chiesa crescono nel tempo fino a raggiungere una perfezione in termini di testi, musiche, cerimonie e segni di questo genere adatti sia ad esprimere i misteri, sia ad imprimerli nei fedeli. Lo Spirito Santo prende, per così dire, delle contromisure contro la diminuzione della conoscenza connaturale della verità divina propria degli apostoli (si pensi al detto paolino "è necessario che ci siano eresie"[46]) radicando nella storia alcune proposizioni dottrinali

---

45 All'obiezione "Ma come puoi dire una cosa del genere riguardo a un lavoro approvato dal papa (e più d'uno)?" io rispondo: non possiamo conoscere ciò che *pensavano* o *intendevano* fare taluni papi nel momento in cui rovesciavano secoli e secoli di tradizione, ma conosciamo benissimo quel che *hanno* fatto all'atto pratico, nonché i danni che ne sono seguiti a ondate via via sempre più grandi. Erano consapevoli di opporsi all'opera di Dio, all'*opus Dei*, il segno esteriore dell'interiore inabitazione nella Chiesa dello Spirito Santo? Come potevano *non* esserlo? E anche fossero stati incoraggiati dal clima d'ultramontanismo (il papa non può commettere alcun errore, la sua volontà è legge divina, esente da errori, esente da imprudenza, etc.) o dallo spavaldo spirito dell'*aggiornamento*, non possiamo forse dire che *avrebbero dovuto* rendersene conto? Dopo tutto, il papa non è un parrocchiano sempliciotto, che forse non sa (e forse è ben libero di non sapere) granché di teologia, Sacra Scrittura, diritto canonico e liturgia.

46 1 Cor 11, 19. [Le versioni moderne leggono: "è necessario che sorgano fazioni" (CEI 2008), "è necessario che avvengano divisioni" (CEI 1974). Si è preferita qui una traduzione più letterale della Vulgata: "Nam oportet et haereses esse", NdT]. Cfr. il card. Charles Journet circa "i privilegi degli Apostoli come fondatori della Chiesa", in *The Theology of the Church*, trad. inglese di Victor Szczurek (San Francisco: Ignatius Press, 2004), pp. 116-22, 156-57.

e riti liturgici che agiscono come parametri concreti per la fede e il culto, ineludibili come il carattere dato del corpo fisico di Cristo durante la Sua vita terrena, o la costante presenza del Suo Corpo Mistico sulla terra. Proprio come Dio ha rivelato a Mosè l'esatto modello del tabernacolo che egli doveva costruire,[47] così pure il Figlio di Dio ha portato a compimento tutti i tipi profetici nell'offerta del Suo sacrificio come perfezione del culto: nulla fu lasciato al caso, ogni dettaglio fu intenzionale e controllato.[48] Analogamente, quest'esattezza e questo compimento si perpetuano in una nuova modalità sacramentale che ha il suo riflesso esterno in una graduale fissità ed esaustività della forma liturgica.[49]

Questa quarta legge porta con sé tre corollari.

COROLLARIO 1. Il tasso di cambiamento liturgico *diminuisce* nel tempo, man mano che il rito consegue quella pienezza che gli è stata destinata dalla Divina Provvidenza.

COROLLARIO 2. Ci si deve aspettare che un rito, oltre un certo punto, sia relativamente stabile e immobile, di modo che si possa considerare una lode piuttosto che una critica l'affermazione che "non è praticamente cambiato da quattrocento anni", come possiamo dire del Messale Romano nel periodo che va dal 1570 al 1950 circa.

COROLLARIO 3. Il sacerdote offerente e i fedeli assistenti a un determinato rito *comprenderanno come appropriato* il fatto che il

---

47 Si veda Eso 25,40; 26,30; Num 8,4. In 1 Cron 28,19 leggiamo che "Tutte queste cose [vale a dire il progetto del tempio che Salomone doveva costruire], disse egli, sono state mandate a me descritte di mano del Signore, affinché io comprendessi tutti i lavori di quel modello".
48 Si veda San Tommaso, *ST* II-II, qq. 101-3 circa i precetti cerimoniali della legge, e *ST* III, q. 83, sul rito della Messa. Pochi hanno colto come il Dottore Angelico l'interazione tra Antico e Nuovo Testamento, come percepiamo chiaramente nei testi liturgici che ha composto per l'Ufficio del Corpus Domini.
49 Don Roberto Spataro sottolinea l'appropriatezza della recita di un credo inflessibile, quello niceno-costantinopolitano, nel mezzo di ciò che era diventato un sacrificio eucaristico inflessibile: "Gli articoli della fede sono professati nel contesto di un atto liturgico che merita di essere chiamato tradizionale nel senso più nobile del termine: una cosa forgiata lentamente che, partendo dagli albori della liturgia apostolica, ha raggiunto il pieno splendore della sua perfezione". In *Praise of the Tridentine Mass and of Latin, Language of the Church*, trad. personale da quella inglese di Zachary Thomas (Brooklyn, NY: Angelico Press, 2019), p. 79.

Le leggi dello sviluppo organico e la rottura del 1969

DIAGRAMMA 2

CREDO APOSTOLICO:	CREDO NICENO:	CREDO NICENO-COSTANTINOPOLITANO:
Io credo in Dio, Padre onnipotente, creatore del cielo e della terra e in Gesù Cristo, Suo unico Figlio, nostro Signore, il quale fu concepito da Spirito Santo, nacque da Maria Vergine, patì sotto Ponzio Pilato, fu crocifisso, morì e fu sepolto; discese agli inferi; il terzo giorno risuscitò da morte; salì al cielo, siede alla destra di Dio, Padre onnipotente: di là verrà a giudicare i vivi e i morti. Credo nello Spirito Santo, la santa Chiesa cattolica, la Comunione dei Santi, la remissione dei peccati, la risurrezione della carne, la vita eterna. Amen.	Credo in un solo Dio, Padre onnipotente, creatore di tutte le cose visibili ed invisibili. E in un solo Signore, Gesù Cristo, unigenito Figlio di Dio, nato dal Padre, cioè dalla sostanza [*ousias*; *substantia*] del Padre, Dio da Dio, luce da luce, Dio vero da Dio vero, generato, consustanziale [*homoousion*; *unius substantiae*] al Padre, per mezzo di lui tutte le cose sono state create, sia nei cieli che sulla terra; Per noi uomini e per la nostra salvezza discese, si è incarnato, si è fatto uomo, ha sofferto ed è risorto il terzo giorno, è salito al cielo, verrà a giudicare i vivi e i morti. E nello Spirito Santo.	Credo in un solo Dio, Padre onnipotente, Creatore del cielo e della terra, di tutte le cose visibili e invisibili. Credo in un solo Signore, Gesù Cristo, unigenito Figlio di Dio, nato dal Padre prima di tutti i secoli: Dio da Dio, Luce da Luce, Dio vero da Dio vero, generato, non creato, della stessa sostanza [*homoousion*; *consubstantialem*] del Padre; per mezzo di lui tutte le cose sono state create. Per noi uomini e per la nostra salvezza discese dal cielo, e per opera dello Spirito Santo si è incarnato nel seno della Vergine Maria e si è fatto uomo. Fu crocifisso per noi sotto Ponzio Pilato, morì e fu sepolto. Il terzo giorno è risuscitato, secondo le Scritture, è salito al cielo, siede alla destra del Padre. E di nuovo verrà, nella gloria, per giudicare i vivi e i morti, e il suo regno non avrà fine. Credo nello Spirito Santo, che è Signore e dà la vita, e procede dal Padre e dal Figlio. Con il Padre e il Figlio è adorato e glorificato, e ha parlato per mezzo dei profeti. Credo la Chiesa, una santa cattolica e apostolica. Professo un solo Battesimo per il perdono dei peccati. Aspetto la risurrezione dei morti e la vita del mondo che verrà. Amen.

rito sia stabile e immobile. Non è soltanto che le liturgie tendono alla stabilità e alla costanza; è che questo processo di stabilizzazione e fissità è visto come desiderabile e opportuno per la vita della Chiesa. È visto come una benedizione del Signore che, dopo aver suscitato santi, secolo dopo secolo, per valorizzare e arricchire la liturgia, ora la suggella con la Sua sovrana benedizione, investendola della Sua stessa immutabilità ed eternità. Quest'atteggiamento trova un'espressione sublime nel grande libro della preghiera della Chiesa, i Salmi: "Una generazione narra all'altra le tue opere, [...] diffondono il ricordo della tua bontà immensa, [...]. Il tuo regno è regno di tutti i secoli, il tuo dominio si estende ad ogni generazione" (Sal 144). Il filosofo Émile-Auguste Chartier ha scritto: "Non mi sorprende che la Chiesa tema i cambiamenti, anche i più piccoli. Una lunga esperienza le ha dimostrato che la vera pace dell'anima presuppone, sulle labbra, una preghiera senz'esitazioni; e ciò significa, a sua volta, che le cose vengono dette sempre allo stesso modo".[50] Gli fa eco il poeta Paul Claudel:

> Gli uomini di scarsa e superficiale comprensione spirituale, gli eretici e i modernisti, hanno sempre voglia di mettere mano ad ogni cosa, di cambiare tutto, tutto riordinare in modo radicale. La Chiesa, per parte sua, si tiene stretta all'ordine immutabile della sua dottrina e delle sue cerimonie, vedendo, per dirla con le parole della Genesi, che tutto ciò è cosa non solo buona, ma molto buona. Nei suoi salmi e nei suoi inni, in ogni Messa mattutina, nel grande poema della liturgia - al tempo stesso azione drammatica e corale, protratta per tutto l'anno - le anime dei fedeli, assetate d'amore e di bellezza, trovano costantemente la soddisfazione viva del loro desiderio, come già i loro padri prima di loro.[51]

Questa mentalità era un tempo universale, e perfino scontata, tra i cristiani, d'oriente e d'occidente. Ma mentre le istituzioni

---

50 Citato in Dom Gerard Calvet, *The Sacred Liturgy* (London: The Saint Austin Press, 1999), p. 66. Un giorno a un sacerdote di rito armeno venne chiesto: "Non ti stanchi mai di celebrare la stessa liturgia ogni giorno?". Lui rispose: "E tu ti stanchi mai di vedere tua madre ogni giorno? Ne vorresti forse una diversa?"
51 Citato in Calvet, *The Sacred Liturgy*, p. 68.

Le leggi dello sviluppo organico e la rottura del 1969

orientali l'hanno conservata, quelle occidentali l'hanno abbandonata[52]. Nelle parole di p. Richard Cipolla:

> Gli ortodossi credono che la Liturgia di San Giovanni Crisostomo e la Liturgia di San Basilio sono state create da Dio. Ed io oserei dire che lo stesso vale per la Messa Romana Tradizionale. È dono di Dio. Si è sviluppata nel grembo della Chiesa come una perla dentro un'ostrica. Nulla ha a che fare con comitati o consilia nominati per inventare una nuova forma della Messa che ha senso solo per quanti ne hanno scritto i testi, vuoi su un tovagliolo di Trastevere, vuoi in un ufficio vaticano. L'irrilevanza della Chiesa cattolica in quest'epoca postmoderna è in gran parte dovuta all'irrilevanza di una liturgia inventata nell'epoca moderna e ormai già obsoleta nell'epoca postmoderna della libertà definita dal nudo ego.[53]

LEGGE N. 5. *Nella misura in cui una liturgia viene perfezionandosi, i suoi cambiamenti diverranno proporzionalmente soltanto accidentali o fortuiti.* Così, nei primi cinquecento anni di storia del cristianesimo, qualcosa di tanto basilare quanto le preghiere eucaristiche della Messa era ancora in fase di crescita; nella seconda metà del primo millennio, si formò il nucleo di quel corpus che è il canto gregoriano; nella prima metà del secondo millennio, i riti della Settimana Santa raggiunsero il loro pieno splendore cerimoniale; nella seconda metà del secondo millennio (fino alla riforma liturgica), la crescita riguardò tendenzialmente soltanto aggiunte o modifiche delle feste nel calendario liturgico.

Non è difficile trovare paralleli sul piano umano di queste leggi dello sviluppo liturgico. Si pensi all'invenzione del motore a benzina: il processo ha visto numerosi modelli e numerose fasi, con cicli di tentativi e di errori, molte variazioni da un paese all'altro,

---

52 Forse la dimostrazione più profonda, ai nostri giorni, del legame intrinseco tra rinnovamento della Chiesa e costanza nella tradizione è offerta dalla Chiesa Copta d'Egitto. Si veda Daniel Fanous, *A Silent Patriarch: Kyrillos VI, Life and Legacy* (Yonkers, NY: St. Vladimir's Seminary Press, 2019) e Mark Gruber, *Journey Back to Eden: My Life and Times among the Desert Fathers* (Maryknoll, NY: Orbis Books, 2002).
53 P. Richard Cipolla, "Sermon for the Fifth Sunday after Pentecost: The Western Civilization is Daughter of the Catholic Church", *Rorate Caeli*, 10 luglio 2017.

ma col tempo i progetti migliori si sono imposti e, da ormai molti decenni, sappiamo come costruire motori efficienti. Le variazioni sono, a questo punto, minime e comprensibili solo all'occhio degli specialisti. Del resto, un qualsiasi manufatto tende a stabilizzarsi nel tempo, una volta che il suo progetto risulta ottimale per lo scopo prefissato. La forma letteraria del sonetto è stata portata a perfezione da Shakespeare e dai suoi contemporanei; è rimasta costante fino a oggi e continua a essere utilizzata da importanti poeti. Lasciatemi fare un altro paragone. L'età eroica greca durò per circa 250 anni; Omero ne ha lasciato un resoconto in due poemi epici insuperabili per bellezza e sublimità. Da allora, i greci hanno sempre venerato e preservato questo suo straordinario capolavoro. Hanno citato Omero per secoli e secoli a venire, riconoscendolo come il padre della poesia greca, ben consci del debito nei suoi confronti per la propria identità nazionale. Non ci furono lagne di inferiorità o spinte verso un'originalità forzata, ma la gioia d'aver ricevuto quel genere di dono che nessuna nazione può pretendere o anche solo aspettarsi. Lo stesso vale per gli altri sommi poeti: gli italiani non avranno mai un altro Dante, né gli inglesi un altro Shakespeare. Un popolo saggio fa tesoro dei suoi più grandi poeti e da essi trae la propria voce. Qui l'atto di conservare non è segno di debolezza, ma di forza di discernimento. La Messa tradizionale, per la sua intrinseca maestria e per la totalità della cultura che la circonda e che di essa vive, è per i cattolici un tesoro molto più grande di quanto lo siano Omero, Dante o Shakespeare per i loro compatrioti.

Mi viene in mente in proposito un'acuta osservazione del musicologo Alfred Einstein: "È nei *Concerti per pianoforte e orchestra* che Mozart ha detto l'ultima parola quanto alla fusione dell'elemento concertante e di quello sinfonico, fusione che ha portato a un'unità superiore oltre la quale non è possibile alcun progresso, perché la perfezione è imperfettibile".[54] Altri potranno cercare di eguagliare i concerti di Mozart; nessuno li potrà superare. Ovviamente la liturgia non si misura con le sole categorie dell'efficienza,

---

54 Alfred Einstein, *Mozart: His Character, His Work*, dalla trad. ing. di A. Mendel e N. Broder (New York: Oxford University Press, 1945), p. 288.

Le leggi dello sviluppo organico e la rottura del 1969

della bellezza estetica o di qualsiasi altra singola categoria, per quanto ognuna sia a suo modo rilevante. Il punto è piuttosto che quando la liturgia, nei suoi testi, cerimonie, musica, paramenti e via dicendo, raggiunge una certa pienezza dottrinale e ricchezza espressiva, ha raggiunto il suo *telos*, il suo scopo. Oltre questo punto, i cambiamenti riguarderanno questioni secondarie o marginali, come l'introduzione di nuove feste.

LA LITURGIA CATTOLICA COME OPERA DELLO SPIRITO SANTO

Se il sacrificio eucaristico è la "fonte e apice di tutta la vita cristiana"[55], e se lo Spirito Santo è "il Signore e dà la vita"[56], ne segue che lo Spirito Santo è "il Signore e colui che dà il Sacrificio Eucaristico" - e, per estensione, il culto sacramentale e liturgico della Chiesa nella sua interezza. Il padre della Chiesa San Gregorio Nazianzeno fa un'osservazione interessante: "A questo [passaggio dalla legge mosaica alla sua abolizione] posso paragonare l'esempio della teologia [ossia della rivelazione cristiana], tranne per il fatto che il procedimento è al contrario. Infatti, nel primo caso, il cambiamento avviene per progressive sottrazioni; qui, la perfezione è raggiunta per via di aggiunte. Le cose stanno infatti così: l'Antico Testamento proclamava il Padre apertamente, il Figlio in modo più oscuro. Il Nuovo Testamento ha reso manifesto il Figlio e ha suggerito la divinità dello Spirito. Adesso lo Spirito Stesso abita in mezzo a noi e ci offre una più chiara dimostrazione di sé".[57]

Che cos'è *questa* "più chiara dimostrazione" dello Spirito? Secondo dom Guéranger, essa è principalmente la sacra liturgia, la pubblica preghiera della Chiesa.

> Ora, su questa terra, è nella Chiesa che risiede questo Divino Spirito. È disceso su di lei come un vento impetuoso, mentre appariva sotto l'emblema espressivo di lingue infuocate. Da allora egli ha la sua dimora in questa Sposa felice: è il principio dei suoi movimenti; le impone le sue richieste, i suoi voti, i suoi cantici di lode, il suo

---

55 Costituzione dogmatica sulla Chiesa *Lumen Gentium*, §11.
56 Credo niceno-costantinopolitano.
57 San Gregorio Nazianzeno, *Orazione* 31, n. 26.

entusiasmo e i suoi sospiri. Da ciò deriva che, ormai da diciotto secoli, essa non tace né di giorno né di notte; e la sua voce sempre melodiosa, giunge fino al cuore dello Sposo. [. . .]

Perciò l'anima, sposa di Cristo, che sente il desiderio dell'Orazione, non tema di inaridirsi sulla sponda di quelle meravigliose acque della Liturgia [. . .]. Si accosti e beva quest'acqua limpida e pura che zampilla fino alla vita eterna (Gv 4,14); perché quest'acqua emana dalle fonti stesse del Salvatore (Is 12,3), e lo Spirito di Dio la feconda delle sue virtù, affinché sia dolce e nutriente al cervo assetato (Sal 41,2). [. . .]

Dio non voglia che ci permettiamo mai di mettere i nostri effimeri pensieri accanto a quelli che Nostro Signore Gesù Cristo, che è la divina Sapienza, ispira mediante il suo Spirito a colei che è la sua Sposa diletta! [. . .]

Questa potenza rinnovatrice dell'Anno Liturgico sulla quale insistiamo concludendo, è un mistero dello Spirito Santo, che feconda incessantemente *l'opera che ha ispirato* la santa Chiesa con il fine di santificare il tempo assegnato agli uomini per rendersi degni di Dio.[58]

La prosa di Guéranger ha il sapore di un medievalista del periodo romantico, ma il punto di vista qui espresso è stato ufficialmente avallato da un papa che tendeva, semmai, a una mentalità sobria e scientifica, ossia Pio XII. Nella sua fondamentale enciclica sulla liturgia, la *Mediator Dei*, Pio XII evidenziava una tendenza erronea riscontrabile in alcuni avanguardisti del Movimento Liturgico che compiono tutti gli sforzi possibili "per ripristinare certi antichi riti e Cerimonie":

> La Liturgia dell'epoca antica è senza dubbio degna di venerazione, ma un antico uso non è, a motivo soltanto della sua antichità, il migliore sia in sé stesso sia in relazione ai tempi posteriori ed alle nuove condizioni verificatesi. Anche i riti liturgici più recenti sono rispettabili, poiché sono sorti per influsso dello Spirito Santo che è

---

58 Dom Prosper Guéranger, *L'Anno Liturgico*, vol. 1: *Introduzione generale*, trad. P. Graziani (Roma: Edizioni Paoline, 1956), pp. 8, 13, 16, 19, corsivi aggiunti.

Le leggi dello sviluppo organico e la rottura del 1969

con la Chiesa fino alla consumazione dei secoli, e sono mezzi dei quali l'inclita Sposa di Gesù Cristo si serve per stimolare e procurare la santità degli uomini.[59]

Spesso questo passaggio viene citato fuori dal contesto, come se si trattasse di un'approvazione generalizzata di tutti i "riti liturgici recenti". Eppure quest'enciclica è stata pubblicata nel 1947, prima di tutti i notevoli cambiamenti che sarebbero stati apportati al rito romano negli anni successivi;[60] il nobile rito romano era ancora ampiamente intatto. Di là da venire era la commissione liturgica che avrebbe dato a Bugnini il suo primo incarico in Vaticano e che avrebbe infine prodotto una nuova Settimana Santa.

Di conseguenza, la menzione che Pio XII fa dei "riti liturgici più recenti" si riferisce a tutti i vari elementi medievali e barocchi – vale a dire a tutto ciò che è *successivo* a quel periodo antico del quale si era tendenzialmente infatuato il Movimento Liturgico. Due sono i punti chiave su cui insiste il Papa: primo, il fatto che qualcosa sia più antico non lo rende *ipso facto* migliore; secondo, lo sviluppo storico della liturgia non è un accidente che Dio permette, né tanto meno un'interferenza che Egli tollera, ma un piano da Lui positivamente voluto – un piano guidato dallo Spirito Santo e adoperato dal Capo della Chiesa, Nostro Signore Gesù Cristo, per santificare le membra del Suo Corpo Mistico. Arrivati al pontificato di Pio XII, questo corpus liturgico collettivo – che era contemporaneamente antico, medievale e barocco, come una realtà organica che aveva attraversato tutti questi periodi acquisendo elementi da ciascuno di essi – si era già largamente stabilizzato, si era mantenuto coerente da ormai quattrocento anni e in quei quattro secoli aveva conosciuto soltanto piccoli cambiamenti: ora una nuova festa, ora un nuovo stile di paramenti, ora un

---

59 *Mediator Dei*. Per ulteriori commenti, si veda Peter Kwasniewski, *Reclaiming Our Roman Catholic Birthright: The Genius and Timeliness of the Traditional Latin Mass* (Brooklyn, NY: Angelico Press, 2020), pp. 122-23, 140-41 e soprattutto 149-60; Kwasniewski, *Nobile bellezza, sublime santità. Perché la modernità ha bisogno della Messa tradizionale* (Verona: Fede & Cultura, 2021), pp. 166-71, trad. personale.
60 E quindi anche prima dell'incomprensibile deturpazione del rito romano da parte di Pio XII, con i cambiamenti radicali che egli apportò alle cerimonie della Settimana Santa. Si veda il capitolo 12.

nuovo gusto musicale. La liturgia nella sua *totalità* diacronica – un tesoro di somma perfezione e bellezza, una viva realtà nata dallo Spirito Santo nel grembo della Sposa, la Chiesa – veniva amorevolmente custodita e tramandata secondo l'ordine della Divina Provvidenza, che nessun papa osava disturbare o contrastare.

Se Pio XII ha ragione nell'affermare che gli sviluppi medievali e barocchi "devono la loro ispirazione allo Spirito Santo, che assiste la Chiesa in ogni tempo", ne deriva che nessuno può *ripudiare* ciò che la liturgia è stata per lunghissimi tratti di storia della Chiesa senza peccare contro lo Spirito Santo.[61] L'autorità papale non può essere legittimamente esercitata a scapito o distruzione di ciò che lo Spirito Santo ha suscitato: tale utilizzo costituirebbe un abuso d'ufficio. Piuttosto, ciò che lo Spirito ci ha dato rimane nella sua totalità non solo sacro e grande, ma anche modello e misura permanente.

In effetti, questo passaggio della *Mediator Dei* suona quasi come un commento al famoso canone 13 della VII Sessione del Concilio di Trento: "Se qualcuno afferma che i riti tramandati e approvati dalla chiesa cattolica, soliti ad essere usati nell'amministrazione solenne dei sacramenti, possano essere disprezzati o tralasciati a discrezione senza peccato da chi amministra il sacramento, o cambiati da qualsivoglia pastore di chiese con altri nuovi riti: sia anatema".[62]

---

61 Come potrebbe commentare, mettiamo, il profeta Elia: o Dio ha dormito per quattrocento (o ottocento, o milleduecento) anni dimenticandosi di guidare la liturgia della Chiesa secondo i bisogni del popolo cristiano (cfr. 1 Re 18, 27), *oppure* Egli è sempre stato ben sveglio e perfettamente consapevole di ciò che stava facendo; e dato che sappiamo che l'Onnipotente non è Baal, la tesi che dobbiamo accogliere è la seconda, non la prima.

62 "Si quis dixerit, receptos et approbatos Ecclesiae catholicae ritus in sollemni sacramentorum administratione adhiberi consuetos aut contemni, aut sine peccato a ministris pro libito omitti, aut in *novos* alios per quemcumque ecclesiarum pastorem mutari posse: anathema sit". Come vedremo al capitolo 4, Paolo VI ha spesso parlato di una "nuova liturgia", di un "nuovo rito", di una "nuova Messa", etc. Quindi, per sua stessa ammissione, egli stava trasformando "i riti tramandati e approvati [. . .] soliti ad essere usati nell'amministrazione solenne dei sacramenti" in "altri nuovi riti". Sebbene il Canone 13 fu originariamente formulato in risposta a un libello scritto a Colonia da Martin Bucer, che asseriva il potere di qualsiasi pastore di estendere o abbreviare le forme sacramentali (e, in questo senso, il canone

Le leggi dello sviluppo organico e la rottura del 1969

Molto pertinente è anche il settimo canone della XXII Sessione del Concilio. Afferma il canone: "Se qualcuno dirà che le cerimonie, le vesti e gli altri segni esterni, di cui si serve la chiesa cattolica nella celebrazione delle messe, siano piuttosto elementi adatti a favorire l'empietà, che manifestazioni di pietà, sia anatema".[63]

---

si applicherebbe sicuramente alle "preghiere eucaristiche" improvvisate, popolari negli anni Sessanta e oltre), esso attesta una verità universale circa la riverenza con cui i "riti tramandati e approvati" devono essere custoditi dal cattolico pio e osservante. Forse avevano in mente il Canone 13 i cardinali Ottaviani e Bacci quando affermavano che "il Concilio Tridentino [. . .] fissando definitivamente i "canoni" del rito, eresse una barriera invalicabile contro qualunque eresia che intaccasse l'integrità del mistero." *Breve Esame Critico del Novus Ordo Missae dei cardinali Ottaviani e Bacci*, a cura di Mons. Guérard des Lauriers (Verrua Savoia: Centro Librario Sodalitium, 2009), p. 11. Chi volesse difendere il Novus Ordo potrebbe sostenere che quest'anatema non esclude la possibilità che un Papa inventi un nuovo rito (anche se forse la legge divina, sotto altri aspetti, potrebbe mettere in discussione tale suo preteso diritto: in questo senso Suárez, il quale sostiene che pur non essendo il Papa giuridicamente vincolato da questo canone riconosce tuttavia l'esistenza di limiti all'autorità morale del Papa nel modificare i riti), ma si limita semplicemente a escludere la possibilità di *trasformare* un rito già esistente in un rito nuovo. Tuttavia, anche accogliendo questo punto di vista, il tentativo di Paolo VI di *rimpiazzare* il vecchio rito con un rito nuovo risulta essere *ultra vires*, laddove invece sarebbe potuto non esserlo l'introduzione di un nuovo rito in alternativa a quello antico. Per una discussione più ampia si veda Peter Kwasniewski, "The Pope's Boundedness to Tradition as a Legislative Limit", in Kwasniewski, ed., *From Benedict's Peace to Francis's War: Catholics Respond to the* Motu Proprio Traditionis Custodes *on the Latin Mass* (Brooklyn, NY: Angelico Press, 2021), pp. 222-47.

63 "Si quis dixerit, ceremonias, vestes et externa signa, quibus in missarum celebratione Ecclesia Catholica utitur, irritabula impietatis esse magis quam officia pietatis: anathema sit". Superficialmente si potrebbe pensare che questo canone ci imponga di affermare che il Novus Ordo è - e non può non essere - una "manifestazione di pietà", e non un elemento adatto "a favorire l'empietà". In primo luogo, però, non ne segue che il Novus Ordo favorisca la pietà *nella stessa misura* del rito tradizionale, o che eviti le occasioni di empietà quanto il rito tradizionale. In secondo luogo, non si può estrapolare questo canone dal suo contesto, dimenticando che l'errore a cui risponde è quello dei protestanti che hanno rifiutato diversi aspetti del rito tradizionale - proprio come hanno fatto i riformatori della liturgia nel XX secolo. Si veda Peter Kwasniewski, *The Road from Hyperpapalism to Catholicism: Rethinking the Papacy in a Time of Ecclesial Disintegration* (Waterloo, ON: Arouca Press, 2022), vol. 1, cap. 9.

IL RITO ROMANO DI IERI E DI DOMANI

Nel dire "di cui si serve la Chiesa cattolica", il Concilio vuol dare a intendere che *tutte* le cerimonie liturgiche, i paramenti e i segni esterni ricevuti dalla tradizione sono strumenti di pietà e *non* incentivi all'empietà. Così, il punto di vista che in seguito diverrà popolare tra i riformatori del XX secolo – per cui alcuni aspetti del rito romano classico sono da considerarsi corruzioni della liturgia autentica e dannosi per la vita spirituale dei fedeli – viene preventivamente anatemizzato. Per dirla con p. Engelbert Recktenwald: "L'idea di una decrescente dignità [dei sacri riti, NdT] col passare degli anni implica la negazione della continua azione dello Spirito Santo nella Chiesa, e dunque in generale di un progresso guidato dallo Spirito".[64]

Nel medesimo spirito, il *Catechismo Romano* pubblicato nel 1566, tre anni dopo la conclusione del Concilio di Trento, si esprime così a proposito della Santa Messa: "Il sacrificio della Messa abbraccia molti riti notevoli e solenni, nessuno dei quali si può giudicare superfluo o vano, perché tutti sono diretti a far meglio risplendere la maestà di sì grande sacrificio, e a trasportare i fedeli dalla vista di così salutiferi misteri alla contemplazione delle cose divine, in essi celate".[65]

Duecentoventi anni dopo la pubblicazione di questo *Catechismo*, cioè nel 1786, nel pieno del periodo del cosiddetto Illuminismo, un curioso sinodo diocesano di orientamento giansenista si riunì nella città di Pistoia. Il sinodo approvò molte proposte di semplificazione della prassi ecclesiastica, tra cui l'abolizione delle indulgenze, di feste e processioni, nonché la traduzione in volgare della liturgia. Nel 1794, quel papa nella tempesta che fu Pio VI riuscì a prender fiato, stretto tra la Rivoluzione francese e l'ascesa di Napoleone Bonaparte, ed emanò una bolla intitolata *Auctorem Fidei*, che condannava numerose proposizioni del Sinodo di Pistoia, tra cui la seguente, che è bene leggere sullo sfondo di Trento e del suo *Catechismo*:

---

64 Citato in Fiedrowicz, *Traditional Mass*, p. 210 nota 46.
65 "Habet autem hoc sacrificium multos, eosque maxime insignes ac solemnes ritus, quorum nullus supervacaneus aut inanis existimandus est; verum omnes eo spectant, ut et tanti sacrificii maiestas magis eluceat, et salutaribus mysteriis intuendis ad rerum divinarum, quae in eo sacrificio occultae sunt, contemplationem fideles excitentur."

Le leggi dello sviluppo organico e la rottura del 1969

La proposizione del Sinodo, la quale mostra di desiderare che si tolgano quei motivi, per i quali si è in parte indotta la dimenticanza dei principi relativi all'ordine della liturgia, «col richiamarla ad una maggiore semplicità di riti, con esporla in lingua volgare, e con proferirla con voce alta»; quasi che l'ordine vigente della liturgia ricevuto ed approvato dalla Chiesa provenga in parte dall'oblio dei principi sui quali essa deve reggersi, - [è qui giudicata come] temeraria, offensiva delle pie orecchie, contumeliosa contro la Chiesa, favorevole alle maldicenze degli eretici contro la Chiesa stessa.[66]

L'affermazione del Pistoiese, secondo cui la Chiesa cattolica aveva di fatto dimenticato i veri principi della liturgia, è proprio quella che sarebbe stata formulata dai liturgisti del XX secolo, sia prima che dopo il Concilio Vaticano II. Che il nostro culto debba essere "richiamato" alle sue più umili e semplici origini, che debba essere tradotto nella lingua del popolo e che debba essere pronunciato a voce alta, sono tre degli aspetti più caratteristici del *Novus Ordo Missae*.[67]

Subito dopo la sezione citata della *Mediator Dei*, che sottolinea il valore dei "riti liturgici più recenti", Pio XII descrive gli sforzi di alcuni liturgisti per liberare la Chiesa dalle "accrezioni" medievali e barocche, e li condanna con le seguenti parole: "Questo modo di pensare e di agire, difatti, fa rivivere l'eccessivo ed insano archeologismo suscitato dall'illegittimo concilio di Pistoia [. . .]. Siffatti deplorevoli propositi ed iniziative tendono a paralizzare l'azione santificatrice con la quale la sacra Liturgia indirizza salutarmente al Padre celeste i figli di adozione".[68]

---

66 *Auctorem Fidei*, proposizione XXXIII.
67 Per una spiegazione del perché l'*Auctorem Fidei* di Pio VI, così come la *Quo Graviora* di Gregorio XVI e la *Mediator Dei* di Pio XII supportano la posizione tradizionalista e non quella conservatrice, che difende qualsiasi legge liturgica promulgata dal Papa (quali che siano le sue premesse o contenuti), si veda "Does Pius VI's Auctorem Fidei Support Paul VI's Novus Ordo?" in Kwasniewski, *The Road from Hyperpapalism*, vol. 1, cap. 9. Nella sua monografia *The Synod of Pistoia and Vatican II: Jansenism and the Struggle for Catholic Reform* (New York: Oxford University Press, 2020), Shaun Blanchard descrive - felicitandosene - i parallelismi tra Sinodo di Pistoia e Vaticano II.
68 *Mediator Dei*, paragrafo intitolato "*Innovazioni temerarie*".

Il riformismo di Paolo VI merita di essere condannato non meno di quello di Pistoia, perché entrambi violano quella verità fondamentale espressa (*inter alios*) da San Gregorio Nazianzeno, Dom Guéranger e Pio XII: dalla Pentecoste fino alla fine dei tempi, la Chiesa è il regno dello Spirito Santo – e la più perfetta azione ed espressione della Chiesa è la sacra liturgia.[69]

UN PECCATO CONTRO LO SPIRITO SANTO

Alla luce di quanto sopra, possiamo ritornare per un momento all'affermazione, contenuta nella Legge n. 3, secondo cui una riforma liturgica di una determinata entità costituirebbe un peccato contro lo Spirito Santo.

Siamo forse rimasti orfani dopo l'età costantiniana, dopo il medioevo o dopo il Concilio di Trento? Nel Vangelo della Vigilia di Pentecoste,[70] Gesù ci ha assicurato che non lo avrebbe mai permesso: "Non vi lascerò orfani: verrò da voi" (Gv 14,18). Se questa non vuol essere solo una pia banalità, *deve* allora significare qualcosa – vale a dire, che lo Spirito non abbandona mai la Chiesa e che *realmente* Egli la benedice con doni e doni ad ogni passo del suo pellegrinaggio, come si conviene alla Sposa di Cristo sulla terra. Questi doni costituiscono un'eredità cumulativa: i loro effetti perdurano nel tempo e riecheggiano nell'eternità. Ogni epoca eredita i doni dei santi che l'hanno preceduta. "Le maggioranze fortuite che possono formarsi qua o là nella Chiesa non decidono il loro e il nostro cammino: sono loro, i santi, la vera maggioranza normativa con cui orientarci".[71] Rendiamo *disonore* a Nostro Signore Gesù Cristo e al Suo Santo Spirito se consideriamo un'epoca più recente tanto diversa, tanto nuova,

---

69 Per uno sviluppo ulteriore di questo concetto e delle implicazioni pratiche che ne derivano per il clero, si veda il mio trattato *La vera obbedienza nella Chiesa: una guida al discernimento in tempi difficili* (Verona: Fede e Cultura, 2023), pp. 28 ss.

70 Nell'*usus antiquior*.

71 Joseph Ratzinger, *Called to Communion: Understanding the Church Today*, trad. personale da quella inglese di Adrian Walker (San Francisco: Ignatius Press, 1996), p. 154. E aggiunge: "Non può esistere nella Chiesa una maggioranza soltanto sincronica, ma essa è sempre, nella sua essenza, puramente diacronica, perché i santi di ogni tempo sono vivi e perché costituiscono la vera Chiesa".

Le leggi dello sviluppo organico e la rottura del 1969

tanto caotica, tanto ricca di singolare genialità da dover ricominciare ex novo, spezzando le corde che la legano al passato, rigettando o allontanando i doni della tradizione, in un tentativo di "modernizzazione", ossia di rendere i cattolici degli orfani o degli estranei in casa loro. A ben vedere, un tale approccio è proprio l'unico che non può essere un dono dello Spirito Santo.

Supponiamo, per amor di discussione, che i riformatori del XX secolo credessero nella guida Provvidenziale della liturgia quanto al suo contenuto concettuale, ma fossero giunti alla conclusione che il latino era diventato una barriera insuperabile per la partecipazione. Che la liturgia era corretta in ciò che diceva, ma non nel modo in cui lo faceva.[72] In questo caso, non avrebbero semplicemente cercato di tradurre la liturgia già *esistente* in un appropriato registro della lingua volgare? In realtà, 2.147 vescovi e superiori presenti al Concilio Vaticano II non la pensarono così, e votarono per *conservare* l'uso del latino, pur consentendo un certo spazio alle lingue moderne. Oppure mettiamo che a giudizio dei riformatori ad alcune feste o ricorrenze del messale avrebbe giovato un'ulteriore lettura dalla Sacra Scrittura. A quel punto avrebbero proposto delle letture appropriate per quei giorni, lasciando intatto il resto del messale. E invece no. Le loro azioni nel post-concilio tradiscono un dissenso dal *contenuto* stesso dell'antica liturgia: le sue preghiere preparatorie, le antifone e le letture, le orazioni, l'offertorio e il canone, le cerimonie, i gesti, le posture, il linguaggio e la musica, il suo stesso orientamento. A partire dagli anni '50 e fino agli anni '70, letteralmente *nulla* è stato lasciato intatto – e i cambiamenti sono avvenuti generalmente su larga scala, riscrivendo in blocco i riti della Messa, del battesimo, dell'ordinazione sacerdotale, dell'estrema unzione, della dedicazione di una chiesa, della consacrazione delle vergini, della benedizione dell'acqua santa. Di tutto. Non si trattò di una revisione, ma di un rifiuto; non di una riforma, ma di una rivoluzione.[73] Ricorda in modo

---

72 Si veda il capitolo 1 per quanto riguarda i problemi legati al tentativo di separare nettamente quel che si dice da come lo si dice.

73 Si veda Wolfram Schrems, "The Council's Constitution on the Liturgy: Reform or Revolution?", *Rorate Caeli*, 3 maggio 2018; cfr. la disamina del "cattolicesimo nietzschiano" al capitolo 11. Si sente spesso la domanda: come mai

inquietante la negazione della già compiuta venuta di Gesù Cristo nella carne da parte degli antichi gnostici.[74]

In virtù del ferreo assioma *lex orandi, lex credendi*, un tale rifiuto significa un rifiuto della dottrina e della spiritualità che la liturgia romana tradizionale incarna. In altre parole, non si tratta principalmente di una deviazione dai riti, ma di una deviazione dalla teologia perenne della Fede incarnata nei riti – una forma di infedeltà o, oserei dire, persino di apostasia. Il rifiuto di un rito implica il rifiuto di ciò che esso significa e simbolizza. L'arcivescovo Piero Marini, che da giovane era stato segretario personale di Annibale Bugnini e collaboratore dello stesso Consilium (insieme ai sottosegretari Carlo Braga e Gottardo Pasqualetti), ha scritto a proposito di questa commissione: "Si riunirono pubblicamente per dare inizio a una delle più grandi riforme liturgiche della storia della Chiesa occidentale. A differenza della riforma successiva a Trento, essa fu tanto più grande in quanto riguardava anche la dottrina".[75] Il gesuita p. John F. Baldovin, uno studioso sostenitore della riforma liturgica (quindi immune dall'accusa di iperboli tradizionaliste), ne afferma tranquillamente l'enorme portata più e più volte nella sua opera *Reforming the Liturgy: A Response to the Critics*:[76]

---

quasi tutti i vescovi, che al Concilio avevano votato per un'altra cosa, accettarono docilmente le riforme liturgiche via via più radicali di Paolo VI, invece di esprimere le loro obiezioni e rifiutare di aderirvi? In una parola: iperpapalismo. Il Papa dev'essere venerato come Cristo in terra e la sua parola è legge. *Sempre e in ogni caso*. Questo è anche il motivo per cui quasi tutti i vescovi, durante il regno di Papa Francesco, sono rimasti in silenzio di fronte alle sue pericolose ambiguità e ai suoi veri e propri errori, per non parlare delle molteplici forme di corruzione a cui questo pontificato è tristemente legato a doppio filo.

74 La sostituzione di una benedizione dei pasti ebraica al rito di Offertorio è, in tal senso, altamente indicativa, dal momento che il tratto distintivo del giudaismo rabbinico post-cristiano è la sua esplicita negazione che il Cristo sia venuto nella carne. Per una discussione circa l'influenza dello gnosticismo sulla riforma liturgica, si veda "Gnosticism, Liturgical Change, and Catholic Life" nel mio volume *Tradition and Sanity: Conversations and Dialogues of a Postconciliar Exile* (Brooklyn, NY: Angelico Press, 2018), pp. 99–116.

75 Mons. Piero Marini, *A Challenging Reform: Realizing the Vision of the Liturgical Renewal 1963–1975* (Collegeville, MN: Liturgical Press, 2007), p. 46, trad. personale.

76 John F. Baldovin, *Reforming the Liturgy: A Response to the Critics* (Collegeville, MN: Liturgical Press, 2008), trad. personale. I numeri di pagina sono tra parentesi.

Le leggi dello sviluppo organico e la rottura del 1969

Non si può certo negare la radicalità di una riforma che spazzò via l'uso di una lingua comune e semplificò la liturgia nella misura in cui lo fece il Messale di Paolo VI. (p. 43)

Si può concordare sul fatto che il rito riformato ha cambiato in modo significativo il modo in cui i cattolici concepivano il proprio culto. La riforma non fu un semplice ritocco di alcuni aspetti esteriori della pietà cattolica, ma un profondo rimodellamento dell'immaginario cattolico in tema di liturgia. (p. 59)

Un cambiamento era necessario; lo era perché la liturgia ante Vaticano II era effettivamente una reliquia di un'era passata, una reliquia che ha avuto le sue ragioni: la posizione polemica che la Chiesa si è trovata ad assumere nei confronti della Riforma protestante e poi dell'Illuminismo e poi dei cambiamenti culturali che vennero con la Rivoluzione industriale e gli sconvolgimenti del diciannovesimo e inizio ventesimo secolo. Fu l'effetto cumulativo di questi cambiamenti culturali a rendere desiderabile una riforma radicale della liturgia. (p. 102)

Poiché la riforma era chiaramente intesa ad aggiornare aspetti anacronistici della liturgia romana (SC 23, 50), era certamente parte del mandato dei riformatori il selezionare e modificare le preghiere per adattarle ai cambiamenti nella teologia e nella spiritualità sperimentati nella seconda metà del XX secolo. (p. 125)

Per ragioni principalmente storiche ed ecumeniche, Paolo VI prese la decisione piuttosto radicale di cambiare la forma tradizionale del sacramento [della Cresima] nella Costituzione Apostolica che introduce il nuovo rito. (p. 130)

Se si confronta il Messale del 1962 con quello del 1969 o con i riti d'ordinazione precedenti e successivi al Vaticano II, ad esempio, si può concludere che la riforma si è allontanata radicalmente dallo sviluppo organico della tradizione. (p. 137)

La liturgia riformata rappresenta effettivamente un cambiamento radicale nella teologia e nella pietà cattolica. (p. 139)[77]

---

77 Analoga conferma giunge da un confratello gesuita, p. Bruce T. Morrill: "La direttiva di Francesco [*Traditionis Custodes*] riguarda più che il

Tutto ciò - a cui si aggiunse l'insulto di ignorare numerose previsioni esplicite della costituzione conciliare *Sacrosanctum Concilium* - equivale a ritenere che lo Spirito Santo abbia da tempo cessato di guidare la Chiesa nella pienezza della verità quanto al suo culto liturgico. Tale convinzione, tuttavia, non può che essere eretica; affermarla sarebbe blasfemo; agire sulla base di essa, sacrilego.[78]

Tra gli esegeti si è discusso ampiamente del "peccato contro lo Spirito Santo". Per quel che qui ci interessa, è sufficiente notare come questo sia connesso, in ogni caso, al rifiuto dell'evidenza dell'opera di Dio in atto, come quando Cristo venne accusato di scacciare i demoni grazie a un'intesa con Belzebù, piuttosto che per mezzo dello Spirito di Dio; tale affermazione è, infatti, un implicito rifiuto dell'intero ministero di Cristo, quello cioè di rendere presente il regno di Dio in mezzo a noi. Ora, il regno di Dio ci è reso continuamente presente nella sacra liturgia. Pertanto, il rifiuto della liturgia è un rifiuto del regno, del suo Signore e dello Spirito del Signore. Possiamo anche dire, con Pietro Lombardo, che esistono sei tipi di peccato contro lo Spirito Santo: la disperazione della salvezza, la presunzione di salvarsi, l'impenitenza finale, l'ostinazione nel peccato, l'impugnazione della verità conosciuta e l'invidia della grazia altrui.[79] Tutto ciò si può vedere anche nella riforma liturgica: la disperazione che i fedeli potessero entrare fruttuosamente nei misteri celebrati con i riti

---

semplice rituale della Messa romana, poiché la celebrazione esclusiva dei riti antecedenti da parte di alcuni cattolici non può che alimentare, in varia misura, un'ideologia ecclesiale e sociale incoerente con l'intero programma di riforma della Chiesa del Vaticano II. [...] La conversione da donne, uomini e bambini che "assistono" silenziosi alla Messa [...] all'assemblea dei battezzati, del popolo di Dio che celebra la parola e il sacramento nel proprio contesto socio-culturale, è il cambiamento epocale nel cattolicesimo romano che è in gioco nell'inversione di rotta operata da Papa Francesco rispetto alle progressive aperture dei suoi due predecessori nei confronti di un clero e di un laicato arci-conservatori, o finanche reazionari." "Tradition and the Roman Rite: The Ongoing Struggle", *Doxology* 32.3 (2021), pp. 30, 35-36.
78 Nel capitolo 7 questo argomento viene sviluppato in modo più approfondito.
79 *Sentenze*, Libro II, dist. 43.

Le leggi dello sviluppo organico e la rottura del 1969

tradizionali; la presunzione di pensare di creare riti superiori a quelli tramandatici; l'impenitenza nel rifiutare di pentirsi e di riparare agli evidenti danni inferti al popolo di Dio dalla vastità e dalla rapidità della riforma, malgrado decenni di frutti cattivi; l'ostinazione nel resistere alle indicazioni più antiche ed autorevoli della tradizione; l'impugnazione, cioè la lotta contro la verità conosciuta (*lex credendi*) di cui la liturgia (*lex orandi*) è espressione; infine, l'invidia della grazia altrui, sotto forma di una invidia per la tradizione bizantina che si tradusse in infelici, stolte emulazioni e commistioni con la stessa.

Padre John Parsons annota sobriamente gli effetti che ebbe sulla tenuta dell'autorità della Chiesa e sulla coerenza interna del Magistero la valutazione negativa e la rottura con la tradizione latina fino ad allora promossa e difesa dalla Chiesa da parte dei riformatori liturgici:

> Il ripudio simbolico della tradizione cristiana, come ebbe a dire il cardinal Ratzinger, ha contribuito enormemente a minare la fiducia nella Chiesa in generale. Se da un lato è possibile *logicamente* credere in una Chiesa che è guida infallibile in materia di fede e di morale ma che, per la gran parte del tempo a partire dalla sua fondazione, ha promosso, secondo l'efficace espressione dell'arcivescovo Bugnini, "l'incomprensione, l'ignoranza e una notte oscura" nel culto di Dio, dall'altro non è possibile *psicologicamente* portare avanti un siffatto gioco di prestigio mentale molto a lungo, o su una scala tale da coinvolgere un ampio numero di persone. Se la *lex orandi* ha potuto essere così profondamente fuorviata per così tanti secoli, che fiducia si può riporre nella *lex credendi* difesa in questi lunghi secoli dallo stesso, sviato papato e dalle stesse, sviate autorità ecclesiastiche? Anche in questo caso vale l'adagio *lex orandi, lex credendi*, ma con una nuova e distruttiva svolta. O si revoca chiaramente e pubblicamente la *damnatio memoriae* della liturgia tradizionale, o la fiducia nell'autorità della Chiesa non sarà mai ripristinata.[80]

---

80 Citato in p. Thomas Kocik, *The Reform of the Reform? A Liturgical Debate: Reform or Return* (San Francisco: Ignatius Press, 2003), Appendice V, "A Reform of the Reform?", pp. 226-27, trad. personale.

IL RITO ROMANO DI IERI E DI DOMANI

I LENTI PASSI VERSO LA META

La mia vita di cattolico è stata scandita da diverse, distinte tappe, percorse in un lungo arco di tempo; ho quindi imparato ad essere paziente con quanti "non capiscono" la mia posizione. Nemmeno io "capivo", all'inizio; ma mi riempie di gioia vedere con quanta rapidità e facilità le giovani generazioni d'oggi arrivano a conclusioni alle quali io ho resistito per anni. Se dovessi cercare di esprimere quel che ho cercato e trovato ad ogni passo del cammino, ecco ciò che direi.

La prima tappa, coincidente con l'infanzia e l'adolescenza, è stata quella in cui ho cercato di essere un buon figlio e un cattolico ligio al dovere. Obbedivo ai miei genitori in quasi tutto, andavo in chiesa con loro la domenica e le feste, mi attenevo a una "morale dei Dieci Comandamenti" (con qualche lacuna dovuta a una cattiva formazione). La chiesa era quella di una tipica parrocchia di periferia, rivestita di moquette e di ministri straordinari dell'eucarestia. Verso la metà del liceo, un amico mi invitò a partecipare a un gruppo giovanile di stampo carismatico e la cosa mi piacque molto. Grazie agli animatori più grandi, che definirei "cattolici alla Giovanni Paolo II", scoprii in quel gruppo tre cose importanti: primo, che la Fede cattolica si propone come *vera* e quindi come la verità in base alla quale valutare tutto il resto (non sono sicuro di aver mai sentito, fino ad allora, quest'affermazione!); secondo, che la pratica della fede non doveva per forza essere noiosa o superficiale, ma poteva essere emotivamente corroborante e appagante; terzo, che quanti credono in Dio, in un'anima immortale, nei sacramenti e nella preghiera sono, per lo più, persone migliori e più felici e che, a loro volta, si rivelano amici migliori e più felici.

Ma dopo aver frequentato per un paio d'anni questo gruppo, qualcosa iniziò a stufarmi. Non so se saprei dire esattamente cosa, ma quel che provai è un po' come la sensazione che si ha dopo un picco glicemico, o alla fine di una cotta: c'era qualcosa di superficiale, d'inadeguato, temporaneo, inconsistente. Avevo come il bisogno di trovare la forma esterna, visibile e udibile, di quella verità della fede Cattolica che avevo accettato col mio intelletto; dovevo

Le leggi dello sviluppo organico e la rottura del 1969

trovare il Cristo incarnato, non una parola astratta o un sentimento fugace. E questo è ciò che cominciai a trovare al Thomas Aquinas College, iniziando con una messa Novus Ordo in latino e accompagnata dal canto gregoriano (un approccio che potremmo chiamare di "Riforma della Riforma") dove il risultato più evidente era un senso di *riverenza*: prendere sul serio cose serie. Eppure restava sempre in agguato un inquietante problema di fondo. In quasi ogni altra chiesa del mondo – soprattutto negli anni '90 – il Novus Ordo veniva celebrato in modo totalmente diverso da come veniva fatto al TAC. Ma che problema avevano, tutti quanti? Perché non riuscivano a capire quanto meglio fosse una liturgia bella e riverente? Solo più tardi ho capito che questo è un monumentale difetto intrinseco del Novus Ordo: "pizzi e merletti" (e quant'altro) non sono che un *optional*, a totale discrezione degli addetti ai lavori. Tutto, quindi, dipende dalla preparazione, dal buon gusto e dall'ortodossia del parroco o del celebrante, o di chiunque si trovi nella posizione di decidere. Ma questa opzionalità, sommata all'attuale struttura di potere ecclesiastico, è un mix letale: è sufficiente una lamentela di troppo inviata al vescovo e *boom!* addio don *Incensa Multa*, spedito dall'altra parte della città o disperso tra le montagne; ecco don *Plaudite Manibus*, che nel giro di qualche settimana distrugge l'opera di valorizzazione e ri-sacralizzazione che aveva richiesto anni e anni di lavoro. Sappiamo quanto spesso succede. È la dimostrazione che una liturgia che tratti come un optional uno qualsiasi degli otto elementi sopra elencati è come un edificio minacciato da un'enorme crepa. Perché anche qui vale quel principio enunciato da San Tommaso d'Aquino nelle Cinque Vie: "Ciò che può non esistere, talvolta non esisterà". O, in termini più colloquiali: se qualcosa può andar male, andrà male.

Più tardi, all'università, iniziai a frequentare delle celebrazioni clandestine della Messa tridentina ed è qui che scoprii un altro segreto: la presenza, il significato e il valore della *tradizione* – del fare quel che è stato fatto per secoli, con gli stessi riti che innumerevoli cattolici han conosciuto nel corso dei secoli, pregando con le stesse parole dei grandi santi del passato, penetrando nei misteri di Cristo in un modo che richiede una trasformazione della mente e del cuore già nello stesso atto di culto. Comprai un messalino quotidiano e iniziai a leggerlo giorno dopo giorno. Mi resi conto molto presto che tale liturgia era notevolmente diversa: una teologia più profonda, uno sguardo più veritiero sulla natura umana, una maggiore obbedienza alla rivelazione, una presentazione più bella e gradevole; a conti fatti, era anche più coinvolgente a livello emotivo, benché in un modo più fine. In breve: scoprire questa liturgia e arrendermi ad essa è stata la fine di una ricerca che nemmeno sapevo d'aver iniziato. Questa liturgia abbracciava tutto quello che avevo trovato ad ogni tappa del mio viaggio, ma andava ben oltre. Essa era, ed è rimasta, inesauribile: un orizzonte infinito che spazia all'indietro verso la storia, in avanti verso l'eternità, al di fuori verso la cultura, in alto verso il cielo.

ALLA RICERCA DI DIO: COME VOGLIAMO NOI O COME VUOLE LUI?

Riflettiamo per un momento su quel che accomuna i movimenti carismatici e i fautori di una "Riforma della Riforma". Tutti e due sono alla ricerca dell'autenticità, di un incontro con la realtà, con la presenza divina, con la grazia dello Spirito Santo. Il problema è che sono entrambe forme di antropocentrismo: si vuole trovare Dio alle *nostre* condizioni, non alle *Sue*; si vuole adorarlo a modo nostro, non a modo Suo. Che si tratti di eccessi emotivi o di creazioni liturgiche di nostra iniziativa, quel che si fa è abbassare Dio al nostro livello, invece di lasciare che sia Lui a prenderci e a elevarci a Lui, seguendo un percorso da Lui già preparato. Si possono applicare in modo particolare alla Riforma della Riforma queste parole di Andrew Thompson-Briggs: "Non possiamo ricevere la tradizione stando fuori dalla tradizione, appropriandoci di ciò che vogliamo. Questo è quel che fanno i turisti. È un approccio inorganico, un approccio postmoderno, destinato al fallimento. Invece di innestarci su un albero venerabile, ci troveremmo ad assemblare un fascio di legnetti. Quando, nel poetico mondo antico, i più giovani ricevevano la tradizione, la ricevevano tutta intera da un maestro".[81]

---

81 Andrew Thompson-Briggs, "Two Hundred Years of Strangulation: Reviving Form in a Formless Age", *OnePeterFive*, 16 luglio 2019.

Le leggi dello sviluppo organico e la rottura del 1969

Come Maria Maddalena al sepolcro ormai vuoto, Lo cerchiamo qua e là, dappertutto, quando invece Egli è proprio di fronte a noi, nella Sua dolce e gloriosa – sebbene velata e misteriosa – oggettività. Egli è il giardiniere che ha già dissodato il terreno, piantato i semi, curandone la crescita fino a farne un frutteto ricco dei frutti più belli, più succulenti, più nutrienti: tutti riti di Santa Madre Chiesa, che Gli consentono di diventare, e sempre più, il giardiniere, il padrone, l'ospite intimo delle nostre anime. È ciò che vediamo nella vita dei grandi mistici: è la liturgia che forma, fonda e permea la loro vita interiore, mantenendola sana, forte, equilibrata, ricca e feconda, impedendole di virare verso l'arbitrio, il sentimentalismo, l'idiosincrasia, l'orgoglio o la vanità. La vita interiore della grazia, nascosta nell'anima, ha un riflesso, una immagine, un esempio, nella fisionomia esteriore della liturgia tradizionale. È la mistica vita in noi della Ss. Trinità, scritta a grandi lettere, tradotta nel linguaggio del rituale, della cerimonia e della preghiera: scandita dalla coreografia dei sacri ministri, sfiorata dalle parole, gustata nel canto melodioso, raccolta in un silenzio tuonante.

Ho affermato che il Novus Ordo non è il rito romano o un rito in alcun modo tradizionale: non esprime, nei suoi testi come nelle sue cerimonie, la pienezza della nostra fede. Dal momento che l'eredità liturgica della Chiesa rappresenta l'opera compiuta attraverso i secoli dallo Spirito Santo, che ha ispirato, raccolto, arricchito, perfezionato, consolidato e conservato i tesori del nostro culto collettivo in qualità di Corpo Mistico di Cristo, siamo messi di fronte a un'importante decisione: seguire la strada ben battuta da schiere di santi, dove ciascuna generazione è in dimostrabile continuità con le generazioni precedenti e quelle a seguire, in virtù del vincolo comune dato da un'eredità incorruttibile, frutto del soffio divino; oppure prendere una strada diversa: quella di una liturgia conformata a un'ideologia, confinata a un determinato periodo storico? E in effetti, come ha riconosciuto Dom Hugh Somerville Knapman, il Novus Ordo è stato concepito per essere (secondo le parole di Joseph Gelineau, membro del Consilium) un "cantiere permanente" (*chantier permanent*):

La componente progressista tra i liturgisti della riforma vedeva nel Messale del 1969 solo una tappa – sia pure significativa, si badi – nel nuovo progetto di ricostituzione della liturgia come qualcosa in continuo adattamento all'epoca in cui viene celebrata. Come abbiamo visto, il risultato è che, generalmente, la liturgia degenera nel riflettere la sua epoca, anziché dire qualcosa alla sua epoca e santificarla. O, più precisamente, le radicali deformazioni della liturgia non riflettono il volto di Cristo, ma piuttosto quello della persona o della cricca dominante che le impongono, diventando così veicoli non di culto ma di narcisismo, di quel culto di sé che è de facto il credo della società occidentale postmoderna. [...] Ci troviamo senza radici e quindi senza cuore, rimpiazziamo il sacrificio di sé con il servizio di sé, con il sé come unico assoluto morale, mentre la sua ineluttabile soggettività e impermanenza negano l'assolutezza che rivendica per sé. E il secondo assoluto, la novità, soffre del medesimo difetto intrinseco.[82]

Lancio quindi una sfida ai miei lettori. A quelli che ancora non partecipano regolarmente alla Messa tradizionale dico: *fatelo*; prima lo fate e meglio è, perché si tratta della più alta glorificazione di Dio, dell'espressione più perfetta della nostra fede e del più squisito tesoro della nostra cultura. Ciò richiederà tempo e fatica, e magari vi guadagnerà qualche scrollata di spalle, ma la ricompensa sarà del trenta, del sessanta, del cento per uno. A quelli che già si sono innamorati del rito romano tradizionale e gli sono fedeli, dico: imparate a conoscerlo *ancora meglio*, assistendovi più spesso, ricorrendo al messalino quotidiano, documentandovi su buoni libri, diffondendone la conoscenza e sostenendo il movimento tradizionale con le vostre preghiere e le vostre risorse, come se da ciò dipendesse la stessa vostra vita e l'esistenza della Chiesa cattolica. Man mano che il tempo passa, appare sempre più chiaro come *davvero* si tratti di una questione di vita o di morte, di vitalità o d'estinzione.

---

82 Hugh Somerville Knapman, "Pursuing a Point", *Dominus Mihi Adjutor*, 13 aprile 2019. L'affermazione di Gelineau si trova nel suo *Demain la liturgie: essai sur l'évolution des assemblées chrétiennes* (Paris: Cerf, 1976), p. 10.

Le leggi dello sviluppo organico e la rottura del 1969

Come mai abbiamo bisogno non soltanto di maggior bellezza, di maggior riverenza, ma soprattutto del contenuto oggettivo dell'*usus antiquior*? Il motivo è che Dio lo ha voluto per noi. Esso è nato dal grembo della Chiesa per opera dello Spirito Santo; è stato ricevuto, messo in pratica e impreziosito da innumerevoli santi, nel loro salire la scala celeste dell'umiltà; ci è stato dato dalla Provvidenza in vista tanto dei nostri bisogni umani universali quanto dei nostri più santi desideri; era, e rimane, un dono dell'immenso amore di Dio, un trono degno di ricevere il più grande dei doni, il Suo Figlio e Signore Nostro Gesù Cristo. Come il Suo regno e le Sue leggi, le sue rubriche sono fisse e stabili. Come la sapienza dei Vangeli, i suoi testi sono dogmaticamente, moralmente, asceticamente e misticamente ricchi. Le belle arti, e in special modo la musica, vi si trovano a casa, perché lì tutte sono nate, nella città da Dio fondata (cfr. Sal 86,5-7). Come la Luce che brilla nelle tenebre e che le tenebre non hanno vinto (cfr. Gv 1,5), le cerimonie dell'*usus antiquior* trasmettono visibilmente e potentemente la Fede cattolica nella sua sfolgorante luce di verità e nella sua lotta intrepida contro le tenebre. La preghiera della tradizione ci unisce a tutti i nostri predecessori nella fede e a tutti i cattolici tradizionali che in questo momento, in ogni Paese e in ogni continente, vivono e adorano con gli stessi riti, aspirando ai medesimi ideali. Il recupero di questo patrimonio sarà il cardine di un autentico rinnovamento della e nella Chiesa.

La riforma liturgica, nella sua esecuzione concreta, si è allontanata sempre di più da questa origine [cioè il più sano Movimento Liturgico]. Il risultato è stato non un rinvigorimento, ma una devastazione.... Al posto della liturgia che si era sviluppata fu messa una liturgia che si era creata. Si è abbandonato il processo vitale della crescita e del divenire per sostituirvi una fabbricazione. Non si è più voluto far proseguire lo sviluppo e la maturazione organica di ciò che ha vissuto attraverso i secoli, ma lo si è sostituito, al modo di una produzione tecnica, con una fabbricazione, il banale prodotto del momento.
— Joseph Ratzinger

L'idea di inventare una nuova liturgia, quand'anche fosse priva di quei difetti che vi vediamo, è di per sé discutibile; è una idea che non ha precedenti nella storia della Chiesa, né in Occidente né in Oriente. Le alterazioni linguistiche apportate in vari momenti mai furono accompagnate da una ri-creazione del rito.... La tradizione della Chiesa in materia di riforma liturgica è una tradizione che esclude una ricostruzione radicale. Non è soltanto questione di precedenti, ma anche dei poteri insiti all'ufficio gerarchico. Mai nella storia un papa o un patriarca ha pensato di avere il potere di abolire il rito relativo alla sua giurisdizione e di sostituirlo con uno nuovo. Mai alcun teologo ha annoverato una simile competenza tra i poteri del papa. Il fatto che Paolo VI se ne sia fatto portatore è un ampliamento dell'uso di un'autorità papale che, in ogni altro ambito, egli aveva assai colpevolmente abbandonato. I predecessori nel papato avevano sì legiferato esprimendo un alto senso di autorità, ma nella consapevolezza che si trattava di un'autorità al servizio della tradizione e della dottrina costante.
— Henry Sire

{ 3 }
Iperpapalismo e mutazione liturgica

POCO PIÙ DI CINQUANT'ANNI SI VERIFICÒ uno degli eventi più eclatanti e fatidici della storia della Chiesa cattolica: la promulgazione del nuovo ordine della Messa, o *Novus Ordo Missae*, per mano di Paolo VI e della sua Costituzione Apostolica *Missale Romanum* del 3 aprile 1969. Mezzo secolo più tardi è alquanto frequente ritrovare, tra le fila del clero "conservatore", l'idea che non sia stata la riforma della liturgia a innescare la crisi post-conciliare; è stato, piuttosto, il relativismo dottrinale e morale a portare al caos liturgico. La liturgia è a pezzi perché dottrina e morale sono a pezzi. In parole povere, la colpa è non dell'auto, ma del conducente ubriaco. Il Novus Ordo e, del resto, tutti i riti riformati, la Liturgia delle Ore, eccetera: va tutto benissimo, *in sé*, e se ci mettiamo con il giusto atteggiamento, seguendo le *best practices*, potremo godere di una vita liturgica realmente cattolica, senza quelle aberrazioni dottrinali e morali che tutti, giustamente, deploriamo. Possiamo avere, insomma, la botte piena e la moglie ubriaca: *Novus* in quel che facciamo, *Vetus* in quel che crediamo.

Mi sembra, questo, un grave esempio di ingenuità. È nota l'osservazione di Joseph Ratzinger secondo cui "la crisi della Chiesa che stiamo vivendo oggi è in gran parte dovuta alla disintegrazione della liturgia".[1] E tale crisi scaturisce direttamente da diversi aspetti problematici della riforma liturgica stessa e dei risultati che ne sono derivati.

---

1 Joseph Ratzinger, *Milestones, Memoirs 1927-1977* (San Francisco: Ignatius Press, 1998), p. 148. Nell'originale tedesco: "Ich bin überzeugt, daß die Kirchenkrise, die wir heute erleben, weitgehend auf dem Zerfall der Liturgie beruht".

IL RITO ROMANO DI IERI E DI DOMANI

IL PREZZO DI UN CAMBIAMENTO IMPROVVISO E PROFONDO

Il semplice fatto che, dopo ben più di un millennio di stabilità nelle forme liturgiche, si siano verificati dei cambiamenti *improvvisi e profondi* nella liturgia, e in ogni suo aspetto, trasmetteva un chiaro messaggio: "Persino le cose più importanti del cattolicesimo – le cose che sembrano stabili, permanenti, costruite sulla roccia – possono cambiare in un battito di ciglia, se così vuole il Papa". È vero, la liturgia si è sempre sviluppata lentamente e a piccoli passi, ma mai, nell'intera storia del cristianesimo d'Oriente o d'Occidente, si è avuto qualcosa di lontanamente paragonabile alla *quantità e qualità* dei cambiamenti cui si è assistito nel decennio che va dal 1963 al 1973 circa. Tutto ciò, *di per sé* e indipendentemente dal fatto che tali cambiamenti fossero buoni o cattivi, ebbe un effetto catastroficamente destabilizzante sulla mentalità dei fedeli cattolici. Alcuni abbandonarono definitivamente la Chiesa, scandalizzati, demoralizzati, disillusi. Altri si morsero la lingua e sopportarono una montagna di sciocchezze. Altri ancora si stracciarono le vesti (talari, si intende) e abbracciarono con sfrenato entusiasmo la sperimentazione, il pluralismo e il soggettivismo liturgico. *Ogni singolo* fedele cattolico ne è stato profondamente danneggiato: danni cumulativi e duraturi, come quelli derivanti da difetti genetici che si trasmettono alla prole, o da faide familiari che si protraggono per generazioni. Per la sua velocità e la magnitudine dei cambiamenti, la riforma liturgica scatenò scompiglio, confusione, anarchia. Una frattura, una ferita fu aperta nella carne stessa del Corpo Mistico; e, *lungi dal rimarginarsi*, essa si è fatta più profonda di decennio in decennio.

La nostra ragione, scrutando il tutto attraverso le lenti della filosofia, della psicologia e della sociologia, ci dice che un mutamento colossale del modo in cui i cattolici celebrano la liturgia può avere un solo ed unico significato: che quel che facevamo prima era errato, difettoso, malsano, perfino sgradito a Dio. Questa, in effetti, è tuttora la posizione di quanti si oppongono alla liturgia latina tradizionale: la considerano una forma di culto intrinsecamente inferiore e non esitano a dirlo apertamente. Pur

Iperpapalismo e mutazione liturgica

ammettendo la validità di entrambe le forme, penso che noi sostenitori del rito romano classico dobbiamo ai nostri oppositori la cortesia di una trasparenza totale, ammettendo con altrettanta franchezza la nostra posizione: riteniamo che il Novus Ordo sia una forma di culto intrinsecamente inferiore.[2]

Mi è capitato di sentire più d'uno affermare che la "stagione delle stupidaggini" è ormai alle spalle e che, a distanza di decenni, stiamo finalmente trovando il giusto equilibrio. Il Novus Ordo è stato accettato dalla stragrande maggioranza dei cattolici e bisogna farsene una ragione, dicono, mentre i sacerdoti più giovani, preparati e ortodossi, non vogliono avere nulla a che fare con le nefandezze del caos post-conciliare.[3]

Pura follia. *Nulla* potrà pienamente fiorire nel Corpo di Cristo finché la principale liturgia della Chiesa d'Occidente rimarrà in uno stato di rottura novatrice, archeologistica e ideologica con la tradizione latina come effettivamente sviluppatasi nei primi due millenni di cristianesimo. Non si tratta di "trovare il giusto equilibrio", quasi ragionassimo in termini newtoniani. Si tratta della differenza tra un organismo e un meccanismo. Non è soltanto che si è verificata una rottura, ma che viviamo in uno *stato* di rottura. È un po' come la differenza tra la Rivoluzione francese, evento circoscritto e delimitato nel tempo e nello spazio, e il liberalismo della *laïcité* (cioè del secolarismo) che sin da allora ci perseguita e affligge.

Qualcuno potrebbe obiettare: ma se oggi tornassimo complessivamente al rito tradizionale non ci renderemmo forse

---

2 Per "forma di culto" intendo qui la *Gestalt* o totalità del rito per come è celebrato, nei suoi testi, canti, gesti e cerimonie, come pure nei suoi prerequisiti, aspettative, associazioni e nella storia del suo uso e recepimento.

3 La mia è una critica che va più a fondo rispetto alla questione degli "abusi liturgici", ma a conti fatti tali abusi continuano anche oggi a registrarsi in gran numero, diffusi per tutto l'orbe cattolico. Molti di questi abusi più recenti sono documentati nell'articolo di John Monaco "The 'Other' Abuse Crisis in the Catholic Church that No One is Talking About", *Medium*, 21 febbraio 2019. Qualche alto prelato di quando in quando mugugna qualche lamento contro questi abusi, senza tuttavia prendere alcun serio provvedimento per sradicarli. Si veda "Crocodile Tears and Hand-Wringing: No GPS Coordinates for the Unicorn", in Peter Kwasniewski, *The Road from Hyperpapalism to Catholicism: Rethinking the Papacy in a Time of Ecclesial Disintegration* (Waterloo, ON: Arouca Press, 2022), vol. 2, cap. 59.

colpevoli del medesimo crimine, infliggendo un cambiamento improvviso e sostanziale sul popolo di Dio? Non avremmo anche in questo caso effetti di sconvolgimento, confusione e anarchia? Rispondo dicendo che i due casi sono del tutto diversi. Non nego che la grandezza della liturgia tradizionale fosse per molti versi oscurata o trascurata prima del Concilio, e che il primo movimento liturgico avesse talune proposte legittime per ripristinare tale grandezza, come quella di privilegiare la Messa cantata a quella letta e di incoraggiare i fedeli a cantar l'Ordinario e le risposte. Nondimeno, la violenza inferta alla liturgia dalle riforme di Pio XII e soprattutto di Paolo VI ha segnato il passaggio dalla salute alla malattia, dalla ricchezza alla povertà. Con la riscoperta e la reintroduzione dell'autentica liturgia romana, si passa dalla malattia alla piena salute, dalla miseria alla ricchezza. Entrambe le transizioni non possono che essere definite come enormi cambiamenti, ma l'una frammenta e ferisce, mentre l'altra ricuce e guarisce. Il movimento tradizionale desidera, a imitazione di Cristo, "cercare e salvare ciò che era perduto" (Lc 19, 10). Per quanto spiacevole e difficile potrà essere per alcuni, il recupero della tradizione cattolica è qualcosa di salutare e inevitabile, necessario per la pace della Chiesa e persino, direi, per la sua sopravvivenza.

Su che basi avanzo affermazioni tanto audaci? Mi concentrerò qui su tre elementi di criticità – i mali dell'arbitrarietà, l'annacquamento e la banalizzazione dei contenuti, i pericoli dell'iperpapalismo – per poi parlare dei possibili rimedi a ferite tanto vaste e tanto profonde.

I MALI DELL'ARBITRARIETÀ

Tutte le tradizioni liturgiche, crescendo sotto l'influenza dello Spirito Santo, hanno raggiunto una solida fissità di linguaggio e di rituale. Quale che sia stato il livello di improvvisazione nella liturgia paleocristiana, esso ha rapidamente ceduto il passo, per ovvie ragioni teologiche e pastorali, a forme definite e articolate in un linguaggio sacro, tramandato e venerato come l'incarnazione della saggezza apostolica e patristica. Si guardi alla storia di ogni rito liturgico e si vedrà che non c'è *eccezione a questa regola*.⁴

Così, la decisione di reintrodurre nella liturgia neoromana un'ampia libertà di scelta e di opzioni ha rappresentato un attacco mirato alla comprensione e alla prassi tradizionale della liturgia, un attacco alla preghiera formale, pubblica, oggettiva ed ecclesiale, nonché una ratifica del volontarismo e del liberalismo propri della modernità. In altre parole, il Novus Ordo non ha sfidato l'arroganza dell'uomo moderno, ma ha capitolato davanti alle sue inclinazioni. Non è soltanto una liturgia pensata *per* "l'uomo moderno", considerato come una sorta di esotico destinatario d'evangelizzazione, con poco a che spartire coi suoi predecessori; è anche una liturgia nata *dalla* modernità, permeata dei principi del modernismo condannati da San Pio X nella *Pascendi Dominici Gregis*. Tra questi: il principio secondo cui la religione è principalmente una questione di sentimento individuale, un'intuizione del cuore, un'immanente slancio verso il "bisogno" del divino; quello per cui ogni epoca deve scoprire da sé il significato della religione, che rifletterà l'evoluzione della coscienza dell'uomo; quello per cui dottrine, regole di comportamento e azioni rituali fisse e stabili sono inconciliabili con il progresso della scienza e della filosofia; quello per cui gli elementi miracolosi, soprannaturali e ultraterreni devono essere eliminati o quantomeno de-enfatizzati; quello secondo cui scopo delle Scritture è di suscitare in noi nuove esperienze di contatto col divino e scopo dei sacramenti è di richiamare alla mente una visione etica del mondo e risvegliare la consapevolezza del nostro valore personale. Tali principi non sono solo diversi da quelli del cattolicesimo: ne sono il contrario.⁵

Che vuol dire, all'atto pratico, volontarismo liturgico? Significa che lunedì possiamo usare la stringata Preghiera Eucaristica II, perché il lunedì è un giorno notoriamente pieno di impegni; il martedì, la Preghiera Eucaristica III, così possiamo ricordare ad alta voce un paio di santi di memoria facoltativa; il mercoledì,

---

4 Si veda il mio articolo "From Extemporaneity to Fixity of Form: The Grace of Liturgical Stability", *NLM*, 11 ottobre 2021; cfr. "The Fixity of Liturgical Forms as an Incentive to Prayer and Lectio Divina", *NLM*, 23 gennaio 2017.
5 Si veda "Pius X to Francis: From Modernism Expelled to Modernism Enthroned", in Kwasniewski, *The Road from Hyperpapalism*, vol. 2, cap. 62.

perché non sbizzarrirsi con l'avanguardistica Preghiera Eucaristica IV; e, se ci alziamo col piede giusto, il giovedì potremmo optare per il buon vecchio Canone Romano, che ha un suo fascino pittoresco. Così la liturgia riformata eleva a principio del culto pubblico l'arbitrio e i sentimenti del celebrante. E dico "arbitrio" nel senso letterale del termine: buoni o cattivi che siano i motivi che lo spingono a scegliere questa o quell'altra opzione, la scelta nasce comunque *da sé stesso* e, in questo modo, mina alla radice la liturgia come opera di Dio e della Chiesa, di cui il sacerdote è chiamato a essere umile ministro. Emerge il paradosso di una *lex orandi* che vincola l'utente a essere svincolato da qualsiasi legge di movimento e di espressione; che lo obbliga a non essere obbligato ad agire o a parlare in questo o quell'altro modo; che gli impone una libertà inadeguata a un contesto in cui anima e corpo dovrebbero essere evidentemente sottomessi al loro celeste Maestro.[6] "È questo uno dei problemi di quando si imbelletta il *Novus Ordo*. Bisogna incorporare prudenzialmente alcune prassi ed elementi accessori, e ciò può costituire una tentazione all'orgoglio".[7]

---

6 Nel caso qualcuno pensi che io stia esagerando l'entità del problema, lo invito a leggere con me, sulle pagine di un giornale di chiara fama conservatrice, un perfetto esempio della mentalità che sto qui criticando: "Le ampliate parti opzionali della Messa previste nel *Missale Romanum* hanno inoltre consentito una maggiore flessibilità pastorale nella celebrazione della liturgia. Padre Samuel Martin [...] ha raccontato al *Register* che le varianti dell'anafora gli permettono di adattare la liturgia alle esigenze delle sue parrocchie. «Per esempio utilizzo la preghiera eucaristica seconda durante i giorni feriali» ha detto «la terza per funerali e matrimoni, e la prima, il Canone Romano, per i fine settimana. [...]» A dispetto della varietà, spiega padre Martin, risplende la continuità tra la Messa e il ricco patrimonio di fede e tradizione della Chiesa, soprattutto quando recita la preghiera eucaristica prima, il Canone della Messa. «A qualcuno il Canone dà la carica» ha raccontato. «Gli piace sentire tutti quei nomi dei primi santi e martiri della Chiesa. È uno di quei momenti in cui manteniamo la continuità: queste preghiere sono state dette per secoli, e ancora tra secoli ci sarà qualcun altro ai piedi dell'altare di St. John o di Cristo Re che pregherà queste stesse preghiere". *National Catholic Register*, "St. Paul VI's 'Missale Romanum' Turns 50", 3 aprile 2019. Notare le parole: "dà la carica" [get a charge]; "è *uno di quei momenti* in cui manteniamo la continuità" - forse un contraltare a tutti quegli altri momenti in cui non la manteniamo? Frasi che si commentano da sole.
7 Matthew R. Menendez, "Youth and the Liturgy", in *Liturgy in the Twenty-First Century: Contemporary Issues and Perspectives*, a cura di Alcuin Reid

Iperpapalismo e mutazione liturgica

Per le Chiese Orientali, i giorni in cui si utilizzano le diverse anafore sono rigidamente prestabiliti, senza alcuna possibilità di scelta. Analoga era la prassi seguita in Occidente: quale che fosse la variante della liturgia latina in uso in una determinata regione, esisteva sempre una stabile disciplina liturgica che tutti i credenti, chierici e laici, ricevevano con riverenza dalla tradizione. In tal modo, essa rispecchiava la dottrina della fede, ricevuta da Cristo, dagli Apostoli e dalla Chiesa – e non fabbricata o modificata per adattarla alle convenienze, capricci o teorie di qualsivoglia persona, luogo o epoca.

Pertanto, come accettiamo da Nostro Signore Gesù Cristo l'insegnamento per cui risposarsi mentre il proprio coniuge è ancora in vita è adulterio, e da San Paolo quello per cui gli adulteri impenitenti non possono accostarsi al Santissimo Sacramento o ereditare il regno dei cieli, allo stesso modo accettiamo che il Sacrificio della Croce ci è stato tramandato nel mistero della Santa Eucaristia, e che gli Apostoli furono i primi sacerdoti, ordinati per perpetuare questo mistero. La bellezza del matrimonio e il dono della vita umana non sono in alcun modo meno degni di venerazione di quanto lo siano l'Eucaristia e la Messa, di cui Essa è il centro; detto altrimenti, chi guarda alla liturgia come a un artefatto umano liberamente modificabile in laboratorio prima o poi tratterà la morale come un costrutto sociale manipolabile a piacimento. Da questo punto di vista, i principi e la mentalità alla base dell'*Amoris Laetitia* di Papa Francesco sono perfettamente coerenti con quelli del *Missale Romanum* di Paolo VI; l'ammissione delle donne ai ministeri ed uffici ecclesiastici deriva logicamente dalla tentata soppressione degli Ordini Minori tradizionali ad opera di Paolo VI; l'abolizione dell'insegnamento tradizionale sulla pena di morte è in perfetta armonia con l'abolizione degli esorcismi nel rito del battesimo inventato da Paolo VI.[8]

(New York: Bloomsburg, 2016), p. 168, trad. personale. Si veda il mio articolo "Men must be Changed by Sacred Things, and Not Sacred Things by Men", OnePeterFive, 15 settembre 2021.

8 Si veda Peter Kwasniewski, *Ministri di Cristo: Recuperare i ruoli di clero e laici in un'epoca di confusione* (Verona: Amicitia Liturgica, 2023); "What Good is a Changing Catechism? Revisiting the Purpose and Limits of a Book",

IL RITO ROMANO DI IERI E DI DOMANI

Per quanti hanno occhi per vedere e orecchie per sentire, la Divina Provvidenza ci ha messo innanzi, nell'ultimo mezzo secolo, la più drammatica dimostrazione mai data nella storia della Chiesa di quanto vero sia l'assioma *lex orandi, lex credendi, lex vivendi*. L'orientamento della nostra preghiera non può che influenzare l'orientamento della nostra dottrina, e l'orientamento della nostra dottrina avrà necessariamente ripercussioni sul piano del comportamento. Non a caso i profeti dell'antico Israele paragonavano l'idolatria e le violazioni al culto del tempio alla fornicazione e all'adulterio. Un profondo cambiamento nella *lex orandi* annunciava al mondo la possibilità e, anzi, la probabilità di un profondo cambiamento nella *lex credendi*, cui sarebbe presto seguito un profondo cambiamento nella *lex vivendi*.

ANNACQUAMENTO E BANALIZZAZIONE DEI CONTENUTI

Come è noto, gran parte del contenuto del nuovo messale può essere descritto unicamente come un annacquamento in termini di dottrina, di musica e di cerimoniale e, se paragonato a quello antico, come un piatto più leggero, quasi una parca insalatina.

Monsignor Arthur Roche non perde occasione per ricordarci che la "Messa attuale" vanta una "più ricca selezione di preghiere e di letture bibliche".[9] Certo, il Messale di Paolo VI trae la sua

---

in Kwasniewski, *The Road from Hyperpapalism*, vol. 2, cap. 40; e il mio articolo "The Excision of Exorcisms as a Prelude to Devil-Denial", *OnePeterFive*, 19 giugno 2017; cfr. Thomas Pink, "Vatican II and Crisis in the Theology of Baptism", pubblicato su *The Josias* il 2, 5 e 8 novembre 2018.

9 Si veda Cindy Wooden, "Archbishop says most bishops see importance of 'Traditionis Custodes'", *National Catholic Reporter*, 21 gennaio 2022. Altrove, nel suo articolo "The Roman Missal of Saint Paul VI: A witness to unchanging faith and uninterrupted tradition" [Il Messale Romano di San Paolo VI: una testimonianza di fede immutabile e di tradizione ininterrotta, NdT] (*Notitiae* 597 [2020]: pp. 248–58), Roche afferma, con stupefacente disprezzo per la verità, che il Novus Ordo conserva il 90% dei testi del Messale di Pio V, anche se il dato reale per quanto riguarda l'eucologia è, come abbiamo visto, soltanto del 13%. Non fa che riecheggiare Papa Francesco, che nella lettera che accompagna il motu proprio afferma: "Chi volesse celebrare con devozione secondo l'antecedente forma liturgica non stenterà a trovare nel Messale Romano riformato secondo la mente del Concilio Vaticano II tutti gli elementi del Rito Romano", e sostiene che il Novus Ordo è un rito "nel

eucologia, ossia i suoi testi di preghiera, da una più ampia varietà di fonti provenienti da manoscritti antichi. E tuttavia chi, come Roche, vanta questa riscoperta ricchezza è ben attento a non far presente come il Consilium abbia pesantemente rimaneggiato la maggior parte dei testi utilizzati, alterandone il messaggio e rimuovendo tutto quanto ritenuto "difficile" o "irrilevante" per "l'uomo moderno". Alla fine, quel che si ritrova nel Messale non è una cornucopia di testi antichi, ma una loro rivisitazione accuratamente filtrata e rielaborata secondo le mode anni '60. Se ne accorse molto chiaramente Joseph Ratzinger: "[Il nuovo Messale] è stato presentato come se fosse un libro elaborato ex novo da professori e non invece come una fase di una crescita ininterrotta. Una cosa del genere non si era mai avuta prima; essa contraddice il typus dello sviluppo liturgico, e solo questo fatto ha provocato l'idea assurda che Trento e, 400 anni fa, Pio V abbiano a loro volta redatto un Messale. In questo modo la Liturgia Cattolica è stata ridotta a un prodotto degli inizi dell'epoca moderna".[10] Questo "snobismo cronologico" è sintetizzato alla perfezione in un memorandum del Consilium, responsabile della riforma liturgica, datato 9 settembre 1968:

> Spesso non è possibile né conservare le orazioni che si trovano nel Messale Romano [1962] né prendere in prestito orazioni adeguate dal tesoro dell'eucologia antica. In effetti, la preghiera dovrebbe esprimere la mentalità del nostro tempo, specialmente per quanto riguarda le necessità temporali come l'unità dei cristiani, la pace e le carestie. [. . .] Inoltre, ci sembra che non sia sempre possibile che la Chiesa ricorra in ogni occasione alle antiche

---

quale è custodita la grande ricchezza della tradizione liturgica romana". A mio parere, tali affermazioni vanno a collocarsi tra le più grandi menzogne mai trovate in un documento papale.
10 Joseph Ratzinger, *Teologia della Liturgia* (Città del Vaticano: LEV, 2010), p. 708. Si noti come Mons. Arthur Roche, in un'intervista del 14 novembre 2021, affermi precisamente quell'erroneo punto di vista descritto dal bavarese: "Ciò che è stato prodotto nel 1570 era del tutto appropriato per l'epoca. Ciò che è stato prodotto in questi tempi [cioè il Novus Ordo] è anch'esso del tutto appropriato per l'epoca". Citato in Hannah Brockhaus, "Vatican archbishop: Traditional Latin Mass 'experiment' not successful in reconciling SSPX", Catholic News Agency, 16 novembre 2021, trad. personale.

orazioni, che non corrispondono al progresso dottrinale ravvisabile nelle recenti encicliche come la *Pacem in Terris* e la *Populorum Progressio*, e nei documenti conciliari come la *Gaudium et Spes*.[11]

O ancora, quando alcuni avanzarono "pressanti richieste di smorzare alcune espressioni" delle antiche intercessioni del Venerdì Santo che "suonavano male", Bugnini fu ben lieto di accontentarli: "Rincresce sempre dover mettere le mani su venerandi testi, che hanno per secoli alimentato, e con tanta efficacia, la pietà cristiana, ed hanno il profumo spirituale delle età eroiche degli albori della Chiesa; soprattutto è malagevole ritoccare capolavori letterari di una forma e concettuosità insuperabili. Ciò nonostante, fu ritenuto doveroso affrontare il lavoro, perché nella preghiera della Chiesa nessuno trovasse motivo di disagio spirituale".[12] Coerentemente con questa impostazione, soltanto il 13% delle orazioni dell'antico messale, un tempo vera e propria spina dorsale del culto romano-cattolico, ha trovato posto nel nuovo messale senza alcuna modifica: 165 su 1.273 orazioni. Il 24,1% (307) ha subito modifiche. Un altro 16,2% (206) è stato centonizzato con altre preghiere (si sono, in altre parole, combinate parti di più preghiere per crearne di nuove). Ben il 52,6% (669) delle orazioni dell'*usus antiquior* sono state escluse dalla liturgia moderna, condannate al dimenticatoio per volere del

---

11   Schema 306 (*De Missali*, 52), 9 settembre 1968, p. 7, dalla trad. inglese di Matthew P. Hazell, *The Post-Communion Prayers in the Ordinary Form of the Roman Rite: Texts and Sources* (n.p.: Lectionary Study Press, 2020), xxi-xxii. Questa mentalità di aggiornamento trovò poi una compiuta ma ingannevolmente modesta espressione nell'*Ordinamento Generale del Messale Romano*, che verso la fine del Proemio afferma che: "in vista di una presa di coscienza della situazione nuova del mondo contemporaneo, è sembrato che non si recasse offesa alcuna al venerabile tesoro della tradizione, modificando alcune espressioni dei testi antichi, allo scopo di meglio armonizzare la lingua con quella della teologia attuale e perché esprimessero in verità la presente situazione della disciplina della Chiesa. Per questo motivo sono stati cambiati alcuni modi di esprimersi, che risentivano di una certa mentalità sull'apprezzamento e sull'uso dei beni terrestri, e altri ancora che mettevano in rilievo una forma di penitenza esteriore propria della Chiesa di altri tempi".
12   Annibale Bugnini, *La Riforma Liturgica (1948-1975)*, Bibliotheca 'Ephemerides liturgicae', 1983, p. 127.

Consilium.[13] Ciò vuol forse dire che l'87% delle antiche orazioni era difettoso o bisognoso di un aggiornamento? Ragionare in questi termini è qualcosa di impensabile per l'uomo genuinamente religioso: è piuttosto il ragionamento di un individuo profondamente irreligioso. Come possa una coscienza cattolica ritenere accettabile un simile atteggiamento mi è del tutto incomprensibile.

La ricerca di Lauren Pristas ha dettagliatamente dimostrato l'imbarazzante meticolosità nell'opera di riscrittura delle Collette del Messale al fine di attenuare o eliminare quegli elementi dogmatici, morali e ascetici ritenuti sgradevoli per "l'uomo moderno" ed inculcare nuovi e più attuali principi. Ad esempio, i riferimenti al digiuno, alla mortificazione del corpo e al disprezzo del mondo, tipici e preminenti in tempo di Quaresima, vennero epurati e rimpiazzati da espressioni generiche e inoffensive.[14] È come se i riformatori, forse stanchi della crescente disarmonia tra tradizione e modernità, abbiano voluto sostituire il digiuno e l'astinenza letterali con il metaforico digiuno dal ricco banchetto del cerimoniale cattolico e la metaforica astinenza dalla sostanziosa carne delle preghiere tradizionali.

Il taglia e cuci di questi studiosi lavorò senza posa per scartare o riformulare gran parte di quanto si trovò davanti. Un processo di *editing* spietato che andò a rimuovere quasi ogni riferimento a temi come "il distacco dai beni temporali e il desiderio di quelli eterni; la Regalità di Cristo sul mondo e sulla società; la lotta contro l'eresia e lo scisma, la conversione dei non credenti, la necessità del ritorno [dei non cattolici, NdT] alla Chiesa cattolica e alla verità autentica; i meriti, i miracoli e le apparizioni dei santi; l'ira divina per il peccato e la possibilità dell'eterna dannazione".[15] Scomparsa è la gran parte dei riferimenti alla battaglia contro la nostra natura peccaminosa e decaduta, alle offese contro la

---

13 Dati tratti dalla dettagliata e compiutamente documentata analisi statistica di Matthew Hazell: "'All the Elements of the Roman Rite'? Mythbusting, Part II", *NLM*, 1 ottobre 2021.
14 Si veda in particolare la sua opera *Collects of the Roman Missals*.
15 Michael Fiedrowicz, *The Traditional Mass: History, Form, and Theology of the Classical Roman Rite*, trad. personale da quella inglese di Rose Pfeifer (Brooklyn, NY: Angelico Press, 2020), p. 239, con ampie note.

Divina Maestà, alle ferite dell'anima, al debito pentimento, alla contrizione e riparazione; alla grazia come necessaria per compiere qualsiasi buona azione; al mistero della predestinazione; alla venerazione delle reliquie; alla sottomissione dell'ambito secolare a quello sacro e di questo mondo a quello venturo; alle insidie del Nemico; alla vittoria sulle forze avversarie, ivi inclusi i pagani; svanite tante splendide orazioni specificamente rivolte a Nostro Signore in quanto Dio vero.

Come si può dire che un messale privo di tutte queste antiche meraviglie rappresenti "una più ricca selezione di preghiere"? Al contrario, questa selezione – proprio perché operata da degli "esperti" degli anni '60 – è teologicamente più ristretta, culturalmente più scarna e spiritualmente più povera. Le orazioni del vecchio messale esprimono assai di più l'altezza e la profondità dei divini misteri e la variegata risposta dell'uomo nei loro confronti.

Quanto dimostrato dalla professoressa Pristas in relazione alle collette domenicali dei tempi forti si può dimostrare (e lo si è fatto) in relazione ad ogni altro ambito della liturgia. Basti pensare alle antiche domeniche dopo Pentecoste, sui Vangeli delle quali si incentrano le prediche di San Gregorio Magno, a testimonianza del fatto che questo ciclo di letture risale al VI secolo, e molto probabilmente anche prima. Questo ciclo di letture fu cancellato dai riformatori e rimpiazzato da una loro invenzione. Il prefazio degli Apostoli venne convertito da testo deprecatorio a dichiarativo: se prima la Chiesa implorava che il Signore, per intercessione degli Apostoli, non abbandonasse la Sua Chiesa, ora essa presume arrogantemente che Egli non lo farà, a prescindere da quanto male lei si comporti.[16] Il rito del battesimo, come del resto di tutti i sacramenti, è stato modificato fino a renderlo quasi irriconoscibile. E la lista è lunga: ovunque si guardi, troviamo la tradizione soppressa, lo sviluppo organico respinto, la novità inseguita con disinvoltura. Come è possibile affermare, dinanzi a prove così abbondanti, che "non c'è stata alcuna rottura", o che questa si sarebbe prodotta soltanto al livello di dettagli irrilevanti?

---

16 Si veda la nota n. 347 a p. 153 [per editore, cambiare riferimento se si modifica la numerazione delle note].

Iperpapalismo e mutazione liturgica

La nostra società è ossessionata dagli alimenti a basso contenuto di grassi o calorie: Paolo VI, anticipando in qualche modo lo spirito dei tempi, ci ha imposto una dieta liturgica a basso contenuto di grassi e calorie. Pressoché ogni significativa modifica della liturgia è andata nel senso della semplificazione, della soppressione, dell'abbreviazione, dell'amputazione. Ben diverso, però, è il modo in cui Dio Onnipotente concepisce *l'adorazione* che siamo chiamati a rendergli e il *nutrimento* di cui vuole sfamarci. Nel libro di Ezechiele, Dio ci dice: "I sacerdoti e i leviti [...] si accosteranno a me per servirmi, e staranno alla mia presenza, per offrirmi il grasso e il sangue" (Ez 44:15). Nel Levitico, concisamente: *Omnis adeps, Domini erit* (Lev 3:16), "Tutto il grasso sarà del Signore". *Deo optimo maximo*, "a Dio, il più buono e il più grande", niente si deve offrire che non sia il più buono e il più grande. Dice il Salmista: "Si ricordi di tutti i tuoi sacrifizi, e gradisca il tuo olocausto" - letteralmente, renda grasso il tuo olocausto, *holocaustum tuum pingue fiat* (Sal 19:4), e ancora il libro di Daniele: "come olocausti di montoni e di tori, come migliaia di grassi agnelli. Tale sia oggi il nostro sacrificio davanti a te e ti sia gradito" (Dan 3, 39-40). Quando offriamo a Dio in sacrificio il meglio di cui siamo capaci, Egli a sua volta ci nutre con il meglio di Sé: "Egli li ha nutriti col fiore del frumento, li ha saziati col miele stillante dalla roccia" (Sal 80,17) - il versetto che fa da introito alla Messa del Corpus Domini: *Cibavit eos ex adipe frumenti*. Lo esprime al meglio uno dei magnifici salmi cantati nelle Lodi: *Sicut adipe et pinguedine repleatur anima mea, et labiis exsultationis laudabit os meum*, "L'anima mia sarà sazia come di midollo e di grasso e con voci di giubilo ti loderà la mia bocca" (Sal 62,6).

Il grasso del sacrificio consiste non solo nel migliore e più grande dono di Dio, che è Gesù Cristo, Figlio di Dio e Figlio di Maria; ma anche nei *nostri* sforzi da Dio ispirati e a Cristo uniti, nella pienezza della nostra preghiera e delle nostre lodi, le belle arti e le arti manuali, il nostro muoverci fisicamente ed elevarci spiritualmente, le nostre devozioni e allegorie. Lo sviluppo dei riti liturgici tradizionali d'Oriente e d'Occidente è il più special dono che la Divina Provvidenza ha fatto alla Chiesa, dal momento che Dio merita, esige e si compiace dell'offerta più ricca che noi uomini siamo in grado di renderGli, e pertanto *Egli stesso* ci procura questo sacrificio: non soltanto nei nudi elementi del pane e del vino, ma anche in quell'atto di culto, riccamente vestito, regalmente adornato e simbolicamente densissimo, che Egli ha fatto sorgere in mezzo al Suo tempio attraverso una lunga storia di concentrazione, raffinazione ed interpretazione culturale.[17] *Questo è l'intero* sacrificio ardente. Davvero i nostri riti dovrebbero essere "come migliaia di grassi agnelli".[18]

Se osserviamo con occhio attento e pio scopriremo che quanto la tradizione ci ha lasciato in eredità è di gran lunga meglio di qualsiasi cosa noi potremmo creare con le nostre forze, quale che sia il numero di "esperti" stipati in una commissione liturgica o il pugno duro papale agitato per sostenerli. L'antico Ufficio

---

17 Joseph Shaw: "Questo è dunque il paradosso dello sviluppo della tradizione. Più ricca è la tradizione, più cose vi sono da contemplare, capaci di ispirare l'arte, la musica e la poesia: e tutto ciò si può declinare in direzioni diverse. Allo stesso tempo la tradizione ci vincola, e il significato centrale, reiterato in mille modi da generazioni di commentatori, è reso ancora più enfatico. Il giudizio di Jungmann e di altri critici della tradizione a partire dal XVI secolo è che l'elaborazione della tradizione – "accrezioni" è il termine preferito di questa scuola di pensiero – contribuisce a oscurare il significato originale e autentico della liturgia. Per quanti sono all'interno di una comunità di fede, tuttavia, salvo non pensare che né la Provvidenza né le autorità della Chiesa deputate ad estirpare gli sviluppi eterodossi siano state in alcun modo efficaci, questa affermazione è sconcertante. Tali sviluppi, piuttosto, devono intendersi come sviluppo, commento, elaborazione e chiarimento del significato autentico: o addirittura, come costituzione del significato "autentico" nei casi in cui non esista alcun utile significato "originale", come è forse nel caso della pronuncia a voce alta delle parole 'nobis quoque peccatoribus'". "*Traditions, Liberation, and Meaning*", The European Conservative, 31 ottobre 2021. Le suggestive immagini di Ezechiele 47 rappresentano non solo il profluvio della grazia divina, ma altresì il dispiegarsi storico della rivelazione e della tradizione.

18 Un risvolto morale della questione è il modo in cui "spendiamo" le nostre risorse personali. In linea col principio *nihil operi Dei praeponatur* [nulla sia anteposto all'opera di Dio, ossia al culto divino], dovremmo offrire a Dio nella liturgia il meglio di noi stessi e della nostra giornata, come facevano un tempo i sacerdoti e i religiosi (e come fanno tuttora quando seguono i riti tradizionali). L'uomo postconciliare, al contrario, tiene per sé il grasso del suo tempo, del suo lavoro, delle sue energie, oscillando tra un attivismo antropocentrico e un'oziosa indulgenza nel piacere, togliendo a Dio quel sacrificio che gli dobbiamo per diritto divino.

divino – si pensi alle Lodi o ai Vespri cantati da monaci o monache benedettini tradizionali – offre un irrefutabile esempio di quel sovra-umano splendore di un modo di cantare la lode di Dio che è giunto a maturazione lentamente, nel corso di secoli e secoli. L'ondeggiare della salmodia negli otto toni del canto gregoriano con cadenze finali finemente variabili nella cornice di incantevoli antifone; il dolce incedere di capitolo, inno, versetto, antifona al Benedictus o al Magnificat, cantico evangelico ed orazioni conclusive... Niente di escogitato a tavolino potrà mai reggere il paragone quanto a inventiva musicale, coerenza strutturale, adeguatezza contenutistica, ricchezza scritturale e integrazione con la Santa Messa. E chi mai potrebbe adeguatamente descrivere l'incommensurabile ricchezza delle innumerevoli rese in polifonia dell'Ufficio, della Messa e di ogni genere di scritti devozionali; la sublime architettura degli edifici costruiti per ospitare tali riti e riecheggiare della loro musica; gli affreschi, sculture e vetrate che li riempiono di compagni silenziosi e storie in immagini; la moltitudine di paramenti, vasi e arredi sacri creati appositamente per l'altare del Sacrificio, dove il *Re e centro di tutti i cuori* regna vittorioso dalla Sua Croce?

La liturgia latina ha assimilato e assorbito le ricchezze intellettuali e artistiche che ha incontrato nel suo progressivo, trionfale passaggio attraverso il mondo, dominando ogni cultura con la sua attraente *gravitas*. La riforma liturgica, al contrario, in nome di un'accessibilità ed adattabilità alle varie culture – dell'Indonesia o della Polinesia, della California o del Nebraska – ha spogliato la liturgia dei suoi abiti distintivi, dei suoi ornamenti e dei suoi simboli d'autorità, lasciandola come nuda schiava di qualsiasi agenda le si volesse imporre. Potremmo a ragione definirlo un esempio di *de*culturazione, poiché il risultato non è stato un arricchimento o un rinnovamento, ma uno smantellamento, uno svuotamento. Nelle parole del profeta Geremia: "può forse una vergine dimenticare i suoi ornamenti, o una sposa la sua cintura? Eppure il mio popolo m'ha dimenticato per giorni senza numero" (Ger 2,32). Quali che fossero i problemi prima del Concilio, nulla erano in confronto alla situazione successiva: dopo che questa casa, la casa del culto pubblico, è stata ripulita e razionalisticamente riordinata, si è trovata infestata da sette demoni peggiori del primo (cfr. Mt 12,43-45).

Manovre del genere rappresentano nientemeno che un assalto frontale alla verità della tradizione cristiana e alla sua credibilità davanti agli uomini di ogni condizione ed epoca. Diverso sarebbe stato se il Messale romano fosse stato semplicemente arricchito, ad esempio, con qualche nuovo Proprio per i nuovi santi, o con letture feriali per l'Avvento. Ma i riformatori smantellarono e riconfigurarono l'intero messale, il breviario, il *Rituale*, il *Pontificale*, conservando, riscrivendo o scartando materiale *ad libitum*, in base alle proprie personali opinioni teologiche. Si lanciarono spericolatamente nello sport estremo, per così dire, della centonizzazione estrema, la riorganizzazione cioè di vecchi testi in nuove preghiere.

La divergenza tra il rito classico e quello moderno è così grande che è possibile celebrare la Nuova Messa - tra nuove letture, nuove antifone, l'uso di una preghiera eucaristica diversa dal Canone Romano, etc. - in un modo tale da coincidere in meno del 10% con il rito antico. Un cristiano di rito bizantino penserebbe forse di aver reso adeguatamente il proprio culto a Dio se si trovasse costretto a partecipare a una liturgia contenente meno del 10% di una delle forme tradizionali della Divina Liturgia? Certo che no!

Proviamo a fare questo esperimento mentale. Prendiamo come punto di partenza la Divina Liturgia di San Giovanni Crisostomo. Ora, eliminiamo la maggior parte delle litanie; mettiamoci un'anafora di nuova composizione (mantenendo invariate soltanto le parole della consacrazione); cambiamo i *troparia*, *kontakia*, *prokeimena* e letture; riduciamo considerevolmente le preghiere sacerdotali, le incensazioni e i segni di reverenza; e, già che ci siamo, mettiamo calice e cucchiaio direttamente in mano ai laici, così che possano mangiare da soli, "come bambini grandi".

Chi sano di mente potrebbe mai affermare che questa sia *ancora* la "Divina Liturgia Bizantina" in un qualche senso significativo del termine? Certo, potrebbe benissimo essere "valida", ma si tratterebbe di un rito *diverso*, di una liturgia diversa. E,

Iperpapalismo e mutazione liturgica

tanto per non sbagliare, mettiamoci anche di togliere l'iconostasi, di girare il sacerdote verso il popolo, di toglierli alcuni paramenti sostituendoli con altri più brutti, di rimpiazzare tutte le consuete tonalità del canto bizantino con nuove melodie che rievocano spettacoli di Broadway e canzonette pacifiste. Avremmo, a questo punto, non solo un rito diverso, ma proprio un'*esperienza* totalmente diversa. Non è lo stesso fenomeno; non è la stessa idea (nel senso in cui Newman usa la parola "idea"); non è espressione della stessa visione del mondo; in effetti, non è la stessa *religione*, se prendiamo il termine nel senso stretto della virtù con la quale rendiamo a Dio onore attraverso parole, azioni e segni esteriori.

I PERICOLI DELL'IPERPAPALISMO

Questo strano scenario, che (a mia conoscenza) non si è mai verificato in Oriente,[19] è, tragicamente, proprio quello con cui abbiamo a che fare in Occidente. La tesi per cui il Messale di Paolo VI è una "forma" del rito romano non è in alcun modo sostenibile. Si tratta di un rito nuovo e diverso, con qualche vago legame con il rito romano. Ecco perché Klaus Gamber ebbe a definirlo "rito moderno", *ritus modernus*.[20]

Tutto ciò ci può lasciar tranquilli? Ovviamente no! Naturalmente, se la liturgia è soltanto una funzione raffazzonata a tavolino da un gruppetto di individui e poi resa valida da un tratto di

---

19   Ad eccezione del rito maronita e di quello siro-malabarese, dove altari e sacerdoti sono stati stoltamente girati *versus populum*. Si veda il mio articolo "The Maronite Liturgy's Corruption under Modern Western Influence", *NLM*, 27 settembre 2021. Quanto meno per il rito siro-malabarese è in atto uno sforzo per ripristinare il corretto orientamento, sebbene l'assuefazione a questa cattiva consuetudine abbia provocato una certa resistenza. [Nell'Oriente fuori della comunione con Roma, merita di essere ricordato anche il caso dei c.d. "vecchi credenti", che nel XVII secolo si opposero alle riforme liturgiche del patriarca di Mosca, Nikon, col risultato di uno scisma che dura fino ad oggi; in Occidente, invece, un precursore della moderna persecuzione della tradizione liturgica si può rintracciare, *mutatis mutandis*, la battaglia contro il rito mozarabico a favore del romano nella Spagna dell'XI secolo, NdT]
20   Si veda Klaus Gamber, *The Reform of the Roman Liturgy: Its Problems and Background*, nella trad. ing. di Klaus D. Grimm (San Juan Capistrano, CA: Una Voce Press e Harrison, NY: The Foundation for Catholic Reform, 1993), pp. 23-26, 91-95. Disponibile in italiano come supplemento al Notiziario *Una Voce* n. 53-54, giugno-dicembre 1980.

penna papale, possiamo dormire sonni tranquilli. In quest'ottica, infatti, essa non è altro che la costruzione di un momento, una creazione artistica soggetta alle nostre teorie e ai nostri capricci, purché si conservi inviolata l'intoccabile "forma sacramentale".[21] Questa non è mai stata e mai potrà essere la visione di un cristiano ortodosso (nel senso proprio del termine). Essa esprime un positivismo giuridico iperpapalista e neo-ultramontanista che vede il papa come creatore *ex nihilo* della tradizione o come colui che le conferisce valore anziché come custode della continuità cristiana della *paradosis*, il "tramandare" quanto abbiamo ricevuto, così come è *realmente* giunto fino a noi – e non come dovrebbe, potrebbe o sarebbe potuto esistere in un lontano passato o in un lontano futuro. La visione iperpapalista, popolare grossomodo dall'epoca del Concilio Vaticano I, tramuta il papa in una "combinazione tra l'oracolo di Delfi, una superstar giramondo, una dinamo per lo sviluppo dottrinale e un metro di riferimento per l'ortodossia",[22] la cui mente e volontà sono, in sé e per sé, sempre corrette, sempre vere, sempre sante e lodevoli. Tale visione del papato è contraddetta non solo dal reale insegnamento del Concilio Vaticano I, ma anche, e in modo assai più evidente, dai peccati, dalle offese e dalle negligenze dei papi postconciliari. Bastino poche parole: *Ostpolitik*; Bugnini; Assisi; Corano; Kasper; Maciel; McCarrick; Scalfari; *Amoris Laetitia*; pena di morte; Abu Dhabi; Pachamama.

Non meno erronea è la visione della liturgia che discende dall'iperpapalismo – e cioè che la forma e il contenuto della liturgia sono totalmente subordinati alla volontà papale. Il Papa, per quanto sia sovrano, non possiede il potere ontologico di decretare che la tradizione non sia realmente tradizione; che un'innovazione sia, più o meno, tradizione; che un'opera di distruzione

---

21 Di fatto, nemmeno queste parole sono rimaste inviolate dalla mano di Paolo VI, che ha eliminato l'inciso *mysterium fidei* dalla formula di consacrazione del preziosissimo sangue, facendone invece un frammento isolato a cui i fedeli rispondono con una cosiddetta "acclamazione memoriale". Si veda il capitolo 9.
22 Si veda "When Will Catholics Wake Up and See the 'Mess' Pope Francis Has Made?" in Kwasniewski, *The Road from Hyperpapalism*, vol. 2, cap. 20.

Iperpapalismo e mutazione liturgica

e innovazione sia chiamata "riforma"; o che un'aperta, proclamata e celebrata discontinuità rappresentino in realtà una segreta continuità. Può usare la forza bruta del suo ufficio in un modo o nell'altro, ma non può far sì che la realtà *non sia ciò che è*[23]–e così, ad esempio, non può dichiarare che l'*usus antiquior* non sia la *lex orandi* del rito romano quando, oggettivamente, è la sostanza stessa della *lex orandi* di quel rito. Nemmeno Dio ha il potere di cambiare il passato o di violare il principio di non contraddizione, e, sembra lecito presumere, il potere del Papa non è superiore a quello dell'Onnipotente.

Così come riceviamo dai nostri padri la dottrina cattolica, ugualmente ne riceviamo la regola del culto, e se possiamo da un lato portarvi crescita o arricchimento (proprio come in sermoni, catechismi e trattati approfondiamo la dottrina cattolica) non possiamo dall'altro *modificarlo* in modo tale che cessi di essere riconoscibilmente sé stesso, pur chiamandolo allo stesso modo. Come direbbe San Vincenzo di Lérins, la Chiesa accoglie il *profectus*, la crescita, ma non la *permutatio*, la mutazione, e se una mutazione si verifica, il suo risultato non è un miglioramento ma la deformità. La tradizione ecclesiastica è accrescitiva o additiva: man mano che il nostro culto si sviluppa, il suo significato si articola e si manifesta più chiaramente. L'autentico sviluppo liturgico nell'era dello Spirito Santo – il periodo cioè che va dalla Pentecoste alla Parusia – è teleologico: raggiunge un'espressione dei misteri più piena, più evidente, più adeguata.

In breve, la liturgia si perfeziona col passare del tempo. Così, salvo voler dire che la promessa di Nostro Signore di essere con la Sua Chiesa ogni giorno fino alla fine del mondo fu una menzogna, o che lo Spirito Santo *non* abbia condotto la Chiesa nella pienezza della verità, ma le abbia invece consentito di smarrirsi e confondersi gravemente *per secoli e secoli*, non avremo l'ardire di abolire o alterare radicalmente la liturgia. Una simile abolizione o alterazione radicale equivarrebbe a contraddire il significato che

---

[23] Devo questa formulazione del concetto, in parte, a un colloquio avuto via Facebook con un interlocutore di cui non mi sovviene più il nome: chiunque tu sia, ti ringrazio di cuore.

la Chiesa ha inteso ed espresso in questi riti, in tutta la loro particolarità.[24] L'espressione liturgica della fede non è, in altre parole, come un mucchio di mattoncini Lego, riconfigurabili all'infinito secondo le idee o i gusti di chi ci gioca. Come il Credo che recitiamo, è qualcosa di fisso e stabile, e mentre possiamo *ampliare* un Credo (come quello di Costantinopoli ampliò quello di Nicea), non possiamo però ridurlo o abolirlo.

Il domenicano francese p. Roger-Thomas Calmel (1914-1975), che si rifiutò di celebrare il Novus Ordo, presentò correttamente il punto di vista vincenziano riguardo a *profectus* e *permutatio*:

> La nostra resistenza cristiana di sacerdoti o di laici, resistenza penosissima perché ci costringe a dire di no al Papa stesso circa la manifestazione modernista della Messa cattolica, la nostra resistenza rispettosa, ma irriducibile, è dettata dal principio di una totale fedeltà alla Chiesa sempre vivente; o, in altri termini, dal principio della vivente fedeltà allo sviluppo della Chiesa. Mai abbiamo pensato di frenare o, meno ancora, di impedire ciò che alcuni, con parole molto equivoche, del resto, chiamano il "progresso" della Chiesa, diciamo piuttosto la crescita omogenea in materia dottrinale e liturgica, nelle continuità della tradizione, in vista della *"consummatio sanctorum"*. [...] Come ci ha rivelato nostro Signore nelle parabole, e come ci insegna San Paolo nelle epistole, crediamo che la Chiesa, nel corso dei secoli, cresce e si sviluppa nell'armonia ma attraverso mille sofferenze, fino

---

24 L'affermazione secondo cui Papa Pio V avrebbe "eliminato molte sequenze" dalla Messa pre-tridentina è una sorta di leggenda metropolitana. In realtà, col classico conservatorismo romano che lo contraddistingue, il Messale della Curia romana (il predecessore medievale del Messale di San Pio V) semplicemente non aveva mai adottato molte delle sequenze utilizzate nei diversi usi liturgici. Dopo il 1570, con il graduale passaggio delle chiese locali dai loro usi propri a quello di Roma, quest'ultime abbandonarono le sequenze perché non presenti nei libri romani. Lo stesso accadde ad alcune chiese e ordini religiosi (ad es. i premonstratensi) che, pur conservando usi propri, li rielaborarono a imitazione del Messale romano. Un'autentica pietà non può non far rimpiangere la perdita di una poetica medievale talvolta di eccezionale valore; possiamo senz'altro lavorare per la sua reintegrazione nel *corpus* della liturgia. Il vero rinnovamento liturgico passa anche per il recupero intelligente di taluni elementi andati persi per dimenticanza o scelte pragmatiche.

Iperpapalismo e mutazione liturgica

al ritorno glorioso di Gesù stesso, suo Sposo e Signore Nostro. Poiché siamo convinti che nel corso dei secoli si attua una crescita della Chiesa, e poiché siamo decisi a inserirci, per quanto dipende da noi, il più rettamente possibile in questo movimento ininterrotto e misterioso, rifiutiamo questo preteso progresso che si richiama [esclusivamente] al Vaticano II e che in realtà è una deviazione mortale. Riprendendo la distinzione classica di san Vincenzo di Lerino quanto più abbiamo desiderato una bella crescita, uno splendido *"profectus"*, con tanto maggior forza respingiamo, senza acconsentire a transazioni, una funesta *"permutatio"*, qualsiasi mutamento radicale e vergognoso; radicale, perché provenendo dal modernismo, rinnega ogni fede; vergognoso, perché la negazione di stampo modernista è sfuggente e nascosta.[25]

A dieci anni dal motu proprio *Ecclesia Dei*, il cardinale Ratzinger ebbe a formulare, in un discorso ai vescovi del Cile, questa bella osservazione:

> Va qui ricordato quanto osservò il Cardinale Newman: nel corso della sua storia la Chiesa non ha mai abolito o proibito forme ortodosse di liturgia, perché ciò sarebbe estraneo allo spirito stesso della Chiesa. Una liturgia ortodossa, vale a dire una liturgia che esprime la vera fede, non è mai una raccolta fatta secondo criteri pragmatici di cerimonie diverse, posivisticamente manipolabili ad arbitrio, oggi in un modo e domani in un altro. Le forme ortodosse di un rito sono realtà viventi, sgorgate dal dialogo tra la Chiesa e il suo Signore; sono l'espressione della vita della Chiesa, in cui si condensano la fede, la preghiera e la vita stessa delle generazioni, dove è incarnata nello stesso tempo in forma concreta l'azione di Dio e la risposta dell'uomo.[26]

---

25 Nella rivista *Itinéraires* del giugno 1971, citata da Roberto de Mattei, *Love for the Papacy*, pp. 2-3; disponibile in italiano in "Spirito di resistenza e amore alla Chiesa", *Corrispondenza Romana*, 7 febbraio 2018.
26 Joseph Ratzinger, "A dieci anni dal Motu proprio '*Ecclesia Dei*'", pronunciato il 24 ottobre 1998 al Palazzo Ergife di Roma, testo disponibile presso: http://www.internetica.it/neocatecumenali/Ratzinger-EcclesiaDei.htm. Prosegue Ratzinger: "Questi riti possono estinguersi se il soggetto che li usa in un particolare momento scompare, o se questo soggetto viene ad inserirsi in un altro modo di vita. In situazioni storiche diverse l'autorità della Chiesa può

Possiamo, in base alle leggi della logica o della metafisica, riformulare per converso i giudizi di Newman, Calmel e Ratzinger? Possiamo affermare che se una forma liturgica ortodossa viene abolita o proibita, allora non può essere stata la Chiesa a farlo, ma piuttosto alcuni ecclesiastici che abusano della propria autorità? Possiamo dire che una liturgia che è una "raccolta fatta secondo criteri pragmatici [...] positivisticamente manipolabili ad arbitrio" non è, per ciò stesso, una liturgia ortodossa? Possiamo dire che una liturgia che *non* è "sgorgata dal dialogo tra la Chiesa e il suo Signore", ma piuttosto assemblata da esperti accademici e vescovi avanguardisti suddivisi in dozzine di gruppi di studio sotto la regia di un segretario dalle idee marcatamente anti-tradizionali, non è una "realtà vivente", una "espressione della vita della Chiesa" che "condensa la fede, la preghiera e la vita stessa di intere generazioni"?[27] Possiamo dire, in definitiva, che questa forma di culto, qualunque cosa essa sia, è ben lontana dall'essere "un'incarnazione dell'azione di Dio e della risposta dell'uomo"?

Sì, possiamo dire tutto ciò. Il che non fa che evidenziare la portata della crisi in cui ci troviamo. Non è possibile creare un tutto vivente a partire da una moltitudine di frammenti eruditamente

---

stabilire e limitare l'uso dei riti, ma non li vieta mai sic et simpliciter! Così il Concilio ha ordinato una riforma dei libri liturgici, ma non ha proibito i libri precedenti". Ancora mi chiedo perché questo importante discorso del 1998, ricco di riflessioni sulla liturgia, sia stato omesso dal volume 11 dell'*Opera omnia* di Joseph Ratzinger, curata dal cardinale Müller e pubblicata in inglese dalla Ignatius Press. Un'omissione singolare, come chiunque legga il testo, disponibile online, potrà constatare. Nel commentare le immagini di una Messa della domenica di Pasqua girate nel 1941 nella chiesa di Our Lady of Sorrows a Chicago, mons. Fulton Sheen fa eco a Newman: "È un consolidato principio della Chiesa quello di non abbandonare mai completamente, nel suo culto pubblico, qualsiasi cerimonia, oggetto o preghiera che un tempo vi trovava il suo posto".

27 Come scrisse Benedetto XVI al cardinale Müller in una lettera del 31 luglio 2017: "Nei tempi confusi, nei quali stiamo vivendo, l'insieme di competenza teologica scientifica e saggezza di colui che deve prendere la decisione finale mi sembra molto importante. Penso per esempio che nella Riforma liturgica le cose sarebbero andate a finire diversamente se la parola dei periti non fosse stata l'ultima istanza, ma se, oltre a questo, avesse giudicato una saggezza in grado di riconoscere i limiti dell'approccio di un "semplice" studioso". Pubblicata da *La Nuova Bussola Quotidiana*, 31 dicembre 2017.

Iperpapalismo e mutazione liturgica

raccattati e incollati l'un l'altro. Non è possibile conferire a una "fabbricazione estemporanea" una storia complessa e ricca di sfumature, formatasi nel corso di secoli, semplicemente desiderando che sia così, proprio come non si può magicamente produrre una nazione chiamata Esperanzia, patria degli Esperanti, di cui l'esperanto è la secolare lingua madre. Il Novus Ordo è come l'esperanto: un'organizzazione perfettamente razionale di funzioni linguistiche, lingua madre di assolutamente nessuno e senza alcuna storia o cultura se non quella della sua comunità intenzionale di specialisti. Al contempo, quella lingua realmente bella, irregolare e ricca che è il latino e la sua incomparabile cornice musicale, il canto gregoriano, furono messi da parte. Mai come in questo caso si è dimostrato vero il detto per cui gli esperti sono come dei pozzi – profondi in un punto, ma freddi e ristretti – mentre la tradizione, la casa dell'uomo comune, è come l'oceano – inevitabilmente vasto, incomparabilmente profondo, tremendo, sublime, ricolmo di fertilità e nutrimento, l'invito a imbarcarsi per viaggi senza fine.

Nel discorso pronunciato il 22 settembre 2011 al Parlamento tedesco presso il Reichstag di Berlino, Papa Benedetto XVI tracciò la distinzione tra il mero successo, acquisibile tramite la tecnica, e la saggezza, che proviene solo dall'assimilazione della tradizione. Il Papa riprende le parole di Sant'Agostino e descrive un governo senza giustizia come una "banda di briganti molto ben organizzata", dove il *potere* è separato dal *diritto*. Il medesimo giudizio si può applicare a Bugnini e al Consilium: misero insieme un'ampia conoscenza tecnica ed il loro prodotto finale fu avallato dal *potere* del Papa regnante, ma non avevano – anzi, avevano ripudiato – la saggezza della tradizione, perdendo così il *diritto* di maneggiare la sacra liturgia della Chiesa. In ultima analisi, il Consilium era una banda di briganti molto ben organizzata. O, per dirla nel colorito linguaggio con cui scriveva nel 1971 l'arcivescovo Robert J. Dwyer, che aveva partecipato a tutte e quattro le sessioni del Concilio: "Il grande errore dei Padri conciliari è stato quello di permettere che l'attuazione della Costituzione sulla Sacra Liturgia cadesse nelle mani di uomini che erano o privi di scrupoli o incompetenti. È il cosiddetto "establishment liturgico", una Vacca Sacra che si comporta piuttosto come un Elefante Bianco che calpesta con ponderoso abbandono i cocci di una liturgia in frantumi".[28]

RISANARE UN CORPO FERITO

Secondo le eloquenti parole di Mons. Athanasius Schneider, il Corpo Mistico di Cristo sulla terra soffre di ferite auto-inflitte.[29] Come richiudere queste ferite? Possono essere guarite? L'unico modo per farlo è affrontare la patologia sottostante. Si possono fasciare le ferite, ma queste non guariranno finché il corpo non sarà di nuovo sano. Dal momento che la vita stessa del Corpo Mistico si esprime e si edifica nella liturgia, non ci può essere salute finché (e nella misura in cui) la liturgia stessa non sarà sana: fino a quando cioè il Santo Sacrificio della Messa, la lode dell'Ufficio Divino ed ogni altro rito sacramentale e liturgico non saranno come devono essere. E come devono essere? Come erano prima che il vizio moderno della "ritocchite" arrivasse a dominare le menti ecclesiastiche del XX secolo.

Romano Guardini, nel suo Lo *Spirito della Liturgia* del 1918, parla dell'importanza del ricevere dalla "Chiesa" una liturgia oggettiva, impersonale, stabile. Al tempo in cui scriveva, Guardini poteva dare per scontato che tutti i suoi lettori avrebbero compreso ciò di cui stava parlando: partecipando alla Messa o a qualche altra liturgia, era possibile vedere che il clero celebrava sempre i riti affidatigli dalla Chiesa nel modo stabilito dalla Chiesa. Osservando il Novus Ordo, vediamo che quanto Paolo VI ci ha dato non è più qualcosa di oggettivo, impersonale e stabile, ma una miscela artificiale di elementi oggettivi e soggettivi, un pendolo che costantemente oscilla tra l'impersonale e il personalizzato, una liturgia che non può essere stabile

---

28 *The Tidings*, 9 luglio 1971, citato in Michael Davies, *Pope Paul's New Mass* (Kansas City, MO: Angelus Press, 2009), p. 651. L'espressione inglese White Elephant (Elefante Bianco) si riferisce a progetti o strutture dagli enormi costi di realizzazione non compensati dai benefici che ne derivano, simile a ciò che definiamo in italiano una "cattedrale nel deserto", NdT.
29 Si veda Peter Kwasniewski, *Rinascita. La messa tradizionale come soluzione alla crisi della Chiesa* (Verona: Fede & Cultura, 2022), pp. 115-35.

perché prigioniera di una "opzionite" obbligatoria e di un'inculturazione invasiva.[30]

Non si può e non si deve identificare un determinato Papa con "la Chiesa". Paolo VI non è la Chiesa; e nemmeno Pio V o Pio X sono la Chiesa. L'argomento di Guardini, che trova riscontro nella realtà della teologia e della storia cattolica, ha senso solo se per "Chiesa" intendiamo il corpo di Cristo, a cui è dato il deposito della fede e la pienezza dello Spirito Santo, e che conserva la Tradizione con amore tramandandola con autorità. Esiste, ovviamente, un ambito su cui i papi hanno potere, ma questo non può estendersi alle membra e agli organi pienamente sviluppati del corpo liturgico. Se un papa *effettivamente* va a toccare queste parti organiche, con amputazioni, chirurgie plastiche o impianti di arti bionici, la sua azione è un'offesa a Dio e agli uomini, e un fallimento assicurato.

E ancora, non si sottolineerà mai abbastanza come il metodo di riforma adottato dopo il Concilio, nei suoi presupposti e risultati, derivi dalla prassi teologica modernista come la descrive Pio X nell'enciclica Pascendi. Questo modernismo *soft* permea la liturgia riformata e, per di più, inculca nei fedeli che vi partecipano un inconsapevole disprezzo per la tradizione. Come chi beve dal rubinetto dell'acqua contaminata o ingerisce minuscoli frammenti di amianto o vernice al piombo risente degli effetti di tale assunzione, che lo sappia o meno, allo stesso modo un cattolico al quale viene data una *lex orandi* mutilata soffre, per così dire, di denutrizione e avvelenamento da agenti chimici sconosciuti.

Così, benché la maggior parte dei cattolici si trovi, oggi, in uno stato di ignoranza invincibile circa la riforma liturgica, anch'essi

---

30 La causa forse più incisiva della natura atomizzante e destabilizzante dei riti nuovi è la loro polimorfa vernacolarizzazione in centinaia di lingue moderne. Ciò, di per sé, ha dato il colpo di grazia all'unità del culto cattolico, con buona pace delle fantasie di "ermeneutica della continuità" di *Liturgiam Authenticam* (2001). A prescindere da quel che accade nelle liturgie orientali, in Occidente la sacra liturgia è *latina*; e la sua latinità, a distanza di 1.600 anni, non è mero accidente ma una proprietà del suo essere. Non ci può essere un rito romano in lingua volgare più di quanto ci possa essere un rito bizantino senza litanie, senza pane lievitato, senza la commovente esclamazione: "Le porte! Le porte! Con sapienza stiamo attenti".

favoriscono passivamente il laceramento della tradizione pregando con riti intrinsecamente carenti nel trasmetterla. Ecco perché, quando Dio, per grazia, ci apre gli occhi riguardo alle criticità della riforma liturgica e, per grazia, ci chiama a soffrire per il peso di questa consapevolezza, Egli ci chiede al contempo di riconciliarci con la tradizione tramite un preciso impegno verso il recupero e l'uso della liturgia tradizionale. Chi rifiuti tale *grazioso* invito, sacerdote, religioso o laico che sia, corre il rischio di contribuire attivamente alla disgregazione e al collasso della Chiesa cattolica. Un simile impegno verso l'*usus antiquior* non implica necessariamente, per il fedele, un distacco immediato dal rito moderno a favore del solo rito preconciliare. Implica però che colui che non abbracci il più possibile la liturgia tradizionale starebbe ponendo un freno alla propria crescita spirituale e un ostacolo alla promozione del bene comune della Chiesa. Arriverà, presto o tardi, un momento in cui il cattolico dovrà dire: "Non ne posso più di apparenze e finzioni: devo avere solamente ciò che è vero, autentico, tradizionale".[31]

Alla riforma non serve una riforma: le serve un contrito ripudio. Non basta mettere da parte gli abusi o reintrodurre a casaccio elementi tradizionali: un po' di incenso qui, una pianeta là, un introito oggi, un *ad orientem* domani. È come mettere cerotti su una ferita in cancrena o curare un cancro con multivitaminici. No, occorre qualcosa di ben più radicale.

La vicenda del vitello d'oro, nel libro dell'Esodo, si conclude con un versetto alquanto singolare. Generalmente parafrasato nelle traduzioni, esso dice alla lettera: "Il Signore mandò una piaga sul popolo, perché essi avevano fatto il vitello che Aronne aveva fatto" (Es 32,35). Questo versetto mette in luce una verità riguardo al tema della complicità: anche se fu Aronne il responsabile della costruzione del vitello d'oro, il popolo acconsentì a ciò che egli aveva fatto, e condivise pertanto la sua colpa. Similmente, il cattolico conscio dell'allontanamento della Chiesa dalla sua

---

31 Per un reale scambio epistolare con un sacerdote arrivato a questo punto di maturazione, si veda Peter Kwasniewski, "Discovering Tradition: A Priest's Crisis of Conscience", *OnePeterFive*, 27 marzo 2019.

Iperpapalismo e mutazione liturgica

tradizione e nelle condizioni di tornare ad essa, ma che tuttavia aderisce al Novus Ordo creato da Montini, esprime con ciò la propria accettazione delle carenze di quel rito. È chiaro, la gran parte dei fedeli non sa che esiste un'alternativa, ma nemmeno lo sanno quei non credenti che mai hanno ascoltato la Buona Novella – e, nondimeno, i non credenti soffrono realmente della mancanza di grazie che invece avrebbero se fossero vere membra del Corpo Mistico. Analogamente, i cattolici "mainstream" soffrono della mancanza di tante, buone e importanti cose di cui la riforma liturgica li ha privati. Quando una persona diviene *consapevole* dell'esistenza di queste buone cose, ha l'obbligo di ricercarle, proprio come il non credente ha l'obbligo di ricercare l'appartenenza alla Chiesa. Perché in effetti la Chiesa stessa si ritrova, nella sua forma più concentrata, nella sacra liturgia.

"Non chiunque mi dice: Signore, Signore, entrerà nel regno dei cieli, ma colui che fa la volontà del Padre mio che è nei cieli." (Mt 7,21). La liturgia, nelle sue grandi linee di sviluppo, è la volontà del Padre. Pertanto i riformatori della liturgia hanno agito contro la Sua volontà. Il solo fatto che i riti riformati gridino "Signore, Signore" non significa che essi saranno efficaci o che condurranno le anime ai pascoli della vita eterna. Non si tratta di dire o di cantare "Signore", ma piuttosto di aderire alla volontà del Padre così come provvidenzialmente ce la rivela nella storia, nel patrimonio che abbiamo ereditato, nelle nostre vite personali. Naturalmente, quanti *inconsapevolmente* non hanno spezzato le loro catene e gettato via i loro legami (cfr. Sal 2,3) non sono personalmente responsabili della disobbedienza alla volontà di Dio, ma una volta che abbiano compreso come la liturgia riformata rappresenti un peccato contro il Padre saranno tenuti a obbedire alla Sua volontà dicendo il loro "Signore, Signore" in armonia con la tradizione.

Sempre si sono alzate, negli ultimi cinquanta e più anni, "voci di uno che grida nel deserto" contro le deviazioni e i difetti della riforma.[32] Le persone istruite hanno sempre avuto ben poche

---

32 Esempi eccellenti ne sono *Le Latin Immortel* di Marie-Madeleine Martin (1966, pubblicato per la prima volta in inglese col titolo di *Immortal Latin* da Arouca Press, 2022); *La tunica stracciata* di Tito Casini (1967) e *Mitre and*

scuse per la propria ignoranza. Ma oggi in particolare ci troviamo in una nuova fase di quella che già Louis Bouyer definiva "la decomposizione del cattolicesimo": la dilagante corruzione ecclesiastica e gli attacchi alla tradizione provenienti dal Vaticano sono stati come le sirene d'allarme che, durante un'incursione aerea, avvertono tutti i cittadini di correre al riparo nascondendosi in un luogo sicuro. La Chiesa è sotto un bombardamento, e noi pure dobbiamo correre al riparo nascondendoci in un luogo sicuro: questi sono la dottrina, la morale e la liturgia tradizionali della Chiesa cattolica, che nessun uomo, nemmeno un papa, può legittimamente sottrarci. Ecco perché il pontificato di Francesco è stato realmente un momento di grazia, uno sprone a svegliarci e un'opportunità per riconoscere che abbiamo dilapidato la nostra eredità e dobbiamo ora pentirci della nostra follia.

Quanto all'obiezione per cui la riforma liturgica postconciliare deve per forza essere buona, dato che è stata promulgata da un santo, rinvio il lettore al libro *Are Canonizations Infallible? Revisiting a Disputed Question* (Arouca Press, 2021) e al mio capitolo ivi incluso dal titolo "Animadversions on the Canonization of Paul VI" [Annotazioni critiche alla canonizzazione di Paolo VI, NdT]. Ma anche qualora Paolo VI fosse un santo, ciò non potrebbe equivalere a una canonizzazione del suo *ritus modernus*. Pio V, della cui santità è impossibile dubitare, ebbe ben più cura di "canonizzare" il rito tridentino col colorito linguaggio della bolla apostolica *Quo Primum*; e tuttavia, dicono i liturgisti liberali, questo rito sarebbe stato archiviato e rimpiazzato. Se ciò è vero, allora il prodotto di Paolo VI non gode *a fortiori* di alcuna garanzia speciale di santità, irreformabilità o longevità (con buona pace di Francesco e compagnia). Se ciò non è vero e la *Quo Primum* mantiene intatta la propria efficacia, cosa che io credo - non tanto come atto di governo papale quanto piuttosto come testimonianza permanente della fede e della morale perenni della Chiesa, così come espresse nei

---

Crook di P. Bryan Houghton (1979), entrambi ristampati in inglese nella serie Catholic Traditionalist Classics di Angelico Press; e *Cranmer's Godly Order* di Michael Davies (prima ed. 1976), recentemente ripubblicato in italiano dalle Edizioni Piane (2020) col titolo di *La riforma liturgica anglicana*.

suoi riti tradizionali – allora il *ritus modernus* di Paolo VI potrebbe essere, nel migliore dei casi, un rito alternativo e, nel peggiore dei casi, un rito illecito.[33]

FEDELTÀ VS. INFEDELTÀ

Come l'infedeltà ha portato alla modernità, la fedeltà porta alla tradizione. Ma è vero anche il contrario: la tradizione incarna la fedeltà, e quindi la incoraggia, la nutre e la premia; la modernità, invece, incarna svariati secoli di infedeltà, e quindi la incoraggia, la nutre e la premia. Quanti seguono la via moderna riceveranno in questa vita la loro misera ricompensa e la punizione eterna nella prossima, se non si pentono. Più sono moderni, maggiori e più numerose saranno le loro soddisfazioni mondane. Quelli che seguono la via tradizionale porteranno senza dubbio le loro croci in questa vita e mieteranno una ricompensa eterna nell'altra, se perseverano nella grazia di Dio. Ma già in questa vita, secondo la promessa di Nostro Signore, vedranno e gusteranno i frutti spirituali della Sua bontà.

Di una cosa dobbiamo renderci conto: Cristo continua la Sua presenza tra noi non solo nel Suo Corpo e Sangue Eucaristico, quasi in astratto, ma nella liturgia che Egli edifica nel Suo Corpo Mistico, liturgia che è immagine dei Suoi divini attributi e della Sua vita interiore, dispiegata ai nostri occhi nel corso dei secoli. La liturgia è la *dimora* della Sua presenza regale e sacerdotale. Che tragedia quando chierici iconoclasti danneggiano questa santa immagine, invocando su di sé il cupo giudizio di quell'Ultimo Vangelo che si legge alla fine di quasi ogni Messa tradizionale: "Venne fra la sua gente, ma i suoi non l'hanno accolto" (Gv 1, 11).

---

33 Per ulteriori considerazioni in merito, si veda Peter Kwasniewski, *La vera obbedienza nella Chiesa. Una guida al discernimento per tempi difficili* (Verona: Fede & Cultura, 2022), pp. 45-51, e il mio saggio "Does Traditionis Custodes Lack Juridical Standing?" in Kwasniewski, ed., *From Benedict's Peace to Francis's War: Catholics Respond to the Motu Proprio Traditionis Custodes on the Latin Mass* (Brooklyn, NY: Angelico Press, 2021), pp. 74-78. Per una trattazione completa della questione della liceità del Novus Ordo, si veda John Lamont, "Is the Mass of Paul VI Licit?", *Dialogos Institute*, 20 marzo 2022: http://dialogos-institute.org/blog/wordpress/disputation-on-the-1970-missal-part-1-dr-john-lamont/.

Ma per noi può e deve essere diverso: "A quanti però l'hanno accolto, ha dato potere di diventare figli di Dio" (Gv 1, 12).

L'errore fondamentale dell'uomo moderno è la sua idea di sé come di un essere tanto *diverso* da quello che è stato l'uomo in altre epoche storiche da considerarsi incapace di sottomettersi umilmente alla tradizione. Abbracciando questo errore, il cattolico moderno si attribuisce un "lasciapassare" per allontanarsi dalla comune eredità della Chiesa e per crearsi le proprie peculiari strutture, sempre capaci di lusingare il proprio ego e soddisfare le proprie passioni. La sua millantata diversità – che di fatto altro non è che una non-conoscenza di sé puntellata da un'impalcatura di slogan – diviene col tempo uno stato di alienazione e isolamento che deriva dall'abituale indulgere a una concupiscenza disordinata. Convincersi della nostra immutabile natura umana, decaduta ma redenta, richiede un prolungato sforzo di autocontrollo, di meditazione silenziosa e di abbandono nella preghiera rituale: in altre parole, proprio di ciò che la liturgia latino-tradizionale offre in abbondanza. Ci troviamo così di fronte all'inevitabile paradosso per cui il Novus Ordo, pur creato per l'uomo moderno, non sfida la sua vanità e arroganza, laddove invece l'antica liturgia, davvero così remota nella sua origine e nel suo sviluppo, provoca l'uomo moderno in un confronto con Dio e con sé stesso per mezzo del suo disciplinato regime di preghiera e gesti, di canto e simboli. Proprio la sua densità, la sua opacità e la sua solenne indifferenza stimolano una risposta in quanti sono ormai logorati da mille forme di intrattenimento e da sistemi educativi incapaci di educare.[34] Ci chiama a un incontro

---

34 Come riconosceva il grande teologo Matthias Scheeben, con parole ricche di implicazioni in ambito liturgico: "il contenuto del Cristianesimo non potrebbe interessarci, attirarci ed entusiasmarci tanto, né lo abbracceremmo con tanto amore e con tanta gioia, se non contenesse dei misteri. [...] Se l'anima ha sete di verità, se la conoscenza della verità forma la sua delizia più pura e la sua più grande felicità, senza dubbio ciò che è sublime, grandioso, meraviglioso e arduo a comprendersi esercita su di essa una speciale attrattiva. Una verità che facilmente si scopre e prontamente si afferra non può né rapire né avvincere l'intelletto. [...] Più l'argomento è elevato, più la sua grandezza e bellezza ci soggioga; e proporzionatamente alla meraviglia che ci procura, anche il minimo sguardo che noi possiamo gettare su di esso ci

con il Reale, smascherando le allegre bugie della modernità.³⁵ Come osserva Martin Mosebach:

> Il movimento a favore del rito antico, lungi dall'indicare un autocompiacimento estetico, possiede, in realtà, un carattere apostolico. È stato notato come il rito romano [classico] eserciti un effetto particolarmente forte sui convertiti e come abbia, in effetti, portato a un considerevole numero di conversioni. Il suo profondo radicamento nella storia e il suo allineamento verso la fine dei tempi creano un tempo sacro antitetico al tempo presente, un presente che, nelle sue preoccupazioni di natura economica, lascia molti insoddisfatti. Soprattutto, l'antico rito si contrappone alla fede nel progresso [...] che si sta ormai raffreddando in un'ansia nei confronti del futuro e finanche in un certo pessimismo.
>
> Tale contraddizione con lo spirito del nostro tempo non è però cosa di cui lamentarsi. Essa indica piuttosto un risveglio generale da un'illusione vecchia di duecento anni. Da sempre i cristiani sanno che il mondo è decaduto a causa del peccato originale e che, quanto al corso della storia, esso non offre alcun motivo per essere ottimisti. La religione cattolica è, per dirla con T. S. Eliot, una "filosofia del disincanto" che non sopprime la speranza, ma ci insegna piuttosto a non orientare la nostra speranza verso qualcosa che il mondo non può dare. La liturgia di Roma e, naturalmente, la Divina Liturgia di San Giovanni Crisostomo dell'Ortodossia greca, ci aprono una finestra che proietta il nostro sguardo dal tempo all'eternità.³⁶

---

diletta. In una parola, la verità ci fa tanto più piacere quanto più è nascosta e misteriosa. [...] [Il Cristianesimo] deve forse cessare di sembrarci grande pel fatto che è essenzialmente mistero, un grande, anzi, il massimo mistero, il Mistero di Dio? [...] Quello che ci affascina è l'apparizione di una luce che ci era nascosta. [...] [I misteri] devono essere verità che si sottraggono al nostro sguardo non per intrinseca oscurità o confusione, bensì per soverchia maestà, sublimità e bellezza, cui neppure l'occhio umano più acuto può avvicinarsi senza esserne abbagliato." I misteri del cristianesimo, trad. italiana di p. Innocenzo Gorlani O. F. M. (Brescia: Morcelliana, 1953), pp. 2-3.

35 Come ho sostenuto in *Nobile bellezza, sublime santità: perché la modernità ha bisogno della Messa tradizionale* (Verona: Fede & Cultura, 2021), in particolare al capitolo 1.

36 Martin Mosebach, *Subversive Catholicism: Papacy, Liturgy, Church*, trad. personale da quella inglese di Sebastian Condon e Graham Harrison (Brooklyn: Angelico Press, 2019), p. 100.

I giovani d'oggi saranno anche confusi riguardo a tante cose. Ma quanti desiderano seriamente essere cattolici ne hanno una, ben chiara, in mente: non c'è futuro per una religione futuristica che già appare datata e scialba. Ecco perché vogliono l'antica, bella e pregnante liturgia della Chiesa. In un mondo in cui nulla sembra sicuro, questa liturgia è la roccia stabile su cui costruire la propria vita spirituale, sociale e familiare. È una roccia nel deserto da cui sempre sgorgano fresche acque spirituali.

Dovrebbe essere chiaro, allora, perché dobbiamo resistere alla tentazione di affermare che la nostra adesione al rito antico è una questione di "preferenze personali": a te piace il cioccolato, a me la vaniglia; a te l'italiano, a me il latino; a te il Novus Ordo, a me il Vetus Ordo. Questo è nient'altro che relativismo liturgico basato su una forma di assolutismo papale. Presuppone che l'unico modo per avere una liturgia legittima sia il *fiat* pontificio, e che qualsiasi cosa un papa stabilisca sia *ipso facto* accettabile. Dal momento che Pio V ha approvato il messale tridentino e Paolo VI ha approvato il messale moderno, allora è possibile scegliere l'uno o l'altro in base alle proprie inclinazioni.[37] Quest'approccio soggettivista nasconde il fatto che il rito antico e quello nuovo si basano su principi *diversi e contrari*, e che il rito nuovo è fondato su principi erronei che hanno danneggiato la Chiesa e meritano di essere abbandonati.

Da un punto di vista storico e teologico, ciò che Benedetto XVI ha chiamato "Forma *Ordinaria* della Messa" è l'*indulto*, l'eccezione a cui è stato permesso di occupare un territorio legittimamente posseduto da un altro, mentre ciò che ha chiamato "Forma Straordinaria" è, in realtà, la consuetudine ininterrotta che mai è stata abrogata e mai potrà esserlo. Il primo è un "ultimo arrivato", con

---

37 Le cose potevano apparire così, ad ogni modo, sotto *Summorum Pontificum*. Con *Traditionis Custodes*, Francesco ha resuscitato l'originario atteggiamento di Paolo VI fatto di intolleranza e disprezzo per quella verità per cui la tradizione è elemento costitutivo del cattolicesimo (e non solo un "carisma" per pochi eletti). Molti, abituati alla comoda situazione di *Summorum Pontificum*, hanno risposto a questo nuovo attacco con appelli alla diversità e alla libertà liturgica, senza rendersi conto di come questo atteggiamento di "vivi e lascia vivere" sia una colossale strategia elusiva di un problema, in realtà, ineludibile.

uno status dalle fondamenta traballanti; l'altro è un rito immemorabile, con un incrollabile diritto alla nostra fedeltà. Che privilegio, che benedizione l'essere stati condotti da una Provvidenza imperscrutabile a conoscere ed amare questo tesoro inestimabile, senza alcun nostro merito, ma unicamente "a lode della sua gloria" (Ef 1, 12). "A lui la gloria nella Chiesa e in Cristo Gesù per tutte le generazioni, nei secoli dei secoli! Amen." (Ef 3, 21).

Su questo punto, dopo un periodo di silenzio diplomatico, devo esprimermi chiaramente: io sono tra quanti credono che il nostro [cioè dell'Istituto Buon Pastore] rifiuto assoluto della Messa di Paolo VI non sia di natura affettiva, disciplinare, carismatica, etc. Esso è teologico, dogmatico e morale. In una parola, è assoluto! Il peccato originale di questa odiosa disputa liturgica nella Chiesa è l'incredibile e folle audacia di Papa Paolo VI nel promulgare un nuovo *ordo missae* basato sulla ricerca di esperti, di massoni e di protestanti, e nel buttar via (sia pure con voce tremolante) la Messa dei pontefici Leone Magno e Gregorio Magno. La liturgia cattolica può e deve essere soltanto una trasmissione del patrimonio degli Apostoli. Una Messa inventata diciannove secoli dopo non può che essere un'ambizione prometeica, una chimera romantico-libertaria, un populismo di cattivo gusto, indegno della Chiesa di Gesù Cristo.

— Abbé Philippe Laguérie

Il reazionario di oggi ha una soddisfazione che non ha avuto quello di ieri: vedere i programmi moderni finire non solo nel disastro ma anche nel ridicolo.

— Nicolás Gómez Dávila

{ 4 }
L'Apologia di Paolo VI per la Nuova Messa: Un riesame

RICORREVA, NEL 2019, IL CINQUANTESIMO anniversario della promulgazione del *Novus Ordo Missae* ad opera della Costituzione Apostolica *Missale Romanum* di Papa Paolo VI del 3 aprile 1969, le cui disposizioni entrarono in vigore la prima domenica di Avvento, il 30 novembre di quell'anno. Guardando indietro, a mezzo secolo di distanza, verso questo mostruoso capolavoro di "riforma" liturgica – ed effettivamente non sono più soltanto gli autoproclamatisi tradizionalisti a lamentare un lavoro mal fatto – siamo portati a farci una semplice domanda: *perché*? Perché si è ritenuto necessario operare cambiamenti così radicali nella Messa?

Per una spiegazione dobbiamo volgere lo sguardo al Papa che, più di ogni altra figura, fu il responsabile della spinta verso la riforma liturgica, varando non solo un nuovo rito della Messa ma anche, in modo analogo, dei nuovi riti per tutti quanti i sacramenti e di fatto nuove versioni di pressoché qualsiasi cosa si debba dire o fare in chiesa – un metaforico "sacco di Roma" da far impallidire le imprese di Alarico e Carlo V. Quasi nessuno, fra i vescovi del mondo o i funzionari di curia dell'epoca, aveva una volontà così decisa a modificare radicalmente la liturgia quanto Paolo VI; e, va da sé, nessun altro aveva l'illimitato potere istituzionale di imporre tale cambiamento – un curioso modo per dilapidare un capitale d'autorità politica accumulato nel corso di secoli e prosciugare il patrimonio dell'ultramontanismo. Come ha dimostrato Yves Chiron nella sua biografia di Annibale Bugnini, nemmeno quel furbo architetto della riforma sarebbe mai riuscito a farla franca se il Papa non lo avesse sostenuto e incoraggiato passo per passo fino alla sua improvvisa e misteriosa caduta in disgrazia nel 1975.[1]

Dove trovare le spiegazioni del Papa? Ci sono, come è facile aspettarsi, un'infinità di discorsi, lettere e altri documenti che ci consentono di gettare sulla mente di Montini non solo un'occhiata, ma un'attenta disamina; egli fu franco ed esplicito in merito alla riforma liturgica, che costituiva la sua passione da ben prima di ascendere al soglio petrino e che tale rimase durante tutto il suo pontificato. Occorre però guardare con attenzione soprattutto a tre udienze generali: la prima del marzo 1965, che riguardava l'epocale passaggio dal Latino Cristiano alle moderne lingue volgari; le ultime due del novembre 1969, sull'ancor più grave transizione dalla Messa cattolico-romana alla Messa del Consilium romano.

Prima di scendere nei dettagli di queste udienze generali, però, vorrei presentare al lettore un altro lato di papa Montini, perché credo sia prezioso rendersi conto di come quello con cui abbiamo a che fare sia un vero e proprio "dottor Jekyll & Mr. Hyde", un individuo che sembra dare con una mano quello che toglie con l'altra. Il ritratto psicologico che ne emerge è complesso, contraddittorio, tormentato. È lecito affermare che tale psicologia è per molti versi passata nel sangue stesso della Chiesa postconciliare, intrappolata in una vana dialettica tra tradizione e innovazione, senza quella fedeltà ai principi con cui questa dialettica si potrebbe trascendere restituendo la pace al corpo ecclesiastico.

PAOLO VI IL TRADIZIONALISTA

Nel capitolo 2 abbiamo formulato le leggi e i corollari dello sviluppo organico della liturgia, che possiamo riassumere nei seguenti termini: "Sotto la guida dello Spirito Santo e attraverso la pietà del popolo cristiano, la sacra liturgia tende nel tempo a una maggiore articolazione, arricchimento e perfezione, e tende altresì a diventare più definita, stabile e immutabile". Il Papa che presiedette alla più grande violazione di queste leggi e corollari

---

[1] O forse non più così misteriosa? Si veda p. Charles Murr, *The Godmother* e *Murder in the Thirty-Third Degree*, nonché le sue interviste pubblicate da *Inside the Vatican* e riprese da *Rorate Caeli*.

L'Apologia di Paolo VI per la Nuova Messa: Un riesame

sembra tuttavia averne talvolta compreso, almeno in parte, la verità, per poi reagire in maniera confusa e disordinata, sulla falsariga di quella figura di Amleto a cui venne paragonato tanto da Giovanni XXIII quanto da sé stesso.[2]

Uno degli esempi più notevoli di questo fenomeno è senza dubbio l'Istruzione *Memoriale Domini* del 29 maggio 1969, emanata dalla Congregazione per il Culto Divino "per mandato speciale del sommo pontefice Paolo VI" e "da lui approvata, in forza della sua autorità apostolica". In questo documento leggiamo quanto segue a proposito della consuetudine di distribuire la Santa Comunione ai fedeli in ginocchio e sulla lingua:

> Questo modo di distribuire la Comunione, tenuta presente nel suo complesso la situazione attuale della Chiesa, si deve senz'altro conservare, non solo perché poggia su di una tradizione plurisecolare, ma specialmente perché esprime e significa il riverente rispetto dei fedeli verso la Santa Eucaristia. Non ne è per nulla sminuita la dignità della persona dei comunicandi; tutto anzi rientra in quel doveroso clima di preparazione, necessario perché sia più fruttuosa la Comunione al Corpo del Signore.
>
> Questo rispetto significa che non si tratta di «un cibo e di una bevanda comune», ma della Comunione al Corpo e al Sangue del Signore; [...]
>
> Inoltre con questa forma ormai tradizionale è meglio assicurata una distribuzione rispettosa, conveniente e dignitosa insieme della Comunione; si evita il pericolo di profanare le specie eucaristiche, nelle quali «è presente in modo unico, sostanzialmente e ininterrottamente, il Cristo tutto e intero; Dio e uomo»; e si ha modo di osservare con esattezza la raccomandazione sempre fatta

---

2 "Papa Giovanni XXIII [...] descrisse Montini come "un po' amletico". Esattamente come il principe esitava senza sosta a vendicare l'assassinio del padre, così Montini era esitante, indeciso e ambiguo. Egli stesso si chiedeva: "Sono Amleto o Don Chisciotte?". Questa è la domanda fondamentale per una valutazione del papato di Paolo VI. Ci furono troppi compromessi e decisioni prese a metà?", Paul Collins, "Pope Hamlet: Paul VI's indecisive, wavering papacy", *National Catholic Reporter*, 13 ottobre 2018, trad. personale. Per una biografia di Giovanni Battista Montini, magistrale e frutto di un'ampia ricerca d'archivio, si veda *Paolo VI. Un papa nella bufera*, trad. Valeria Fucci (Torino: Lindau, 2014).

dalla Chiesa sul riguardo dovuto ai frammenti del pane consacrato: «Se tu ti lasci sfuggire qualche frammento è come se perdessi una delle tue stesse membra».

Questo passaggio esemplare si appella al principio della tradizione consolidata; cita quattro Padri della Chiesa: Agostino, Giustino, Ireneo e Cirillo di Gerusalemme; ricorre a un linguaggio scolastico e tridentino; riconosce il principio secondo cui bisogna evitare che le azioni liturgiche appaiano banali e sottolineare il mistero divino che si sta compiendo; ed elenca i numerosi vantaggi spirituali e pratici di questa consuetudine, più che sufficienti a spiegarne l'adozione universale. Eppure, nonostante questa dimostrazione inoppugnabile, lo stesso documento consente alle conferenze episcopali di permettere la Comunione nella mano ovunque essa fosse già stata introdotta, e Paolo VI non fece nulla per fermare la diffusione illegittima di questa pratica – come del resto non fecero i suoi successori. *Memoriale Domini* era morta ancor prima di nascere, l'ennesima velleità vaticana priva di mordente alcuno.[3]

Un esempio correlato e altrettanto valido è la lettera enciclica *Mysterium Fidei*, promulgata nel settembre 1965. Questo documento riafferma nel modo più chiaro possibile tanto la dottrina tomista quanto il dogma tridentino circa la Santa Eucaristia, citando ampiamente dai Padri e dai Dottori della Chiesa, difendendo la transustanziazione e la Presenza Reale, l'autentica natura sacrificale della Messa, la celebrazione delle "messe private" e i benefici dell'adorazione eucaristica, e condannando senza mezzi termini le false teologie eucaristiche allora dilaganti nella Chiesa.

Un aspetto assai interessante della lettera è la difesa che il Papa fa della conservazione all'interno della Chiesa delle modalità d'espressione sviluppate e tramandate nel corso dei secoli – proprio ciò che abbandonerà qualche anno più tardi quando si tratterà delle modalità d'espressione *liturgiche*, non meno centrali per l'identità cristiana e non meno oggetto di *paradosis* di quelle dottrinali. Scrive:

---

3 Si veda Kwasniewski, *Holy Bread of Eternal Life: Restoring Eucharistic Reverence in an Age of Impiety* (Manchester, NH: Sophia Institute Press, 2020), pp. 92-93, 124-26, 131-33, e gli ulteriori riferimenti lì riportati.

L'Apologia di Paolo VI per la Nuova Messa: Un riesame

Salva infatti l'integrità della fede, è necessario anche serbare un esatto modo di parlare, affinché usando parole incontrollate non ci vengano in mente, che Dio non permetta, false opinioni riguardo alla fede dei più alti misteri. [...] "Noi [...] dobbiamo parlare secondo una regola determinata, per evitare che la libertà di linguaggio ingeneri qualche opinione empia anche intorno al significato della parola" (S. Agostino).

La norma di parlare dunque, che la Chiesa con lungo secolare lavoro, non senza l'aiuto dello Spirito Santo, ha stabilito, confermandola con l'autorità dei Concili, norma che spesso è diventata la tessera e il vessillo della ortodossia della fede, dev'essere religiosamente osservata; né alcuno, secondo il suo arbitrio o col pretesto di nuova scienza, presuma di cambiarla. Chi mai potrebbe tollerare che le formule dogmatiche usate dai Concili Ecumenici per i misteri della SS. Trinità e dell'Incarnazione siano giudicate non più adatte agli uomini del nostro tempo ed altre siano ad esse temerariamente surrogate? Allo stesso modo non si può tollerare che un privato qualunque possa attentare di proprio arbitrio alle formule con cui il Concilio Tridentino ha proposto a credere il Mistero Eucaristico. Poiché quelle formule, come le altre di cui la Chiesa si serve per enunciare i dogmi di fede, esprimono concetti che non sono legati a una certa forma di cultura, non a una determinata fase di progresso scientifico, non all'una o all'altra scuola teologica, ma presentano ciò che l'umana mente percepisce della realtà nell'universale e necessaria esperienza: e però tali formule sono intelligibili per gli uomini di tutti i tempi e di tutti i luoghi.

Invero quelle formule possono fruttuosamente spiegarsi più chiaramente e più largamente, mai però in senso diverso da quello in cui furono usate, sicché progredendo l'intelligenza della fede rimanga intatta la verità di fede. Difatti il Concilio Vaticano I insegna che nei sacri dogmi «si deve sempre ritenere quel senso, che una volta per sempre ha dichiarato la santa madre Chiesa e mai è lecito allontanarsi da quel senso sotto lo specioso pretesto di più profonda intelligenza».

Tutto ciò che Papa Paolo VI afferma in questo passo è applicabile, *mutatis mutandis*, all'ambito della liturgia. Con un lungo secolare lavoro e non senza l'aiuto dello Spirito Santo, la Chiesa ha stabilito per il suo culto pubblico una norma di parlare e l'ha confermata con l'autorità dei Concili. Essa dev'essere religiosamente osservata. Chi mai potrebbe tollerare che essa sia giudicata non più adatta agli uomini del nostro tempo? Del resto, essa è costituita da elementi che non sono legati a una certa forma di cultura, non a una determinata fase di progresso scientifico, non all'una o all'altra scuola teologica, ma attinti dalla rivelazione divina, dalla tradizione apostolica, dagli istinti religiosi naturali e dalla pietà cumulativa dei secoli. Per questo motivo, i sacri riti liturgici sono intelligibili per gli uomini di tutti i tempi e di tutti i luoghi. Il compito dei liturgisti non è quello di inventare riti nuovi per sostituire i vecchi, ma di difendere e spiegare più chiaramente e più largamente quei riti che abbiamo ereditato, sicché progredendo l'intelligenza della liturgia ne rimanga intatta la verità.

Un terzo esempio è la lettera apostolica *Sacrificium Laudis* del 15 agosto 1966, in cui Paolo VI elogia i monaci e le monache per essere rimasti fedeli alla "forma di preghiera, fissa e mantenuta perenne attraverso i secoli" che costituisce il loro *orarium* quotidiano, critica alcuni di loro che "nell'Ufficio corale vanno chiedendo l'uso delle lingue nazionali" o "che il canto cosiddetto Gregoriano sia sostituito qua e là con canti oggi in voga", e rimprovera quanti "addirittura reclamano l'abolizione della lingua latina stessa". Egli scrive:

> Dobbiamo confessare che tali richieste Ci hanno non lievemente colpiti e non poco rattristati; e vien da chiedersi da dove sia sorta e, perché si sia diffusa questa mentalità e questa insofferenza in passato sconosciuta. [. . .] Infatti qui non si tratta soltanto di conservare nell'Ufficio corale la lingua latina – indubbiamente degna, non è cosa da poco, di essere custodita con cura, essendo nella Chiesa Latina sorgente fecondissima di cristiana civiltà e ricchissimo tesoro di pietà –, ma anche di custodire indenni la qualità, la bellezza e l'originario vigore di tali preghiere e di tali canti [. . .] Non vanno sottovalutate le tradizioni degli antenati che lungo i secoli costruivano la vostra gloria. Questa maniera di recitare l'Ufficio divino in coro fu una delle principali ragioni della solidità e del felice

L'Apologia di Paolo VI per la Nuova Messa: Un riesame

sviluppo delle vostre Famiglie. Suscita quindi meraviglia che, al sorgere di un improvviso turbamento, ad alcuni sembri già di dover trascurare queste motivazioni.

Quale lingua, quale canto vi sembra che possa nella presente situazione sostituire quelle forme della pietà cattolica che avete usato finora? Bisogna riflettere bene, perché le cose non diventino peggiori dopo aver rinnegato questa gloriosa eredità. [...] Sorge anche un altro interrogativo: gli uomini desiderosi di sentire le sacre preci entreranno ancora così numerosi nei vostri templi, se non vi risuonerà più l'antica e nativa lingua di quelle preghiere, unita al canto pieno di gravità e bellezza? Preghiamo dunque tutti gli interessati, di ponderare bene quello che vorrebbero abbandonare, e di non lasciare inaridire la fonte alla quale hanno fino ad oggi abbondantemente attinto. [...]

Del resto quelle preghiere permeate di antica grandezza e nobile maestosità continuano ad attrarre a voi i giovani chiamati all'eredità del Signore; in caso contrario, una volta eliminato il coro in questione, che supera i confini delle Nazioni ed è dotato di mirabile forza spirituale, e la melodia che scaturisce dal profondo dell'animo, do ve risiede la fede e arde la carità, il canto gregoriano cioè, sarà come un cero spento che non illumina più, non attrae più a sé gli occhi e le menti degli uomini. [...]

Non vogliamo permettere ciò che potrebbe essere causa di una caduta verso il peggio, diventerebbe forse sorgente di non beve detrimento e certamente porterebbe malessere e tristezza alla Chiesa tutta. PermetteteCi, anche contro la vostra volontà, di difendere la vostra causa.[4]

Come vedremo, si tratta dello stesso papa che, pochi anni più tardi, invocherà la completa eliminazione del latino e del canto gregoriano dalla liturgia riformata, senza fare distinzione alcuna tra ambito religioso e parrocchiale e senza riconoscere la salutare influenza che la liturgia monastica ha sempre esercitato sul resto della Chiesa stabilendo un ideale di pienezza e di bellezza. Ad ogni modo sembra che, dopo averla pubblicata, il papa non abbia mosso un dito per difendere o far applicare questa lettera apostolica: ecco, ancora una volta, quella sindrome amletica così familiare

---

4 Disponibile online sul sito della Santa Sede.

a chi ha studiato la vita di Paolo VI. Senza quasi eccezione alcuna, tutti gli ordini religiosi abbandonarono tanto il latino quanto il gregoriano, mentre il papa se ne stava, in silenzio, a guardare.[5]

Un ultimo esempio. Nell'udienza generale tenuta a Castel Gandolfo il 13 agosto 1969 – quindi tre mesi e mezzo prima dell'introduzione obbligatoria del Novus Ordo – Paolo VI offre una descrizione dell'interazione tra liturgia e pietà personale che, ben lungi dal sembrare applicabile ai riti liturgici riformati, richiama prepotentemente alla mente l'esperienza che i cattolici d'oggi vivono al momento della riscoperta del rito romano classico:

> La liturgia ha un suo primato, una sua pienezza, e di per se stessa una sua efficacia, che dobbiamo tutti riconoscere e promuovere. Ma la liturgia, di natura sua pubblica e ufficiale nella Chiesa, non sostituisce, non impoverisce la religione personale. La liturgia non è solo rito; è mistero, e come tale esige l'adesione cosciente e fervorosa di quanti vi prendono parte; suppone la fede, la speranza, la carità, e tante altre virtù e sentimenti, atti e condizioni, come l'umiltà, il pentimento, il perdono delle offese, l'intenzione, l'attenzione, l'espressione interiore e vocale, che dispongono il fedele all'immersione nella Realtà divina, che la celebrazione liturgica rende presente e operante. La religione personale, per quanto ad ognuno è possibile, è condizione indispensabile alla autentica e cosciente partecipazione liturgica; non solo: essa è il frutto, la conseguenza di tale partecipazione, intesa appunto a santificare le anime e a corroborare in esse il senso di unione con Dio, con Cristo, con la Chiesa, con i fratelli dell'intera umanità.[6]

Posso dire che, nella mia vita di cattolico, non mi sono mai reso conto di ciò di cui parlava Paolo VI *fino a quando* non ho iniziato a frequentare la Messa tradizionale. È stata *questa* Messa a schiudermi il mistero di Cristo, a risvegliare la mia vita interiore,

---

5 Mi raccontò un anziano monaco benedettino che studiò a Roma negli anni '70 e che conobbe Bugnini, che fu l'a dir poco controverso mons. Rembert Weakland a convincere Paolo VI a non applicare la *Sacrificium Laudis*. Né questo documento fu mai inserito negli *Acta Apostolicae Sedis*, il che vuol dire che non ha mai acquisito forza di legge.
6 Disponibile online sul sito della Santa Sede.

L'Apologia di Paolo VI per la Nuova Messa: Un riesame

a insegnarmi a pregare, a stimolare il fervore, a farmi familiarizzare con la penitenza (come virtù e come sacramento).

Abbiamo offerto quattro esempi del lato più "tradizionalista" di Montini, ma naturalmente se ne potrebbero portare molti altri. Tanta materia prima ha consentito ai conservatori di selezionare accuratamente le loro citazioni preferite di Paolo VI per presentarlo come un papa dello stampo classico di un Pio V o di un Pio X, quando in realtà era tutt'altro. È infatti difficile comprendere come una persona di sensibilità e di convinzioni cattoliche abbia potuto affermare ciò che egli disse nei tre discorsi che ora andiamo a vedere.

UDIENZA GENERALE DEL 17 MARZO 1965

La prima udienza è del 17 marzo 1965,[7] dieci giorni dopo che Paolo VI aveva celebrato la primissima Messa in lingua italiana nella Chiesa di Ognissanti a Roma.[8] A dispetto della retorica ufficiale, vi sono ben poche prove che i fedeli fossero contenti della cerimonia: una targa commemorativa nella chiesa stessa è stata

---

7 I testi delle tre udienze che stiamo commentando sono riportati integralmente in appendice.
8 All'Angelus del 7 marzo 1965 Papa Paolo VI rivolse ai fedeli queste parole: "Questa domenica segna una data memorabile nella storia spirituale della Chiesa, perché la lingua parlata entra ufficialmente nel culto liturgico, come avete già visto questa mattina. La Chiesa ha ritenuto doveroso questo provvedimento - il Concilio lo ha suggerito e deliberato - e questo per rendere intelligibile e far capire la sua preghiera. Il bene del popolo esige questa premura, sì da rendere possibile la partecipazione attiva dei fedeli al culto pubblico della Chiesa. È un sacrificio che la Chiesa ha compiuto della propria lingua, il latino; lingua sacra, grave, bella, estremamente espressiva ed elegante. Ha sacrificato tradizioni di secoli e soprattutto sacrifica l'unità di linguaggio nei vari popoli, in omaggio a questa maggiore universalità, per arrivare a tutti. E questo per voi, fedeli, perché sappiate meglio unirvi alla preghiera della Chiesa, perché sappiate passare da uno stato di semplici spettatori a quello di fedeli partecipanti ed attivi e se saprete davvero corrispondere a questa premura della Chiesa, avrete la grande gioia, il merito e la fortuna di un vero rinnovamento spirituale. E noi pregheremo ancora la Madonna, la pregheremo ancora in latino per ora [sic!], perché ci dia questo desiderio della vita spirituale attiva e autentica e ci dia questo risvegliato senso della comunità, della fraternità, della collettività che prega insieme, del popolo di Dio, perché allora avremo certamente assicurati a noi i vantaggi di questa grande riforma liturgica".

vandalizzata talmente tante volte che alla fine è stato necessario collocarne una nuova ad un'altezza fuori dalla portata dei parrocchiani contrariati.[9] In questo frangente Paolo VI era evidentemente di cattivo umore, in quanto la riforma liturgica stava incontrando una forte resistenza nei laici, il cui disagio spirituale era, dopo tutto, la principale ragione addotta per giustificare la riforma: ci si aspettava, dunque, che ne sarebbero stati ben grati beneficiari.[10] "Il potere considera ingratitudine il dimenarsi delle sue vittime", ci ricorda il poeta Rabindranath Tagore.

È difficile dire cosa lasci più stupefatti: il puro disprezzo per l'uomo comune di cui l'udienza gronda o la pura immaginazione nella quale il Papa si perde nel descrivere i benefici attesi dalla "nuova liturgia" presentata nella chiesa di Ognissanti (e, ricordiamoci, non si trattava del Novus Ordo, che sarebbe arrivato quattro anni più tardi, ma di una Messa tridentina semplificata, detta interamente in italiano tranne che per il Canone, col celebrante rivolto verso il popolo ad un altare posticcio fuori dal presbiterio e con la Comunione distribuita sulla lingua, ma in piedi).[11]

Il Papa afferma che ci sono state sia reazioni negative che reazioni positive. La reazione negativa è quella di "una certa confusione, e [...] un certo fastidio": "prima, dicono questi osservatori, si stava tranquilli, ciascuno poteva pregare come voleva, tutto era conosciuto circa lo svolgimento del rito; ora tutto è novità, sorpresa, cambiamento; perfino il suono del campanello al Sanctus è stato abolito; e poi quelle preghiere che non si sa dove andarle a trovare, quella comunione ricevuta stando in piedi; e la fine della Messa che termina in tronco con la benedizione; tutti che

---

9 Si veda Gregory DiPippo, "The Liturgist Manifesto", *NLM*, 29 novembre 2014. Per ulteriori informazioni sull'episodio nella chiesa di Ognissanti, si veda Dom Alcuin Reid, "March 7th, 1965 – 'An extraordinary way of celebrating the Holy Mass'", *NLM*, 7 marzo 2015; Peter Kwasniewski, "'Backwards' vs. 'Forwards' – What Does It Mean?", *NLM*, 4 maggio 2015; Kwasniewski, "Just Say No to '65!", *NLM*, 1 marzo 2014; e l'articolo citato due note più sotto.
10 Si veda Yves Chiron, *Annibale Bugnini: Reformer of the Liturgy*, nella trad. inglese di John Pepino (Brooklyn, NY: Angelico Press, 2018), pp. 118–24.
11 Per una descrizione della cerimonia si veda "The 50th Anniversary of Paul VI's First Italian Mass: Some hard truths about the '1965 Missal' and the Liturgical Reform", *Rorate Caeli*, 7 marzo 2015.

L'Apologia di Paolo VI per la Nuova Messa: Un riesame

rispondono, molti che si muovono, riti e letture che si recitano ad alta voce...; insomma non c'è *più pace e si capisce meno di prima; e così via*".

Non sembra, questa, una reazione del tutto irragionevole. Per il Papa, tuttavia, i fedeli che reagiscono in questo modo hanno in realtà una scarsa comprensione di quello che stanno facendo: "Non faremo la critica di queste osservazioni, perché dovremmo mostrare come esse rivelano scarsa penetrazione del senso dei riti religiosi, e lasciano intravedere non già una vera devozione e un vero senso del significato e del valore della santa Messa, ma piuttosto una certa indolenza spirituale, che non vuole spendere qualche sforzo personale d'intelligenza e di partecipazione per meglio comprendere e meglio compiere il più sacro degli atti religiosi, a cui siamo invitati, anzi obbligati ad associarci".

Viene da chiedersi quando un papa abbia mai detto qualcosa di più supponente, presuntuoso, insensibile e ingiusto. Ci viene dato a credere che tutti i fedeli, prima della gloriosa rivoluzione, fossero spiritualmente pigri, non disposti a fare nemmeno un "qualche" sforzo di comprensione, totalmente estraniati dalla partecipazione ai divini misteri. La popolarità degli autori del Movimento Liturgico - come Dom Prosper Guéranger, Pius Parsch e Ildefonso Schuster, le cui opere di commento alla Messa avevano istruito e ispirato proprio quei laici che rimasero sconcertati e turbati dai cambiamenti degli anni Sessanta - si passa sotto assoluto silenzio.[12]

Papa Montini prosegue spiegando che le riforme provocano sempre un certo turbamento tra il popolo, perché vanno a manipolare pratiche religiose profondamente radicate; ma nulla di cui

---

12   Questo fatto venne sottolineato da Papa Benedetto XVI, la cui intelligenza, equità, cortesia e realismo superavano di gran lunga quelli di Paolo VI, nella lettera ai vescovi *Con Grande Fiducia*, che accompagnava il motu proprio *Summorum Pontificum* del 7 luglio 2007: "Dopo, però, [ossia nel periodo successivo all'introduzione del nuovo messale] si è presto dimostrato che non pochi rimanevano fortemente legati a questo [più antico] uso del rito romano, che era stato loro familiare fin dall'infanzia. Ciò avveniva soprattutto nei Paesi in cui il Movimento Liturgico aveva fornito a molte persone una notevole formazione liturgica e una profonda familiarità personale con la forma precedente della celebrazione liturgica".

preoccuparsi: presto tutti le ameranno! E ci assicureremo, garantisce il pontefice, che nessuno possa ripiegarsi su una devozione silenziosa o sulla propria pigrizia. "L'assemblea diventa viva ed operante!" dice: tutti devono partecipare. Ora si deve ascoltare e pregare (prima, a quanto pare, nessuno faceva né una cosa né l'altra). È il tempo dell'"attività": ecco la parola d'ordine! Finalmente avremo una liturgia che non è un mero spettacolo (compiuto "solo col gesto esteriore"), ma "una immensa ala volante verso le altezze del mistero e del gaudio divino". Una immensa ala volante... già sento il mal d'aria!

Dall'altra parte, la reazione positiva è, secondo Paolo VI, quella della maggioranza dei cattolici, giovani e anziani, eruditi e non, di fede semplice e di alta cultura, addetti ai lavori e outsider, che salutano i cambiamenti con "entusiasmi e [...] lodi". Finalmente, dicono, "si può capire e seguire la complicata e misteriosa cerimonia" (il Papa non spiega come la semplificazione e la maggiore accessibilità del rito si concili con il suo essere "complicato e misterioso"; a meno che non voglia dire che la cerimonia, un tempo complicata e misteriosa, d'ora in poi cesserà di essere l'una e l'altra cosa). "Finalmente il Sacerdote parla ai fedeli" (e io che pensavo che la liturgia si rivolgesse principalmente a Dio...).

Un anziano signore, racconta il Papa, andò entusiasta dal sacerdote per dirgli che "finalmente", grazie a questo nuovo modo di celebrare la Messa, anche lui aveva partecipato pienamente al sacrificio – addirittura "forse per la prima volta in vita sua". Secondo alcuni questo entusiasmo si sopirà per trasformarsi in abitudine. Ma papa Paolo VI auspica che la "nuova forma del rito" continui a ridestare "intensità religiosa" affinché "il Vangelo della carità" si realizzi nelle "anime del nostro tempo".

Papa Montini, per colto che fosse, sembra ignaro della critica di mons. Ronald Knox ai fenomeni di entusiasmo religioso. È precisamente questa smania di sentimenti d'entusiasmo o di eccitazione che portò, a partire dagli anni '60, a sforzi sempre più frequenti di risvegliare o stimolare i fedeli, con risultati sempre più scarsi. Il numero dei veri e propri entusiasti della riforma fu piuttosto misero, mentre significativamente più alto fu il numero

L'Apologia di Paolo VI per la Nuova Messa: Un riesame

di cattolici che, nell'arco del periodo della riforma, smisero semplicemente di andare in chiesa. I più si adattarono alla situazione perché, francamente, non avevano altra scelta.[13] Il messaggio del Papa era chiaro: per il vostro bene, parteciperete attivamente in questi determinati modi, che vi piaccia o no... e vi piacerà! La contraddizione permette di vedere come l'argomento articolato dal papa fosse in realtà specioso e inconsistente. Non a caso fu per iniziativa di un gruppo di fedeli che proprio in questo periodo venne fondata la Federazione Internazionale *Una Voce*, votata alla preservazione della messa in latino e del canto gregoriano e che ben presto avrebbe raccolto numerose associazioni in tutto il mondo.

Questa fioritura verbale sull'entusiasmo per la riforma non può non ricordarci, oggi, dei "risultati" della consultazione dei vescovi mediante i quali Papa Francesco ha cercato di giustificare le draconiane politiche di *Traditionis Custodes*,[14] o i *dubia* di comodo ai quali la Congregazione per il Culto Divino ha dato risposte di comodo il 18 dicembre 2021. Per decenni ci è stata propinata una narrazione ingannevole circa il "successo" della riforma liturgica e la perfidia dei cattolici attaccati alla tradizione: una vera e propria macchina propagandistica su cui un giorno si dovrà fare piena luce.

L'udienza del 1965 che abbiamo preso in considerazione è notevole per il numero di volte in cui viene usata la parola "nuovo": "grande novità"; "novità, sorpresa, cambiamento"; "nuovo ordine" (due volte); "nuovi libri liturgici"; "nuova forma" (due volte); "nuova liturgia" (due volte); "nuova consuetudine"; "cosa bella,

---

13 Non nego, ovviamente, che molti siano stati i fattori sociali e culturali connessi con l'esodo di cattolici dalla Chiesa durante gli anni Sessanta e Settanta, ma come riconosce l'autorevole studio di Stephen Bullivant *Mass Exodus: Catholic Disaffiliation in Britain and America since Vatican II* (New York: Oxford University Press, 2019), non si può negare che gli innumerevoli cambiamenti liturgici e disciplinari abbiano avuto un ruolo importante nello svilire l'identità cattolica, nonché l'attrattiva e la gratificazione di appartenere a una comunità coerente in termini di fede e di pratica.

14 Si vedano i tre articoli di Diane Montagna: "*Traditionis Custodes*: Separating Fact from Fiction", *The Remnant* online, 7 ottobre 2021; "*Traditionis Custodes*: More Facts Emerge (What the Bishops of the World Actually Told Francis)", *The Remnant* online, 28 ottobre 2021; "*Traditionis Custodes*: A Weapon of Mass Destruction", *The Remnant* online, 29 novembre 2021.

nuova, grande"; "novità liturgica". In totale, dodici volte. Oggi qualcuno critica i tradizionalisti che parlano di un "Novus Ordo", ma qui troviamo un Papa che definisce il Messale provvisorio del 1965 come una grande novità, quando in realtà era assai meno innovativo del Messale del 1969! Ritengo sia corretto nei confronti di Paolo VI utilizzare i suoi termini nel parlare delle sue riforme. Egli non cercò di nascondere il fatto che quanto era avvenuto era un cambiamento epocale. Nelle sue stesse parole: "Due termini lo hanno qualificato [il Concilio]; rinnovamento, e aggiornamento". "Novità [. . .] è parola che ci è stata data come un ordine, come un programma".[15]

Diversi autori cattolici di spicco dell'epoca, come Evelyn Waugh e William F. Buckley Jr., ci hanno lasciato testimonianze della loro impressione tutt'altro che entusiasta nei confronti della "nuova messa" del 1965, che col senno di poi si è rivelata essere nient'altro che una via di mezzo verso La Nuova Messa. Scriveva Dietrich von Hildebrand nel 1966:

> L'errore di fondo della maggior parte delle innovazioni è immaginare che la nuova liturgia porti il santo sacrificio della Messa più vicino ai fedeli, che spogliata dei suoi vecchi rituali la Messa penetri ora nella sostanza della nostra vita. La domanda da porsi è infatti se sia meglio incontrare Cristo nella Messa elevandoci verso di Lui o trascinandolo giù nel nostro mondo pedestre e frenetico di lavoro. Gli innovatori vorrebbero sostituire alla santa intimità con Cristo una inappropriata familiarità. La nuova liturgia minaccia in realtà di impedire il confronto con Cristo, dal momento che scoraggia la riverenza di fronte al mistero, preclude lo stupore e spegne in pratica il senso di sacralità.[16]

---

15 Udienza generale del 2 luglio 1969.
16 Dietrich von Hildebrand, "The Case for the Latin Mass", originariamente pubblicato sulla rivista Triumph, ottobre 1966, e ripreso in *The Charitable Anathema: Essays and Addresses by Dietrich von Hildebrand* (Ridgefield, CT: Roman Catholic Books, 1993), p. 39, trad. personale. Cfr. Alcuin Reid, ed., *A Bitter Trial: Evelyn Waugh and John Carmel Cardinal Heenan on the Liturgical Changes* (San Francisco: Ignatius Press, 2011); William F. Buckley Jr., *Nearer, My God: An Autobiography of Faith* (New York: Doubleday, 1997), cap. 6: "Disruptptions and Achievements of Vatican II", pp. 91-108.

L'Apologia di Paolo VI per la Nuova Messa: Un riesame

UDIENZA GENERALE DEL 19 NOVEMBRE 1969

Passiamo ora a un paio di udienze generali tenute quattro anni e mezzo più tardi, nel mese di novembre 1969.[17] Come accennato all'inizio, il *Novus Ordo Missae* fu ufficialmente introdotto la prima domenica di Avvento, che cadde il 30 novembre di quell'anno.

Il Papa era consapevole di quanto il momento fosse scottante. Aveva promulgato il testo del *Novus Ordo Missae* sette mesi prima, il 3 aprile. Il *Breve Esame Critico del Novus Ordo Missae*, noto anche come "Intervento Ottaviani", era stato completato il 5 giugno ma pubblicato solo qualche mese più tardi; per qualche ragione Paolo VI ne era venuto a conoscenza soltanto il 29 settembre.[18] La stampa aveva ripreso la notizia suscitando notevole clamore. Paolo VI mandò il *Breve Esame Critico* alla Congregazione per la Dottrina della Fede il cui prefetto, il cardinale Šeper, comunicò il 12 novembre che, a suo parere, lo Studio era sostanzialmente privo di valore. Tutto ciò accadeva appena una settimana prima dell'udienza generale del 19 novembre. Teniamo quindi a mente che questo discorso, come quello della settimana successiva, rappresentano il tentativo di Paolo VI di difendere l'intero progetto del Novus Ordo di fronte ai suoi critici e alla posterità. Sono la *Apologia pro Missa sua*.[19]

Forse ciò che più colpisce di questi discorsi è la propensione del Papa alle affermazioni gratuite e a un tono marcatamente autoritario. Vuol farci credere che nulla di veramente centrale è cambiato, mentre al contempo elenca, rimarcandoli, un enorme cambiamento dopo l'altro. Se prendiamo sul serio l'idea che un rito liturgico ben sviluppato sia una sorta di composto di anima e corpo – dove non si può tranquillamente separare ciò che esso è dal modo in cui è fatto, dal suo aspetto, i suoi suoni, i suoi profumi e sensazioni – la tesi avanzata dal papa secondo cui esiste un'identità essenziale tra i due riti non può che risultare tutt'altro che convincente.

---

17 Il testo completo di entrambe è riportato in appendice.
18 Si veda Chiron, *Bugnini*, p. 143.
19 Vale altresì la pena di notare che, in risposta al *Breve Esame* e ad altre critiche, il Papa impose una serie di modifiche di rilievo all'*Institutio Generalis* (Ordinamento Generale).

Ancora una volta, in quest'udienza, il Papa non mostra imbarazzo alcuno nel parlare ampiamente di "novità": evoca "un nuovo rito" o "nuovo ordinamento" della Messa (quattro volte), uno "spirito nuovo", "nuove prescrizioni" (due volte), un "nuovo e diffuso linguaggio", "l'innovazione". E chiude nel più roboante sentimentalismo: "Non diciamo dunque «nuova Messa», ma piuttosto «nuova epoca» della vita della Chiesa". Il papa afferma che "la Messa sarà celebrata in una forma alquanto differente [colossale minimizzazione] da quella che, da quattro secoli ad oggi, cioè da S. Pio V, dopo il Concilio di Trento, siamo soliti a celebrare".

Dimostra poi un'ammirevole candore nell'andare dritto al punto: "Il cambiamento ha qualche cosa di sorprendente, di straordinario, essendo considerata la Messa come espressione tradizionale e intangibile del nostro culto religioso, dell'autenticità della nostra fede. Vien fatto di domandarci: come mai un tale cambiamento? E in che cosa consiste questo cambiamento? Quali conseguenze esso comporta per coloro che assisteranno alla santa Messa?".

La risposta è fievole. È sufficiente fare attenzione, dice, alle spiegazioni calate dal pulpito e diffuse dalle riviste a tema religioso, confidando nel fatto che un'idea più precisa e più profonda della "stupenda e misteriosa nozione della Messa" è ormai dietro l'angolo, grazie al nuovo Messale. Di nuovo, fa mostra di non poco candore nell'ammettere che i fedeli sperimenteranno "spontanee difficoltà".

Paolo VI sostiene che il nuovo messale "*è dovuto ad una volontà espressa dal Concilio ecumenico, testé celebrato*". Affermazione a dir poco discutibile, specialmente alla luce di quanto il Papa dirà una settimana più tardi, quando contraddirà palesemente, su un gran numero di punti, la *Sacrosanctum Concilium*. Ma in questa sede si dice che il nuovo messale è quattro cose, ciascuna delle quali assai sorprendente: "*è un atto di obbedienza; è un fatto di coerenza della Chiesa con sé stessa; è un passo in avanti della sua tradizione autentica; è una dimostrazione di fedeltà e di vitalità, alla quale tutti dobbiamo prontamente aderire*".

Rimane poco chiaro come si possa realizzare la "coerenza della Chiesa con sé stessa" rompendo con gran parte di ciò che essa, nella sua azione più importante, ha fatto per secoli. Poco chiaro come un messale radicalmente modificato possa essere considerato un "passo avanti" (qualunque cosa signifìchi) per la "tradizione autentica" (qualunque cosa signifìchi) della Chiesa. Non credo sia scorretto definirla una forma orwelliana di *doublespeak*. Secondo Edward Herman, "ciò che davvero conta nel mondo del *doublespeak* è la capacità di mentire, consapevolmente o inconsapevolmente, e di farla franca; e la capacità di mentire scegliendo e plasmando i fatti in modo selettivo, bloccando quelli che non possono rientrare in un'agenda o in un programma."[20] Si rimane poi senza parole di fronte all'affermazione che il *Novus Ordo Missae* è "una dimostrazione di fedeltà e di vitalità, alla quale tutti dobbiamo prontamente aderire". "Fedeltà" in che senso, precisamente? "Vitalità" soltanto perché il pugno duro papale può essere usato per imporre la più massiccia serie di mutamenti nella storia della preghiera della Chiesa?

Il discorso riprende in un tono quasi febbrile e visibilmente imperioso, come se il papa si rendesse conto della totale inadeguatezza dei suoi argomenti: "Non è un arbitrio. Non è un esperimento caduco o facoltativo. Non è un'improvvisazione di qualche dilettante. È una legge pensata da cultori autorevoli [si trattengano le risate] della sacra Liturgia, a lungo [cioè per qualche anno di lavoro frettoloso e raffazzonato] discussa e studiata; faremo bene ad accoglierla con gioioso interesse e ad applicarla con puntuale ed unanime osservanza".

Non sono le parole di un uomo particolarmente tranquillo di quel che ha fatto, o convinto dell'attrattiva del suo prodotto nei confronti della "clientela". Uno psichiatra, è lecito pensare, potrebbe divertirsi per ore analizzando le pieghe psicologiche di un simile linguaggio.

Paolo VI afferma dunque che la riforma che sta per imporre "mette fine alle incertezze, alle discussioni, agli arbitri abusivi; e ci richiama a quella uniformità di riti e di sentimenti, ch'è *propria della Chiesa cattolica*". *C'è un limite all'ironia?* La serie di modifiche

---

20 Cit. tradotta da https://en.wikipedia.org/wiki/Doublespeak. Una frase similmente montiniana ricorre nel discorso al Concistoro del 24 maggio 1976: "È nel nome della Tradizione [!] che noi domandiamo a tutti i nostri figli, a tutte le comunità cattoliche, di celebrare, in dignità e fervore la Liturgia rinnovata".

alla liturgia che il Vaticano introdusse tra gli anni '50 e '60 su base pressoché annuale non frenò affatto, ma piuttosto fomentò quell'atmosfera febbrile fatta d'incertezze, discussioni e abusi. Fu proprio l'insistenza dell'autorità sul tema della riforma liturgica a mandare in frantumi quell'uniformità di riti e sentimenti di cui la Chiesa aveva goduto, in relativa tranquillità, dalla fine del Concilio di Trento fino al XX secolo. Per di più, uno dei tratti più caratteristici del Novus Ordo è la mancanza di uniformità da una celebrazione all'altra, la moltiplicazione delle "identità" cattoliche.

La seconda parte del discorso analizza "in che cosa consiste il cambiamento". Vuoi per ignoranza, vuoi per doppiezza, il Papa afferma che esso "consiste in tante nuove prescrizioni rituali", omettendo di sottolineare come il cambiamento principale stia nella sostanza dei testi stessi: a titolo d'esempio, solo il 13% delle orazioni dell'antico Messale Romano è sopravvissuto intatto nel nuovo messale. Il Papa ha poi l'ardire di dichiarare: "Ma sia ben chiaro: nulla è mutato nella sostanza della nostra Messa tradizionale". Mi chiedo quante persone ci abbiano creduto, nel 1969. Mi chiedo quante persone ci credano ancor oggi.

Un passo di Sant'Ireneo di Lione, rivolto contro le interpretazioni arbitrarie degli gnostici, mi sembra cogliere perfettamente la sostanza di ciò che è stato fatto, ai nostri giorni, con il rito romano, nonché il sotterfugio insito nel dire: "Questo è il rito romano" o, peggio, "Questa è, adesso, *La* tradizione". Scrive Sant'Ireneo:

> [Il loro modo di agire è un po' come] se uno, dopo che un artista sapiente ha fabbricato un buon ritratto di un re, operando in maniera scrupolosa, con tessere preziose, distrugge il modello dell'uomo che sta dietro quel ritratto; quindi sposta quelle tessere, e le rimette insieme formando con quelle tessere la figura di un cane o di una piccola volpe. Disegnata malamente questa figura, egli poi assicuri perentoriamente dicendo che questo è proprio quel buon ritratto del re che il sapiente artista aveva realizzato. Egli mostra le tessere che erano state ben disposte dal primo artista per fare il ritratto del re, ma che sono state spostate malamente dal successivo formando la figura del cane, e con la disposizione fantastica

delle tessere riesce ad ingannare gli stupidi, coloro che non conoscono adeguatamente il vero aspetto del re, e li persuade che questa orribile figura di volpe è quel ritratto del re che era stato fatto così bene.[21]

Tornando all'udienza generale, troviamo un Paolo VI che, quasi percependo le perplessità che quanto finora detto potrebbe suscitare in chi lo ascolta, si mette sulla difensiva:

> Qualcuno può forse lasciarsi impressionare da qualche cerimonia particolare, o da qualche rubrica annessa, come se ciò fosse o nascondesse un'alterazione, o una menomazione di verità per sempre acquisite e autorevolmente sancite della fede cattolica, quasi che l'equazione fra la legge della preghiera, «lex orandi», e la legge della fede, «lex credendi», ne risultasse compromessa.
>
> Ma non è così. Assolutamente. Innanzi tutto perché il rito e la rubrica relativa non sono di per sé una definizione dogmatica, e sono suscettibili di una qualificazione teologica di valore diverso a seconda del contesto liturgico a cui si riferiscono; sono gesti e termini riferiti ad un'azione religiosa vissuta e vivente d'un mistero ineffabile di presenza divina, non sempre realizzata in forma univoca, azione che solo la critica teologica può analizzare ed esprimere in formule dottrinali logicamente soddisfacenti.

In uno spettacolare esempio di riduzionismo neoscolastico, si afferma che soltanto le definizioni dogmatiche appartengono all'essenza della fede cattolica, dal momento che i riti e le rubriche hanno a che fare con esperienze e azioni che variano a seconda di luoghi e tempi: la sola espressione della verità consiste in una "formula dottrinale logicamente soddisfacente". Con queste brevi parole, Paolo VI ha obliterato la *lex orandi* come realtà a sé stante e negato il ruolo della liturgia come *theologia prima*, come modalità di trasmissione della Rivelazione.

---

21 Sant'Ireneo di Lione, *Contro le eresie*, I libro, cap. 8.1, trad. Augusto Cosentino (Roma: Città Nuova Editrice, 2009), pp. 94-95. Vale la pena di ricordare come, fedele al suo nome, Sant'Ireneo (secondo le parole di Eusebio di Cesarea) "giustamente ammonì" Papa Vittore I, che stava cercando di sopprimere l'antica usanza dell'Asia Minore di celebrare la Pasqua in un giorno diverso da quello osservato altrove. Che piccola cosa, questa, rispetto al tentativo di sopprimere interamente l'antico rito romano!

Quindi aggiunge: "la Messa del nuovo ordinamento è e rimane, se mai con evidenza accresciuta in certi suoi aspetti, quella di sempre". Per dirla con Shakespeare: "La signora protesta troppo, mi sembra". Dover insistere sul fatto che la Messa è sempre la stessa significa dimostrare che non lo è: non occorre dire ciò che è ovvio. Per poter condividere l'ipotesi della identità tra i due riti, bisognerebbe accettare l'idea per cui il rito romano altro non è che uno schema generico: un'introduzione, alcune letture, un'anafora con valide parole consacratorie, comunione e conclusione.[22]

Come a voler offrire una prova di tale affermazione, il Papa si appella, in modo alquanto patetico, all'unità tra la Cena del Signore, il Sacrificio della Croce e la ripresentazione di ambedue nella Messa, cosa che, a suo dire, rimane vera anche nel Novus Ordo. Al di là dell'affermazione piuttosto curiosa per cui la Messa è una ripresentazione sia della Croce che dell'Ultima Cena – che non è quanto insegna la XXII Sessione del Concilio di Trento – questo argomento, va detto, pone l'asticella della continuità liturgica piuttosto in basso. Lungi dal corroborare la tesi per cui il Novus Ordo è ancora il medesimo rito romano, esso dimostra solamente che il Novus Ordo è un rito liturgico valido, al pari di qualsiasi altra liturgia, d'Oriente e d'Occidente, che sia offerta da un sacerdote validamente ordinato e utilizzi la materia e la forma corrette. Seguendo questa logica, potremmo sostenere

---

22 Con ogni probabilità, una somiglianza così astratta o remota non sarebbe in grado di convincere dell'affermazione che "la Messa è sempre la stessa" né i semplici come i bambini, né i colti e sofisticati – le due categorie demografiche più fortemente alienate dalla Chiesa in questo periodo. La continuità dei riti va verificata al livello delle *specificità*, non a quello delle generalità. Ricordo un commento sul blog *PrayTell* dove prima si presentava una tabella in cui erano messe in fila le varie *parti* del rito romano classico e del Novus Ordo... per poi concludere che, in fondo, non ci fossero poi tante differenze! È un po' come accontentarsi di dire che a Messa "leggiamo un po' della Bibbia", piuttosto che domandarci quali letture vengono utilizzate per le Epistole e i Vangeli di ciascuna domenica; o limitarci a osservare che "l'anno liturgico è organizzato intorno a Natale e a Pasqua", anziché domandarci come si articolano e vengono liturgicamente osservati i vari tempi e le varie feste. A livello di impalpabili generalità è a malapena possibile distinguere, ad esempio, tra rito copto, bizantino e latino, dal momento che tutti e tre fanno *fondamentalmente* le stesse cose: canti, letture, recita di litanie o orazioni, di un'anafora, del Padre Nostro, etc.

che il Novus Ordo è la stessa cosa della Divina Liturgia di San Giovanni Crisostomo.

Arrampicandosi sempre più sugli specchi, Paolo VI sostiene che il nuovo rito mette più chiaramente in evidenza il rapporto tra Liturgia della Parola e Liturgia dell'Eucaristia[23] ma omette di spiegare in che modo ciò avvenga; e, come è possibile dimostrare a livello sia teorico che pratico, si rivela esser vero l'esatto contrario.[24] Un ultimo spot sulle gioie della partecipazione attiva e, quasi a voler tagliar corto per la stanchezza, il papa annuncia: "vedrete illustrate altre meravigliose proprietà della nostra Messa". Perché improvvisamente compare questo plurale, "la *nostra* Messa"? È forse un plurale maiestatis: il nostro, moderno rito papale? Un riferimento indiretto al Consilium: la nostra Messa, mia e del comitato che ho nominato, che ora presentiamo a un mondo cattolico in trepidante attesa? O è il "noi" di quell'assemblea che in seguito avrebbe trovato nel *Novus Ordo Missae* lo spunto, anzi l'invito a celebrare sé stessa?

E poi, un altro disperato tentativo di far passare la tesi dell'identità: "non crediate che [il nuovo rito della Messa] intenda alterarne la genuina e tradizionale essenza". Ci troviamo, ancora una volta, di fronte a una pervicace e ineludibile domanda: che cos'è "la genuina e tradizionale essenza" di una liturgia? È forse qualsiasi cosa – per quanto minimalista – il Papa decida che essa sia, o possiamo invece confidare nel quadro generale del suo sviluppo storico e della sua ricezione universale nella Chiesa, come ha molto ovviamente fatto il Concilio di Trento? In breve, è difficile immaginare due visioni della liturgia più opposte di quella di Trento da un lato e quella di Montini dall'altro.

In chiusura, Paolo VI chiama a giustificazione una delle parole che più ama, "pastorale"; ed esprime il desiderio "della

---

23 Ammettendo per inciso di aver gettato alle ortiche la secolare distinzione tra "Messa dei catecumeni" e "Messa dei fedeli", conforme alla prassi antica e ripresa da centinaia di commentatori nel corso dei secoli.

24 Su questo punto, si vedano i miei articoli "Why 'Mass of Catechumens' Makes Better Sense Than 'Liturgy of the Word'", *NLM*, 29 dicembre 2014; "Why the 'Word of God' for Catholics Is Not Only the Bible, But More Importantly, Jesus Himself", *LifeSiteNews*, 29 agosto 2019.

più intelligente, più pratica, più goduta, più santificante partecipazione dei fedeli al mistero liturgico". Un linguaggio che, al mio orecchio, sa di pianificazione urbanistica e ingegneria sociale. *È quindi curioso che* si parli della "Parola di Dio, viva e risonante nei secoli" nel momento stesso in cui si sta ripudiando l'incessante incarnazione di quella Parola nello sviluppo organico della liturgia; e che si affermi che mediante questo ripudio i fedeli potranno meglio partecipare "alla realtà mistica del sacrificio sacramentale e propiziatorio di Cristo" – a dispetto del fatto che il Novus Ordo ha svuotato la liturgia del suo palpabile misticismo e dell'inequivocabile enfasi sul sacrificio propiziatorio del Calvario!

Un discorso tipicamente montiniano: fredda logica, modi affettati, tono autoritario, sporadici slanci poetici alla Maritain e, soprattutto, la sconcertante incoscienza rispetto all'enormità di ciò che sta per fare: lo sgancio di una bomba atomica con la stessa serenità con cui si muove una pedina a scacchi.

UDIENZA GENERALE DEL 26 NOVEMBRE 1969

Il papa riprende a tessere la sua *apologia* una settimana più tardi. Si noti, ancora una volta, quanto Paolo VI sottolinei incessantemente la novità di quel che sta per imporre alla Chiesa. In apertura, parla della "novità liturgica del nuovo rito della Messa". L'espressione "nuovo rito" viene usata sei volte; le parole "nuovo", "novità" o "rinnovare" altre sette volte; "cambiamento" tre volte; "mutazione" due volte. Per un totale di diciotto occorrenze.

Già dalla seconda frase, in classico stile montiniano, il pontefice si sofferma con rammarico su quello che andrà perduto:

> Nuovo rito della Messa: è un cambiamento, che riguarda una venerabile tradizione secolare, e perciò tocca il nostro patrimonio religioso ereditario, che sembrava dover godere d'un'intangibile fissità, e dover portare sulle nostre labbra la preghiera dei nostri antenati e dei nostri Santi, e dare a noi il conforto di una fedeltà al nostro passato spirituale, che noi rendevamo attuale per trasmetterlo poi alle generazioni venture. Comprendiamo meglio in questa contingenza il valore della tradizione storica e della comunione dei Santi.

L'Apologia di Paolo VI per la Nuova Messa: Un riesame

Per quanto incredibile possa sembrare, il papa sembra dire che nel momento in cui rinunceremo alla nostra eredità liturgica saremo in grado di percepire più intensamente il valore di tale tradizione e della comunione dei santi con cui abbiamo, fino a quel momento, pregato all'unisono. Mi sembra che tutto ciò abbia un che di sadico. È come dire a un bambino: "Apprezzerai di più la tua mamma se te la porteremo via e non la vedrai mai più". Montini prosegue riprendendo alcuni temi dell'udienza del marzo 1965: "Tocca questo cambiamento lo svolgimento cerimoniale della Messa; e noi avvertiremo, forse con qualche molestia, che le cose all'altare non si svolgono più con quella identità di parole e di gesti, alla quale eravamo tanto abituati, quasi a non farvi più attenzione. Questo cambiamento tocca anche i fedeli, e vorrebbe interessare ciascuno dei presenti, distogliendoli così dalle loro consuete devozioni personali, o dal loro assopimento abituale".

Se ho ben capito, Paolo VI sta dicendo che la stabilità rituale fa sì che i fedeli smettono di prestare attenzione a ciò che accade e si ripiegano su sé stessi, nel soggettivismo o nella pigrizia. Se le cose stessero così, si spiegherebbe l'ossessione dei moderni liturgisti per il continuo cambiamento: come ebbi a osservare, parafrasando Eraclito, "non si entra mai due volte nello stesso Novus Ordo". È esperienza diffusa, al contrario, che la stabilità dei riti rende possibile una profonda intimità con la preghiera della Chiesa, scongiurando così un malsano soggettivismo, sia esso privato o *collettivo*.[25]

---

[25] Si veda il mio articolo "The Fixity of Liturgical Forms as an Incentive to Prayer and *Lectio Divina*", NLM, 23 gennaio 2017. Com'era salutare l'atteggiamento degli esponenti più conservatori del Movimento Liturgico! "Sarebbe per noi fonte di grave preoccupazione se, ogni volta che ci avviciniamo a Dio, dovessimo pensare a come farlo. Spaventosa responsabilità, troppo grande la pretesa sulle nostre emozioni, soprattutto in quei momenti in cui il sentimento religioso è fiacco e ci si porta alla preghiera direttamente dal trambusto della vita quotidiana. Una delle funzioni del rituale è, quindi, quella di canalizzare la nostra preghiera, di assicurarla contro gli alti e bassi dei nostri stati d'animo e le imprevedibili volgarità della moda. Un rituale forgiato da lunga tradizione e che racchiude le verità più profonde della nostra religione in un contesto degno della loro grandezza, ci trasporta come portati dalla sua corrente; guida e plasma la nostra preghiera entro un sacro stampo, piuttosto che attendersi un'esplosione di personale ispirazione.

In ogni caso, il Papa non sembra farsi illusioni quanto al turbamento venturo, quando afferma: "Ci dobbiamo preparare a questo molteplice disturbo, ch'è poi quello di tutte le novità, che si inseriscono nelle nostre abituali consuetudini. E potremo notare che le persone pie saranno quelle maggiormente disturbate, perché avendo un loro rispettabile modo di ascoltare la Messa si sentiranno distolte dai loro consueti pensieri e obbligate a seguirne degli altri. I sacerdoti stessi proveranno forse qualche molestia a tale riguardo. [...] Non è piccola cosa questa novità; non dobbiamo lasciarci sorprendere dall'aspetto, e forse dal fastidio, delle sue forme esteriori."

Paolo VI avrebbe avuto ben poca fortuna come piazzista. Non stupisce che milioni di fedeli smisero di andare a Messa e che schiere di sacerdoti e religiosi furono presi dal disorientamento spirituale quando al loro Pastore supremo sembrò una buona idea causare, specialmente nelle persone pie e nei sacerdoti, "molteplice disturbo", "molestia", "sorpresa", "fastidio". Non stupisce che tanti buoni cattolici proprio non riuscirono a capire cosa stesse accadendo alle "forme esteriori" della liturgia della Chiesa – per non parlare del suo spirito interiore. Vale inoltre la pena di notare, in questo passaggio, la denigrazione delle abitudini. Quanto diverso, e in sintonia con la perenne saggezza di San Tommaso, era l'atteggiamento di Jacques Maritain: "Le abitudini (habitus) sono come titoli di nobiltà metafisici e, al pari delle doti innate, determinano la disuguaglianza tra gli uomini. L'uomo che possiede un'abitudine ha in sé una qualità che nulla può compensare o sostituire; e quest'uomo sta a quello che non la possiede come l'uomo bardato di ferro sta all'uomo nudo: ma si tratta qui d'una armatura vivente e spirituale".[26]

Di fronte a quest'imminente sfida, cosa raccomanda Paolo VI? Da buon intellettuale sognatore e lontano dai comuni fedeli, suggerisce di prepararci a "questa speciale e storica occasione"

Essa è già lì, a portata di mano. Tutto quello che noi dobbiam fare è entrarvi, prenderla e cercare di renderla personale, di farla nostra". P. John Coventry, *The Breaking of Bread: A Short History of the Mass* (New York: Sheed & Ward, 1950), p. 2, trad. personale.
26 Jacques Maritain, *Art et scolastique* (Parigi: La librairie de l'art catholique, 1920), p. 12, trad. personale.

gettandoci a capofitto tra le sudate carte, tra libri e articoli che spieghino i motivi di "questa grave mutazione". In un'ulteriore ammissione dell'inconsistenza dei suoi argomenti, invoca "l'obbedienza al Concilio" - ben ricordando la lezione della propaganda totalitaria: per imporre una menzogna come verità basta ripeterla con calma, audacia e costanza - aggiungendovi, quasi per *par condicio*, l'"obbedienza ai Vescovi". Il papa è certo, naturalmente, che tutti i vescovi lo seguiranno da bravi ultramontani (o forse dovremmo dire ultramontini)[27]. In un attimo di afflato quasi montanista, Paolo VI proclama: "è la volontà di Cristo, è il soffio dello Spirito Santo, che chiama la Chiesa a questa mutazione. Dobbiamo ravvisarvi il momento profetico, che passa nel corpo mistico di Cristo, ch'è appunto la Chiesa, e che la scuote, la risveglia, e la obbliga a rinnovare l'arte misteriosa della sua preghiera".

Nella sezione intitolata "Il passaggio alla lingua parlata", la più ampia del discorso, Paolo VI offre una difesa dell'abolizione di fatto della lingua latina.[28] Il papa sembra sentire ancora la sferzata infertagli dal libro del 1965 di Tito Casini *La Tunica Stracciata*, in cui il popolare autore attaccava l'introduzione del vernacolo nella Messa.[29]

Il punto di partenza di questa sezione è la tesi (formulata appena prima) per cui, siccome i "fedeli [sono] essi pure rivestiti del «sacerdozio regale»", anch'essi possiedono l'"abilitazione alla conversazione soprannaturale con Dio". A partire da questa verità - che nessuno mai aveva negato, né in teoria né in pratica - Paolo VI desume la necessità di sostituire il latino con l'ordinaria lingua parlata, perché in caso contrario il popolo non è in grado di intrattenere una conversazione soprannaturale con Dio (?). Il Papa dà il via ai consueti struggimenti, parlandoci anzitutto della grande perdita che il nuovo rito comporterà:

---

27 Si era qui prima dell'eroica presa di posizione di Mons. Marcel Lefebvre, la quale avrebbe fatto emergere il peggio di Paolo VI. Ma questa è una storia per un altro giorno.
28 Si veda anche l'Angelus del 7 marzo 1965 (citato alla nota n. 180 [per editore: inserire riferimento a numero di nota se si modifica numerazione]), quasi un abstract della presente udienza.
29 Ripubblicato in lingua inglese nel 2020 da Angelico Press.

IL RITO ROMANO DI IERI E DI DOMANI

> Per chi sa la bellezza, la potenza, la sacralità espressiva del latino, certamente la sostituzione della lingua volgare è un grande sacrificio: perdiamo la loquela dei secoli cristiani, diventiamo quasi intrusi e profani nel recinto letterario dell'espressione sacra, e così perderemo grande parte di quello stupendo e incomparabile fatto artistico e spirituale, ch'è il canto gregoriano. Abbiamo, sì, ragione di rammaricarci, e quasi di smarrirci: che cosa sostituiremo a questa lingua angelica? È un sacrificio d'inestimabile prezzo. E per quale ragione ? Che cosa vale di più di questi altissimi valori della nostra Chiesa?

È a questo punto che Paolo VI scopre le carte, propugnando una sorta di nudismo epistemologico, o filosofia "libera e semplice": "La risposta pare banale e prosaica; ma è valida; perché umana, perché apostolica. Vale di più l'intelligenza della preghiera, che non le vesti seriche e vetuste di cui essa s'è regalmente vestita; vale di più la partecipazione del popolo, di questo popolo moderno saturo di parola chiara, intelligibile, traducibile nella sua conversazione profana".[30]

Come evidenziava la citazione sopra riportata di Dietrich von Hildebrand, vediamo qui una comprensione della liturgia umanistica, orizzontale e antropocentrica che si oppone, paradossalmente, all'efficacia della liturgia stessa come mezzo di trasformazione spirituale, capace di elevare l'anima verso il Dio infinito e di introdurla alla comunione col Corpo Mistico di Cristo, passato, presente ed eterno. La lingua latina è efficace *precisamente* per la

---

30 In un'omelia pronunciata quattro mesi dopo (il 27 marzo 1966, nella parrocchia di Maria Immacolata a Roma) Paolo VI parlò della "rinuncia notevole al latino, scrigno pregevolissimo, custodia dei tesori della Chiesa", giustificandola con una presunta volontà conciliare – e insultando nel mentre generazioni e generazioni di cattolici: "[Il Concilio] ha stabilito che i cristiani abbiano a capire ciò che dice il sacerdote e a partecipare al sacro Rito; ad essere non dei semplici assistenti al Divin Sacrificio, ma anime vive [...] Non più, dunque, il triste fenomeno di saper di tutto, di conversare su ogni argomento umano, e rimanere silenziosi, indifferenti, nella Casa di Dio! [...] In tal modo la Messa festiva non solo è obbligatoria, ma diventa piacevole; anzi, oltre che un dovere, si afferma quale diritto" (disponibile su Vatican.va). Come vediamo per l'ennesima volta, Paolo VI non si faceva scrupolo di citare selettivamente e rielaborare creativamente l'insegnamento del Concilio per servire i suoi scopi.

sua "bellezza, potenza e sacralità espressiva", per la sua "espressione sacra", per il suo "inestimabile prezzo", la nobiltà dei suoi accostamenti e lo "stupendo e incomparabile fatto artistico e spirituale" che lo riveste musicalmente, il canto gregoriano.

La partecipazione nel senso della comprensione immediata di una "parola chiara, intelligibile, traducibile nella [...] conversazione profana" è l'ultimo e il più basso dei sensi in cui il fedele può partecipare ai profondi misteri di Cristo. La sociologia ha evidenziato come una ritualità religiosa densa, impenetrabile, in qualche modo *off-limits*, sia in realtà un potente stimolo per la fede e la devozione. P. Aidan Nichols osserva che: "L'idea che quanto più un segno è comprensibile, tanto più efficacemente esso entrerà nella vita dei fedeli si rivela implausibile all'immaginazione sociologica. [...] Una certa opacità è essenziale all'azione simbolica".[31] E la psicologia ha notato come il simbolismo archetipico veicolato da gesti, indumenti ed altre espressioni fisiche, per non parlare del linguaggio sovrarazionale della musica, abbiano una capacità comunicativa almeno pari a quella della parola, se non addirittura superiore. Il potere della liturgia di toccare l'anima dipende in larga misura da questi elementi non verbali e da quel sottile elemento che possiamo chiamare, in mancanza di termini migliori, atmosfera o ambiente.

È vero, i fedeli devono avere una certa conoscenza del contenuto della Messa (e, beninteso, una certa familiarità con altri elementi della liturgia rispetto alla sola Messa, che è sì la fonte e il culmine, ma non la totalità); in questo senso avevano ben ragione

---

31 Aidan Nichols, *Looking at the Liturgy: A Critical View of Its Contemporary Form* (San Francisco: Ignatius Press, 1996), p. 61, trad. personale. Si veda anche Uwe Michael Lang, *Signs of the Holy One: Liturgy, Ritual, and Expression of the Sacred* (San Francisco: Ignatius Press, 2015); Michael Fiedrowicz, *The Traditional Mass: History, Form, and Theology of the Classical Roman Rite*, trad. inglese di Rose Pfeifer (Brooklyn, NY: Angelico Press, 2020), pp. 191-231. Lascia perplessi come Paolo VI possa aver formulato simili osservazioni proprio nel periodo in cui le intuizioni di Carl Jung, riprese da Joseph Campbell, stavano toccando inedite punte di popolarità. Se mai qualcuno non fu in grado di leggere i "segni dei tempi" questi fu Montini, che eresse un colossale tempio alla modernità nell'esatto momento in cui era in piena ascesa la post-modernità.

dom Guéranger e la *pars sanior* del Movimento Liturgico.[32] Ma ciò che attira l'uomo al culto liturgico è la prospettiva di un incontro col misterioso e l'ineffabile, con lo stranamente bello che apre la mente al trascendente e ci offre uno scorcio del paradiso. Di conseguenza fu davvero *anti*-apostolico invertire le priorità della Chiesa, anteponendo una superficiale nozione di coinvolgimento popolare a quella più profonda immersione nella preghiera che l'antica liturgia, correttamente celebrata, ha sempre offerto e tuttora offre ai fedeli.

Triste e "profetica" ironia, nel 1975 lo stesso Paolo VI avrebbe malinconicamente notato, nell'esortazione apostolica *Evangelii nuntiandi*: "l'uomo moderno sazio di discorsi si mostra spesso stanco di ascoltare e, peggio ancora, immunizzato contro la parola".[33] Un'osservazione formulata ad appena cinque anni da quando aveva imposto alla Chiesa una liturgia insuperabile per verbosità incessante, dosaggi spropositati di Sacra Scrittura, assenza di silenzio e penuria di ritualità non-verbale.

Tornando al discorso del 1969, nel successivo passaggio troviamo Paolo VI intento a scavarsi una fossa: "Se il divo latino tenesse da noi segregata l'infanzia, la gioventù, il mondo del lavoro e degli affari, se fosse un diaframma opaco, invece che un cristallo trasparente, noi, pescatori di anime, faremmo buon calcolo a conservargli l'esclusivo dominio della conversazione orante e religiosa?"

Ebbene, nel decennio successivo al Concilio (ossia dall'introduzione della lingua volgare e del *versus populum* fino all'imposizione del Novus Ordo) il più drammatico calo nella partecipazione

---

32 È desolante vedere, oggi, alcuni aspiranti difensori della tradizione esaltare una "devozione dell'ignoranza" e una rigida biforcazione tra la spiritualità del laico e il rito del presbiterio. Si veda a tal proposito "When Piety Is Mistaken for Passivity, and Passivity for Piety" [Quando la pietà viene scambiata per passività e la passività per pietà, NdT], nel mio libro *Ministri di Cristo: Recuperare i ruoli di clero e laici in un'epoca di confusione* (Verona: Amicitia Liturgica, 2023), pp. 153–61; cfr. Peter Kwasniewski, *Nobile bellezza, sublime santità. Perché la modernità ha bisogno della Messa tradizionale* (Verona: Fede & Cultura, 2021), pp. 125–31, 262–66 e il mio articolo "Living the *Vita Liturgica*: Conditions, Obstacles, Prospects", *NLM*, 16 aprile 2018.
33 *Evangelii Nuntiandi* § 42.

alla Messa si è registrato proprio nella classe lavoratrice, come dimostrato dal sociologo inglese Anthony Archer.[34] D'altra parte si è rivelato tutt'altro che evidente un apprezzamento della riforma liturgica da parte del "mondo degli affari". Per quel che riguarda il mondo della cultura, abbiamo già citato i casi di von Hildebrand, Waugh, Buckley e Casini; ma il più imbarazzante segnale dell'assenza di supporto da parte di questo ambiente arrivò nel 1971: una petizione che implorava la conservazione della Messa tradizionale in latino, firmata da cinquantasei tra le più eminenti personalità culturali della Gran Bretagna – "molti tra i più importanti scrittori, critici, accademici e musicisti del momento, come pure politici provenienti dai tre principali partiti britannici d'allora, e due vescovi anglicani"[35] – e che il cardinale John Heenan presentò a Papa Paolo VI. Quest'intervento portò al c.d. "Indulto inglese" (noto anche come "Indulto di Agatha Christie"), che permise ufficialmente di continuare a celebrare la Messa antica e che fu, a posteriori, il primo passo della lunga retromarcia rispetto alle esagerate pretese di una "nuova epoca" che la riforma liturgica avrebbe inaugurato.[36] L'ultimo accenno di Paolo VI è all'"infanzia e la gioventù", il che non può non farci

---

34   Nel suo libro *The Two Catholic Churches: A Study in Oppression* (London: SCM Press, 1986); si veda Joseph Shaw, "A sociologist on the Latin Mass", *LMS Chairman* weblog, 26 giugno 2013.

35   Joseph Shaw, ed., *The Case for Liturgical Restoration: Una Voce Studies on the Traditional Latin Mass* (Brooklyn, NY: Angelico Press, 2019), pp. 213-16, trad. personale. Ci furono, in effetti, due petizioni quasi simultanee: l'una limitata ai cinquantasei firmatari provenienti o residenti nel Regno Unito; l'altra, pubblicata in italiano, con l'aggiunta di altri quarantadue firmatari provenienti da tutto il mondo. Cfr. Joseph Shaw, "50 years ago: Non-Catholics Petitioned the Pope for the Latin Mass", *OnePeterFive*, 8 novembre 2021; Shaw, "Other Petitions in Favour of the Ancient Mass", *Gregorius Magnus* 12 (Inverno 2021): pp. 41-44; nella stessa edizione della rivista si possono trovare vari altri articoli dedicati a queste petizioni.

36   Ben note le pietre miliari di questo percorso: l'Indulto inglese del 1971, la *Quattuor Abhinc Annos* del 1984 (sapientemente intitolata per sembrare quasi una risposta e un rimpiazzo della *Tres Abhinc Annos* del 1967), la *Ecclesia Dei Adflicta* del 1988, il *Summorum Pontificum* del 2007 e la *Universae Ecclesiae* del 2011. Tragicamente, questo progresso lento, quasi glaciale, è stato bruscamente interrotto dalla *Traditionis Custodes* di Papa Francesco (2021), documento che, molti prevedono, avrà vita breve.

pensare all'ironia forse più acuta di tutta la triste vicenda della riforma: mentre la media dei figli dei cattolici "mainstream" e il tasso di permanenza nella Chiesa dei giovani adulti continuano a essere spaventosamente bassi, la quantità di famiglie numerose che vediamo nel movimento per la Messa tradizionale, e la sua complessiva giovinezza, ci raccontano una storia ben diversa su ciò che attrae le persone a Cristo e ciò che le allontana.

Nelle ultime due frasi della sezione, il Papa lancia un contentino agli amanti del latino, ricordando loro che il nuovo rito della Messa *permette* che il popolo canti in latino l'Ordinario della Messa – una concessione che nella pratica non si sarebbe quasi mai realizzata – e che il latino sarebbe pur sempre rimasto la lingua ufficiale dei documenti vaticani (consolazione freddissima, se mai ce ne furono). Senza alcun accenno di voluta ironia afferma che il latino "resterà [...] come chiave d'accesso al patrimonio della nostra cultura religiosa, storica ed umanistica; e, se possibile, in rifiorente splendore". Ma se davvero il latino è la chiave del nostro patrimonio cattolico, perché si sta compiendo l'azione più calcolata per distruggere la sua presenza viva nella Chiesa? In che modo tutto ciò potrà mai donare al latino un "rifiorente splendore"?

Nella sezione successiva, intitolata "Partecipazione e semplicità", Paolo VI ribadisce il tema della settimana precedente, e cioè che la Messa non è veramente cambiata, perché "il disegno fondamentale della Messa rimane quello tradizionale, non solo nel suo significato teologico, ma altresì in quello spirituale". Se per "disegno fondamentale" intendiamo che prima c'è un qualcosa di penitenziale, in mezzo una qualche preghiera eucaristica e alla fine un qualche gesto che indichi la fine della funzione, allora sì, possiamo essere d'accordo con il giudizio del Papa. I modi in cui la struttura, la teologia e la spiritualità del nuovo messale differiscono o si discostano chiaramente da quelli dell'antico sono pressoché innumerevoli e ampiamente descritti in letteratura.[37] Ma

---

37 È chiaro, in ogni caso, a chiunque li *confronti*; benché sia lecito chiedersi fino a che punto Paolo VI avesse una buona conoscenza di ogni libro liturgico pubblicato per suo volere. Stando a Mons. Bugnini, da un lato, Paolo VI leggeva con cura certosina ogni bozza dell'*Ordo Missae*, con varie sottolineature e annotazioni a margine (Chiron, *Bugnini*, p. 135); dall'altro,

non serve molto più che assistere qualche volta all'*usus antiquior* per comprendere da sé che applicare il termine "tradizionale" ai riti liturgici riformati di Paolo VI è precisamente quel genere di "abuso di linguaggio, abuso di potere" di cui scrisse in modo così eloquente il filosofo Josef Pieper, che visse sotto il regime nazionalsocialista tedesco.[38]

Dunque Paolo VI ha l'ingenuità (o la spudoratezza) di affermare: "anzi, se il rito sarà eseguito come si deve, [il significato spirituale] manifesterà una sua maggiore ricchezza, resa evidente dalla maggiore semplicità delle cerimonie, dalla varietà e dall'abbondanza dei testi scritturali, dall'azione combinata dei vari ministri, dai silenzi che scandiscono il rito in momenti diversamente profondi".

A patto che ci sia "l'intima partecipazione d'ogni singolo assistente", dice il papa, la Messa diventerà "più che mai una scuola di profondità spirituale e una tranquilla ma impegnativa palestra di sociologia cristiana. Il rapporto dell'anima con Cristo e con i fratelli raggiunge la sua nuova e vitale intensità". È in righe come queste che vediamo Paolo VI perdersi completamente nel paese delle meraviglie.

L'ultima sezione, intitolata "Indicazioni normative", forma una bizzarra appendice che trasmette, anche a distanza di mezzo secolo, un che di quella sensazione di fretta precipitosa e caos mal controllato che circondò l'intero progetto della riforma liturgica: "Ma resta ancora una difficoltà pratica, che l'eccellenza del sacro rito rende non poco importante. Ma come faremo a celebrare questo nuovo rito, quando non abbiamo ancora un messale completo, e quando ancora tante incertezze circondano la sua applicazione?"

---

il pontefice rimandò indietro il testo del nuovo lezionario appuntando di non aver avuto modo di studiarlo, ma di fidarsi del buon lavoro svolto dagli esperti. Cfr. Annibale Bugnini, *La riforma liturgica (1948-1975)*, p. 415; cfr. il mio articolo "Who Was Captain of the Ship in the Liturgical Reform? The 50th Anniversary of an Embarrassing Letter", *NLM*, 24 giugno 2019.

38 Ne abbiamo un altro esempio spettacolare nel discorso di Paolo VI ai cardinali riuniti in concistoro segreto il 24 maggio 1976: "Si getta [da parte dei tradizionalisti] il discredito sull'autorità della Chiesa in nome di una Tradizione, di cui solo materialmente e verbalmente si attesta rispetto. [...] È nel nome della Tradizione che noi domandiamo a tutti i nostri figli, a tutte le comunità cattoliche, di celebrare, in dignità e fervore la Liturgia rinnovata".

Bella domanda, Santo Padre. Una domanda che, da quindici anni a quella parte, affiorava dalle labbra di sacerdoti e fedeli, in un'epoca in cui rubriche, testi, musica, linguaggio, pressoché tutto continuava a essere aggiornato a cadenza quasi annuale. Quel che vediamo in questa mania di riforma sacramentale, cominciata malauguratamente già sotto Pio XII, è la negazione stessa del corretto atteggiamento cattolico nei confronti della tradizione, che è l'atteggiamento di un giardiniere, non di un industriale o di un palazzinaro che demolisce la vecchia villa per far posto a condomini moderni. Se posso far mie alcune recenti parole di p. John Hunwicke, il Papa deve "ricordare l'illuminante osservazione del beato John Henry Newman, secondo cui il ministero della Chiesa romana nell'ambito dell'*oikoumene* è quello di essere una barriera, una *remora*, contro l'intrusione di erronee novità. È quello di trasmettere, inadulterata, la Grande Tradizione. In un'epoca in cui l'aggettivo "negativo" suona impopolare, occorre riappropriarci, e ai massimi livelli della Chiesa, dell'importanza centrale e fondamentale di un papato negativo e preservatore. *Tradidi quod et accepi* implica *Quod non accepi non tradam*".[39]

Postasi la domanda, Paolo VI ci dà una risposta decisamente più dettagliata e tecnica di quel che ci si aspetterebbe nel contesto di un'udienza generale. La morale è che la liturgia latina è incontestabilmente destinata a scomparire – e ciò per espressa volontà del Papa. Entro il 28 novembre 1971 non ci saranno più messe in latino né col vecchio né col nuovo messale. E se per qualche motivo un sacerdote dovesse trovarsi a dover celebrare messa prima da solo e poi con un'assemblea, beh, farebbe buona cosa a procurarsi un robusto carretto per portare con sé la montagna di libri liturgici di cui avrà bisogno. In nome di una "maggiore semplicità di riti" sono ormai archiviati i vecchi tempi in cui, per celebrare, bastava un messale.[40]

L'udienza si chiude con un'ultima, sottile ironia: la citazione di uno degli autori preferiti di Paolo VI, il sacerdote e teologo svizzero Maurice Zundel (1897-1975), presa dalla prefazione alla seconda

---

39 "'The worst pope ever'?" *Fr Hunwicke's Mutual Enrichment*, 16 marzo 2019.
40 Per usare le parole del Sinodo di Pistoia - e di Paolo VI.

edizione del libro del 1934 *Le Poème de la Sainte Liturgie*: "la Messa è un Mistero da vivere in una morte di Amore. La sua Realtà divina sorpassa ogni parola. [...] È l'Azione per eccellenza, l'atto stesso della nostra Redenzione nel Memoriale, che la rende presente".[41]

Non ho idea di cosa pensasse del *Novus Ordo Missae* Zundel, che morì nel 1975, ma posso dire con certezza che chiunque legga *Il poema della sacra liturgia* – una profonda opera di teologia mistica che, dalla prima all'ultima riga, è intrisa delle preghiere e delle cerimonie proprie del rito romano classico – si addentra in un mondo di luminosa meraviglia e ardente devozione, immagine di una Chiesa saldamente e gioiosamente radicata nella sua tradizione. Un mondo che il Messale provvisorio del 1965 aveva condannato a morte e che il *Missale* sedicente *Romanum* del 1969 aveva cacciato in esilio. Un mondo di gloria e intimità, quello descritto da Zundel – o, se è per questo, da Prosper Guéranger, Nicholas Gihr, Pius Parsch, Fernand Cabrol, Ildefonso Schuster o qualsiasi altro dei numerosissimi commentatori della liturgia che, tra il XIX e il XX secolo, lavorarono instancabilmente per promuovere la comprensione e rianimare la partecipazione alla liturgia della Chiesa nella sua forma tradizionale (ossia tramandata), e non in una forma reinventata a tavolino – che al povero laico o sacerdote presente alle assemblee generali di quel drammatico novembre doveva sembrare ormai sul punto di andar perso per sempre.[42]

Ritornare su questi discorsi a più di cinquant'anni di distanza è importante per molte ragioni, ma vorrei citarne una in particolare. I fautori di una "Riforma della Riforma", senza dubbio in buona fede, si aggrappano a una narrazione secondo cui il *Novus Ordo Missae*, fresco di stampa, se ne uscì dal Vaticano

---

41 "La messe est un mystère à vivre dans l'anéantissement de l'Amour. Sa réalité divine dépasse toute parole. [...] C'est l'action par excellence, l'acte même de notre rédemption dans le mémorial qui la rend présente", in *Maurice Zundel - Oeuvres complètes*, vol. I, *Vivre la divine liturgie* (Les Plans-sur-Bex, Parole & Silence, 2022).

42 Si può trovare una struggente testimonianza delle emozioni diffuse in questo periodo nel libro di p. Bryan Houghton, *Unwanted Priest: The Autobiography of a Latin Mass Exile* (Brooklyn, NY: Angelico Press, 2022).

confezionato nella sua bella versione latina, pronto per essere celebrato con splendore e solennità sulle nobili note del canto gregoriano, in perfetta osservanza della costituzione conciliare *Sacrosanctum Concilium* – e solo in seguito la Messa sarebbe stata "dirottata" dai progressisti europei e americani, contraddicendo apertamente le buone intenzioni di Paolo VI.[43]

Il problema fondamentale di questa narrazione è che è falsa. Le tre udienze generali sopra analizzate indicano chiaramente che Paolo VI non pensava né desiderava che il Novus Ordo fosse ordinariamente celebrato in latino; non si aspettava che il canto gregoriano sarebbe sopravvissuto, a livello parrocchiale; non voleva in alcun modo che "la nostra Messa" assomigliasse a o suonasse come la messa tramandata dai secoli. Egli notò pacatamente che il latino e il canto gregoriano sarebbero scomparsi; che il vecchio modo di celebrar messa sarebbe tranquillamente scomparso dalla faccia della terra. Segno che il gregoriano non era più inteso come parte integrante del rito romano moderno – contrariamente a quanto esplicitamente affermato dal Concilio in *SC*, § 116 – è il fatto che la nuova Messa di Paolo VI venne introdotta nel 1969, cinque anni prima che i monaci di Solesmes potessero pubblicare, per essa, un nuovo *Graduale*. Un segnale tra i tanti di come si fosse preso a modello la Messa bassa: una liturgia ridotta al solo testo, contrariamente alle sue origini e alla sua struttura.[44] Chi avesse avuto a cuore l'integrità del rito o la conservazione di una qualche forma di continuità non si sarebbe mai precipitato a

---

43   A riprova del fatto che quest'idea non è una mia invenzione, si veda l'articolo della dott.ssa Philippa Martyr "The Novus Ordo was meant to be a Latin Mass", *The Catholic Weekly* online, 11 luglio 2021.

44   Il paradigma della liturgia tradizionale è la Messa solenne pontificale, di cui la Messa solenne o "in terzo" (con sacerdote, diacono e suddiacono) è una riduzione, la *Missa cantata* (con il solo sacerdote) un'ulteriore semplificazione e la Messa bassa o letta l'ultimo distillato. Nel Novus Ordo, al contrario, ad essere presa a modello è la Messa bassa di un singolo sacerdote, cui si apportano estrapolazioni o adattamenti a seconda dell'eventuale presenza di altri ministri. L'impostazione tradizionale si riallaccia alla liturgia episcopocentrica di epoca apostolica, mentre quella moderna, ironia della sorte, discende dalla tanto bistrattata Messa privata e devozionale di origine medievale: una delle tante ironie della "riforma", soprattutto alla luce di come il Concilio incoraggi la messa solenne cantata (*SC* 112-13).

pubblicare un messale per il quale non erano ancora pronti i canti corrispondenti. A giudicare dalle sue udienze, Paolo VI - quantomeno - mirava alla rottura, non alla continuità di cui si fece portavoce il suo successore Benedetto XVI.[45] Paolo VI avrebbe potuto sottoscrivere di cuore le parole dell'influente liturgista e membro del Consilium p. Joseph Gelineau, SJ: "Che coloro che, come me, hanno conosciuto e cantato una Messa solenne gregoriana in latino la ricordino, se possono. Che la confrontino con la Messa che abbiamo ora. Non solo le parole, le melodie e taluni gesti sono diversi. A dire il vero, si tratta di una liturgia diversa della Messa [*c'est une autre liturgie de la messe*]. Bisogna dirlo senza mezze misure: il rito romano come lo abbiamo conosciuto non esiste più [*le rite romain tel que nous l'avons connu n'existe plus*]. È distrutto [*il est détruit*]".[46]

È evidente che il principio operativo di Paolo VI era quello dell'accomodamento: la liturgia deve essere adeguata, accomodata alla mentalità e alle presunte esigenze dell'uomo moderno.[47] Ogni altra considerazione, ogni altra priorità doveva cedere di fronte al famelico Moloch della modernizzazione; anzi, la prima offerta sacrificale che venne offerta alle sue fauci fu la Costituzione del

---

45   Unica eccezione alla linea della rottura fu il consiglio che Paolo VI diede ai religiosi e alle religiose di conservare in latino il canto dell'Ufficio Divino (come abbiamo visto trattando della lettera apostolica *Sacrificium Laudis*). Un appello che, tuttavia, non fece mai rispettare, in linea con il suo modo di governare debole e ambivalente: Montini si trovò così a guardare dai suoi appartamenti papali il collasso di tutti i grandi ordini religiosi, che portarono con sé nella tomba ufficio corale e messa cantata.

46   Da *Demain la liturgie: Essai sur l'évolution des assemblées chrétiennes* (Paris: Cerf, 1976), pp. 9-10, trad. personale. Gelineau prosegue: "Alcuni muri del primitivo edificio sono caduti, mentre altri hanno cambiato aspetto, tanto che esso ci appare ora come una rovina, oppure come una parziale sottostruttura di un altro edificio".

47   In merito alle motivazioni della riforma e alla sua natura rivoluzionaria restano imprescindibili, per quanto debbano essere integrati da pubblicazioni più recenti, *Pope Paul's New Mass* di Michael Davies (Kansas City, MO: Angelus Press, 2009) e *Work of Human Hands: A Theological Critique of the Mass of Paul VI* di Anthony Cekada (West Chester, OH: Philothea Press, 2010), quest'ultimo recentemente edito in italiano: *Frutto del lavoro dell'uomo. Una critica teologica alla messa di Paolo VI* (Verrua Savoia: Centro Librario Sodalitium, 2019).

Concilio sulla Sacra Liturgia. Non occorre intelligenza sopraffina per vedere come alcune delle più chiare e più importanti prescrizioni della Sacrosanctum Concilium siano state non solamente ignorate, ma addirittura negate. È forse troppo gentile Martin Mosebach quando valuta la SC come un documento moderato, ma la visione che propone è sicuramente quella della maggior parte dei Padri che l'hanno votata: Ogni altra considerazione, ogni altra priorità doveva cedere di fronte al famelico Moloch della modernizzazione; anzi, la prima offerta sacrificale che venne offerta alle sue fauci fu la Costituzione del Concilio sulla Sacra Liturgia. Non occorre intelligenza sopraffina per vedere come alcune delle più chiare e più importanti prescrizioni della Sacrosanctum Concilium siano state non solamente ignorate, ma addirittura negate. È forse troppo gentile Martin Mosebach quando valuta la SC come un documento moderato, ma la visione che propone è sicuramente quella della maggior parte dei Padri che l'hanno votata: "Il Concilio Vaticano II aveva ancora una volta confermato in modo esauriente ed esplicito la tradizionale teologia della Messa; aveva riconosciuto solennemente la lingua sacrale, la musica sacra – il canto gregoriano, che fluttua tra Occidente ed Oriente e non è proprietà di un singolo ambito culturale – e aveva incoraggiato soltanto una cauta revisione dei libri liturgici, com'era prassi comune ogni qualche centinaio d'anni".[48]

In un esercizio di iperpapalismo che non ha equivalenti storici e probabilmente mai ne avrà, Paolo VI agì unilateralmente contro le disposizioni firmate da 2147 vescovi e superiori di ordini religiosi.[49] Il papa fece così sfoggio di una megalomania estrema

---

48 Martin Mosebach, *Subversive Catholicism: Papacy, Liturgy, Church*, trad. personale da quella inglese di Sebastian Condon e Graham Harrison (Brooklyn: Angelico Press, 2019), p. 105.

49 Così ricordava l'arcivescovo di Portland Mons. Robert J. Dwyer (presente a tutte e quattro le sessioni conciliari): "Chi si sognava quel giorno [quello cioè in cui la *SC* fu promulgata] che nel giro di pochi anni, assai meno di un decennio, del passato latino della Chiesa si sarebbe cancellata pressoché ogni traccia, che esso si sarebbe ridotto a un ricordo sbiadito nel medio termine? Il solo pensiero ci avrebbe inorridito, ma la cosa sembrava talmente al di là del possibile da risultare ridicola. E così ci ridemmo sopra". *Twin Circle*, 26 ottobre 1973. Citato in Michael Davies, *Liturgical Timebombs in Vatican II* (Rockford, IL: TAN Books, 2003), p. 65, trad. personale.

che potremmo riassumere nella frase: *L'église, c'est moi*. La figura che più di tutte contribuì alla distruzione del rito romano non fu Bugnini o qualche altro liturgista, ma lo stesso Paolo VI, senza il cui costante appoggio le idee bacate del Consilium si sarebbero spente di quella morte tipica della gran parte delle teorie e piani pastorali degli "esperti".

Ho una enorme stima di Martin Mosebach e mi duole dover dissentire da lui quando sostiene che la liturgia riformata di Paolo VI fosse, in quanto tale, innocente della mentalità anti-latina, anti-gregoriana e anti-*ad orientem* che se ne impossessò alla fine degli anni Sessanta. Scrive, ad esempio, che:

> È indubbio che i padri conciliari considerassero il Canone Romano come assolutamente vincolante. Anche la celebrazione della liturgia *ad orientem*, volta ad est verso il Signore che viene, non era in discussione per la maggioranza dei padri conciliari. Neppure gli stessi autori della riforma paolina della Messa, che misero da parte la volontà dei padri conciliari, osarono toccare questa antica e continua prassi. Fu lo spirito della rivoluzione sessantottina che prese il controllo della liturgia e rimosse dal centro del rito cattolico l'adorazione di Dio, mettendo al suo posto un'interazione clerical-istruttiva tra prete e assemblea. I padri conciliari, inoltre, non vollero alcun cambiamento nella tradizione della musica sacra. È con sincera incredulità che si leggono questi ed altri passaggi della Costituzione sulla Sacra Liturgia, poiché il loro senso palese fu interpretato in maniera diametralmente opposta dagli entusiasti difensori dello "sviluppo" post-conciliare.[50]

Ciò può esser vero fino a un certo punto, presumendo un'interpretazione e un'applicazione il più conservativa possibile dei nuovi libri liturgici, le cui edizioni normative sono sempre in latino, con rubriche che implicano la celebrazione *ad orientem*,[51] e qualche

---

50 Mosebach, *Subversive Catholicism*, p. 93; cfr. pp. 80-81. Si veda il mio articolo "*Sacrosanctum Concilium*: The Ultimate Trojan Horse", *Crisis Magazine*, 21 giugno 2021.
51 Si veda Kwasniewski, "The Normativity of *Ad Orientem* Worship According to the Ordinary Form's Rubrics", *NLM*, 23 novembre 2015.

pagina, qua e là, di notazione gregoriana. Tuttavia, l'intenzione manifesta del legislatore punta nella direzione opposta. I tre discorsi di Paolo VI sopra esaminati dimostrano senza ombra di dubbio che la *sua* intenzione era quella di sancire la caduta del regno sedici volte centenario del latino, la fine della centralità del gregoriano, il giramento degli altari "verso il popolo". Diede l'esempio, potente, dal soglio petrino; fornì tutti gli – spuri – argomenti; diede carta bianca alle conferenze episcopali nazionali nel loro folle ricerca di rilevanza e accessibilità; agì energicamente per sopprimere la "resistenza" tradizionale. Sotto tutti questi aspetti, non possiamo comprendere i libri liturgici riformati senza guardarli attraverso la lente del loro creatore, governatore e giudice.

Le tre udienze mostrano inoltre una tendenza più generale. Se ne può vedere un esatto parallelo nel modo in cui il Vaticano, dopo il Concilio, dissuase le nazioni di cultura cattolica dal mantenere uno speciale riconoscimento costituzionale della Chiesa; e nella disastrosa politica nei confronti dei Paesi comunisti nota come *Ostpolitik*, oggi riaffiorata nella svendita al governo cinese ad opera di Papa Francesco. Lo si vede nella promozione della brutta arte moderna, che ha il suo massimo monumento nell'Aula Paolo VI per le udienze pontificie, inaugurata nel 1971. Lo vediamo nel disprezzo per talare ed altri abiti religiosi, e per le famiglie numerose. In altre parole, ci troviamo di fronte a un programma globale di secolarizzazione, di conformismo al mondo liberal-occidentale forgiato nell'Illuminismo anticlericale e riconfezionato, dopo la Seconda Guerra Mondiale, sotto la veste di un umanesimo ottimista. Questo fu l'*ethos* che definì il periodo del Vaticano II, come interpretato e promosso da e sotto Paolo VI. E tutto ciò era ed è contrario a quell'esigenza fondamentale del cristianesimo espressa da San Paolo nella Lettera ai Romani: "Non conformatevi a questo mondo" – il mondo, cioè, quale l'hanno reso gli angeli decaduti e gli uomini peccatori nella loro ribellione a Dio – "ma lasciatevi trasformare rinnovando la vostra mente, per poter discernere la volontà di Dio, ciò che è buono, gradito e perfetto" (Rm 12,2).

Scriveva nel luglio 1846 il grande scrittore cattolico americano Orestes Brownson:

L'Apologia di Paolo VI per la Nuova Messa: Un riesame

La Chiesa non è qui per seguire lo spirito del tempo, ma per controllarlo e dirigerlo, e spesso per lottare contro di esso. Le rendono il più grande disservizio quanti cercano di rinnegare il suo glorioso passato e di modificarla il più possibile, in modo da adattarla ai metodi di pensiero e sentimenti dominanti. Sono i suoi zelanti ma confusi amici, che, guidati da miope strategia e fidando del consiglio del mondo che li circonda, cercano, come dicono, di *liberalizzarla*, di portarla in maggior armonia con lo spirito del tempo, dal quale noi, da buoni cattolici, sempre dovremmo pregare: *Libera nos, Domine!*[52]

Martin Mosebach parla del "difettoso sviluppo liturgico che venne incoraggiato da una mentalità avversa alle realtà spirituali".[53] Questo, a ben vedere, è quanto troviamo in Paolo VI: una mentalità così concentrata sulla modernità, sull'evangelizzazione e sull'accessibilità da finire per diventare avversa alle realtà spirituali: la separatezza del sacro, il primato di Dio e delle cose di Dio, l'itinerario ultraterreno di Cristo nella Sua passione, morte, risurrezione e ascensione, e la conquista di questo mondo a Cristo Re, per strapparlo all'impero di Satana e santificarlo (nelle parole del Concilio di Trento) con le Sue "benedizioni mistiche [trasmesse] dall'insegnamento e dalla tradizione apostolica".[54] Come correttamente osservò Johann Adam Möhler: "Se non è consentito fidarsi della tradizione, allora a ragione il cristiano dovrebbe disperare di poter mai sapere che cosa veramente sia il cristianesimo; a ragione dovrebbe disperare dell'esistenza di uno Spirito Santo che pervade la Chiesa, dell'esistenza di uno spirito comune e d'una sicura conoscenza del cristianesimo. [. . .] Tale è lo stato in cui si trovano quanti rifiutano la tradizione, e per costoro non può esistere alcunché che si possa chiamare un cristianesimo oggettivo".[55]

---

52 "Newman's Development of Christian Doctrine", *Brownson's Quarterly Review* 3.3 (luglio 1846), trad. personale.
53 Mosebach, *Subversive Catholicism*, p. 95.
54 Concilio di Trento, Sessione 22, cap. V.
55 Citato in Antoine Arjakovsky, *What is Orthodoxy? A Genealogy of Christian Understanding* (Brooklyn: Angelico Press, 2018), pp. 267-68, trad. personale da quella inglese.

Il problema del nuovo Messale sta, al contrario, nel suo abbandono di un processo storico sempre continuato, prima e dopo S. Pio V, e nella creazione di un volume del tutto nuovo, sebbene compilato con materiale vecchio, la cui pubblicazione s'accompagnò a un tipo di divieto di ciò ch'era stato prima, divieto per altro sconosciuto nella storia giuridica e liturgica. Io posso dire con sicurezza, basata sulla mia conoscenza dei dibattiti conciliari e sulla reiterata lettura dei discorsi fatti dai padri conciliari, che ciò non corrispose alle intenzioni del Concilio Vaticano II.
— Joseph Ratzinger (1976)

Anche all'atto di aiutare la tradizione, quindi, Benedetto XVI dovette mascherare le sue azioni con un sotterfugio. In questo modo, la messa antica poteva essere ripristinata solo sotto la definizione di "Forma Straordinaria" del rito romano (un'espressione che, si può prevedere, avrà una vita assai breve), e con la finzione che si trattasse della "Messa del Beato Giovanni XXIII" piuttosto che della liturgia di secoli e secoli di cattolicesimo. Segni come questi ben esemplificano il divario persistente nella Chiesa tra realtà e professione ufficiale; ma nessuna istituzione può sopravvivere sulla base di finzioni, e meno di tutte la Chiesa di Cristo. Presto o tardi l'eterna realtà riprenderà il suo dominio, perché non esiste altro standard a cui la Chiesa si possa conformare.
— Henry Sire (2015)

⁅ 5 ⁆
Due "forme": Fatto liturgico o Fiat canonico?

O GNI SINGOLO FEDELE CATTOLICO - SE solo lo sapesse - è debitore a Papa Benedetto XVI per aver "liberato" la Messa tradizionale tramite il motu proprio *Summorum Pontificum*, nonostante il fatto che questo motu proprio sia stato indegnamente spazzato via quando ancora il suo autore continuava a vivere, proprio alla porta accanto. Dev'essergli grato, dicevo, perché gli effetti positivi sono stati numerosi e profondi, e la loro forza sopravvivrà alla temporanea battuta d'arresto di *Traditionis Custodes*.

Come ha notato Martin Mosebach, ci possiamo anche lamentare di tante cose che Papa Benedetto non ha fatto e che crediamo avrebbe dovuto fare, ma non dobbiamo mai mancare di essergli grati per i passi coraggiosi che ha saputo compiere su questioni in cui la quasi totalità della gerarchia della Chiesa gli si opponeva.[1] Era profondamente contrario alla natura del papa bavarese imporre qualcosa che non sarebbe stato accolto con favore da almeno un gran numero di vescovi e, in questo atto, egli si trovò pressoché da solo. Innumerevoli i fiori, incalcolabili i frutti maturati grazie al motu proprio. L'intento di questo capitolo non è né di osannare né di stroncare l'operato di Papa Benedetto, ma piuttosto di esaminare un presupposto operativo del motu proprio, vale a dire che il *Missale Romanum* di Paolo VI del 1969 (il "Novus Ordo") sia, o appartenga, al medesimo rito cui appartiene il *Missale Romanum* da ultimo codificato nel 1962, o, più semplicemente,

---

1 Si veda la Postfazione di M. Mosebach a Peter Kwasniewski, *Nobile bellezza, sublime santità. Perché la modernità ha bisogno della Messa tradizionale* (Verona: Fede & Cultura, 2021), "In onore di papa Benedetto XVI, in occasione dei suoi novant'anni". Per una critica ai punti deboli del motu proprio di Benedetto, si veda la mia conferenza "Beyond *Summorum Pontificum*: The Work of Retrieving the Tridentine Heritage", *Rorate Caeli*, 14 luglio 2021.

che il Novus Ordo possa essere chiamato "il rito romano" della Messa. Tale affermazione, sosterrò, non regge a un serio esame critico. Pur riferendomi principalmente al Messale Romano e alla Messa, i miei argomenti si potrebbero applicare, *mutatis mutandis*, agli altri riti dei sacramenti, a benedizioni e rituali, nonché all'Ufficio Divino e al suo sostituto, la Liturgia delle Ore.

In via preliminare, è opportuno definire i termini di *"rito"* e *"uso"*, dal momento che giocano un ruolo di primo piano in qualsiasi interpretazione di *Summorum Pontificum*.[2] Al di fuori del piccolo mondo degli appassionati di liturgia, ben pochi cattolici sentono mai parlare di "usi". Si tende a utilizzare il termine "rito" per una serie di fenomeni diversi: (1) una famiglia di liturgie imparentate, come quando diciamo che il rito romano comprende l'uso di Sarum; (2) un *membro* specifico di quella famiglia, come quando affermiamo che il Messale di Pio V contiene il rito romano della Messa, o che il rito domenicano sta oggi conoscendo una riscoperta; (3) un particolare atto liturgico, come quando parliamo del "rito del battesimo" o del "rito della cresima". Queste espressioni sono applicazioni analogiche della parola *ritus*, che originariamente indicava semplicemente una "cerimonia", specie di tipo religioso.[3]

La distinzione tra "rito" e "uso" non è mai stata ufficialmente delineata dalla legge ecclesiastica, ma possiamo dire con tranquillità che "rito" rappresenta il termine più ampio, in quanto si riferisce a una costellazione di elementi quali liturgia, dottrina, spiritualità, storia, cultura, lingua e diritto propri di una determinata chiesa.[4] Un "uso", invece, è una variante o una tradizione

---

2 Quanto a questo paragrafo sono debitore di Dom Cassian Folsom, OSB, "Two 'Laws of praying', One 'Law of Believing': A Reflection on the Motu Proprio *Summorum Pontificum*", Antiphon 24.1 (2020): pp. 19-30, nonché a Gregory DiPippo, "The Legal Achievement of *Summorum Pontificum*", NLM, 5 luglio 2017.

3 Svetonio equiparava *ritus* e *caeremonia*. Forcellini definisce *ritus* come: "mos et approbata consuetudo, et praecipue in sacrificiis administrandis". Cfr. William W. Bassett, *The Determination of Rite: An Historical and Juridical Study* (Roma: Pontificia Università Gregoriana Editore, 1967), pp. 22-23.

4 Mi rifaccio qui all'utile canone 28 §1 del *Codice dei Canoni delle Chiese Orientali* del 1990: "Un rito è il patrimonio liturgico, teologico, spirituale e disciplinare, la cultura e le circostanze storiche di un determinato popolo, con il quale il suo modo di vivere la fede si manifesta in ogni Chiesa *sui iuris*".

Due "forme": Fatto liturgico o Fiat canonico?

locale *nell'ambito di un determinato rito*. Nel rito bizantino, ad esempio, troviamo la tradizione greca e la tradizione slavonica, che differiscono notevolmente nelle loro caratteristiche, ma sono entrambe chiaramente bizantine, come si evince dalla loro aderenza alla Divina Liturgia di San Giovanni Crisostomo, a quella di San Basilio Magno e alla Liturgia dei Presantificati. Nell'ambito occidentale, o latino, del cristianesimo, si è storicamente conosciuta una varietà di usi che si possono considerare varianti del rito romano (in senso lato), come l'uso di Sarum, l'uso di Lione, l'uso di Braga, e gli usi degli ordini religiosi come i cistercensi, i certosini e i domenicani.[5] Potremmo paragonare il rito a una data specie di fiore, e l'uso a una specifica varietà, o a una variazione cromatica dovuta al tipo di terreno.

Per stabilire se un certo uso appartiene al rito romano è sufficiente verificare che in esso siano presenti le caratteristiche essenziali del rito romano. Tra queste, la struttura dell'Ufficio divino e quella dell'*Ordo Missae* (non solo il Canone, ma anche l'Introito, il Kyrie, il Gloria, la Colletta, l'Epistola, il Graduale, l'Alleluia, etc.). Salvo piccole varianti – generalmente nell'ordine più che nei testi – la maggior parte del contenuto sarà lo stesso da un uso all'altro.[6] Prendendo un qualsiasi messale o antifonario di qualsi-

---

5 Prima della riforma tridentina, le varianti erano quasi sempre indicate come "usi". Ad esempio, sul frontespizio del Messale di Sarum si legge: "Missale *ad usum* insignis et celeberrimae ecclesiae Sarum". Dopo Trento, il termine "uso" divenne raro e al suo posto venne utilizzato quello di "rito".
6 Di conseguenza, qualsiasi Messa o Ufficio scritto per l'uno può essere trasposto in qualsiasi altro senza alcuna difficoltà. Ad esempio, San Tommaso d'Aquino scrisse l'Ufficio e la Messa del Corpus Domini secondo l'uso francese medievale seguito dall'Ordine Domenicano: nove responsori al Mattutino, anziché otto, un versicolo tra Mattutino e Lodi, etc. Non fu necessario fare praticamente nulla per adattare questi testi all'"uso della Curia romana", che divenne la base del Messale e del Breviario di San Pio V. Tuttavia, quando la stessa Messa fu aggiunta al *rito* ambrosiano, si dovettero fare tutta una serie di adattamenti: l'aggiunta di una prima lettura, di un'antifona dopo il Vangelo, dell'*oratio super sindonem* e del *transitorium*, che non esistono nel rito romano; così come l'eliminazione della Sequenza, che non è mai esistita nel rito ambrosiano. Viceversa, se si volesse prendere la Messa ambrosiana in onore di Sant'Ambrogio e trasporla nel rito romano classico bisognerebbe mutilarla pesantemente, aggiungendo un versetto salmodico e il Gloria all'*ingressa*, eliminando la prima lettura, l'antifona dopo il Vangelo, l'*oratio super sindonem* e il *transitorium*, etc.

voglia uso del rito romano, troveremo l'introito *Ad te levavi* alla prima domenica d'Avvento, *Populus Sion* alla seconda, e così via, e il tutto con melodie gregoriane assai simili. Inoltre, se è vero che esistevano molti accenti regionali o sfumature locali, appare comunque evidente che la dottrina, la spiritualità, la storia, la cultura, la lingua e il diritto tipici della Chiesa Romana permeavano tutti gli usi liturgici d'Occidente.

Ciò che oggi comunemente definiamo "rito romano" non è sinonimo di tutti i vari usi liturgici latini;[7] piuttosto, si tende a indicare con questo termine l'uso della curia romana che costituì la base del Messale di Papa San Pio V. Di seguito, per "rito romano" si intenderà l'uso della corte papale, esteso all'orbe cattolico dalla bolla *Quo Primum* del 1570, in attuazione della volontà del Concilio di Trento, e che, per questo motivo, viene spesso denominato rito "tridentino", la cui adozione si rese obbligatoria ovunque non si potesse dimostrare l'esistenza di un uso liturgico proprio vecchio di almeno duecento anni.

IL PROBLEMA

Sappiamo tutti che Papa Benedetto ha affermato, o stabilito, o proposto, in *Summorum Pontificum* e nella lettera di accompagnamento *Con Grande Fiducia*, che esistono "due forme" del rito romano e che la forma più recente è in continuità con quella più antica. Egli parla pure di un "uso duplice dell'unico e medesimo Rito" e di "due forme dell'uso del Rito Romano". Ha detto, inoltre, che "Non c'è nessuna contraddizione tra l'una e l'altra edizione del Missale Romanum. Nella storia della Liturgia c'è crescita e progresso, ma nessuna rottura". A cosa si riduce questa pretesa di unità e continuità? È una pretesa sostenibile?

Mi si consenta di iniziare affermando l'ovvio. Mai nella storia della Chiesa romana sono esistite due "forme" o "usi" dello *stesso* rito liturgico locale, simultaneamente e con pari status canonico.

---

[7] Gli usi di Braga, di Lione e di Sarum continuano a essere utilizzati occasionalmente per la Messa, per l'Ufficio divino o per entrambi; l'uso premostratense ha fatto la sua ricomparsa; quello certosino esiste in una condizione di semi-riforma. L'uso domenicano sta vivendo una rinascita tra le giovani generazioni di frati predicatori.

Due "forme": Fatto liturgico o Fiat canonico?

Il fatto stesso che Papa Benedetto abbia *dovuto affermare* che l'uso più antico non fosse mai stato abrogato *dimostra* che il rito di Paolo VI era qualcosa di nuovo piuttosto che una mera revisione del suo predecessore – con buona pace dei progressisti, che volevano farci credere che non fosse altro che una nuova versione del rito precedente; e, a conti fatti, con buona pace di Paolo VI, convinto come sembrava che il nuovo *Missale Romanum* avrebbe sostituito il vecchio *Missale Romanum*, proprio come ogni edizione precedente, dal 1570 in poi, era stata sostituita dalle singole *editiones typicae* poi promulgate (come ad esempio, in tempi recenti, l'edizione del 1920 era stata sostituita da quella del 1962).[8] Nel riconoscere che il Messale antecedente non era mai stato abrogato e che se ne poteva continuare l'uso *ad libitum*, Benedetto XVI mise inevitabilmente in risalto il carattere autocratico di Paolo VI: mai prima un pontefice aveva osato alterare il rito romano a tal punto che un suo successore lo avrebbe potuto trattare, a tutti gli effetti, come una nuova liturgia, e non una mera revisione o nuova edizione della medesima liturgia. E Paolo VI, lo si è visto nel capitolo precedente, offrì abbondanti argomenti a conferma di questo punto di vista. Joseph Shaw analizza (ma sarebbe meglio dire: demolisce) il linguaggio del motu proprio:

> La Messa tradizionale è chiamata "tradizione liturgica precedente [antecedente, più antica]": *traditio liturgica antecedens* (art. 5). Tale tradizione non è "espressa" dal Novus Ordo: se lo fosse, quanti vi sono legati lo sarebbero anche nei confronti del Novus Ordo, e non è questo il senso del passaggio. Al contrario, sembra trattarsi di una tradizione liturgica *differente*: ce ne sono, in effetti, due, una più antica e una più recente. Che ci sia una qualche significativa differenza tra la tradizione più antica e il Novus Ordo è implicitamente sottolineato, in modo

---

[8] Un'edizione significativa di un libro liturgico è chiamata *editio typica*. Il *Missale Romanum* nella forma promulgata da Pio V nel 1570 ha visto cinque successive *editiones typicae*: 1604 (Clemente VIII), 1634 (Urbano VIII), 1884 (Leone XIII), 1920 (Benedetto XV) e 1962 (Giovanni XXIII). Le edizioni del *Missale Romanum* del 1924, 1939, 1953, ecc. sono chiamate *editiones "post typicam"*, cioè con piccole modifiche. Allo stesso modo, le modifiche approvate nel 1964 e nel 1967 potrebbero essere considerate variazioni all'edizione del 1962.

ancora più evidente, dall'affermazione di *Summorum Pontificum* secondo cui il Messale del 1962 non è mai stato abrogato (*numquam abrogatam*, art. 1). Di norma, ogni edizione del Messale Romano è sostituita da quella successiva; e che ciò fosse accaduto anche al Messale del 1962 era un argomento molto diffuso tra i canonisti prima del 2007, motivo per cui si riteneva che la sua celebrazione richiedesse un indulto o un permesso speciale. Per *Summorum Pontificum*, invece, ciò *non* era accaduto. Nel documento la spiegazione non è esplicitata, ma comunque abbastanza chiara: il Messale del 1970 non è semplicemente una nuova edizione del *Missale Romanum*, al pari di tutte quelle precedenti (e successive). Accadde qualcosa di diverso: si trattava di un nuovo Messale nel senso di un nuovo inizio, di una nuova tradizione, e pertanto non andò a sostituire ed escludere ("obrogare") il Messale precedente.[9]

Impossibile non trasalire davanti al palpabile ossimoro di una "nuova tradizione", nozione filosoficamente contraddittoria.[10]

Così, se da un lato Benedetto afferma l'assenza di alcuna contraddizione o rottura, dall'altro, e sorprendentemente, consente la coesistenza di *due* forme canonicamente eguali di un medesimo rito liturgico: una situazione inedita e, per molti versi, incomprensibile. Come si è visto, la Chiesa latina ha sempre conosciuto molti "usi" diversi, ma che l'uso di Roma fosse sdoppiato in questo

---

9 Joseph Shaw, "Is the Novus Ordo an Authentic Expression of the Tradition?", *LMS Chairman*, 14 dicembre 2013, trad. personale. Il Messale che Paolo VI approvò nel 1969 vide la sua prima edizione completa solo nel 1970, da qui il riferimento a quest'ultimo anno da parte del dott. Shaw.

10 Un canonista tedesco, Markus Graulich, ha sostenuto la necessità di distinguere tra l'abrogazione o deroga di un libro liturgico e la rimozione del permesso per i chierici di utilizzare quel libro: cfr. "Vom Indult zum allgemeinen Gesetz: Der Gebrauch des Messbuchs von 1962 vom Zweiten Vatikanischen Konzil bis *Summorum Pontificum* in kirchenrechtlicher Perspektive", in *Zehn Jahre* Summorum Pontificum: *Versöhnung mit der Vergangenheit-Weg in die Zukunft*, ed. Graulich (Regensburg: Verlag Friedrich Pustet, 2017), pp. 13-54. Una simile, sottile distinzione può spiegare ciò che Papa Benedetto credette di fare col *Summorum*: dopo aver ammesso che il vecchio messale non era mai stato abrogato, concesse un permesso o una facoltà universale a tutti i sacerdoti in regola di avvalersene. A mio avviso, questa distinzione non va al cuore delle questioni fondamentali in gioco.

modo non si era mai visto prima. Una situazione paragonabile a un caso di disturbo di personalità multipla o di schizofrenia.

In realtà, come sostenne già molti anni fa mons. Klaus Gamber in un libro molto apprezzato dal cardinale Ratzinger,[11] il rito moderno *non può* essere considerato come fosse il rito romano o un suo uso, a prescindere da come vogliano chiamarlo Paolo VI, Benedetto XVI o chiunque altro. Per comprendere la portata di questa affermazione occorre elaborare una critica del modo inadeguato di tematizzare la liturgia che ha dominato la teologia occidentale per diversi secoli e ci ha impedito di riconoscere i nostri errori, pentirci della nostra follia e recuperare le nostre autentiche tradizioni.

IL RIDUZIONISMO NEOSCOLASTICO

La principale e più probabile obiezione che chiunque affermi una qualche rottura tra rito classico e rito moderno si sentirà avanzare suona più o meno così: "Tutte le differenze che indicate sono accidentali. Dopo tutto, se c'è una consacrazione, c'è il sacrificio di Cristo. Il resto è contorno". Un'obiezione spesso riassunta nella trita banalità: "La Messa è sempre la Messa"; e che si basa su una riduzione neoscolastica della liturgia Eucaristica al momento della consacrazione. Questo riduzionismo, astorico e razionalistico, è da respingere nettamente, in quanto disconosce il ruolo costitutivo della tradizione storicamente articolata nell'autorivelazione di Dio all'umanità.[12] Esso inficia qualsiasi nozione di famiglie rituali ben identificabili e derivate dalle chiese apostoliche, con testi, canti, gesti e cerimonie di venerabile antichità

---

11 Pubblicato in inglese col titolo *The Reform of the Roman Liturgy: Its Problems and Background*.

12 Come ho notato nel capitolo 1, la "tradizione", nel suo senso più ampio, comprende anche la Sacra Scrittura, che registra le azioni e le parole storiche di Israele (l'antico e il nuovo), ed è tramandata all'interno della Chiesa. Tutta la rivelazione di Dio all'umanità si presenta sotto forma di *paradosis* o *traditio*, qualcosa che è stato trasmesso al popolo dall'alto e poi da una generazione all'altra. L'errore qui considerato ha implicazioni radicali: si veda il mio articolo "All That Matters at Mass is Jesus": Responding to Liturgical Heresy", *OnePeterFive*, 16 febbraio 2022; cfr. Peter Kwasniewski, *Reclaiming Our Roman Catholic Birthright: The Genius and Timeliness of the Traditional Latin Mass* (Brooklyn, NY: Angelico Press, 2020), pp. 193-204, 262-65.

tramandati nell'ambito di tradizioni (teologiche, spirituali, consuetudinarie) irriducibilmente distinte e capaci di interpretare, arricchire e fornire il giusto contesto all'offerta del Santo Sacrificio, istruendo e nutrendo al contempo i fedeli che vi partecipano. *Tutto ciò* - i riti, il loro contenuto specifico, la mentalità e lo stile di vita che li accompagnano - merita rispetto e religiosa custodia, per rispetto ai nostri predecessori e per carità verso noi e i nostri figli. Come afferma Joseph Ratzinger: "Il "rito", e cioè la forma di celebrazione e di preghiera che matura nella fede e nella vita della Chiesa, è forma condensata della Tradizione vivente, nella quale la sfera del rito [cioè la chiesa particolare che usa quel determinato rito, NdT] esprime l'insieme della sua fede e della sua preghiera, rendendo così sperimentabile, allo stesso tempo, la comunione tra le generazioni, la comunione con coloro che pregano prima di noi e dopo di noi. Così il rito è come un dono fatto alla Chiesa, una forma vivente di *parádosis*".[13]

Opposta a questa visione olistica è quella di un riduzionismo neoscolastico che definisce la "essenza" della Messa nel "avere una valida consacrazione", vero prerequisito o premessa maggiore del progressismo liturgico. In quasi ogni discorso che verta sulla possibilità e la misura in cui il rito della Messa possa o debba cambiare, al difensore della tradizione sarà prontamente contestato che non è possibile dimostrare che il Novus Ordo (o, se per questo, qualsiasi altro rito inventato o sperimentale) sia cattivo, dal momento che esso include, innegabilmente, le parole della consacrazione. Se si sposa questa visione riduttiva della Messa, non rimarrà nulla della liturgia *in quanto tale*. L'"essenza" sarà identificata con una determinata formula e un determinato atto divino, e la sostanza in cui l'essenza risiede, insieme ai molteplici accidenti con cui l'essenza esprime la sua potenza e il suo pieno significato, andrà persa.[14] Sarebbe un po' come definire l'uomo come il suo intelletto, piuttosto che come un composto di anima e corpo, di un determinato sesso e una determinata

---

13 Prefazione a Dom Alcuin Reid, *Lo sviluppo organico*, p. 7.
14 Si veda il capitolo 1 per la trattazione completa dell'argomento e il capitolo successivo per le conseguenze che ne derivano.

razza, esistente nello spazio e nel tempo. Similmente alla persona umana, la liturgia è una composizione ilomorfica, e non una consacrazione disincarnata.[15] Anche in questo caso, con la consueta perspicacia, Ratzinger identifica questo problema, mettendoci in guardia dalla:

> strada sbagliata sulla quale potremmo essere condotti da una teologia sacramentaria neoscolastica slegata dalla forma vivente della liturgia. Partendo da essa, si potrebbe ridurre la "sostanza" alla materia e alla forma del sacramento, e dire: il pane e il vino sono la materia del sacramento, le parole dell'istituzione sono la sua forma; solo queste due cose sono necessarie, tutto il resto si può anche cambiare. [...] Basta che ci sia la materia e che siano pronunciate le parole dell'istituzione: tutto il resto è "a piacere". Purtroppo molti sacerdoti oggi agiscono sulla base di questo schema; e persino le teorie di molti liturgisti, sfortunatamente, si muovono in questa direzione. Essi vogliono superare il rito come qualcosa di rigido e costruiscono prodotti di loro fantasia, ritenuta pastorale, attorno a questo nocciolo residuo, che viene così relegato nel regno del magico oppure privato del tutto del suo significato. Il movimento liturgico aveva cercato di superare questo riduzionismo, prodotto di una teologia sacramentaria astratta, e di insegnarci a considerare la liturgia come l'insieme vivente della Tradizione fattasi forma, che non si può strappare in piccoli pezzi, ma che deve essere visto e vissuto nella sua totalità vivente. Chi, come me, nella fase del movimento liturgico alla vigilia del Concilio Vaticano II, è stato colpito da questa

---

15 Purtroppo, all'Ufficio divino è andata ancora peggio sotto l'influenza del riduzionismo liturgico, dato che l'Ufficio non ha nulla di equivalente alla realizzazione o al conferimento di un sacramento sotto una forma e una materia definite. Essendo un puro insieme di testi da cantare o recitare, il grado entro cui può essere deformato e corrotto è pressoché sconfinato. L'*unica* cosa capace di frenare una mano violenta è il rispetto della tradizione, come il fatto che tale e tal altro salmo siano stati sempre recitati a determinate ore e in determinati giorni. Sappiamo che un simile rispetto non era una caratteristica distintiva dei fautori della rivoluzione liturgica; mancava persino nella radicale revisione di Pio X a inizio Novecento. La Liturgia delle Ore promulgata da Paolo VI ha nel migliore dei casi una vaga somiglianza, e nel peggiore nessuna somiglianza con l'Ufficio Divino così come è stato pregato per la gran parte della storia della Chiesa.

concezione, può solo constatare con profondo dolore la distruzione di quel che ad esso stava a cuore. [16]

Essendosi quasi tutti formati sotto il segno di questo riduzionismo neoscolastico, coloro che parteciparono al Concilio o lavorarono nel Consilium si sentirono liberi di fare a pezzi il rito romano per poi riconfigurarlo a piacimento, a patto di mantenere (più o meno) intatte le parole della consacrazione. Sotto questo punto di vista, agirono come tecnici di laboratorio, mirando pur sempre al risultato di una Messa valida, ma senza sentirsi eticamente vincolati ad alcun contenuto o processo particolare. A ben vedere, l'arroganza dei riformatori non si arrestò alle soglie del Sancta Sanctorum, ma giunse a metter mano alla formula consacratoria del vino, eliminandone le parole *mysterium fidei*: parole pronunciate in quel preciso momento sin da quando si hanno testimonianze scritte del rito della Messa, tanto che San Tommaso d'Aquino, nel XIII secolo, poté ragionevolmente rivendicare ad esse una provenienza direttamente apostolica. [17]

Ridurre la Messa a una valida consacrazione è come ridurre l'atto nuziale al riuscito concepimento di un bambino. Mi auguro sinceramente che nessuno sia tanto sciocco da voler *definire* l'atto nuziale come il concepimento di un bambino: l'atto nuziale è naturalmente *ordinato* al concepimento di un figlio, certo, ma possiede una realtà propria, un significato proprio, che racchiude più del solo concepimento; è un'espressione dell'amore sponsale pensata per culminare in una nuova vita. Per disposizione divina, la vita deve ordinariamente procedere dall'amore: *ambedue* gli elementi, unitivo e procreativo, rientrano nella definizione dell'atto.

---

16   Reid, *Lo sviluppo organico*, pp. 7-8. A un certo punto della prefazione Ratzinger afferma che "modernisti e tradizionalisti si trovano d'accordo" su questo riduzionismo. Mi sfugge cosa intenda dire. Indubbiamente, prima del Concilio, la didattica in materia di sacramentaria era di taglio neoscolastico e riduttivo, ma nel momento in cui divenne chiaro che i progressisti si stavano lanciando in un processo di smantellamento e ricostruzione che non avrebbe in alcun modo reso onore alle forme esistenti, nacque un movimento genuinamente *tradizionalista* che teneva nella massima considerazione la dimensione organica, olistica, estetica e storica della liturgia. Vengono subito alla mente le figure di Dietrich von Hildebrand e del dotto abbé Franck Quoëx.
17   Si veda il capitolo 9.

Due "forme": Fatto liturgico o Fiat canonico?

Se il solo significato, il solo valore dell'unione tra uomo e donna fosse la creazione di uno zigote sano, allora la Chiesa non avrebbe alcun motivo di opporsi alla fecondazione *in vitro*. Analogamente, la Santa Messa è un *locus* privilegiato, un microcosmo di preghiera unitiva con una finalità eucaristica. La liturgia nella sua totalità concepisce, per così dire, la presenza della vittima sacrificale che si fa nostro cibo divino. Anche se la consacrazione avviene in un determinato momento,[18] essa è stata preparata e sarà seguita da una manifestazione d'amore che ci consente di accogliere il Signore e di gioire della sua presenza. Se ciò *non* avviene, siamo di fronte allo spettro di quella che potremmo chiamare "transustanziazione *in vitro*". Contro cui, sembra dire Ratzinger, i suddetti tecnici di laboratorio non avrebbero alcunché da obiettare.[19]

In sintesi, il problema dell'approccio riduzionista neoscolastico è che esso falsifica la realtà di un rito liturgico come incarnazione concreta della tradizione apostolica sussistente nel corso della storia – una storia pregna di significato e di valore, che ha stabilito cumulativamente una *lex credendi* (legge della fede) per le generazioni successive. Ai fedeli è consentito prender parte a questa eredità a condizione di rimanerne umili destinatari. E ciò vale, a maggior ragione, per il clero. Nel momento in cui qualcuno osa

---

18 Da tomista, ritengo che *ci sia* un momento determinato della consacrazione: cfr. Peter Kwasniewski, *Holy Bread of Eternal Life: Restoring Eucharistic Reverence in an Age of Impiety* (Manchester, NH: Sophia Institute Press, 2020), pp. 53-56. Ma se si guarda alla *Summa theologiae* III, q. 83, si vedrà che San Tommaso è ben lontano dall'essere un riduzionista liturgico. Il suo metodo di partire dalla complessità della Messa così come la trova e di discernere il significato e il valore di *ciascuna* delle sue parti implica il rispetto in cui essa deve essere tenuta da quanti pregano con essa. La precisione scolastica *non* deve necessariamente scadere in riduzionismo neoscolastico.
19 Geoffrey Hull ben espone il problema: "Una delle conseguenze più perniciose del declassamento della *theologia secunda* da parte dell'Occidente latino è la sua preoccupazione per la validità, prodotto automatico dell'ortodossia dottrinale, a scapito dell'autenticità, frutto naturale dell'ortoprassi. In altre parole, si tratta di rendere del tutto importante il testo e indifferente il contesto. Di fatto, la maggior parte del dibattito cattolico sulla rivoluzione liturgica si è incentrato sulla questione se il nuovo testo ufficiale rendesse validi o meno la Messa e i sacramenti; il rivestimento culturale dei medesimi riti viene nel frattempo relegato nel regno delle "esteriorità" relativamente poco importanti". Geoffrey Hull, *The Banished Heart: Origins of Heteropraxis in the Catholic Church* (New York: T&T Clark, 2010), p. 38, trad. personale.

porsi di fronte al rito liturgico come suo maestro e padrone, perde ogni diritto a godere dei suoi frutti.

Ogni rito possiede caratteristiche specifiche e profonde che lo rendono irriducibilmente sé stesso. Nessuno si sognerebbe di definire la Divina Liturgia di San Giovanni Crisostomo come, "essenzialmente", una consacrazione valida, alla quale si è poi aggiunta una moltitudine di preghiere ed inni poetici per dare al popolo e ai diaconi qualcosa da fare. Similmente, nessuno con un minimo di buon senso potrebbe definire il Rito romano della Messa prescindendo dal Canone romano, che è la sua caratteristica distintiva, o insistendo sulla necessità di inserirvi un'epiclesi esplicita quando esso non l'ha mai avuta, né ha bisogno di averla. Un rito, come l'altro, è ciò che è - e di ciò non possiamo che rendere grazie a Dio.

GLI ELEMENTI COSTITUTIVI DEL RITO ROMANO

Dobbiamo pertanto tornare al punto di partenza ponendoci domande più pertinenti: non "cosa determina la transustanziazione?" ma "cosa rende una liturgia una liturgia *cristiana*?" E, soprattutto, "cosa fa sì che *questo determinato* rito liturgico - romano, ambrosiano, mozarabico, bizantino, siromalabarese, etc. - sia *sé stesso* e non un altro?" Ragionando intorno a queste domande giungeremo a risposte preziose e in grado di mostrarci l'adeguatezza, la splendida complessità e autosufficienza di ogni rito di derivazione apostolica e, così, di smascherare la natura anti-liturgica, anti-rituale e, in definitiva, anti-cattolica della riforma liturgica.

Ovviamente, esistono elementi più centrali rispetto a un determinato rito ed elementi meno centrali. Il nostro elenco potrà essere più o meno lungo a seconda dell'analisi, generale o dettagliata, che andremo a operare. Alcuni elementi possono inoltre appartenere al nucleo centrale dell'identità di un dato rito e non essere tuttavia circoscritti a quello, ritrovandosi anche in altri o financo in tutti i riti cristiani tradizionali.[20]

---

20 Questo è l'approccio che ho adottato nel capitolo 2 quando ho contrapposto il Novus Ordo a *ogni altra* liturgia tradizionale.

Due "forme": Fatto liturgico o Fiat canonico?

Cosa appartiene allora alla "personalità", all'identità o nucleo centrale della Messa di rito romano? Vado a proporre un minimo di nove elementi fondamentali: (1) il Canone Romano; (2) l'uso del latino; (3) il canto gregoriano; (4) il lezionario; (5) il calendario; (6) l'Offertorio; (7) la direzione *ad orientem*; (8) il parallelismo dell'azione liturgica; (9) la Comunione separata del sacerdote. I primi sei elementi sono specifici del rito romano, anche se tutti i riti tradizionali, d'Oriente e d'Occidente, hanno qualcosa di analogo. Gli ultimi tre, che non descrivono tanto il contenuto quanto il modo di celebrare il culto (l'orientamento rituale, il parallelismo dell'azione sacra e la comunione separata del celebrante), si riscontrano in *tutti* i riti liturgici tradizionali. Questi ultimi meritano tuttavia di essere menzionati in questa sede perché anch'essi distinguono nettamente il rito romano dal suo moderno impostore. Passo ora ad approfondire un poco ciascuno di questi elementi.

Primo e più importante, il Canone Romano, unica anafora per tutti gli usi del rito romano da 1.600 anni e i cui elementi risalgono ai primissimi secoli della cristianità. Il legame tra quest'anafora e questo rito è così monolitico che si può tranquillamente formulare la seguente regola: dov'è il rito romano, là vi sarà, necessariamente, il Canone romano; e, al netto del caso speciale della diocesi di Milano[21], dov'è il Canone Romano, là vi è il rito romano. Niente Canone romano, niente rito romano.[22]

Secondo, l'uso della lingua latina, che principiò in Occidente a metà del secondo secolo e giunse a compimento nel quarto, sotto papa Damaso. Anziché parlare di questo processo come della "volgarizzazione" di una liturgia originariamente in greco, come fanno i moderni liturgisti,[23] sarebbe assai più corretto parlare

---

21 Anche nel rito ambrosiano è presente il Canone romano. Tra gli studiosi non vi è unanimità di vedute sulla questione se tale Canone vi sia sempre stato utilizzato o se sia stato "importato", a un certo punto, per sostituire una precedente anafora specificamente ambrosiana. Le fonti di cui disponiamo per il rito ambrosiano sono molto meno numerose e più tarde rispetto a quelle del rito romano.
22 Si veda il capitolo 8.
23 Tale modo di esprimersi è ingannevole, sia perché le forme latine sembrano essersi sviluppate in modo indipendente da quelle greche, sia perché

di una "occidentalizzazione" o ancora di una "romanizzazione" della liturgia, allorché essa cessò di essere legata al mondo greco antico e si radicò saldamente in quello romano per come si era sviluppato e distinto dall'Oriente.[24] Da questo momento in poi, le liturgie d'Occidente sarebbero rimaste in lingua latina per oltre 1.600 anni, come si conviene a una cultura e ad una civiltà che, pur nella sua meravigliosa varietà, ha tuttavia sempre mantenuto un'unità fondamentale (si parla non a caso di lingue "romanze" e di una America "latina"). L'uso di un'unica lingua di culto nell'intero mondo cattolico-romano rifletteva la sua unità e, ad un tempo, la realizzava continuamente: esprimeva un'autentica comunanza e la imprimeva nei popoli, ovunque vivessero e qualunque lingua parlassero.[25]

Terzo, la "veste" liturgica del canto gregoriano, che non è una semplice aggiunta o ornamento, ma liturgia cantata, la liturgia in toni, ritmi e cadenze. Il gregoriano appartiene alla liturgia come ossa delle sue ossa, carne della sua carne. Le melodie gregoriane del Proprio e dell'Ordinario scandiscono la forma del rito, ne riempiono il contenuto, ne sostengono la spiritualità e ne garantiscono la sostanziale continuità da un'epoca della Chiesa all'altra.

---

quella utilizzata era una forma di latino cristiano e specializzato, elaborato appositamente per questo scopo, caratterizzato da un elevato registro ieratico e dal letteralismo biblico; non si trattava affatto della lingua comune o "volgare", del popolo. Cfr. Christine Mohrmann, *Liturgical Latin: Its Origins and Character* (London: Burns & Oates, 1959); Michael Fiedrowicz, *The Traditional Mass: History, Form, and Theology of the Classical Roman Rite*, trad. ing. di Rose Pfeifer (Brooklyn, NY: Angelico Press, 2020), cap. 8: "Sacred Language", pp. 153–78.

24   Come nota Patrick Owens: "Il registro elevato del latino cristiano finì per sostituire il greco nei riti sacri d'Occidente, in parte perché era più appetibile per l'élite romana istruita rispetto al greco o al latino volgare. L'evangelizzazione dell'aristocrazia culturale romana fu lo stimolo principale allo sviluppo dell'idioma liturgico di Roma". In Roberto Spataro, *In Praise of the Tridentine Mass and of Latin, Language of the Church*, trad. personale da quella ing. Zachary Thomas (Brooklyn, NY: Angelico Press, 2019), p. 8.

25   È vero che in rari casi la liturgia latina esisteva in forme non latine, come ad esempio la Messa glagolitica, la Messa slava e la Messa irochese. Ma si tratta di rare eccezioni che confermano la regola. L'uso del latino è sempre stato il costume dominante, quasi esclusivo, e come tale è gelosamente custodito e stimato.

Due "forme": Fatto liturgico o Fiat canonico?

In assenza del canto gregoriano, imprescindibile nella liturgia cantata, e di un *corpus* di canti stabile e identificabile per Introiti, Graduali, Alleluia, Tratti, Offertori e Communio, possiamo concludere con sicurezza che ciò a cui ci troviamo davanti non è più il rito romano.[26]

Quarto, il ciclo delle letture, cioè le letture e i Vangeli della Messa.[27] Si tratta di un argomento di cui si è scritto molto negli ultimi anni: qui basti notare che il lezionario romano, venerabile nella sua antichità e universalità quasi quanto il Canone Romano, fu rimpiazzato dall'assoluta novità di un lezionario pluriennale assemblato da "esperti". È sorprendente constatare quanto poco combacino, come libri liturgici, il vecchio e il nuovo lezionario.[28]

Quinto, il calendario, caratterizzato da una nutrita schiera di santi romani e da un ritmo scandito da domeniche, feste, Tempora e Rogazioni, vigilie, ottave e stagioni liturgiche tra cui l'Epifania, la Settuagesima, il Tempo di Passione, il Tempo di Ascensione, l'ottava di Pentecoste e le domeniche dopo la Pentecoste. Se è vero che il calendario ha conosciuto un lungo sviluppo,[29] esso si è tuttavia sviluppato in un modo organico e distintamente romano, coscienziosamente osservato fino a quando le varie riforme del XX secolo non lo hanno mutilato fino a renderlo pressoché irriconoscibile, a partire dall'abolizione della maggior parte delle

---

26 Anche la Messa bassa testimonia la normatività del canto proprio della Messa alta, richiedendo la recitazione dei testi pensati per essere cantati; l'impressione che ne risulta è però quella di un disegno bidimensionale, rispetto a una scultura tridimensionale. Un modo più positivo di guardare alla Messa bassa può essere quello di considerarla come una sorta di *lectio divina* sacramentale e corporativa.

27 Per una trattazione e una critica approfondita del nuovo lezionario, si veda la mia conferenza "The Reform of the Lectionary", in *Liturgy in the Twenty-First Century: Contemporary Issues and Perspectives*, a cura di Alcuin Reid (New York: Bloomsburg, 2016), pp. 287-320; pubblicata (senza le note) anche su *Rorate Caeli* il 24 maggio 2019, con il titolo "When the Yearly Biblical Readings of Immemorial Tradition Were Cast Away".

28 Si veda la mia prefazione "Not Just More Scripture, But Different Scripture" in Matthew P. Hazell, *Index Lectionum: A Comparative Table of Readings for the Ordinary and Extraordinary Forms of the Roman Rite* (n.p.: Lectionary Study Press, 2016).

29 Cfr. Dom Gregory Dix, The Shape of the Liturgy (New York: Continuum, 2005), cap. 11, "The Sanctification of Time", pp. 303-96.

ottave e delle vigilie da parte di Pio XII nel 1955 e finendo con l'imposizione di un nuovo calendario nel 1969.[30]

Sesto, il grande Offertorio della Messa, che si è formato in epoca medievale (tra le sue preghiere più antiche il *Suscipe, sancta Trinitas* è attestato per la prima volta nel Sacramentario di Echternach dell'895). Per "Offertorio" intendo qui, naturalmente, un vero e proprio Offertorio caratterizzato da una *prolepsis* ove l'immolazione sacramentale è anticipata da un linguaggio oblativo che riserva i doni offerti unicamente a un uso sacro e sancisce fermamente l'intenzione del sacerdote di offrire un sacrificio espiatorio a onore e gloria della Santissima Trinità. Per prolessi si intende una figura retorica che consiste nel rappresentare qualcosa come esistente già prima che lo sia effettivamente: così l'Offertorio parla di "vittima immacolata" quando a essere tenuto in mano dal sacerdote non c'è che del pane non consacrato. Simili forme espressive ricorrono universalmente in tutte le tradizioni liturgiche: nell'antifona cantata, da sempre chiamata *Offertorium*; nelle preghiere di *Secreta*; nel Canone, prima della consacrazione.[31] Prese nel loro insieme, le preghiere dell'Offertorio romano sono del tutto peculiari all'uso romano. Nessun altro uso, infatti, presenta le prime tre preghiere e, se appaiono, ciò è il frutto di un processo di romanizzazione. Tutti gli altri elementi ricorrono invece nella maggior parte degli usi, ma mescolati in vario ordine. Il *Suscipe, sancta Trinitas* è di gran lunga la preghiera più utilizzata. Sebbene vi siano alcune varianti nella formulazione, la

---

30 La situazione è ulteriormente aggravata dai continui "adattamenti" che le conferenze episcopali sono autorizzate a operare. Per fare due esempi tipici degli Stati Uniti (ma non solo), è puro nominalismo liturgico "trasferire" l'Ascensione e l'Epifania alle domeniche successive. Per divina rivelazione sappiamo che l'ascensione di Nostro Signore avvenne quaranta giorni dopo la risurrezione, quindi di giovedì. L'Epifania si celebra dodici giorni dopo il Natale. Una cosa è celebrare la festa nel suo giorno proprio e quindi aggiungere una c.d. "solennità esterna" la domenica successiva (non è così diverso dal ripetere una Messa durante l'ottava), altra cosa è abolire la festa nel suo giorno proprio e trasferirla semplicemente alla domenica più vicina. È l'equivalente liturgico della riscrittura della storia: è fare una violenza alla natura delle cose.
31 Il rito bizantino fa un uso estremamente ampio della prolepsis: si veda Gregory DiPippo, "The Theology of the Offertory, Part 4: An Ecumenical Problem", *NLM*, 28 marzo 2014.

Due "forme": Fatto liturgico o Fiat canonico?

sostanza è sempre la stessa. L'Offertorio romano è in profonda sintonia con il genio del rito, fu accolto universalmente e conservato inflessibilmente. Guardandolo sotto la luce del principio dello sviluppo organico, lo potremmo paragonare a un ramo ben innestato all'albero, tanto da perdere ogni estraneità alla pianta e da divenire parte integrante del fiorente organismo. Toglierlo, nel 1969, non fu come un innocuo taglio di capelli, ma piuttosto come l'amputazione di un braccio o di una gamba del tutto sani; il suo rimpiazzo – una presentazione dei doni pseudo-giudaica, con menzione delle loro origini divine, naturali e umane, e a cui l'assemblea risponde con un'acclamazione generica – è qualcosa di mai visto nella storia della liturgia cristiana.

Settimo, la direzione *ad orientem*. È impossibile dire quanto presto tale orientamento sia diventato normativo, ma sappiamo per certo che, quando la Chiesa emerse dalle persecuzioni e iniziò a godere del favore dello Stato romano, la preghiera *ad orientem* era già una pratica universale in Oriente e in Occidente, cosa che non sarebbe mai potuta accadere se essa non avesse avuto un'origine apostolica, come in effetti sostenevano i Padri della Chiesa. Ad esempio, San Basilio Magno nel suo trattato *Sullo Spirito Santo* (375) sostiene che non dubitiamo della divinità dello Spirito Santo *per lo stesso motivo* per cui non dubitiamo di celebrare la liturgia *ad orientem*: vale a dire, per il fatto che essa ci è stata tramandata dagli Apostoli, e non è quindi oggetto di possibili contestazioni. In altre parole, per San Basilio la prassi dell'*ad orientem* rappresenta un argomento incontrovertibile a difesa della "controversa" divinità della Terza Persona della Santissima Trinità! Offrire la preghiera liturgica rivolti verso oriente appartiene alla configurazione originaria di tutti i grandi riti storici della cristianità. In mancanza, una liturgia non è più in effettiva continuità con la tradizione apostolica, per quanto possa godere di una validità tecnica di quel riduttivistico tipo cui si accennava poc'anzi.

Ottavo, il parallelismo dell'azione liturgica.[32] Proprio come la postura *ad orientem*, anche la compresenza di azioni simultanee e

---

32 Si veda Jared Osterman, "Twentieth-Century Reform and the Transition from a 'Parallel' to a 'Sequential' Liturgical Model: Implications for the

a più livelli da parte dei diversi gradi del clero e dei laici si ritrova in tutte le liturgie cristiane d'Oriente e d'Occidente. Dal momento che la liturgia è atto di Dio nell'uomo e dell'uomo verso Dio, piuttosto che un'attività umana diretta al popolo, non di rado le sue preghiere e rituali non sono destinati a essere visti o ascoltati dalla congregazione, ma sono offerti a Dio direttamente. Una liturgia tradizionale non è lineare, discorsiva e modulare, scomponibile in blocchi rigidamente e razionalisticamente distinti; ma è invece tortuosa, intuitiva, organica. Vi è sì una progressione da un inizio a una fine, ma si tratta del progresso di un popolo variegato verso la città celeste – l'immagine cioè di una società gerarchica che avanza verso il suo esemplare. Il rito moderno è sequenziale, come l'ordine del giorno di un meeting aziendale: si suppone che in un dato momento non avvenga che una sola cosa, e che solo su di essa sia concentrata l'attenzione di tutti. Il rito romano classico, invece, intesse strati su strati d'azione, fatti e fatte per gli occhi e le orecchie di un Dio onnisciente.[33] L'uno è un circolo chiuso, razionale e verboso, in cui c'è sempre qualcuno al comando; l'altro è eccentrico, estatico, super-razionale, un mondo in cui ognuno è intento al suo lavoro e nessuno prevarica sul gruppo.

Nono, la Comunione del sacerdote che avviene prima e con modalità cerimoniali differenziate rispetto a quella del popolo. La Comunione del sacerdote è *necessaria* al compimento del Sacrificio. Quella del popolo è auspicabile, sì, ma facoltativa. Anche in questo caso, riscontriamo la medesima distinzione tra la Comunione del sacerdote e quella dei laici in tutti i riti tradizionali. Ciò esprime la verità dogmatica per cui il sacerdote agisce *in persona Christi capitis* in virtù di un carattere sacramentale del sacerdozio, che lo separa e lo sovra-ordina gerarchicamente ai semplici

---

Inherited Choral Repertoire and Future Liturgical Compositions", *Sacred Music* 142.1 (Spring 2015): pp. 8–21.

33 Non nego, ovviamente, che alcune parti della liturgia siano per il popolo, ma non c'è una parte che sia *semplicemente* per il popolo, come è invece concepita la "Liturgia della Parola" del nuovo rito. Il modo in cui l'antica liturgia risponde ai bisogni del popolo è quello di ordinarlo costantemente verso il divino. Si veda il mio articolo "Momentis of Liturgical Action": Recovering the Sacramentality of Biblical Lections", *NLM*, 24 gennaio 2022.

battezzati.[34] Questa biforcazione rituale della Comunione di sacerdote e popolo è il modo con cui la liturgia rappresenta la distinzione dogmatica tra la "redenzione oggettiva" che Cristo ha pienamente compiuto sulla Croce – ri-presentata dal Corpo e Sangue offerti e consumati dal ministro del Signore, così da completare il sacrificio in sé e per sé (sotto questo aspetto, non è necessaria la presenza di nessun altro) – e la "redenzione soggettiva" dei fedeli cristiani, che si realizza mediante l'applicazione dei meriti della passione di Cristo a quante più anime ricerchino la comunione con Lui, per cui è sufficiente la distribuzione dell'ostia santa.[35]

Va da sé che una liturgia è molto più che una raccolta di testi racchiusa in un libro, la cui ortodossia dottrinale si possa valutare come in un vuoto filosofico. La liturgia comprende le melodie su cui quei testi sono stati messi in canto, secolo dopo secolo; comprende i paramenti, le cerimonie, i gesti, le posture, le azioni. Ad esempio, la celebrazione della sacra liturgia *ad orientem* è parte della sua natura, è parte dell'insieme dei simboli che costituiscono il rito: non è un mero accidente, superficiale e indifferente. Una liturgia *versus populum* costituirebbe una liturgia diversa, persino qualora i testi fossero gli stessi.

IL RITO MODERNO NON È IL RITO ROMANO

Ora, a nessuno può sfuggire che, relativamente a tutti gli elementi sopra citati, il rito moderno di Paolo VI si discosta in modo impressionante dal rito romano. È sì *possibile* che venga celebrato in un modo che ricalchi *alcuni* aspetti del rito precedente (mai tutti), ma è altrettanto possibile che venga celebrato in un modo che risulta in contrasto con *tutti e ciascuno* di essi. Un gran numero di celebrazioni, senz'altro la stragrande maggioranza, è in contrasto con la tradizione romana, perché

- non viene utilizzato il Canone Romano;
- la Messa non è celebrata in latino;

---

34 Si veda quanto ho osservato in merito all'importanza del "Confiteor" prima della comunione dei fedeli, come segno di una chiara *caesura* nel rito: "Why the Confiteor Before Communion Should Be Retained (or Reintroduced)", NLM, 27 maggio 2019.
35 Cfr. San Tommaso, *ST* III, q. 80, a. 12, ad 2 e ad 3.

- i testi liturgici non vengono recitati o cantati: ad esempio, il Proprio e l'Ordinario sono assenti, storpiati o resi in un modo incoerente con le loro origini storico-liturgiche;
- novità delle novità, si ricorre a un lezionario pluriennale;
- quello che si segue è un calendario fortemente menomato e ridotto;
- non compare l'Offertorio tradizionale;
- la Messa non è celebrata *ad orientem*;
- la liturgia è sequenziale, chiaro segno dell'influenza del razionalismo illuminista; e
- la comunione del sacerdote e quella dei fedeli sono rese indistinte.

I fautori di un "arricchimento reciproco" o "Riforma della Riforma" potranno obiettare che quello che sto dipingendo è lo scenario peggiore possibile. Senz'altro - mi diranno - se il Novus Ordo venisse celebrato *ad orientem*, in latino, col Canone Romano e il canto di Ordinario e Proprio, non ci troveremo forse davanti a un rito riconoscibilmente romano? Rispondo dicendo che una simile celebrazione possiederebbe (in qualche misura) l'*aspetto* del rito romano, ma non l'essenza interna, per due ragioni. Primo, continuerebbe a privilegiare la sequenzialità rispetto al parallelismo, a non avere un vero e proprio Offertorio e a seguire un calendario e un lezionario inediti. Secondo, ma non per importanza, tale apparenza di continuità si realizzerebbe solo grazie a una *scelta* del celebrante. In altre parole, la sua continuità dovrebbe essere *voluta* come una realizzazione possibile, piuttosto che ricevuta come una regola di preghiera necessaria. In questo modo, l'azione liturgica rimane il prodotto volontaristico del suo utente, sebbene la sua "esteriorità" sia stata mutuata con gusto impeccabile dalla tradizione romana. L'argomento si potrebbe anche formulare in modo leggermente diverso: dal momento che il messale moderno permette di utilizzare non solo il Canone Romano (sia pure in forma modificata[36]) ma anche delle forme stravaganti e aliene come le "Preghiere eucaristiche per la riconciliazione", occorre giudicare il Messale moderno dalle deviazioni

---

36 Si vedano i capitoli 8 e 9.

Due "forme": Fatto liturgico o Fiat canonico?

che ufficialmente permette, non dalle illusioni di continuità che può suscitare se messo nelle mani generose e devote di un oratoriano. Ciò è semplice applicazione del motto popolare secondo cui una catena è tanto forte quanto lo è il suo anello più debole. Non è sulla base di un Novus Ordo in latino, con Canone Romano, etc. (come lo celebrano ad es. i padri oratoriani in Inghilterra) che dobbiamo valutare il Messale di Paolo VI, ma sulla base della celebrazione più discontinua possibile *che le rubriche nondimeno consentono* (ad esempio, una celebrazione *versus populum*, in volgare, senza Proprio, senza Confiteor, con la Preghiera Eucaristica II, con la Comunione nella mano, etc.). Una Messa del genere è il Novus Ordo *esattamente né più né meno* di quanto lo sia la più solenne Messa ammantata di pizzi e merletti. Detto altrimenti, ciò che più caratterizza il Novus Ordo non è questa o quella configurazione concreta, ma la sua configurabilità *ad libitum*. Anche solo per questo motivo non può vantare alcuna pretesa di appartenenza alla famiglia del rito romano. Esso è piuttosto il rito papale moderno, che incidentalmente consente di ricorrere al Canone Romano etc. quali opzioni.

Un altro modo per constatare questa stessa verità è di esaminare ciò che gli esperti chiamano il "materiale eucologico" dei due messali, ossia il contenuto delle varie orazioni: Collette, Segrete e Postcommunio. Come già accennato, soltanto il 13% delle Collette dell'antico Missale Romanum sopravvive inalterato nel Messale di Paolo VI.[37] Riflettiamoci un istante. Se il mio corpo perdesse il 20% delle sue parti, sarei forse ancora vivo (purché si tratti di arti periferici), ma se il mio corpo perdesse l'87% delle sue parti, io non esisterei più. Una liturgia che ha perso l'87% del suo materiale eucologico non è più lo stesso rito che era prima: è un'entità diversa. Un'altra analogia a cui si potrebbe ricorrere è quella del DNA. In un rito liturgico non v'è alcunché di "esterno" più di quanto non siano meramente esterni, in una persona, il volto, la voce o il colore della pelle. Tutti questi elementi scaturiscono dal nostro DNA, che contiene in sé tutte le dettagliate istruzioni

---

37 Si veda Matthew Hazell, "'All the Elements of the Roman Rite'? Mythbusting, Part II", *NLM*, 1 ottobre 2021.

in base a cui sono stati prodotti.[38] Una "analisi del DNA" delle "due forme del rito romano" le identificherebbe forse come sorelle gemelle? Se ne potrebbe forse stabilire la parentela, in un'aula di tribunale?

Peraltro, non farebbe differenza alcuna se anche ogni preghiera introdotta *ex novo* nel Novus Ordo fosse stata ripresa parola per parola da qualche antico sacramentario – ovviamente, non è così: pressoché nulla è rimasto immutato, le espressioni "negative" o "difficili" sono state sistematicamente eliminate o ammorbidite, mentre molti elementi specifici sono stati inventati di sana pianta. Ma supponiamo, per amor di discussione, questa premessa. Rimarrebbe *comunque* la rottura e la discontinuità con la Chiesa orante, con la reale Chiesa incarnata quale esisteva ed esiste, con la sua *lex orandi*, con le effettive disposizioni del Divino Spirito. Rimarrebbe la devastazione di un archeologismo artificiale e arbitrario; rimarrebbe il rifiuto della liturgia per come è maturata nella vita di fede della Chiesa.[39] Anche nella migliore delle ipotesi, una simile riforma si può esecrare come inadeguata, non-cattolica, non-tradizionale, non-romana. Nei fatti, quella che si realizzò nel mattatoio del Consilium non fu la migliore delle ipotesi, ma pressoché la peggiore.

A questo punto, potremmo notare con Michael Davies il fatto, ben documentato, che quanti furono più direttamente coinvolti nella riforma liturgica non nascosero minimamente la loro gioia (Bugnini, Marini, Braga, Gelineau, etc.) o il loro rammarico (Bouyer, Martimort, Antonelli) per il pensionamento e la sostituzione del rito romano classico, mentre quanti amavano profondamente questo rito (Lefebvre, Gamber, Dobszay, etc.) lamentarono con forza l'evidente rottura e discontinuità dei nuovi libri liturgici.[40] Martin Mosebach commenta:

---

38 Il fenotipo deriva dal genotipo in interazione con le condizioni ambientali. L'intera dimensione fisica è, inoltre, la controparte metafisica dell'anima razionale individuale, che attraverso di essa si esprime.

39 Si vedano i capitoli 2 e 7 sul ruolo svolto dal falso archeologismo nella riforma liturgica.

40 Basta studiare i libri di Annibale Bugnini, del suo amanuense Piero Marini e di liturgisti come Andrea Grillo e Giovanni Baldovin per trovare sfacciate e boriose ammissioni della natura rivoluzionaria dei cambiamenti.

Nessuno che abbia occhi per vedere e orecchie per sentire potrà essere persuaso a ignorare ciò che gli dicono i suoi stessi sensi: queste due forme sono così diverse che la loro unità teorica appare del tutto irreale. Ho potuto sperimentare come, nella Chiesa, i pro e i contro della "riforma della Messa" non possano essere discussi in maniera spassionata. Gli opposti schieramenti sul punto si sono affrontati a lungo e con una determinazione ugualmente irriducibile e ferma: non c'è possibilità di discussione. Quanti si rifiutavano di accettare che quel che era stato *tutto* ora era *niente* formavano una piccola cerchia: nelle parole del teologo Karl Rahner erano "tragicomici, periferici fallimenti umani". Furono derisi e al contempo considerati altamente pericolosi.[41]

IL MITO SFATATO

Tanti saluti, quindi, al mito delle "due forme dell'unico rito romano".[42] Partecipando al Novus Ordo, un cattolico assiste a una Messa – ma non una Messa di Rito Romano. Assiste a ciò che Klaus Gamber ha definito il "rito moderno", la cui genesi e portata sono state ben descritte dal liturgista John F. Baldovin: "L'attuazione della riforma, sotto la supervisione di Bugnini e con la partecipazione di dozzine di esperti di storia, teologia e pratica pastorale, si è tradotta nella completa vernacolarizzazione della liturgia, nel riorientamento del ministro presidente verso l'assemblea, in un'ampia e financo radicale riforma dell'Ordo della Messa, una profonda rimodulazione dell'anno liturgico, per non

---

Chi conosce da vicino i libri liturgici e la loro storia capisce che non ci troviamo di fronte a semplici aggiustamenti superficiali.
41 Martin Mosebach, *The Heresy of Formlessness: The Roman Liturgy and Its Enemy*, rev. ed. (Brooklyn, NY: Angelico Press, 2018), p. 163, trad. personale.
42 Gregory DiPippo ("The Legal Achievement of *Summorum Pontificum*") difende l'inventiva di Benedetto XVI osservando che stava tentando di dare una soluzione canonica stabile ad un problema singolarmente irrisolvibile. Se avesse stabilito che esistevano due *riti* romani, la liberalizzazione del Vetus Ordo avrebbe istantaneamente concesso facoltà biritualiste a 400.000 sacerdoti, ma parlare di *usi* avrebbe falsificato il significato storico del termine. Inventò pertanto il nuovo concetto di "forma", come a riconoscere una situazione assolutamente anomala in cui due riti o usi hanno molto in comune a livello generico e tuttavia sono radicalmente diversi nei dettagli.

parlare della totale revisione di ogni liturgia sacramentale e della preghiera liturgica quotidiana".[43]

Vale la pena di notare che Baldovin non è in alcun modo un oppositore della riforma, quindi non sta tentando di esagerare, in senso polemico, la portata dei cambiamenti postconciliari.[44] La ricerca di Baldovin conferma quanto dichiarato da Annibale Bugnini durante una conferenza stampa del 4 gennaio 1967:

> Una riforma del culto cattolico non può farsi in un giorno, né in un mese, né in un anno. Non si tratta solo di ritocchi ad un'opera d'arte di gran pregio: ma qualche volta si devono ristrutturare *ex novo* riti interi. È si un restauro, ma a fondo, vorrei quasi dire, un rifacimento; per certi punti una vera nuova creazione. Perché questo lavoro a fondo? Perché completamente diversa da quella di prima è la visione della liturgia che ne dà il Concilio. [...] Non lavoriamo per i musei, ma vogliamo una liturgia viva per gli uomini vivi del nostro tempo.[45]

La mentalità qui all'opera è stata ben fotografata da Louis Bouyer: "Se c'è una fantasia che assorbe noi moderni, è quella del puro futurismo. Amiamo credere che il futuro, un futuro libero e creativo, sia tutto, e per entrarvi siamo disposti a sacrificare con gioia il nostro intero passato".[46] O, secondo l'espressione più concisa del vescovo di 's-Hertogenbosch, Rob Mutsaerts: "Vogliamo essere rilevanti, a quanto pare, a spese della nostra stessa identità".[47]

---

43 "The Twentieth-Century Reform of the Liturgy: Outcomes and Prospects", *Institute of Liturgical Studies Occasional Papers* 126 (2017): 1-13, a pp. 4-5; citato nel brillante articolo di Tomasz Dekert, "Tradition, the Pope, and Liturgical Reform: A Problematization of Tradition in the Catholic Church and Catholic-Orthodox Rapprochement", *Nova et Vetera* (ed. inglese) 20.1 (2022): pp. 101-31.
44 Per ulteriori affermazioni di questo tipo da parte di p. Baldovin, si veda sopra, pp. XX [per editore: inserire le pagine corrispondenti alle citazioni dopo la nota 76].
45 *Notitiae* 3 (1967), n. 2, p. 39.
46 Citato in Keith Lemna, *The Apocalypse of Wisdom: Louis Bouyer's Theological Recovery of the Cosmos* (Brooklyn, NY: Angelico Press, 2019), p. 52, trad. personale da quella inglese.
47 "For the Record - Dutch Bishop: 'In the synod, nonsense that would embarrass Luther and Calvin: and the Pope is looking on'", *Rorate Caeli*, 23 ottobre 2019.

Due "forme": Fatto liturgico o Fiat canonico?

Ci piaccia o meno questo rito moderno, dovremmo quantomeno essere d'accordo nel non chiamarlo "rito romano". Chiamare qualcosa ciò che non è è un abuso linguistico, che nasce da un abuso di potere e lo perpetua ancor più.[48] Chiamare qualcosa ciò che non è non solo rafforza la mentalità relativista della nostra epoca, che ritiene che a qualsiasi espressione *pronunciabile* corrisponda qualcosa di reale, ma alimenta pure l'illusione che la capacità di *dire* le parole "2 + 2 = 5" renda *vera* tale affermazione.[49] Nelle parole del filosofo Charles De Koninck: "Si possono dire e scrivere cose che non si possono pensare. Si può dire: 'È possibile essere e non essere allo stesso tempo e sotto lo stesso aspetto'; 'La parte è maggiore del tutto', anche se non è possibile pensare queste cose. Eppure sono frasi grammaticalmente corrette. Il potere trascendente del linguaggio: si può dire sia il pensabile che l'impensabile. [...] Posso dire: "Io non esisto". E con ciò posso fondare l'"io esisto" sul puro non-essere. Lo dico io! Chi mi fermerà?"[50]

Possiamo constatare quanto reali ed estesi siano i danni arrecati dalla mentalità del riduzionismo neoscolastico. Solo in quest'atmosfera poteva sorgere e svilupparsi la scandalosa idea di creare, negli anni Sessanta, un rito moderno. La medesima mentalità si è poi diffusa, nel tempo, in altri ambiti della vita cattolica. Per esempio, se oggi alcuni si chiedono se adulteri e sodomiti possano ricevere la Santa Comunione, come se la tradizione cattolica non desse già una risposta assai ovvia, dimostra che la Santissima Eucaristia si è ridotta, nella mente di molti, a un mero simbolo di appartenenza, a un piatto della "mensa a cui sono tutti invitati" – anziché essere un mistero soprannaturale che richiede la totale dedizione della propria mente, del proprio cuore, della propria anima e delle proprie forze a Gesù Cristo realmente presente, contro cui si pecca mortalmente se Lo

---

48 Si veda Josef Pieper, *Abuse of Language, Abuse of Power*, trad. ing. di Lothar Krauth (San Francisco: Ignatius Press, 1992).
49 Sull'affermazione di p. Antonio Spadaro secondo cui in teologia 2+2 può fare 5, si veda George Weigel, "Theology Isn't Math; But It *Is* Theology", *First Things online*, 25 gennaio 2017.
50 Charles De Koninck, *On the Primacy of the Common Good*, trad. personale da quella inglese di Sean Collins, *The Aquinas Review*, vol. 4 (1997), pp. 86-87.

si riceve indegnamente.[51] Questo riduzionismo morale e disciplinare, tuttavia, non sorprende a fronte dell'ondata di riduzionismo liturgico che l'ha preceduto, il cui emblema è l'eliminazione dal nuovo lezionario dell'ammonimento che San Paolo lancia a chi si comunica indegnamente in 1Cor 11, 27-29; monito che, al contrario, veniva e viene letto almeno tre volte l'anno nel rito romano tradizionale.[52] Questo nostro tempo ha dimostrato quasi scientificamente la verità dell'assioma *lex orandi, lex credendi, lex vivendi*.

Ora più che mai, noi cattolici dobbiamo lavorare per due grandi beni che insieme stanno o insieme cadono: il recupero di una sana teologia eucaristica e il ripristino del vero rito romano della Messa.[53] Una buona teologia e una liturgia autentica coopereranno per svelare agli occhi della fede la presenza di Nostro Signore

---

[51] "Ricevere degnamente" non significa che siamo già perfetti (mai lo saremo in questa vita!) ma, come spiega Giovanni Paolo II in *Ecclesia de Eucharistia*, che siamo liberi dalla colpa del peccato mortale grazie alla confessione e che abbiamo l'intenzione di vivere secondo tutti i comandamenti di Dio. In *Veritatis Splendor*, lo stesso pontefice riafferma l'insegnamento di Trento secondo cui solo la grazia di Cristo - ricevuta nel battesimo, rafforzata dalla preghiera quotidiana e recuperata attraverso la penitenza - può darci la forza di vivere secondo questa regola. È questo il senso stesso della *novità* della Nuova Alleanza, come insegna San Tommaso (ST I-II, qq. 106-8).

[52] Si veda *Holy Bread*, cap. 13: "The Omission That Haunts the Church", pp. 181-95.

[53] Qui me la prendo col riduzionismo neoscolastico, ma che dire di san Tommaso? In parte non è forse anche lui responsabile di questa riduzione della Messa o dell'Eucaristia alla transustanziazione, di cui parla così a lungo, difendendo in dettaglio la proposizione secondo cui "le parole della consacrazione" sono l'unica causa di questo grande miracolo (ST III, qq. 75 e 78)? Tommaso possedeva una visione metafisica unicamente qualificata ad affrontare le difficoltà più spinose della teologia sacramentale, ma non nega il più ampio quadro biblico e patristico dell'intera discussione; anzi, se ne mostra consapevole (come in III, q. 83, sul rito della Messa), anche se desidera assai più approfondire le complessità filosofiche. In ogni caso, è importante non considerare San Tommaso come l'inizio e la fine della teologia. È il Dottore comune, la nostra guida nella disciplina teologica, ma lui stesso sarebbe il primo a comandarci di sedere ai piedi degli autori della Sacra Scrittura e dei grandi Padri della Chiesa, ai quali guardava come costante punto di riferimento. Non ripete quanto hanno già detto, ma sviluppa in un sistema i principi e le conclusioni che essi testimoniano. Abbiamo ancora e sempre bisogno delle *fonti originali* e nel *modo originale* in cui sono state proclamate. La scolastica ci aiuterà nella ricerca della verità, focalizzando e purificando la nostra mente, ma non sostituirà una formazione permanente alla scuola della liturgia, della Bibbia e dei Padri.

Due "forme": Fatto liturgico o Fiat canonico?

Gesù Cristo nell'*intera* liturgia[54] e, soprattutto, nel miracolo del pane e vino consacrati, così che i fedeli potranno sperimentare, ancora una volta, la tremenda bellezza e la gioia impegnativa della Comunione Eucaristica, sforzandosi di ordinare la loro vita, come pure la vita della società in cui si muovono, su tale sublime base.

POSITIVISMO CONTRO TRADIZIONE

Oggi, il divario di fondo è tra una concezione positivistica e una concezione tradizionale di ciò che la liturgia è e di ciò che la costituisce *in quanto* liturgia. Adottando l'approccio positivista, si potrà tranquillamente digerire il Novus Ordo o qualsiasi altra novità ci venga propinata, a patto che ciò avvenga per mano della cosiddetta "legittima autorità". Se si rimane radicati nella tradizione, allora non si potrà mai accettare il Novus Ordo come un uso del rito romano e ci si terrà fermi al rito degno di questo nome.

Mi capitò, un giorno, di vedere un cartellone pubblicitario, lungo l'autostrada, su cui erano stampati in piccolo i nomi di tutta una serie di denominazioni cristiane e, al centro e a caratteri cubitali, la scritta: "Qual è il vero Gesù?". Il numero verde, è chiaro, ci avrebbe messo in contatto con il vero Gesù, o quantomeno con chi, presumibilmente, parlava a Suo nome. Allora mi sono immaginato un cartellone simile, ma rappresentante un campionario di riti liturgici - antichi, nuovi e immaginari - e la grande scritta, in centro: "Qual è la vera liturgia?". Ora, in questo caso non abbiamo un numero verde da chiamare: come facciamo a sapere qual è la vera liturgia? *Come mai potremmo saperlo, se non per mezzo della tradizione?* Lo stesso papato è, a conti fatti, un qualcosa di contenuto e tramandato dalla tradizione. Se non si può risalire passo passo nello sviluppo graduale di una liturgia nel corso dei secoli, allora la si può riconoscere come una rottura, un costrutto, un'impostura, non una vera liturgia nel senso pieno del termine.

Una valutazione negativa che, per quanto ancora sussurrata piuttosto che proclamata a voce alta, si sta diffondendo sempre più tra i fedeli più attenti. E le conseguenze non mancano. Per

---

54 Questo tema si ritrova in tutti gli scritti di Mosebach: si vedano *Heresy of Formlessness* e *Subversive Catholicism*.

esempio, le celebrazioni della Settimana Santa ante-1955 stanno aumentando in modo sorprendente, un'evoluzione che si sarebbe potuta a malapena immaginare, quindici anni fa. *Summorum Pontificum* ha dato il la a una riforma i cui principi logici ci faranno tornare indietro a prima dell'epoca di Bugnini... e di Pacelli.

Perché sì: dobbiamo tornare indietro. Diversamente dalla modernità, il cristianesimo non si basa sul presunto ed evidente assioma per cui dobbiamo sempre "andare avanti". La Fede Cristiana è una tensione permanente tra, da un lato, la memoria – *Hoc facite in meam commemorationem*, soffermandoci sulla vita di Nostro Signore ed entrando nei misteri trans-temporali della Sua vita concreta, incarnata, storica, preservando ad ogni passo il legame con quanto ci è stato tramandato – e, dall'altro, il guardare avanti non a un futuro frutto del lavoro dell'uomo, ma alla seconda venuta, dall'Oriente, di Gesù Cristo. La moderna nozione di progresso è estranea, financo antitetica, al cristianesimo. Come credenti, il nostro sforzo dev'essere sempre quello di essere *all'altezza* del nostro passato, di esserne umili e grati eredi: non siamo *migliori* di quanti ci hanno preceduto, e pensare di esserlo non fa che renderci colpevoli del peccato della superbia. Come candidamente afferma John Henry Newman:

> È una colpa di questi tempi (perché nulla abbiamo a che fare con le colpe degli altri tempi) quella di disprezzare il passato a confronto del presente. Appena apriamo una delle riviste attuali più popolari e leggère, ci imbattiamo inevitabilmente in qualche panegirico di noi stessi, della illuminazione e umanità della nostra epoca, o in qualche commento denigratorio della saggezza e delle virtù dei tempi passati. Ora, davanti a questa tentazione all'autocompiacimento, è cosa assai salutare richiamare alla mente il fatto che in tutte le più alte condizioni dell'eccellenza umana siamo stati di gran lunga sopravanzati da uomini vissuti secoli fa; che difficilmente ci avvicineremo allo standard di santità e verità allora fissato, e che pensare di diventare più saggi e migliori, o più graditi a Dio, di quanto non lo fossero loro, è un mero sogno.[55]

---

55 "Use of Saints' Days", *Parochial & Plain Sermons*, vol. 2 (1835), Sermone 32, trad. personale.

Due "forme": Fatto liturgico o Fiat canonico?

Nel momento stesso in cui guardiamo ai nostri *antecessores*, a quanti prima di noi hanno terminato la corsa e stanno, quindi, *davanti* a noi, tendiamo a prepararci alla venuta del Signore e alla creazione di cieli nuovi e terra nuova (cfr. Ap 21,1), cosa che è *Sua* prerogativa, non *nostro* prodotto. È questo continuo prepararci, quest'essere continuamente ricettivi, lasciando che il terreno della nostra anima venga coltivato e seminato dalla "datitudine" [*givenness*] della religione cristiana, che ci fa portare tanto più frutto – il trenta, il sessanta, il cento per uno – quanto più riceviamo e trasmettiamo ciò che abbiamo ricevuto, arricchendolo di quelle offerte che il Signore ci ha concesso di aggiungervi. Un fruttuoso sviluppo è certo possibile, ma solo a condizione di conservare fedeltà, riverenza e stupore verso il patrimonio che abbiamo ereditato. Mi torna in mente un adagio: "Può dire di conoscere realmente una cosa solo chi sta ammirato davanti ad essa".

I novatori rifiutarono moltissime preghiere (ad es. l'Offertorio) considerandole inutili accrezioni, senza senso alcuno, se non addirittura erronee e quindi dannose. Tale atteggiamento, e le azioni che ne seguirono, sono riprovevoli, il marchio della stoltezza; occorre anzi dire che sono, nella migliore delle ipotesi, una presa in giro dello Spirito Santo e della sua opera diciannove volte secolare; e, nella peggiore, una forma di blasfemia. "Dai loro frutti li riconoscerete" (Mt 7, 20). Il Novus Ordo è afflitto, sin dalla nascita, da uno spirito di narcisismo, aridità e noia, da una stupefacente mancanza di frutti e da una spaventosa penuria di vocazioni alla vita sacerdotale e religiosa rispetto al numero e ai bisogni dei fedeli.[56] Come non vedere in tutto ciò il castigo, giusto

---

56 Negare a Dio l'onore dovutogli, spogliando i riti della Chiesa di preghiere e cerimonie già esistenti, è un insulto permanente e destinato al fallimento. Perché una cosa è *non avere* certe preghiere e cerimonie in una fase storica precedente, un'altra è rimuoverle una volta che si sono consolidate nel rito. La prima è un'assenza non intenzionale, la seconda è un'omissione intenzionale. È la differenza che passa tra il non avere la tecnologia per fornire nutrizione e idratazione artificiali a un paziente e il rimuoverla quando questa è disponibile e già in uso. La prima è una mancanza dei mezzi per aiutare la persona a continuare a vivere; la seconda è una sottrazione dei mezzi che porta alla morte della persona. Analogamente, l'assenza delle preghiere d'offertorio nel rito romano del primo millennio è una mancanza

e salutare, che il Signore riserva al ripudio dei riti che Egli ha ispirato nella Sua Chiesa? Ben si possono applicare le parole del salmista a quanti amano e a quanti odiano la tradizione liturgica: "Con l'uomo pio, pio tu sei, e con il retto, retto ti dimostri. E con il puro sei puro, e col perverso fai da perverso. Perché la gente umile tu salvi, e gli occhi de' superbi tu abbatti" (Sal 17,26-28). Il semplice fatto che ovunque rifiorisca la liturgia tradizionale abbondino le vocazioni e le famiglie numerose *dovrebbe* essere motivo sufficiente per un radicale riesame dell'intero approccio che ha caratterizzato gli ultimi sessant'anni di vita ecclesiale, nella sua vana ricerca di essere "attuale". L'abuso di potere, così come l'abuso di linguaggio che lo ammanta cercando di disinfettarlo, non può durare a lungo: è lo sforzo di un uomo che, seduto su un albero, cerca forsennatamente di tagliare il ramo su cui poggia. Se è volontà del Signore che la Sua Chiesa sopravviva in questo mondo, verrà necessariamente il giorno in cui la tradizione sarà vendicata e il grande progetto di modernizzazione smascherato come il piano satanico che è sempre stato.

Vengo ora a una serie di conclusioni.

Non è l'autorità di alcun papa che *rende tale* la liturgia della Chiesa. L'autorità papale può fissare l'edizione di un libro liturgico per garantire l'unanimità nell'uso, ma è la *tradizione* che rende sé stesso un rito liturgico. E questo lo sappiamo perché i fedeli hanno celebrato la propria liturgia per oltre 1500 anni prima che ad alcun papa venisse in mente di stabilire per legge un messale. Se poi San Pio V ha promulgato, nel 1570, un messale riveduto, ciò non significa che i papi abbiano sempre implicitamente posseduto l'autorità di istituire o abolire una liturgia a loro piacimento o che abbiano esplicitamente, dopo il 1570, l'autorità di farlo. Piuttosto, San Pio V non fece altro che codificare un rito apostolico

---

rispetto alla perfezione del rito come poi pienamente sviluppatosi, ma *rimuoverle* attivamente dalla liturgia è una mutilazione, una deformazione, uno sventramento. Se il Novus Ordo è il rito romano, allora è un rito romano violentemente danneggiato e che priva il Signore di segni di riverenza, il celebrante del suo nutrimento spirituale e il popolo di opportunità di rendere omaggio alla Divina Maestà. Si veda Geremia 17,5-8 per il parallelo tra l'albero sterile e l'albero fruttifero, corrispondenti alla malriposta fiducia nella prudenza umana e alla sapiente fiducia nella provvidenza divina.

Due "forme": Fatto liturgico o Fiat canonico?

preesistente, con le modifiche minori che riteneva pastoralmente necessarie. Non si trattava certo di una rifondazione integrale ed *ex novo* del rito romano: a nessuno una cosa del genere sarebbe potuta passare per l'anticamera del cervello. Era, letteralmente, impensabile – e tale rimane.[57] Come scrive Michael Fiedrowicz:

> Nemmeno la massima autorità della Chiesa può modificare a piacimento l'antica e venerabile liturgia della Chiesa. Sarebbe un abuso di potere (*abusus potestatis*). L'autorità della bolla *Quo Primum*, con cui veniva promulgato il *Missale Romanum*, si fonda in particolar modo sul fatto che, in questo caso, il Papa stava regolando la liturgia nell'esercizio della sua pienezza di potere e in totale accordo con il voto di un Concilio ecumenico; inoltre, si trovava in accordo con l'ininterrotta tradizione della Chiesa Romana nonché – per quel che riguarda le parti fondamentali del Messale – in accordo con la Chiesa Universale. Soprattutto, il fatto che il *Missale Romanum* del 1570 fosse inteso come l'espressione liturgica più perfetta della dottrina cattolica sull'Eucaristia, così come definita in perpetuo dal Concilio di Trento contro l'errore protestante, rappresenta un significativo argomento a favore dell'affermazione che il Messale stesso, al pari della definizione dogmatica tridentina, debba rimanere sostanzialmente immutato per tutti i tempi.[58]

Le azioni di Paolo VI furono *ultra vires papae*, cioè al di là della legittima autorità di un papa.[59] Egli creò una pseudoliturgia, o

---

57 Si veda Joseph Shaw, "St. Pius V and the Mass", *Voice of the Family* Digest (online) n. 24, 6 ottobre 2021.
58 Fiedrowicz, *Traditional Mass*, p. 36.
59 Qualcuno (come Karl Rahner) ha tracciato una distinzione tra autorità legale e autorità morale, affermando che un Papa può legalmente creare un nuovo rito della Messa del tutto slegato dai riti precedenti, ma nel farlo commetterebbe un peccato grave, perché non ha l'autorità morale di agire al di fuori della tradizione che deve ricevere e promuovere. Una distinzione discutibile: se l'autorità esiste per un determinato fine buono, allora i suoi limiti non possono andare al di là di ciò che è buono/moralmente corretto. Si veda Peter Kwasniewski, "The Pope's Boundedness to Tradition as a Legislative Limit", in Kwasniewski, ed., *From Benedict's Peace to Francis's War: Catholics Respond to the Motu Proprio* Traditionis Custodes *on the Latin Mass* (Brooklyn, NY: Angelico Press, 2021); John Lamont, "Is the Mass of Paul VI Licit?". *Dialogos Institute*, 20 marzo 2022.

una paraliturgia, che assomiglia al rito romano, ma in nessun modo si può dire che abbia "riveduto il rito romano". Montini *rimpiazzò* il rito romano con un nuovo rituale che conserva la validità sacramentale ma non vanta alcuna nobile ascendenza. Alla luce di quanto esposto, il Novus Ordo si deve considerare come un servizio di culto accompagnato da una consacrazione che rende presente il Corpo di Cristo in modo extra-ordinario, non come punto di arrivo di un rito liturgico storico, autentico e di derivazione apostolica. In tal senso, ben più corretto sarebbe stato chiamare il Messale di Paolo VI "forma straordinaria" e il Messale di Giovanni XXIII "forma ordinaria", dal momento che quest'ultimo si mantiene ancora ampiamente in continuità con le precedenti edizioni del Messale, laddove l'altro si pone al di fuori di questa tradizione.[60] La Messa romana classica è un vero e proprio rito liturgico, con tutte le qualità e proprietà necessarie a meritarle questo illustre titolo; la Messa moderna è un sistema di erogazione sacramentale che si compone di parti fabbricate a tavolino e poi riconfigurate in base alle preferenze di ciascun celebrante.

Come per la Chiesa nel suo insieme, anche per il Papa la liturgia è un'eredità *ricevuta* e, proprio come è suo compito conservare e difendere la dottrina della fede e della morale, allo stesso modo, ed esattamente per lo stesso motivo, è suo compito conservare e difendere i riti liturgici. Dunque, la differenza tra Pio V e Paolo VI si riduce a questo: Pio V *riconobbe* un rito come rito della Chiesa, Paolo VI tentò di *imporre* un rito come rito della Chiesa. Alla Chiesa spetta di *regolare* i riti, ma non di *creare* riti, come riconosce Joseph Ratzinger: "Dopo il concilio Vaticano II si è ingenerata l'impressione che il papa potesse fare qualunque cosa in materia liturgica, soprattutto se agiva su incarico di un concilio ecumenico. E accaduto così che l'idea della liturgia come qualcosa che ci precede e che non può essere «fatta» a proprio arbitrio sia andata ampiamente perduta nella coscienza diffusa dell'Occidente. [...] La sua [del Papa, NdT] potestà è legata alla tradizione della fede e

---

60 Come tra l'altro indica l'omissione, per la prima volta dai tempi di Pio V, del testo della *Quo Primum*: un'ammissione che quest'edizione del messale non è in continuità con tutte quelle precedenti.

questo vale anche nel campo della liturgia. Essa non è «fatta» da funzionari. [...] L'autorità del papa non è illimitata; essa sta al servizio della santa tradizione".[61]

UN'ERMENEUTICA PENTECOSTALE

Arriviamo così a un'ultima tesi di carattere generale. Il Concilio Vaticano II è stato pubblicizzato come una "nuova Pentecoste".[62] Ma una nuova, seconda Pentecoste è impossibile. La Pentecoste è il mistero dell'identità e della vitalità della Chiesa attraverso tutte le epoche fino al ritorno di Cristo nella gloria; non è un evento umano, una festa nazionale ripetibile a piacimento, ma un dinamismo permanente, che si esprime nella perenne freschezza della liturgia che "lo Spirito Santo [...] cova al calor del petto e ah! sott'ali luminose",[63] calorosamente ricordato in tutte quelle domeniche dopo la Pentecoste che riempiono d'un verde brillante l'autentico calendario romano. All'abate Ansgar Vonier mancano quasi le parole per ribadire in modo esaustivo questa verità:

> L'avvento dello Spirito è tanto compiuto alla prima Pentecoste quanto lo sarà, alla fine del mondo, la venuta del Figlio di Dio nella gloria del Padre. [...] È per questa pienezza di presenza sin dalla Pentecoste che si può veramente dire che il Regno di Dio è con noi su questa terra, perché lo Spirito dimora in noi nella pienezza della sua divinità, non già in virtù di un'economia transeunte e provvisoria. [...] Nessuna venuta fu mai così completa come quella dello Spirito; nessuna venuta fu mai così risoluta nel rimanere per sempre come quella del Paraclito. Perché il Suo rimanere è nella natura stessa della Sua venuta. [...] Egli venne in modo definitivo, totale, permanente, instaurando il Regno di Dio che non avrà fine. [...] La definitività dell'avvento dello Spirito è una delle verità cardine che fanno del Cattolicesimo ciò che è. [...] Lo Spirito Santo, come il Verbo, è venuto una

---

61 Joseph Ratzinger, *Introduzione allo spirito della liturgia*, trad. Giuseppe Reguzzoni (Cinisello Balsamo: San Paolo, 2001), p. 162.
62 Per i riferimenti a dichiarazioni in tal senso di Giovanni XXIII ed altri, si veda Thomas Hughson, "Interpreting Vatican II: 'A New Pentecost'", *Theological Studies* 69 (2008): pp. 3-37.
63 Gerard Manley Hopkins, "God's Grandeur", trad. personale.

volta; non viene una seconda volta; dopo la Sua venuta rimane nella Chiesa, e in questa presenza permanente sta il continuo rinnovamento di vita; mai più s'avrà un nuovo avvento come quello della prima Pentecoste.[64]

Può esserci una nuova Pentecoste solo se quella vecchia ha fallito e, similmente, può esserci una nuova liturgia solo se quella vecchia ha fallito.[65] Se ci può essere una nuova Pentecoste allora ci può essere una nuova forma di cattolicesimo, con nuove dottrine, una nuova morale, una nuova liturgia, per un'umanità nuova in una nuova creazione – e tutte in aperto e dichiarato contrasto con le loro vecchie controparti.[66]

È eloquente la diagnosi che Martin Mosebach fa del problema:

> Si iniziò a contrapporre lo "spirito del Concilio" al dettato letterale delle decisioni conciliari. Disastrosamente, l'attuazione dei decreti conciliari si trovò invischiata nella rivoluzione culturale del 1968, scatenatasi in tutto il mondo. Ciò era certamente opera di uno spirito – soltanto che di uno spirito decisamente impuro. La sovversione politica di ogni tipo di autorità, la volgarità estetica, la demolizione filosofica della tradizione non solo hanno messo a soqquadro università e scuole e avvelenato l'atmosfera pubblica, ma si sono al contempo impossessati di ampi settori all'interno della Chiesa. La diffidenza verso la tradizione, l'eliminazione della tradizione cominciarono a diffondersi proprio in un'entità la cui essenza consiste interamente nella tradizione – tanto da doversi dire che la Chiesa non è nulla senza la tradizione. Così la battaglia

---

[64] Anscar Vonier, *The Collected Works of Abbot Vonier* (Londra: Burns Oates, 1952), vol. 2, pp. 9, 10, 13, 69, trad. personale. Si veda anche Charles Journet, "The privileges of the Apostles as founders of the Church", in *The Theology of the Church*, trad. inglese di Victor Szczurek (San Francisco: Ignatius Press, 2004), pp. 116-22, 156-57.

[65] In effetti, parlare di una "nuova liturgia" è una contraddizione in termini: la Chiesa non ha alcun mandato per istituire qualcosa del genere. Persino gli Apostoli svilupparono la loro liturgia a partire dai preesistenti rituali giudaici del tempio e della sinagoga, oltre che dalla Pasqua ebraica come modificata da Cristo. Nessun rito autentico è opera di un comitato che tratta ogni dato liturgico precedente come materiale grezzo sul quale esercitare il proprio superiore potere di giudizio e di controllo.

[66] Si veda la discussione sul "cattolicesimo nietzschiano" nel capitolo 11.

Due "forme": Fatto liturgico o Fiat canonico?

post-conciliare contro la tradizione, scoppiata in così tanti luoghi, altro non era che il tentato suicidio della Chiesa - un processo letteralmente assurdo e nichilista.

Ricordiamo tutti come tanti vescovi e professori di teologia, sacerdoti e funzionari di organizzazioni cattoliche proclamavano con tono fiducioso e vittorioso che con il Concilio Vaticano II era scesa sulla Chiesa una nuova Pentecoste, cosa che nessuno di quei famosi e antichi concili che avevano plasmato in modo così decisivo lo sviluppo della fede aveva mai preteso per sé. Una "nuova Pentecoste" vuol dire niente meno che una nuova illuminazione, magari superiore a quella ricevuta duemila anni fa; perché non passare direttamente al "Terzo Testamento" tratteggiato da Gotthold Ephraim Lessing ne *"L'educazione del genere umano"*? Nella mente di queste persone, il Vaticano II significava una rottura con la Tradizione così come esistita fino a quel momento, e tale rottura era salutare. Alle orecchie di chiunque li ascoltasse sarebbe potuto sembrare che la religione cattolica aveva ritrovato davvero sé stessa soltanto dopo il Concilio Vaticano II. Tutte le generazioni anteriori - a cui noi oggi dobbiamo la nostra fede - sarebbero presuntamente rimaste nel recinto dell'immaturità.[67]

Ciò a cui assistiamo, da sei decenni a questa parte, è una maldestra ripresa della medievale eresia gioachimita, secondo cui la Chiesa sarebbe ormai entrata nella terza e ultima età, la nuova età dello Spirito, che si lascia alle spalle l'Antica Alleanza del Padre, rappresentata dalle tavole del decalogo e dai sacrifici animali, e la Nuova Alleanza del Figlio, rappresentata dalla congiunzione costantiniana di Chiesa e Stato e dal Santo Sacrificio della Messa. La nuova era va ecumenicamente e interreligiosamente "oltre" i comandamenti, la Cristianità e il culto divino tradizionale. Con la riforma liturgica di Paolo VI, andiamo oltre la tradizione liturgica ereditata. Con gli incontri di Assisi di Giovanni Paolo II, andiamo oltre la differenza assoluta tra la vera religione e le false religioni. Con l'*Amoris Laetitia* e la dichiarazione di Abu Dhabi di Francesco, andiamo oltre i rigidi confini del Decalogo e dei Vangeli.

---

67 trad. personale; cf. Mosebach, Postfazione a Kwasniewski, *Nobile bellezza, sublime santità*, pp. 361-63.

Tali e tante novità hanno tutta l'apparenza di una nuova religione, e una nuova religione non può che essere una falsa religione. Le caratteristiche distintive della "nuova Pentecoste" o "nuova primavera" sono manifestazioni di un'eresia neogioachimita incompatibile con la confessione della fede cattolica. Il collasso della Chiesa in questi nostri tempi è il sigillo divino di disapprovazione per il deliberato allontanamento e la passiva deviazione dalla Scrittura, dalla Tradizione e (sì) dal Magistero,[68] in questi decenni in cui l'amnesia ha rimpiazzato l'anamnesi e il sacrilegio ha soppiantato il sacro. Per quanto evidente sia stato il crollo – e minaccia di farsi sempre più terrificante a ogni anno che passa – tanti sono gli occhi ciechi e le orecchie sorde, attenti a null'altro che a un limitato e gretto tornaconto istituzionale. Ad aver notato e reagito al presente castigo della Chiesa sono stati i fedeli dotati di quel *sensus fidei* che consente di discernere tra ortodossia ed eterodossia, tra retto culto e sue deviazioni.[69] Come ha osservato in rete un anonimo autore:

> È la generale inaffidabilità di gran parte dei media e delle case editrici cattoliche ufficiali che ha reso i blog così popolari. Ciò è particolarmente vero per quanto riguarda la palese dissonanza cognitiva che ogni cattolico serio avverte tra la placidità e l'allegria dei media ufficiali e la realtà che si vede sul campo, dall'abuso dei minori all'abuso dei sacramenti, dall'abuso della liturgia all'abuso di fiducia, dalla promozione dei dissidenti all'occultamento delle statistiche sul crollo generale della demografia e della pratica della fede nella maggior parte del mondo da quando è iniziata questa invernalissima primavera.[70]

---

68 Si veda il mio articolo "How Protestants, Orthodox, Magisterialists, and Traditionalists Difference on the Three Pillars of Christianity", *OnePeterFive*, 26 maggio 2022.
69 Si veda Roberto de Mattei, "Resistance and Fidelity to the Church in Times of Crisis", in *Love for the Papacy and Filial Resistance to the Pope in the History of the Church* (Brooklyn, NY: Angelico Press, 2019), pp. 105-30; Peter Kwasniewski, *La vera obbedienza nella Chiesa: Una guida al discernimento in tempi difficili* (Verona: Fede & Cultura, 2022), pp. 52-62.
70 "Alternative Catholic Media: Into the Catacombs", *Rorate Caeli*, 2 maggio 2014.

Due "forme": Fatto liturgico o Fiat canonico?

La malattia di cui soffre oggi la Chiesa sulla terra è una patologia cardiaca: essa è resa letargica dal tessuto adiposo e dalle arterie ostruite. Ha bisogno di un trapianto di cuore, ma piuttosto che aver bisogno di un cuore *diverso*, deve sbarazzarsi del cuore meccanico e artificiale che i suoi medici inesperti le hanno impiantato e riprendersi il cuore di carne che la sua tradizione ha fatto crescere in lei. Quando ciò avverrà, assisteremo non a una *nuova* Pentecoste, ma a un rinnovamento del divin culto cristiano tanto antico e tanto nuovo, in spirito e verità, ciò che Nostro Signore ci ha profetizzato e già donato nella sua infallibile Provvidenza. Dom Paul Delatte, abate di Solesmes dal 1890 al 1921, ha scritto della sacra e tradizionale liturgia della Chiesa: "In essa lo Spirito Santo ha realizzato la concentrazione, l'eternizzazione e la diffusione nell'intero Corpo di Cristo dell'immutabile pienezza dell'atto redentivo, tutte le ricchezze spirituali della Chiesa del passato, del presente e dell'eternità".[71] Non sorprende che Dom Guéranger abbia potuto dire che lo Spirito Santo "ha stabilito la Liturgia come il centro delle sue operazioni nelle anime".[72] È *qui* che si trova la nostra Pentecoste; è qui che la Chiesa rinasce perennemente alla sua giovinezza, trovando già pronta una lingua comune con cui lodare, benedire, glorificare e adorare il celeste suo Re, fino al Suo ritorno, dall'oriente, nella gloria. "Salirò all'altare di Dio, al Dio che allieta la mia giovinezza".

---

71 *The Rule of St. Benedict: A Commentary by the Right Rev. Dom Paul Delatte*, trad. personale da quella inglese di Dom Justin McCann (Londra: Burns Oates & Washbourne, 1921), p. 133.
72 *L'anno liturgico*, vol. 1: *Introduzione*, p. 19.

L'infallibilità del Papa non significa in alcun modo che egli goda, in materia di governo e di magistero, di un potere illimitato e arbitrario. Il dogma dell'infallibilità mentre definisce un supremo privilegio, ne fissa dei confini precisi, ammettendo la possibilità dell'infedeltà, dell'errore, del tradimento. Nelle preghiere per il Sommo Pontefice non ci sarebbe altrimenti bisogno di pregare «*ut non tradat eum in animam inimicorum eius*» [che non sia consegnato nelle mani dei suoi nemici]. Se fosse impossibile che il Papa passasse al campo nemico non occorrerebbe pregare perché ciò non avvenga. Ma il tradimento di Pietro è il paradigma di una infedeltà possibile, che incombe, da allora, su tutti i Papi della storia, fino alla fine del mondo. Il Papa, pur essendo la somma autorità sulla terra, è sospeso tra le vette di una eroica fedeltà al suo mandato e l'abisso, sempre presente, dell'apostasia.

— Roberto de Mattei

La legge della preghiera è la legge della fede, la Chiesa crede come prega. La liturgia è un elemento costitutivo della santa e vivente Tradizione. Per questo motivo nessun rito sacramentale può essere modificato o manipolato dal ministro o dalla comunità a loro piacimento. Neppure l'autorità suprema nella Chiesa può cambiare la liturgia a sua discrezione, ma unicamente nell'obbedienza della fede e nel religioso rispetto del mistero della liturgia.

— *Catechismo della Chiesa Cattolica*

❧[6]☙
Quanto un Papa può modificare i nostri riti? E perché dovrebbe farlo?

NEL DIBATTITO CIRCA LA POSSIBILITÀ O meno per l'autorità papale di modificare radicalmente la liturgia della Chiesa, un noto oratore cattolico – basandosi sull'ipotesi secondo cui i primi cristiani avrebbero universalmente utilizzato per l'Eucaristia del pane lievitato e che, a un certo punto, un papa sarebbe stato responsabile del passaggio della Chiesa d'Occidente al pane non lievitato – avanzò la seguente obiezione alla mia posizione: "Se un papa può sostituire il pane lievitato con pane azzimo e poi limitare la comunione alla recezione di una sola specie – cose entrambe che riguardano la sostanza stessa del sacramento! – è ovvio allora che possa fare qualsiasi altra cosa al rito che rende presente quel sacramento". Intendo chiarire come mai questa affermazione sia un *non sequitur*.

Prima di continuare, faccio presente che non esistono valide prove storiche del fatto che tutte le liturgie antiche utilizzassero pane lievitato fino al momento in cui, improvvisamente, un qualche papa batté il suo pugno duro pontificio per dire: "Basta! Noi Latini dobbiamo esser diversi". L'esauriente articolo sugli "Azymes" dello storico della Chiesa Dom Fernand Cabrol nell'autorevole *Dictionnaire d'Archéologie Chrétienne et de Liturgie* (vol. 1, cols. 3254-60) nulla dice quanto a questa presunta modifica papale.[1] Dobbiamo badare di non cadere nella trappola costituita dalla diffusa presunzione (che in campo liturgico è del tutto ingiustificata) per cui tutto ciò che è orientale è molto più antico di tutto ciò che è occidentale, e che in Oriente nulla mai cambi, per cui se

---

[1] L'articolo può essere letto su https://gallica.bnf.fr/ark:/12148/bpt6k3044526w/f901.item.r=azymes.

in Oriente si usa pane lievitato e in Occidente l'azzimo è perché la prassi più antica e "originaria" era quella di usare il pane lievitato, e l'Occidente deve averla cambiata. Ad ogni modo, le evidenze storiche non supportano in alcun modo l'idea che un eventuale cambiamento sia avvenuto per semplice imposizione papale.[2] La storia della Chiesa primitiva è generalmente molto più complicata e polimorfa - e, è sempre un salutare bagno di umiltà ricordarlo, molto meno documentata - di quanto noi, nei nostri ordinati schemi mentali scolastici, vorremmo che fosse.

Comunque sia, supponiamo, per amor di discussione, che un papa possa realmente operare un tale cambiamento nella materia di un sacramento. Che possa, analogamente, permettere o meno la Comunione sotto le due specie; aggiungere o non aggiungere al Credo il Filioque; e apportare qualunque altro cambiamento discrezionale del genere. La vera domanda qui è: tutto ciò, quanto importa e che cosa dimostra?

PANE DI VITA, PANE DI VERITÀ

Se ricevo pane lievitato consacrato, ricevo Gesù. Se ricevo pane azzimo consacrato, ricevo Gesù. Entrambi i tipi di pane sono, per ragioni diverse, appropriati. Se ricevo la Comunione sotto le due specie, ricevo Gesù tutto e intero. Se ricevo la Comunione sotto la sola specie del pane, ricevo Gesù tutto e intero. Nulla manca al divin dono, il Pane di Vita. In nessuno dei due casi si intacca il sacramento dell'Eucaristia, che è l'"asse" o il "centro" della Divina Liturgia. Nella sostanza, i due scenari sono identici.

---

2 La voce "altar breads" (pani d'altare) della *Catholic Encyclopedia* include questo passaggio che dà un'idea della varietà di opinioni esistenti: "È probabile che Cristo abbia usato pane azzimo per l'istituzione della Santissima Eucaristia, perché agli ebrei non era permesso di tenere pane lievitato nelle loro case nei giorni degli Azimi. Alcuni autori ritengono che fino al X secolo sia la Chiesa d'Oriente che quella d'Occidente usassero pane lievitato; altri affermano che il pane azzimo sia stato usato fin dall'inizio nella Chiesa d'Occidente; altri ancora sostengono che fosse utilizzato indifferentemente pane azzimo o pane lievitato. San Tommaso ([*Sent.*] IV, Dist. xi, q. 3) sostiene che, all'inizio, sia in Oriente che in Occidente si utilizzasse pane azzimo; poi, quando sorse la setta degli Ebioniti, che intendevano rendere obbligatoria per tutti i convertiti la Legge mosaica, si adottò il pane lievitato; al termine di questa eresia, i Latini tornarono a usare il pane azzimo, ma i Greci conservarono l'uso del pane lievitato".

Quanto un Papa può modificare i nostri riti? E perché dovrebbe farlo?

Ma un rito liturgico è ben più del sacramento che ospita; è in effetti ben noto che esistono liturgie non sacramentali, come l'Ufficio divino, da sempre considerate di massima importanza nella vita della Chiesa. Se vogliamo comprendere ciò che è giusto e sbagliato nei termini del rito - il Pane di Verità, per così dire - dobbiamo guardare a come esso trasmette la verità della fede, come comunica la dottrina, come "dossologizza", rende gloria.

Si immagini una liturgia eucaristica maturata lentamente fino a raggiungere la sua piena perfezione. Essa intesse lodi su lodi alla Santissima Trinità e al Verbo fatto carne. Eleva numerose invocazioni alla Gran Madre di Dio e ai santi. Esprime in modo chiaro e inequivocabile che la Messa è un vero e proprio sacrificio, offerto in propiziazione per i nostri peccati e per il bene dei vivi e dei defunti. Nelle orazioni di questa liturgia si esprimono tutti i dogmi della fede, senza censure o imbarazzi: si parla di meriti, intercessioni, miracoli, apparizioni dei santi; del distacco dai beni terreni e del desiderio di quelli eterni; della lotta contro l'eresia e lo scisma, della conversione degli infedeli e della necessità per gli acattolici del ritorno alla Vera Chiesa e alla verità incorrotta; dell'ira divina contro il peccato e della possibilità di un'eterna dannazione.[3] Nelle letture, questo rito non si sottrae ai passaggi difficili della Sacra Scrittura, come l'ammonimento di San Paolo contro una comunione indegna al Corpo di Cristo. Da ultimo, tale rito esprime una profonda venerazione verso l'altare, il tabernacolo, il crocifisso e le reliquie, e riversa a profusione segni e gesti di adorazione nei confronti della Santissima Eucaristia, non soltanto al momento della sua consacrazione, ma già al momento della sua preparazione, e durante la successiva distribuzione. In questi e molti altri modi, questo rito presenta la pienezza della dottrina della fede, biblica e tradizionale, in-formando la mente cristiana e preparando l'anima a una degna e feconda ricezione di Nostro Signore Gesù Cristo.

---

3 Qui mi rifaccio in parte alle parole di Michael Fiedrowicz, "They Do Not Even Know What Has Be Taken from Them", *Rorate Caeli*, 30 agosto 2021, cfr. nota n. 150 a p. XXX, e il relativo passaggio nel corpo del testo [per editore: inserire riferimento pagina versione stampata].

IL RITO ROMANO DI IERI E DI DOMANI

Immaginiamo ora un'altra liturgia eucaristica composta in fretta e furia da un comitato di "esperti", adoperando materiale vecchio e materiale di nuovissima invenzione filtrato mediante traballanti ipotesi scientifiche e basato su una dubbia teoria riguardo a ciò di cui il popolo ha bisogno in un determinato (e limitato) momento storico. Tale liturgia ha drasticamente ridotto i riferimenti e i gesti reverenziali nei confronti della Ss. Trinità, dell'Incarnazione, della Madre di Dio e dei santi, le cui feste sono state pesantemente ridimensionate. Raramente ora si parla di altare, sacrificio e propiziazione, preferendo discorrere di mensa, pasto e comunità. La preghiera per i defunti in questo rito non è solenne, ma allegra. È rimasta soltanto una frazione delle orazioni pregate tradizionalmente, per lo più rimpiazzate da preghiere che tacciono temi fondamentali di mistica e ascetica, sminuendo le dottrine cattoliche giudicate difficili o offensive. Anche le letture sono state rieditate per evitare passaggi "difficili", come proprio l'ammonimento paolino contro la Comunione sacrilega. Segni di venerazione e adorazione? Ridotti all'osso. Nell'insieme, questo rito non presenta la pienezza della dottrina della fede biblica e tradizionale. Per via di tutti questi fattori, quanti partecipano a questa liturgia non saranno altrettanto ben formati nella Fede e non saranno altrettanto ben preparati a una degna e feconda ricezione della Santa Comunione.

È possibile negare anche solo per un istante che passare dall'una all'altra liturgia – benché entrambe siano valide – è qualcosa di assai più drastico e incisivo del passaggio dal pane lievitato al pane azzimo, o da due a una sola specie eucaristica? Il rito liturgico è il *locus* in cui si chiariscono la realtà teologica e le implicazioni morali e spirituali di questo Pane di Vita: ciò che dobbiamo credere e professare al suo riguardo, come dobbiamo comportarci nei suoi confronti, come dobbiamo prepararci alla comunione con lui e quali siano gli effetti attesi da questo divin dono. La tipologia di pane o la specie sotto la quale il sacramento viene distribuito significano nettamente meno dell'insieme di preghiere, gesti, letture, canti, incensazioni, etc., che ci rivelano la realtà di quel che stiamo facendo.

Quanto un Papa può modificare i nostri riti? E perché dovrebbe farlo?

Un rito liturgico che esprima inadeguatamente la fede della Chiesa – un'inadeguatezza che potrebbe derivare da tutta una serie di cause: omissioni, ambiguità, eccesso di contenuti, assenza di utili ripetizioni – potrebbe condurre, nel tempo, alla perdita della fede ortodossa nel popolo dei fedeli. Smorzare il dogma, tacere verità difficili, rendere debole testimonianza alla Presenza Reale: tutto ciò non può che intaccare quella fede che è alla base di una partecipazione attiva e fruttuosa ai sacramenti.

COME SABOTARE LA FEDE CATTOLICA

Per sviluppare ulteriormente l'argomento ricorriamo ora a un esperimento mentale.

Se un gruppo di malintenzionati volesse sabotare, minare la fede nella Presenza Reale di Cristo la sua prima mossa sarebbe quella di spostare il centro della Messa dall'Eucaristia alla "comunità celebrante", al "presbitero" e all'"assemblea", così che non risulti più evidente che all'altare tutto è incentrato su di Lui.[4] Andrebbe a sua volta eliminato – servendosi del comodo mantra "sentire tutti tutto" – il mirabile silenzio del Canone, che aiuta ogni fedele a rendersi conto della straordinarietà e soprannaturalità di quel che sta avvenendo.[5] Con la speciosa scusa di "eliminare le inutili ripetizioni", ridurrebbero indiscriminatamente il numero di baci dell'altare, di genuflessioni al Santissimo Sacramento, dei tanti inchini e segni di croce, del triplice "Signore, non son degno...", delle tante preghiere pronunciate dal sacerdote per prepararsi alla Comunione. E col pretesto di "semplificare i riti" (forse perché l'Uomo Moderno è troppo indaffarato e impaziente

---

4 La ragione per cui dobbiamo a Cristo tutta la nostra attenzione è che è Lui solo a renderci Corpo Mistico, in unione con Lui. Se non adorassimo Cristo e se Egli non venisse realmente in mezzo a noi, non saremmo che un gruppo di persone impegnate in una sorta di terapia di auto-aiuto, di *team* (o meglio *community*) *building*, che si risolve su un piano del tutto naturale. Il che, a ben pensarci, è ciò che sembra gran parte delle celebrazioni moderne.

5 Così dimenticando quella realtà per cui quasi nulla nella Messa può essere da noi perfettamente compreso... quindi perché alimentare l'illusione? A meno che l'intento non sia proprio quello di minare la fede nel soprannaturale e convertire il cristianesimo in una religione naturale puramente razionalistica.

per starsene in chiesa, o troppo stupido per riuscire a seguire qualcosa di complesso e non-lineare?), stralcerebbero i tanti e toccanti passaggi delle Sacre Scritture che popolano l'intero *Ordo Missae* ed accentuano la serietà dell'atto di culto, a partire dal Salmo 42 all'inizio fino al Prologo di S. Giovanni, alla fine. Con la scusa del "ritorno alla prassi antica", andrebbero a eliminare uno dei più vividi segni di fede nella Presenza Reale della liturgia d'Occidente, ossia l'inginocchiarsi alla balaustra per ricevere, sulla lingua, il Corpo di Cristo, cosa che mai faremmo per un cibo ordinario o per un semplice simbolo. Al contrario, insisterebbero affinché tutti restino in piedi e prendano il pane in mano per poi nutrirsene da sé: approccio di un'indicibile carica desacralizzatrice.[6] Se volessero minare la fede nella S. Messa quale misteriosa ri-presentazione del Sacrificio della Croce, spoglierebbero la liturgia di ogni menzione di sacrificio, oblazione, immolazione, vittima,

---

[6] Nessuno meglio di Martin Mosebach ha saputo spiegare il motivo di tale potenziale distruttivo: "Inginocchiarsi era qualcosa di medievale, dicevano. I primi cristiani pregavano in piedi. Stare in piedi rappresenta il Cristo risorto, dicevano; è l'atteggiamento più appropriato per un cristiano. Si pensa anche che i primi cristiani ricevessero la Comunione nelle mani. Cosa c'è di irriverente se i fedeli fanno delle loro mani un "trono" per l'Ostia? Posso anche ammettere che quanti mi dicono frasi del genere lo fanno in tutta serietà. Ma risulta molto chiaro che i pastori d'anime, rispetto a questi temi, sono incredibilmente lontani dal mondo; gli argomenti accademici sono del tutto inutili nelle questioni di liturgia. Questi studiosi si preoccupano sempre e solo del lato storico della sostanza della fede e delle forme di devozione. Se invece ragionassimo correttamente e storicamente, dovremmo renderci conto che ciò che è espressione di venerazione in un periodo può essere espressione di blasfemia in un altro. Se delle persone che sono state inginocchiate per mille anni si alzano improvvisamente in piedi, non penseranno: "Ora facciamo come i primi cristiani, che stavano in piedi durante la Consacrazione". Non crederanno di tornare a qualche forma di culto particolarmente autentica. Semplicemente si alzeranno, si scrolleranno la polvere dai pantaloni e si diranno: "Allora, dopo tutto, non era poi una cosa così importante". Tutto ciò che avviene in celebrazioni di questo genere implica la stessa cosa: "Non era poi una cosa così importante". In tali circostanze, antropologicamente parlando, è davvero impossibile che la fede nella presenza di Cristo nel Sacramento rivesta un significato spirituale più profondo, per quanto la Chiesa continui a proclamarla e per quanto i partecipanti a tali celebrazioni arrivino ad affermarla esplicitamente". Martin Mosebach, *The Heresy of Formlessness: The Roman Liturgy and Its Enemy*, ed. riv. (Brooklyn, NY: Angelico Press, 2018), pp. 14-15.

propiziazione e simili, in una forma tale da non offendere nemmeno un calvinista di larghe vedute.[7]

Gli accenni del paragrafo precedente si potrebbero estendere fino a formare un libro elencante tutti i cambiamenti che dei sabotatori della fede cattolica dovrebbero apportare se volessero distruggere la fede cattolica tradizionale, come dogmaticamente definita nel Concilio di Trento.

Fortunatamente per noi, un libro del genere è già stato scritto, e più d'una volta. Ne citerò solo tre: *Pope Paul's New Mass* di Michael Davies, *Work of Human Hands* di Anthony Cekada e *The Traditional Mass* di Michael Fiedrowicz. Perché la triste realtà è che la riforma liturgica dopo il Vaticano II ha realizzato tutto quanto abbiamo appena descritto. Prima ancora che il Novus Ordo entrasse in vigore, i cardinali Bacci e Ottaviani avevano sottoscritto la lettera di accompagnamento a un breve studio sulle carenze di tale rito - il famoso "Breve esame critico" - spiegando come esso avrebbe sviato i cattolici, incapace com'era di esprimere chiaramente la fede della Chiesa e di trasmetterla adeguatamente. Possiamo ben dire che Bacci e Ottaviani predissero con largo anticipo il fatto che, sotto il regime del Novus Ordo, la fede nella Presenza Reale si sarebbe erosa, circostanza confermata da uno studio del 2019 del Pew Research Center che ha evidenziato come un impressionante 69% degli statunitensi che si dichiarano cattolici, e il 37% dei *praticanti su base settimanale* (!), non crede nella Presenza Reale (e i risultati sarebbero certamente gli stessi, se non peggiori, se si domandasse se la Messa sia o meno un vero e proprio sacrificio). La reazione a questo sondaggio sarebbe dovuta essere non tanto di sbalordita sorpresa con appelli a una più efficace e moderna catechesi, quanto piuttosto un umile cospargersi il capo di cenere, un rogo generalizzato di libracci modernisti e sessioni intensive per imparare a celebrare la Messa in latino.

Non dimentichiamo, tra l'altro, che la prima e più elementare forma di partecipazione attiva alla Messa è la presenza fisica,

---

[7] Si veda Sharon Kabel, "Catholic fact check: Jean Guitton, Pope Paul VI, and the liturgical reforms", https://sharonkabel.com/post/guitton/, 7 dicembre 2020.

corporea, dei fedeli. L'esodo di fedeli dalle chiese è iniziato proprio nel periodo dei vorticosi cambiamenti liturgici e, ad onta della grande insistenza di Paolo VI sul fatto che il nuovo rito avrebbe rinvigorito il Popolo di Dio, quest'emorragia non si è mai fermata e sempre meno sono i fedeli presenti per una "piena, consapevole e attiva partecipazione che è loro diritto e dovere" (cfr. *SC* 14). Paolo VI sarà pure stato profetico in materia di contraccezione, ma non fu certo un profeta a proposito della liturgia: "per opera d'un intenso e lungo movimento religioso, coronato, anzi canonizzato dal recente Concilio, [la liturgia] ha assunto incremento, dignità, accessibilità e partecipazione nella coscienza e nella vita spirituale del Popolo di Dio, e più Noi auspichiamo che ne assuma nel prossimo avvenire."[8]

IL RITO COME LOCUS DELLA CATTOLICITÀ

Data l'analisi sopra svolta, nessuno dovrebbe sorprendersi di questo risultato – né del parallelo fenomeno della proliferazione delle comunità legate alla Messa antica (per lo meno laddove la loro esistenza non viene violentemente soffocata). Abbassando il nostro orizzonte al piano orizzontale, il nuovo rito non possiede alcuna capacità di resistenza di fronte alla cultura secolare, molto più attraente per la nostra natura umana decaduta. Trasportandoci "verticalmente" nell'adorazione del Dio Uno e Trino e spingendoci con forza a rendere omaggio a Cristo nostro Re, l'altro rito affascina e conquista il cuore che anela al divino e alla redenzione da questa valle di lacrime e di peccato.

Come mai, nel periodo del panico e dei lockdown, furono soprattutto i sacerdoti tradizionali a continuare a celebrare, se necessario anche di nascosto, e i fedeli tradizionali a far di tutto per andare ancora a Messa, mentre il mondo del Novus Ordo (sempre in generale) cadde come in letargo? Come mai quei laici

---

8 Udienza generale a Castel Gandolfo, 13 agosto 1969. Una fantasia alla quale il Papa avrebbe ceduto innumerevoli altre volte. Un altro esempio: "La preghiera corale del Corpo mistico, ch'è la Chiesa, si va estendendo ed animando il Popolo di Dio; si fa cosciente e comunitaria; un aumento di fede e di grazia già lo percorre; e così la fede soprannaturale si risveglia, la speranza escatologica guida la spiritualità ecclesiale, la carità riprende il suo primato vivificante ed operante, e proprio in questo secolo sordo alle voci dello spirito, profano e quasi pagano" (Udienza generale a Castel Gandolfo, 3 settembre 1969).

Quanto un Papa può modificare i nostri riti? E perché dovrebbe farlo?

attaccati alla tradizione furono subito pronti a tornare a Messa di persona ma, se il loro vescovo aveva vietato la Comunione sulla lingua, altrettanto pronti a non ricevere il Corpo di Cristo, in nome del più profondo rispetto per ciò che è buono e giusto? Come mai, quando i vescovi dichiararono il "liberi tutti" dal precetto domenicale, i tradizionalisti fecero comunque il possibile per andare a Messa, spesso fra mille difficoltà? E come mai, calmatesi le acque e ripristinato il precetto domenicale, le chiese *mainstream* non hanno più rivisto i numeri dell'era pre-COVID, mentre le comunità tradizionali non sapevano e non sanno dove trovare le sedie dove far accomodare i nuovi arrivati?

Il Novus Ordo, in quanto prodotto della semplificazione e della banalizzazione, si presta poi bene alla cancellazione. Stringente e severa è la logica del riduzionismo: chi di forbice ferisce, di forbice perisce. Ritenere preghiere plurisecolari delle "inutili ripetizioni" porterà a ritenere inutili ripetizioni le Messe private e, in ultima analisi, a ritenere un'inutile ripetizione la stessa vita sacramentale.

Siamo qui di fronte ai concreti risultati pratici di due diverse liturgie: l'una manifestamente incentrata sul Santo Sacrificio e sulla Presenza Reale, l'altra de-centrata da entrambi. Il modo di comportarsi e di credere dei sacerdoti è quello a cui ciascuna delle due liturgie li forma, e lo stesso vale per i laici. È nell'ora della prova che si sono manifestati istinti e abitudini formatisi nel corso dei decenni. Dai frutti li riconoscerete.

Se si cambia il rito della Messa (il contenuto delle sue preghiere, cerimonie, musiche e silenzi, etc.) si cambierà, inevitabilmente, la fede delle persone: cosa credono che sia la Messa, e cosa credono di fare (o non fare) a Messa. E ciò è esattamente quanto è avvenuto tra gli anni '60 e '70. Le terribili ricadute non accennano a diminuire, né è cambiato l'ovvio rimedio.

LA TRADIZIONE COMUNE SOTTO LA SUPERFICIE

Spesso, nella mia vita, mi è capitato di assistere alla Divina Liturgia Bizantina. A uno sguardo superficiale, essa è assai diversa dalla Messa tradizionale, mia casa e eredità quale cattolico romano. Nel rito bizantino, la Comunione è ricevuta in piedi, dopo aver fatto un inchino profondo - ma è il sacerdote (e lui soltanto) a dispensare il preziosissimo Corpo e il preziosissimo Sangue, in forma di pane lievitato e imbevuto nel vino, direttamente in bocca, su di un cucchiaio. Nel rito romano, ci si inginocchia per ricevere sulla lingua il Corpo di Cristo sotto forma di un'ostia di pane azzimo. Nell'uno e nell'altro caso, ricevo il mio Signore e Salvatore, per il perdono dei miei peccati e la vita eterna.

Col passare degli anni, tuttavia, mi è apparso sempre più chiaro che i riti tradizionali d'Oriente e d'Occidente, per quanto diversi all'apparenza, sono profondamente uniti nelle loro qualità tradizionali: nella serietà e nella solennità dell'atto di culto come comunicate in testi, musica e cerimoniale; nella risonante ortodossia delle rispettive preghiere; nel palese teocentrismo dei riti, offerta a Dio di un Santo Sacrificio; nella distinta sensazione per cui il Suo celeste regno, nel rito, fa irruzione su questa terra. Animato da tale intuizione pubblicai, su *New Liturgical Movement*, un articolo dal titolo "The Byzantine Liturgy, the Traditional Latin Mass, and the Novus Ordo-Two Brothers and a Stranger" (La liturgia bizantina, la Messa tradizionale in latino, e il Novus Ordo: due fratelli e un estraneo).[9]

In qualsiasi rito tradizionale, rendiamo culto a Dio nella bellezza della santità, nella verità dell'ortodossia, nell'espressione adeguata (non già perfetta: ciò è riservato all'aldilà) dei misteri che rappresentiamo e riceviamo. Anno dopo anno, mi sono reso conto che, tragicamente, non è questo ciò che accade con il Novus Ordo. Il Novus Ordo è intrinsecamente e fondamentalmente privo delle qualità tradizionali della liturgia, come praticata dal cristianesimo apostolico; anzi, e peggio ancora, esso è strutturato in modo tale da dissolvere, col tempo, la fede della gente comune, salvo che si compiano degli eroici sforzi supplementari per colmare, dall'esterno, le sue lacune.[10] Non è adeguato alla sua funzione.

---

9 Questo articolo è ripreso nel Capitolo 10 di questo libro.
10 Dal momento che sappiamo che Dio "vuole che tutti gli uomini siano salvati e arrivino alla conoscenza della verità" (1 Tim 2,4), sappiamo anche che Egli troverà o creerà dei modi per ricondurre i fedeli alla verità se la Chiesa ufficiale li conduce fuori strada; delle vie per ricondurli ai mezzi della salvezza, se questi sono trascurati. Questo spiega, mi sembra, diversi fenomeni caratteristici del cattolicesimo postconciliare. Dal momento che

Quanto un Papa può modificare i nostri riti? E perché dovrebbe farlo?

La mia, personale, "pew research" l'ho condotta tra i banchi [*pews*] (o, più spesso, tra i cori) che ho frequentato per decenni, e mi ha portato, già diversi anni fa, a una conclusione e a una risoluta decisione: quale che sia la scelta degli altri, personalmente non posso né promuovere attivamente né approvare passivamente un surrogato liturgico che mina la fede cattolica. Non esiste, e non deve esistere altro che il culto tradizionale. E nessun Papa ha l'autorità di abolirlo.

Pertanto, è cosa diversa e ben più grave, per un papa, modificare radicalmente un rito liturgico - quella *lex orandi* che sancisce e inculca la *lex credendi* - di quanto non lo sia il modificare il tipo di pane o le specie sotto cui viene distribuita la Santa Comunione. Ecco perché affermare che dato che il Papa può forse avere l'autorità di fare quest'ultime due cose, allora ha l'autorità di fare anche la prima, è un *non sequitur*. L'autorità del papa è per edificare, non per distruggere. È significativo quanto si legge nel decreto *Laetentur Caeli* (1439) del Concilio di Firenze: "definiamo veramente consacrato il corpo del Cristo nel pane di frumento, sia azzimo che fermentato, e che i sacerdoti devono consacrare il corpo del Signore usando dell'uno o dell'altro pane, ciascuno secondo il rito

---

il Novus Ordo era palesemente inadeguato a ricordare ai fedeli il Sacrificio della Messa e a unirli ad esso, la Divina Provvidenza si servì a tal fine della coroncina della Divina Misericordia: "Eterno Padre, Ti offro il Corpo e il Sangue, l'anima e la Divinità del Tuo dilettissimo Figlio e Signore nostro Gesù Cristo, in espiazione dei nostri peccati e di quelli del mondo intero"; "Per la Sua dolorosa Passione, abbi misericordia di noi e del mondo intero". Tali preghiere coltivano un senso di serietà nei confronti del mistero centrale della storia della salvezza e così mantengono viva una convinzione che la liturgia non trasmette correttamente. Similmente, i Misteri Luminosi hanno messo in primo piano il banchetto delle nozze di Cana e l'istituzione dell'Eucaristia, due temi trattati con negligenza nella nuova liturgia. (Si vedano i miei articoli "Basking in the Glow of Epiphany: The Wedding Feast at Cana", *Rorate Caeli*, 13 gennaio 2018, e "Why We Should Revive the Octave of Corpus Christi in the *Usus Antiquior*", *NLM*, 31 maggio 2021). Allo stesso modo, la riscoperta e la diffusione dell'adorazione eucaristica al di fuori della Messa è stato il mezzo datoci dal cielo per sostenere la fede nella Presenza Reale nel momento stesso in cui la stessa liturgia ne era vergognosamente incapace. Vi sono senz'altro ragioni per criticare alcune di queste devozioni paraliturgiche o il modo in cui a volte vengono condotte, tuttavia non dobbiamo mancare di vederle come strumenti usati da Dio per mantenere la fede nonostante le deviazioni della Chiesa ufficiale.

[*iuxta consuetudinem*] della propria chiesa, sia essa occidentale o orientale".[11] Si noti che a possedere carattere normativo è proprio la *tradizione*, in questo caso la consuetudine liturgica, mentre rimane decisamente secondaria la questione del pane lievitato o meno. Quanto è richiesto ai sacerdoti - e ai papi, nientemeno - è di attenersi alla propria tradizione e a quanto essa impone.

Quando vivevo in Austria, mi capitava spesso di vedere, attaccato ai paraurti delle automobili, un adesivo assai popolare che recitava: "Der Weg ist das Ziel", "la strada è la meta". Una frase attribuita a Confucio, ma che può tranquillamente suonare come il motto di un tedesco postmoderno e relativista che, nel fine settimana, si dà allo yoga e che, dopo aver rinunciato ai Cardinal Marx di questo mondo, devolve ora la sua tassa ecclesiastica al finanziamento dell'Unione Europea. Va poi detto che se si ha la fortuna di guidare un'Audi, una Mercedes o una BMW (come molti in Austria e in Germania) la tentazione di guidare senza una meta precisa è reale. Ma ora vorrei avanzare l'argomento, forse un po' sorprendente, per cui tale motto trova una speciale applicazione rispetto alla liturgia cattolica.

Diversamente da un viaggio d'affari, dove l'obiettivo è raggiungere una riunione o una conferenza e il viaggio è qualcosa a metà tra un male necessario e un fastidio di cui liberarsi il più in fretta possibile, con la liturgia non si tratta solamente di conseguire un determinato risultato. Dei "risultati" ci possono e ci devono essere, certo: si può render presente l'Eucaristia, si può prendere la Santa Comunione, si può far uscire di chiesa una coppia di novelli sposi o un novello sacerdote, si può accompagnare un defunto al camposanto. Ma questi risultati non esauriscono né si identificano con le ragioni *intrinseche* del nostro atto di culto, né con le esigenze intrinseche di tale atto.

---

11 Si veda Heinrich Denzinger, *Enchiridion symbolorum definitionum et declarationum de rebus fidei et morum*, 43a ed. inglese, a cura di. Peter Hünermann, Robert Fastiggi, Anne Englund Nash (San Francisco: Ignatius Press, 2012), n. 1303.

Quanto un Papa può modificare i nostri riti? E perché dovrebbe farlo?

È la liturgia – *cultus* formale, solenne e pubblico di Dio, ove la Chiesa, a nome di tutta l'umanità e di tutto il creato, adora, benedice, glorifica e rende grazie alla Santissima Trinità – il motivo per cui facciamo liturgia. La strada è la meta. Se davvero la liturgia è la nostra partecipazione al culto celeste degli angeli e dei santi riuniti intorno al loro Sommo Sacerdote in un santuario non fatto da mani d'uomo, allora partecipiamo realmente ed *ora* a questo culto celeste, e, a seconda di *come* adoriamo, vi parteciperemo bene o vi parteciperemo male. Quel che Nostro Signore si aspetta da noi, nell'atto di culto, non è tanto di ottenere qualcosa o arrivare da qualche parte, ma piuttosto di *essere* in un determinato modo alla Sua presenza, di conoscerLo e amarLo in un determinato modo. È questa la pre-condizione per poter ricevere qualsiasi dono Egli vuol farci, e specialmente il Suo Corpo nella Santa Eucarestia. In tal senso, se non prendiamo sul serio la *strada*, non prendiamo sul serio nemmeno la meta. Non raggiungiamo la meta se non attraverso la strada e, in ambito spirituale, i nostri comportamenti e atteggiamenti lungo la strada stabiliscono il nostro merito, la nostra idoneità a raggiungere la meta, quaggiù come nell'aldilà.

La liturgia è lo specchio del nostro pellegrinaggio terreno. Se il nostro obiettivo è raggiungere il paradiso, l'unico fattore determinante è il modo in cui viviamo, strada facendo, la nostra vita. Non si può vivere una vita insipida e una morte senza Dio per poi aspettarsi la ricompensa eterna della beatitudine. Non ci è data, dopo la morte, una seconda chance.[12] Viviamo come muoriamo. Se viviamo per Dio *ora*, anche in quel "ora" che confina con l'eternità, la meta è già raggiunta: l'unione con Dio nell'amore. Come afferma papa Leone XIII nell'enciclica *Divinum Illud Munus*, la differenza tra un'anima in stato di grazia e un'anima in stato di gloria sta nel nascondimento della presenza di Dio: in questa vita la Sua presenza è a noi invisibile, mentre nella prossima Lo vedremo faccia a faccia nella visione beatifica. Ma in ambedue gli stati Egli è realmente presente in noi e noi in Lui. In un certo

---

12 Si veda Dom Pius Mary Noonan, *Whilst It Is Day: Shedding Light on the Eternal Stakes of Life* (Colebrook, Tasmania: Cana Press, 2020).

senso possiamo quindi dire della vita cristiana nel suo insieme ciò che possiamo dire della liturgia: la strada è la meta.

Il luogo in cui questa verità risplende maggiormente è l'Ufficio Divino, puro incenso verbale, che arde alla presenza del Signore e per amore del Signore. Ciò non significa che noi non ne traiamo beneficio alcuno. Tutto il contrario: San Tommaso spiega molto chiaramente che, dato che con il nostro culto non possiamo certo migliorare *Dio*, ogni beneficio non può che ricadere su di *noi*.[13] Ma il beneficio consiste nell'*azione* stessa, non in qualcosa di diverso dall'azione. È forse per questo che il Breviario è oggi così fuori moda: per persone così pragmatiche, utilitaristiche e materialiste come lo siamo noi moderni occidentali – talvolta anche a dispetto delle migliori intenzioni – l'Ufficio Divino non offre alcun "prodotto". Cosa mai ne caviamo, alla fine? Niente ceneri, rami di palma, ostie, unzioni, benedizioni... nemmeno un bollettino parrocchiale! Siamo abituati a guardare l'Ufficio Divino attraverso la lente della Santa Messa e, così, a trovarlo irrimediabilmente carente, perché apparentemente incapace di competere con gli evidenti risultati sacramentali di quest'ultima.

Dovremmo, piuttosto, guardare la Messa attraverso la lente dell'Ufficio Divino. Dobbiamo guardare alla Messa come a un soave sacrificio di lode offerto in salmi, inni e cantici spirituali, ringraziando Dio per la Sua grande gloria, adorandoLo, placandoLo, supplicandoLo. Soltanto allora avrà senso considerarla come un banchetto al quale siamo invitati. Siamo invitati a un *sacrificio* di cui possiamo partecipare se adeguatamente disposti:

---

13 *ST* II-II, q. 81, a. 7: "noi prestiamo a Dio riverenza e onore non per lui stesso, che in sé è così pieno di gloria che nessuna creatura può aggiungergli nulla, ma per noi: poiché mediante la riverenza e l'onore che prestiamo a Dio la nostra mente si sottomette a lui raggiungendo così la propria perfezione. Infatti ogni essere raggiunge la perfezione per il fatto che si subordina a una realtà superiore: come il corpo per il fatto che è vivificato dall'anima, e l'aria perché è illuminata dal sole." Si veda anche q. 91, a. 1: "a Dio invece rivolgiamo la parola non per manifestare il nostro pensiero a lui, scrutatore dei cuori, ma per indurre noi stessi e coloro che ci ascoltano a onorarlo. Perciò la lode delle labbra è necessaria non a motivo di Dio, ma a motivo di chi la pronunzia, perché in tal modo i suoi affetti vengono dalla lode eccitati verso il Signore".

coglieremo frutti spirituali in proporzione a quanto bene saremo preparati dalla stessa azione liturgica a cui partecipiamo.[14]

Non finirò mai di stupirmi dell'esistenza di cattolici che, pur avendo sperimentato la liturgia tradizionale o avendo una qualche consapevolezza della sua esistenza e maggior ricchezza rispetto alla snellita controparte moderna, continuano a dire, con un'alzata di spalle, che in fondo la questione non è poi così importante. Il solo modo in cui riesco a dare un senso a questo strano atteggiamento è ipotizzando che in cuor loro accettino implicitamente o esplicitamente una concezione riduzionistica della Santa Messa, equiparata alla consacrazione: tutto ciò che conta è che nell'Eucaristia ci sia Gesù.[15]

Un'idea che suona plausibile ma che, per diversi motivi, non lo è.

La Messa non è un procedimento utilitaristico progettato per massimizzare l'efficienza nell'erogazione di determinati beni. La Messa non è, in quanto tale, un servizio di distribuzione della Santa Comunione. È una complessa cerimonia di pentimento, adorazione, supplica e ringraziamento, con al centro un sacrificio sacramentale. Essa ci è stata data da Nostro Signore e dalla Sua Chiesa come la più alta forma di preghiera, che *prepara al dono, culmina nel dono e rende grazie per il dono* del Suo Santissimo Corpo e Preziosissimo Sangue. Non inizia e finisce con quel dono.

Quindi, il primo problema del *Novus Ordo Missae* è che, a causa del suo impoverimento quanto a contenuto e cerimoniale, tende a non coltivare e né stimolare atti di contrizione, adorazione, impetrazione e ringraziamento al pari della Messa antica. Il secondo

---

14 Si veda il mio articolo "The priority of religion and Adoration over Communion", *NLM*, 9 ottobre 2017.

15 Per approfondire questo punto, si veda il capitolo precedente; si veda anche Peter Kwasniewski, *Reclaiming Our Roman Catholic Birthright: The Genius and Timeliness of the Traditional Latin Mass* (Brooklyn, NY: Angelico Press, 2020), pp. 103-10, 198-201. Qualcuno potrà accusarmi di essere ingiusto quando suggerisco che a soffrire di questa mentalità siano i cattolici che frequentano il Novus Ordo. Tuttavia è una mentalità che nelle discussioni si incontra innumerevoli volte: "Se c'è l'Eucarestia che vuoi di più? Di che altro abbiamo bisogno?". Il fatto che questa sia una reazione così *comune* suggerisce l'esistenza di un problema sistemico nel nostro modo di pensare, dato che la Chiesa non ha mai sostenuto un tale riduzionismo.

problema, strettamente connesso al precedente, è che esso non ci prepara a ricevere la Santa Comunione tanto bene quanto il rito antico. Perciò è un fallimento anche se consideriamo la Messa sotto il più limitato aspetto di "occasione" per una Comunione sacramentale.[16]

Pensatela così: se foste Maria di Betania, seduta ai piedi di Gesù e persa nelle Sue parole, preferireste sostare lì sedute, in silenzio, senza fretta, preparandovi intimamente a queste nozze spirituali – "sono giunte le nozze dell'Agnello, e la sua sposa *si è preparata*" (Ap 19:7) – oppure vorreste ascoltarLo qualche minuto per poi saltare in piedi, un bacio e un abbraccio, e via a far qualcos'altro? O, peggio ancora, cosa diremmo se vedessimo Maria che saluta il Maestro con un rapido sorriso, lo liquida con un "devo finire una cosa, torno subito", si affaccenda in qualche incombenza domestica e infine torna, con gli antipasti, per poter "partecipare attivamente" al colloquio? Gesù, nel frattempo, se ne è stato lì pazientemente e umilmente seduto, in attesa che Maria la smettesse di distrarsi e venisse a sedersi. La Chiesa d'oggi è molto Marta e molto poco Maria; molto attivismo e poca contemplazione; efficienza, anziché amore "sprecato".

Ma al di là di questa prospettiva devozionale, dobbiamo considerare la Messa nella sua continuità diacronica. La Messa ci è tramandata dalla tradizione apostolica, si è sviluppata in secoli di fede attraverso la reale vita di devozione del Popolo di Dio. È quindi come un organismo vivo, che respira e cresce, riflettendo e, in modo misterioso, partecipando alla vita divina e umana del Figlio di Dio e del suo Corpo mistico. La Messa è qualcosa che *riceviamo* con gratitudine e umiltà, proprio come riceviamo la nostra natura umana al momento del concepimento e la vita soprannaturale nel santo battesimo. Così, anche se *per impossibile* la Messa altro non fosse che un rito di comunione imbellettato, *non* avremmo comunque il diritto, né il dovere, di decostruire e

---

16 Per un'esposizione dettagliata delle affermazioni di questo paragrafo, si veda la mia serie su *NLM* "Time for the Soul to Absorb the Mysteries" (4, 11, 18 e 27 dicembre 2017; 3 gennaio 2018) e *Reclaiming Our Birthright*, cap. 19, "Good and Bad Liturgical Parenting", pp. 255-65.

ricostruire la forma *recepta* e romana di questo rito, un deposito di preghiera satura di fede che sempre la Chiesa ha ritenuto suo dovere custodire e proteggere.

È stato ed è un crimine che i vertici della Chiesa trattino la tradizione della Chiesa in modo tanto sprezzante; è stata ed è una perdita incalcolabile per la vitalità spirituale e la santificazione dei suoi membri; è stata ed è tuttora la causa principale della crisi di fede che stiamo attraversando in questi decenni successivi al Concilio. La sola via per ripristinare uno stile di vita integralmente cattolico è attraverso una liturgia integrale, la liturgia che lo Spirito Santo ha edificato nell'arco di venti secoli con le pietre vive di sacerdoti, religiosi e laici, col respiro delle loro orazioni, letture e canti, col fuoco dello Spirito effuso sulla Chiesa a Pentecoste. Per valido che sia un nuovo rito sacramentale, nessuno può creargli *ex nihilo* una storia, nessuno può renderlo un tesoro ereditato quando invece non lo è. Per valido che sia, se è carente rispetto alla *"strada"* dell'adorazione, sarà del pari carente nel condurre i fedeli al *fine* dell'adorazione. Un fine buono non giustifica né santifica necessariamente i mezzi impiegati. Strada e meta non si possono separare: "Nessuno (e nessuna commissione) osi dividere ciò che Dio ha unito".

In breve: la Messa non è soltanto la Comunione. È un rituale di culto dalle molte sfaccettature, tra cui un'accurata preparazione alla Comunione e il successivo ringraziamento [17] - e un rituale tramandatoci nel solco della tradizione apostolica a cui apparteniamo. Per questi due motivi, un rito della Messa spogliato fino all'osso, profondamente rimaneggiato, modificato e innovato non può che definirsi come un male per la vita della Chiesa e dei singoli fedeli, valida o non valida che sia la consacrazione.

Pensiamoci: sarebbe stato molto più "semplice" se Gesù fosse rimasto in mezzo a noi, fino alla fine dei tempi, sotto le sue apparenze naturali. Poteva benissimo farlo: l'Ascensione non era qualcosa di necessario, nel senso strettamente logico del termine. Egli

---

17 Si veda Peter Kwasniewski, *Holy Bread of Eternal Life: Restoring Eucharistic Reverence in an Age of Impiety* (Manchester, NH: Sophia Institute Press, 2020), pp. 87-88.

scelse tuttavia di tornare al Padre e comunicarci la Sua grazia e verità in altri modi – modi specificamente sacramentali, liturgici ed ecclesiali, che meritano pertanto la nostra fiducia, il nostro omaggio, i nostri migliori sforzi e tutta la nostra gratitudine.

La liturgia non è soltanto un guscio per la Presenza Reale, come l'ostensorio che contiene un'ostia, né il semplice contenitore di un prodotto, come un tubetto del dentifricio: essa è piuttosto *la via privilegiata attraverso la quale Egli si rende presente a noi e noi a Lui*. E questa via non è una moderna autostrada su cui sfrecciare il più velocemente possibile per arrivare alla nostra uscita, prestando ben poca attenzione alla strada; è un percorso *lungo il quale* veniamo santificati, preparati a raggiungere in modo degno la nostra meta.[18]

Mi si permetta di trarre un corollario da quanto sopra esposto. Un rito liturgico è *costituito* dalla sua particolare articolazione e contenuto di canti, testi, cerimonie, dal linguaggio che ha fatto proprio, dalla posizione del sacerdote, dai movimenti dei ministri e così via. Questi non sono elementi complementari o decorativi della liturgia: *sono*, semplicemente, il rito liturgico. Pertanto, si può affermare con precisione che il Novus Ordo non è una forma del rito romano; non è la stessa liturgia che è il rito romano. Perché è possibile avere una celebrazione del Novus Ordo in cui quasi *nulla* di quanto detto o fatto combacia con quanto detto o fatto nel rito romano come storicamente esistito: antifone diverse (o nessuna antifona), orazioni diverse, letture diverse, una diversa anafora, un diverso (o meglio opposto) orientamento del sacerdote, etc.; e anche se tutte le opzioni scelte fossero quelle "giuste", rimarrebbero comunque essenzialmente *opzionali*, quindi non connaturali e costitutive del rito.

Quindi, la prossima volta che qualcuno vi dice: "Non importa a che Messa vai, alla "Forma Ordinaria" o alla "Forma Straordinaria": Gesù c'è in entrambe!" (frase generalmente pronunciata con la trionfante certezza di chi sa di aver chiuso la discussione, quando in realtà la vera discussione non è nemmeno cominciata),

---

18 Si veda, per un'applicazione all'*usus antiquior*, "Two Modest Proposals for Improving the Prayerfulness of Low Mass", *NLM*, 12 novembre 2018.

Quanto un Papa può modificare i nostri riti? E perché dovrebbe farlo?

provate a calmarlo e a chiedergli qual è la sua concezione della Santa Messa: non sarà che la sta riducendo alla sola consacrazione e Comunione? Siamo forse davanti a una sorta di parallelo cattolico della nota nozione protestante di salvezza *sola fide* (per sola fede): insomma, di una liturgia *sola eucharistia* (per sola eucarestia). Alla domanda spesso posta dai protestanti fondamentalisti: "Hai accettato Gesù Cristo come tuo personale Signore e Salvatore?" si può far corrispondere il riduzionismo sacramentale insito nella domanda: "Hai partecipato a una Messa che ha transustanziato pane e vino?". Se ad essere corretta fosse questa posizione, il *Novus Ordo* definitivo – il *Novissimus Ordo*, potremmo dire – inizierebbe col sacerdote già in piedi davanti al pane e al vino, che dopo un rapido saluto recita immediatamente le parole della consacrazione, distribuisce la Comunione e congeda i presenti con una benedizione. Il tutto in meno di tre minuti (specie con l'aiuto di un esercito di "ministri straordinari della Comunione"). E che mai potremmo dire? "Gesù c'è". Che volete di più dalla vita?[19]

Il nocciolo della risposta ce lo dà Nostro Signore stesso: "Io sono venuto perché abbiano la vita – *e l'abbiano in abbondanza*" (cfr. Gv 10,10). Quest'abbondanza è quel giardino dei misteri della Sua vita umana e divina, dischiusa ed elaborata, resa per noi reale e presente nella sacra liturgia sviluppata e trasmessa nel corso di venti secoli. Di nulla di meno dovrebbe accontentarsi un figlio devoto della Chiesa, continuando a resistere al brutale riduzionismo della riforma liturgica.

---

19 In effetti sarebbe ancora "meglio" – da questo punto di vista riduzionista – che un sacerdote consacrasse da qualche parte una cesta o due di ostie, per poi lasciare che dei ministri della comunione laici le distribuiscano quotidianamente per i mesi a venire. Così si risolverebbe il problema della carenza di sacerdoti e si darebbero ai laici nuove forme di partecipazione attiva! Assurdità a parte, possiamo constatare che la fede cattolica esige che la figura e la funzione del sacerdote rimangano ciò che sono, per perpetuare il culto cui siamo chiamati in virtù del nostro battesimo. È quindi nostro dovere ricercare la forma liturgica che più rispecchia l'identità sacramentale e l'attività insostituibile del sacerdote, resistendo a tutto ciò che la diluisce o la disperde tra quanti ne sono estranei.

Come infatti sarebbe un falsario chi a nome di una persona facesse proposte diverse da quelle di cui è stato incaricato, così incorre nel peccato di falsità chi a nome della Chiesa offre a Dio un culto contrastante con le forme stabilite dalla Chiesa stessa con l'autorità di Dio e in essa consuete.... Le varie consuetudini esistenti nella Chiesa per il culto divino non ripugnano in alcun modo alla verità. Esse perciò vanno conservate, ed è illecito trasgredirle.

— San Tommaso d'Aquino

Alla luce dell'invasione del secolarismo, dell'atrofia della vita spirituale, del prosciugamento delle vocazioni, della vasta perdita di influenza e di rispetto sofferta dalla Chiesa, la conclusione sul piano pratico dev'essere che i modernizzatori avevano torto. Avevano torto per l'imposizione aggressiva della loro linea; avevano torto per le loro priorità ideologiche a spese di preoccupazioni pastorali autentiche; avevano torto perché il loro riformismo era incurante verso l'ortodossia e la tradizione; avevano torto per il loro pseudo-ecumenismo, ignorante della tradizione del cristianesimo orientale; e avevano torto, soprattutto, per la loro determinazione nel rendere sfumata la linea di demarcazione tra la fede cattolica e la sua negazione protestante.

— Henry Sire

❧[7]❧
Crescita o corruzione? Modello cattolico e modelli protestanti-modernisti a confronto

D A UN CERTO PUNTO DI VISTA, LA LITURgia è un'opera umana liberamente elaborata - anzi, un enorme insieme di opere umane - che si modifica nel tempo a causa di concrete decisioni prese da singoli individui. Queste decisioni possono essere buone o cattive e si possono giudicare come miglioramenti o corruzioni sulla base dei loro effettivi meriti o demeriti. Non avendo a che fare con un fenomeno naturale, puramente spontaneo, come la crescita di una pianta o di un animale, è da escludersi un'applicazione naïf e letterale dei termini "organico" e "inorganico" alla storia della liturgia.[1] Perché, dunque, è abitudine di lunga data usare tali termini in questo campo?

Voglio suggerire che il termine "organico" rappresenti la metafora di un insieme di qualità. In un celebre passo già citato, San Vincenzo di Lérins paragona la "crescita della religione" alla "crescita del corpo": l'identità personale, la struttura e lo scopo rimangono gli stessi anche se le singole parti si ingrandiscono e si affinano.[2] Ora, è chiaro che lo sviluppo della dottrina non è

---

1 Si veda Gregory DiPippo, "Against 'Organic Development'", *NLM*, 3 dicembre 2021; "Rethinking 'Organic Development'", *NLM*, 8 dicembre 2021. Si veda anche "On Liturgical Development and Corruption" in Peter Kwasniewski, *Tradition and Sanity: Conversations and Dialogues of a Postconciliar Exile* (Brooklyn, NY: Angelico Press, 2018), pp. 43-51.
2 Cfr. san Vincenzo di Lérins, *Commonitorium*, cap. 23, nn. 55-56, trad. Cesare Colafemmina (Alba: Ed. Paoline, 1968), p. 137; qui citato per esteso a p. XXX [per editore: inserire numero pagina della versione a stampa corrispondente alla nota n. 58].

qualcosa che avviene automaticamente, spontaneamente o involontariamente, come la crescita di un corpo. La metafora è tuttavia utile perché, nella storia della Chiesa, certi sviluppi *sembrano* dispiegarsi con una sorta di inevitabilità che ricorda la crescita di un organismo. Nel pieno delle dispute trinitarie e cristologiche nessuno avrebbe mai detto "questo è un processo organico", perché all'epoca il confronto poteva somigliare a una confusa rissa da bar, ma a posteriori, guardando le grandi linee dei vari dibattiti, si può notare una certa progressione da un argomento all'altro che appare decisamente logica - quasi inevitabile.

Non appena ci si poneva una determinata domanda su Cristo, qualcuno ne avrebbe necessariamente sollevata un'altra, e un'altra ancora. In Cristo ci sono due nature? Sì. E allora, in Cristo ci sono due volontà? Sì. E allora, in Cristo ci sono due energie? Possiamo vedere linee di pensiero svilupparsi in questo modo in numerosi ambiti della dottrina cristiana. Tale sviluppo non è mai perfettamente logico, poiché entra in gioco il libero arbitrio dei singoli individui coinvolti, senza parlare degli imprevisti come guerre, disastri e carestie, ma osservando il tutto a posteriori ci si rende conto del perché i vari sviluppi sono avvenuti in quel determinato modo e momento. Ecco perché Newman ha potuto scrivere il suo *Saggio sullo sviluppo della dottrina cristiana*. Osservandola da una prospettiva privilegiata e successiva, la crescita della dottrina o del dogma appare come la crescita di un organismo: ha l'aspetto di una crescita corretta, proporzionata e necessaria, nonostante l'intervento di moltissime volontà umane individuali, ed è per questo che si può comprendere ed accettare il paragone di San Vincenzo benché, se lo si porti alle estreme conseguenze prendendolo troppo alla lettera, esso cada a pezzi.

Forse la radice profonda di questa metafora sta nella nostra convinzione per cui la Chiesa è il Corpo Mistico di Cristo, un mistico organismo che possiede un principio interno di moto e di quiete, di movimento verso determinati fini e di riposo (quantomeno parziale: l'eterno riposo non è di questo mondo) in essi. All'opera di giardinaggio concorrono non solo i vescovi, i papi e i concili: è la Provvidenza il giardiniere supremo che cura e pota i tralci di questa mistica vite, fatta di esseri razionali ma governata da un Dio che, senza violare la loro libertà, li può guidare lungo i sentieri da Lui prestabiliti, pur permettendo che avvengano, in questo processo, anche dei mali.

Venendo all'ambito della liturgia, ritengo che con "organico" si intenda qualcosa di "meccanico" o "necessitato", ma piuttosto "in accordo coi principi interni di quella realtà" e dunque, in un certo senso, spiegabile data la sua stessa natura. Perché questa metafora sia efficace è fondamentale che il ritmo dei cambiamenti, o almeno il ritmo della maggior parte dei cambiamenti e dei cambiamenti percepiti, sia relativamente lento, misurabile in secoli, come è il caso del rito romano prima di papa Pio X, e non in meri anni o decenni, come accaduto con le riforme sempre più affrettate e vaste del ventesimo secolo. Laddove dei cambiamenti significativi, ad opera di singoli intelletti e libere scelte, avvengono solo occasionalmente – qui una nuova Sequenza, là una nuova festa (si pensi al Corpus Domini, istituito nel XIII secolo) – il quadro generale sarà quello di un processo delicato e graduale, come l'apparire su un albero di foglie, poi germogli, poi frutti. Ogni giorno porta con sé la sua piccola crescita, ma questa non si nota in quanto crescita. Non è come la pianta di fagioli magici della nota fiaba, che cresce a dismisura nel giro di una notte.

In breve, a essere organico non è tanto il singolo cambiamento nella liturgia, quanto piuttosto l'intera traiettoria di cambiamenti nell'arco dei secoli. Anziché dire che "la festa di Cristo Re fu uno sviluppo organico", quando sappiamo perfettamente che fu un papa incoronato appena cent'anni fa, Pio XI, a volere l'inserimento nel calendario della nuova festa (un fenomeno evidentemente volontario, non naturale), l'etichetta di "organico" andrebbe applicata al complessivo ciclo santorale e temporale del rito romano, che nel corso di sedici secoli si è molto sviluppato, tuttavia sempre conservando i propri elementi fondamentali e abbellendoli in modi appropriati (o almeno non inappropriati) allo spirito e allo scopo originario di tali cicli. La devozione a Cristo quale Re, come nota lo stesso Pio XI nella *Quas Primas*, è qualcosa di presente nella Scrittura e nella Tradizione, come testimoniano innumerevoli opere d'arte di ogni epoca. Di conseguenza, questa inserzione liturgica, fatta in un momento specifico e per ragioni specifiche, è in continuità con degli elementi già presenti. Li accentua, non li seppellisce né li distorce. Al contrario, quel che Paolo VI ha fatto a questi due cicli (per non parlare di quel che ha fatto alla festa di Pio XI!) non si può in alcun modo conciliare con questo spirito e le predette finalità, né con quell'atteggiamento di rispetto che istintivamente il cattolico sente di dover tributare ai frutti della nostra storia comune.[3]

Facciamo un esempio più controverso: la Comunione ricevuta in ginocchio e sulla lingua. Il duplice passaggio dallo stare in piedi allo stare in ginocchio e dal ricevere sulla mano al ricevere sulla lingua dovette certamente essere voluto da diverse Chiese locali prima di divenire consuetudine universale, ma la logica dietro a tale cambiamento è di facile intuizione. Fu sempre la profonda riverenza verso Nostro Signore presente nel Santissimo Sacramento a dettare la prassi della Chiesa riguardo alla Sua ricezione, e via via che cresceva e si diffondeva la consapevolezza dell'esistenza di modi migliori per esprimere tale riverenza ed evitare i pericoli nel maneggiare il Sacramento, in pari misura si affermarono e divennero universali queste nuove prassi. Ciò avvenne, in altre parole, non perché un onnipotente romano pontefice aveva ordinato a tutte le chiese locali: "D'ora innanzi riceverete la Comunione in questo e quel modo" - prima del XVI secolo la Chiesa non legiferava così, universalmente, in materia liturgica - ma perché una consuetudine dai benefici evidenti, una *lex orandi* con una migliore capacità di trasmettere la *lex credendi*, era qua e là spuntata, diffondendosi da una chiesa locale all'altra.[4]

---

3 Circa i cambiamenti più significativi, si vedano i miei articoli "Should the Feast of Christ the King Be Celebrated in October or November?". *Rorate Caeli*, 22 ottobre 2014; "Between Christ the King and 'We Have No King but Caesar", *OnePeterFive*, 25 ottobre 2020; cfr. Michael P. Foley, "A Reflection on the Fate of the Feast of Christ the King", *NLM*, 21 ottobre 2020.
4 Su tutti questi punti, si veda Peter Kwasniewski, *Holy Bread of Eternal Life: Restoring Eucharistic Reverence in an Age of Impiety* (Manchester, NH: Sophia Institute Press, 2020), pp. 89-145.

Crescita o corruzione?

Si era insomma diffusa per la sua intrinseca correttezza, per la sua superiorità rispetto a quanto si era fatto in precedenza.

È *questo* il tipo di sviluppo che appare, a posteriori, "organico": pur essendo il risultato di volontà umane, è germogliato qua e là come un seme, si è diffuso come trasportato dal vento e ha gradualmente rivestito l'intero orbe cattolico, fino a sembrare qualcosa di inevitabile. Possiamo vedere che è *dignum et justum*, cosa buona e giusta. Non avrebbe certamente senso tornare indietro artificialmente per recuperare una pratica precedente a cui si era giustamente rinunciato.[5]

Si consideri un altro esempio: il "sacerdotalismo" dei riti antichi, dove il clero – vescovi, sacerdoti, diaconi, suddiaconi, gli appartenenti agli ordini minori o i ministranti che li sostituiscono – è manifestamente l'agente principale nello svolgimento della funzione, mentre l'assemblea partecipa o, per dirla all'antica, "assiste" in maniera per lo più silenziosa e apparentemente passiva. I liturgisti moderni sono unanimi nel deplorare quella che considerano una forma di clericalismo, una separazione o esclusione del popolo dall'azione liturgica. Non colgono però il paradosso – sovente sperimentato da chi partecipa ai riti tradizionali – dell'intenso coinvolgimento spirituale, dell'attrazione e persino del fascino provocati dalla ieratica "distanza" del clero nel presbiterio, dagli elementi architettonici che fanno da confini e barriere, trasformando gli spazi in simboli, e dal fatto che il rito sia affidato a degli uomini che, nei loro indumenti cerimoniali, nelle parole solenni e prefissate, nei movimenti minuziosamente regolati, danno il perfetto esempio del culto divino. Detto in altri termini, un fenomeno comunemente ritenuto anti-partecipativo e anti-corporativo non lo è affatto. Lo sviluppo storico "sacerdotalizzante" ha accentuato caratteristiche già chiaramente presenti nell'antica alleanza e proseguite in quella nuova, che fu pre-interpretata nell'intimo del cenacolo, consumata su una collina fuori della città, compiuta nella straziante separazione di corpo

---

5 Si veda Peter Kwasniewski, *Reclaiming Our Roman Catholic Birthright: The Genius and Timeliness of the Traditional Latin Mass* (Brooklyn, NY: Angelico Press, 2020), cap. 10, "The Problem of False Antiquarianism", pp. 149-60.

e sangue, riecheggiata nel *Nolite me tangere* del Signore risorto che deve (tr)ascendere questa terra perché noi possiamo seguirLo: *Trahe me, post te curremus*.[6] È bene non fidarsi troppo dei casi di "corruzione" elencati dai liturgisti di professione.

Esistono casi altrettanto evidenti di modifiche che meritano di essere definite con la metafora di "inorganiche". Nel XVII secolo, Papa Urbano VIII, da poeta classicizzante e sprezzante degli ineleganti versi medievali che era, ordinò non meno di 952 "correzioni" da apportare ai 98 inni allora presenti nel breviario. Spiega uno studioso del tema:

> Il lascito più duraturo di Urbano non ha niente a che vedere con il suo nepotismo, le sue stravaganze o la sua condanna di Galileo. Quel lascito fu il danno che arrecò agli inni del cattolicesimo latino, che vennero rivisti e riscritti non solo per ordine di Urbano, ma finanche con la sua partecipazione attiva. [...] Il repertorio di inni che cadde vittima della sconsiderata revisione di papa Urbano includeva materiale rimasto in uso più o meno ininterrottamente da quasi mille anni. [...] Alcuni inni furono riscritti quasi per intero, e molti dei pensieri e delle idee espressi nei testi originali degli inni andarono completamente perduti. [...] Talvolta la riscrittura da parte di Urbano VIII e i suoi collaboratori appare talmente superflua da rendere del tutto incomprensibile la logica sottesa al cambiamento. [...] È ormai quasi universalmente riconosciuto che la revisione secentesca dell'innario latino fu un errore, e che la spoliazione degli antichi inni non può essere in alcun modo difesa o giustificata. I cosiddetti miglioramenti apportati ai testi non rappresentarono, in effetti, alcun miglioramento. Come

---

6 "Non mi toccare" (Gv 20,17); "Attirami a te! Dietro a te correremo" (Ct 1,3). Cfr. Peter Kwasniewski, *Ministri di Cristo: Recuperare i ruoli di clero e laici in un'epoca di confusione* (Verona: Amicitia Liturgica, 2023), passim; *Reclaiming Our Birthright*, pp. 28-33, 56-58, 174-77; e i miei articoli "How the Clergy's 'Distance' from the People Facilitates the Laity's Offering", *OnePeterFive*, 1 settembre 2021; "The Priest praying for Himself at Mass", *OnePeterFive*, 8 settembre 2021. Per due esempi concreti del punto di vista dei liturgisti moderni, si veda P. Jeffrey Moore, "Liturgical Participation", https://frmoore.com/2020/02/01/february-02-2020-liturgical-participation; Timothy P. O'Malley, "Assessing the Council's Liturgical Reforms", *Our Sunday Visitor*, 21 febbraio 2022.

Crescita o corruzione?

ha saggiamente osservato un commentatore, "Ambrogio e Prudenzio presero una cosa classica e la resero cristiana; i revisori e chi li imitò presero una cosa cristiana e cercarono di renderla classica. Il risultato può essere la pedanteria, e talvolta forse la poesia; ma non è la pietà". [. . .] Pur animato dalle migliori intenzioni, e pur essendo, il papa e i suoi collaboratori, eminentemente adatti al compito intrapreso, la revisione del testo degli inni fu un tragico errore. In realtà, tutto ciò che papa Barberini riuscì a fare fu imporre alle successive generazioni cattoliche una visione seicentesca della struttura poetica latina.[7]

Chi potrebbe seriamente sostenere che il corpus degli inni latini posseduto dalla Chiesa avesse bisogno di essere riscritto in senso classicizzante? Esisteva, cioè, un principio interno al cristianesimo per cui l'antica poesia romano-pagana si dovesse affermare come normativa? O fu forse il pallino di un determinato papa, che abusò della sua autorità per promuovere le sue personali preferenze poetiche? Possiamo trovare una risposta nel fatto che, invocando il privilegio dell'esenzione, i benedettini, i cistercensi, i certosini e i domenicani si rifiutarono di cambiare i propri testi quando Urbano VIII li impose al resto della Chiesa, e circa 350 anni dopo, quando il Vaticano pubblicò un nuovo innario latino, i testi originali vennero ripristinati (sfortunatamente, a quel punto quasi nessuno pregava più in latino, per cui fu un esempio di restaurazione troppo dilazionata e tardiva). Tuttora, i sacerdoti e i religiosi tradizionali che usano il Breviario di San Pio X si trovano incatenati all'innodia neopagana di Urbano VIII – il che è un ulteriore incentivo a farsi oblati benedettini, come chi scrive, e pregare l'ufficio monastico!

Qualcosa di simile si potrebbe dire del Salterio del gesuita Cardinal Bea, una versione latina dei salmi nuova e assertivamente più "elegante" che Pio XII introdusse con l'intenzione di sostituire l'antica traduzione di San Girolamo, pregata per secoli da innumerevoli monaci, monache e chierici. Dissero i critici: "*adauget latinitatem, minuit pietatem*" (aumenta la latinità ma diminuisce

---

[7] Vincent Lenti, "Urban VIII and the Revision of the Latin Hymnal", Sacred Music 120.3 (Fall 1993): pp. 30-33, trad. personale.

la pietà).[8] Dubito fortemente che qualcuno potrà mai affermare che, guardandoci indietro, l'imposizione urbaniana di inni in latino classico e l'introduzione piana di un salterio in latino classico furono cambiamenti sollecitati, se non addirittura richiesti, dall'intima natura del culto cattolico, che meglio espressero.

Nel capitolo 2 abbiamo formulato le cinque leggi dello "sviluppo organico della liturgia": (1) esiste un vero sviluppo per quanto riguarda i riti liturgici; (2) uno sviluppo autentico parte da e rimane fedele a ciò che il Signore ha affidato agli Apostoli; (3) la "verità" verso cui lo Spirito Santo guida la Chiesa include lo sviluppo della sua liturgia; (4) man mano che la liturgia si sviluppa essa diviene più piena e perfetta; (5) più una liturgia va perfezionandosi, più i suoi cambiamenti saranno in proporzione accidentali o fortuiti. La quarta legge comporta tre corollari: (i) il tasso di cambiamento nella liturgia diminuisce nel tempo, via via che il rito raggiunge la pienezza stabilita dalla Divina Provvidenza; (ii) è lecito aspettarsi che un rito, a un certo punto, sia relativamente stabile e immobile, tanto che affermare che "non cambia da secoli" sarebbe da prendere come un complimento piuttosto che una critica; (iii) i sacerdoti che offrono un particolare rito, e i fedeli che vi assistono, comprendono come sia opportuno che un rito abbia le qualità della stabilità e dell'immobilità.

Più sopra ho citato San Vincenzo di Lérins riguardo allo sviluppo della dottrina, per poi applicare il suo insegnamento alla liturgia. Qualcuno mi potrà obiettare che una cosa è la dottrina e un'altra è la liturgia: la dottrina riguarda per sua natura la verità, che di per sé non cambia mai, mentre la liturgia concerne azioni pratiche, che possono e persino devono cambiare col passare del tempo. Tuttavia, come dobbiamo continuamente ricordare agli apologeti pontifici troppo zelanti, nemmeno l'aspetto apparentemente più insignificante della liturgia può essere considerato

---

8 Sul "Salterio del Cardinal Bea", si veda Yves Chiron, *Annibale Bugnini: Reformer of the Liturgy*, trad. ing. John Pepino (Brooklyn, NY: Angelico Press, 2018), pp. 37-39. Giovanni XXIII, così come celebrò le cerimonie del Venerdì Santo ante 1955 piuttosto che seguire la "Solenne azione liturgica pomeridiana" di Pio XII, parimenti lasciò cadere nell'oblio il Salterio del Card. Bea.

"meramente disciplinare"; la liturgia reca sempre un contenuto o un'attestazione dottrinale. Pertanto, i cambiamenti nella liturgia avranno implicazioni dottrinali, in bene come in male, come Michael Davies ha memorabilmente dimostrato nella sua opera *Cranmer's Godly Order*. Il paragone con un corpo che cresce vale allo stesso modo per il dogma e per la liturgia, come lo stesso Newman riconosce en passant:

> Si vede, dunque, che in ogni età il cristianesimo ha mostrato un certo aspetto generale, che lo faceva subito riconoscere e l'unica differenza che in esso si poteva rilevare era simile a quella che sta tra l'aspetto che uno ha nella sua giovinezza e quello che assume nella sua maturità o quella che esiste tra uno che sta in Europa e uno che sta in America. E un aspetto tale, tuttavia, che lo si può identificare immediatamente e senza alcuna esitazione alla stessa guisa che gli esperti nelle scienze fisiche identificano le forme della natura o che il critico attribuisce al suo vero autore un'opera letteraria o artistica, anche se possa incontrare delle difficoltà nel fare l'analisi dell'impressione particolare che lo rende atto a tale giudizio. Si vede anche che questo aspetto o tipo è rimasto integro dalle sue origini in poi, nonostante quel processo di sviluppo che, a quanto pare, tutte le opinioni attribuiscono, in bene o in male, *alle dottrine, ai riti e alle pratiche di cui consiste il cristianesimo*. In altre parole, i mutamenti che hanno avuto luogo nel cristianesimo non sono stati tali da distruggerne il tipo originario e cioè essi non sono delle corruzioni proprio perché sono coerenti con il tipo suddetto.[9]

Tanto premesso, credo che si possa capire perché la disposizione generale a chiusura del n. 23 della *Sacrosanctum Concilium* ("non si introducano innovazioni se non quando lo richieda una vera e accertata utilità della Chiesa, e con l'avvertenza che le nuove forme scaturiscano organicamente, in qualche maniera, da quelle già esistenti"), benché animata da buone intenzioni o, comunque, pensata per rassicurare i vescovi preoccupati che il

---

9 John Henry Newman, *Lo sviluppo della dottrina cristiana*, trad. Alfonso Prandi (Bologna: Il Mulino, 1967), cap. 7, p. 341, corsivo aggiunto, leggermente modificato per maggior coerenza al testo originario.

loro voto non si traducesse nella messa al bando della tradizione cattolica, risulta in realtà del tutto inverosimile, ove si consideri il contesto generale. Quando un concilio domanda revisioni molteplici e contestuali (si rammenti il frequente ritornello: "venga redatto un nuovo rito" per questa e quest'altra cosa[10]), e poi l'organismo preposto alla realizzazione dei desiderata apporta mille altri cambiamenti nel giro di pochi anni – il tutto su una scala quantitativamente e qualitativamente mai vista in alcun processo naturale, se non forse nelle eruzioni vulcaniche e nelle esplosioni atomiche, il cui corrispettivo umano si può rinvenire nelle epoche di grande sconvolgimento politico come la Rivoluzione francese (a cui del resto il cardinale Suenens ha paragonato il Concilio Vaticano II) – è del tutto evidente che un simile processo *mai* potrà apparire come "scaturito organicamente da forme già esistenti"! Giunti a questo punto si è ormai abbandonata la benché minima somiglianza con un cambiamento "come fosse" naturale; in nessun modo il lavoro del Consilium si può definire "organico", nemmeno ricorrendo alla più elastica delle metafore. Al contrario, esso appare nettamente violento, il che, come dimostra Aristotele, è l'opposto di naturale.[11] Ed è per questo che il cardinale Joseph Ratzinger ha potuto scrivere queste note parole incluse nella prefazione al libro che Dom Alcuin Reid ha dedicato al nostro tema:

> La crescita è possibile solo se viene preservata l'identità della liturgia, e [...] uno sviluppo adeguato è possibile soltanto prestando attenzione alle leggi che dall'interno sostengono questo "organismo". Come un giardiniere accompagna una pianta durante la sua crescita con la dovuta attenzione alle sue energie vitali e alle sue leggi, così anche la Chiesa dovrebbe accompagnare rispettosamente il cammino della liturgia attraverso i tempi, distinguendo ciò che aiuta e risana da ciò che violenta e distrugge. [...] Nei confronti della liturgia, [il papa] ha il compito di un giardiniere e non di un tecnico che costruisce macchine nuove e butta quelle vecchie.[12]

---

10 Cfr. *SC* paragrafi 13, 21, 58, 68, 69 (due volte), 71, 80, 89, 98, 101.
11 Aristotele, *Fisica*, libro 4, cap. 8; libro 5, cap. 6; libro 8, cap. 4.
12 Dom Alcuin Reid, *Lo sviluppo organico*, pp. 5, 7.

Crescita o corruzione?

Questa citazione lascia intendere che almeno uno dei motivi per cui il termine "organico" viene utilizzato è per contrapporre la liturgia a un macchinario: il contrasto, cioè, tra qualcosa di vivo che segue i propri principi interni e qualcosa costruito unicamente dal lume della nostra ragione e che siamo ben disposti a buttar via non appena inventiamo il modello successivo. Perché davvero la liturgia è una realtà vivente, non nel senso che sia essa stessa un organismo, ma perché ha come autore e animatore il Dio vivente, Lo rende presente e ci unisce a Lui nella lode e nel sacramento.

La liturgia è inoltre vivente perché reca in sé un contenuto che è stato generato dal Dio vivente lungo tutto il corso della vita della Chiesa nel tempo. Da questo punto di vista e in questo senso specifico, la liturgia "riformata" dopo il Concilio Vaticano II, che rinnega gran parte di questa storia, non può dirsi viva, né si può dire che abbia come autore il Dio vivente. Essa ha Dio per autore nel senso generale in cui qualsiasi essere – come il proiettile dell'assassino e il suo librarsi nell'aria fino al cuore della vittima innocente – ha Dio per autore; ha inoltre Dio per autore nel senso stretto della validità dell'azione sacramentale riduttivamente considerata.

Il parallelo con la dottrina è evidente: possiamo parlare di "Magistero vivente" nel senso di un'autorità docente che è una e la stessa, coerente con sé stessa in ogni epoca perché emana dal Cristo sempre vivente. Non si può invece parlare di un "Magistero vivente" nel senso di un "Magistero del momento", che cambia a seconda dei capricci di chi siede sul soglio petrino.

Qui il proverbiale elefante nella stanza è, senza dubbio, la centralizzazione dell'autorità nelle mani del Papa e del Vaticano. Da sempre i papi hanno dato un certo contributo alla liturgia, ma la storia della materia dimostra che, fino all'epoca tridentina, spesso quella di Roma era una reazione a cambiamenti avvenuti altrove piuttosto che un'induzione dei cambiamenti stessi (sappiamo, ad esempio, che il rito romano tornò nell'Urbe arricchito dal suo soggiorno presso i Carolingi, che la recita del Credo si affermò a Roma piuttosto tardi, dopo che altrove si era diffusa universalmente); e soprattutto che non era affatto abitudine dei pontefici quella di apportare cambiamenti continui, e certamente non "per il bene di tutti", con quell'arrogante atteggiamento populista che detta al popolo, che lo sappia o meno, ciò che è meglio per lui.

Il semplice fatto che, per la maggior parte della storia della Chiesa, i libri liturgici dovettero essere faticosamente copiati a mano, risultando pertanto rari e preziosi, insieme alla lentezza delle comunicazioni, si tradusse nella tenacia delle singole consuetudini locali. Una nuova consuetudine liturgica doveva combattere per conquistare il proprio territorio: se risultava di gradimento alla pietà consuetudinaria della comunità veniva, in seguito, accuratamente annotata a margine o tra le righe di un messale forse già vecchio di secoli. La combinazione data dall'invenzione della stampa e dall'imponente riaffermazione dell'autorità pontificia in risposta alla rivolta protestante aprì la strada a una "ritocchite" che non fece che peggiorare col passare del tempo, quasi un prurito che più ci si gratta più aumenta.

Oltre ai problemi derivanti dal processo di centralizzazione, il secondo grande tema che la gente tende a dimenticare è la vincolatezza del Papa alla tradizione, vale a dire l'obbligo morale che egli ha, in virtù del suo ufficio, di ricevere e preservare i riti tramandati (a prescindere dall'invenzione della stampa). È un tema di cui ho parlato a lungo altrove, per cui non mi ci dilungherò in questa sede.[13]

La storia della liturgia non è fatta principalmente di uomini che sfornano nuove idee, le testano e reagiscono al loro successo o insuccesso. La storia della liturgia, soprattutto col passare del tempo, implica assai più il mantenimento e la trasmissione di quanto è già presente, accumulatosi nel tempo. Sarebbe *sbagliato* e probabilmente illecito se un Papa, ad esempio, volesse abolire il suddiaconato o creare dei "ministeri" femminili. Cose nuove possono aggiungersi un po' come degli addobbi su un grande - e perenne - albero di Natale. Ciò che avvenne con la riforma di Paolo VI fu più come piantare un nuovo albero con una leggera

---

13 Si veda Peter Kwasniewski, "The Pope's Boundedness to Tradition as a Legislative Limit", in Kwasniewski, ed., *From Benedict's Peace to Francis's War: Catholics Respond to the Motu Proprio* Traditionis Custodes *on the Latin Mass* (Brooklyn, NY: Angelico Press, 2021), pp. 222-47.

somiglianza a quello vecchio, per poi erigere un muro di cinta che tenga la gente lontana da quest'ultimo.

Vale in effetti la pena di sottolineare che l'immagine che più facilmente viene alla mente quando si parla di crescita organica nella liturgia è quella di un albero. Diversamente dagli animali, che crescono rapidamente e muoiono nel giro di pochi anni, gli alberi possono vivere per centinaia o addirittura migliaia di anni. La loro crescita è molto più lenta di quella degli animali – tanto da risultare, nel breve periodo, impercettibile. Pur producendo sempre più rami, foglie e frutti, gli alberi rimangono radicati in un unico luogo.

Ogni analogia ha i suoi limiti, e a questa legge non si sottrae il paragone tra la liturgia e l'albero, ma alcuni parallelismi sono davvero sorprendenti. La liturgia è radicata nella rivelazione divina e nella tradizione apostolica. Rimane sé stessa mentre diventa sempre più grande ed estesa. Come il granello di senape, all'inizio è ben poca cosa, ma nella sua forma finale, giunta a piena perfezione, essa è imponente e grandiosa, rivestita dal lussureggiante fogliame che è la ricca cultura visibile nelle grandi cattedrali, nei baldacchini e nei cori intarsiati, nei sacri vasi in oro e argento, nei paramenti finemente decorati, nel canto e nella polifonia, e via elencando. Sempre sé stessa, e tuttavia sempre più sé stessa. Ancora una volta possiamo vedere perché la riforma liturgica moderna non si può in alcun modo definire organica: essa si muove nella direzione opposta (o meglio, sostiene di volerlo fare, benché sia assai incoerente nella sua ricerca dell'autenticità paleo-cristiana). Nelle memorabili parole di Hugh Ross Williamson: "Il ritorno al "primitivo" si basa su una curiosa teoria della storia, che talvolta qualcuno ha definito una "caccia alla ghianda". In altre parole, vedendo una quercia possente non ci si compiace della sua forza e del suo sviluppo rigoglioso. Si inizia a cercare una ghianda compatibile con quella da cui la quercia è cresciuta e si dice: «È *così* che deve essere!»".[14]

---

14 Citato in Joseph Pearce, *Literary Converts: Spiritual Inspiration in an Age of Unbelief* (San Francisco: Ignatius Press, 2000), p. 353, trad. personale, corsivo aggiunto.

Ma questo è il contrario della verità: perché, come scrive Jean Borella, "la verità più oggettiva del seme è l'albero in cui si trasformerà".[15] Ciò perché appartiene all'essenza di una cosa intrinsecamente capace di cambiamento il tendere verso il proprio fine o scopo (*telos*), ossia verso ciò in cui consegue la sua perfezione e trova il suo riposo. La causa finale è la "causa delle cause": è la ragione per cui una cosa inizia a muoversi, per cui ha una determinata forma e una determinata materia. Ecco perché il seme, per potente che sia, è chiamato imperfetto, mentre l'albero è detto perfetto: il primo è intrinsecamente ordinato al secondo, come la potenza all'atto, la promessa al compimento.

Per questo insieme di ragioni, rimango convinto che i termini "organico" e "inorganico" mantengano il loro valore fintanto che li riconosciamo come metaforici e non metafisici - come descrittivi di fenomeni (al pari delle leggi sociologiche o economiche) e non deterministici (al pari delle leggi scientifiche).

L'affermazione che la riforma liturgica di Paolo VI sia "protestante" o "protestantizzante" viene spesso avanzata da chi la critica e strenuamente respinta da chi la difende. Al dire di alcuni tradizionalisti è sufficiente ricordare la presenza di osservatori protestanti nel Consilium; altri trovano una conferma nella sorprendente ammissione dell'intimo amico di Paolo VI, Jean Guitton, uno stimato filosofo, che in una conversazione registrata dal vivo ha dichiarato:

> Innanzitutto, la Messa di Paolo VI è presentata come un banchetto, ed enfatizza assai più l'aspetto partecipativo proprio di un banchetto, e molto meno la nozione di sacrificio, di un sacrificio rituale innanzi a Dio, col sacerdote che si mostra solo di spalle. Non credo dunque di sbagliarmi quando dico che l'intenzione di Paolo VI e della nuova liturgia che porta il suo nome è quella di chiedere ai fedeli una maggiore partecipazione alla Messa; di

---

15 Jean Borella, *Love and Truth: The Christian Path of Charity*, trad. personale da quella inglese di G. John Champoux (Brooklyn, NY: Angelico Press, 2020), p. 71.

dare più spazio alla Scrittura e meno spazio a tutto ciò che è, alcuni direbbero, "magico", altri "consacratorio-transustanziale", che è la fede cattolica. In altre parole, c'era in Paolo VI un'intenzione ecumenica di eliminare, o quantomeno di correggere o attenuare ciò che era troppo cattolico, nel senso tradizionale, nella Messa e, lo ripeto, di portare la Messa cattolica più vicina a quella calvinista.[16]

Tuttavia, sembra che gli osservatori protestanti presenti nel Consilium abbiano avuto un ruolo piuttosto marginale, partecipando più attivamente solo durante le discussioni sull'espansione del lezionario,[17] e, per scrupolo di correttezza, non si può accettare senza riserve l'interpretazione che taluno dà delle motivazioni di un proprio amico.

Tuttavia, è impossibile negare la concordanza di fondo nella visione storica dei moderni riformatori della liturgia e dei riformatori protestanti. Entrambi consideravano la storia della Chiesa post-costantiniana come un periodo di progressivo oscuramento e di ricaduta nel paganesimo, una deviazione dalla pura, semplice, autentica primavera dei primi cristiani che si riunivano nelle case per "spezzare il pane" e ricordare Gesù, il miracoloso falegname di Nazareth. Tale deviazione, a detta di questi riformatori, raggiunse il suo apice nel Medioevo, che ha poi trasmesso ai secoli successivi un culto superstizioso, imbellettato strada facendo dalla cortigianeria del Barocco, fino a che quella pantomima clericalista nota come Messa tridentina raggiunse il massimo della rigidità. Ma il soffio ardente dello spirito della Pentecoste disciolse questo

---

16 Yves Chiron, con François-Georges Dreyfus e Jean Guitton, "Entretien sur Paul VI" (Niherne: Éditions Nivoit, 2011), pp. 27-28, riportato da Kabel in "Catholic fact check: Jean Guitton, Papa Paolo VI e le riforme liturgiche". Traduzione personale da quella dell'autore. È possibile comprendere quanto Paolo VI considerasse Guitton suo intimo amico dal fatto che a quest'ultimo il Papa chiese suggerimenti riguardo al tema della sua prima enciclica e, un paio d'anni dopo, gli chiese di redigere, insieme a Jacques Maritain, i vari "messaggi" che avrebbe pronunciato a chiusura del Concilio Vaticano II. Si veda Yves Chiron, *Paul VI: The Divided Pope*, nella trad. inglese di James Walther (Brooklyn, NY: Angelico Press, 2022), cap. 7; disponibile in italiano col titolo di *Paolo VI. Un papa nella bufera* (Torino: Lindau, 2016).
17 Si veda Chiron, Bugnini, pp. 162-65.

paradigma per sostituirlo con forme di culto più in sintonia con la fede viva dei cristiani: prima con la Riforma e poi, molto più tardi, con il Concilio Vaticano II e le riforme radicali da esso avviate.

È praticamente impossibile trovare un libro sulla liturgia pubblicato grossomodo tra il 1965 e il 1985 che non esprima qualcosa di simile a questo punto di vista, variando solo i livelli di scherno per il passato e di fiducia nel futuro della liturgia in volgare, così accessibile e inclusiva per i laici. Questa è, semplicemente, la sintesi indiscussa di dove la Chiesa si trovava e della direzione verso cui sta andando.

Ora, questa visione degli eventi è quanto di più protestante si possa immaginare. Un amico mi segnalò questo passaggio tratto da un popolare libro di testo per l'homeschooling di area protestante, *World History and Cultures in Christian Perspective* (Storia e culture del mondo in prospettiva cristiana), pubblicato da Abeka:

> I pagani che invasero la Chiesa imperiale [dopo l'Editto di Milano] la inondarono di credenze, pratiche e tradizioni pagane. Il culto pubblico era stato descritto da Giustino Martire nel II secolo come una semplice riunione di credenti nel giorno del Signore per ascoltare le parole e le spiegazioni delle Scritture, il canto di inni, l'offerta di preghiere, la celebrazione della Cena del Signore e la ricezione di doni.
>
> L'influenza del paganesimo iniziò a trasformare il servizio di culto in elaborati riti e cerimonie con tutti gli orpelli tipici del culto dei templi pagani. I presbiteri divennero *sacerdotes* che offrivano il corpo e il sangue del Signore in sacrificio per i vivi e per i morti. A poco a poco, questi errori e distorsioni crebbero e si svilupparono nei falsi insegnamenti e nelle pratiche della Chiesa medievale. [...] Alcuni devoti seguaci arrivavano persino ad acquistare e venerare delle reliquie. [...]
>
> Le esigenze della propria religione portarono il popolo a considerare Cristo come un Giudice austero e spietato piuttosto che come un Salvatore compassionevole e amorevole. Cercavano di placare l'ira del Figlio contro i loro peccati pregando sua madre, la Vergine Maria, e chiedendo la sua intercessione. Dato che a volte persino Maria sembrava inavvicinabile, pregavano anche gli apostoli,

Crescita o corruzione?

scomparsi da secoli, e gli altri santi (cristiani defunti riconosciuti ufficialmente dalla Chiesa come tali a causa del martirio, di miracoli o di altri meriti). Ma la Bibbia insegna chiaramente che esiste un solo mediatore tra Dio e gli uomini, Gesù Cristo (1 Tim 2,5).

Potremmo rabbrividire di fronte a questa caricatura del cattolicesimo antico, ma fa riflettere scoprirne una versione mitigata in alcuni autori del Movimento Liturgico del XX secolo, che aprirono la strada alla *Sacrosanctum Concilium* e alla riforma paolina. A loro diverso modo, tanto i cardinali Ottaviani e Bacci, più di cinquant'anni fa, nel loro *Breve Esame Critico*, quanto il cardinale Ratzinger, nella sua conferenza a Fontgombault del luglio 2001, riconobbero questa protestantizzazione del pensiero liturgico cattolico. Ratzinger osservò come, a livello accademico, quasi nessun teologo europeo difenda più la nozione di Messa come vero e proprio sacrificio: gli stessi cattolici sono giunti a dar ragione a Martin Lutero.[18]

Non è quindi esagerato affermare che la riforma liturgica postconciliare poggia su una comprensione protestante della storia della Chiesa e della liturgia. Accettarla è accettare, in misura maggiore o minore, il suo fondamento in una visione classicamente protestante del cattolicesimo come storia di oscurantismo, mistificazione, clericalismo ritualistico e sistematica esclusione dalle libertà del Vangelo – in una parola, una storia di corruzione. E la via d'uscita da questa corruzione viene sempre presentata come "il ritorno a una forma più semplice e antica, come quella dei primi cristiani". Scrive dom Prosper Guéranger:

> Tutti i settari, senza eccezione, iniziano rivendicando i diritti dell'antichità. Desiderano liberare il cristianesimo da tutto ciò che è sprofondato nella falsità e che è diventato indegno di Dio a causa degli errori e delle passioni dell'uomo. Desiderano soltanto ciò che è primordiale e affermano di tornare alla culla delle istituzioni cristiane.

---

18 Joseph Ratzinger, "Theology of the Liturgy", in *Theology of the Liturgy: The Sacramental Foundation of Christian Existence* (*Collected Works of Joseph Ratzinger*, vol. 11), ed. Michael J. Miller (San Francisco: Ignatius Press, 2014), 11: pp. 542-49.

> A questo scopo accorciano, cancellano e tagliano. Tutto cade sotto i loro colpi; chi si aspetta di vedere davanti ai propri occhi il culto divino nella sua purezza originaria si trova assediato da nuove formule vecchie di un giorno e indiscutibilmente scritte da uomini, giacché i loro autori ancora vivono.[19]

Guéranger nota acutamente l'ironia del fatto che quanti pretendono di far rivivere una liturgia incontaminata stanno creando, in realtà, una nuova liturgia che non è mai esistita e che certamente ha poco a che fare con la vera storia della Chiesa orante. Si tratta, in questo senso, di pura novità che perde tutti i vantaggi dell'anonimato di un'antichità senza età!

Si può forse dire che è un problema ricorrente all'interno del protestantesimo (e qui, lo ammetto, ne parlo in linee generali) quello di non attribuire un valore positivo all'opera dello Spirito Santo nella storia, nel corso del tempo? Sembra che non abbiano alcun peso intrinseco la testimonianza del tempo, la somma dei fattori contingenti, lo sviluppo degli eventi. Quel che c'è di buono nel tempo o nella storia è puramente casuale o estrinseco. Per esempio ci può essere, da qualche parte e in un dato anno, come il 1780 o il 1843 o il 1921, un *camp revival* [un grande raduno religioso, NdT]. Benissimo, ma per il protestante ciò non ha nulla a che fare con la religione cristiana in quanto tale. Per il protestante, tutto il dinamismo avviene a livello del singolo uomo, all'interno del cuore, dove si muove lo Spirito; non c'è alcuna relazione tra lo Spirito e una Chiesa visibile come insieme temporale/transtemporale. La storia è, in questo senso, irrilevante, se non forse come spazio vuoto all'interno del quale possono verificarsi conversioni o carismi, legati causalmente (semmai) dalla compresenza di un predicatore e del suo uditorio.

Il cattolico, invece, vede la Fede come una realtà storica, sociale, visibile, incarnata, che vive di una vita che si sviluppa e si dispiega, e che conserva in sé le fasi precedenti mentre cresce superandole.

---

19 *Institutions liturgiques* I (Paris [i.a.]: Société générale de librairie catholique, 1878), p. 399, citato in Michael Fiedrowicz, *The Traditional Mass: History, Form, and Theology of the Classical Roman Rite*, trad. personale da quella ing. Rose Pfeifer (Brooklyn, NY: Angelico Press, 2020), p. 211.

Crescita o corruzione?

Ecco perché la visione a cui giunse John Henry Newman nel suo *Saggio sullo sviluppo della dottrina cristiana* è così profondamente aliena a quella protestante:

> Questo saggio si propone di risolvere la difficoltà che abbiamo ora esposto. E la difficoltà che, nella misura in cui esiste, sorge dal modo in cui facciamo uso nella controversia confessionale della testimonianza della nostra fonte più naturale, in ciò che concerne la dottrina e il culto cristiani e cioè della storia di milleottocento anni. Il punto di vista nella cui prospettiva si colloca questo saggio è stato forse in ogni tempo implicitamente adottato dai teologi ed è stato, a mio avviso, di recente illustrato da parecchi eccellenti scrittori del continente, come un De Maistre e un Moehler. Vale a dire: l'incremento e la diffusione del credo e del rituale cristiano e le variazioni che hanno accompagnato quei fenomeni presso certi scrittori e certe Chiese particolari sono risultati che si verificano necessariamente ogni volta che una filosofia o un sistema politico prende possesso dell'intelletto e del cuore degli uomini e consegue un'influenza vasta e diffusa. Questa è la natura dello spirito umano: ha bisogno di tempo per comprendere a fondo le idee e portarle alla loro compiuta perfezione. Le verità più sublimi e più meravigliose, sebbene siano state rese note al mondo una volta per tutte da maestri ispirati, non avrebbero potuto essere subito comprese da coloro a cui erano trasmesse, ma, poiché erano ricevute e trasmesse da menti non ispirate e attraverso degli strumenti che erano soltanto umani, hanno avuto bisogno di un tempo più lungo e di ripensamento più profondo per essere poste nella loro piena luce.[20]

Per correttezza, si può supporre che buona parte o la maggior parte dei cattolici coinvolti nella riforma liturgica si sarebbero detti d'accordo con Newman e non con una visione puramente protestante, ma di certo a nessuno sfuggirà come il loro atteggiamento fosse nel migliore dei casi *semi-protestante*, nel senso che costoro ragionarono e agirono sulla base di un profondo scetticismo nei confronti di gran parte della storia della Chiesa, dalla metà del primo millennio alla fine del secondo – periodo di cui si

---

20 Newman, *Lo Sviluppo*, Introduzione, §21 (pp. 35-36).

sentirono liberi di scartare qualsiasi caratteristica ritenuta "corrotta", "ridondante", "oscura" o "antiquata". Ad esempio, in un articolo apparso sul portale *PrayTell*, uno scrittore progressista paragona la liturgia a una finestra che ci offre uno scorcio su Dio, per poi affermare: "Naturalmente, la finestra in sé non è né irrilevante, né priva di importanza. Una finestra sporca o appannata distorce o oscura la vista. La riforma della liturgia promossa dal Concilio Vaticano II aveva lo scopo di ripulire le finestre dopo secoli di sporcizia".[21]

In altre parole, la concezione che costoro hanno della fede *non* è quella fiducia incarnazionale e pneumatologica nel dispiegarsi della tradizione che sempre i cattolici hanno avuto. Piuttosto, al pari di quei protestanti che cercavano un risveglio dei cuori nei raduni religiosi, essi mettono in atto una serie di criteri soggettivi basati su quanto ritengono "efficace" o "rilevante". In tal modo, assumono una posizione di scetticismo di base nei confronti della tradizione che è incompatibile con il cattolicesimo. È qui straordinariamente pertinente un brano di Vladimir Soloviev:

> Quanto irragionevole è colui che, non vedendo nel seme né tronco né rami, né foglie né fiori, e concludendo quindi che tutte le altre parti devono essere state introdotte solo in un secondo momento, artificialmente, dall'esterno, e che il seme non ha la forza di generare tutte queste parti, nega categoricamente che in futuro apparirà alcun albero, ammettendo soltanto l'esistenza del singolo seme. Ugualmente irragionevole è chi nega le forme o le manifestazioni più complesse in cui la divina grazia appare nella Chiesa e vuole assolutamente tornare alla forma della prima comunità cristiana.[22]

Il fatto che archeologismo e modernismo vadano di pari passo è solo apparentemente paradossale. Il Cardinal Newman si accorse di questo legame quando affermò che il protestantesimo

---

21 Elizabeth Harrington, "Liturgy Lines: Liturgy is a Window", *PrayTell*, 17 aprile 2018, trad. personale.
22 Citato in Card. Charles Journet, *The Theology of the Church*, trad. personale da quella inglese di Victor Szczurek (San Francisco: Ignatius Press, 2004), p. 145.

dogmatico, che si giustificava con l'annuncio del Vangelo "originale e incorrotto", tende, a causa del soggettivismo ermeneutico, a degenerare nel protestantesimo liberale, che a sua volta tende a degenerare nel razionalismo etico, nel naturalismo agnostico e nel secolarismo ateo. In breve, il protestantesimo tende ad autodistruggersi. Imboccata questa strada, si arriverà alla fine, salvo essere fortunatamente incoerenti o salvati per intervento divino. Pertanto, se nei confronti del cattolicesimo storico e tradizionale la riforma liturgica ha adottato lo stesso schema mentale che il protestantesimo dogmatico ha adottato nel XVI secolo, è solo questione di tempo prima che questa nuova versione del cattolicesimo entri nella sua mezza età liberale e di lì si avvii a una decrepita vecchiaia etica, agnostica e infine atea.

In effetti, si può ben ritenere – quasi il filmato in *time lapse* di un albero che d'autunno perde le foglie – che la Chiesa (nel più della sua parte visibile) si sia da tempo lasciata alle spalle la seconda fase e sia già a buon punto di quella finale. Quando un Papa dà priorità all'etica ambientale, concede interviste a giornalisti atei e comunisti e sventra le Scritture del loro senso soprannaturale, siamo già di fronte alla spaventosa prospettiva di una rediviva Chiesa Sociniana.[23] Ai nostri fratelli separati ci sono voluti secoli per separarsi da Cristo come Dio, da Dio come realtà e, infine, dall'uomo come uomo. I cattolici dopo il Concilio, forse spinti da un complesso di inferiorità, lo hanno fatto in pochi decenni.

I modernisti contro cui si batterono Pio X e Pio XII avevano, ovviamente, una loro versione di questa asserita "corruzione". Per loro, tuttavia, non era l'inadeguatezza della Chiesa medievale, ma l'inadeguatezza del cristianesimo premoderno *nel suo complesso*, dalla morte dell'ultimo apostolo all'avvento del primo paleontologo, a imporre un cambiamento fondamentale nella comprensione e nella pratica del cattolicesimo. Il 4 ottobre 1950, rispondendo a un ex sacerdote che egli chiama "don G.", Teilhard

---

23 Nato dal caos della Rivolta protestante e così chiamato da Lelio e Fausto Sozzini (in latino, Socinus), il socinianesimo è stato un'eresia del XVI secolo che negava la Trinità e, di conseguenza, la divinità di Cristo, e può essere considerato una delle radici storiche dell'unitarianismo.

de Chardin scrive: "Fondamentalmente ritengo - come voi - che la Chiesa (come ogni realtà vivente dopo un certo tempo) giunga a un periodo di 'mutazione' o 'riforma necessaria' dopo duemila anni; è inevitabile. L'umanità sta subendo una mutazione, come potrebbe il cattolicesimo non fare altrettanto?".[24]

Questa mutazione del cattolicesimo dalla sua essenza dogmatico-liturgica a un deismo morale terapeutico e vagamente definito, accompagnato da una pantomima simbolica, è avvenuta, sta avvenendo e continuerà ad avvenire finché la diffidenza protestantica verso un'ecclesiologia incarnazionale e lo scetticismo modernista nei confronti della divina rivelazione e della tradizione apostolica continueranno a spadroneggiare nel Vaticano, nelle università, nelle curie - e sugli altari delle nostre parrocchie.

C'è però una soluzione per la Chiesa di rito latino, una soluzione tanto ovvia quanto esigente: lasciarsi alle spalle il rito papale di Paolo VI, finto-antico, cripto-protestante e congenitamente moderno[25], e tornare con fiducia, totalmente ed esclusivamente alla liturgia tridentina, frutto di uno sviluppo continuo, organico, millenario, provvidenziale e pentecostale.

---

24 Per questa e altre citazioni, si veda il mio articolo "Teilhard de Chardin: Model of Ambiguity for a Future Pope", *OnePeterFive*, 16 gennaio 2019.

25 Questi tre aggettivi non sono ingiurie gratuite, ma semplicemente ciò che hanno detto gli stessi architetti del Novus Ordo e che oggi ripetono i suoi difensori: che questo rito, spogliato delle incrostazioni medievali e barocche, è più simile al culto della Chiesa primitiva (ad esempio, alla *Prima Apologia* di San Giustino Martire), che è proprio ciò che i riformatori protestanti affermavano a sostegno dei *loro* riti riformati. E che poi, per curiosa coincidenza, la riforma si adatta meglio alla mentalità dell'uomo moderno occidentale, il che è sorprendente se si considera quanto questa mentalità sia lontana dall'ascetismo e dal misticismo liturgico dei Padri. Per esempi di tali affermazioni a nome del Novus Ordo, si veda Anthony Cekada, *Work of Human Hands: A Theological Critique of the Mass of Paul VI* (West Chester, OH: Philothea Press, 2010), pp. 13-47; Michael Davies, *Pope Paul's New Mass* (Kansas City, MO: Angelus Press, 2009), pp. 71-145; Kwasniewski, *Reclaiming Our Roman Catholic Birthright*, pp. 149-79.

Per origine, antichità ed uso, il Canone è un santuario venerabile e inviolabile. Se mai una preghiera della Chiesa è nata sotto lo speciale influsso dello Spirito Santo, questa è sicuramente la prece sacrificale del Canone.
— Nicholas Gihr

Ritengo che il Canone Romano faccia parte del complesso di tradizioni che hanno caratterizzato la vita della Chiesa al suo emergere dai secoli di persecuzione: una norma comune di fede nei Credo, una norma comune di ciò che costituisce la Scrittura, una norma comune per l'ordine sacro e una norma comune di preghiera. Non credo che la Chiesa, in alcuna sua parte, abbia nei secoli successivi l'autorità di alterare questi canoni.
— Michael Moreton

Il primo carattere dell'eresia antiliturgica è l'odio per la Tradizione nelle formule del culto divino. Non si può contestare la presenza di questo carattere speciale in tutti gli eretici che abbiamo nominato, da Vigilanzio a Calvino, e il motivo è facile da spiegare. Ogni settario che voglia introdurre una nuova dottrina si trova inevitabilmente dinanzi alla Liturgia, che è la tradizione alla sua massima potenza, e non avrà riposo finché non avrà messo a tacere questa voce, finché non avrà strappato queste pagine che racchiudono la fede dei secoli passati. Infatti, come hanno fatto luteranesimo, calvinismo e anglicanesimo ad affermarsi e a mantenersi nelle masse? Non si dovette far altro che sostituire nuovi libri e nuove formule ai libri e alle formule antiche, e tutto era compiuto.
— Dom Prosper Guéranger

❦ 8 ❦
Il Canone Romano: pilastro e fondamento del rito romano

DI TUTTE LE PREGHIERE CON CUI LA CHIESA di rito latino offre il sacrificio di lode a Dio Onnipotente, quella che più di tutte si distingue come pietra di paragone della divin fede, fondamento di roccia inamovibile, tesoro dei secoli, è il Canone Romano – l'unica anafora o preghiera eucaristica della Chiesa di Roma (e poi del patriarcato d'Occidente in generale), dai nebulosi secoli anteriori all'epoca di papa San Gregorio Magno (morto nel 604) fino alla fatidica fine degli anni Sessanta. Padre Guy Nicholls ha scritto in merito a questo pregevole Canone:

> Sono pochi i fenomeni umani o le istituzioni con una storia che si avvicina quasi ai duemila anni, che non siano cambiati costantemente, o almeno frequentemente, lungo la maggior parte di questo periodo. La Chiesa cattolica, vista nella dimensione della storia, è un'istituzione di questo genere. È cambiata molto spesso e in molti modi nel corso della sua lunga vita. Ma nella vita umana della Chiesa v'è un cuore divino. È questo cuore che non cambia, e l'aspetto umano vuol far sua questa immutabilità. Il cuore della Chiesa, il suo *fons et culmen*, è la Sacra Liturgia, nella quale *terrenis caelestia, humana divinis iunguntur* [le cose terrene si uniscono a quelle celesti, e le umane alle divine]. C'è quindi un istinto profondo nelle membra umane della Chiesa di trovare nella Sacra Liturgia i segni di quel culto celeste a cui essa aspira sulla terra e a cui partecipa in questo *pignus futurae gloriae* [pegno della gloria futura]. Pertanto, nell'ordine naturale delle cose, è lecito aspettarsi di trovare, nel centro più sacro del più santo luogo d'incontro tra Dio onnipotente e l'uomo redento, un punto fermo in un mondo in movimento. Il Canone Romano della Messa ha svolto questo simbolico ruolo di quiete per praticamente millecinquecento anni. È un dato notevole se si considera che esso

è al cuore di una cosa che si fa, che si attua in tutto il mondo, molte volte al giorno e in circostanze disparate. Non è come un megalite o una piramide, il cui rimanere sostanzialmente immutati deriva dall'essere dei manufatti. La liturgia della Messa, e in particolare il Canone Romano, dovrebbe, umanamente parlando, cambiare come cambia il linguaggio umano, a volte rapidamente, a volte impercettibilmente, ma sempre e inesorabilmente, da una generazione all'altra.[1]

Il Canone Romano era ed è sempre stato visto come un'eredità apostolica da ricevere amorevolmente, custodire gelosamente e tramandare diligentemente. Possiamo immaginarlo come una sorta di sacro "testimone" passato da una generazione all'altra, per assicurare la continuità della corsa che corriamo sulle orme degli apostoli Pietro e Paolo, sforzandoci di raggiungere il premio celeste.

Un testimone, questo, con cui gli eretici protestanti non volevano avere nulla a che fare. Per loro, il Canone romano era l'incarnazione di tutto quanto fosse superstizioso, corrotto, incentrato sulle opere, regressivamente pagano, papista e medievale. Ben consapevole di questo atteggiamento sprezzante (e, si potrebbe aggiungere, storicamente e teologicamente insostenibile), il Concilio di Trento si preoccupò in modo particolare di elogiare il Canone Romano, con parole già ricordate più sopra ma che vale la pena citare nuovamente:

> E poiché le cose sante devono essere trattate santamente, e questo è il sacrificio più santo, la chiesa cattolica, perché esso potesse essere offerto e ricevuto degnamente e con riverenza, ha stabilito da molti secoli il sacro canone, talmente puro da ogni errore, da non contenere niente, che non profumi estremamente di santità e di pietà, e non innalzi a Dio la mente di quelli che lo offrono, formato com'è dalle parole stesse del Signore, da quanto hanno trasmesso gli apostoli e istituito piamente anche i santi pontefici.[2]

---

1 Guy Nicholls, "The History of the Prayers of the Roman Canon", in Theological and Historical Aspects of the Roman Missal, Atti del Quinto Colloquio Internazionale di Studi Storici, Canonici e Teologici sulla Liturgia Cattolica Romana (Kingston & Surbiton: CIEL UK, 2000), pp. 29-52; qui, pp. 29-30, trad. personale.
2 Concilio di Trento, Sessione 22, cap. 4.

Il Canone Romano: pilastro e fondamento del rito romano

In breve, il Canone Romano è un monumento e un repositorio di tutto quanto v'è di più vero, di più santo, di più antico e di più efficace nella Chiesa fondata da Cristo. A ragione lo si può definire il "pilastro e il fondamento" del rito romano. Un pilastro può esser simbolo della dottrina, dal momento che esso si erge a sostegno delle volte che lo sovrastano e nella sua verticalità indirizza al cielo, alle verità permanenti della nostra Fede; il fondamento, invece, può essere immagine dei sani principi morali sui quali poggia la vita cristiana e senza i quali essa non è, in fondo, che aria fritta.

Questo capitolo, dunque, si articolerà in due parti. La prima, e più sostanziosa, si concentra su dodici verità dogmatiche trasmesse dal Canone Romano, verità totalmente assenti nelle neo-anafore del Messale di Paolo VI o in esse significativamente silenziate.[3] Verrà così dimostrata la misura in cui il Canone è veramente un pilastro della dottrina. La seconda parte esaminerà alcune implicazioni *morali* derivanti dall'aver scosso il terreno del culto cattolico rendendo il Canone romano tanto opzionale da farlo cadere in uno stato di quasi totale oblio.

I. VERITÀ DOGMATICHE

Per ciascuna delle dodici verità dogmatiche, indicherò la verità in questione, citerò il passo del Canone pertinente e proporrò un mio commento.

1. *L'unità della Chiesa e le altre perfezioni sono doni che preghiamo di ricevere da Dio.*

> Te igitur, clementissime Pater, per Iesum Christum, Filium tuum, Dominum nostrum, supplices rogamus ac petimus: uti accepta habeas, et benedicas hæc ✠ dona, hæc ✠ munera, hæc sancta ✠ sacrificia illibata: in primis quæ tibi offerimus pro Ecclesia tua sancta catholica; quam pacificare, custodire, adunare, et regere digneris toto orbe terrarum...

---

3 Si potrebbero aggiungere anche altri elementi oltre a questi dodici. Ognuna delle sezioni che seguono si potrebbe ampliare in una trattazione completa del relativo aspetto, come lo ritroviamo in tutti i libri liturgici dell'*usus antiquior* e come *non* lo ritroviamo in modo analogo in quelli dell'*usus recentior*.

[Te dunque, o clementissimo Padre, per Gesù Cristo Tuo Figlio nostro Signore, noi supplichiamo e preghiamo di aver grati e di benedire questi doni, questi regali, questi santi ed illibati sacrifici che noi Ti offriamo, anzitutto per la tua santa Chiesa Cattolica, affinché Ti degni di pacificarla, custodirla, riunirla e governarla in tutto il mondo...]

L'incipit stesso del Canone coniuga una profonda umiltà e un'accorata supplica affinché il Padre accolga questa offerta solennissima della Chiesa e ne faccia, per suo onnipotente paterno comando, gli immacolati *sacrifici* di Cristo (si noti il plurale, segno della grande antichità di questa preghiera, dal momento che i primi cristiani nel riferirsi alla Messa parlavano di "misteri", "sacrifici" e "sacramenti" – un uso, quest'ultimo, che ricompare nelle preghiere di abluzione – laddove gli autori successivi tendono invece a parlare di mistero, sacrificio e sacramento).

Il Canone Romano assegna priorità al fine dell'offerta affermando sin dall'inizio che essa viene fatta *dal* Corpo Mistico *per il* Corpo Mistico, e non in qualche modo vago, ma con riferimento alla sua struttura gerarchica – cosa assente nelle nuove anafore che rimandano il fine ecclesiale dell'offerta a dopo la consacrazione. In effetti, i critici pseudo-scientifici del Canone Romano di metà novecento lamentavano il fatto che esso cominciasse con la Chiesa e la sua struttura, piuttosto che con qualcosa di "più teologico" come la Trinità, o di "più grande" come il disegno salvifico, o di "storicamente pertinente", come l'Ultima Cena. Queste critiche mostrano scarsa considerazione per la centralità della Chiesa come il Corpo stesso che offre ed è offerto, in unione col suo Capo e Signore, Gesù Cristo, fattosi uomo per effondere la Chiesa dal suo fianco squarciato; scarsa considerazione per la Chiesa come locus in cui il mistero della Trinità è rivelato e glorificato; scarsa considerazione per la Chiesa come principio fondamentale di continuità nella storia della salvezza, come dimostra Sant'Agostino ne *La città di Dio*. In termini più prosaici, il Canone riflette sia la saggezza della filosofia greca, secondo la quale la causa finale o fine è la "causa delle cause" (cioè la causa che spiega tutte le altre cause), sia la teologia patristica, che sempre sottolinea il contesto

Il Canone Romano: pilastro e fondamento del rito romano

ecclesiale della liturgia. Questo è il sacrificio *della* Chiesa, *per la* Chiesa, sempre in unione col suo Capo, Nostro Signore Gesù Cristo, il quale è al contempo sommo sacerdote, vittima e altare.

Il Canone romano parla della "Tua santa Chiesa cattolica", l'unica e sola Sposa del Signore; e tuttavia il sacerdote supplica il Padre di *darle unità*, di *custodirla* e *governarla* e di *concederle* la pace. Si potrebbe certamente pensare che tali petizioni siano superflue. La Chiesa non è già incrollabilmente una? Non è forse perennemente protetta dal male e guidata con mano sicura dalla Divina Provvidenza? Può mai il Signore abbandonarla? Domande che ci interrogano seriamente in un momento come quello che ci troviamo a vivere, in cui l'unità della Chiesa sulla terra appare più che mai frantumata, in cui i pericoli per il Popolo di Dio sono diffusi ed evidenti, e in cui la guida della barca di Pietro non sembra affatto migliore di quella della petroliera *Exxon Valdez*, analoghi gli esiti catastrofici.

La dottrina qui trasmessa dal Canone è di un realismo che fa riflettere. Non si può "dare per scontato" che la Chiesa sia, qui sulla terra, governata bene; che segua pacificamente la retta via; che rimanga al riparo dai mali dell'ignoranza, dell'errore e del peccato; persino che permanga nell'unità visibile. Affermare che "la Chiesa è indefettibile" non vuol dire che la *vostra* anima, la *vostra* chiesa locale o la vostra area geografica siano indefettibili. La vostra anima, come la mia, possono perdersi per sempre; la vostra chiesa locale, come la mia, possono essere fagocitate da musulmani, atei militanti, attivisti omosessuali o azioni legali devastanti; la vostra conferenza episcopale può precipitare in un baratro di aperta eresia. Tutto ciò rientra nel campo del possibile, proprio come si possono tagliare i rami di un albero senza che l'albero stesso muoia. Il Canone afferma che la pace, la protezione, l'unità e il buon governo sono beni da *impetrare*, chiedere e ottenere dal Signore nella Sua misericordia e per mezzo della Croce - e non soltanto attraverso il Sacrificio della Croce oggettivamente ripresentato nella Messa, ma anche prendendo questa Croce su di noi nella nostra preghiera, penitenza, conversione e fedeltà.[4]

---

4 Allo stesso modo, la forma tradizionale del Prefazio degli Apostoli, che risale (almeno) al Sacramentario di Verona, contenente materiale risalente

Tutti questi beni sono doni di Dio, che può, nella Sua saggezza e giustizia, privare la Chiesa sulla terra del godimento degli stessi se i fedeli o quanti li governano dovessero essere così sventurati da dimostrarsi tiepidi nell'adempimento dell'*opus Dei*,[5] o mondani nella condotta, o pavidi nella predicazione. La Chiesa esisterà sempre e realmente in questo mondo, fino alla fine dei tempi, ma potrà ben scomparire dalla mia o dalla vostra vita, dal mio o dal vostro Paese, dalla mia o dalla vostra gerarchia nazionale. Basti pensare ai vescovi che, sotto Enrico VIII, caddero come birilli di fronte alle sue minacce. Nel giro di pochi anni, la gerarchia inglese era sostanzialmente svanita.

Come per l'antico cristianesimo in generale, anche in questa Anafora si riscontra una totale assenza di presunzione. I membri della Chiesa sulla terra non hanno la presunzione di essere già la Sposa perfetta e senza macchia di Cristo; piuttosto, implorano di ricevere dette qualità (il medesimo tipo di preghiera ricorre nel "Domine, Jesu Christe" dopo l'Agnus Dei: "non guardare ai miei peccati, ma alla fede della Tua Chiesa, e degnati di pacificarla e di riunirla secondo la Tua volontà").

2. Il Sacrificio è offerto per e a beneficio dei cattolici che professano la vera fede.

> ... *una cum famulo tuo Papa nostro N., et Antistite nostro N., et omnibus orthodoxis, atque catholicæ et apostolicæ fidei cultoribus.*

> [... insieme con il Tuo servo e Papa nostro N., e col nostro Vescovo N., e con tutti coloro che sono ortodossi nella fede e che professano la fede cattolica e apostolica.][6]

---

al V e VI secolo, "supplica umilmente il Signore di non abbandonare il Suo gregge, ma di custodirlo attraverso i Suoi beati Apostoli sotto una protezione perpetua". I riformatori hanno riscritto il testo di modo che, da deprecatorio che era, è ora meramente indicativo: "Signore, tu non abbandoni il tuo gregge, ma lo custodisci e proteggi sempre...": come se si trattasse di qualcosa che si può dare per scontato. Il cambio di mentalità è decisivo e rivelatore. Cfr. P. John Hunwicke, "The Preface of the Apostles", *Fr. Hunwicke's Mutual Enrichment*, 25 gennaio 2022.

5   Vale a dire, il culto liturgico di Dio.
6   Come mi segnala John Pepino, *atque* è una congiunzione forte che aggiunge qualcosa (spesso una maggiore specificità) a ciò che lo precede;

Il Canone Romano: pilastro e fondamento del rito romano

Continuando la medesima petizione, il sacerdote afferma di offrire il sacrificio per le gerarchie della Chiesa e, anzi, per tutti i cattolici di fede ortodossa: un'implicita preghiera che siano e restino - che siamo e restiamo - sempre tali.

Degno di nota è l'accento posto sull'ortodossia dottrinale che, per gli antichi cristiani che per primi pregarono con queste parole, era *indiscutibilmente* la prima e più importante cosa da sapere riguardo a una data persona: aderisce alla vera fede? Non: è una persona gentile, paga le bollette, fa il volontario per l'oratorio, fa la raccolta differenziata, ma: professa la fede universale che abbiamo ricevuta dagli apostoli?[7] Persino la questione della carità è secondaria rispetto a questa, poiché la vera carità, virtù teologica infusa, richiede come fondamento la virtù infusa della fede. Diversamente è mera filantropia, buonismo, gentilezza o virtù che può avere anche un pagano, e niente di tutto ciò ci rende eredi del regno dei cieli.

Per questo il Canone Romano pone l'accento sull'*ortodossia come condizione fondamentale di appartenenza alla Chiesa*, piuttosto che sulle diffuse pseudo-virtù semi-morali spacciate oggi al suo posto. Questa parte del Canone insegna che il Santo Sacrificio non è offerto genericamente per una fratellanza umana universale o per un'alleanza ecumenica, ma per i cattolici credenti che professano la fede trasmessaci. Queste parole ci sfidano a prendere la verità dogmatica con la stessa serietà con cui l'han presa tutti i santi, a essere disposti a dare la vita piuttosto che dissentire da un solo punto del *depositum fidei*. Nessun sacrificio può essere offerto per la nostra salvezza, e di fatto non saremo salvati, se

---

non è un semplice sinonimo di *et*. È come se si dicesse che siamo in comunione con tutti coloro che possiedono una retta fede e, più nello specifico, con coloro che promuovono attivamente la retta fede. Un passaggio che può ben essere un'eco della crisi ariana.

7   La Divina Liturgia bizantina di San Giovanni Crisostomo esprime esattamente la stessa cosa: "Ancora una volta preghiamo per le persone qui presenti che attendono la Tua grande e generosa misericordia, per coloro che ci son stati gentili e per tutti i cristiani ortodossi". E più avanti: "Il Signore Dio si ricordi di voi e di tutti i cristiani ortodossi nel suo Regno, ora e sempre e nei secoli dei secoli". Ancora: "Noi Ti imploriamo, ricordati, o Signore, di ogni vescovo ortodosso che insegna rettamente la Parola della Tua verità".

siamo dei dissidenti, degli eretici, degli scismatici, degli apostati o degli infedeli.[8]

C'è un'ulteriore implicazione, particolarmente pertinente in tempi come i nostri. Il Canone non afferma che il Papa e il vescovo locale *sono* ortodossi, quasi che nominarli in questo momento del Canone significhi che magicamente non potranno mai allontanarsi dalla fede. Piuttosto, preghiamo per loro *fintanto che* sono ortodossi. Offriamo cioè il sacrificio "per *tutti coloro che sono ortodossi* nella fede e che *professano* la fede cattolica e apostolica". Nella Chiesa antica, era prassi comune che i vescovi depennassero dalla liturgia i nomi di altri vescovi che si erano allontanati dalla fede ed erano caduti nell'eresia. Un vescovo che avesse scomunicato un altro vescovo eliminava il suo nome dai dittici, come a dire: "Non preghiamo per te né pregheremo per te finché non ti pentirai e non tornerai all'ortodossia". È questo l'"amore duro" praticato dalla Chiesa primitiva, epoca eroica di martiri, dei massimi teologi, dei monaci del deserto.

Non saprei dire con esattezza come i vescovi di oggi potrebbero tradurre in pratica questo senso comune soprannaturale che considerava la preghiera pubblica come offerta soltanto per chi conserva la fede ortodossa e non per gli eretici o scismatici, ma si dà certamente il caso, ogni giorno di più, che non è più possibile *dare per scontato* che quando si prega il Canone Romano – nella più insignificante come nella più importante delle diocesi – si preghi efficacemente per l'uomo che pare occupare la sede episcopale. Lo osiamo sperare. Naturalmente, fino a quando non vi sia una decisione ecclesiastica di qualche tipo, come la sentenza di un concilio ecumenico o anche di un concilio imperfetto, Dio solo saprà se la Messa può essere offerta per gli individui nominati, o se essi sono al di fuori della Chiesa orante e beneficiata a sua volta dalla preghiera. Si deve continuare a pregare in comunione con e per conto del titolare riconosciuto fino alla sua morte o qualora questi non venga deposto o sostituito.

---

8 L'omissione, nelle neo-anafore, di qualsiasi riferimento alla Fede "ortodossa, cattolica e apostolica" è abbastanza eloquente: la caratteristica più basilare del Modernismo è la sua negazione della stessa *esistenza* di una Fede che sia "ortodossa, cattolica e apostolica", determinata e transtemporale.

Il Canone Romano: pilastro e fondamento del rito romano

Il lettore potrebbe chiedersi: qual è il vantaggio spirituale di riflettere su queste cose? Il beneficio è, semplicemente, questo: dobbiamo riconoscere, con piena serietà e sobrietà, che la Chiesa nella sua preghiera pubblica non *presume* di essere in pace, unita, sotto una buona guida e diretta nella giusta direzione. Essa *implora* che sia così. E noi dobbiamo imitarla, dobbiamo interiorizzare lo stesso atteggiamento. Chiediamo con insistenza e serietà tali beni al Signore, nella Sua misericordia, e la sua risposta in parte dipenderà dalla fede e dal fervore con cui glieli chiediamo. Il Canone ci avverte che se non ci atteniamo alla fede cattolica e ortodossa, intera ed inviolata, non possiamo salvarci, né possono salvarsi i nostri pastori.

Le Litanie dei Santi, nella loro forma tradizionale, contengono alcune petizioni che confermano l'interpretazione appena esposta: "Che Tu Ti degni di governare e conservare la Tua santa Chiesa, Ti supplichiamo, ascoltaci... Che Tu Ti degni di conservare il Papa e tutti gli ordini ecclesiastici nella santa religione... Che Tu Ti degni di concedere la pace e l'unità a tutti i popoli cristiani...". La seconda di queste petizioni è particolarmente interessante: chiediamo a Dio di preservare il Papa nella virtù di religione, ovvero di conservarlo nella fede cattolica. Non avrebbe alcun senso chiedere ciò se non si trattasse di qualcosa che può mancare o andare perduta a causa dei peccati umani e del giusto giudizio di Dio.

3. Fede e devozione sono prerequisiti per la partecipazione alla Santa Messa.

> *Memento, Domine, famulorum famularumque tuarum N. et N.: et omnium circumstantium, quorum tibi fides cognita est et nota devotio, pro quibus tibi offerimus: vel qui tibi offerunt hoc sacrificium laudis...*
>
> [Ricordati, o Signore, dei Tuoi servi e delle Tue serve N. e N. e di tutti i circostanti, di cui conosci la fede e la devozione, per i quali ti offriamo, e che pure Ti offrono, questo sacrificio di lode...]

Qui il Canone individua due qualità che *devono* esser presenti in chiunque voglia assistere al Santo Sacrificio senza peccare: la fede e la devozione. Secondo San Tommaso, il peccato più grave, semplicemente parlando, è quello dell'infedeltà, il rifiuto di sottomettere la propria mente alla Rivelazione di Dio. [9] La fede è la radice di tutta la vita cristiana: "senza la fede è impossibile piacere a Dio" (Eb 11,6). Si noti: non è "difficile" o "più difficile" piacere a Dio senza fede; è *impossibile*. La salvezza non è alla portata di chi non professa la fede cristiana. Come recita l'incipit del Credo atanasiano: "Chiunque voglia salvarsi, deve anzitutto possedere la fede cattolica. Colui che non la conserva integra ed inviolata perirà senza dubbio in eterno". Il Canone, quindi, sottolinea molto opportunamente questa virtù nel momento in cui si ricordano i vivi, come farà in seguito nel ricordare i defunti.

Il Canone menziona inoltre la "devozione" perché, come spiega San Tommaso, nessuno può offrire degnamente il Sacrificio della Messa o ricevere la Santa Comunione senza una devozione attuale. Per "attuale" qui si intende un atteggiamento cosciente in quel determinato momento, piuttosto che la mera possibilità di porvisi sulla base di un'abitudine. Ecco come l'Aquinate spiega il punto:

> Dato che questo sacramento ci perfeziona unendoci al fine [di tutti i sacramenti, cioè Cristo] [. . .] perché esso abbia pienamente il suo effetto in colui che lo riceve, è necessario che ci sia una devozione attuale [*actualis devotio*]. E dato che a volte la devozione attuale può essere impedita senza peccato mortale, poiché le varie distrazioni la ostacolano, e i peccati veniali distruggono l'atto delle virtù, l'effetto di questo sacramento può essere impedito *senza* peccato mortale, in modo tale che qualcuno [che si accosta alla Comunione] *non consegue un aumento di grazia*; ma nemmeno sarebbe colpevole di peccato mortale; forse però colpevole di peccato veniale, per il fatto che si accosta al sacramento senza un'adeguata preparazione.[10]

Quindi, è quantomeno un peccato veniale quello di offrire o ricevere il Santo Sacramento in uno stato d'animo totalmente distratto, per routine o convenzione, senza una fede esplicita nella Presenza Reale accompagnata da qualche atto di adorazione che

---

9 Si veda *ST* II-II, q. 10, a. 3; anche se Tommaso sostiene che, sotto determinati aspetti, la disperazione, l'odio verso Dio e lo scisma siano peggiori dell'incredulità (cfr. ST II-II, q. 20, a. 3; q. 34, a. 2, ad 2; q. 39, a. 2, ad 3).
10 *In IV Sent.*, dist. 12, q. 2, a. 1, qa. 3.

scaturisca dalla nostra devozione ai santi misteri. Il Canone ci spinge a riflettere su come la stessa liturgia ci dovrebbe offrire i mezzi adatti per prepararci ad accostarci in modo adeguato a un sì grande sacramento.

4. *La perpetua verginità di Maria e la divinità di Cristo.*

> *Communicantes, et memoriam venerantes, in primis gloriosæ semper Virginis Mariæ, Genitricis Dei et Domini nostri Iesu Christi...*
>
> [Uniti in comunione e venerando anche la memoria, anzitutto della gloriosa sempre Vergine Maria, Genitrice del nostro Dio e Signore Gesù Cristo...]

Come si addice alla sua origine antichissima, il Canone ricorda il dogma della perpetua verginità di Maria, *semper Virgo – virgo ante partum, in partu, post partum*, vergine prima del parto, vergine durante il parto, vergine dopo il parto – un aspetto assente nelle nuove Preghiere eucaristiche.[11]

È però ancora più significativa la vibrante testimonianza che il Canone offre della divinità di Cristo: "Gesù Cristo, *nostro Dio* e nostro Signore". Se le espressioni "Cristo nostro Signore" o "Cristo tuo Figlio nostro Signore" ricorrono ancora abbondantemente nelle preghiere moderne, in nessuna di esse è conservata questa classica espressione anti-ariana, una perdita che fa il paio con l'eliminazione dal Novus Ordo di molte preghiere dell'*usus antiquior* che si rivolgono direttamente a Cristo come Dio.[12] Cristo non è solo il nostro Redentore, il nostro Salvatore, il nostro Maestro, il nostro Fratello: Egli è il nostro *Dio*, Dio da Dio, Luce da Luce, Dio vero da Dio vero, che adoriamo con quell'adorazione di *latria* che è riservata a Dio solo. Come chiarisce la grande orazione *Suscipe, sancta Trinitas* dell'Offertorio antico (e come non chiarisce il Novus Ordo), il sacrificio dell'Eucaristia è offerto non semplicemente al Padre, ma al *Dio Uno e Trino*, inseparabilmente Padre,

---

11 E che fortunatamente ancora si trova nel neo-Confiteor.
12 Per un'analisi più dettagliata, si veda Peter Kwasniewski, *Rinascita. La messa tradizionale come soluzione alla crisi della Chiesa* (Verona: Fede & Cultura, 2022), pp. 97-114.

Figlio e Spirito Santo. In tal modo, il venerabile rito romano coincide ancora una volta con la tradizione bizantina: "Sei Tu che offri e Tu che sei offerto; sei Tu che ricevi e Tu che sei dato, o Cristo nostro Dio" (preghiera pronunciata durante l'Inno Cherubico nella Divina Liturgia di San Giovanni Crisostomo).

5. *La protezione divina in virtù dei meriti dei santi.*

> ... *et omnium Sanctorum tuorum; quorum meritis precibusque concedas, ut in omnibus protectionis tuæ muniamur auxilio... Intra quorum nos consortium, non estimator meriti, sed veniæ, quæsumus, largitor admitte.*

> [... e di tutti i Tuoi Santi; per i meriti e per le preghiere dei quali concedi che in ogni cosa siamo assistiti dall'aiuto della Tua protezione... Nella cui compagnia Ti preghiamo di accoglierci, non soppesando il merito, ma elargendoci la Tua grazia.]

Tutte le nuove anafore menzionano la comunione e l'intercessione dei santi, ma solo il Canone Romano specifica che sono i loro *meriti* a ottenerci la protezione del Signore. Questo primo elemento fa da contraltare al richiamo verso la fine del Canone: "non guardare ai nostri meriti"; sottintendendo una contrapposizione dei nostri meriti rispetto a quelli dei santi. Al di là di un riferimento nella Preghiera eucaristica II ("donaci di aver parte alla vita eterna"[13] [*aeternae vitae mereamur esse consortes*: si noti come il riferimento al "merito" va completamente perso nella traduzione italiana, qui riportata, NdT]), la nozione di merito è stranamente assente nei testi liturgici postconciliari, molto probabilmente perché era nell'interesse dell'ecumenismo sminuire una delle questioni su cui cattolici e protestanti si trovano più fortemente in disaccordo.[14]

---

13 Questa frase era stata omessa dalla prima "traduzione" dell'ICEL (Commissione internazionale per l'inglese nella liturgia), che il più delle volte altro non era che una parafrasi approssimativa del testo originale.
14 Partendo da una *lex orandi* così carente, non è forse molto più facile da comprendere (e più difficile da riconoscere come veleno) l'assurda affermazione di Papa Francesco secondo cui "cattolici e luterani sono d'accordo sulla giustificazione"?

Il Canone Romano: pilastro e fondamento del rito romano

In questo contesto meritano di essere ricordati i due ampi elenchi di santi previsti dal Canone Romano. Elaborati in forma definitiva da san Gregorio Magno, questi elenchi sono molto curati nella numerologia e nella combinazione di santi di rilevanza universale con santi venerati a livello locale in Roma, quasi a voler accentuare l'universalità del *logos* che attira a sé tutti gli uomini "saggi e in cerca di Dio" (cfr. Sal 13,2) ma anche lo "scandalo del particolare".[15] Nel Canone Romano sono ricordati e invocati quaranta santi cari all'antica Chiesa di Roma: venticinque santi prima della consacrazione (a cui si è aggiunto San Giuseppe nel 1962) e quindici dopo. Ad eccezione della Madonna, che costituisce una classe a sé stante, e di San Giuseppe, l'elenco precedente la consacrazione comprende due gruppi di dodici santi ciascuno. In primo luogo, gli Apostoli: Pietro e Paolo, Andrea, Giacomo, Giovanni, Tommaso, Giacomo, Filippo, Bartolomeo, Matteo, Simone e Giuda; poi, i martiri: Lino, Cleto, Clemente, Sisto, Cornelio, Cipriano, Lorenzo, Crisogono, Giovanni e Paolo, Cosma e Damiano. Questo doppio elenco è uno schema numerologico voluto: sommando 12 e 12 si ottiene 24, il numero degli anziani davanti al trono di Dio e dell'Agnello; moltiplicando 12 per 12 si ottiene 144, che ci fa pensare ai 144.000 figli d'Israele segnati col sigillo, di cui si parla nel libro dell'Apocalisse (7,4).[16]

---

15   Per il rapporto Incarnazione-Eucaristia-Papato si veda il cardinale Charles Journet, *The Theology of the Church*, trad. ing. di Victor Szczurek (San Francisco: Ignatius Press, 2004), pp. 128-29. Per "scandalo del particolare" si intende il fatto che siamo salvati non da astrazioni o formule, ma da un Salvatore in carne e ossa di nome Gesù di Nazareth, vissuto in un certo luogo e in un certo tempo e che oggi incontriamo in rituali estremamente definiti, tramandati di generazione in generazione. Un bell'esempio del "senso locale" che ritroviamo nel Canone Romano è nella frase che, nel memento dei defunti, descrive il paradiso come "locum refrigerii, lucis, et pacis", un luogo di refrigerio, luce e pace. *Refrigerio*, pensando che questa preghiera è nata nel caldo clima del Mediterraneo, dove chiunque cercava sollievo dall'arsura pomeridiana; e in effetti il manipolo nasce come fazzoletto per asciugare il sudore della fronte. *Luce*, perché in un mondo preindustriale la cosa più preziosa di tutte è la luce del giorno, grazie alla quale gli uomini possono vivere e lavorare. *Pace*, perché il mondo del tardo Impero Romano era instabile, pieno di guerre e di briganti, e tutto fuorché pacifico.
16   Nelle Scritture, dodici è il numero delle tribù di Israele, la pienezza del popolo di Dio. Quando il numero viene elevato al quadrato, la sua pienezza

Nel secondo elenco, dopo la consacrazione, Giovanni Battista è menzionato per primo e va considerato come il capo di questo secondo coro di santi, per il suo rapporto unico con la Chiesa di Roma, in quanto patrono della Basilica Lateranense, la Cattedrale del Papa. Seguono due gruppi: sette uomini (Stefano, Mattia, Barnaba, Ignazio, Alessandro, Marcellino, Pietro) e sette donne (Felicita, Perpetua, Agata, Lucia, Agnese,[17] Cecilia, Anastasia). Poiché il numero 7, come il 12, significa perfezione, pienezza, completezza, qui è richiamata alla nostra mente l'intera compagnia dei santi, uomini e donne. Moltiplicato, 7 per 7 dà 49, e ci ricorda la totalità del regno reso santo dalla discesa dello Spirito Santo il giorno di Pentecoste (49 più 1, dove l'*Uno* indica Dio, che santifica i santi ed in essi è magnificato).

Così, per due volte il Canone pone davanti ai nostri occhi l'intera comunione dei santi: quelli di cui celebriamo le feste, quelli che sono menzionati nel Martirologio e quelli il cui nome è noto a Dio solo. Ogni volta che è offerta la Messa tradizionale, vengono nominati quarantasei santi: i quarantuno già citati, più Sant'Abele, Sant'Abramo, San Melchisedec, Sant'Isaia e San Michele Arcangelo.[18] Questi santi del Nuovo Testamento, dell'Antico

---

viene, per così dire, solidificata. Moltiplicato per mille indica la vastità inimmaginabile dei cittadini della città celeste. L'inclusione di San Giuseppe in questo elenco è problematica perché disturba l'armonia (entrambi i Memento hanno un capofila e poi due gruppi eguali), ed è l'unico nel primo elenco a cui non è attribuito in qualche modo il martirio.

17 Un'altra incantevole "irregolarità" del rito romano classico è la presenza di due feste di Sant'Agnese: la sua festa principale del 21 gennaio e la sua "seconda commemorazione" nel giorno dell'ottava, il 28 gennaio, soluzione unica tra tutti i santi. Nell'edizione del 1866 di *The Lives of the Saints* del Rev. Alban Butler, leggiamo: "Una seconda commemorazione di Sant'Agnese ricorre in questo giorno negli antichi *Sacramentari* di Papa Gelasio e di San Gregorio Magno; così come nel vero *Martirologio* di Beda. Era, forse, il giorno della sua sepoltura, o di una traslazione delle reliquie, o di qualche notevole favore ottenuto per sua intercessione poco dopo la sua morte". Si sviluppò una leggenda secondo la quale in questo giorno Agnese, circondata da vergini splendenti di luce, apparve ai suoi genitori che pregavano presso la sua tomba, il che spiega la scelta dell'Introito della Messa, *Vultum tuum*.

18 Si potrebbe aggiungere che in diverse preghiere sono invocati direttamente, sia pure non per nome, anche i santi le cui reliquie si trovano entro l'altare o nelle immediate vicinanze. Per un commento riguardo a tutti i santi menzionati nella Messa tradizionale, si veda Amleto Cicognani, *The Saints*

Testamento e dell'ordine angelico rappresentano la grande moltitudine di ogni tribù, lingua, popolo e nazione che canta le grandi lodi di Dio nel regno dei cieli. L'apparente "arbitrarietà" di questi quarantasei santi, quando se ne sarebbero potuti scegliere molti altri, avvalora una delle lezioni fondamentali della rivelazione divina: "Farò grazia a chi vorrò far grazia e avrò misericordia di chi vorrò aver misericordia".[19] Dio ci chiama per nome, non ci redime in modo generico. Gli antichi greci chiamavano lo schiavo *aprosopos*, colui che non ha volto. Gesù Cristo, il volto umano di Dio, ci restituisce il *nostro* volto, il nostro nome, la nostra dignità, in mezzo ai nostri fratelli e sorelle. Le neo-anafore, al contrario, obliterano questi elenchi di santi – la *pia memoria* della Chiesa di Roma – e, a parte l'obbligatoria menzione della Madonna e di San Giuseppe,[20] rispecchiano le masse senza nome della modernità industriale, omettendo il nome, la dignità, delle singole persone.

6. Dio Padre è il Paterfamilias della Chiesa, la Sua famiglia; il sacerdote, Suo primo servitore.

> *Hanc igitur oblationem servitutis nostræ, sed et cunctæ familiæ tuæ, quæsumus, Domine, ut placatus accipias...*
>
> [Ti preghiamo, dunque, o Signore, di accettare placato questa offerta di noi Tuoi servi e di tutta la Tua famiglia...]

L'antichità e la *romanitas* del Canone romano sono evidenti in molti passaggi, di cui l'*Hanc igitur* è un vivido esempio. Qui Dio è il *Paterfamilias*, colui dalla cui parola dipende la vita e la morte di tutti i membri della famiglia. Se il Padre pronuncia una parola di comando, il sacrificio avverrà; se Egli si degna di riceverlo, questo sarà efficace. Ecco perché il Canone romano non ha alcuna epiclesi.[21] Essendo anteriore alla controversia macedoniana sulla

---

Who Pray with Us in the Mass (Kansas City, MO: Romanitas Press, 2017); Neil J. Roy, "The Roman Canon: *Deësis* in Euchological Form", in *Benedict XVI and the Sacred Liturgy*, ed. Neil J. Roy e Janet E. Rutherford (Dublino: Four Courts Press, 2010), pp. 181-99.
19   Es 33,19; cfr. Rom 9,15-18.
20   Quest'ultima, come detto, una novità che dobbiamo a Papa Giovanni XXIII.
21   Si veda Gregory DiPippo, "Reforming the Canon of the Mass: Some Considerations from Fr. Hunwicke", *NLM*, 25 aprile 2015; Peter Kwasniewski,

divinità dello Spirito Santo, esso riflette una teologia patristica in cui il compiacimento del Padre nei confronti del Figlio, unitamente alla Sua onnipotenza,[22] spiega sufficientemente perché a prevalere sia la preghiera della Chiesa, e il modo in cui il Corpo e il Sangue di Cristo si rendono presenti sull'altare. "Per il Canone Romano, Consacrazione significa che offriamo il pane e il vino al Padre Onnipotente affinché Egli, accettandoli, li faccia diventare il Corpo e il Sangue di Suo Figlio secondo le parole pronunciate dal Verbo Incarnato. A Bisanzio, il sacerdote, su richiesta del diacono, invoca lo Spirito Santo perché scenda su questi elementi e, con la Sua Trasformazione, li renda Corpo e Sangue del Signore. Ciascuna tradizione ha diritto alla propria integrità".[23]

Che conforto sentire la chiesa definita come la "famiglia di Dio"![24] Il sacerdote chiede al Padre di ricevere, compiaciuto, *hanc oblationem servitutis nostrae*, letteralmente, quest'offerta della nostra servitù – ossia un'opera che i servi della famiglia compiono perché incaricati di compierla. Il sacerdote all'altare è, quindi, il primo servitore, il maggiordomo del padrone, un *architriclinus* che agisce per Suo conto a beneficio di tutti i membri della famiglia.[25] Il linguaggio del Canone coniuga la gerarchia dell'autorità

"East-West Disagreements about the *Epiclesis* and Transubstantiation", *NLM*, 4 maggio 2020; Fr. André Marie, "Some Thoughts on the *Epiclesis* in the Divine Liturgy", *Catholicism.org*, 10 luglio 2019. A questo proposito devo notare di trovarmi in amichevole disaccordo con la tesi di Mosebach secondo cui il "Veni Sanctificator" dell'Offertorio è l'epiclesi della Messa romana; né è più convincente la teoria che fa del "Supplices te rogamus" un'epiclesi esoterica.

22 L'attributo divino dell'onnipotenza ha un posto di primo piano nel Canone Romano. È menzionato subito prima della consacrazione dell'ostia, nel *Supplices te rogamus* e nella dossologia finale. In una domenica standard nell'*usus antiquior* complessivamente considerato le parole "onnipotente" o "onnipotenza" ricorrono sedici volte. Nel rito moderno di Paolo VI, il numero oscilla da nove, se si usano il Confiteor e il Canone Romano, a sei se non li si usa.

23 "The Worst Evil of Uniatism?", *Fr. Hunwicke's Mutual Enrichment*, 30 giugno 2019, trad. personale.

24 Quest'espressione si trova solo nel Canone Romano e nella Preghiera Eucaristica III. Quest'ultima, tuttavia, sostituisce al contesto romano originale l'immagine vagamente sentimentale di un padre a cui viene chiesto: "ricongiungi a Te [...] tutti i Tuoi figli ovunque dispersi".

25 Come spiega il *Watson's Biblical & Theological Dictionary*: "αρχιτρικλινος, generalmente tradotto come *amministratore* [*steward*], indica piuttosto il padrone o il sovrintendente del banchetto; 'uno', dice Gaudenzio, 'che è

con l'intimità della famiglia, il posto speciale e superiore del sacerdote con il suo status di servitore della comunità – due verità complementari sovente contrapposte, sia in teoria che in pratica, nelle squilibrate ecclesiologie di oggi, che oscillano tra un populismo da comunità di base e un papalismo smodatamente verticistico.

7. *Di default, il destino dell'umanità è l'inferno; Dio predestina gli eletti alla vita eterna.*

> . . . diesque nostros in tua pace disponas, atque ab æterna damnatione nos eripi, et in electorum tuorum iubeas grege numerari.
>
> [. . . fa che i nostri giorni scorrano nella Tua pace e che noi veniamo liberati dall'eterna dannazione e annoverati nel gregge dei Tuoi eletti.]

La seconda parte dell'*Hanc igitur* enuclea quella verità sulla salvezza umana insegnata dai Padri, Dottori e Papi pre-moderni della Chiesa, ed esclude pertanto la mentalità universalistica del nostro tempo, che presuppone che tutti gli uomini si salveranno – che la salvezza sia la situazione *di default* – salvo un rifiuto cosciente ed eclatante di Dio. Al contrario, il consenso dei teologi cattolici dall'antichità fino all'inizio del XX secolo era che l'uomo, essendo erede del peccato originale, non può entrare nel regno dei cieli se non muore e risorge con Cristo nel battesimo;[26] e che, di conseguenza, l'umanità è una *massa damnata* dalla quale i singoli individui vengono salvati mediante l'applicazione alle loro anime dei frutti della Sua redenzione. Cristo è venuto nel mondo per salvare i peccatori dalla distruzione dovuta ai peccati, ereditati e attuali. L'unica via che conduce alla vita eterna sta nel

---

amico del marito, e incaricato di condurre l'ordine e l'economia del banchetto.' Dava istruzioni ai servi, supervisionava ogni cosa, ordinava di immbandire le tavole o di liberarle dalle stoviglie come riteneva opportuno: da qui il suo nome, come regolatore del *triclinium*, o tavola della festa. Assaggiava anche il vino e lo distribuiva agli ospiti". Da www.studylight.org/dictionaries/wtd/a/architriclinus.html.

26 E qui va incluso, insieme al battesimo sacramentale con l'acqua, anche il battesimo di desiderio e il battesimo di sangue. Cfr. San Tommaso, ST III, q. 66, artt. 11–12.

rivestirsi di Cristo,[27] nell'essere incorporati al Suo Corpo Mistico e nel morire nello stato di grazia santificante. Come ha osservato Scott Hahn in una conferenza sul Vangelo di Giovanni, "la storia della salvezza è anche la storia della dannazione": Cristo è venuto nel mondo per il giudizio, per causare separazione rivelando la verità e smascherando le tenebre.[28] Ecco perché il Martirologio Romano riporta accuratamente il nome non solo di ogni martire, ma anche dei suoi persecutori.

Inoltre, in assoluta opposizione al pelagianesimo, la Chiesa insegna che è Dio, non l'uomo, a fare il primo passo nel rinnovamento della nostra vita; che tutta la nostra capacità e idoneità (*sufficientia*) viene da Lui (2 Cor 3,5); che nessuno viene a Gesù se il Padre non lo attira (Gv 6,44); che diveniamo figli adottivi di Dio per il suo disegno di predestinazione (Ef 1,5); che se perseveriamo è per suo dono, non per nostro esclusivo sforzo. In breve, è Dio che deve *annoverarci* nel gregge dei Suoi eletti; ci *sceglie* consapevolmente e amorevolmente per essere "pecorelle razionali" del Suo gregge.[29] Non ci trova, per così dire, per puro caso e con Sua piacevole sorpresa dentro l'ovile; Egli lì ci *porta* e lì ci *tiene*.

Tutto questo il Canone Romano lo trasmette in modo sintetico con parole tanto semplici quanto rassicuranti, ricordandoci che la Chiesa cattolica, come il suo Dottore Comune, San Tommaso, ha sempre insegnato e tuttora insegna la dottrina della predestinazione.[30] La petizione dell'*Hanc igitur* è un distillato in forma

---

27 Cfr. Rm 13,14, Gal 3,27; cfr. Mt 22,12; At 4,12.
28 Cf. Gv 9,39; cf. Gv 3,16-21, 5,24-29; Lc 12,51.
29 Come dice l'inno bizantino del Akathistos [la diffusa traduzione "gregge fedele" non rende adeguatamente il λογικῶν originale, NdT].
30 Si veda *ST* I, q. 23, con il commento di p. Réginald Garrigou-Lagrange sul tema della *predestinazione*. Chi dubitasse che la Chiesa cattolica ancora insegna la dottrina della predestinazione - ovviamente non nell'accezione erronea di varie confessioni protestanti, ma la vera nozione - farebbe bene ad aprire il *Catechismo della Chiesa cattolica* ai nn. 257, 600, 1007, 2012, 2782 e 2823; il n. 600 evita la controversia domenicano-molinista, limitandosi a ripetere quanto dice San Paolo e aggiungendo soltanto questa glossa: "Tutti i momenti del tempo sono presenti a Dio nella loro attualità. Egli stabilì dunque il suo disegno eterno di «predestinazione» includendovi la risposta libera di ogni uomo alla sua grazia".

liturgica dell'insegnamento dell'apostolo Paolo, come lo si trova specialmente nelle lettere agli Efesini e ai Romani:

> avendoci predestinati ad essere figli adottivi per mezzo di Gesù Cristo, secondo il beneplacito del suo volere [...] nel quale siamo stati anche eletti a sorte, predestinati per decreto di colui che tutto fa secondo il consiglio del suo volere. (Ef 1,5, 1,11)

> Perché quelli che egli ha preconosciuti li ha anche predestinati a essere conformi all'immagine di Suo Figlio, sì da esser lui primogenito fra molti fratelli; e quelli che ha predestinati, questi ha anche chiamati; e quelli che ha chiamati, li ha anche giustificati; e quelli che ha giustificati li ha anche glorificati. (Rom 8, 29-30)[31]

La liturgia testimonia la fede della Chiesa in numerosi contesti, come la Sequenza della Messa per i defunti (*Dies Irae*). La Segreta della ventitreesima domenica dopo Pentecoste esprime alla perfezione la dottrina della Chiesa: "Questo sacrificio di lode che ti offriamo, o Signore, sia un aumento della nostra servitù [ossia del nostro servizio a Te]: affinché, ciò che Tu conferisti a noi senza merito, Ti degni, propizio, di condurlo a perfezione" [*ut, quod immeritis contulisti, propitius exsequaris*]. Nell'*usus antiquior*, il Postcommunio per la festa del Santo Nome di Gesù, un'aggiunta relativamente recente risalente al XVI secolo (e incorporata nel calendario generale nel XVIII), leggiamo: "Onnipotente eterno Dio, che ci hai creato e redento, riguarda benignamente i nostri omaggi e con volto sereno e benevolo accogli il sacrificio dell'Ostia salutare che ti abbiamo offerto in onore del Nome di Gesù Cristo

---

31 Non fa gran differenza che questi passi delle lettere agli Efesini e ai Romani si trovino nel nuovo lezionario (ad esempio, il mercoledì della XXX settimana T. O., anno A; XVII domenica T. O., anno A; il giovedì della XXVIII settimana T. O., anno B; l'Immacolata Concezione, 2a lettura), perché queste letture vanno e vengono come passeri a una mangiatoia, mentre il pericolo dell'eterna dannazione e la divina misericordia della predestinazione sono temi intessuti nella trama stessa del rito romano tradizionale. Inoltre, la maggior parte delle preghiere che si riferiscono alla predestinazione nell'*usus antiquior* sono state eliminate o smorzate nell'*usus recentior*, cosicché risulta assai più difficile affermare che la liturgia riveduta insegna in modo chiaro e inequivocabile questa dottrina scritturale e tradizionale.

tuo figlio e nostro Signore; affinché santificati dalla tua grazia, ci rallegriamo di vedere i nostri nomi scritti nel cielo sotto il nome glorioso di Gesù, titolo dell'eterna predestinazione".[32]

Ma che importanza spirituale ha, per noi, questa dottrina?

In questi, moderni tempi, non passa giorno che non ci venga ripetuto quanto siamo bravi e ben intenzionati, epperò vittime innocenti del contesto pregiudizievole nel quale ci siamo formati, cosa che (ovviamente) ci dà tutto il diritto a confortanti compensazioni. Ci viene ribadita la grandezza dell'uomo, della sua dignità e dei suoi diritti. Rischiamo invece di dimenticare alcune verità fondamentali sulla nostra condizione. Siamo esseri decaduti, alienati da Dio, dal nostro prossimo, persino da noi stessi. Non possiamo vantare alcun diritto dinanzi a Dio; siamo come "panni impuri", come dice Isaia (Is 64,5). Dipendiamo dalla Misericordia divina in ogni momento: per la nostra stessa esistenza, per la nostra conversione al bene, per il nostro pentimento dal male, per sfuggire all'eterna dannazione e, soprattutto, per il dono della vita eterna in Cristo Gesù.

Siamo sull'orlo di un abisso di miseria senza fine, nel quale possiamo cadere da un momento all'altro con il peccato mortale, se la nostra vita si spegnesse prima di essercene pentiti – se il Signore, nella sua misericordia, non ci impedisse di cadere o, dopo essere caduti, non ci concedesse il dono del pentimento. "Non ci indurre in tentazione". Non farci entrare nell'abisso. *Ordina che siamo salvati dalla dannazione eterna.* È questa la *realtà*, opposta alla

---

[32] In un'altra dimostrazione di "neutralizzazione" teologica, il Novus Ordo – dal cui calendario la festa del Santo Nome era stata inizialmente eliminata da Paolo VI (senza dubbio perché considerata "incrostazione barocca") per poi essere ripristinata sotto Giovanni Paolo II come "memoria facoltativa" – riduce garbatamente il denso contenuto di questo Postcommunio ad un'accettabilissima banalità: "Che l'ostia offerta alla tua maestà, o Signore, per onorare il Nome di Cristo e che ora abbiamo ricevuto, ci riempia, ti preghiamo, della tua abbondante grazia, così che possiamo arrivare a gioire che anche i nostri nomi siano scritti in cielo". La dottrina c'è, ma è come smorzata, sterilizzata [si noti che quella appena offerta è la traduzione letterale dell'originale latino, ma quella del Messale CEI non ha la minima attinenza all'originale: "Nella tua misericordia, o Padre, donaci la grazia di adorare con fede viva, in questi santi misteri, il Signore Gesù, nel cui nome hai voluto che ogni ginocchio si pieghi e ogni uomo trovi la salvezza"; NdT].

Il Canone Romano: pilastro e fondamento del rito romano

fantasia superficiale dell'egoismo, la "via larga che porta alla distruzione", di cui ci avvolge la cultura contemporanea.

Siamo, però, anche sull'orlo di un abisso ascendente, quello della beatitudine senza fine del cielo, nel quale siamo tratti fuori da noi stessi, come per gravità inversa, fino alla grandezza soprannaturale dei figli di Dio. Questo pure è un dono che mai avremmo potuto meritare; Cristo solo lo ha vinto per noi versando il suo Sangue prezioso sulla Croce, nell'unico supremo sacrificio che è reso presente ogni volta che si offre la Santa Messa. Ed è proprio alle soglie di questa nuova presenza tra noi del Divin Sacrificio che supplichiamo umilmente il Signore: *Ordina che siamo annoverati nel gregge dei Tuoi eletti*. Annoveraci, o Signore, insieme al buon ladrone al quale dicesti: "Oggi sarai con Me in paradiso".

La dottrina della predestinazione, rettamente intesa (e non, ad esempio, la sua distorsione calvinista), avrà come effetti spirituali positivi un atteggiamento di profondo e costante *ringraziamento* per le infinite misericordie del Signore, che morì per noi quando ancora eravamo Suoi nemici, per renderci Suoi amici; la profonda *umiltà* di chi sa di essere stato scelto da Dio non per la propria bellezza, ma unicamente perché Egli ci rendesse belli al Suo cospetto; una sobria *vigilanza* e *attenzione*, onde evitare che il nostro nome venga cancellato dal Libro della Vita; e, soprattutto, un costante *ricorso alla preghiera*, affinché siamo radicati sempre di più in Cristo e non in noi stessi, perché è "rendendoci conformi all'immagine del suo Figlio" (cfr. Rm 8,29), e in nessun altro modo, che si realizza effettivamente la nostra predestinazione. In risposta a così grande misericordia, la Chiesa mette sulle labbra dei suoi sacerdoti le parole del Salmista nel ricevere il Sangue prezioso, prezzo delle nostre anime: "Che renderò al Signore per tutte le cose che mi ha dato? Prenderò il Calice della salute e invocherò il nome del Signore. Lodandolo invocherò il Signore e sarò salvo dai miei nemici."

È quindi di immensa importanza per alimentare la retta fede della Chiesa che la dottrina della predestinazione, trasmessa pura e intera nel Canone Romano, sia ben presente ai sacerdoti che offrono la Messa e al popolo che vi partecipa.

8. Il sacrificio offerto è razionale; la nostra fede, ragionevole.

Quam oblationem tu, Deus, in omnibus, quæsumus, bene✠dictam, adscri✠ptam, ra✠tam, rationabilem, acceptabilemque facere digneris: ut nobis Cor✠pus, et San✠guis fiat dilectissimi Filii tui, Domini nostri Iesu Christi.

[La quale offerta Tu, o Dio, degnati, te ne supplichiamo, di rendere in tutto e per tutto benedetta, ascritta, ratificata, ragionevole e accettabile affinché diventi per noi il Corpo e il Sangue del Tuo dilettissimo Figlio nostro Signore Gesù Cristo.]

Il linguaggio giuridico qui utilizzato, anch'esso molto romano, trasmette un forte senso di oggettività: si chiede al Padre di concedere che ogni cosa sia fatta correttamente e annotata come tale, come a significare che la salvezza non è una questione di impressioni, sentimenti, stati soggettivi, aneliti amorfi; non è un *"wishful thinking"*, ma un accesso a Dio concreto, definito e conosciuto, per mezzo di un "sacrificio visibile come esige l'umana natura".[33]

In questo modo, il Canone Romano evidenzia la *razionalità* della fede cristiana. Il *Logos* si è fatto carne per restituire all'uomo il suo *logos*, la sua ragione. Ci è dato il privilegio di un culto razionale che, da un lato, contiene ancora la piena realtà del sacrificio (senza il quale non c'è religione, non c'è adorazione, non c'è

---

33 Concilio di Trento, Sessione 22, cap. I. Padre John Hunwicke commenta così questa parte del Canone: "La chiave per una comprensione equilibrata è quella premessa che è parte integrante del Pentateuco, ossia che i sacrifici d'Israele dovevano essere eseguiti esattamente come indicato dai testi ispirati. E ciò risale al significato stesso di Alleanza. Essa, molto semplicemente, lega la fedeltà del nostro Dio dell'Alleanza (ciò che noi latini chiamiamo la sua *pietas*) con la nostra obbedienza alla sua Legge (ciò che noi latini chiamiamo la nostra *pietas*). Come dimostrato da Christine Mohrmann, il carattere legalistico del latino liturgico risale a ben prima del latino del IV secolo che ritroviamo nei primi Sacramentari romani. La Mohrmann parlò della "precisione quasi giuridica" del Canone come di frammenti superstiti di preghiere romane precristiane e preclassiche, utilizzate tanto nell'agricoltura quanto nella guerra. Non temeva di parlare di 'questa verbosità monumentale unita alla precisione giuridica, che così bene si addice alla *gravitas Romana*, ma che tradisce altresì una certa scrupolosità nei confronti dei poteri superni'. 'Si è creato uno stile sacrale che si ricollega all'antica preghiera del culto ufficiale romano.'" "Are the Institution Narratives of the Roman Rite legalistic? (2)", *Fr Hunwicke's Mutual Enrichment*, 9 giugno 2019.

Il Canone Romano: pilastro e fondamento del rito romano

perdono dei peccati) e, dall'altro, è incruento e spirituale, portandoci dal regno sensibile o terreno al regno intelligibile o celeste. Il protestantesimo attaccò il cattolicesimo come una recrudescenza del paganesimo o un culto giudaizzante; la modernità attaccò il cattolicesimo come una superstizione irrazionale e un pregiudizio pre-scientifico; la postmodernità attacca il cattolicesimo come una struttura di potere autoreferenziale, avara, sciovinista, omnifobica e intollerante; ma il Canone Romano testimonia con serenità la luminosa razionalità della Fede, la maestà del suo Dio, l'eccellenza dei suoi riti, l'alta meta della sua regola di vita.[34]

9. *Le mani di Cristo sono sante e venerabili, e così pure quelle del sacerdote.*

> *Qui pridie quam pateretur, accepit panem in sanctas ac venerabiles manus suas, et elevatis oculis in cælum, ad te Deum Patrem suum omnipotentem... Simili modo postquam cenatum est, accipiens et hunc præclarum calicem in sanctas ac venerabiles manus suas...*
>
> [Il Quale nella vigilia della Passione preso del pane nelle Sue sante e venerabili mani, alzati gli occhi al cielo, a Te Dio Padre Suo onnipotente... Nello stesso modo, dopo aver cenato, preso nelle Sue sante e venerabili mani anche questo glorioso calice...]

Una delle più belle usanze del cattolicesimo è quella di baciare le mani del novello sacerdote, per esprimere la propria riverenza verso il ministro del Signore e in particolare verso *questi* strumenti consacrati, unti per conferire i sacramenti – e soprattutto il prezioso Corpo del Signore – al popolo fedele.

La dignità di Cristo Sommo Sacerdote, la sua intrinseca santità e il modo in cui il ministro partecipa di questa dignità e santità vengono splendidamente sottolineati nel Canone Romano, quando

---

[34] Ancora una volta, vediamo come il Canone romano trovi un parallelo nel linguaggio della Divina Liturgia bizantina di San Giovanni Crisostomo: durante l'Inno Cherubico, "Sei stato nominato nostro Sommo Sacerdote e, come Maestro di tutti, ci hai trasmesso il ministero sacerdotale di questo sacrificio liturgico senza spargimento di sangue"; all'Epiclesi: "Ti offriamo questo culto razionale senza spargimento di sangue" (trad. personale).

il sacerdote, nel prendere l'ostia, dice: "Prese il pane nelle Sue mani sante e venerabili", e usa poi le medesime parole in riferimento al calice. Le mani del sacerdote: perché tanti cattolici non le venerano più, non le considerano più come unicamente adatte a maneggiare il Pane della Vita? Ciò è senza dubbio dovuto a una diffusissima perdita di fede nella Presenza Reale, tale da ridurre questo dono immortale a mero pane, da distribuire nel modo più rapido e conveniente. Avendo perso di vista Colui le cui mani sono "sante e venerabili", Colui che "alza i Suoi occhi al cielo", abbiamo anche perso di vista il carattere distintivo del Suo ministro, le responsabilità che gli appartengono in quanto *alter Christus* e il carattere essenzialmente sacro del culto liturgico, mediante il quale dobbiamo alzare i *nostri* occhi al cielo e non tenerli fissi sulle cose della terra (Col 3,2) - o fissarci l'un l'altro in un "cerchio chiuso in noi stessi",[35] come accade ogni volta che la Messa viene celebrata verso il popolo anziché verso oriente, in un comune orientamento a Cristo nostro Dio, che, come ci dice la Scrittura, verrà da Oriente per giudicare i vivi e i morti.

Consentitemi di illustrare la forza di queste parole raccontandovi una storia vera. C'era un tal sacerdote che non usava mai il Canone Romano, ma soltanto le neo-anafore. Un amico gli chiese un giorno di celebrare Messa per un'occasione speciale, pregandolo di utilizzare il Canone. Giunto il gran giorno, appena iniziato a pronunciare le parole "Egli prese il pane nelle sue mani sante e venerabili", il sacerdote si fermò e si mise a piangere, perché per la prima volta nella sua vita si era reso conto che quelle parole si riferivano anche alle *sue* mani, in quanto rappresentante di Gesù Cristo sull'altare. Calmatosi un attimo, il sacerdote proseguì fino a dover dire: "prendendo nelle Sue sante e venerabili mani questo glorioso calice", e si mise di nuovo a piangere. Che questa storia possa riaccendere la nostra meraviglia per la grandiosità del Santo Sacrificio e per il ruolo unico che il sacerdote ha in esso! Non dimentichiamo mai che ciò che il sacerdote compie

---

35 Joseph Ratzinger, *Spirit of the Liturgy*, trad. personale da quella inglese di John Saward (San Francisco: Ignatius Press, 2000), ed. comm., p. 94; ed. originale, p. 81; *Collected Works* pp. 11, 49.

durante la consacrazione, con la potenza di Dio, non ha pari nella potenza naturale di alcun angelo delle schiere celesti, foss'anche San Michele Arcangelo.[36]

10. Misticamente, vi è una identità tra tutte le Messe e l'unico Santo Sacrificio del Calvario.

> ... accipiens et hunc præclarum calicem in sanctas ac venerabiles manus suas...
>
> [... preso nelle Sue sante e venerabili mani anche questo glorioso calice...]

La significativa espressione *hunc praeclarum calicem* afferma con forza l'unità della Messa che si celebra con l'unico e omnisufficiente Sacrificio del Calvario, che il Signore ha anticipato in simboli nella notte in cui veniva tradito.[37] La prima Messa del Giovedì Santo, l'oblazione cruenta del Venerdì Santo e tutte le innumerevoli Messe celebrate da allora sono un unico e medesimo sacrificio dell'innocente Agnello di Dio che toglie i peccati del mondo. Ecco perché il sacerdote può dire, con licenza poetica

---

36 Alla consacrazione avviene un miracolo. Ed è un miracolo sotto molteplici aspetti: non solo per il mutamento dell'intera sostanza del pane nel Corpo di Cristo (e del vino nel suo Preziosissimo Sangue), ma anche per il *modo* in cui si compie, ossia con gli accidenti del pane e del vino che restano, per la potenza di Dio, sul corporale e nel calice *senza alcun soggetto cui inerire* (non esiste un pane o un vino di cui essi siano gli accidenti, né essi sono gli accidenti del Corpo o del Sangue di Cristo). Il sacerdote, pronunciando le parole di consacrazione, è la causa strumentale di cui Dio si serve per operare la transustanziazione stessa e la miracolosa persistenza degli accidenti senza un soggetto. Nemmeno gli angeli, in virtù del loro potere naturale, possono fare un miracolo in senso stretto, cioè produrre un effetto che esula dall'ordine dell'intera natura creata (cfr. *ST* I, q. 110, a. 4). Possono, naturalmente, grazie alla potenza straordinaria della loro natura, produrre effetti che sorprendono gli uomini (ad 2), e possono agire come servitori di Dio quando Egli opera un miracolo grazie alla Sua onnipotenza – ad esempio, radunando la polvere dei corpi dei defunti per la risurrezione finale (ad 1).

37 Si è avanzata l'ipotesi che l'*hunc* possa indicare che a Roma, al momento in cui il Canone venne composto, si usava il vero calice dell'Ultima Cena. Si veda Janice Bennett, *St. Laurence and the Holy Grail: The Story of the Holy Grail of Valencia* (San Francisco: Ignatius Press, 2004). Se così fosse, si tratterebbe di un eccellente esempio di tradizione umano-apostolica.

ed esattezza metafisica al contempo, che Gesù prese "QUESTO glorioso calice", lo benedisse e lo diede ai Suoi discepoli.[38] Come dice un autore moderno: "Nella Messa, spazio e tempo sono annientati. Nella Messa, l'eternità e l'infinito vengono portati sulla terra. Anche se la Messa viene celebrata su mille altari, non c'è che una sola Messa: un solo miracolo, una sola venuta; un solo Calvario, un solo sacrificio, in cui è incluso ogni sacrificio".[39]

Merita inoltre attenzione il termine *praeclarus*. Esso significa "splendido, luminoso, eccellente, famoso, illustre, nobile, egregio, glorioso". Questo termine ha un valore sia causativo che esplicativo. Da un lato, è in virtù di ciò che il Signore fa al vino che il vaso in cui questo è contenuto acquista nobiltà. Questo calice *diventa* illustre perché il Sangue stesso del Signore (insieme al Suo Corpo, alla Sua Anima e alla Sua Divinità) viene ad essere in esso presente. Dall'altro, *sapendo* cosa avviene al vino contenuto nel calice, i cristiani avrebbero cercato in ogni modo, nel corso dei secoli, di realizzare i calici più belli, nobili e splendidi che l'arte umana potesse concepire, in modo da renderli degni – o almeno meno *in*degni – del loro sacro contenuto. Così, è del tutto appropriato che un sacerdote chini il capo (ad esempio) su un elaborato calice d'oro tempestato di pietre preziose, pronunciando la frase *hunc praeclarum calicem*; il recipiente stesso che egli ha in mano, così diverso dalle coppe profane, diventa un segno esterno della realtà interna che nessun occhio mortale può vedere: "il calice dell'eterna salvezza". Sfidando la Chiesa a far sì che il suo aspetto esteriore rimandi alle realtà interiori, il Canone Romano alza l'asticella dell'arte ecclesiastica al livello più alto possibile.

Poco dopo la consacrazione del calice, il Canone usa una seconda volta la parola *praeclarus* – *offerimus praeclarae majestati*

---

38 Sia nella traduzione ICEL del 1973 che in quella proposta nel 1998, la frase *accipiens hunc praeclarum calicem in sanctas ac venerabiles manus suas* venne "tradotta" come "prese la coppa" (he took the cup). Tutto qui. La traduzione inglese del 2011 fece almeno la cortesia di tradurre ciò che l'originale latino effettivamente dice.
39 Michael Kent, *The Mass of Brother Michel* (Brooklyn, NY: Angelico Press, 2017), pp. 264-65.

tuae, "offriamo alla Tua eccelsa Maestà" - richeggiando le parole che precedono la consacrazione del calice: *hunc praeclarum calicem*. Come a dire: ciò che ora sta all'interno di questo calice è una cosa sola con Colui - e degno di Colui - al quale è innalzato. Il Santo Sacrificio della Messa annulla la distanza tra Creatore e creazione, mentre afferma con forza che l'infinito abisso è colmato solo da Cristo, nella sua stessa Persona. Il Canone Romano è, quindi, tanto radicalmente cristocentrico quanto è patricentrico: non riceviamo alcuna benedizione e grazia senza il Figlio, senza il desiderio di comunione con Lui - verità sottolineata anche dalla significativa ripetizione di "Per Christum Dominum nostrum", che scandisce per cinque volte il Canone, in onore delle Cinque Piaghe.

Queste conclusioni in "Per Christum Dominum nostrum" vengono talvolta liquidate come accrezioni medievali in contrasto con la struttura letteraria e teologica delle anafore antiche. Ma tale impostazione equivale a non coglierne la funzione strutturale e simbolica, segnalata anche da Jungmann.[40] Inoltre, esse ripetono quasi come un ritornello - come fa la Preghiera di Gesù - che Cristo è il solo e unico Mediatore. Non c'è altra via per arrivare a Dio (cfr. At 4,12); non c'è altra religione che piaccia o plachi Dio se non il culto offerto nel nome di Gesù; non ci si può avvicinare a Dio se non attraverso di Lui. Tutto ciò è in totale opposizione all'indifferentismo religioso e al relativismo della nostra epoca e ha implicazioni sul piano della dottrina sociale, dal momento che conferma il cristocentrismo della *Quas Primas* di Pio XI piuttosto che la pubblica piazza panreligiosa della *Dignitatis Humanae*. Taluni liturgisti si lamentano dell'"inutile ripetizione" di questa formula, ma è davvero inutile? Se pronunciata con consapevolezza, essa diviene il sigillo di approvazione di ogni preghiera che offriamo, la garanzia che le nostre parole saranno ascoltate ed esaudite con fuoco dal cielo.

---

40 Si veda Josef Jungmann, *The Mass of the Roman Rite: Its Origins and Development ("Missarum Sollemnia")*, nella trad. ing. di Francis A. Brunner (Notre Dame, IN: Christian Classics, 2012), vol. 2, alle pp. 178-79, et passim.

11. *I cristiani che offrono questo sacrificio sono i veri figli di Abramo.*

> Supra quæ propitio ac sereno vultu respicere digneris: et accepta habere, sicuti accepta habere dignatus es munera pueri tui iusti Abel, et sacrificium Patriarchæ nostri Abrahæ: et quod tibi obtulit summus sacerdos tuus Melchisedech, sanctum sacrificium, immaculatam hostiam.
>
> [Su questi doni, con propizio e sereno volto, degnati di guardare e di gradirli, come Ti degnasti gradire i doni del Tuo giusto servo Abele e il sacrificio del nostro Patriarca Abramo e quello che Ti offrì il tuo sommo sacerdote Melchisedech, santo sacrificio, immacolata ostia.]

Il Canone Romano parla del sacrificio di Cristo come del culmine di una lunga storia di santi sacrifici che lo hanno prefigurato, e ne individua tre: l'offerta di Abele dei "primogeniti del suo gregge e il loro grasso" (Gen 4,4); l'offerta di Abramo del suo amato figlio Isacco (Gen 22) e l'offerta di Melchisedec del pane e del vino (Gen 14). Abramo è chiamato "il *nostro* patriarca".[41]

Non per discendenza di sangue ma per imitazione di fede, Abramo è il *nostro* patriarca, il patriarca dei cristiani ortodossi – *non* il patriarca del popolo ebraico come gruppo etnico o religioso. Come insegna San Paolo in Galati: "figli di Abramo sono *quelli che vengono dalla fede*" (Gal 3,7); "le promesse furono fatte ad Abrahamo, ed alla sua *progenie*", cioè a Cristo (Gal 3,16), e quindi a tutti coloro che appartengono a Cristo nella fede: "E se appartenete a Cristo, allora siete discendenza di Abramo, eredi secondo la promessa" (Gal 3,29). E in Romani: "Infatti non tutti i discendenti di Israele sono Israele, né per il fatto di essere discendenza di Abramo sono tutti suoi figli. [...] non sono considerati figli di Dio i figli della carne, ma come discendenza sono considerati solo i figli della promessa" (Rom 9,6-8). Abramo è il patriarca di tutti coloro che hanno fede in Cristo: degli ebrei che, come lui, desideravano il Messia e che da Lui sono stati liberati dal limbo

---

41 La versione inglese del Novus Ordo del 2011, molto più accurata dell'atroce versione del 1973, conserva ancora la zoppicante circonlocuzione "nostro padre nella fede" onde evitare, per ragioni di *political correctness*, la pregnante parola "patriarca", oscurando così parte del messaggio teologico del testo [lo stesso fa, anche nell'edizione più recente, il Messale CEI, NdT].

Il Canone Romano: pilastro e fondamento del rito romano

dei padri; nonché degli ebrei e dei gentili che, dal tempo di Cristo fino ad oggi, sono stati battezzati in Cristo e sono così diventati "l'Israele di Dio" (Gal 6,16), la Chiesa cattolica. Il popolo ebraico come gruppo etnico e/o religioso non è più il popolo eletto di Dio, dopo la sua infedeltà al suo Messia (cfr. Dt 18,18-19; Eb 8,13).

Una preghiera che Papa Leone XIII scrisse per la consacrazione che fece del genere umano al Sacro Cuore nell'Anno Santo 1900, che Papa San Pio X ordinò di recitare annualmente e che Papa Pio XI stabilì fosse ripetuta ogni anno nella festa della Regalità di Nostro Signore Gesù Cristo, testimonia la verità del supersessionismo: "Riguardate infine con occhio di misericordia i figli di quel popolo che *un giorno* fu il prediletto; scenda anche sopra di loro, lavacro di redenzione e di vita, il Sangue già sopra di essi invocato".

Il supersessionismo non ha nulla a che vedere con il modo in cui gli ebrei dovrebbero essere trattati nella vita di tutti i giorni. Non c'è motivo di trattarli diversamente da come dovremmo trattare ogni prossimo, cioè con una carità che auspica per loro la vita in Cristo e la visione beatifica. Anzi, sono un popolo che merita un particolare rispetto per l'elezione dei loro antenati e per il peso delle loro profezie sul Messia, di cui continuano a portare un'indipendente testimonianza (come sostiene Sant'Agostino[42]). Ma nell'ordine soprannaturale non sono più il "Popolo eletto" o "il popolo dell'alleanza". Affermare il contrario significa rifiutare "l'unicità e l'universalità salvifica di Gesù Cristo e della Chiesa"[43] – ossia né più né meno che rifiutare Cristo e la Sua Chiesa.[44]

---

42 Un'eccellente sintesi con ampie citazioni si trova in Thomas McDonald, "Unwilling Witnesses: St. Augustine and the Witness Doctrine", *Wonderful Things* weblog, 28 agosto 2013. Come apprendiamo da Romani 9-11, gli ebrei conservano una certa importanza nella storia della salvezza: Dio desidera che essi giungano alla piena eredità delle promesse che ha fatto loro (similmente possiamo affermare che Dio desidera che gli ortodossi si riuniscano a Roma e che i cattolici romani si riuniscano alla loro tradizione). È pia opinione che la *Parousia* non avverrà prima della conversione degli Ebrei.

43 La citazione è il sottotitolo della Dichiarazione della Congregazione per la Dottrina della Fede *Dominus Iesus* (6 agosto 2000).

44 La dottrina comune del cristianesimo è ben esposta nel superbo commentario ai Salmi compilato da J. M. Neale, che scrive, a proposito del versetto *filii alieni mentiti sunt et claudicaverunt a semitis suis*: "*I figli estranei.* Cioè i Giudei: sì figli, in quanto discendenti dal fedele Abramo; ma estranei

12. *La Messa è un sacrificio terreno che si unisce e ci unisce alla liturgia eterna del cielo.*

Supplices te rogamus, omnipotens Deus, iube hæc perferri per manus sancti Angeli tui in sublime altare tuum, in conspectu divinæ maiestatis tuæ: ut quotquot [osculatur Altare] ex hac altaris participatione sacrosanctum Filii tui Cor✠pus et San✠guinem sumpserimus [seipsum signat] omni benedictione cælesti et gratia repleamur. Per eundem Christum Dominum nostrum. Amen.

[Supplici Ti preghiamo, o Dio onnipotente: comanda che questi doni, per le mani dell'Angelo Tuo santo, vengano portati sul Tuo sublime altare, al cospetto della Tua divina maestà, affinché quanti, partecipando a questo altare (*qui il prete bacia l'altare*), riceveremo il sacrosanto Corpo e Sangue del Figlio Tuo, veniamo ricolmati d'ogni celeste benedizione e grazia (*qui il prete fa un segno di croce*).]

In questa sublime preghiera, recitata dal sacerdote inchinato sull'altare, si gusta la mescolanza di due fragranze: quella del misticismo ebraico, come lo si intravede negli elaborati riti di dedicazione del tempio di Salomone,[45] e quella della mistica neoplatonica, che vede questo mondo visibile come un debole riflesso o un'oscura partecipazione al regno del vero essere, il regno dell'immutabile realtà divina.

Il sacerdote chiede a Dio di ordinare che le offerte terrene siano portate sull'altare celeste, alla presenza di Dio, da un angelo santo che fa da mediatore tra la terra e il cielo (per questo alcuni commentatori vedono in questo "angelo santo" lo stesso Cristo, "l'angelo del grande consiglio" [Is 9,6, nella versione dei LXX], "solo

---

per aver rifiutato Colui il cui giorno Abramo desiderava vedere. È così che quasi tutti i Padri interpretano il passo. [...] E non solo dissimulavano sé stessi, ma erano causa di inganno negli altri. [...] S. Agostino, spiegando quel passo: "Molti verranno dall'oriente e dall'occidente e siederanno con Abramo, Isacco e Giacobbe nel regno dei cieli; ma i figli del regno saranno scacciati", dice in riferimento a questo testo: "Figli, non miei, ma estranei, come sta scritto: 'Voi siete del padre vostro, il diavolo'". *A Commentary on the Psalms from Primitive and Mediaeval Writers and from the Various Officebooks and Hymns*, 3rd ed. (London: Joseph Masters, 1874), 1: p. 254 (trad. personale).

45 Vedi 1 Re 8; 2 Cron 5-7.

mediatore tra Dio e gli uomini" [1 Tim 2,5][46]). Preghiamo che il nostro sacrificio particolare, temporalmente circoscritto, sia un tutt'uno con la liturgia eterna della patria celeste; che il nostro altare diventi il canale attraverso cui accedere all'immortale alimento e all'immortale bevanda del paradiso, il frutto dell'albero della vita. La Vittima tutta-santa sull'altare è presentata sia come *condizione* per ottenere qualsiasi benedizione e qualsiasi grazia concessa al genere umano (è per questo che la soave oblazione deve essere portata in alto, al cospetto di Dio, che se ne compiace), sia come *contenuto* ultimo di ogni benedizione e grazia che riceviamo.

Ma in definitiva dobbiamo concordare con il diacono medievale Floro di Lione († 860): "Queste parole del mistero sono così profonde, così meravigliose e stupende; chi è in grado di comprenderle? Chi potrebbe dirne qualcosa di degno? Sono più da venerare e da temere che da discutere".[47]

Queste dodici caratteristiche ci presentano una teologia della Messa tipicamente romana. La Santa Messa è un sacrificio terreno che si unisce e ci unisce alla liturgia eterna del cielo; tutte le Messe sono misticamente la stessa cosa dell'unico Sacrificio di Cristo sulla Croce, anticipato dall'offerta fatta dalle sante mani di Gesù nell'Ultima Cena, e rinnovato sull'altare dalle sante mani del sacerdote ministeriale. Dio Padre è il *Paterfamilias* della Chiesa; la Sua famiglia, i veri figli di Abramo, si avvicinano a Lui con fede e devozione, implorando di essere annoverati tra gli eletti che vengono strappati all'inferno. Il sacerdote è il Suo primo servitore, che offre questo sacrificio razionale della nostra ragionevole fede, a nome di tutti i membri della Chiesa di Cristo che hanno

---

46 Si veda Nicholas Gihr, *Das Heilige Messopfer - Dogmatisch, liturgisch und aszetisch erklärt - Klerikern und Laien gewidmet* (Freiburg im Breisgau: Herder, 1922), pp. 581-586, che rigetta questa opinione preferendo intendere per "angelo" uno spirito creato. Tuttavia, San Tommaso presenta come interpretazione possibile la visione cristica: ST III, q. 83, a. 4, ad 9; cfr. Gihr, p. 583, § 61.
47 Citato in Gihr, *Das Heilige Messopfer*, p. 585, § 61.

la vera fede, e per ottenere loro, da Dio, l'unità e le altre perfezioni, attraverso le preghiere e i meriti dei santi, e soprattutto quelli della sempre Vergine Maria. Quanto imponente, intricato, altissimo è il contenuto dogmatico fondamentale del Canone! I canoni e gli anatemi del Concilio di Trento sulla Messa procedono naturalmente dalla teologia contenuta nel Canone Romano, come suscitati dalla meditazione su di esso, e riaffermano così il principio che ogni espressione e sviluppo della dottrina *deve* fondarsi su ciò che è già dato nella tradizione.

Le dodici verità che ho riassunto si ritrovano chiaramente nel Canone Romano, ma sono assenti o appena presenti nelle dieci neo-anafore incluse nel Messale di Paolo VI, ossia le preghiere eucaristiche dalla II alla IV, le due "per la riconciliazione" e le quattro varianti della preghiera eucaristica "per varie necessità".[48] Né si trattò di un'inspiegabile svista. Nel suo candido e dettagliato resoconto di pressoché ogni aspetto della riforma liturgica, Annibale Bugnini ci dice chiaramente che i riformatori, in nome del "principio di varietà", cercarono di comporre preghiere il più possibile diverse dal Canone Romano. *La riforma liturgica* riporta le parole dell'impresario, sfioranti il blasfemo: "La decisione, dunque, di dotare la liturgia romana di altre preghiere eucaristiche non era un'«audacia insopportabile»; ma un ritorno alla tradizione autentica, superando il deplorevole depauperamento, prodotto tipico dei secoli di decadenza liturgica".[49] Come la maggior parte di quanto proclamato dai riformatori, quest'affermazione è un falso storico di prim'ordine; non esiste alcuna prova

---

48 Nei titoli dati a queste quattro preghiere raramente utilizzate si può quasi sentire la voce stessa degli anni Settanta: "La Chiesa in cammino verso l'unità", "Dio guida la sua Chiesa", "Gesù nostra via" e "Gesù modello di amore". Esistono anche tre preghiere eucaristiche per le Messe dei bambini (!), oggetto di ampia e meritatissima derisione.

49 Annibale Bugnini, *La riforma liturgica 1948-1975*, p. 441. Bugnini non spiega, ad esempio, come si possa definire un "deplorevole depauperamento" il fatto che il Canone Romano menzioni, nell'anamnesi, la "beata Passione, la Risurrezione dagli inferi la gloriosa Ascensione al cielo" nel momento stesso in cui la Preghiera Eucaristica II, il suo più popolare rimpiazzo, ricorda solo e soltanto "la Morte e Risurrezione". E si potrebbero citare molti altri esempi di questo tipo.

Il Canone Romano: pilastro e fondamento del rito romano

di alcun tipo che il rito romano abbia mai avuto una preghiera eucaristica diversa dal Canone Romano. Per rimediare a questo "impoverimento", afferma Bugnini (parlando di quelle che oggi chiamiamo Preghiere Eucaristiche II, III e IV, prima dell'aggiunta di altre ancora):

> Nel rispetto delle leggi che ogni anafora deve osservare è sembrato che, per il resto, le nuove anafore dovessero avere le proprie caratteristiche spirituali, pastorali e stilistiche, sia tra loro sia in rapporto al canone romano. Ciò è sembrato necessario per poter dare alla liturgia romana quella maggiore ricchezza spirituale e pastorale, che non si può tutta racchiudere in un solo tipo di testi. Così, per quanto è stato possibile, si è evitato di ripetere, nelle tre anafore nuove [PE II-IV], concetti, parole e frasi del canone romano o di ripetere in una di esse ciò che già si trova in un'altra. Perché tre? Perché è sembrato che solo così si potesse immettere in modo sufficiente nel settore anaforico della liturgia romana quella ricchezza spirituale e pastorale che oggi si richiede.[50]

Quindi, le suddette dodici verità dogmatiche non solo sono in gran parte o quasi del tutto assenti da tutte le nuove anafore; ma lo sono per scelta deliberata. Inoltre, si può dimostrare che tutti questi temi sono stati diluiti in tutti i nuovi libri liturgici mentre risultano prominenti in quelli vecchi. Dal momento che la Messa

---

50 Bugnini, p. 445, riferendosi alla seguente previsione del Coetus X: "Ceterum libertas tria (vel quattuor) nova schemata proponendi admisit, immo suadebat diversitatem quoad singula, ita ut non idem in omnibus repeteretur, sed varietas quaedam adesset in dispositione, stilo, terminologia, et expressionibus." Schema 218 (De Missali 34), 19 marzo 1967, p. 46. Cipriano Vagaggini, OSB, uno dei membri del Coetus X, ebbe almeno il buon senso, nel suo libro *Il Canone della Messa e la Riforma Liturgica* (Torino-Leumann: Elle Di Ci, 1966), esattamente contemporaneo alla stesura delle Preghiere eucaristiche II-IV, di affermare che una revisione del Canone romano avrebbe inevitabilmente "condotto a un vero pasticcio" (p. 97). Dal momento che i suoi tre suggerimenti - mantenere il Canone (anche se con "piccole modifiche"); prevedere un canone di nuova composizione con prefazio variabile per un uso *ad libitum*; prevedere un altro canone con prefazio fisso che esponesse la storia della salvezza (cfr. 98) - assomigliano a quel che poi si è realizzato con la riforma, sospetto che egli più di chiunque altro sia stato la forza trainante del Coetus per le nuove preghiere eucaristiche.

è il cuore del culto della Chiesa cattolica e il Canone è il cuore della Messa, il fatto che la *lex orandi* sia stata così pesantemente alterata rappresenta un tradimento della Tradizione, nel senso stretto del termine, nonché una causa di corruzione della *lex credendi*, con inevitabili risultati nella *lex vivendi*.

Oltre a queste dodici verità, si dovrebbero prendere in considerazione anche dottrine della Fede cattolica che, pur essendo *presenti* in tutte le anafore del Novus Ordo, trovano una *espressione compiuta* nel Canone Romano e trovano nelle altre solo una debole eco. Un'analisi completa ci porterebbe troppo lontano. Basti pensare a un esempio cruciale: il dogma *de fide* che la Messa è un vero e proprio sacrificio. Si può dire che il Canone Romano insiste su questa verità, addirittura vi si crogiola: "questi doni, questi regali, questi santi ed illibati sacrifici... questo sacrificio di lode... questa oblazione... questa nostra oblazione... l'Ostia [cioè la Vittima Sacrificale, NdT] pura, l'Ostia santa, l'Ostia immacolata... il sacrificio del nostro Patriarca Abramo... santo sacrificio, immacolata ostia...". Qui si tratta di una questione di enfasi relativa, piuttosto che di assenza. Per quanto si *possa* trovare un linguaggio di oblazione e sacrificio nelle neo-anafore,[51] esso risulta sorprendentemente esiguo rispetto all'abbondanza e alla chiarezza di simili espressioni nel Canone Romano, che identifica l'azione in atto come l'offerta di un sacrificio e parla continuamente della vittima da cui Dio è placato. Nel periodo a ridosso del Concilio Vaticano II, questo tipo di linguaggio incontrava disapprovazione accademica e disprezzo culturale: certamente, l'Uomo moderno non crederà in un "Dio vendicativo che si compiace del sangue delle vittime sacrificali"? Credendo che *questa* fosse la

---

51 Lo dico perché alcuni autori tradizionalisti tradiscono un'imbarazzante ignoranza nel sostenere che le nuove preghiere eucaristiche non esprimono una teologia del sacrificio. Lo fanno, e a sufficienza per difenderle da un'accusa di eresia; ma il loro contenuto in questo senso è molto lontano da quanto è stato sempre presente nell'autentico rito romano. Inoltre, il linguaggio è spesso più vago o meno definito, in una forma che i protestanti troverebbero più facile da accettare e interpretare a modo loro, il che è in linea con l'intenzione ecumenica spesso dichiarata per la creazione del Novus Ordo. In ogni caso, l'imposizione per fiat legislativo di anafore progettate a tavolino da una commissione è un problema in sé e per sé.

Il Canone Romano: pilastro e fondamento del rito romano

visione tradizionale, questi critici si macchiarono di una deplorevole mancanza di comprensione teologica[52] e riuscirono soltanto a propagare una visione superficiale di ciò che la Messa è.

Data la sua tonante proclamazione della dottrina tradizionale, non c'è da stupirsi, spiace dirlo, che il Canone sia stato bersaglio di critiche sempre più audaci da parte di sedicenti studiosi di liturgia, che sostenevano di trovarvi un'accozzaglia sconclusionata e disordinata di antiche preghiere che all'"Uomo Moderno" (il più utile dei manichini) non andavano più bene, come se il Canone fosse una pacchiana anticaglia meritevole di essere chiusa in un magazzino e sostituita da un arredo *Bauhaus*, più lineare ed efficiente.[53]

> Questo nuovo insegnamento [sulla necessità di una riforma radicale della liturgia della Chiesa] non è un semplice approfondimento e uno sviluppo in avanti, come un tralcio che, maturando e fiorendo, manda nuovi germogli. Piuttosto, è letteralmente superlativo, ponendosi al di sopra e al di fuori della precedente storia della liturgia e della teologia della Chiesa, e capace di giudicare retroattivamente alla luce della nuova comprensione. Come si può dire che la parte più centrale e sacrale del culto corporativo della Chiesa d'Occidente, attestata in modo

---

52 Per una comprensione più articolata della Messa come sacrificio, si veda il saggio di Ratzinger "Theology of the Liturgy".

53 Nella prefazione alla versione inglese della citata opera di Vagaggini, l'autorevole liturgista p. Frederick R. McManus spiegava che "la preghiera eucaristica in lingua volgare, per quanto auspicabile, renderà di pubblico dominio qualcosa che è stato trascurato, tranne che dagli esperti di liturgia e di pastorale, e cioè i difetti del canone romano" e che "tali limiti e difetti richiederanno l'evoluzione di nuove forme". La soluzione a questi problemi doveva essere "la seria costruzione di nuove preghiere eucaristiche che riflettano il progresso della scienza teologica e liturgica e che siano significative - o lo possano diventare tramite lo studio e la riflessione - per il cristiano del ventesimo secolo". *The Canon of the Mass and Liturgical Reform* (Staten Island, NY: Alba House, 1967), pp. 10-11. Si può qui notare che quel "gioco di società" che fu il "ricostruire la forma originale del Canone Romano" aveva già avuto inizio da molto tempo, iniziando con gli studiosi tedeschi del XIX secolo. P. Adrian Fortescue dava per scontato che le preghiere in antico fossero usate in un ordine diverso, che un'epiclesi originariamente presente fosse andata persa, eccetera. Tutti preconcetti che gli studiosi più recenti ormai rigettano. È problematico che gli articoli di Fortescue inclusi nelle prime versioni della *Catholic Encyclopedia*, per certi aspetti inaffidabili, trovino ancora ampia diffusione in rete.

specifico dai Padri, immutata e quasi universalmente utilizzata sin dal '600, contenga oggi gravi difetti e limitazioni? Come si può dire che un testo ufficiale della liturgia romana, che esiste in una forma verificabile già dalla fine del IV secolo, "pecchi in diversi modi" rispetto a linee guida promulgate a nove giorni di distanza dai funerali di John F. Kennedy?[54]

A metà anni Sessanta, ai cattolici preoccupati per i mutamenti della liturgia veniva detto che, per lo meno, il Canone Romano sarebbe rimasto fisso e in latino; solo pochi anni più tardi, venne pubblicato un intero plotone di preghiere eucaristiche fabbricate a tavolino e destinate a essere pronunciate in lingua volgare.[55] Si tratta esattamente di quel tipo di inversioni a U che portarono i cattolici a chiedersi se, nell'era di Woodstock, gli uomini di Chiesa non avessero perso il senno[56] – o se, forse, non fossero sempre stati null'altro che spacciatori di mitologia che lucravano su delle strutture di potere. In ogni caso, è qualcosa di terribilmente sospetto: una preghiera che ha servito la Chiesa cattolica d'Occidente per ben 1.400 anni si è improvvisamente rivelata inadeguata alle nostre esigenze! Si direbbe che il problema sia più in *noi* che nella preghiera – un po' come non è un argomento contro la monogamia il fatto che un uomo si stanchi di una sola moglie e voglia provarne altre.

---

54 Si veda l'articolo in due parti "How Do You Solve A Problem Like the Canon?", *NLM*, 11 e 16 febbraio 2022; questa citazione è tratta dalla seconda parte. La citazione interna è tratta da *Il canone della messa* di Vagaggini, p. 65.
55 È provato oltre ogni ragionevole dubbio che Paolo VI ritenesse di *non* dover seguire la *SC* per quanto riguarda la conservazione del latino per le parti fisse della Messa, dato che in una famosa udienza papale disse, ad ogni buon conto, addio al latino. Si veda il capitolo 4.
56 Un passaggio da uno scritto di Mons. Marcel Lefebvre cattura lo spirito dell'epoca: "La chiave della riforma è la spinta contro le certezze. I cattolici che le hanno vengono bollati come gretti custodi dei loro tesori, come avidi egoisti che dovrebbero vergognarsi. L'importante è essere aperti alle opinioni contrarie, ammettere la diversità, rispettare le idee dei massoni, dei marxisti, dei musulmani, persino degli animisti. Il segno di una vita santa è quello di dialogare con l'errore". *An Open Letter to Confused Catholics* (Lettera aperta ai cattolici perplessi), trad. personale da quella inglese di P. Michael Crowdy (Kansas City, MO: Angelus Press, 1986), p. 62.

II. IMPLICAZIONI MORALI

Immagino due possibili obiezioni che qualcuno potrebbe muovere a questa mia linea di argomentazione. In primo luogo, si dirà: "Non aveva forse Papa Paolo VI l'autorità di introdurre delle nuove anafore? E, posto che lo ha fatto, non dovranno forse essere valide, lecite e quindi degne di essere utilizzate?" In secondo luogo, "il Canone Romano non fa forse ancora parte del nuovo Messale, e quindi il nuovo Messale è identico al vecchio – almeno sotto quest'aspetto?"

Per quanto riguarda la prima obiezione, va negato che un Papa abbia, *simpliciter*, l'autorità di istituire un nuovo canone della Messa,[57] ma che lo abbia *secundum quid* o in un certo senso. Occorre distinguere tra "potere" e "autorità".[58] Potere indica la capacità di produrre un effetto e di imporlo. Autorità (talvolta definita "autorità morale") indica il *diritto* di fare qualcosa, e può implicare il dovere di farla. Paolo VI usò il potere del suo ufficio papale per imporre ai cattolici una nuova liturgia, ma non possedeva una vera autorità d'imporre una tale rottura con la tradizione; quell'atto fu *ultra vires*. Non sorprende che fu in grado di far leva sul potere del suo ufficio e sfruttare l'abitudine all'obbedienza ultramontanista, ma egli non aveva alcun *diritto* morale di mettere mano alla sacra liturgia tramandataci sostituendola con un altro rito e, *a fortiori*, non aveva la facoltà di imporre ad altri di accettare quel che aveva creato. Potremmo dire che non si trattò tanto di un *uso* del suo potere papale quanto di un *abuso*. Il risultato di tale esercizio di potere furono riti liturgici che realizzano validi sacramenti e non contengono errori positivi – ed è il meglio che se ne possa dire. Tali riti sono validi, ma ciò non è un motivo per credere che siano degni d'essere usati o persino

---

57 Si veda il cap. 2; cfr. Peter Kwasniewski, "The Pope's Boundedness to Tradition as a Legislative Limit", in Kwasniewski, ed., *From Benedict's Peace to Francis's War: Catholics Respond to the Motu Proprio* Traditionis Custodes *on the Latin Mass* (Brooklyn, NY: Angelico Press, 2021), pp. 222-47, e Kwasniewski, *La vera obbedienza nella Chiesa: Una guida al discernimento in tempi difficili* (Verona: Fede & Cultura, 2022), pp. 38-51.
58 Si veda Eric Sammons, "Power vs. Authority in the Church", *Crisis Magazine*, 30 dicembre 2021.

graditi a Dio. Sotto certi aspetti, anzi, possono essere sgradevoli a Dio e demeritorii.[59]

Passando alla seconda obiezione, non è del tutto esatto dire che "il Canone Romano" *come è esistito fino alla metà degli anni Sessanta* si trovi nel Messale di Paolo VI del 1969. La prima differenza, la più evidente e per molti versi la più ricca di conseguenze in termini di fenomenologia sacra della Messa, è l'abbandono del Canone silenzioso, consuetudine consolidata in tutti i riti, d'Oriente e d'Occidente, già almeno dalla fine dell'VIII secolo – nonostante il tentativo di proibirlo da parte dell'imperatore Giustiniano, nel 565.[60] Le testimonianze patristiche rimandano al silenzio durante l'intera anafora, o parte di essa, come caratteristica già nota nel IV secolo.[61] Una splendida omelia del poeta-teologo siriaco Narsai (†502) descrive così l'anafora dei suoi giorni: "L'intero corpo ecclesiastico osserva ora il silenzio, e tutti si mettono a pregare con sincerità in cuor loro. I sacerdoti si fermano e i diaconi stanno in silenzio [. . .] tutto il popolo è tranquillo e immobile, sommesso e calmo [. . .]. I Misteri sono disposti in ordine, fumigano i turiboli, splendono le lampade e i diaconi si librano e brandiscono [ventagli] a somiglianza dei guardiani [cioè degli angeli]. Silenzio

---

59   Si veda Peter Kwasniewski, "Does Pius VI's *Auctorem Fidei* Support Paul VI's Novus Ordo?" in Kwasniewski, *The Road from Hyperpapalism to Catholicism: Rethinking the Papacy in a Time of Ecclesial Disintegration* (Waterloo, ON: Arouca Press, 2022), vol. 1, cap. 9.

60   Dobbiamo tenere presente che nelle liturgie antiche, dopo il IV secolo (al più tardi), esisteva sempre una sorta di "barriera" simbolica tra il popolo e il clero che innalzava la preghiera eucaristica, in forma vuoi architettonica (ad esempio, un'abside separata o un altare coperto da un ciborio circondato da tende) vuoi, col passare del tempo, sonora (il silenzio), o entrambe.

61   Come osserviamo in generale nei documenti paleocristiani, la prima menzione che abbiamo di un dato elemento è spesso un riferimento en passant che suggerisce una consuetudine molto più antica. Ad esempio, la prima menzione attestata dei suddiaconi a Roma si trova in una lettera del 251, che indica la loro presenza a tutti gli effetti nella gerarchia ecclesiastica. Mons. Athanasius Schneider sostiene che, considerato il famoso e ostinato conservatorismo romano, è improbabile che il suddiaconato fosse una creazione recente, a metà del III secolo, ed è assai più probabile che risalisse al periodo apostolico o subapostolico. Si veda Peter Kwasniewski, *Ministri di Cristo: Recuperare i ruoli di clero e laici in un'epoca di confusione* (Verona: Amicitia Liturgica, 2023), pp. 27-30, 77-78.

profondo e pacifica quiete si posano su quel luogo: esso si riempie e trabocca di luminosità e splendore, di bellezza e potenza".[62]

Narsai riferisce poi che un "araldo" (forse un diacono?) esclama: "In silenzio e timore state in piedi: la pace sia con noi. Stia tutto il popolo in timore, in questo momento in cui i Misteri adorabili si compiono con la discesa dello Spirito". Molti studiosi hanno osservato come fosse caratteristica dei protestanti l'insistere sulla piena udibilità di tutte le preghiere liturgiche, a causa della loro concezione principalmente didattica e congregazionalista del culto divino.[63] Le rubriche del Novus Ordo che prevedono che la preghiera eucaristica venga letta ad alta voce in modo che il popolo possa seguirla,[64] specialmente se considerate insieme all'abituale orientamento *versus populum*, minano l'esperienza della preghiera *come* preghiera (ossia la sua teocentricità) e del mistero *come* mistero (ossia la sua impressionante trascendenza rispetto alla natura e alla ragione).[65] Un fedele di rito bizantino formulò questa perspicace osservazione: "Alcuni sostenitori della preghiera ad alta voce

---

62 Citato in Charles Harris, "Liturgical Silence", in *Liturgy and Worship: A Companion to the Prayer Books of the Anglican Communion*, ed. W. K. Lowther Clarke (New York: Macmillan, 1932), p. 779, trad. personale dall'inglese.

63 Il Novus Ordo non si spinge fino ad abolire le preghiere private del sacerdote, ma le riduce praticamente a nulla rispetto all'*Ordo Missae* del rito romano medievale codificato nel 1570 (cfr. Peter Kwasniewski, "The Priest praying for himself at Mass", *OnePeterFive*, 8 settembre 2021). Anche nel momento di loro massima estensione, le preghiere personali del celebrante nel rito romano non sono mai state particolarmente numerose rispetto a quelle della più volubile tradizione orientale, il che rende la loro drastica riduzione nel Messale del 1969 ancora più dannosa per la vita spirituale del clero e per lo spirito della liturgia nel suo complesso.

64 Si veda l'Ordinamento Generale del Messale Romano (ed. 2004), n. 30 e n. 32: "Tra le parti proprie del sacerdote, occupa il primo posto la Preghiera eucaristica, culmine di tutta la celebrazione. [...] La natura delle parti «presidenziali» esige che esse siano proferite a voce alta e chiara e che siano ascoltate da tutti con attenzione". Per un commento, si veda Matthew S. C. Olver, "A Note on the Silent Canon in the Missal of Paul VI and Cardinal Ratzinger", *Antiphon* 20.1 (2016): pp. 40-51.

65 Si vedano i miei articoli "The Silent Canon: Is Worship Supposed to be Aweful?" *NLM*, 14 ottobre 2013; "The Silence of the Canon Speaks More Loudly than Words", *NLM*, 5 gennaio 2015. "The Silent Canon: Is Worship Supposed to be Aweful?" *NLM*, October 14, 2013; "The Silence of the Canon Speaks More Loudly Than Words", *NLM*, January 5, 2015.

del Canone affermano di esserlo perché queste preghiere sono "per noi". E hanno ragione, ma nel modo sbagliato. Le preghiere sono sì per noi, ma non per la nostra educazione tramite l'ascolto. Sono per la nostra salvezza tramite la preghiera".[66] Il valore multidimensionale del Canone silenzioso è stato frequentemente oggetto di discussione,[67] e, in ogni caso, dato che l'esperienza è la migliore e forse l'unica prova convincente della sua intrinseca correttezza, non mi dilungherò ulteriormente sul punto.

In secondo luogo, e cosa non meno preoccupante, le formule di consacrazione così come sempre esistite nella tradizione romana vennero modificate per farle aderire maggiormente ai dati scritturali, nonostante il ben noto fatto che nessuno dei riti apostolici storici utilizza alla lettera la formulazione contenuta nei resoconti dell'Ultima Cena presenti nel Nuovo Testamento, che sono ovviamente *posteriori* alla celebrazione della Messa nelle prime comunità cristiane. Evidentemente, un millennio e mezzo di pratica quotidiana e ininterrotta del rito romano non rappresentava una barriera sufficiente alla brama di "miglioramento" del Consilium. Per l'Ostia:

> *Vetus:* Hoc est enim Corpus meum.
>
> *Novus:* Hoc est enim Corpus meum, quod pro vobis tradetur.

Per il Calice:

> *Vetus:* Hic est enim Calix Sanguinis mei, novi et æterni testamenti: mysterium fidei: qui pro vobis et pro multis effundetur in remissionem peccatorum. (Hæc quotiescumque feceritis, in mei memoriam facietis.)[68]

---

66 "A Byzantine Look at the Novus Ordo", *Rorate Caeli*, 17 luglio 2009.
67 Si veda Michael Fiedrowicz, *The Traditional Mass: History, Form, and Theology of the Classical Roman Rite*, trad. ing. di Rose Pfeifer (Brooklyn, NY: Angelico Press, 2020), pp. 285-91; Peter Kwasniewski, *Reclaiming Our Roman Catholic Birthright: The Genius and Timeliness of the Traditional Latin Mass* (Brooklyn, NY: Angelico Press, 2020), pp. 32-33, 71-72, 146-47, 246; Joseph Shaw, ed., *The Case for Liturgical Restoration: Una Voce Studies on the Traditional Latin Mass* (Brooklyn, NY: Angelico Press, 2019), cap. 5, "Silence and Inaudibility", pp. 31-35.
68 La frase tra parentesi non è considerata parte della formula, ma viene pronunciata quando il calice viene poggiato sull'altare prima della

Il Canone Romano: pilastro e fondamento del rito romano

Novus: Hic est enim Calix Sanguinis mei, novi et æterni testamenti: mysterium fidei: qui pro vobis et pro multis effundetur in remissionem peccatorum. (Hæc quotiescumque feceritis, in mei memoriam facietis. Hoc facite in meam commemorationem.)

Naturalmente, su basi tomistiche, nessuno dei cambiamenti va a intaccare i requisiti di validità sacramentale, ma la gratuità di queste modifiche esprime un'intera mentalità. Si potrebbero fare diverse osservazioni circa i punti più sottili di questi cambiamenti. Qui basterà richiamare l'attenzione sul mutamento peggiore, cioè l'eliminazione della frase *mysterium fidei* – il cui inserimento nella formula consacratoria del vino è stato attribuito alla tradizione apostolica e financo a Cristo stesso da tutti i grandi commentatori della Messa, tra cui il sommo teologo della Chiesa, San Tommaso – e la sua trasmigrazione in un invito ad una "acclamazione memoriale" del popolo che non ha fondamento alcuno nella tradizione latina e introduce una tensione fenomenologica tra la presenza reale sacramentale e l'attesa presenza corporea di Cristo Giudice alla fine dei tempi.[69]

In terzo luogo, le elencazioni di santi e le ricorrenze strutturali e simboliche del "Per Christum Dominum nostrum" sono indicate come facoltative, che altro non è che una direttiva subliminale a ometterle. Il Canone Romano è talvolta percepito come un testo pesante quando recitato ad alta voce e verso il popolo, e non c'è da stupirsene: esso non si presta a questa modalità di esecuzione, ma molto di più a una recita silenziosa *versus Deum*.

La quarta differenza sta nel fatto che molti dei gesti cerimoniali del sacerdote, in particolare i segni di croce e le genuflessioni, sono stati eliminati (cosa già realizzata a metà anni Sessanta e ripresa nel Novus Ordo). Dal momento che la *lex orandi* della Chiesa trova espressione non solo nelle parole ma anche nei gesti,

---

genuflessione del sacerdote. La doppia genuflessione, immediatamente dopo ogni consacrazione e prima dell'elevazione (gesto incomparabilmente *dignum et iustum*, espressione d'una fede soprannaturale animata da intima devozione), è stata abolita nel Novus Ordo.

69 Per un esame dettagliato di questo cambiamento si veda il capitolo successivo.

questa revisione rituale non è affatto trascurabile. Padre Hunwicke descrive in modo commovente il gesto posto all'inizio del Canone:

> Il sacerdote introduce la preghiera eucaristica dicendo: "Rendiamo grazie al Signore nostro Dio". [...] Il celebrante ci invita così a unirci a lui nel compiere l'unica e perfetta offerta di ringraziamento a YHWH del Corpo e del Sangue di suo Figlio. Nel Rito tridentino il sacerdote, a queste parole, congiunge le mani, segno liturgico di totale auto-umiliazione (come un prigioniero o uno schiavo che offra i polsi per essere legato). Dunque alza gli occhi al cielo e china il capo. Quale vergogna che i riti moderni abbiano rigettato questa meravigliosa venerazione di YHWH, il nostro Dio creatore, il Dio dei nostri antenati Abramo, Isacco e Giacobbe, il Dio al quale un tempo offrivamo nel suo Tempio due volte al giorno il sacrificio del Tamid, un agnello, e al quale oggi offriamo l'Agnello Immacolato.[70]

Quinto, nel messale del 1969, l'intera dossologia deve essere detta o cantata ad alta voce, anche se questo non veniva più fatto da moltissimi secoli.

In questi cinque modi, il Canone Romano come appare nel Messale del Novus Ordo non è identico al Canone Romano come recepito dalla tradizione liturgica latina prima della riforma. Ma ammettiamo, per amor di discussione, di poter considerare il Canone Romano come parte del nuovo messale. Rimane comunque un problema molto più grande, che a mio avviso riguarda molteplici virtù morali racchiudibili sotto il titolo generale della virtù di religione, la più eccellente tra queste virtù.

Dopo aver poggiato sulla solida roccia di un'unica anafora dall'epoca antica fino agli anni Sessanta – un periodo dunque tra i quattordici e i sedici secoli – la Chiesa è passata improvvisamente da un unico e solenne Canone che *definiva* il rito romano a una pletora di "Preghiere eucaristiche" messe *ad libitum* a disposizione del celebrante, senza alcun requisito su quando o come debbano essere usate – circostanza che differenzia nettamente la prassi

---

70 Si veda "O LORD", *Fr Hunwicke's Mutual Enrichment*, 26 marzo 2018, trad. personale.

Il Canone Romano: pilastro e fondamento del rito romano

romana contemporanea da quella tradizionale bizantina, alla quale talvolta viene erroneamente paragonata.[71] La pluralità di anafore in Occidente è una novità pura e semplice, una rottura con la nostra tradizione vissuta che non ha eguali nella storia di alcun rito liturgico. Il fatto che il Canone Romano sia ora un'*opzione* contraddice la sua natura interna di *canone*, di regola fissa o misura del culto della Chiesa.[72] Parliamo, ad esempio, del "canone delle Scritture", intendendo con ciò un insieme fisso di libri ricevuti dalla Chiesa come divinamente ispirati, inerranti e non suscettibili di aggiunte o sostituzioni. Sebbene il Canone della Messa non sia divinamente ispirato nel medesimo modo, sappiamo che esso si è sviluppato in seno alla Chiesa nel corso dei primi secoli sotto la guida dello Spirito Santo, fino a ricevere gli ultimi ritocchi da parte di San Gregorio e che, da questo momento in poi, esso è stato umilmente accolto come un repositorio della fede e della pietà apostolica – qualcosa da venerare con religioso timore, e che nessuno avrebbe osato "modificare" o "migliorare".[73]

---

71 Per approfondimenti sul modo in cui si è passati da un singolo Canone a più preghiere eucaristiche, si veda Dom Cassian Folsom, "From One Eucharistic Prayer to Many: How it Happened and Why", pubblicato per la prima volta nell'*Adoremus Bulletin* 2.4, 2.5 e 2.6 (settembre, ottobre e novembre 1996; riprodotto integralmente online su https://adoremus.org/1996/09/from-one-eucharistic-prayer-to-many-how-it-happened-and-why/). Padre Cassian cita, a proposito del Canone Romano, un liturgista italiano: "il suo uso oggi è così marginale da essere statisticamente irrilevante" (va detto che ciò era più vero negli anni Novanta rispetto a oggi, quando è più facile trovare sacerdoti giovani che, almeno talvolta, usano il Canone Romano). Questa frattura illustra nel miglior modo possibile l'insostenibilità dell'affermazione per cui *usus antiquior* e *usus recentior* sono semplicemente due versioni dell'"unico rito romano".

72 Il prof. Andrea Grillo dell'Ateneo Sant'Anselmo si è aspramente lamentato dell'"individualismo" scatenato da Summorum Pontificum, posto che secondo quelle disposizioni ogni sacerdote poteva scegliere quale forma del rito romano utilizzare. Eppure, stranamente, non ha mai spiegato perché scegliere una forma rituale in cui ogni elemento è prefissato sia un male, ma un bene scegliere una forma in cui al sacerdote è data la possibilità di scegliere (accanto a moltissime altre opzioni) tra anafore radicalmente diverse. Com'è possibile che sia individualista l'uso di un rito tradizionale prestabilito in ogni suo elemento, e non lo sia una liturgia "fai da te"?

73 Nelle parole di Raymond Winch: "L'anafora della Messa romana è di grande antichità e offre una testimonianza vitale della costante tradizione della Chiesa universale. [. . .] Operare qualsivoglia modifica al canone per

Era già, ed era destinato sempre più ad esser visto come un vero e proprio *canone*, una regola o misura che ci viene imposta come il "dolce giogo" e il "carico leggero" della legge di Cristo.

Ho l'impressione che la perdita di una regola fissa del culto pubblico sia uno dei diversi punti di partenza per la discesa che in cinquant'anni ci ha portato all'*Amoris Laetitia*, con la sua messa in discussione delle norme morali prive d'eccezioni. Un tempo, nel culto divino, il sacerdote cattolico era *tenuto* a sottostare a una legge che regolava rigorosamente ogni sua parola e azione. Il terreno su cui si trovava era terreno sacro, come Mosè davanti al roveto ardente. Senza quell'indumento protettivo rappresentato dalle forme tradizionali di preghiera, il sacerdote sarebbe troppo facilmente incorso nella colpa dell'irriverenza, dell'impertinenza, del soggettivismo o dell'arbitrarietà. *Apprehendite disciplinam, nequando irascatur Dominus, et pereatis de via justa.* "Abbracciate la disciplina, chè non s'adiri il Signore, e voi non vi perdiate fuori della retta via" (Sal 2,12). La crisi intorno alla legge naturale e divina in cui il pontificato di Francesco ha fatto sprofondare la Chiesa non è nata dal nulla. È l'espressione ultima della medesima arroganza che si manifestò per la prima volta nella violenza fatta al cuore della nostra *lex orandi* d'Occidente nella liturgia eucaristica tramandataci. Se possiamo far violenza a questa più sacra delle azioni, c'è forse *una qualche cosa* che in seguito non potremo violare, manipolare, adulterare e corrompere? Il rifiuto di un centro immobile porta alla destabilizzazione e alla disintegrazione centrifuga di tutto il resto. Nelle parole del poeta William Butler Yeats: "Tutto cade a pezzi; il centro non regge; pura anarchia è scatenata sul mondo".[74]

Il cardinale Burke ha parlato dell'antinomismo – cioè di un atteggiamento sprezzante o ostile nei confronti della legge e del rispetto della legge – come di una delle grandi tentazioni ed errori

---

"migliorarne" la teologia sarebbe più esecrabile che alterare i testi dei padri [della Chiesa] con la presunzione di possedere un'intuizione spirituale superiore". *The Canonical Mass of the English Orthodox*, citato da p. John Hunwicke, "The Worst Evil of Uniatism".
74 "The Second Coming" (1919), trad. personale.

del nostro tempo.[75] Permettere a un sacerdote di scegliere *ad libitum* tra varie preghiere eucaristiche quando celebra la Messa è la ritualizzazione dell'antinomismo. Il nucleo stesso della liturgia eucaristica, il cuore della *lex orandi*, è diventato quasi un buffet dal quale si può scegliere una fetta di questo o una fetta di quello. Pertanto, non ritengo possibile concordare con Papa Benedetto XVI sul fatto che esistano "due forme del rito romano" più di quanto sia possibile concordare con il suo successore sul fatto che ne esista solo una – ovvero il rito moderno. In verità, esiste il rito romano nella sua piena dimensione storica, che va dal Cenacolo a Papa Damaso, passando per Papa Gregorio fino a Pio V e Pio X, e che è caratterizzato da una crescita verso la perfezione che culmina nella stabilità della forma e nella fissità della pratica – e poi c'è una creazione moderna vagamente basata su di esso, che, volutamente, come un camaleonte, cambia colore per adattarsi al suo ambiente, o, come un liquido, assume la forma di qualsiasi recipiente lo contenga. Questo impostore dalle molte facce può rispondere a molti diversi nomi, ma "rito romano" non è certo tra questi.

Non sorprende quindi che il clero di oggi sia diviso in modo piuttosto netto tra due gruppi di diversa entità: la minoranza che prega sempre o frequentemente il Canone Romano e la stragrande maggioranza che lo evita sempre o frequentemente a favore di qualsiasi altra preghiera eucaristica sul menu (specialmente la Seconda, o pseudo-ippolitana, il "fast food" delle anafore).[76] Di

---

75 Si veda Raymond Leo Cardinal Burke, "Liturgical Law in the Mission of the Church", in *Sacred Liturgy: Source and Summit of the Life and Mission of the Church*, ed. Alcuin Reid (San Francisco: Ignatius Press, 2014), pp. 389-415, specialmente 393-94; Burke, "New Evangelization and Canon Law", *The Jurist* 72 (2012): pp. 4-30, specialmente 20ss.
76 Sulla pseudo-anafora, pseudo-ippolitana e pseudo-romana, conosciuta come Preghiera eucaristica II, si veda John F. Baldovin, "Hippolytus and the *Apostolic Tradition*: Recent Research and Commentary", *Theological Studies* 64 (2003): pp. 520-42. Va da sé che non metto in dubbio la validità sacramentale, *stricto sensu*, di alcuna preghiera eucaristica ufficialmente promulgata. Ma non possiamo pensare alla liturgia soltanto entro la categoria della validità: questa è la "soglia minima", per così dire, della preghiera pubblica della Chiesa. Sarebbe come valutare un matrimonio chiedendosi solo se sia valido piuttosto che guardare all'amore tra i coniugi e dei coniugi verso i figli; o lo stato lavorativo di una persona limitandosi a verificare che

conseguenza, i fedeli, sotto la cura dei sacerdoti, ricevono due diversi tipi di formazione alla preghiera della Chiesa. Un gruppo di fedeli sente - o, a seconda dei casi, *non* sente a voce alta - regolarmente il Canone Romano, conoscendolo molto probabilmente assai bene grazie ad ottimi messalini; un altro gruppo non incontra mai o raramente, in natura, quel Canone, come fosse una specie in via di estinzione avvistabile solo raramente. La teologia del Canone Romano, così antica, così rigogliosa, così tipicamente romana e persino ebraica nel sentore, promette di formare un determinato tipo di mentalità ecclesiale, liturgica e sacramentale; mentre le neo-anafore, così contemporanee, così logiche e così generiche, promettono di formarne un altro tipo...

Il tentativo di emarginare e infine di sopprimere qualcosa di così monumentale e monolitico come il Canone Romano è stato il risultato non soltanto di scarso giudizio estetico o di tendenziose teorie sulla storia della liturgia; è stato il risultato di una crescente insofferenza nei confronti della teologia "medievale, scolastica, tridentina" della Messa e del Sacrificio eucaristico, e di una crescente sfrontatezza nel sostituire il suo più importante repositorio con più o meno qualsiasi cosa, non escluso un *pastiche* di testi raffazzonato nella notte di una taverna trasteverina.[77]

---

riceva un qualsiasi salario, senza chiedersi se quel lavoro sia degno della sua dignità umana e adeguato a sovvenire ai bisogni della famiglia.

77   P. Louis Bouyer, membro del Consilium, ricorda la scena: "Vi farete un'idea delle condizioni deplorevoli in cui questa precipitosa riforma venne affrettata quando vi avrò raccontato di come venne raffazzonata la seconda preghiera eucaristica. Stretti tra i fanatici archeologisti incalliti, che volevano bandire il *Sanctus* e le intercessioni dalla preghiera eucaristica prendendo l'Eucaristia di Ippolito così com'era, e quegli altri che se ne infischiavano della sua presunta *Tradizione Apostolica* e volevano una messa improvvisata, Dom Botte e io fummo incaricati di rabberciarne il testo per inserirvi questi elementi, certo antichissimi... entro la mattina successiva! Fortunatamente trovai, se non in un testo dello stesso Ippolito, certamente in uno nel suo stile, una felice formula sul Santo Spirito che poteva fornire una transizione all'epiclesi breve come quella del *Vere Sanctus*. Da parte sua Botte produsse un'intercessione più degna di un "À la manière de..." di Paul Reboux, che della sua effettiva erudizione. Eppure, non riesco a rileggere quell'improbabile componimento senza ricordare la terrazza del caffè trasteverino dove dovevamo dare gli ultimi ritocchi al nostro compito per presentarci con esso all'ora stabilita dai nostri maestri al Portone di Bronzo!"

Il Canone Romano: pilastro e fondamento del rito romano

Dal momento che, inoltre, la liturgia è la somma icona di Cristo e dei suoi santi, e il Canone Romano è il pannello centrale di questa grande iconostasi rituale – o potremmo forse paragonarlo al Pantocratore nell'abside – ne consegue che l'assalto a un canone fisso fu anche un atto primordiale di iconoclastia, dopo il quale ogni altra imbiancatura delle aule sacre, ogni altra demolizione e modernizzazione non furono che un mero ritocco.

È interessante una storia che si riferisce a Pio IX (1846-78) e che mostra fino a che punto il Canone fosse considerato intoccabile. Quando a questo papa fu chiesto di aggiungere il nome di San Giuseppe al Canone, Pio IX rispose: "Questo non posso farlo: sono solo il papa".[78] Egli aveva un'acuta consapevolezza del peso della tradizione e del suo ruolo nel tramandare ciò che i secoli avevano ritenuto perfetto. La decisione di Giovanni XXIII di inserire, nel 1962, il nome di San Giuseppe in un Canone che era rimasto essenzialmente invariato dalla morte di San Gregorio Magno nel

---

The Memoirs of Louis Bouyer: From Youth and Conversion to Vatican II, the Liturgical Reform, and After, trad. personale da quella inglese di John Pepino (Kettering, OH: Angelico Press, 2015), pp. 221-22. È da notare che Bouyer non menziona mai il famigerato "tovagliolo", a cui si fa spesso riferimento, su cui i due avrebbero redatto la preghiera eucaristica (il che non esclude tuttavia la possibilità che ad essere utilizzato fu effettivamente un tovagliolo).
78   Come mi ha fatto notare Gregory DiPippo: per quanto possa sembrare impossibile trovare una fonte primaria affidabile che avvalori questa storia, frequentemente riportata, possiamo nondimeno serenamente trattarla come un mito nel senso della parola notoriamente spiegato da Tolkien a Lewis – o, per dirla con un personaggio del romanzo *Bridge of Birds* di Barry Hughart: "le fiabe hanno spalle robuste che portano molta più verità di quante ne possano portare i fatti". Il punto della storia *non è* che il Canone sia immutabile. Si è sempre saputo che in passato il Canone è stato soggetto ad alcune modifiche. Nientemeno che Benedetto XIV, uno dei pontefici più eruditi di tutti i tempi, scrisse in merito all'aggiunta delle parole "pro quibus tibi offerimus, vel", che mancano nel Sacramentario *gelasianum vetus* e in alcuni altri importanti manoscritti antichi. Il punto è piuttosto che una mente cattolica rettamente formata prova un istintivo orrore all'idea di alterare tradizioni antiche per ragioni insufficienti, e per le conseguenze che potenzialmente ne derivano. Ma ecco che, dopo che il Canone era rimasto intatto per molti secoli (ed aveva conosciuto soltanto modifiche minime persino nelle prime fasi del suo uso), Giovanni XXIII vi aggiunse il nome di San Giuseppe e, meno di dieci anni dopo, Paolo VI dichiarò (sulla scorta di motivazioni inconcepibilmente frivole) che a qualsiasi sacerdote di rito romano era perfettamente lecito celebrare senza usarlo mai più.

604 circa al 1962 - cioè per quasi 1.400 anni - per quanto innocente possa essere stata *materialmente* parlando era, *formalmente*, una dichiarazione che la Chiesa poteva ora alterare la sua più sacra eredità.[79] Di certo Annibale Bugnini e altri del medesimo pensiero videro questo come un momento di simbolico via libera alle loro ambizioni prometeiche. Insieme alla bizzarra riconfigurazione della Settimana Santa, ciò è solo un motivo in più per cui i tradizionalisti dovrebbero essere scettici nei confronti dei libri liturgici pubblicati dopo la Seconda Guerra Mondiale, quando prese il volo la frenesia riformatrice.[80]

Con oltre mezzo secolo di caos alle spalle, siamo in grado di apprezzare l'osservazione sorprendentemente franca del liturgista dom Bernard Botte, che scriveva nel 1953:

> Dobbiamo essere grati agli uomini del Medioevo per aver conservato il canone nella sua purezza e non aver permesso alle loro effusioni personali o alle loro idee teologiche di entrare in esso. Si può immaginare la completa confusione che avremmo oggi se a ogni generazione fosse stato permesso di ricreare il canone a misura delle loro controversie teologiche o delle loro nuove forme di pietà. Possiamo solo sperare che si continui a imitare il buon senso di queste persone, che avevano le loro idee teologiche ma comprendevano che il canone non era il loro terreno di gioco. Ai loro occhi esso era l'espressione di una tradizione venerabile e percepivano che non poteva essere toccato senza aprire la porta a ogni tipo di abuso.[81]

---

79 Si veda il mio articolo "On the Insertion of St. Joseph's Name into the Roman Canon", *NLM*, 23 dicembre 2019.
80 Si veda il capitolo 12.
81 Bernard Botte, "Histoire des prières de l'ordinaire de la messe", in *L'Ordinaire de la messe: Texte critique, traduction et ètudes*, ed. B. Botte and C. Mohrmann, *Études liturgiques* 2 (Paris: Cerf, 1953), p. 27; trad. personale da quella inglese di Zachary Thomas. E pur avendo compreso un punto così fondamentale, dom Botte sarebbe poi divenuto membro del Consilium redigendo, insieme a Louis Bouyer, la seconda preghiera eucaristica, la neoanafora del rito moderno più utilizzata e certamente più contaminata dalla cattiva erudizione del tempo ed influenzata dalle preferenze razionalistiche moderne (cfr. Bouyer, *Memoirs*, pp. 218-22). Una caduta come quella di dom Botte dimostra la rapidità e totalità con cui l'ideologia è in grado di infettare l'intelletto umano e stravolgere la volontà.

Il Canone Romano: pilastro e fondamento del rito romano

A questo giudizio incisivo e tremendamente vero, i cattolici di rito latino potrebbero oggi rispondere con le malinconiche parole del Salmista: *Salvum me fac, Domine, quoniam defecit sanctus, quoniam diminutae sunt veritates a filiis hominum.* "Salvami, Signore, perché non v'è più alcun santo: son scomparse le verità tra i figli degli uomini" (Sal 11,2).

Quanti amano la liturgia romana classica hanno la grave responsabilità, la gioia del privilegio e il compito veramente evangelico di preservare il grande Canone Romano nel culto pubblico della Chiesa cattolica. Di fronte a una libertà smarrita e a un'autorità abusata, i tradizionalisti ritengono che l'unica via per una liturgia che sia una, santa, cattolica e apostolica, come la Chiesa stessa, sia il recupero dei nostri riti tradizionali, che sono non solo il canone o la misura della fede ortodossa, ma anche la nostra patria spirituale e l'assaggio che ci è dato del mondo che verrà. Attraverso il nostro amore consapevole per la tradizione liturgica latina e la sua diffusione in un numero sempre maggiore di luoghi, stiamo dimostrando la continuità di passato, presente e futuro del cattolicesimo in un momento in cui la sua coerenza interna è minacciata come mai prima d'ora.

L'eliminazione delle parole *Mysterium Fidei* dalla formula eucaristica può essere considerata un simbolo della demistificazione e, quindi, dell'umanizzazione del nucleo centrale della Santa Messa.

— Roberto de Mattei

La riforma della Messa ha alimentato un atteggiamento profondamente antireligioso tra i cattolici. Il culto cristiano non è più un dono di grazia da ricevere in ginocchio, ma una merce che dev'essere approcciata con diffidenza e malanimo, messa alla prova e poi, spesso, rifiutata. La Santa Messa, che prima era un mistero ermeticamente chiuso, doveva ora aprirsi alla confusione delle opinioni. Ciò che in precedenza veniva venerato come un fenomeno sovraterrestre viene ora visto come qualcosa di costruito, di strutturato per mano umana. E ciò che può essere strutturato, può essere ristrutturato. Ormai non c'è più fine alla ristrutturazione! A chiunque può venire in mente una qualche buona idea per modificare la liturgia. È strano, però: più la Messa viene ridisegnata, meno entusiasmo si prova per essa.

— Martin Mosebach

{ 9 }
Il dislocamento del *Mysterium Fidei*

L A STORIA DI COME LE PAROLE DI CONSA-crazione pronunciate sul calice siano state cambiate nel *Novus Ordo Missae* espone efficacemente molti problemi interconnessi e caratteristici della riforma liturgica in generale: un falso archeologismo; una comprensione carente della *participatio actuosa*; un'infatuazione per la prassi orientale unita a un disprezzo per ciò che è tipicamente occidentale; il disprezzo per la pietà e la dottrina medievali; una mancanza di umiltà di fronte a ciò che non possiamo comprendere appieno e una mancanza di riverenza per ciò che è misterioso; una riduzione meccanicistica della liturgia a materiale che possiamo modellare a nostro piacimento (come cerchiamo di fare col mondo naturale utilizzando la nostra tecnologia moderna); e un'impazienza nel costruire nuove forme a causa della noia o del disagio verso quelle antiche. Quest'esempio serve quindi a illustrare in modo cristallino gli errori e i vizi che permeano la riforma nel suo complesso.

LA VISIONE TRADIZIONALE

Per secoli, sin dagli albori dell'era cristiana, il sacerdote ha pronunciato le parole *"Mysterium fidei"* nel mezzo delle parole di consacrazione sussurrate sul calice. Queste parole evocano con forza l'irruzione di Dio in mezzo a noi in questo incommensurabile Sacramento. La consacrazione del vino porta a compimento la significazione del sacrificio della Croce, il momento in cui il nostro Sommo Sacerdote ci ha ottenuto la redenzione eterna (cfr. Eb 9,12), la cui ri-presentazione, insieme all'applicazione dei suoi frutti, è lo scopo stesso della Messa. Nelle belle parole di Madre Mectilde del Santissimo Sacramento (1614-1698):

IL RITO ROMANO DI IERI E DI DOMANI

Il sacrificio della croce è per tutti gli uomini e quello sull'altare è per molti. Vale a dire: Gesù è morto per tutti gli uomini sul Calvario. Ha versato il Suo sangue e la Sua vita per la salvezza di tutta l'umanità. Era Sua intenzione che tutti vi partecipassero, dice San Paolo. Sull'altare v'è un mistico spargimento di sangue, che è versato "per molti", cioè per tutti coloro che vogliono diventarne degni e riceverlo santamente. Perché nella comunione, il sangue di Gesù viene misticamente versato sull'anime nostre.[1]

Il 29 novembre 1202, papa Innocenzo III inviò all'arcivescovo Giovanni di Lione una lettera, *Cum Marthae circa*, in cui scriveva:

> Avete chiesto chi abbia aggiunto alle parole della formula usata da Cristo stesso quando ha transustanziato il pane e il vino nel suo Corpo e nel suo Sangue le parole che si trovano nel Canone della Messa universalmente usato dalla Chiesa [latina, NdT], ma che nessuno degli evangelisti ha registrato [...] [cioè] le parole "Mistero della fede" inserite nelle parole di Cristo. [...] Vi sono certamente molte parole e azioni del Signore che sono state omesse nei Vangeli, e di queste leggiamo che gli apostoli le hanno completate con le loro parole e le hanno espresse con le loro azioni. [...] Tuttavia, si usa l'espressione "Mistero della fede", perché qui si crede qualcos'altro da ciò che si vede, e si vede qualcos'altro da ciò che si crede. Ciò che si vede è infatti l'apparenza del pane e del vino, mentre ciò che si crede è la realtà della carne e del sangue di Cristo, e la forza dell'unità e dell'amore.[2]

La risposta del Papa è insomma questa: ci sono molte cose che Cristo ha affidato agli Apostoli perché le tramandassero che non sono riportate nelle Scritture, e questa potrebbe benissimo essere una di esse; o potrebbe essere il contributo proprio di un Apostolo.

---

[1] *"Breviary of Fire": Letters by Mother Mectilde of the Blessed Sacrament, Chosen and Arranged by Marie de la Guesle, Countess of Châteauvieux*, trad. personale da quella inglese di un'oblata del Priorato di Silverstream (Brooklyn, NY: Angelico Press, 2021), p. 234.

[2] La lettera si trova in Heinrich Denzinger, *Enchiridion symbolorum definitionum et declarationum de rebus fidei et morum*, 45a ed., a cura di. Peter Hünermann, Angelo Sghirlanzoni, Giovanni Battista Zaccherini (Bologna: EDB, 2018), al n. 782; la traduzione qui riportata è personale.

Il dislocamento del Mysterium Fidei

Scrivendo soltanto una settantina d'anni più tardi, San Tommaso d'Aquino trasformerà la domanda dell'arcivescovo nella nona obiezione contro l'appropriatezza delle parole di consacrazione del vino: "le parole con le quali è consacrato questo sacramento derivano la loro efficacia dall'istituzione di Cristo. Ma nessun evangelista riferisce che Cristo ha detto tutte queste parole. Quindi la forma della consacrazione del vino non è conveniente".[3] E risponde così all'obiezione:

> Gli evangelisti non intendevano far conoscere le forme dei sacramenti, che nella Chiesa primitiva bisognava tenere nascoste, come osserva Dionigi, ma intesero tessere la storia di Cristo. - E tuttavia quasi tutte le suddette parole possono venire raccolte da diversi luoghi della Scrittura. Infatti l'espressione: *Questo è il calice* si ha in Lc 22 [20] e in *I Cor* 11 [25].
>
> Invece in Mt 26 [28] è detto: *Questo è il mio sangue della nuova alleanza, versato per molti, in remissione dei peccati*. - Le aggiunte poi «eterna» e «mistero della fede» derivano dalla tradizione del Signore, che è pervenuta alla Chiesa tramite gli apostoli, come è detto in *1 Cor* 11 [23]: *Io ho ricevuto dal Signore quello che a mia volta vi ho trasmesso*.

San Tommaso avrebbe anche potuto notare che la prima Lettera a San Timoteo include l'espressione "conserv[are] il mistero della fede in una coscienza pura" (1 Tim 3,9). Più avanti, nel trattare l'esatta formulazione delle formule di consacrazione, San Tommaso ribadisce che tali dettagli liturgici erano tenuti deliberatamente segreti nella Chiesa primitiva: la Scrittura non ha lo scopo di rivelare il modo preciso in cui i misteri sacramentali debbono essere celebrati.[4]

ANTICHITÀ E OSCURITÀ DELLA FRASE

Anche il più grande demitizzatore tra gli studiosi di liturgia del XX secolo, p. Josef Jungmann, SJ, non tentò di liquidare o decostruire quelle che definì "parole enigmatiche":

---

3   *ST* III, q. 78, a. 3.
4   Si veda *ST* III, q. 83, a. 4, ad 2.

Già nel testo dei più antichi sacramentari si ha l'inserimento di queste due parole, nonché nelle testimonianze scritte del VII secolo. Mancano soltanto in alcuni documenti più recenti. Sul significato di *mysterium fidei* si è ben lungi dal trovarsi d'accordo. Un qualche cosa che possa lontanamente raffrontarsi con questa espressione la si ha nelle *Costituzioni Apostoliche*, in cui si fa dire al Signore, alla Consacrazione del pane: «Questo è il mistero del Nuovo Patto, prendete e mangiatene, questo è il mio Corpo». Come qui il mistero è riferito al pane sotto la forma di una frase, dovrebbe esserlo nel nostro Canone della Messa nei riguardi del calice sotto quella di un'apposizione. [...] *Mysterium fidei* è, pertanto, un'amplificazione a sé stante, aggiunta alla proposizione completa che la precede.

Sul finire dell'antichità cristiana non si sarà data poi tanta importanza a questo oscuro mistero, in certo qual modo accessibile solo alla fede soggettiva, quanto al *sacramentum* apportatore di grazia che riassume in sé tutta la fede oggettiva e l'intero ordine salvifico che si identificano in Cristo. Il calice del Nuovo Patto è il segnacolo di vita, il sacrario della nostra fede. È ben arduo stabilire quale circostanza esterna abbia effettivamente portato all'inserimento di tali parole.[5]

Vale la pena di riflettere su diversi punti. Questa frase compare in tutte le fonti più antiche sulla Messa di cui disponiamo, il che suggerisce la grande antichità della sua origine. L'edizione critica del Canone della Messa, pubblicata da Brepols nella serie *Corpus Orationum*, non mostra alcuna variazione della posizione del *mysterium fidei*.[6] Il testo romano è citato in oltre cinquanta manoscritti di varie epoche e origini, senza variazioni significative. Il testo ambrosiano, che è il prodotto di una romanizzazione del rito ambrosiano operata in epoca carolingia, conta solo cinque manoscritti - ma anch'essi lo riportano nello stesso luogo.

---

5 Josef Jungmann, *Missarum Sollemnia*, ed. anast. Milano: Àncora, 2004, (ripr. dell'ed. Torino: Marietti, 1963), vol. 2, pp. 155-156.
6 Tomo X (1997), iniziato da Edmond Eugene Möller e continuato da Jean-Marie Clément OSB, e Bertrandus Coppetiers 't Wallant. All'interno del corpo dell'opera, quella parte del Canone è la Oratio 6265, con tre varianti principali attestate: 6265a è il testo romano, 6265b quello ambrosiano e 6265c un testo ambrosiano anomalo attestato in un unico manoscritto.

Il *dislocamento del* Mysterium Fidei

L'apparente stranezza di tale inserimento, e il fatto che sarebbe stato così gelosamente custodito e tramandato, implica che esso non era considerato una caratteristica accessoria del rito, ma qualcosa che apparteneva all'essenza del rito romano. Per quanto si possa dissentire dalla sottile frecciata all'interpretazione di Innocenzo III, l'idea di Jungmann che il *"mysterium fidei"* indichi nientemeno che "tutta la fede oggettiva" della Chiesa, "l'intero ordine salvifico", localizzato (per così dire) nel simbolo del calice e nel suo prezioso contenuto, è impressionante. L'intera realtà gira intorno all'asse di quel calice inclinato sull'altare.

Il resoconto di Jungmann, insieme ai documenti paleografici, mette in forte evidenza il problema fondamentale che si presenta agli storici della liturgia quando non possono conoscere con certezza l'origine di una particolare usanza. In tali circostanze, è *impossibile* escludere l'ipotesi che si tratti di qualcosa di istituzione apostolica o subapostolica. Se persino la più rigorosa ricerca scientifica non è in grado di individuare un particolare momento storico in cui le parole *mysterium fidei* sono state aggiunte per la prima volta, e se abbiamo una testimonianza monolitica nei manoscritti esistenti, non è forse molto meglio – anzi, non è forse un solenne obbligo di riverenza per quanto abbiamo di più sacro – conservare la formula esattamente come è stata tramandata? Fare altrimenti significherebbe rischiare una profanazione. E nessun fedele cattolico, fino al XX secolo, avrebbe pensato o agito diversamente.

LA CAMPAGNA PER RIMUOVERE LA FRASE

Con un atto di stupefacente arroganza, questa frase è stata rimossa dal posto che occupava da tempo immemore e trasformata in una "acclamazione memoriale" che mai prima era esistita nel rito romano. Quello che era stato un segreto e sublime riconoscimento della salvezza – nascosto, come il cristiano, con Cristo in Dio (cfr. Col 3,3) – divenne un estroverso annuncio al pubblico, in nome di una "partecipazione" riduttivamente intesa come "dire e fare cose". Come avvenne, esattamente, tutto ciò? E perché?

IL RITO ROMANO DI IERI E DI DOMANI

Intorno all'epoca del Concilio Vaticano II, certi chirurghi della liturgia non vedevano l'ora di affondare il proprio bisturi nel Canone Romano, non appena l'autorità avrebbe permesso loro di rimediare ai suoi "difetti". In un capitolo del suo libro *Il canone della messa e la riforma liturgica*, pomposamente intitolato "I principali pregi e difetti del canone romano attuale", Cipriano Vagaggini, OSB, sosteneva nel 1966 quanto segue: "Terzo difetto maggiore del canone romano attuale nella narrazione dell'Istituzione è l'inserimento delle parole *mysterium fidei* in mezzo alla frase riguardante il calice. È noto che il fatto non ha riscontro in nessun'altra liturgia e che nella stessa liturgia romana è d'origine incerta e di significato discusso. Evidente, comunque, che, almeno nella sua forma attuale, l'inciso *mysterium fidei* viene a spezzare e turbare le parole dell'Istituzione".[7]

Bugnini nel suo ponderoso tomo *La riforma liturgica* ci dice, a proposito di Vagaggini, che: "In tre mesi di intenso lavoro nella biblioteca dell'Abbazia di Mont César (Lovanio) nell'estate del 1966, egli esaminò le questioni attinenti il canone romano e preparò due schemi di nuove preghiere eucaristiche, che presentò alla discussione del gruppo."[8] Gli esperti erano concordi nel sostenere che bisognasse far qualcosa per quel fastidioso *mysterium fidei*:

> L'aggiunta «Mysterium fidei» nella formula del canone romano per la consacrazione del vino: non è biblica; si trova solo nel canone romano; è d'origine e di significato incerti; gli stessi periti discutono sul senso preciso di queste parole. Anzi, alcuni le intendono in senso addirittura pericoloso perché la traducono: segno per la nostra fede; interrompe la frase e ne rende difficile il senso e la traduzione. I francesi, per esempio, sono stati costretti a ripetere tre volte la parola sangue: «Ceci est la coupe de mon sang, le sang de la nouvelle Alliance, mystère de foi, sang répandu etc . . . ». *E così, più o meno, nelle altre lingue. Le istanze di molti vescovi e pastori si ripetevano qui perché nelle nuove anafore l'aggiunta mysterium fidei fosse*

---

7 Cipriano Vagaggini, *Il canone della messa e la riforma liturgica. Problemi e progetti*, (Torino-Leumann: Elle Di Ci, 1966), p. 80.
8 Annibale Bugnini, *La riforma liturgica 1948-1975*, p. 443. Il gruppo era il Coetus X, quello a cui fu affidata la revisione dell'*Ordo Missae*.

soppressa. Tutto ciò spiega la soluzione adottata nelle nuove anafore intorno alle parole della consacrazione.⁹

Si riteneva inoltre auspicabile che vi fosse "un'acclamazione del popolo subito dopo la consacrazione e l'elevazione del calice"; e perché? "Quest'uso è per sé orientale; ma è sembrato opportuno ammetterlo anche nella tradizione romana per accrescere la partecipazione attiva del popolo. Quanto alle parole precise di tale acclamazione la rubrica dice che può essere fatta «his vel similibus verbis ab auctoritate territoriali approbatis» [con queste o simili parole approvate dall'autorità locale, NdT]. Infatti tali parole devono essere dette, anzi cantate, dal popolo. È dunque necessario lasciare sufficiente margine di libertà per gli adattamenti alle esigenze delle singole lingue e dei diversi generi musicali."¹⁰

A questo punto del processo, quindi, si pensò di eliminare del tutto le parole *"mysterium fidei"* e, semplicemente, di far seguire all'elevazione del calice un'acclamazione.

Il 26 giugno 1967, il cardinale Ottaviani, in qualità di prefetto della Congregazione per la Dottrina della Fede, inviò una lettera ad Annibale Bugnini, esprimendo le modifiche che la Congregazione avrebbe preferito fossero apportate alle quattro Preghiere Eucaristiche che erano state sottoposte alla sua revisione dottrinale.¹¹ Quanti considerano Ottaviani un eroe per aver sottoscritto, due anni più tardi, il *Breve Esame Critico*, potrebbero rimanere sorpresi e delusi nel constatare la facilità con cui egli assecondò il piano del Consilium:

1. Circa l'omissione dell'inciso «mysterium fidei», *affirmative*.

2. Circa l'«acclamatio» subito dopo l'elevazione «mortem tuam...» si preferisce un testo che esprima più chiaramente un atto di fede e sostituisca così lo scomparso

---

9 Bugnini, p. 447. L'affermazione per cui la formula "non è biblica" è tipicamente fuorviante: *nessuna* liturgia cristiana storica ha mai utilizzato rigorosamente e unicamente una formula consacratoria riportata nel Nuovo Testamento. Tali riti liturgici sono anteriori ai testi biblici e riflettono usanze particolari che hanno una loro logica.
10 Bugnini, ibidem.
11 Prot. N. 1028/67, consultabile presso: http://www.prexeucharistica.org/_pdf/EPICLESI/PIO-Lp015-02.pdf (p. 14).

«mysterium fidei», inopportuno certo per la posizione in cui si trovava, ma molto indicato come un richiamo a risvegliare la fede in quel solenne momento. È stata suggerita la frase evangelica: «Deus meus et Dominus meus».

Mentre Ottaviani acconsentì alla rimozione della formula, il suo suggerimento di utilizzare un testo diverso da *Mortem tuam* come acclamazione fu evidentemente disatteso.

Al Sinodo dei Vescovi dell'ottobre 1967 – i cui partecipanti furono il primo significativo gruppo "esterno" a cui fu mostrata la *Missa normativa*, ovvero l'abbozzo di quello che Paolo VI avrebbe poi chiamato *Novus Ordo Missae*[12] e a cui fu poi chiesto di esprimere il proprio voto e di contribuirvi con dei commenti – fu posta ai Padri sinodali, tra le altre, la seguente domanda, come riporta Bugnini: *"Piace che dalla formula di consacrazione del vino siano tolte le parole «mysterium fidei»?* Dei 183 votanti, 93 dissero sì, 48 no, 42 *iuxta modum*. I modi, in sostanza, furono questi: 1. L'omissione di «mysterium fidei» sia fatta anche nel canone romano. 2. L'inciso non scompaia del tutto dalla liturgia, ma si utilizzi o come acclamazione dopo la consacrazione o in altra formula. 3. Il tempo del verbo *effundetur* sia al presente, come nei luoghi paralleli della Scrittura: *effunditur*."[13] Se consideriamo insieme i no e i sì qualificati (*placet iuxta modum*), vediamo che la maggioranza incondizionata a favore della rimozione era risicata: 93 a 90. Tuttavia, sembra che l'atteggiamento dei più fosse simile a quello di Ottaviani: perché non approfittare dello sconvolgimento generale e trasformare questa frase in un vettore di "partecipazione attiva"?

Non si sfugge all'impressione di un gruppo di persone che inventa e improvvisa, senza alcun vero rispetto per la tradizione, o alcun *timor Domini*.[14] Dimenticato era il consiglio della sapienza: "Non spostare il confine antico, posto dai tuoi padri" (Prov 22,28).

---

12 Concistoro Segreto del 24 maggio 1976: "usus novi Ordinis Missae" e "Novus Ordo promulgatus est" ("l'uso del nuovo Ordo della Messa"; "il nuovo Ordo è stato promulgato)".
13 Bugnini, *La riforma liturgica 1948-1975*, p. 346.
14 Per una testimonianza diretta del tipo di follia riformatrice a cui Bugnini si era ormai abbandonato in questo periodo, si veda il resoconto di Mons. Lefebvre di una riunione dei Superiori Generali tenutasi a Roma a metà degli anni Sessanta in *The Mass of All Time*, a cura di P. Patrick Troadec. P. Patrick

Il dislocamento del Mysterium Fidei

PAOLO VI SPINGE PER IL REIMPIEGO

La questione rimase controversa, all'interno del Consilium. Come racconta Bugnini, l'argomento si ripresentò nella decima adunanza generale (23-30 aprile 1968), che si riunì per discutere le sei modifiche su cui Paolo VI aveva avuto la temerarietà (a detta degli esperti) di insistere rispetto alla *Missa normativa*. "La cosa creò un certo imbarazzo, quasi venisse limitata la libertà di ricerca del «Consilium» con una imposizione autoritativa."[15] La sottocommissione speciale creata per affrontare il problema comprendeva, tra gli altri, Rembert Weakland, Joseph Gelineau e Cipriano Vagaggini.

Per quanto riguarda il tema che ci interessa, Paolo VI - che (come abbiamo visto nel capitolo 4) aveva scelto *Mysterium Fidei* come titolo per la sua enciclica del 1965 in cui difendeva la transustanziazione e condannava alcune tendenze eretiche della teologia eucaristica - non gradiva l'idea di passare direttamente dall'elevazione all'acclamazione e aveva stabilito che: "Le parole «Mysterium fidei» siano proferite dal celebrante prima dell'acclamazione del popolo". Racconta Bugnini:

> Quali erano le difficoltà mosse dal gruppo di studio contro l'adozione dei desiderata [del Papa]? [...] «*Mysterium fidei*». Farlo dire dal celebrante prima dell'acclamazione del popolo: a) sarebbe una novità che non si riscontra nella tradizione liturgica; b) si cambierebbe la struttura del canone in un momento importante; c) muterebbero senso anche le parole in questione non avendo più nesso con la consacrazione del calice. Se quelle parole si volessero proprio tenere, diceva la relazione, dovrebbero unirsi direttamente in una unica proposizione o con la formula della consacrazione del vino o con la acclamazione.[16]

Troadec, trad. inglese a cura di Angelus Press (Kansas City, MO: Angelus Press, 2007), pp. 183-84; cfr. il mio articolo "What Bugnini Was Thinking When He Destroyed the Catholic Mass", *OnePeterFive*, 5 febbraio 2019.
15 Bugnini, p. 364. Ironica osservazione, se si considera che sarà la sola autorità papale a imporre all'intera Chiesa il rito del Consilium! L'intera riforma liturgica rappresenta una gigantesca "soluzione" imposta dal Papa.
16 Bugnini, pp. 364-366.

Alla fine, Paolo VI ebbe la meglio. Non stupisce l'annuncio di questo cambiamento e del suo "beneficio" pastorale nella Costituzione Apostolica *Missale Romanum* del 3 aprile 1969. L'ironia del suo contesto immediato, tuttavia, merita particolare attenzione:

> L'espressione MISTERO DELLA FEDE, tolta dal contesto delle parole del Signore, e detta dal sacerdote, serve come da introduzione all'acclamazione dei fedeli.
> Per ciò che riguarda l'Ordinario della Messa, i riti, pur conservandone fedelmente la sostanza, sono stati semplificati [...] Si sono pure ristabiliti, secondo le tradizioni dei Padri, alcuni elementi che con il tempo erano andati perduti (*SC* 50).

A differenza della giustificazione addotta per il "ripristino" del "salmo responsoriale", basato su un falso archeologismo[17] e una teoria riduttiva della partecipazione al divin sacrificio,[18] qui il Papa non offre alcuna spiegazione, se non quella di fare "come da introduzione all'acclamazione dei fedeli". E però questa modifica al venerabile Canone Romano (replicata in tutte le neo-anafore) *non può* in alcun modo essere stata fatta con attenzione alla "fedele conservazione della sostanza dei riti". Lungi dal *"ristabilire, secondo le tradizioni dei Padri, alcuni elementi che con il tempo erano andati perduti",*[19] la norma dell'antichità fu espressamente violata; se qualcosa andò perduto fu soltanto per mano del Consilium. Furono piuttosto i tempi tormentati della riforma liturgica postconciliare a infliggere perdita su perdita al rito romano.

---

17 Si veda Peter Kwasniewski, *Reclaiming Our Roman Catholic Birthright: The Genius and Timeliness of the Traditional Latin Mass* (Brooklyn, NY: Angelico Press, 2020), pp. 149-60.
18 Per una trattazione completa del tema della "partecipazione effettiva" (*participatio actuosa*) e degli errori in merito, si veda Peter Kwasniewski, *Nobile bellezza, sublime santità. Perché la modernità ha bisogno della Messa tradizionale* (Verona: Fede & Cultura, 2021), pp. 245-72; Kwasniewski, *Reclaiming Our Birthright*, pp. 55-75; Peter Kwasniewski, *Ministri di Cristo: Recuperare i ruoli di clero e laici in un'epoca di confusione* (Verona: Amicitia Liturgica, 2023), pp. 143-61.
19 La teoria sostenuta da alcuni studiosi preconciliari, secondo cui il *mysterium fidei* sarebbe nato come un'esclamazione proferita dal diacono verso il popolo durante o subito dopo la consacrazione, veniva liquidata già nel 1949 da Jungmann come "frutto d'immaginazione, e non verità storica" (*Missarum Sollemnia*, p. 155). "*Missarum Sollemnia*" era un'opera che *qualsiasi* liturgista, all'epoca, aveva letto.

Il dislocamento del Mysterium Fidei

LA PROTESTA DI CARDINALI E TEOLOGI

Divenuto disponibile, nel 1969, il testo ufficiale del Novus Ordo, il cardinale Ottaviani parve cambiare idea tanto da essere disposto a sottoscrivere, insieme al cardinale Bacci, il *Breve esame critico del «Novus Ordo Missae»*, in cui troviamo la seguente critica da parte di "un gruppo di teologi romani": "L'antica formula della Consacrazione era una formula propriamente *sacramentale*, e non *narrativa*. [...] Il testo della Scrittura, *non* [venne] *ripreso alla lettera*; l'inserto paolino «mysterium fidei» era una confessione immediata di fede del sacerdote nel mistero realizzato dalla Chiesa per mezzo del suo sacerdozio gerarchico".[20]

Trovo che questa sia un'eccellente intuizione del beneficio ascetico di cui gode il sacerdote: il *mysterium fidei*, nel mezzo della consacrazione del Preziosissimo Sangue, è come un "dosso stradale" che gli rammenta di crescere sempre più nella consapevolezza dell'impressionante realtà di quel che sta facendo davanti a Dio e per il popolo: non una vuota commemorazione, ma il render presente quel Mistero oggettivo "nascosto da secoli e da generazioni, ma ora manifestato ai suoi santi" (Col 1, 26). Continua il *Breve Esame Critico*:

> L'acclamazione, poi, assegnata al popolo subito dopo la Consacrazione: («*Mortem tuam annuntiamus, Domine, etc. ... donec venias*») introduce, travestita di escatologismo, l'ennesima ambiguità sulla Presenza Reale. Si proclama, senza soluzione di continuità, l'attesa della venuta seconda del Cristo alla fine dei tempi proprio nel momento in cui Egli è *sostanzialmente presente* sull'altare: quasi che quella, e non questa, fosse la *vera* venuta. Ciò è ancor più accentuato nella formula di acclamazione facoltativa n. 2 (Appendix): «Quotiescumque manducamus panem hunc, et calicem bibimus, mortem tuam annuntiamus, Domine, donec venias»; dove le diverse realtà di immolazione e manducazione, e quelle di Presenza Reale e secondo avvento del Cristo, raggiungono il massimo di ambiguità.[21]

---

20 *Breve Esame Critico*, § IV.4, p. 21.
21 Ibid.

Sebbene il *Breve Esame* avrebbe potuto esprimere questa critica in modo più preciso (il linguaggio è troppo libero), è indubbiamente corretto affermare che dislocare una frase di tale antichità, densità teologica e ausilio al sacerdote, e introdurre delle acclamazioni che spostano immediatamente l'attenzione sul banchetto escatologico e sulla "assemblea", non può che modificare la comprensione dell'azione che si intende compiere.

In una risposta stampata nel 1969 su *Notitiae*, la rivista ufficiale del Consilium (e successivamente della Congregazione per il Culto Divino), si chiarisce che il trasferimento del *mysterium fidei* ne ha alterato fondamentalmente il carattere.

> Domanda: Quando non è presente nessun fedele che possa compiere l'acclamazione dopo la consacrazione, il sacerdote deve dire "mistero della fede"?
>
> Risposta: *Negativa*. Le parole *Mistero della fede*, prese dal contesto delle parole del Signore e poste dopo la consacrazione, "servono come introduzione all'acclamazione dei fedeli" (cfr. Cost. *Missale Romanum*). Quando, però, in particolari circostanze nessuno è in grado di rispondere, il sacerdote omette queste parole, come avviene in una Messa che, per grave necessità, viene celebrata senza alcun ministro, in cui si omettono i saluti e la benedizione alla fine della Messa (*Ist. gen.*, n. 211). Lo stesso vale per una concelebrazione di sacerdoti in cui non è presente alcun fedele.[22]

In altre parole, la frase è stata trasformata da componente teologicamente polisemantica della formula di consacrazione, con beneficio ascetico per il celebrante, in un richiamo diretto alla congregazione. Senza la congregazione, il *mysterium fidei*, in un certo senso, cessa di esistere. Questo *responsum* di *Notitiae* attesta il totale sganciamento della frase dalla tradizione.

LE PIÙ AMPIE IMPLICAZIONI DELLA MODIFICA

La rimozione del *mysterium fidei* dalla sua sacrosanta collocazione verso una posizione nuova e con una nuova funzione ha avuto effetti di almeno quattro ordini.

---

22 *Notitiae* 5 (1969): 324-25, n. 3. Traduzione personale a partire dall'originale latino reperibile in: http://notitiae.ipsissima-verba.org/.

Il *dislocamento del* Mysterium Fidei

Primo, sancì ancora una volta, e in maniera piuttosto drammatica, la diffusa tendenza dei moderni studiosi di liturgia - non solo di Jungmann, che, come abbiamo visto, aveva una visione corretta in merito al *mysterium fidei*, ma anche di altre figure eminenti come Adrian Fortescue e il card. Schuster - a presumere che antichissimi elementi testuali del Canone e di molte altre parti della liturgia siano meri incidenti storici o, più probabilmente, degli errori introdotti da qualche chierico ignorante. Si diede in un certo senso una pacca sulla spalla di tutti i Vagaggini dicendogli: "Bene hai fatto, o critico dei servi buoni e fedeli!".

Secondo, essa cancella o pone quantomeno in sospetto la pia convinzione che la formula derivi dalla tradizione apostolica, nonché la recezione medievale della medesima tradizione, convinzione alla quale la testimonianza paleografica, senza eccezioni, offre un sostegno superiore a qualsiasi dubbio che l'erudizione storica possa indurre. In questo modo, la modifica contribuì a quel generale indebolimento della pietà verso le forme liturgiche ereditate che fu forse la conseguenza più esecrabile della riforma.

Terzo, con la temeraria modifica della formula utilizzata nel momento più solenne del Santo Sacrificio, questo cambiamento lanciò il chiaro messaggio - più chiaro persino dell'inserimento del nome di San Giuseppe nel Canone nel 1962, che ne fu il precursore - che i cambiamenti liturgici intrapresi negli anni Sessanta costituivano una rivoluzione, non una riforma. Taluni cambiamenti non possono essere plausibilmente considerati come affinamenti o aggiustamenti che rimangono in continuità con la tradizione; sono, semplicemente, delle rotture. Quanto prima lo si riconosce, tanto prima si può accantonare il fuoco fatuo di una "Riforma della Riforma" e recuperare la perduta continuità laddove è stata interrotta.[23]

Infine, su un piano del tutto pratico, c'è la pura e semplice banalità della "acclamazione memoriale" come attuata in pratica nella pletora di versioni vernacolari in cui è stato balcanizzato il

---

23 Si veda il mio articolo "Why the 'Reform of the Reform' Is Doomed", *OnePeterFive*, 22 aprile 2020.

rito moderno.[24] Quando la Preghiera Eucaristica viene pronunciata ad alta voce e in volgare, l'atmosfera – che un'*ars celebrandi* sobria avrebbe persino potuto rendere un minimo orante – viene infranta nel suo punto più solenne dal borbottio mai abbastanza unanime dell'uno o dell'altro testo, guidato dal sacerdote nel suo ruolo secondario di maestrino di scuola. Quando l'acclamazione viene cantata, i risultati possono essere ancora peggiori: i musicisti, malnutriti da una dieta a base di canzonette pseudo-sentimentali, sembrano riuscire a superare persino i loro peggiori sforzi, quando incastonano le acclamazioni commemorative in melodie melense e cliché da cartone animato. L'immolazione dello Sposo è mentalmente spazzata via da una dozzinale imitazione di uno spettacolo di Broadway.

Da un punto di vista rituale e teologico, quest'acclamazione non è altro che un intruso, un'interruzione e un'irrilevanza nel flusso dell'azione liturgica, che in quel momento si concentra sulla Vittima santa, la Vittima pura, la Vittima immacolata, offerta al Padre per la salvezza dell'uomo. La nostra partecipazione è adorare in silenzio, unendoci al Suo sacrificio sulla Croce e attendendo la Sua abbondante misericordia. Non è il *mysterium fidei* che merita di essere denigrato come una "parentesi", ma l'acclamazione memoriale, parto della mente di Paolo VI e del Consilium.[25]

---

24 Al contrario di quasi tutte le versioni in lingua volgare che ho ascoltato, per l'acclamazione in latino (*Mortem tuam annuntiamus, Domine...*) è prevista una pregevole melodia gregoriana. Nondimeno, il valore estetico del canto non può compensare i profondi problemi evidenziati in questo capitolo.
25 Come se non fosse già abbastanza grave la perdita del *mysterium fidei* nelle parole della consacrazione, le traduzioni in molte lingue volgari hanno erroneamente reso il *pro multis* come "per tutti", provocando la costernazione dei cattolici abbastanza preparati da comprendere che ciò rasentava la manipolazione della forma stessa del sacramento. Fu uno dei principali argomenti addotti da chi, a torto ma comprensibilmente, negò la validità del Novus Ordo. Papa Benedetto XVI si adoperò affinché le traduzioni venissero corrette. Ciò si verificò nel mondo anglofono con l'edizione del 2011 del *ritus modernus*; i tedeschi invece si rifiutarono ostinatamente, anche dopo che il Papa aveva inviato alla Conferenza episcopale di Germania, nella persona del suo presidente, S. E. Robert Zollitsch, una lettera sulla traduzione del *pro multis*, datata 14 aprile 2012.

Il dislocamento del Mysterium Fidei

COME SEMPRE, LA VIA DA SEGUIRE È LA TRADIZIONE

Il mistero della nostra fede è intimamente e intrinsecamente legato al *hunc praeclarum calicem*, "questo glorioso calice". Le parole sussurrate, *mysterium fidei*, stanno al cuore della consacrazione del calice. La loro rimozione è emblematica di ciò che è stato fatto alla liturgia nel suo complesso, quando a così tanti riti è stato, in buona sostanza, strappato il cuore. Per quanto le parole *mysterium fidei* non siano necessarie per significare la transustanziazione (così che la consacrazione può essere "efficace" e la Messa "valida" anche senza di esse), la rimozione della frase dalla sua antica posizione è qualcosa da cui trasuda l'atteggiamento: nulla è sacro.

Il Salmo 15 ricorre alla coppa, o calice, come simbolo della generosa disponibilità di Dio nei confronti del suo popolo: "Il Signore è la parte della mia eredità e del mio calice. Sei tu che mi restituisci la mia eredità" (Sal 15,5). Questo versetto – che è forma della cerimonia della tonsura e della preghiera di vestizione dell'abito ecclesiastico – ci ricorda la natura della nostra eredità *liturgica*. Essa non è il frutto del caso e di intenzioni meramente umane, soggette a costante revisione, ma una tradizione vivente che inizia nel *Logos* di Dio e culmina nel *Logos* fatto carne, il nostro eterno Sommo Sacerdote che guida la Sua Chiesa con il dono del Suo Spirito. L'atteggiamento che dovremmo avere nei confronti della nostra eredità – ciò che "ci tocca in sorte" – ben si coglie dal versetto successivo: "La sorte è caduta per me sopra le cose migliori: e certamente la mia eredità è preziosa per me" (Sal 15,6).

Queste due parole, *mysterium fidei*... Il fatto di non sapere da dove vengono, o perché sono dove sono, impone un insormontabile limite d'umiltà al nostro orgoglio di erudizione: il fatto di non poter comprendere l'intera portata del loro significato o di non poterle ordinare in idee cartesianamente "chiare e distinte" stronca l'irrequieta vanità delle nostre ambizioni, rendendoci come mendicanti che cercano ogni eventuale briciola di comprensione caduta dalla celeste mensa del padrone. Perché ciò è quel che siamo realmente; il nostro vero posto è lì, ai piedi della tavola. "Qui sta la pazienza e la fede dei santi.... Qui sta la sapienza!" (Ap 13: 10, 18).

L'incessante celebrazione della liturgia della Chiesa, in cui son costantemente riaffermate e con sempre maggior solennità le verità eterne, è la normale vita del popolo di Dio; eppure è un fenomeno spirituale così vasto da non poter essere descritto, e non è quindi l'oggetto dello storiografo, ma uno spettacolo che gli angeli di Dio aman contemplare: è davvero la vita eterna sulla terra.
— Dom Ansgar Vonier

Il carattere spurio della riforma liturgica non è questione di dettagli. Nel complesso, la verità è che le critiche mosse al vecchio rito erano pedanti banalità, mentre i difetti della pratica liturgica moderna sono fondamentali e vanno al cuore della liturgia. Tra questi, la perdita del concetto di sacrificio, della vera comprensione dell'altare, della separatezza del presbiterio, del principio liturgico di orientamento, della celebrazione gerarchica e, soprattutto, delle realtà sacramentali e dottrinali senza le quali la scienza liturgica è mera chiacchiera.
— Henry Sire

{ 10 }
Bizantina, Tridentina, Montiniana: due fratelli e un estraneo

LA MAGGIOR PARTE DEI TRADIZIONALISTI, me compreso, ritiene che la Divina Liturgia bizantina e la Messa romana tradizionale siano, dal punto di vista spirituale, parenti stretti, mentre il Novus Ordo si allontana talmente tanto dall'eredità comune a entrambe che la sua parentela è remota e dubbia. Eppure talvolta si incontrano cattolici che, lasciandosi fuorviare dalle somiglianze superficiali tra la liturgia bizantina e il Novus Ordo (ad esempio, il fatto che siano frequentemente celebrate in una lingua volgare e ad alta voce) e dalle ovvie differenze tra rito bizantino e il rito romano tradizionale (ad esempio, il fatto che nel secondo vi sia molto più spazio per il silenzio e che nel primo il popolo sembri svolgere un ruolo più "attivo"), sostengono che la liturgia bizantina e Novus Ordo siano più affini e che quindi, messi davanti alla scelta, sceglieranno o il rito bizantino o il Novus Ordo, piuttosto che il rito tridentino. In effetti, i protagonisti e i difensori della riforma liturgica si professano sovente ammiratori della tradizione orientale e amano sottolineare le molte caratteristiche apparentemente "orientali" della liturgia neoromana.

L'obiettivo del presente capitolo è quello di indicare in cosa consiste *precisamente* la comunanza tra liturgia bizantina e liturgia latina tradizionale, e come il Novus Ordo si differenzi nettamente da entrambe. Questa comunanza si manifesta nei seguenti principi:

1. Tradizione
2. Mistero
3. Stile alto
4. Integrità o stabilità rituale

IL RITO ROMANO DI IERI E DI DOMANI

5. Densità
6. Preparazione adeguata e ripetuta
7. Veridicità
8. Gerarchia
9. Parallelismo
10. Separazione

1. IL PRINCIPIO DI TRADIZIONE

Tanto la liturgia bizantina quanto la liturgia romana tradizionale sono il risultato di uno sviluppo organico di un antico nucleo apostolico, trasmesso attraverso secoli di fede vissuta; al di là delle attribuzioni di questa o quella liturgia a un famoso santo come San Giovanni Crisostomo, San Basilio o San Gregorio, in realtà i riti sono opera di molti santi uomini, per lo più anonimi. Nessuna liturgia orientale o liturgia classica occidentale è il prodotto di un comitato di esperti avanguardisti senza alcun contatto con il popolo e prigionieri di teorie un tempo alla moda ma sfatate ormai da decenni. È ciò che potremmo definire il principio di tradizione, di ricezione di quanto ci è stato tramandato. In parole povere: *non è che una liturgia sia buona perché l'autorità della Chiesa la ritiene tale; piuttosto, la Chiesa sa che è buona perché l'ha ricevuta.*

Qui tocchiamo ancora una volta un frutto di quel bizzarro ultramontanismo (o meglio, iperpapalismo) occidentale che considera la liturgia nient'altro che ciò che l'autorità papale ha decretato – come se essa fosse un'argilla infinitamente malleabile la cui forma è lasciata interamente all'arbitrio dello scultore.[1] Conosco un filosofo cattolico che afferma che l'unica ragione per cui un rito della Messa è legittimo è perché il Papa lo ha dichiarato tale, e che se il Papa volesse sventrare il rito di tutto il suo contenuto

---

1 Si veda Geoffrey Hull, *The Banished Heart: Origins of Heteropraxis in the Catholic Church* (New York: T&T Clark, 2010). Se Hull ha un difetto, è la sua tendenza a contrapporre la tirannia papale romana a una visione d'invidiabile staticità propria dei bizantini. Se l'Oriente è statico ciò può essere derivato da un diverso tipo di archeologismo, reso possibile dalla mancanza di un'autorità centralizzata. Non per niente, nel *Racconto dell'Anticristo* di Vladimir Soloviev, agli ortodossi viene offerto, in cambio della loro fedeltà a un governo mondialista, un magnifico Museo di Archeologia Cristiana. In generale sembrerebbe che, prima della Seconda Guerra Mondiale, i papi sapessero come arricchire il proprio rito senza distruggerlo.

per sostituirlo con qualcosa di totalmente diverso, esso sarebbe un vero rito cattolico fintanto che contiene le parole della consacrazione. Nulla si può immaginare di più estraneo allo spirito del Cristianesimo apostolico, patristico, storico e dogmatico.[2] Parafrasando Newman: "Conoscere a fondo la storia significa smettere di essere iperpapalisti".

Un segno evidente della tradizione, sia in Oriente che in Occidente, è il continuo accumularsi di santi nel calendario liturgico, che solo raramente viene semplificato e mai revisionato in modo massiccio. Il principio operativo è quello di conservare i santi amati e già devotamente onorati da secoli, aggiungendone altri man mano che il Signore li suscita nella sua Chiesa. In questo campo, non è esagerato dire che "più si è, meglio è". Se è necessario aggiungere un altro santo a un determinato giorno, la soluzione più immediata è quella di commemorare entrambi, piuttosto che consegnarne uno al dimenticatoio.[3]

2. IL PRINCIPIO DEL MISTERO

Ognuna di queste tradizioni liturgiche mostra il principio del mistero: la liturgia, come il Dio cui si rivolge, è un *mysterium tremendum et fascinans*, palpabilmente sacro, opera e meraviglia che

---

[2] Diceva Louis Bouyer in una conferenza del 1958 a Strasburgo: "Recentemente, in una rivista inglese, uno scrittore cattolico, con la sicurezza tipica di un ultramontanista, ha scritto che è una perdita di tempo studiare l'antica liturgia per prepararsi a un rinnovamento liturgico. Dopo tutto, diceva, la suprema autorità della Chiesa non è vincolata da alcunché e potrebbe liberamente darci una liturgia completamente nuova, che risponda alle esigenze di oggi, senza più preoccuparsi del passato. Non ci resta, quindi, che attendere fiduciosi questa concessione. Un modo strano, in effetti, di esaltare l'autorità della Chiesa, che ricorda fortemente, anche se non a prima vista, l'approccio apologetico dei modernisti secondo cui la Chiesa era al di sopra del Vangelo, perché esso era una sua invenzione. La logica di una simile posizione, che esalta l'autorità fine a sé stessa, è la stessa del cinico vescovo anglicano del XVIII secolo che affermava che la Chiesa anglicana insegnava realmente la Trinità, ma che sarebbe bastato un atto del Parlamento per renderla unitariana. L'autorità della Chiesa cattolica è ben lontana dall'accettare tali lusinghe che, in realtà, la danneggiano". *The Liturgy and the Word of God* (Collegeville, MN: The Liturgical Press, 1959), p. 65, trad. personale.
[3] Si veda Peter Kwasniewski, "The Sanctoral Killing Fields: On the Removal of Saints from the General Roman Calendar", *NLM*, 16 novembre 2020.

Dio compie in mezzo a noi, a cui l'uomo può unirsi con timore e tremore, ma anche con intima fiducia e speranza di salvezza dai propri peccati. Le preghiere sottolineano con forza la santità di Dio, il primato della Sua divina azione, la grandezza di quel che si compie, l'indegnità dei ministri, la necessità di purificarci continuamente se osiamo accostarci ai divini misteri.

La liturgia tradizionale è come la nube sul monte in cui Dio è detto dimorare, e nella quale Mosè scompare "mettendo da parte ogni preoccupazione terrena". Suo fine è che "possiamo ricevere il Re di tutto, con invisibile scorta di schiere angeliche" (Inno Cherubico). Non si ha alcuna sensazione di una riunione con un ordine del giorno, condotta da un manager, caratterizzata da una gran lettura di testi e ripartizione di compiti. Ce ne stiamo come prostrati su un terreno sacro, davanti al roveto ardente dell'auto-rivelazione divina. Al termine possiamo dire: "Abbiam visto la vera luce, abbiam ricevuto lo Spirito celeste, abbiam trovato la vera fede e adoriamo la Trinità indivisa, perché ci ha salvato" (Divina Liturgia, Preghiera dopo la Comunione). Ad ogni passo la liturgia tridentina, per quanto austera al confronto, prega nel medesimo spirito e crea la stessa atmosfera, satura d'ineffabile mistero.

3. IL PRINCIPIO DELLO STILE ELEVATO

Le preghiere e le letture delle liturgie tradizionali d'Oriente e d'Occidente sono cantate da cantori, diaconi, suddiaconi e cori, oppure sussurrate o proclamate all'altare dal sacerdote, ma mai semplicemente recitate come le notizie del giorno o una lezione scolastica. Parte di questa elevazione celebrativa è l'uso di quello che potremmo chiamare una "lingua alta". In Oriente, essa assume la forma di raffinati componimenti poetici; in Occidente, di venerabili locuzioni latine. Il latino è realmente, propriamente e definitivamente la lingua della Chiesa cattolica romana, così come alcune lingue volgari, ma sacre ed elevate, sono la lingua dei riti orientali.

Si deve fare attenzione ad affermare che "l'uso del vernacolo" è caratteristico dei riti orientali *nello stesso modo* in cui esso caratterizza il Novus Ordo, nelle sue numerose traduzioni in lingua moderna. Il vernacolo *può* essere utilizzato, come nel caso, frequente negli Stati Uniti, in cui la Divina Liturgia venga offerta in inglese; ma è possibile trovare anche una moltitudine di usanze più antiche. Le chiese/patriarcati di lingua greca utilizzano il greco liturgico bizantino. La piccola Chiesa italo-albanese in Calabria e Sicilia conserva il greco per gran parte della liturgia domenicale e festiva. Le chiese ortodosse di ceppo slavico ricorrono da lungo tempo allo slavo ecclesiastico; i russi lo usano ancora in modo predominante o esclusivo, e sebbene serbi, bulgari, macedoni, bielorussi e ucraini facciano ampio impiego del vernacolo, lo slavo ecclesiastico è ancora in uso. La Chiesa ortodossa rumena ha impiegato lo slavo ecclesiastico o il greco liturgico dal X al XVII secolo, quando queste lingue furono sostituite dal rumeno (tuttavia influenzato dallo slavo ecclesiastico, il che crea una sensazione decisamente diversa dalla lingua vernacola). La Chiesa ortodossa georgiana utilizza l'antico georgiano letterario come lingua liturgica. Gli ortodossi copti utilizzano la lingua copta letteraria che, benché in declino durante la lunga dominazione musulmana, è ancora viva e in via di reintroduzione. Gli ortodossi etiopi usano una "lingua morta", il Ge'ez, nella loro liturgia. Le liturgie melchite e siriache del Vicino Oriente utilizzano il siriaco classico e l'arabo. Gli armeni ricorrono a un armeno letterario classico.[4]

L'uso continuativo del latino per oltre 1.600 anni nella Chiesa d'Occidente non è un caso accidentale, ma un principio costitutivo, come dichiarò nientemeno che Papa Giovanni XXIII nella sua Costituzione Apostolica *Veterum Sapientia*, firmata sessant'anni fa, il 22 febbraio 1962, sull'altar maggiore della Basilica di San Pietro, e mai revocata (per quanto quasi universalmente ignorata). Quanti frequentano l'*usus antiquior* sanno bene quale sia il potente effetto che esercita sui fedeli l'uso cerimoniale di una

---

4   Inoltre, cosa si intende esattamente per "lingua volgare"? Lo slavo ecclesiastico antico, ad esempio, fu creato perché gli slavi potessero comprendere la liturgia; ma fu altresì creato per tradurre un greco liturgico poetico, sicché non suonò mai come la lingua parlata per strada, esattamente come il latino retorico del IV secolo originariamente adottato dal Rito romano. Nella maggior parte delle culture, inoltre, esisteva un ampio divario tra la lingua letteraria e la lingua parlata, molto più ampio di quello tipico di oggi, sia perché oggi un maggior numero di persone è tecnicamente alfabetizzato, sia perché una lingua alta letteraria è sostanzialmente scomparsa.

lingua antica che, col passare del tempo, ha acquisito una forza numinosa. La speciale separatezza di questa lingua antica, messa da parte e quasi consacrata per il culto pubblico di Dio, incarna oggettivamente e favorisce soggettivamente la consapevolezza di quella separazione tra sacro e profano che è il cuore di una religione sacrificale.

4. IL PRINCIPIO DI INTEGRITÀ RITUALE

Tanto la Divina Liturgia quanto la Messa tradizionale preesistono a qualsiasi celebrazione in quanto riti determinati, pienamente articolati, che clero e popolo seguono in umile obbedienza. Le preghiere, le antifone, le letture, i gesti e i canti sono fissi e prescritti; e soprattutto la preghiera più sacra, l'anafora, è immutabile (in Occidente) o determinata dal calendario liturgico (in Oriente). In questo modo, le preferenze o le scelte personali del celebrante non guidano mai l'azione sacra. Potremmo anche chiamarlo *principio di stabilità*, dal momento che l'integrità rituale garantisce al clero e al popolo una roccia inamovibile su cui costruire la propria vita spirituale.

Sul blog progressista *PrayTell*, un autore, Liborius Lumma, descrive magnificamente questo effetto benefico, così come lo sperimenta nella liturgia orientale, offrendo al contempo un'acuta critica proprio di quell'aspetto in cui il rito "romano" moderno si differenzia dal rito romano tradizionale:

> Non ho mai vissuto la liturgia orientale come un'arena per le diverse tendenze teologiche. La liturgia occidentale offre molte opzioni creative. Un solo esempio: in una Messa romana [sic; intende moderna] si può (e si deve) scegliere una delle diverse preghiere eucaristiche, molti inni (eventualmente: si possono anche omettere), scrivere interamente da soli la Preghiera dei fedeli, scegliere tra diverse opzioni per il Rito di apertura, etc. Tutte queste opzioni permettono di adattare la liturgia alle diverse comunità e situazioni, ma possono anche trasformarla in uno strumento di potere. Chi organizza la liturgia esercita un potere su coloro che vi si uniscono senza sapere cosa accadrà. I ministri liturgici occidentali sono dei decisori in servizio permanente. Non c'è modo di evitare

Bizantina, Tridentina, Montiniana: due fratelli e un estraneo

questo ruolo, e per svolgerlo in modo corretto occorrono molte conoscenze teologiche e senso di responsabilità.

Gli uffici liturgici orientali sono considerati molto più come ruoli in una rappresentazione sacra. A prima vista, vescovi, sacerdoti, diaconi e cantori sono molto dominanti, se paragonati al popolo. Questo dà alle liturgie orientali un tocco molto gerarchico (e dominato dagli uomini). Ma tutti questi ministri non prendono quasi nessuna decisione sui singoli elementi liturgici. Anche quando i cantori scelgono le melodie per i molti canti, i testi stessi non sono in alcun modo oggetto di discussione. Sono dati, non scelti. [...] Quest'inflessibilità può essere un valore spirituale: la liturgia è un tesoro che ci è stato scambiato [*sic*; consegnato?] dai nostri predecessori ed è destinato a essere trasmesso ai nostri successori. È come un fiume che scorre, nel quale entriamo e usciamo di tanto in tanto; ma il fiume rimane sempre lo stesso.[5]

Tutto ciò che Lumma dice qui a proposito degli "uffici liturgici orientali" si applica perfettamente al rito romano classico. Nei riti tradizionali, d'Oriente o d'Occidente, in ogni momento dell'azione è chiaro cosa si deve fare, dire o cantare. La liturgia è un'azione pubblica, ecclesiastica, non territorio di competenza o prerogativa di un singolo celebrante che può giocare a far Dio, creando la liturgia con le proprie mani. Dio non voglia! I ministri sono solo questo: ministri. Ricevono ciò che gli è stato dato e lo mettono in atto secondo il rituale della Chiesa, come suoi rappresentanti e a beneficio dei suoi figli. Anzi, San Tommaso arriva a definire il sacerdote "strumento animato" di Cristo Sommo Sacerdote, uno strumento razionale che mette la sua mente e il suo cuore a disposizione del Signore.[6]

---

5 "Things I Like About Eastern Christianity, Part 3", *PrayTell*, 21 giguno 2018. Per una prospettiva ancora più orientale, si veda la recensione di Joseph Shaw al libro di Byung-Chul Han, *The Disappearance of Rituals: "A Post-Modern Defence of Ritual"*, The European Conservative, 3 marzo 2022.

6 Si veda Peter Kwasniewski, *Ministri di Cristo: Recuperare i ruoli di clero e laici in un'epoca di confusione* (Verona: Amicitia Liturgica, 2023), pp. 41-56, in particolare p. 50; *Rinascita. La messa tradizionale come soluzione alla crisi della Chiesa* (Verona: Fede & Cultura, 2022), pp. 88-96, 136; *Holy Bread of Eternal Life: Restoring Eucharistic Reverence in an Age of Impiety* (Manchester, NH: Sophia Institute Press, 2020), pp. 95-96.

5. IL PRINCIPIO DI DENSITÀ

L'antica liturgia romana, così come quella bizantina, è intrisa di contenuti dogmatici, morali e ascetico-mistici. Le orazioni, dense e ricche della virtù di religione, un poetico arazzo che intreccia Sacra Scrittura ed altre espressioni di devozione. Al confronto, il Novus Ordo è manifestamente scarno. Basti pensare ai vari tropari della tradizione bizantina, o alla ricchezza di antifone proprie del rito romano, alle Collette, alle Segrete e ai Postcommunio, di cui ben poco è sopravvissuto intatto al bisturi distruttore del Consilium. Osserva Carl Olson:

> Avendo frequentato una parrocchia bizantina per quasi 20 anni, è interessante notare che mentre le liturgie orientali non sono silenziose come lo è la Messa in latino – in effetti, c'è ben poco silenzio in una liturgia bizantina – le somiglianze e convergenze più profonde si trovano nella riverenza, nella trascendenza e nella ricchezza teologica. Francamente, quando ascolto molte delle preghiere recitate in una Messa Novus Ordo mi viene quasi da impazzire. Detto altrimenti, la Divina Liturgia e la Messa in latino parlano entrambe alla mente, al cuore e ai sensi in modi misteriosi e profondi che, pur essendo in qualche misura soggettivi, sono al servizio della verità oggettiva e della realtà divina.[7]

L'osservazione di Olson si potrebbe applicare a qualsiasi rito e uso liturgico "recepito", sia esso l'uso di Sarum o di Roma, domenicano o premonstratense, ambrosiano o mozarabico, slavo o greco, copto o armeno. Provate a immaginare se un professore di liturgia desse ai suoi studenti questo compito (una cosa del tutto realizzabile in una grande città come Washington, DC): "Per sei domeniche di seguito, scegliete sei diverse liturgie storiche cristiane non occidentali a cui assistere. La settima domenica partecipate a una Messa Solenne in rito tridentino e l'ottava a una Messa cattolica moderna. Quindi scrivete una relazione che confronti e distingua le varie esperienze". Ma naturalmente un professore di liturgia non farebbe mai qualcosa del genere, che gli si ritorcerebbe contro: probabilmente gli interessa assai più

---

7 In un commento su Facebook.

Bizantina, Tridentina, Montiniana: due fratelli e un estraneo

mostrare come la riforma liturgica abbia aperto una nuova era d'ecumenismo con i nostri fratelli e sorelle separati (protestanti).

6. IL PRINCIPIO DI PREPARAZIONE

Strettamente connesso a quanto detto sopra è il principio di preparazione adeguata e ripetuta. In Oriente come in Occidente, clero e ministri si preparano a fondo per il servizio dell'altare, vuoi a un tavolo laterale ove si preparano le oblate con copiose preghiere, vuoi ai piedi dell'altare recitando il Salmo 42, il Confiteor e le preghiere di salita all'altare. In che modo una persona che abbia la minima consapevolezza di ciò che è il Santo Sacrificio della Messa potrebbe uscirsene disinvoltamente dalla sacrestia e avvicinarsi all'altare come se nulla fosse? Come se si trattasse di salire i gradini dell'ufficio postale o di approcciare un buffet al ristorante? Ho visto laureandi salire su un palco o su un podio con maggiore decoro e coscienza della *gravitas* dell'evento.

Come ha ben notato Catherine Pickstock, la ripetizione delle preghiere, in tutte le liturgie autentiche, è deliberata e di immensa importanza spirituale.[8] Nella liturgia bizantina sono frequenti le preghiere totalmente segrete e silenziose del sacerdote, il quale si prepara sempre di più al prossimo meraviglioso passo da compiere nei misteri di Cristo. Non diversa è la liturgia romana autentica, con il suo ampio Offertorio, le tre preghiere di preparazione alla Comunione, le preghiere di abluzione, il Placeat e l'Ultimo Vangelo. Troviamo molte ripetizioni tanto nella Divina Liturgia quanto nell'*usus antiquior*: nella prima, la cascata di litanie "Signore, pietà" o "Concedi, o Signore"; nella seconda, il Kyrie a nove riprese, il triplice Confiteor e il triplice "Domine, non sum dignus" (che a sua volta si ripete per due volte, a indicare la distinzione tra la Comunione del sacerdote e quella dei fedeli). Un'altra modalità di ripetizione, non meno potente nel suo valore formativo ed espressivo, è l'uso di ante-feste, post-feste e apodosi [chiusure liturgiche del tempo legato a una determinata festa, NdT] (in Oriente) o di

---

8 Si veda Catherine Pickstock, *After Writing: On the Liturgical Consummation of Philosophy* (Oxford: Blackwell, 1998), in particolare pp. 169-252; si veda anche la mia conferenza "Poets, Lovers, Children, Madmen-and Worshipers: Why We Repeat Ourselves in the Liturgy", *Rorate Caeli*, 19 febbraio 2019.

veglie e ottave (in Occidente) per dare speciale enfasi a particolari celebrazioni e soffermarsi sui misteri che esse celebrano.

Sappiamo bene che queste preghiere si sono accumulate nel tempo e che (ad esempio) l'Ultimo Vangelo è un'aggiunta relativamente tardiva.[9] Ma queste aggiunte sono avvenute per *buone ragioni*; sono avvenute sotto il dolce influsso dello Spirito Santo. Una cosa è non averle avute nei secoli precedenti, un'altra è *rimuoverle* dopo che, in modo appropriato e armonioso, si sono aggiunte al rito e ne sono diventate parte integrante per secoli. La prima cosa è perdonabile come l'ignoranza di un profeta dell'Antico Testamento sulle precise circostanze della vita di Cristo; la seconda sarebbe imperdonabile come l'adozione del giudaismo da parte di un cristiano. Come ho sostenuto nel capitolo secondo, l'abbandono di ciò che fu degnamente aggiunto altro non è che un ripudio del suo contenuto teologico e della sua funzione liturgica. Sbaglia quindi la Costituzione *Sacrosanctum Concilium* quando afferma che la liturgia tradizionale contiene "inutili ripetizioni" da epurare. Chi entri religiosamente nelle ripetizioni dell'antica liturgia ne comprende lo scopo, che mai ha presentato alcuna difficoltà ai fedeli fino a quando non sono sorte, nei tempi moderni, le pessime attitudini mentali del razionalismo e dell'utilitarismo.

Inoltre, la disciplina del digiuno e dell'astinenza si deve intendere non solo come un mezzo di penitenza, ma come una via per assicurare una lucida dedizione al culto di Dio e una pura ricezione dei santi misteri di Cristo. Il calendario bizantino prevede quattro digiuni durante l'anno liturgico: per la Natività, per Tutti i Santi/Pietro e Paolo, per la Dormizione e la Grande Quaresima. La liturgia romana tradizionale ha mantenuto a lungo un digiuno maggiore di Quaresima e uno minore d'Avvento, anche se quest'ultimo non è sopravvissuto alla modernità. Paolo VI, nella sua campagna di implacabile modernizzazione, approvò una liturgia che di fatto aboliva l'unico periodo di digiuno rimasto in Occidente.[10] Se questo significa "guardare all'Oriente" come fonte

---

9 Fece ingresso nella liturgia nel XIII secolo tramite l'ordine domenicano e venne reso obbligatorio per tutta la Chiesa dal pontefice domenicano San Pio V.
10 I giorni di digiuno furono ridotti da quaranta a due (!); la maggior parte delle preghiere che menzionavano il digiuno furono eliminate; l'astinenza

di ispirazione, allora le parole hanno perso ogni significato. Non dobbiamo lasciarci illudere dal frequente appello (in realtà assai studiato e selettivo) a questa o quella pratica bizantina da parte dei riformatori liturgici. Ad esempio, non pochi qui in occidente apprezzano il costume orientale di avere un clero sposato; ma gli stessi sarebbero disposti ad abbracciare l'antica disciplina bizantina secondo cui diacono e sacerdote, sin dal giorno precedente a qualsiasi liturgia eucaristica, devono astenersi dai rapporti coniugali? Certo che no; perché il demonio, qui in Occidente, promuove la strategia di lodare tutto ciò che è bizantino nella misura in cui si accorda con la nostra fantasia moderna o postmoderna, ignorando totalmente tutto ciò che vi si oppone, come la disciplina ascetica o la lunghezza e la bellezza delle celebrazioni liturgiche.

7. IL PRINCIPIO DI VERIDICITÀ

Nei lezionari tradizionali è presente *l'intero* messaggio evangelico, incluse, oltre le parti più facili, anche quelle cosiddette "difficili". Nel Novus Ordo, le Scritture sono state editate per conformarsi ai pregiudizi moderni, vuoi eliminando passaggi da sempre letti nel culto cattolico-romano, vuoi eliminando versetti o proponendo versioni abbreviate.[11] Più in generale, la *lex orandi* tradizionale contiene e trasmette con vigore apostolico l'intera *lex credendi* della Chiesa cattolica, senza alcuna modifica per adattarsi alla sensibilità contemporanea. Così, per fare un esempio tra mille, la dannazione di Giuda, e la reale possibilità dell'inferno per ciascuno di noi, è insegnata senza mezzi termini, mentre si fa ampio uso dei salmi imprecatori, diretti contro i nostri nemici spirituali. Questo genere di elementi è stato eliminato o fortemente ridotto nel Novus Ordo.[12] In questo senso, esso è incapace di tra-

---

fu ridotta ai minimi termini; e il periodo prequaresimale della Settuagesima, che trova un preciso parallelo in Oriente, venne abolito.
11 Per una lista di articoli che criticano i principi e i contenuti del nuovo lezionario, si veda Peter Kwasniewski, "The Postconciliar Lectionary at 50: A Detailed Critique", *NLM*, 25 maggio 2019.
12 Si veda il mio articolo "Damned Lies: On the Destiny of Judas Iscariot", *Rorate Caeli*, 30 marzo 2015; sull'omissione di determinati salmi dal Salterio, si veda il mio articolo "The Omission of 'Difficult' Psalms and the Spread-thin of the Psalter", *Rorate Caeli*, 15 novembre 2016.

smettere la pienezza della Fede così come la troviamo nella Sacra Scrittura, nei Padri, nei Concili e nei Dottori della Chiesa; viene meno al suo ruolo di *lex orandi* della Chiesa realmente ortodossa.

Di fatto, nelle antiche liturgie molte dottrine della fede *si vedono e sentono*, mentre nel contesto della liturgia neoromana si devono *studiare* e accettare ciecamente, perché il rito stesso non le rende evidenti. Pensiamo, ad esempio, alla venerazione da tributare ai santi e all'adorazione di *latreia* da rivolgere al Santissimo Sacramento. Chi assiste alla liturgia bizantina o a quella romana tradizionale ha un'esperienza viscerale della venerabilità dei santi e dell'adorabilità della Santa Eucaristia. Al contrario, il Novus Ordo ha sistematicamente ridotto l'attenzione verso i santi[13] e i segni di riverenza da tributare ai grandiosi misteri di Cristo.

8. IL PRINCIPIO DI GERARCHIA

Nella chiara divisione dei ruoli di sacerdote, diacono, suddiacono, accolito, cantore, etc., si manifesta una concezione profondamente gerarchica del cosmo, della Chiesa e della Chiesa orante. Questa diversità non-intercambiabile dei ruoli è grossolanamente confusa e diluita nel Novus Ordo, con le sue approssimative prescrizioni che consentono anche ai laici di svolgere funzioni nel presbiterio.[14] Tanto la liturgia bizantina quanto la liturgia romana autentica non permettono a laici in abiti civili di entrare nel presbiterio durante la liturgia e di svolgere le funzioni proprie del clero, soprattutto quella di maneggiare la Santissima Eucaristia. Piuttosto, è pienamente rispettata e dimostrata all'atto pratico l'identità del chierico come colui che offre o amministra il culto divino – ed è similmente rispettata e dimostrata all'atto pratico l'identità del fedele come colui che assiste attivamente al sacrificio.

La liturgia che la tradizione ci lascia in eredità è vera e propria incarnazione di un'ecclesiologia autentica, e non un'alternativa immaginaria ad essa. Non sarebbe in alcun modo possibile

---

13 Il Canone romano, come l'anafora della Divina Liturgia di San Giovanni Crisostomo, menziona molti santi. Nelle neo-anafore tali omaggi e invocazioni sono stati fortemente limitati.
14 Per un'ampia disamina di questo tema, si veda Kwasniewski, *Ministri di Cristo*.

ricavare dal Novus Ordo un quadro coerente e logico della natura gerarchica del Corpo Mistico, cosa invece facile da fare a partire sia dalla Divina Liturgia che dalla Messa romana tradizionale. La partecipazione è quindi intesa in modo fondamentalmente diverso nelle liturgie tradizionali e nel rito neoromano. Il punto di vista corretto è che la partecipazione dev'essere adeguata ai distinti ruoli delle varie parti del Corpo Mistico, e che questa differenziazione dev'essere *visibile* a tutti negli abiti, nel portamento, nella posizione e nei compiti assegnati – e *non* assegnati – ai vari partecipanti.

Nella Sacrosanctum Concilium, la partecipazione diventa ideologica perché viene esaltata al di sopra di ogni altro principio, il che inevitabilmente provoca distorsioni e corruzioni: "A tale piena e attiva partecipazione di tutto il popolo va dedicata una specialissima cura [summopere est attendenda] nel quadro della riforma e della promozione della liturgia" (n. 14). Si confronti questa affermazione con quella di Pio X in Tra le Sollecitudini: "*è necessario provvedere prima di ogni altra cosa alla santità e dignità del tempio*".[15] Forse, un termine migliore di partecipazione potrebbe essere *assistenza*: ogni membro del Corpo Mistico assiste alla liturgia, ciascuno secondo il suo proprio posto. L'appartenere è una categoria più elementare del fare, così come il nostro inserimento in Cristo nel battesimo è più fondamentale rispetto alla nostra identità di qualsiasi atto particolare che possiamo compiere.

9. IL PRINCIPIO DEL PARALLELISMO

Questo principio è intimamente legato al precedente (quello di gerarchia). In qualsiasi liturgia autentica, orientale o occidentale, troviamo che frequentemente diverse cose avvengono simultaneamente (o, per usare un termine tecnico, si ha una "liturgia parallela"). Il diacono guida una litania mentre il sacerdote recita le proprie preghiere; il popolo canta il Sanctus mentre il sacerdote ha iniziato il Canone.

> Spesso molte cose avvengono simultaneamente, con diversi ministri che esercitano ruoli diversi e seguono

---

15 Su questa contraddizione, si veda Kwasniewski, *Ministri di Cristo*, pp. 143–51.

una linea propria, come accade nella realtà del cosmo, con le sue gerarchie di angeli e di uomini, la sua rete di organismi, particelle, forze e sistemi interconnessi. Il canto dell'Introito si leva mentre sacerdote e ministri recitano le preghiere ai piedi dell'altare, e quando il sacerdote sale i gradini dell'altare recitando preghiere private, ecco iniziare l'ammaliante melodia del Kyrie. [...]

Questa sovrapposizione di parole e di azioni ha luogo durante tutta la Messa. Ed è un bene: quanto più siamo circondati e immersi nella preghiera, tanto più le aspirazioni del nostro cuore si ridestano e trovano il proprio sfogo. Siamo portati, nonostante la resistente gravità della natura decaduta, alla preghiera, al raccoglimento, alla meditazione, al pentimento, alla conversione. Stiamo, misteriosamente, alla presenza della Santa Trinità, di Nostro Signore Gesù Cristo, della Vergine Madre, degli angeli e dei santi, in un'immensa densità di comunione e di fervente amore, cui contribuisce l'intera creazione di Dio.[16]

Quanti frequentano la liturgia bizantina o quella latina tradizionale arrivano a vedere il culto cristiano come un'azione su più livelli, composta da molte azioni individuali che convergono verso un obiettivo comune. Sicuramente *non* è una sequenza logica di atti distinti come nel Novus Ordo, una liturgia "sequenziale" o "modulare" in cui, di solito, può avvenire una sola cosa alla volta. Ci sono, nel Novus Ordo, pochissimi momenti in cui il sacerdote può fare qualcosa mentre popolo e/o coro fanno qualcos'altro: la preghiera che precede il Vangelo, recitata durante l'alleluia; le preghiere pseudo-offertoriali, se nel mentre si esegue un canto; la frazione dell'ostia durante il canto dell'Agnus Dei. Ma il numero di questi momenti è stato fortemente ridotto e il loro contenuto eucologico eviscerato.

10. IL PRINCIPIO DI SEPARAZIONE

Tutte le liturgie cristiane autentiche conservano e fanno un uso rituale della teologia iscritta nell'architettura del tempio dell'Antica Alleanza che, come insegna la Lettera agli Ebrei, è ricapitolato in Cristo e quindi simboleggiato per sempre nel nostro sacrificio

---

16 Kwasniewski, *Reclaiming Our Birthright*, pp. 37-38.

Eucaristico. In Oriente, la separazione tra santuario o Santo dei Santi e navata è più evidente per la presenza di un'iconostasi oltre la quale possono entrare solo alcuni membri del clero. In Occidente, le tende dell'antichità hanno lasciato il posto al c.d. pontile o jubé, ridottosi nella maggior parte dei luoghi alla semplice balaustra; ma *sempre* il presbiterio è rimasto distinto, elevato e interdetto ai laici. Inoltre, possiamo dire che in Occidente l'iconostasi visibile ha ceduto il passo a una "iconostasi sonora" fatta di latino e silenzio alternati. Il linguaggio ieratico, come anche l'avvolgente assenza di suono, calano un velo sul Santo dei Santi e proteggono i sacri misteri dalla profanazione di un trattamento informale.[17] Così, sebbene le liturgie d'Oriente e d'Occidente realizzino in modi diversi questo "velare il nostro volto alla Presenza di Dio", entrambe lo concretizzano con grande efficacia, attirando potentemente l'attenzione del fedele sulla gloria nascosta dell'Altissimo.[18]

Al di là di questi principi, che evidentemente riguardano la natura stessa del culto divino, c'è tutta una serie di elementi che non sono *necessariamente* caratteristici del Novus Ordo, e che tuttavia lo accompagnano nel 99% dei casi, come la postura *versus populum*, che si discosta dalla comune tradizione antica d'Oriente e d'Occidente. Dopo cinquant'anni di clero sempre e dovunque rivolto verso il popolo, con rimbrotti papali a chi osasse pensarla diversamente, anche il più ottimista sostenitore di una Riforma della Riforma non può sostenere che il *versus populum* non caratterizzi il Novus Ordo nella mente dei suoi architetti, dei suoi esecutori e dei suoi utenti finali.

Il seguente grafico sintetizza le nostre conclusioni:

---

17 Sovente l'iconostasi orientale può essere massiccia ed estendersi verticalmente verso il soffitto, ostruendo completamente la vista. Una navata aperta che permette di vedere il presbiterio senza ostacoli è un'innovazione insinuatasi in Occidente nel periodo della Controriforma, ma la liturgia, come per un profondo istinto del sacro, ha conservato vari modi per opporsi all'inganno della facile accessibilità. Sotto l'influenza latina, alcune iconostasi orientali, soprattutto tra i greco-cattolici, fanno uso di vetri, grate o sbarre per consentire la visione al di là delle icone fino al Santo dei Santi, sebbene il mantenimento delle stesse icone e di un ingresso cerimoniale tramite le porte dell'iconostasi conserva l'articolazione teologica dello spazio.
18 Si veda Kwasniewski, *Reclaiming Our Birthright*, pp. 28-42.

IL RITO ROMANO DI IERI E DI DOMANI

	RITO BIZANTINO	RITO ROMANO TRADIZIONALE	RITO "ROMANO" MODERNO
Principio di Tradizione	Ha origini che si perdono nel tempo; tramandato e ricevuto per secoli	Ha origini che si perdono nel tempo; tramandato e ricevuto per secoli	Costruito negli anni '60 da una commissione riassemblando pezzi di tradizioni occidentali e orientali
	Attribuito a grandi santi ma per lo più di autore anonimo	Attribuito a grandi santi ma per lo più di autore anonimo	Autori/compilatori di cui conosciamo nome e cognome, per lo più senza fama di santità (ad esempio: per nessuno di essi è in corso una causa di canonizzazione; Mons. Bugnini per le sue macchinazioni finì in esilio)
	Trae autorità dalla tradizione	Trae autorità dalla tradizione e dalla legislazione pontificia	Trae autorità dalla sola legge papale
Principio di Mistero	Intriso di mistero, sottolineato dall'iconostasi visibile	Intriso di mistero, sottolineato dall'iconostasi sonora di latino, gregoriano e silenzio	Solo di rado sfugge all'informalità e a un verboso orizzontalismo, tendendo a disprezzare ogni tipo di barriera
	Ad orientem – una tradizione apostolica necessariamente da seguirsi	*Ad orientem* – una tradizione apostolica necessariamente da seguirsi	*Versus populum* – usato per consuetudine pressoché universale.
Principio di Stile Alto	Testi liturgici cantati o sussurrati, in una lingua sacra e/o con una dizione poetica	Testi liturgici cantati, sussurrati o pronunciati in un latino ieratico	Testi liturgici per lo più pronunciati ad alta voce, in lingua corrente e tono colloquiale
Principio di Densità	Intreccio ricco e teologicamente denso di antiche preghiere	Intreccio ricco e teologicamente denso di antiche preghiere	Notevole riduzione del tradizionale contenuto testuale e cerimoniale, con aggiunta di novità moderne
Principio di Integrità Rituale (Stabilità)	Dimostra integrità e fissità rituale (ad esempio nell'uso di anafore prestabilite)	Dimostra integrità e fissità rituale (ad esempio nell'uso quotidiano del Canone Romano)	Consente opzioni, scelte e interventi estemporanei

Bizantina, Tridentina, Montiniana: due fratelli e un estraneo

Principio di Preparazione Adeguata	Caratteristica tipica sono le ripetizioni rituali, che favoriscono lo spirito di orazione	Caratteristica tipica sono le ripetizioni rituali, che favoriscono lo spirito di orazione	Ripetizioni in gran parte eliminate in quanto ritenute "inutili" per i nostri tempi. La verbosità rende difficile la preghiera
Principio di Franchezza	Proclama la pienezza del messaggio cristiano contenuto in Scrittura e Tradizione	Proclama la pienezza del messaggio cristiano contenuto in Scrittura e Tradizione	Omette aspetti della Rivelazione e della vita morale ritenuti "difficili" per l'uomo moderno
Principio di Gerarchia	L'architettura della chiesa si articola in spazi simbolici dai confini impermeabili	L'architettura della chiesa si articola in spazi simbolici dai confini impermeabili	L'architettura della chiesa è priva del simbolismo tradizionale e/o la liturgia stessa lo ignora nella pratica
	Il presbiterio è riservato ai ministri rivestiti dei paramenti	Il presbiterio è riservato ai ministri rivestiti dei paramenti	Il presbiterio è aperto a laici in abiti civili
	I ruoli di clero e laici sono nettamente differenziati; nell'ambito del clero, ruoli differenziati secondo i diversi gradi	I ruoli di clero e laici sono nettamente differenziati; nell'ambito del clero, ruoli differenziati secondo i diversi gradi	Il modello gerarchico è approssimativo, con livellamento e confusione dei ruoli di clero e laici (non solo nella prassi ma anche a livello di norme ufficiali)
Principio di Parallelismo	Liturgia parallela: gerarchica e polifonica	Liturgia parallela: gerarchica e polifonica	Liturgia sequenziale ("una cosa alla volta"), resa orizzontale e razionalista
Principio di Separazione	Il Santissimo Sacramento è maneggiato dal solo clero ordinato	Il Santissimo Sacramento è maneggiato dal solo clero ordinato	Il Santissimo Sacramento è maneggiato indifferentemente da clero e laici
	La Comunione è ricevuta in piedi, ma sulla lingua e soltanto tramite il sacerdote	La Comunione è ricevuta in ginocchio, sulla lingua e soltanto tramite il sacerdote o il diacono*	La Comunione è generalmente ricevuta in piedi e nella mano da chiunque la distribuisca

---

* Il can. 845 del Codice di Diritto Canonico del 1917 stabilisce che il ministro ordinario della Santa Comunione è il sacerdote, ma che può essere autorizzato come ministro straordinario un diacono. Alcuni commenti indicano che tale funzione del diacono risale almeno al 1777.

Messa a fianco al Novus Ordo, la liturgia bizantina sembra un re accanto a uno straccione, un Rembrandt accanto a una sua parodia, un banchetto dopo una carestia. Ma il rito romano tradizionale, in tutto il suo intricato splendore e la sua irreggimentata solennità, è alla pari con qualsiasi rito orientale che siede al tavolo della tradizione. Facciamo ingiustizia all'opera dello Spirito Santo nella Chiesa d'Occidente se parliamo come se il rito bizantino fosse il "gold standard" della liturgia, quando il rito romano nella sua pienezza – purtroppo così raramente sperimentata dai cattolici romani! – è pienamente alla sua altezza. È piuttosto il Novus Ordo che bisognerebbe mettere alla porta, perché non ha alcun diritto di stare alla tavola regale dei riti liturgici autentici.

Se a questo punto qualcuno mi obietterà che il Novus Ordo può essere celebrato in modo da essere "in continuità" con la tradizione romana precedente (e quindi in modo non dissimile dalla Divina Liturgia), la mia risposta è che, in realtà, ciò non è vero. Diversi dei dieci principi sopra riassunti *non sono affatto* incarnati dal Novus Ordo – e ciò *volutamente* (qui includerei almeno i principi 1, 4, 5, 6, 7 e 9); mentre i restanti (2, 3, 8 e 10) *si potrebbero* attuare – o anche no: dipende da chi "presiede". In breve, sono *possibili* ma non *necessari*. Questo fatto, di per sé, dimostra già il carattere profondamente anti-tradizionale del Novus Ordo, il cui carattere cattolico dipende in gran parte dalle decisioni del celebrante piuttosto che dalla adesione (del rito come del celebrante) a una regola fissa. Proprio come una catena è tanto forte quanto lo è il suo anello più debole, così una liturgia piena di opzioni è tanto buona quanto la peggiore di queste opzioni. Essa va giudicata non in base a ciò che potrebbe essere adottando tante delle migliori quanto improbabili scelte, ma in base a ciò che *solitamente* è quando vengono fatte le scelte *più consuete*. Così, laddove il Novus Ordo *può* essere celebrato in modo quasi-tradizionale, la liturgia bizantina e quella tridentina *devono* essere celebrate in modo tradizionale: non c'è scelta in merito.[19]

---

19 Questo non vuol dire che il rito bizantino o tridentino sia sempre e comunque offerto in modo edificante o esteticamente appropriato; ma ciò è qualcosa che non può essere garantito in alcun rito, perché abbiamo pur sempre a che fare con le fragilità di esseri umani decaduti. L'affermazione concerne piuttosto il contenuto oggettivo e le rubriche proprie di questi riti.

Bizantina, Tridentina, Montiniana: due fratelli e un estraneo

Anche solo in questa differenza possiamo vedere il divario quasi infinito che separa il rito romano moderno da *qualsiasi* rito storico apostolico del cristianesimo, orientale o occidentale. La sua mancanza di densità dottrinale, morale, rubricale e cerimoniale, la sua struttura modulare-lineare-razionalista e la sua "opzionite" ne separano *la sostanza* da quella sfera di cultura sacra che accomuna l'*usus romanus antiquior* e la divina liturgia bizantina. Si potrebbe applicare a questa situazione la frase pronunciata da Abramo nella parabola di Lazzaro e il ricco epulone: "tra noi e voi è stabilito un grande abisso: coloro che di qui vogliono passare da voi non possono, né di costì si può attraversare fino a noi" (Lc 16,26). Il *Breve Esame Critico* espone tutto ciò con rinfrescante franchezza:

> La Costituzione [*Missale Romanum*, del 1969] accenna esplicitamente a una ricchezza di pietà e di dottrina mutuata nel Novus Ordo dalle Chiese di Oriente. Il risultato appare tale da respingere inorridito il fedele di rito orientale, tanto lo spirito ne è, più che remoto, addirittura opposto.
>
> A che si riducono queste scelte ecumeniche? In sostanza: alla molteplicità delle anafore (non certo alla loro bellezza e complessità); alla presenza del diacono e alla comunione *sub utraque specie*. Per contro, pare si sia voluto eliminare deliberatamente tutto quanto, nella liturgia romana, era più prossimo all'orientale e, rinnegando l'inconfondibile ed immemorabile carattere romano, abdicare a ciò che più gli era proprio e spiritualmente prezioso. Lo si è sostituito con elementi che soltanto a certi riti riformati (e nemmeno a quelli più prossimi al cattolicesimo) lo avvicinano degradandolo, mentre vieppiù ne allontaneranno l'Oriente, come l'hanno già allontanato le ultime riforme. In compenso, esso piacerà sommamente a tutti quei gruppi, vicini alla apostasia, che devastano la Chiesa inquinandone l'organismo, intaccandone l'unità dottrinale, liturgica, morale e disciplinare in una crisi spirituale senza precedenti.[20]

Il medesimo studio offre poi i paralleli più evidenti, con una descrizione in cui si riconoscono molti dei principi menzionati nelle pagine che precedono:

---

20   *Breve Esame Critico*, § VII, p. 28.

Si pensi, per ricordare solo la [liturgia] bizantina, alle preghiere penitenziali, lunghissime, istanti, ripetute; ai solenni riti di vestizione del celebrante e del diacono; alla preparazione, che è già un rito completo in sé stessa, delle offerte alla *proscomidia*; alla presenza costante, nelle orazioni e persino nelle offerte, della Beata Vergine, dei Santi e delle Gerarchie Angeliche (che, nell'*Entrata col Vangelo* sono addirittura evocate come invisibilmente concelebranti e con le quali si *identifica* il coro nel *Cherubicon*); alla iconostasi che nettamente separa santuario da tempio, clero da popolo; alla consacrazione celata, evidente simbolo dell'Inconoscibile a cui l'intera Liturgia allude; alla posizione del celebrante *versus ad Deum* e mai *versus ad populum*; alla comunione amministrata sempre e solo dal celebrante; ai continui e profondi segni di adorazione di cui sono fatte segno le Specie; all'atteggiamento essenzialmente contemplativo del popolo. Il fatto che tali liturgie, anche nelle forme meno solenni, durino più di un'ora, e le costanti definizioni che vi si trovano («tremenda e inenarrabile liturgia», «tremendi, celesti, vivificanti misteri», ecc.) bastino a dir tutto. Notiamo infine, sia nella Divina Liturgia di San Giovanni Crisostomo che in quella di San Basilio, come il concetto di «cena» o di «banchetto» appaia chiaramente subordinato a quello di sacrificio, così come lo era nella Messa romana.[21]

Ciò che davvero sorprende, alla luce di quanto sopra, è come possano tanti cattolici bizantini ed "esperti" di liturgia orientale - tra questi, il più importante è stato il compianto Robert Taft SJ - preferire la liturgia romana "riformata", trascurando le monumentali discrepanze, anzi le contraddizioni, tra i principi in base ai quali essa è stata costruita e viene messa in atto e i principi che sono comuni, come dimostrato, alla liturgia bizantina e a quella latina tradizionale. Non è esagerato dire che il rito di Paolo VI, sia nel suo insieme come nei suoi particolari, è una deformazione della liturgia latina che non può essere inquadrata nei riti storici autenticamente cattolici. Soltanto una profonda incoerenza può far sì che un cattolico bizantino prediliga il Novus Ordo sulla base di caratteristiche secondarie o terziarie, mentre trascura,

---

21 Ibid., nota n. 26.

tollera o addirittura sembra approvare le sue deviazioni dai principi fondamentali della liturgia classica. Un altro scrittore per il blog *PrayTell*, Teva Regule, ce ne dà una perfetta illustrazione:

> Appena sento che sono un Cristiano Ortodosso, alcuni cattolici (di solito di stampo più tradizionale) fanno di tutto per proclamare il loro amore per la liturgia ortodossa e criticano i cambiamenti apportati alla Messa dopo il Vaticano II. Principalmente, lamentano la perdita di bellezza e riverenza nella loro esperienza del Novus Ordo e hanno nostalgia della Messa tridentina. Io sorrido, ma, come studioso di liturgia, so che la Messa di Paolo VI ha molto più in comune teologicamente (ad es. la sua più forte dimensione pneumatologica) ed ecclesiologicamente con la Chiesa orientale rispetto alla Messa tridentina. Tuttavia, avendo partecipato ad alcune Messe (in stile post-Vaticano II) che ho trovato (nelle loro parole) eccessivamente "informali" e/o "aride", capisco quale sia la loro preoccupazione.
>
> È interessante notare che la riforma della liturgia seguita al Vaticano II è oggetto di dibattito anche in alcuni circoli ortodossi. Anche alcuni Cristiani Ortodossi sono critici nei confronti della riforma della Messa dopo il Vaticano II. In questo caso, non riescono a distinguere tra le maggiori somiglianze teologiche e storiche della liturgia ortodossa e della Messa post-Vaticano II, mentre enfatizzano eccessivamente alcune differenze fenomenologiche.[22]

Dubito che il mondo abbia mai visto una minimizzazione più evidente di questa. La Messa di Paolo VI ha più cose "in comune" con i riti orientali solamente nella misura in cui è stata artificialmente orientalizzata dai suoi architetti, che avevano poco o nessun rispetto per la loro tradizione latina, ma un entusiasmo infinito per tutto ciò che è bizantino. Per esempio, andava per la maggiore insistere sulla necessità o l'opportunità di un'epiclesi nelle anafore, dal momento che gli studiosi erano troppo presi dalle loro teorie per riuscire ad ammirare l'antichità del Canone romano, anteriore all'eresia macedoniana che in Oriente negava la divinità dello Spirito Santo e in risposta alla quale l'epiclesi

---

22 "East Meets West in Liturgy", *PrayTell*, 29 settembre 2018.

trovò il suo posto nella liturgia di quella metà dell'impero. La dieta dei riformatori liturgici, si consenta il gioco di parole, era evidentemente ricca di antioccidenti.

Poi, l'autore – come accorgendosene per la prima volta – ammette che alcuni ortodossi hanno *qualche problema* con la riforma liturgica postconciliare. In realtà, un cristiano ortodosso ben informato non può che rendersi perfettamente conto che si è trattato di un disastro di portata inconcepibile, un totale sventramento della tradizione occidentale che la allontana ancor di più dall'eredità comune del primo millennio. Ecco perché il patriarcato di Mosca ha salutato con gioia il *Summorum Pontificum*. Come si è visto, l'affermazione secondo cui vi sarebbe una maggiore affinità teologica e storica tra Divina Liturgia e Messa postconciliare è platealmente falsa. Il contrario non è solo vero, ma dolorosamente vero. Le discrepanze tra il plurisecolare culto ortodosso e il parvenu della liturgia, il Novus Ordo, vengono liquidate come "fenomenologiche". Chi si sognerebbe di descrivere la differenza tra un Requiem tradizionale e un funerale moderno come soltanto "fenomenologica"? È anche fenomenologica, non c'è che dire, e lo si vede in modo lampante; ma la differenza è prima di tutto *teologica* e *storica*, nel senso più profondo possibile. E dire che le differenze *apparenti* sono eccessivamente enfatizzate è, semplicemente, puro razionalismo, come se la nostra esperienza della liturgia, del corretto modo di approcciarsi e atteggiarsi nei confronti del numinoso, non fosse qualcosa che passa dapprima attraverso i nostri *sensi* e solo in seguito giunge all'intelletto, in linea con il sano empirismo aristotelico.[23]

Una frase in particolare è di un'incredibile condiscendenza: "Io sorrido, ma, come studioso di liturgia, so...": perfetta testimonianza della seduzione della *gnosi*, offerta a piene mani in quel culto misterico e pseudoscientifico che è la liturgiologia contemporanea! Che il Signore, nella sua misericordia, ci liberi dai liturgisti di professione.[24] Il pericolo non è immaginario. I litur-

---

23 Il capitolo 1 affronta compiutamente questo tema.
24 Si ricorderà il famoso scambio tra p. Pierre-Marie Gy e il cardinale Ratzinger a proposito del libro di quest'ultimo, *Lo spirito della liturgia*. Ratzinger aveva osato criticare alcune "verità" intoccabili della riforma liturgica e padre

gisti – presumibilmente disturbati dalla testimonianza ostinatamente contraria delle Chiese Orientali in questioni fondamentali come l'orientamento liturgico, lo stile musicale, le pratiche ascetiche e il dogmatismo premoderno – parlano da decenni di come intraprendere una "riforma" dei riti orientali per allinearli alla *Sacrosanctum Concilium* e ad un'estetica Bauhaus à la Bugnini.[25]

Guardando la questione da un altro punto di vista, i cardinali Cañizares e Koch hanno sottolineato come le legittime relazioni ecumeniche con l'Oriente cristiano siano necessariamente destinate al fallimento se gli stessi cattolici non riescono nemmeno a mettersi d'accordo tra loro circa il rispetto delle proprie tradizioni liturgiche, che combaciano in larga misura con quelle dell'Oriente:

> In mezzo alle polemiche [sul *Summorum Pontificum*], si dimentica spesso che le critiche mosse al rito ricevuto dalla Tradizione romana valgono anche per le altre tradizioni, in primo luogo per quella ortodossa: quasi tutti gli aspetti liturgici che coloro che si sono opposti alla preservazione dell'antico messale attaccano con forza sono proprio gli aspetti che avevamo in comune con la Tradizione orientale! Un segno che conferma ciò, per contro, sono le espressioni entusiasticamente positive giunte dal mondo ortodosso con la pubblicazione del motu proprio.

Gy, che aveva dedicato tutta la sua vita a quest'anatra zoppa, se ne ebbe a male: "Come osa scrivere un libro del genere: *non è un liturgista!*" La stessa reazione accolse la serie *Gesù di Nazareth* di Papa Benedetto, intollerabile per i guru della tribù storico-critica. In realtà, in *Lo spirito della liturgia* Ratzinger svolse il compito di un vero teologo: fece della *teologia* liturgica basata su una solida conoscenza della storia e delle fonti, ma capace di spingersi ben oltre questo ambito limitato, entrando in considerazioni teologiche e filosofiche più fondamentali e offrendo una valutazione più realistica del costo effettivo, in termini di anime e salute mentale, delle riforme postconciliari; e ciò dal punto di vista privilegiato di un sacerdote con ampia esperienza pastorale, cosa che invece mancava a molti esperti di teoria in camice bianco. Ad indossare i paraocchi e dimostrare una visione cieca sono, in realtà, gli specialisti, mentre i profani riescono a vedere più a fondo e più lontano; non è un caso che oggi siano spesso i più giovani ad essere istintivamente e intuitivamente attratti dalla tradizione liturgica, mentre gli anziani (professori o pastori che siano) si affannano pateticamente dietro alla sempre più insulsa moda del momento.

25 Danni considerevoli se ne sono fatti e tuttora se ne fanno tra i ruteni e soprattutto i maroniti. Fortunatamente, i cattolici di altri riti orientali si sono opposti a quelle che chiamano latinizzazioni, ma che in molti casi si potrebbero più onestamente definire "bugninizzazioni".

Questo documento diventa così un aspetto chiave per la "credibilità" dell'ecumenismo perché, secondo l'espressione del presidente del Pontificio Consiglio per la Promozione dell'Unità dei Cristiani, il cardinale Kurt Koch, "promuove di fatto, se così possiamo chiamarlo, un 'ecumenismo intracattolico'". Potremmo di conseguenza dire che la premessa *ut unum sint* ha come presupposto l'*ut unum maneant* [che siano una cosa sola... che rimangano una cosa sola], in modo tale che, come scrive il predetto cardinale, "se l'ecumenismo intracattolico fallisse, la controversia cattolica sulla liturgia si estenderebbe anche all'ecumenismo".[26]

La forza combinata di un pregiudizio favorevole al pluralismo culturale, del conservatorismo intrinseco dell'Oriente e della mancanza di un'autorità centralizzata in grado di imporre giganteschi cambiamenti liturgici ha per ora risparmiato ai riti orientali i peggiori eccessi del movimento per le riforma liturgica del XX secolo. Ma questa fragile pace potrebbe non durare per sempre, soprattutto se la gerarchie ecclesiastiche continueranno a mostrare quelle caratteristiche gemelle dell'arroganza e della miopia che hanno afflitto la loro specie negli ultimi cinquant'anni. È quindi doveroso per ogni cristiano di rito orientale e per ogni simpatizzante romano comprendere gli errori che hanno portato ai riti paolini e in essi profondamente radicati, e opporsi a qualsiasi riduzione, compromesso o novità nella propria vita liturgica.

Se il lettore fosse, a questo punto, tentato di credere che io stia esagerando l'arroganza che caratterizza la mentalità degli "illuminati" circoli cattolici postconciliari, gli offrirò allora come prova la seguente analisi dell'Oriente da parte di Enzo Bianchi, fondatore della c.d. "Comunità monastica di Bose":

> L'Oriente non ha sperimentato la modernità, né il Concilio Vaticano II, né la critica biblica o storica. E ciò dice molto. Non possiamo pensare che siano come noi alla fine di questo secolo e di questo millennio. Non li capiamo a causa della loro diversa situazione nel tempo.

---

26 Prefazione dei cardinali Cañizares e Koch alla tesi di dottorato di p. Alberto Soria Jiménez, OSB, pubblicata su *Rorate Caeli* il 16 luglio 2014, trad. personale da quella inglese.

Bizantina, Tridentina, Montiniana: due fratelli e un estraneo

Sono molto più indietro, e non è colpa loro. [...] In un certo senso, la Chiesa cattolica ha ricevuto la grazia della modernità. Dovremmo porci a servizio degli ortodossi e aiutarli a capire che un impatto simile non significa la fine della fede. Dovremmo offrire loro aiuto, a livello universitario e teologico, affinché possano recuperare il terreno perso. Oggi sperimentiamo una tremenda accelerazione dal punto di vista culturale. L'uomo moderno è dotato di una capacità religiosa. Ciò dev'essere percepito anche dall'Oriente, nel dispiegarsi della complessa situazione in cui vive.[27]

Per tornare al nostro punto di partenza: proprio come i cattolici di rito latino possono beneficiare immensamente dall'esposizione alle ricchezze dell'Oriente, allo stesso modo gli ortodossi e i greco-cattolici che amano la propria tradizione liturgica possono beneficiare dall'esposizione alla tradizione liturgica occidentale conservata e tramandata nel rito romano classico. E proprio per amore di ciò che è comune a Oriente e Occidente, sia i cattolici romani che i greco-cattolici dovrebbero evitare a tutti i costi la liturgia neoromana del 1969, che si distacca dalla tradizione cristiana per il suo inconsistente archeologismo, le novità moderne e le sue numerose dissonanze cognitive. Non è altro che un *contro-segno* rispetto alla tradizione greca e latina, e ostacola l'espressione dossologica delle millenarie verità dogmatiche e morali che la liturgia ha sempre presentato e inculcato ai fedeli. I cattolici, romani e bizantini, possono sentirsi al sicuro e in buone mani quando frequentano i riti autentici gli uni degli altri, ma nessuna delle due parti può sentirsi al sicuro quando frequenta il Novus Ordo. Sì: respiriamo con entrambi i polmoni della Chiesa – ma nella loro condizione sana, non malata!

---

27 Zenit, 9 maggio 1999, ora rimosso dal sito web [se ne è quindi dovuta fornire un traduzione personale a partire dalla versione inglese, NdT]. Il divario che Bianchi percepisce tra il mondo del Novus Ordo (in cui vive) e quello dell'Oriente non è diverso da quello che percepirebbe tra il suo mondo e quello del tradizionalismo cattolico. A dispetto della sua disinvolta commistione tra cattolicesimo e protestantesimo, cristianesimo ed ebraismo, e così via, Bianchi fu lodato da Benedetto XVI, da Francesco ed altri come un modello di "nuova evangelizzazione". Il paragrafo riportato è intriso di temi familiari al modernismo descritto da Pio X. Le sue implicazioni liturgiche sono evidenti.

Molte sono le ragioni per cui i greco-cattolici – e, se per questo, tutti i cristiani di rito non latino in comunione con il papa di Roma – dovrebbero riconoscere l'autenticità della Messa tradizionale e rifiutare la rottura del *Novus Ordo Missae*. Eccone tre.

1. Se il papa di Roma ha l'autorità di cambiare radicalmente il rito della propria Chiesa – se, in altre parole, l'unico e solo limite a ciò che può fare nel campo della liturgia è il requisito di "forma e materia" valide – allora non esiste limite teorico a ciò che egli può fare a *qualsiasi altro* rito. Dopo tutto, secondo il Vaticano I, egli possiede la *plenitudo potestatis*, la giurisdizione suprema, universale e immediata su ogni fedele, avendo in mano le chiavi del regno. O si accetta ciò in teoria e forse (Dio non voglia) in pratica, *oppure* si deve concordare con i cattolici tradizionali che il ruolo del Papa è quello di preservare l'eredità del cristianesimo apostolico e di trasmetterla fedelmente, rispettando ogni tradizione legittima. Non si può avere la botte piena e la moglie ubriaca.

2. Se il cristiano d'oriente ama e loda la propria liturgia in quanto antica, venerabile, perenne, di tutti i secoli, punto di riferimento fisso e stabile della vita ecclesiale, allora costui dovrebbe poi fare ai propri fratelli d'occidente la cortesia di amare e lodare anche i *loro* riti liturgici antichi, venerabili, perenni, di tutti i secoli, fissi e stabili (siano essi il tridentino, l'ambrosiano, il mozarabico, etc.). Il Novus Ordo non ha granché in comune con alcuno di questi. Come si è argomentato in questo capitolo, è l'"estraneo" del gruppo: nessun'indagine onesta può ignorarlo.

3. Se il motivo per cui noi latini dobbiamo rispettare la liturgia orientale è che lo Spirito Santo suscita numerose tradizioni complementari, allora gli orientali dovranno riconoscere senz'esitazione che la tradizione liturgica d'Occidente è un'opera della provvidenza di Dio, un frutto dello Spirito, tanto quanto lo è la loro. Una simile, appropriata umiltà esclude del tutto il punto di vista dei liturgisti occidentali del novecento – un punto di vista agghiaccianti simile a quello di protestanti e modernisti[28] – secondo cui la liturgia occidentale aveva sofferto, nel Medioevo e nella prima modernità, una corruzione così tremenda da richiedere una massiccia rielaborazione in una forma originale

---

28 Si veda il capitolo 7.

asseritamente "pura" e che, guarda caso, si è rivelata anche squisitamente modernista (straordinario come l'antica *domus ecclesiae* prefigurasse in realtà cemento, acciaio e vetro!). Se non sareste mai disposti a permettere che si faccia un simile scempio della vostra liturgia, dovreste opporvi al medesimo scempio della nostra.

Osserva, perspicace come sempre, Martin Mosebach:

> È caratteristico di questo secolo il fatto che, proprio mentre la scure si abbatteva sul verde albero della liturgia, venissero formulate le più profonde intuizioni sulla liturgia, sebbene non nella Chiesa romana ma in quella bizantina. Da un lato, un papa osava interferire con la liturgia. Dall'altro, l'Ortodossia, separata dal papa da uno scisma, preservava la liturgia e la teologia liturgica attraverso le terribili prove del secolo. Per un cattolico che si rifiuti di accettare le facili conclusioni del cinico, questi fatti producono un enigma sconcertante. Si è tentati di parlare di un tragico mistero, anche se la parola tragico non si addice al contesto cristiano. La Messa di San Gregorio Magno, l'antica liturgia latina, è oggi relegata alle "frange impazzite" della Chiesa romana, mentre la Divina Liturgia di San Giovanni Crisostomo è viva in tutto il suo splendore nel cuore stesso della Chiesa ortodossa. Quella per cui abbiamo qualcosa da imparare dall'Ortodossia non è un'idea popolare. Ma dobbiamo abituarci a studiare – e a studiare a fondo – ciò che la Chiesa bizantina ha da dire sulle immagini sacre e la liturgia. Il discorso è altrettanto rilevante per il rito latino; in effetti, sembra che possiamo conoscere il rito latino in tutta la sua realtà, ripiena di Spirito, solo se lo guardiamo dalla prospettiva orientale.[29]

E, ancora più sinteticamente: "Tutti gli sforzi per l'ecumenismo, per quanto necessari, devono iniziare non con appariscenti incontri con le gerarchie orientali, ma con il ripristino della liturgia latina, che rappresenta il vero legame tra Chiesa latina e greca".[30] Il seguente, reale scambio epistolare illustra come il dialogo tra cristiani di riti diversi, orientali e occidentali, debba fondarsi sulla fedeltà alle nostre tradizioni, così profondamente belle e così diverse, ma complementari.

---

29 Martin Mosebach, *The Heresy of Formlessness: The Roman Liturgy and Its Enemy*, ed. riv. (Brooklyn, NY: Angelico Press, 2018), p. 57, trad. personale.
30 Mosebach, p. 187.

IL RITO ROMANO DI IERI E DI DOMANI

⊸≫§≪⊸

Caro dott. Kwasniewski,

da anni pongo diverse versioni delle seguenti domande a molti ottimi fedeli di rito latino, ma mai ho ottenuto una risposta soddisfacente. Mi domando se lei possa fare chiarezza.

In termini umani, esiste un bilanciamento tra ottimizzazione e flessibilità. Lo stesso vale per l'aspetto umano della liturgia. In genere, i sistemi si ottimizzano in funzione di determinate condizioni finché non si cristallizzano; e se alla flessibilità è stato tolto ogni spazio in funzione dell'ottimizzazione, alla fine il più piccolo mutamento nelle condizioni fa crollare l'intero sistema. Le organizzazioni e le comunità si preparano a questa eventualità attraverso ridondanze del sistema (ad es. piani di riserva), sussidiarietà, e via dicendo.

C'è nel rito greco un *tipo* di flessibilità che, a mio avviso, è in grado di combattere la "ritocchite". Ogni giorno si accumulano commemorazioni su commemorazioni, e i patriarcati, le eparchie e persino le parrocchie hanno libertà di scelta su quali celebrare. Certi canoni e certe litanie trovano il loro favore qui o là, certe recensioni [versioni testuali dei vari riti orientali, NdT] e usi mostrano delle differenze, anche quanto alla logica dei colori dei paramenti. La sovrapposizione di autorità liturgiche decentralizzate e talvolta persino in competizione tra loro ha aiutato l'ecosistema del rito greco a rimanere molto conservatore – in generale, e senza dubbio in confronto al rito romano.

Quando mi capita di ascoltare i miei amici latini tradizionalisti (un'espressione onorevole, nella mia mente) dire cose come "Non si può celebrare una Messa solenne senza un suddiacono", rimango sbalordito. Se le barriere per accedere a livelli progressivi di eccellenza liturgica sono troppo grandi a livello locale, il processo di passaggio della tradizione[31] è consegnato agli specialisti e, quel che è peggio, ai vescovi.

---

31 Il mio interlocutore sembra voler dire che, se per una comunità locale è troppo difficile appropriarsi della propria tradizione liturgica e metterla in pratica, quella comunità non sarà in grado di viverla o di trasmetterla: diventerà appannaggio dei soli specialisti, o di persone che non la comprendono o non se ne curano.

Bizantina, Tridentina, Montiniana: due fratelli e un estraneo

Al contrario, quando si trattò dell'iniziazione cristiana di uno dei miei figli, nella mia parrocchia non si era soliti utilizzare, né mai probabilmente si era utilizzato, il rito della tonsura [parte delle cerimonie battesimali in Oriente, NdT]. Chiesi allora al mio parroco la cerimonia nella sua interezza, e così... lui ne scaricò da internet una versione assolutamente eccellente. Allo stesso modo, ci è talvolta capitato di dover far tradurre ai nostri fedeli dei testi specifici dalle lingue originali all'inglese. So che ciò è, in parte, una benedizione *de facto* di quella che si potrebbe definire la "grezza innocenza" della Chiesa Orientale negli Stati Uniti; e, in buona parte, questa è anche la differenza nel modo in cui autorità e tradizione interagiscono nella Chiesa greca e in quella latina.

Non posso fare a meno di chiedermi: e se gran parte dell'attuale crisi liturgica del rito romano non derivasse da un certo tipo di iper-regolamentazione, e poi da un'assurda reazione ad essa? Non trarrebbe qualche vantaggio, il rito romano, da un *certo tipo di flessibilità*? Non certo da quella che adesso avete, purtroppo. Si sarebbero mai sentite idee veramente stupide come il *versus populum*, se (per esempio) qualche diocesi avesse potuto "sfogarsi" ricorrendo al blu liturgico (o quant'altro)? Sotto questo aspetto non sono mai riuscito a comprendere la mentalità tradizionalista latina, anche se per il resto ne sono il suo più grande sostenitore. Piccolo è bello. Grande è sempre una tentazione alla mediocrità. L'uniformità è fragile. Le stoffe più robuste sono sempre quelle intrecciate.

Questa è la mia ipotesi operativa, personale e certamente parziale, sul lato umano della tragedia liturgica latina.

Che Dio la benedica,
Un Greco-Cattolico

Caro Greco-Cattolico,

Io ammiro e amo la Divina Liturgia bizantina. Ho avuto la fortuna di poterla frequentare più volte alla settimana mentre insegnavo all'Istituto Teologico Internazionale in Austria. Ho imparato a fare da cantore, cosa che mi è tornata utile in seguito nel Wyoming, quando avevamo Divine Liturgie a cadenza settimanale o mensile ed ero l'unico a saper cantare il Troparion, il Kontakion, il Prokeimenon, etc. Ancora oggi, a ogni Messa romana, recito privatamente la grande preghiera bizantina: "O Signore, credo e professo fermamente che tu sei veramente il Cristo, il Figlio del Dio vivente, venuto nel mondo per salvare i peccatori, dei quali io sono il primo...". Mio figlio e mia figlia hanno ricevuto entrambi il "santo mistero della penitenza" e la Santa Comunione nel rito bizantino (per ragioni contingenti e personali). Come famiglia siamo tradizionalmente romani fin nel midollo, ma proprio per questo amiamo i nostri fratelli orientali e i loro riti.

Quello che credo lasci generalmente più perplessi è la differenza di mentalità tra Oriente e Occidente. Questa differenza ha le sue radici nel divario tra l'impero romano d'Occidente (e il modo in cui si è sviluppato nell'Europa) e l'impero romano d'Oriente (e il modo in cui si è sviluppato in Bisanzio, per poi trasferirsi nel mondo slavo). Volendo generalizzare, la mente occidentale è logica, lineare, efficiente, sintetica e focalizzata; quella bizantina è circolare, effusiva, ridondante, poetica e diffusa. I punti di forza di ciascuna sono anche la fonte delle sue debolezze, o quantomeno delle sue tentazioni.

I riformatori liturgici degli anni Sessanta si strapparono i capelli per questa differenza. In un certo senso, volevano che tutte le liturgie fossero uguali, perché, in qualche modo, doveva esistere una "liturgia giusta" che tutti potessero accettare, come una sorta di esperanto. Alla fine, per una selvaggia ironia, la riforma liturgica postconciliare ha creato un insieme di riti che, lungi dall'ispirarsi all'Oriente o dall'avvicinarsi all'unità con esso, ne rappresentava un'antitesi su quasi tutti i maggiori punti: il rispetto per la tradizione esistente; la continuità interna fra letture, preghiere, antifone, inni; l'orientamento del sacerdote; la riverenza nel ricevere i santi misteri; le distinzioni fra chierici e laici, fra presbiterio e navata; e molto altro ancora. Come in molti hanno sottolineato, l'unico ecumenismo che contava per i riformatori liturgici era un accomodamento al protestantesimo; malgrado le dichiarazioni di facciata, ortodossi e cattolici orientali non avevano che una funzione decorativa, aggiungendo un tocco di esotismo irrilevante.

Bizantina, Tridentina, Montiniana: due fratelli e un estraneo

Papa Paolo VI abbracciò il razionalismo illuminista rappresentato dal giansenista Sinodo di Pistoia, fallito nel diciottesimo secolo ma trionfante, con il suo aiuto, nel ventesimo. Questa mentalità riformista-costruttivista ha prodotto frutti marci in svariati momenti del secolo scorso, ma il suo frutto finale e supremo è stata la riforma postconciliare, che ha spogliato la Chiesa latina di tutto quanto era magnifico, ordinato e decoroso, sostituendovi al suo posto tutto quanto era industriale, modulare, verboso e alla moda. Mai l'Oriente giocherebbe in tal modo con la liturgia; ma nemmeno l'Occidente l'avrebbe fatto, se non fosse caduto sotto l'incantesimo di Pistoia.

In luogo del lavoro protestantizzante e razionalizzante del Consilium, i cattolici devono a Nostro Signore e alla provvidenziale guida del Suo Spirito il rispetto rigoroso dell'irriducibile complessità e distinzione dei "due polmoni" della Chiesa, rimanendo fedeli al genio, allo spirito e alle tradizioni originarie di ciascuno dei due. L'approccio occidentale è buono se, e soltanto se, rimane fedele a sé stesso. Finché manterremo i nostri rituali creditati - le nostre concise orazioni cesellate e colme di strati di significato, il nostro cerimoniale militaresco ma affascinante, le nostre insuperabili melodie gregoriane, il nostro speciale amore per il silenzio, la nostra inclinazione a inginocchiarci in segno non tanto di penitenza quanto di umile adorazione - saremo sani. Saremo risolutamente *romani*, senza metterci in patetico imbarazzo con imitazioni di seconda o terza scelta del mondo secolare, del cristianesimo orientale o del protestantesimo evangelico. Possiamo essere ciò che siamo, ed esserlo brillantemente. Questo è tutto; ed è più che sufficiente per darci lietamente da fare. Non possiamo essere qualcun altro e non dobbiamo provare ad esserlo, perché dietro la rivalità e l'invidia si prepara il fallimento.

Una delle evidenti perfezioni dell'Oriente è la calma, la scorrevolezza e la rilassatezza (nel senso buono del termine) con cui il clero celebra le funzioni. Sanno quello che devono fare e lo fanno senza sforzo, senza clamore e senza elaboratezza rubricistica. Eppure, il tutto è fatto con riverenza, in modo cerimoniale, per nulla informale o casuale. In Occidente, secoli di sviluppo delle rubriche hanno portato a una situazione in cui ogni movimento, postura, posizione e interazione è stata attentamente programmata e regolata. Credo che questa sia una perfezione peculiare della tradizione latina e, ancora una volta, se ben realizzata, è magnifica a vedersi, come una danza sacra, come il *Noh*, il teatro giapponese, come una parata della guardia di Sua Maestà, come uno stormo di uccelli in formazione geometrica. È una forma di scienza e di studio, di ascesi, un'offerta in sacrificio del proprio corpo. Nel momento in cui se ne perde il significato – cioè l'espressione esteriore e l'offerta a Dio di una mente ben disciplinata e a Lui subordinata – allora può diventare irreggimentazione, formalismo, rubricismo. In altre parole, si presta alla caricatura, al rifiuto e alla sostituzione con un tentativo disperatamente scadente di risultare "naturale".

L'Occidente non può avere alcun successo se non essendo occidentale nel miglior modo possibile, così come l'Oriente non può avere alcun successo se non essendo orientale nel miglior modo possibile. Un paradosso, a proposito, è che il rito romano è il più "cattolico" di tutti i riti: conservando i suoi tratti romani originari, ha preso tantissimo dalla Chiesa universale: dal rito gallicano, greco e persino siriaco (l'Agnus Dei). Gli arrangiamenti più elaborati del Sanctus in gregoriano o in polifonia portano il Canone (nella misura in cui il Canone esso effettivamente inizia col Prefazio) in una modalità di preghiera effusiva che è più caratteristica dell'Oriente che nativamente romana: un ringraziamento e una dossologia continui, come nelle anafore orientali. Un Canone silenzioso, coi gesti sacerdotali che si sovrappongono a un Sanctus di Palestrina, combina il sobrio "legalese" romano del testo, pur ascoltato dal solo sacerdote, con un elemento "dossologico" che lo rende un'esperienza totale piuttosto diversa dal Canone come detto da San Leone Magno o nei primi *Ordines Romani*. Forse potremmo dire che, nell'ambito del rito romano, ciò che è greco o gallicano o siriaco deve rimanere greco, gallicano o siriaco, e ciò che è romano deve rimanere romano!

Per molti secoli la liturgia latina ha disposto di tutti i diaconi, suddiaconi, accoliti e altri ministri di cui aveva bisogno, almeno nelle cattedrali e nei monasteri, e anche nei luoghi più piccoli, in occasioni speciali. Il tutto si svolgeva secondo consuetudini e aspettative locali, elementi che è bene mantenere in gioco. Fu quando la centralizzazione romana si affermò sempre di più che le usanze locali svanirono e iniziò l'era del legalismo. E questo – son d'accordo con lei – è stato un flagello per il buon svolgimento della liturgia, perché va a imporre lo stesso insieme di standard ideali su ogni località, con l'effetto di scoraggiare piuttosto che incoraggiare la solennità. In definitiva, la radice di tutti i nostri problemi è la centralizzazione romana. Nel momento in cui il vescovo di Roma pensa di essere il padrone assoluto della liturgia latina, tutto è perduto. Non affermerei questo di Pio V, che codificò una liturgia esistente. Ma quando vediamo Pio X modificare radicalmente l'Ufficio divino, Pio XII modificare radicalmente la Settimana Santa e Paolo VI modificare radicalmente ogni singola cosa, allora non c'è più alcuna *paradosis* degna di questo nome. Si tratta, come i cristiani d'Oriente hanno giustamente riconosciuto (e come noi dovremmo essere abbastanza umili da ammettere), del sacrificio della tradizione da parte del e a favore dell'autoritarismo pastorale. Credo che sempre più persone riconoscano questa deviazione e cerchino di fare il possibile per porvi rimedio, almeno quanti hanno una concezione ortodossa di ciò che la liturgia è e di come si è sempre tramandata, non senza sviluppo, certo, ma senza mai essere fatta a pezzi dalla teoria accademica o dalla convenienza pastorale.

D'altra parte, e spero che non se ne abbia a male, ho l'impressione che la tradizione orientale talvolta sia così poco rigorosa da rendere difficile dire che cosa "si dovrebbe" fare. Si dovrebbe fare ciò che è appropriato, sì; ma chi decide cos'è appropriato? Il sacerdote del luogo? I fedeli? L'eparchia? Perché certe usanze scompaiono da interi territori, mentre si insinuano variazioni che col tempo possono portare le Chiese nazionali a separarsi le une dalle altre e a ostacolare il riconoscimento reciproco? Questa flessibilità nei confronti della tradizione a volte ha fatto sì che gli usi locali crescessero a tal punto da rendere difficile la concelebrazione o persino il rispetto reciproco tra gli orientali. Mi dicono che gli ucraini talora guardano dall'alto in basso gli usi ruteni. E un teologo greco-ortodosso raccontò di una riunione tra ortodossi, alcuni anni fa, in cui si dovettero celebrare due Divine Liturgie separate in stanze adiacenti perché i greci e i serbi (o forse i rumeni, o tutti e tre) non riuscirono a mettersi abbastanza d'accordo da poter concelebrare! L'adattamento locale può diventare una maledizione. E poi: perché alcuni orientali sono così contrari allo sviluppo da voler abolire devozioni care e amate dai fedeli, come l'adorazione e la benedizione eucaristica, per un purismo arcaico? Certo, voi siete, in generale, *molto* più sani di noi; qui sto semplicemente sollevando alcune questioni.

Grazie ancora per la sua lettera. Apprezzo molto questo genere di dialogo.

Suo in Cristo,

Dr. Kwasniewski

⁂

Dato il mio profondo interesse per le tematiche liturgiche, mi sono spesso soffermato sulle molte differenze, sia evidenti che più sottili, tra la Divina Liturgia di San Giovanni Crisostomo, che ho avuto il privilegio di frequentare regolarmente negli ultimi decenni, e la Messa di rito romano, che è la mia casa spirituale. In questa sede, il punto di riferimento è una liturgia romana celebrata in modo bello e riverente, "con tutti i crismi"; ovviamente, il modo sterile, prolisso, verboso ed eclettico in cui spesso la Messa viene celebrata al giorno d'oggi non consente un confronto equo tra i riti così come esistono nella loro pienezza. Una Messa solenne nell'*usus antiquior*, impreziosita dalla musica sacra, può portare gioia, sollievo e meraviglia anche a un cattolico orientale; ma ahimè, quanto è rara una Messa del genere al giorno d'oggi? Anche in una grande città, ce ne saranno, se va bene, al massimo una o due la domenica. Nondimeno, per un confronto equo e completo, il punto di riferimento deve essere la liturgia latina nella sua pienezza.

Si sente spesso dire che la Messa tradizionale è più tesa a ricordare al fedele la morte di Cristo sulla Croce e la propria

Bizantina, Tridentina, Montiniana: due fratelli e un estraneo

peccaminosità e indegnità, laddove la Divina Liturgia mette in primo piano la vittoria escatologica del Cristo risorto, al cui trionfo il cristiano partecipa ogni volta che partecipa dell'Eucaristia, il cibo dell'immortalità.

È facile, però, esagerare la differenza tra il simbolismo "discendente" della Messa (Cristo come sofferente Redentore dei cristiani, miseri peccatori) e il simbolismo "ascendente" della Divina Liturgia (Cristo come eterno vincitore, nel quale i cristiani già siedono nelle sedi celesti). Dopo tutto, entrambe le liturgie ricordano frequentemente la nascita, la vita, la passione, la morte, la risurrezione e l'ascensione di Nostro Signore. Anche se la Messa tradizionale mette enfasi sull'avvento di Cristo come Redentore e sulla ri-presentazione del Sacrificio del Calvario, ponendo così l'accento sulla peccaminosità dell'uomo e sull'infinita misericordia di Dio, che porta alla purificazione e al perdono dei peccati, difficilmente si potrà sostenere che alla Messa manchi una dimensione escatologica. Similmente, se la liturgia orientale tende a inquadrare il culto nel contesto dell'Eschaton – il regno dello Spirito Santo, in cui la vita di Cristo figura come l'esemplare di ciò che tutti i cristiani sono chiamati a re-diventare: l'immagine del *Logos* – è non meno evidente come la liturgia orientale faccia continuo riferimento al dramma della redenzione in atto, incentrata sul sacrificio dell'Agnello.

Forse l'anima occidentale è più consapevole dell'incompletezza del nostro presente stato, la necessità di lavorare alla nostra salvezza "con timore e tremore" (Fil 2,12). La Messa tradizionale esprime un sentimento di nostalgia, la nostalgia dei peccatori per la patria, e alza davanti ai nostri occhi la Croce di Cristo come nostro ponte, nostra strada, verso il cielo. Nella solennità, nella maestosità, nella bellezza e nel silenzio della liturgia, nella sua confessione dei peccati e nelle distanze ieratiche, nei suoi canti melismatici, gustiamo la gloria del cielo nel momento stesso in cui ci viene ricordato il peccato e i limiti che ci separano dalla pienezza del regno. Così, c'è allo stesso tempo grande gioia e grande dolore. Non siamo forse vincitori in Cristo? Non è forse risorto dai morti ed asceso al cielo per intercedere per noi alla destra del Padre? Non è forse il regno di Dio *qui e ora*, tra coloro che sono incorporati a Cristo? Sì, eppure non si tratta, *sulla terra*, di un sì definitivo e inequivocabile, ma di un sì mescolato a tutti i no dell'umanità, al no del peccato e della morte spirituale che regnano nel regno del principe di questo mondo, al no della non conversione, al no della ricaduta, al no dell'impenitenza. La nostra gioia, nella sua Fonte, è completa, ma noi non siamo completamente Suoi. Nostro Signore è risorto; noi ci sforziamo di risorgere. Nostro Signore è asceso al cielo, noi siamo ancora divisi tra cielo e terra. Nostro Signore è nella gloria, ma noi siamo come accecati dalla Sua gloria, i nostri occhi non sono pienamente purificati, i nostri cuori non pienamente infuocati dall'amore di Dio.

È per questo motivo che il cattolico si rallegra – e piange. È per questo che il sacerdote glorifica il Dio davvero presente in mezzo a noi – e, a capo chino, si batte il petto in silenzio. È per questo che la Chiesa, che soggiorna in questa valle di lacrime, sventola la bandiera della vittoria mentre suona la tromba della battaglia.

Nella liturgia romana tradizionale, la parola "gloria", e la realtà che essa significa, è ovunque. Ci si abitua a sentirla, come un dolce canto lontano: *gloria... gloria... gloria*. L'intero scopo della vita cristiana e la meta verso cui essa tende sono espressi, evocati e realizzati in questa liturgia sommamente serena. Il carattere più dimesso del rito, rispetto alla Divina Liturgia, ha una sua bellezza: "A te ricorriamo, esuli figli di Eva; a te sospiriamo, gementi e piangenti in questa valle di lacrime". È una liturgia del lutto, dell'esilio e del desiderio, soffusa di pace e irrorata di gloria.

I. Callot fecit

Chi disprezza la sapienza e la disciplina è infelice. Vana la loro speranza e le loro fatiche senza frutto, inutili le opere loro.... Poiché di una stirpe iniqua è terribile il destino.... La discendenza numerosa degli empi non servirà a nulla; e dalle sue bastarde propaggini non metterà profonde radici né si consoliderà su una base sicura. Anche se per qualche tempo mette gemme sui rami, i suoi germogli precari saranno scossi dal vento e sradicati dalla violenza delle bufere. Si spezzeranno i ramoscelli ancora teneri; il loro frutto sarà inutile, non maturo da mangiare, e a nulla servirà.
—Libro della Sapienza

Voi siete raffazzonatori di menzogne, siete tutti medici da nulla. Magari taceste del tutto! Sarebbe per voi un atto di sapienza!... Volete forse in difesa di Dio dire il falso e in suo favore parlare con inganno?... Forse la sua maestà non vi incute spavento e il terrore di lui non vi assale? Sentenze di cenere sono i vostri moniti, difese di argilla le vostre difese.
—Libro di Giobbe

In verità li hai messi vicini agl'inganni,
li abbatti mentre si i levano in alto.
Come son caduti in desolazione!
Sono svaniti in un momento,
son periti per la loro iniquità.
Come il sogno di chi si sveglia, o Signore,
riduci a niente nella tua città il loro fantasma.
—Salmo 72

Son forse conosciute nelle tenebre le tue maraviglie, e la tua giustizia nella terra dell'oblio?
—Salmo 87

❦ 11 ❧
Salvato dal dimenticatoio

DOVREBBE SEMBRARCI ALQUANTO STRANO, almeno a prima vista, che nel 2019 (vuoi nel mese di aprile, vuoi in quello di novembre) le organizzazioni che si occupano di liturgia, i dicasteri vaticani, i dipartimenti universitari di teologia, le curie diocesane, gli ordini religiosi ed ogni altro apparato burocratico postconciliare non si siano sperticati in grandi lodi e ringraziamenti al cielo. Come si sono lasciati sfuggire l'opportunità, voglio dire, di commemorare il giubileo d'oro della promulgazione della nuova Messa da parte di Paolo VI, il 3 aprile 1969, o della sua effettiva data d'inizio nella gran parte delle nazioni, la prima domenica d'Avvento di quell'anno, il 30 novembre?[1]

Certamente (verrebbe da pensare), se c'è *qualcosa* del postconcilio che merita brindisi, festeggiamenti e fiere pacche sulle spalle, ciò è proprio quel monumentale e moderno restyling della liturgia. Eppure il numero di eventi, anzi, di *menzioni* della ricorrenza da parte degli amici e dei sostenitori del rito paolino si può contare sulle dita di una mano. Viceversa, il numero totale di eventi per celebrare i più modesti anniversari quinquennale e decennale del *Summorum Pontificum* andò in doppia cifra. Forse il contributo di più alto profilo – e in verità nemmeno particolarmente alto – è stato un articolo apparso sull'*Osservatore Romano* del 6 aprile 2019, a firma di p. Corrado Maggioni, SMM, Sottosegretario della Congregazione per il Culto Divino e la Disciplina dei Sacramenti, pubblicato in inglese su *PrayTell* il 17 aprile.

Come comprendere questo sconcertante silenzio? La domanda portò a un interessante scambio di battute via Facebook, di cui ora vado a riprodurre i segmenti più significativi. La discussione cominciò in questo modo:

---

1 Sulla mancata celebrazione del cinquantesimo anniversario del Novus Ordo, si veda anche Clemens Victor Oldendorf, "Lessons from the Sixties: Selective Synodality and Princely Protests", *NLM*, 24 ottobre 2019.

> Mi è capitato di incontrare moltissime persone che si definiscono cattoliche e che mai hanno avuto la pur minima idea che ci sia stato un qualche cambiamento [liturgico], e nemmeno hanno idea di cosa significhi il termine "Novus Ordo", tanto è stata completa la riscrittura della storia.

Aggiunse un altro amico:

> Quando frequentavo l'università ero vagamente a conoscenza del fatto che prima del Concilio Vaticano II la Messa era in latino, ma pensavo che ciò significasse che la liturgia era esattamente come quella della nostra cappella all'Università di Steubenville, ma in latino. Poi, per curiosità, mi capitò di andare a una Messa tradizionale in latino, e ho scoperto quanto sbagliata fosse quell'idea.

Rispose il primo utente:

> È esattamente quello che pensavo io. L'idea che si fosse semplicemente e sfacciatamente inventato qualcosa di nuovo, per mano di una commissione, era qualcosa di cui mi dovetti convincere forzatamente. Solo dopo aver messo fianco a fianco i due testi cominciai a rendermi conto di come fossimo stati profondamente raggirati per tutta la nostra vita. Allora iniziai a leggere Michael Davies, e mi si aprì un mondo.

Si fece avanti una terza persona:

> Sono un convertito dall'anglicanesimo che si è fatto strada, tra i libri, fino al cattolicesimo. Il Novus Ordo (anche se né all'epoca né per molti anni ho saputo si chiamasse così) fu un po' uno shock, ma pensai che le cose stessero semplicemente così e che dovevo adeguarmi. Non avevo idea che la Messa in latino esistesse ancora. In seguito mi allontanai dalla fede, ma poi tornai, e crederò per sempre che non sia stata una coincidenza che proprio quella messa infra-settimanale a cui mi fermai, dopo essermi confessato, fosse una Messa in Latino. Dopo di che, le solite cose – ho letto Michael Davies, etc., ho vissuto quello stato di rabbia del "sono stato ingannato" – e ne sono uscito rafforzato. Sia lode a Dio.

Qualcuno sollevò la domanda: "Perché tra i cattolici c'è tanta ignoranza non solo della storia in generale, ma persino della nostra storia *recente*? Cinquant'anni non sono poi tanti.... Si sarebbe portati a pensare che una Chiesa vecchia di 2.000 anni voglia far sapere a tutti i suoi membri che gran cosa è stata la sostituzione della vecchia, polverosa e ammuffita liturgia con uno scintillante nuovo modello". Ed ecco la risposta:

> La risposta al rompicapo è che si suppone che non debba più esserci la pur minima consapevolezza del fatto che esista un "Novus Ordo" in quanto tale. Si presume che esso sia null'altro che "la Messa", punto e stop. Si ritiene che il fatto che ci sono state delle modifiche alla liturgia debba sempre più scivolare nel dimenticatoio ogni anno che passa. Le persone che ben ricordano la vecchia Messa, che sanno quanto la nuova sia radicalmente diversa dalla vecchia e che ricordano con quanta violenza i cambiamenti sono stati introdotti – queste persone stanno pian piano morendo. Le persone, vale a dire, che non hanno semplicemente lasciato perdere, andandosene già molto tempo fa. I cattolici che ancora praticano la fede non devono proprio sapere che c'è stato un "vecchio rito" o che c'è un "nuovo rito". L'intero progetto della Rivoluzione, in questa fase, è quello di negare che qualcosa come l'Antica Fede sia mai anche solo esistita.
>
> Ad ogni modo, è per questo che si infuriano come gatti selvatici chiusi in un sacco per il fatto che ancora esistano dei tradizionalisti, e che il movimento tradizionale stia guadagnando terreno. Questa gente, si pensava, dovrebbe essere ormai estinta o scacciata, e il fatto che ce ne siano di nuovi, persone come me che mai hanno conosciuto il vecchio rito quando era "in libertà", le famiglie che con dodici figli vanno alla Missa Cantata, tutti gli *homeschoolers* e quant'altro.... Se a ciò si aggiunge la capacità di Internet di far sapere a tutti quel che realmente accade in moltissime chiese, con tanto di splendide immagini, la cosa deve renderli assolutamente furiosi.

Furiosi, forse; ma anche stranamente silenziosi. Quanti sono in America i siti internet che seguono una linea fortemente "riformista"? Non molti. Forse uno solo: *PrayTell*. Quanti invece portano avanti una linea fortemente tradizionalista? Parecchi. Sembra, insomma, che i progressisti siano a corto di energie, o di fiducia, o di personale, oppure pensino che parlarne implichi un rischio troppo grande di avvicinare ancora più cattolici agli argomenti proibiti, con conseguenti possibili defezioni. Scriveva alla redazione un lettore del popolare sito *OnePeterFive*: "Già quando andavo a scuola ero in cerca di Dio, ma la pienezza, la realtà e la bellezza della Chiesa e della sua Tradizione mi sono rimaste sconosciute fino a quando non ho scoperto 1P5. [. . .] Dico che il mio incontro con la Tradizione è stato una seconda conversione perché la mia esperienza immediatamente successiva al mio battesimo e cresima nella chiesa di Francesco è stata come segregata da qualsiasi consapevolezza che la Chiesa prima degli anni Sessanta fosse diversa da quella di oggi".

Esattamente. Il successo di questa "trasformazione di tutte le forme" (di cui tratterò più avanti) dipende, in ultima analisi, dal fatto che quanti più fedeli nella Chiesa *non sappiano* cosa c'era prima del 1970 e non osino pensare che il nostro culto e la nostra vita possano, o debbano, essere diversi da ciò che il Vaticano, la Conferenza Episcopale, la curia diocesana o chicchessia vorrebbero farci credere debba essere.

Il superlativo volume di Michael Fiedrowicz, *The Traditional Mass: History, Form, and Theology of the Classical Roman Rite*, riassume efficacemente le considerazioni che ho esposto:

> La celebrazione della liturgia nella sua forma tradizionale costituisce quindi un efficace contrappeso a tutti i livellamenti, le riduzioni, le diluizioni e le banalizzazioni della Fede. Molti di quelli che non hanno familiarità con la liturgia classica e conoscono soltanto la forma ri-creata credono che ciò che vedono e sentono sia la totalità della Fede. Quasi nessuno avverte che sono stati rimossi dei passaggi centrali dalle pericopi bibliche. Quasi nessuno avverte che le orazioni della Chiesa non attaccano più espressamente l'errore, non pregano più per il ritorno di coloro che si sono allontanati, non danno più la chiara priorità al cielo rispetto alla terra, fanno dei santi dei meri esempi di moralità, nascondono la gravità del peccato e identificano l'Eucaristia come un semplice pasto. Quasi nessuno sa nemmeno quali preghiere la Chiesa abbia recitato per secoli al posto dell'attuale "preparazione dei doni" e come queste preghiere dimostrassero la comprensione

Salvato dal dimenticatoio

ecclesiale della Messa come sacrificio, offerto tramite le mani del sacerdote per i vivi e per i morti.[2]

Quando ho scoperto la Messa tradizionale, tra la fine dell'adolescenza e l'inizio dei miei vent'anni, ricordo distintamente di essermi imbattuto in importanti verità della Fede – verità insegnate dalla Sacra Scrittura, dai Padri della Chiesa, dai Concili e, naturalmente, dal Messale tridentino – che erano diventate mute, invisibili o addirittura assenti nel Novus Ordo. Gli studi successivi non hanno fatto che confermare l'entità di questo pregiudizio sistematico. Ecco perché mi piace dire (anche se, lo riconosco, un po' iperbolicamente): "A farmi tradizionalista è stato il mio messalino".

Quei cattolici che non si affidano con fiducia alla tradizione bimillenaria della Chiesa *non saranno in contatto* con l'intera dottrina e lo stile di vita propri del Cattolicesimo. Una cosa difficile a sentirsi, ma così lo sono anche molti degli insegnamenti di Nostro Signore: "Se qualcuno vuol venire dietro a me rinneghi se stesso, prenda la sua croce e mi segua" (Mt 16, 24). Lo stesso vale, in un certo senso, per la tradizione: dobbiamo rinnegare i nostri pregiudizi moderni, prendere il benedetto peso della nostra tradizione e seguirla, per essere integralmente cattolici.

È noto come Joseph Ratzinger ripetesse spesso che la dimenticanza di Dio è il problema principale dell'Occidente: "Se la liturgia appare anzitutto come il cantiere del nostro operare, allora vuol dire che si è dimenticata la cosa essenziale: Dio. Poiché nella liturgia non si tratta di noi, ma di Dio. La dimenticanza di Dio è il pericolo più imminente del nostro tempo. A questa tendenza la liturgia dovrebbe opporre la presenza di Dio. Ma che cosa accade se la dimenticanza di Dio entra persino nella liturgia, se nella liturgia pensiamo solo a noi stessi?"[3]

Papa Benedetto XVI scriveva nella sua lettera del 10 marzo 2009, a proposito della remissione delle scomuniche ai quattro vescovi della Fraternità Sacerdotale San Pio X:

---

2 Michael Fiedrowicz, *The Traditional Mass: History, Form, and Theology of the Classical Roman Rite*, trad. personale da quella inglese di Rose Pfeifer (Brooklyn, NY: Angelico Press, 2020), pp. 301-2.
3 Prefazione a Alcuin Reid, *Lo sviluppo organico*, p. 10.

IL RITO ROMANO DI IERI E DI DOMANI

Nel nostro tempo in cui in vaste zone della terra la fede è nel pericolo di spegnersi come una fiamma che non trova più nutrimento, la priorità che sta al di sopra di tutte è di rendere Dio presente in questo mondo e di aprire agli uomini l'accesso a Dio. Non ad un qualsiasi dio, ma a quel Dio che ha parlato sul Sinai; a quel Dio il cui volto riconosciamo nell'amore spinto sino alla fine (cfr Gv 13, 1) - in Gesù Cristo crocifisso e risorto. Il vero problema in questo nostro momento della storia è che Dio sparisce dall'orizzonte degli uomini e che con lo spegnersi della luce proveniente da Dio l'umanità viene colta dalla mancanza di orientamento, i cui effetti distruttivi ci si manifestano sempre di più.

È ancora difficile per molti nella Chiesa di oggi rendersi conto - o perché ignorano totalmente (come volevano i rivoluzionari) il passato, o perché, pur essendone consapevoli, hanno paura di trarne le necessarie conclusioni - che i cambiamenti nella liturgia hanno effettivamente contribuito, in modo profondo e duraturo, a questa nostra crisi della dimenticanza di Dio, e che la cura principale di questa amnesia sarà il ripristino, per i cattolici di rito latino, del Rito Romano classico.

※

Friedrich Nietzsche ha parlato della "trasvalutazione di tutti i valori": l'inversione della nostra concezione del bene e del male nell'era post-cristiana. Ciò che era stato considerato buono - l'umiltà, l'abnegazione, l'obbedienza, l'amore per i poveri e per la povertà, lo sguardo rivolto al mondo che verrà - doveva essere visto, nel suo sistema, come un male; e ciò che era stato considerato un male - l'imposizione della propria volontà attraverso il dominio, il soddisfacimento dei propri desideri, l'annientamento dei deboli, il rifiuto di pensare a una vita ultraterrena, il vivere per il momento - sarebbe ora diventato una virtù. L'Übermensch, o Superuomo, doveva essere l'esatto contrario del santo cristiano.

Come dimostra l'atrocità dell'aborto, la visione di Nietzsche è ormai prevalente nella secolarizzata società occidentale. Ma non è che una forma più sottile di questa "trasvalutazione di tutti i valori" ha invaso anche il cristianesimo, compresa la Chiesa cattolica, che per tanti secoli è sembrata opporsi fermamente a qualsiasi compromesso con la modernità e il suo spirito ateo? Negli ultimi trentacinque anni della mia vita (gli anni, cioè, in cui ho preso sul serio la divina chiamata a vivere secondo la Fede), ho sempre più notato una tendenza che merita certamente di essere definita nietzschiana.

Se, ad esempio, si avanza l'obiezione che una certa idea o pratica è "protestante", si viene probabilmente liquidati come "antiecumenici". In tal modo, un vago ecumenismo ha soppiantato diversi dogmi *de fide* come misura dell'essere cristiani. "Non credo nei dogmi, credo nell'amore", come sentii una volta dire a un sacerdote da una suora in abiti civili.

Se si eccepisce che un'abitudine o un'opinione liturgica è contraria all'insegnamento del Concilio di Trento o a qualsiasi altra determinazione magisteriale, si rischia di essere tacciati come "fermi nel passato" o "non in linea con il Concilio" - intendendo, ovviamente, il Superconcilio Vaticano II, in nome del quale si possono ignorare o negare tutti i concili precedenti. Una nuova forma di conciliarismo ha rimpiazzato l'obbedienza al deposito della fede nella sua integrità e l'adesione alla tradizione ecclesiastica in tutta la sua ricchezza. *"Ma questo è preconciliare!"*, come sbraitava un'anziana e rigida suora contro un certo sacerdote ogni volta che questi esponeva l'insegnamento della Chiesa.

In un articolo di qualche tempo fa, ho sostenuto che la prassi del lettorato nel Novus Ordo è protestante e pelagiana.[4] Senza dubbio, oggi la reazione dei progressisti (cioè della Chiesa mainstream) sarebbe: "E allora? Coi protestanti siamo amiconi, e in questi tempi illuminati non ci interessano le antiche e oscure eresie. L'unica cosa che conta è la partecipazione attiva". Con una sola frase mal compresa, cinque, dieci, quindici secoli di cattolicesimo possono essere tranquillamente spazzati via. E colpisce che persino quegli ecclesiastici che ripropongono il termine "pelagianesimo" sembrano incapaci di vedere, proprio sotto il loro naso, i

---

4 Si veda Peter Kwasniewski, "How Typical Lector Praxis Transmits a Pelagian and Protestant Message", *NLM*, 15 gennaio 2018.

simboli più vivaci e le prassi che più rafforzano questa tendenza.[5]

Nostro Signore insegnava che divorziare e sposare un'altra persona significava commettere adulterio, un peccato mortale, ma se lo si dice oggi si viene praticamente lapidati a colpi di pietre verbali: "rigidi, giudici intransigenti, senza misericordia, non accoglienti, farisei". Poco importa che fossero i farisei quelli che approvavano il divorzio e piegavano le grandi regole imponendone di piccole; oggi a nessuno interessano né la storia né la logica. Anche questo è un elemento essenziale del "nuovo paradigma": la messa al bando della storia e l'evirazione della logica.

Esempi del genere se ne potrebbero fare *ad nauseam*. Tutti indicano una sola cosa: ciò che prima era ortodossia ora è visto come eresia, e ciò che prima era eresia è ora visto come ortodossia. *La trasvalutazione di tutti i valori*.

Ci troviamo in uno snodo cruciale della storia della Chiesa cattolica. Potremmo definirlo il nadir della *Pascendi Dominici Gregis*: il momento in cui si tenta, in pratica se non in teoria, di sostituire all'insegnamento di San Pio X ciò che gli è diametralmente opposto. San Pio X aveva definito il Modernismo come "la sentina di tutte le eresie".[6] Per molti membri della gerarchia e molti fedeli tra i banchi, però, oggi è l'*ortodossia* a essere la sentina di tutte le eresie, e il modernismo la fede cattolica pura e semplice. In effetti, è oggi di moda, anche nei cosiddetti ambienti conservatori, bollare come "fondamentalisti" quei cattolici che sostengono e insegnano ciò che insegna qualsiasi catechismo storico della Chiesa, sia esso quello di Trento, di San Pio X o il *Catechismo di Baltimora*, tanto amato qui negli Stati Uniti dalle famiglie che fanno homeschooling.

La trasvalutazione, o forse talvolta la mera svalutazione, di tutti i valori si può notare se si passano in rassegna i più popolari

---

5 Cfr. Congregazione per la dottrina della fede, Lettera *Placuit Deo* ai vescovi della Chiesa cattolica su alcuni aspetti della salvezza cristiana, 22 febbraio 2018.

6 Alcune versioni dell'enciclica, tra cui quella italiana, traducono come: "sintesi di tutte le eresie"; ma il latino legge *omnium haereseon conlectum* (collettore, raccoglitore, sentina), che ha un senso più preciso: tutte le eresie, anche quelle tra loro contrarie, si riuniscono sotto l'ombra del modernismo, pur non potendosi armonizzare vicendevolmente.

teologi del nostro tempo. La bizzarra teologia trinitaria di Hans Urs von Balthasar non è in alcun modo riconciliabile con l'ortodossa teologia trinitaria della Chiesa.[7] Ispirandosi a un'altra trovata di Balthasar, Mons. Robert Barron è convinto di poter seriamente affermare l'ipotesi che tutti gli uomini saranno salvati: una visione del tutto estranea a quella di Nostro Signore nei Vangeli, di Nostra Signora di Fatima e dell'intera e ortodossa tradizione antecedente al Concilio Vaticano II. L'annacquata cristologia oggi in voga assomiglia ben poco a quella articolata e difesa a caro prezzo da tanti Padri della Chiesa, da Sant'Atanasio a San Cirillo d'Alessandria. Rispetto a quella di un Sant'Alfonso Liguori o di un San Luigi di Montfort, la nostra mariologia è o inesistente, o sentimentale, o riduttiva. La Dottrina sociale cattolica è stata cooptata dalla sinistra socialista e dalla destra capitalista, ognuna secondo i propri scopi, mentre quei temi cardinali che troviamo in Leone XIII – ad esempio, il rapporto ontologicamente e istituzionalmente necessario tra Chiesa e Stato – sono ignorati o ridotti a una caricatura. Per quel che riguarda la nostra teologia sacramentale e liturgica, è lecito chiedersi se rimanga, a livello popolare, una *qualsivoglia* teologia ortodossa, al di là di una concezione (semplicistica) della validità e della liceità.

Come siamo arrivati a questo punto? Il percorso è lungo e tortuoso e risale ad almeno diversi secoli fa, con nominalismo, volontarismo, protestantesimo, razionalismo e liberalismo a giocarvi un ruolo da protagonisti. Ma per quanto riguarda il modo in cui questo niccianesimo è arrivato a trovare dimora in pressoché ogni chiesa e

---

7 P. Bertrand de Margerie SJ, ha pubblicato una breve, ma sprezzante "Nota sulla teologia trinitaria di Balthasar" (Note on Balthasar's Trinitarian Theology) in *The Thomist* 64 (2000): pp. 127-30, in cui riporta diversi passaggi eretici nell'opera di Balthasar e commenta: "Siamo di fronte a un paradosso: alcuni autori moderni, il cui interesse è evidentemente rivolto alla spiritualità, sono involontariamente caduti in una concezione dell'Essere divino eccessivamente materialista. [...] Una sorta di psicologismo umano rischia di trascinare i lettori del teologo svizzero in direzione del triteismo. [...] Viste le nette affermazioni dei Vangeli sull'unità tra Padre e Figlio – affermazioni ribadite da diversi concili ecumenici nel sottolineare la loro consustanzialità – non possiamo accettare il linguaggio dialettico, oscuro e, soprattutto, pericoloso di Balthasar, che sembra affermarla e negarla allo stesso tempo" (trad. personale).

cuore cattolico, infiltrandosi nella navata, ergendosi nel presbiterio, cancellando o fracassando le memorie dei nostri antenati e i volti di santi ed angeli, credo che la risposta sia più semplice.

Questa trasvalutazione di tutti i valori segue necessariamente la *trasformazione di tutte le forme*.

Mi riferisco al modo in cui *niente* della vita cattolica è rimasto intatto dopo il Vaticano II. Ogni singola parte della Messa, ogni aspetto dell'Ufficio divino, ogni rito sacramentale, ogni benedizione, ogni paramento ecclesiastico e liturgico, ogni pagina del Diritto canonico e del Catechismo – *tutto* doveva essere rinnovato, rielaborato, rivisto, di solito in direzione di una diminuzione e di un ammorbidimento: "e il Verbo si fece blando, e venne ad abitare in mezzo alle periferie". La bellezza e la potenza della nostra tradizione vennero smorzate nel migliore dei casi, massacrate nel peggiore. Nessuna forma era al sicuro, stabile o ritenuta degna di essere conservata così com'era, così come era stata ricevuta.

Il messaggio, esplicito o subliminale, non era difficile da dedurre: la Chiesa cattolica era andata fuori strada molti secoli fa e sotto tutti i punti di vista, e adesso doveva correre – e in fretta – dietro al mondo moderno. Tutto era in discussione, tutto pronto a essere rinegoziato. Il metro di misura da applicare, l'ideale cui aspirare, l'obiettivo da raggiungere prima di fermare il cambiamento: anche questi aspetti furono lasciati indeterminati, discutibili, aperti, come un flusso di coscienza mal scritto. Niente doveva rimanere intatto in umile e grato riconoscimento della sua longevità e della sua amabilità. Basta costruire sulla roccia, perché essa è immutabile; la mutevole sabbia si adatta molto meglio alla flessibilità evolutiva e al pluralismo dell'Uomo Moderno.

Semplicemente, non era possibile che un processo così iconoclasta, vandalico, auto-riflessivo e auto-creativo si verificasse senza mettere profondamente in discussione *ogni* convinzione e *ogni* pratica della fede cattolica. All'apparenza, ad essere riformata era la liturgia della Chiesa; in realtà, era il cattolicesimo stesso ad essere messo in discussione da cima a fondo o, per così dire, dal campanile alla catacomba. Basta una crepa nella diga a far crollare l'intera struttura.

Salvato dal dimenticatoio

Pertanto, dalla trasformazione di tutte le forme deriva inevitabilmente, come il degrado e la dittatura seguono alla rivoluzione, la trasvalutazione di tutti i valori. Lo si potrebbe quasi impostare come un teorema di Euclide: "Supposto l'*aggiornamento* di ogni cosa, l'ortodossia diventerà la sentina di tutte le eresie". E così avvenne, com'era prevedibile.

Questo più ampio contesto spiega e, di fatto, catalizza il turbinio di avvenimenti dell'ultimo decennio sotto Papa Francesco, come lo smantellamento dei Frati Francescani e delle Suore dell'Immacolata e la soppressione di altre comunità religiose e sacerdotali tradizionali, la spinta a rendere facoltativo il celibato sacerdotale e l'espansione dei ministeri femminili, l'odio rancoroso verso il rito romano classico e ogni pratica liturgica tradizionale (ad es. la celebrazione *ad orientem*) riemersi sulla scia di *Traditionis Custodes*, le buffonate degli "Amoriti" che lavorano incessantemente (a imitazione del loro padrone) per sdoganare nella Chiesa l'accettazione di ogni singola "espressione" sessuale[8] e così via.

Tutto torna non appena ci si accorge che i nuovi padroni dell'universo sostengono esattamente l'opposto di ciò che io e voi sosteniamo. Noi crediamo in ciò che i cattolici hanno sempre creduto; vogliamo vivere e pregare nel modo in cui i cattolici hanno sempre vissuto e pregato;[9] e ci stupiamo di essere oggetto di scherno,

---

8 Si veda Peter Kwasniewski, *Holy Bread of Eternal Life: Restoring Eucharistic Reverence in an Age of Impiety* (Manchester, NH: Sophia Institute Press, 2020), cap. 14: "Our Progressive Desensitization to the Most Holy Eucharist", pp. 197-202. Per "Amoriti" intendo quindi i sostenitori degli errori presenti nel capitolo ottavo di *Amoris Laetitia*.

9 A questo punto la risposta preferita dei progressisti è che «la liturgia si è sempre sviluppata nel tempo, quindi non si può dire che i cattolici abbiano "sempre" pregato in questo o quest'altro modo». Ma è una risposta superficiale. La verità più profonda è che i cattolici hanno sempre pregato secondo la liturgia che hanno ricevuto, e che ogni sviluppo è avvenuto all'interno di questo presupposto fondamentale, quello della continuità di riti, testi e canti. L'opera del Consilium ha rigettato questo presupposto (e quindi minato il senso della tradizione in quanto tale) alterando pressoché ogni aspetto della liturgia, aggiungendo e eliminando materiale secondo le proprie teorie. Pertanto, quello che hanno prodotto non è e non potrà mai essere un'espressione della tradizione cattolica: rimarrà sempre un corpo estraneo, così come un cuore sintetico non potrà mai diventare un membro vivo del corpo in cui viene impiantato.

ostilità e persecuzione. Ma ciò non ci dovrebbe stupire. Viviamo secondo il vecchio paradigma, in cui il modernismo era la sentina di tutte le eresie. I nostri nemici seguono un nuovo paradigma: il paradigma, cioè, della novità o del rinnovamento sistematico. Più una cosa è nuova, meglio è: è più autentica, più reale, nel processo sempre in evoluzione della maturazione umana. Per loro, la cosiddetta "Fede ortodossa" difesa da uomini come Sant'Agostino, San Giovanni Damasceno, San Tommaso d'Aquino, San Roberto Bellarmino, San Pio X, non è assolutamente più "rilevante" per l'Uomo moderno; è la reliquia congelata di un passato morto, un ostacolo a quel Progresso che lo Spirito della Novità, sempre ricco di sorprese, ci vuole donare.[10]

I novatori si asterranno, forse, dal canonizzare i membri più illustri della loro casata – Ockham, Cartesio, Lutero, Hegel o Nietzsche – ma faranno del loro meglio per canonizzare dei faccendieri minori come Giovanni Battista Montini, Annibale Bugnini e Teilhard de Chardin. Occorre prepararsi spiritualmente a fronteggiare una stagione di sacrilegi, bestemmie e apostasie come mai i cattolici se la sono sognata nei peggiori periodi di persecuzione pagana o di confusione ecclesiale.

Possiamo trarre conforto dalla certezza che, come ci ha ricordato Giovanni Paolo II nel suo ultimo libro *Memoria e identità*, il Signore pone sempre un limite al male, come ha fatto col nazionalsocialismo e il comunismo sovietico. Non tenterà alcun uomo al di là di ciò che può sopportare. E, per magra che possa sembrare la consolazione, un qualche conforto lo possiamo trarre

---

10   È in linea con questo evoluzionismo darwiniano-hegeliano che troviamo i "conservatori" d'oggi sempre pronti ad abbracciare il punto di vista per cui qualsiasi cosa detta dal papa attualmente regnante prevale automaticamente su tutto quanto hanno detto sul punto i suoi predecessori. In realtà, l'insegnamento di un pontefice ha autorità proprio nella misura in cui contiene e conferma l'insegnamento dei suoi predecessori, per quanto lo espanda in modo armonico rispetto a quanto già insegnato. Del resto, le regole elementari dell'interpretazione magisteriale ci dicono che un insegnamento dato con un livello d'autorità maggiore – indipendentemente da quanti decenni o secoli abbia – ha un peso maggiore di un insegnamento recente dato con un livello d'autorità inferiore; e il livello d'autorità è valutabile in base al tipo di documento prescelto o all'occasione in cui viene emanato, alla formula verbale utilizzata ed altri indicatori del genere.

anche dalla certezza che Nostro Signore pone un limite ai mali che deve sopportare ciascuno di noi, e ciò fissando un limite alla nostra vita. Per il discepolo fedele che si aggrappa a Cristo e al suo vivificante Evangelo, la morte accettata nell'abbandono di sé, oltre a essere una maledizione della condizione decaduta, è anche una benedizione che ci libera da un mondo che non è e mai è stato pensato per essere la nostra stabile dimora (cfr. Eb 13,14). Tale verità non è un invito al quietismo – occorre lavorare e lo si farà – ma piuttosto una chiamata a preservare la pace dell'anima in mezzo alle prove terrene, che mai mancheranno e che hanno lo scopo di svezzarci, un poco alla volta, dai nostri egoistici attaccamenti, preparandoci all'eterno banchetto delle nozze dell'Agnello.

Nel frattempo, lungo il pellegrinaggio di questa nostra vita, il nostro compito è quello di combattere la buona battaglia, di mantenere la vera Fede e di resistere a qualsiasi eventuale deformazione di essa, trasmettendo ciò che abbiamo ricevuto e intronizzando Cristo come Re dei nostri cuori, delle nostre case, delle nostre parrocchie, delle nostre nazioni e di tutto il creato.

Padre Matthew Hood è un sacerdote della diocesi di Detroit che nell'agosto 2020 ha scoperto, guardando un vecchio video, di essere stato battezzato invalidamente, ossia di non essere stato battezzato affatto, dovendo quindi ricevere di nuovo tutti i sacramenti (con tutte le conseguenze che ne derivano per le molte persone che hanno ricevuto sacramenti invalidi da un non-sacerdote). Dopo essere stato rapidamente battezzato, cresimato e ordinato, il 3 settembre ha pubblicato su *First Things* l'articolo "Why the Words of Baptism Matter" (Perché le parole del battesimo importano). Nell'articolo diverse frasi mi sono balzate all'occhio: le commenterò una per una alla luce di quanto finora trattato in questo capitolo.

> In tutto il mondo, con rare eccezioni, i sacramenti sono celebrati in modo valido. Se disponiamo di prove chiare e inconfutabili del contrario, possiamo agire per correggere rapidamente la situazione. Ma i fedeli non devono sentirsi in ansia.

"In tutto il mondo, con rare eccezioni, i sacramenti sono celebrati in modo valido". Poter dire una cosa del genere nel 2020 significa ammettere indirettamente il colossale fallimento della riforma liturgica rispetto all'alto ideale del Movimento Liturgico originario: una Chiesa che attinge con gioia e consapevolezza alla sorgente dei sacramenti della salvezza tramandataci dalla nostra tradizione cattolica. I riformatori si sentirono liberi di fare praticamente tutto, con rare eccezioni, perché già nella loro mente avevano equiparato l'"essenza" dei sacramenti a determinate formule che ne garantivano la validità: tutto il resto era in gioco. Tale riduzionismo neoscolastico è incapace di scorgere la bellezza dell'insieme, la vita intangibile che anima il corpo organico; un riduzionismo che uccide per vivisezionare, fiducioso di trovare le uova d'oro una volta macellata la gallina.

Tanto è bassa, ormai, la nostra asticella: "il più dei sacramenti sono *validi*". Mi viene in mente l'osservazione di C. S. Lewis secondo cui se si cerca il bene superiore, si otterrà come "incluso nel pacchetto" anche il bene inferiore; ma se si cerca il bene inferiore a prescindere da un bene superiore, non si può esser certi di ottenere nemmeno quello inferiore. Nel caso dei riti sacramentali latini tradizionali, dove ogni parola e movimento è scandito dalle rubriche e il ministro è come un treno che rimane inflessibilmente sui suoi binari in direzione della stazione, quel che otteniamo non è soltanto il minimo indispensabile, la validità, ma qualcosa di più, che si schiude come un fiore: quasi certamente, la dignità; la bellezza, nei suoi presupposti; l'ordine, così rassicurante. Continua padre Hood:

> Se qualcuno deve sentire una certa ansia, questi sono i ministri della Chiesa: l'ansia di rinnovare il proprio sforzo di celebrare fedelmente i riti della Chiesa. [...] Il bellissimo e potente dono dei sacramenti viene oscurato quando sostituiamo alla voce di Cristo la nostra voce. Come "amministratori dei misteri di Dio" ci dimostriamo "degni di fiducia" quando amministriamo fedelmente i sacramenti secondo la legge di Cristo e della sua Chiesa, lasciando che Cristo parli attraverso di noi (cfr. 1Cor 4,2).

Salvato dal dimenticatoio

E quei riformatori della liturgia – che erano stati ordinati per celebrare fedelmente i riti della Chiesa – *loro* furono forse fedeli all'immenso tesoro tramandatogli da tante generazioni di credenti? Furono degni di fiducia, lasciando che Cristo e la sua Chiesa parlassero attraverso di loro? Oppure osarono ritenersi più saggi di 500, 1000, 1500 anni di tradizione cattolica (o anche più, se risaliamo al culto ebraico del tempio); più saggi non solo su uno o due punti secondari, il che sarebbe stato forse possibile, ma sulla *forma e sostanza* dei riti della Chiesa da capo a piedi, dal momento che i novatori modificarono sistematicamente e profondamente ogni sacramento e sacramentale, ogni ufficio e ogni penitenza: tutto ciò che riguardava il culto divino.

Arriviamo quindi a questa vibrante affermazione di p. Hood:

> Non oseremmo mai cambiare le parole della Scrittura per adattarle ai nostri capricci, quindi perché mai cambiare le parole della formula sacramentale per far sentire la nostra voce?

A quanto mi risulta, questo genere di "audacia" era il pane quotidiano della riforma liturgica. La riforma, potremmo dire, fu *caratterizzata* dall'audacia ad ogni livello, cavalcando l'onda di un Concilio ecumenico e finanziandosi col tesoretto dell'autorità papale, accumulato nel corso dei secoli e bruciato nel giro di un decennio.

I novatori modificarono la formula sacramentale per la consacrazione del vino spostando il *mysterium fidei* – non rendendola invalida, certo, ma comunque mettendo mano a qualcosa che mai era stato cambiato nell'intera storia della Chiesa occidentale. Eliminarono dall'Ufficio divino molti versetti dei Salmi da sempre pregati nella Chiesa. Rimossero dal lezionario passi della Sacra Scrittura che erano stati letti nella Messa per tutti i secoli di cui disponiamo testimonianze scritte e, quando ne inclusero altri, glissarono su determinati versetti che non volevano presenti. Le formule di quasi ogni sacramento furono modificate da Paolo VI. Era proprio *necessario*? Qualcuno aveva mai messo in dubbio la loro legittimità o appropriatezza, prima di allora? C'erano forse schiere di sacerdoti e laici impegnati che chiedevano a gran voce un'urgente riforma dei sacramenti? No. Paolo VI li modificò (per usare le parole di p. Hood) *"per far sentire la nostra voce"*: la voce cioè degli studiosi moderni e aggiornati, non la voce della Tradizione cattolica.

Tutte queste premesse definiscono il contesto per cui Papa Francesco si è sentito libero di contraddire la Sacra Scrittura nell'*Amoris Laetitia* e a proposito della pena di morte, e per cui ha potuto di fatto disconoscere l'unicità della religione cristiana come via di salvezza voluta da Dio. Né i sacramenti né la Scrittura sono più visti come inviolabili. Questa, all'atto pratico, è l'eredità della riforma liturgica di Paolo VI e, finché non affronteremo il problema alla radice, non faremo altro che combattere un incendio con delle pistole ad acqua.

Non ci sarà una soluzione semplice come una "miglior formazione" in seminario. Ci dovrà essere, prima o poi, una restaurazione completa di ciò che facevamo, e con successo, prima, in una continuità organica dalle origini della Chiesa fino alla metà del XX secolo (e fino ad oggi, ovunque viva ancora la tradizione). Non sarà e non potrà essere qualcosa di messo insieme da una commissione vaticana e parcellizzato in tante varianti quante sono le "comunità di preghiera".

Il percorso mentale che sta dietro alla creazione di rituali presumibilmente più significativi o più inculturati per le comunità locali – che, se messo in pratica, porta a sacramenti invalidi, celebrazioni illecite e idiotiche parodie del culto – è, francamente, *identico* al percorso mentale che sta dietro alla creazione del Novus Ordo, come si può vedere leggendo gli scritti dei suoi architetti, così ansiosi di adattare, adattare, adattare. Il salto da Annibale Bugnini al diacono Mark Springer[11] non è così grande come si potrebbe immaginare. Uno era arguto, l'altro sciocco; uno aveva tanta preparazione e nessuno scrupolo, l'altro tanto entusiasmo e nessuna preparazione. Sono però due gocce d'acqua, e un'acqua putrida.

---

11   È il nome del diacono che cercò inutilmente di battezzare Matthew Hood, così come un numero imprecisato di altre persone pseudo-battezzate nell'arco di tredici anni (!). Si veda "Invalid Baptisms by Deacon Mark Springer", sul sito web della parrocchia di Sant'Anastasia, www.stanastasia.org/news-events/invalid-baptisms-by-deacon-mark-springer-1986-1999. In seguito sono emersi molti altri casi simili, talvolta anche più gravi. Viene da chiedersi se

Salvato dal dimenticatoio

~~~~

Nel quarto libro dei *Dialoghi*, Papa San Gregorio Magno, al quale si attribuisce la redazione definitiva del Canone Romano – rimasto poi pressoché immutato fino al 1962, quando Papa Giovanni XXIII vi inserì il nome di San Giuseppe – afferma con forza: "Chi infatti tra i fedeli può dubitare che al momento dell'immolazione, al suono della voce del sacerdote, i cieli si aprono e i cori angelici stanno innanzi al mistero di Gesù Cristo? Là sull'altare l'umilissimo si unisce all'eccelso, la terra si unisce al cielo, il visibile e l'invisibile in qualche modo si fondono in una cosa sola".[12] San Gregorio si chiede se *un qualsiasi* fedele possa avere *alcun* dubbio sul fatto che a compiersi è un'immolazione; che, al suono del sacerdote che sussurra le parole della consacrazione, i cieli si aprono e gli angeli si rendono presenti ad un *mistero*; che l'altare unisce terra e cielo nel supremo sacrificio espiatorio. È un linguaggio che riecheggia fortemente il Canone Romano e il rito romano tradizionale nella sua totalità; un linguaggio che ben descrive, allo stesso modo, in teoria come in pratica, tutte le liturgie autentiche d'Oriente e d'Occidente.

Come dimostra un sondaggio dopo l'altro, si direbbe che oggi, a più di cinquant'anni dall'imposizione della liturgia riformata, la domanda debba essere riformulata: chi tra i fedeli crede ancora che tutto questo stia accadendo? Chi di loro ne ha mai sentito parlare? Chi lo intravede nel modo in cui la "celebrazione" solitamente si svolge? A sperimentare il mistero che descrive San Gregorio Magno saranno, piuttosto, i fedeli legati alla Messa tradizionale, il rito che risale fino a quel papa (e anche prima).

Più sopra mi sono domandato perché, proprio dagli ambienti e dalle conventicole da cui ci si aspetterebbe un più forte squillo di

---

non siamo di fronte alla punta di un altro iceberg come quello degli abusi sessuali del clero. Quando i giornali iniziarono a parlarne, abusi del genere sembravano essere un problema raro e in situazioni isolate. Solo più tardi si scoprì che esso riguardava praticamente ogni diocesi sulla faccia della terra, come un cancro che si era diffuso senz'essere diagnosticato e curato.

12 Gregorio I, *Dialogi* 4,60,3 (*Sources Chrétiennes* 265:202), trad. personale da quella inglese di O. J. Zimmerman (New York, NY: Fathers of the Church, Inc., 1959), p. 273.

tromba nell'anniversario d'oro del Novus Ordo, sia invece giunto un silenzio assordante. Per tutti costoro il 30 novembre 2019, cinquant'anni esatti dalla fatidica Prima domenica di Avvento nel nuovo rito, è passato senza batter ciglio. Gli ardenti partigiani della riforma postconciliare, rappresentati negli Stati Uniti da *PrayTell*, sono rimasti in religioso silenzio. Immagino capiscano che è meglio tacere che esporsi al ridicolo e alla confutazione. I veri difensori della tradizione liturgica cattolica, nel mentre, continuavano a darsi da fare pieni di vigore ed entusiasmo.

Più interessanti, forse, sono stati alcuni tentativi, da parte di autori "conservatori", di difendere una *via media*, un po' come quella di Newman prima del 1845. Si ha l'impressione che anche loro siano impegnati, come lo era lui, in un'azione di retroguardia, sparando qualche colpo a vuoto mentre corrono ai ripari. Due tentativi del genere sono stati pubblicati, uno dopo l'altro, dal *National Catholic Register*: p. Roger Landry, "Celebrating the Novus Ordo as It Ought to Be" (Celebrare il Novus Ordo come dev'essere) e Joseph O'Brien, "The Mass of Paul VI at 50: Marking the Golden Jubilee of the New Order" (I 50 anni della Messa di Paolo VI: il Giubileo d'Oro del Nuovo Ordine). Un terzo, "The Reformed Liturgy, 50 Years Later" (La Liturgia Riformata, cinquant'anni dopo) di George Weigel, è apparso su *First Things* online.[13]

---

13 Sebbene non la indichi come tale, si può considerare come una sorta di commemorazione dei cinquant'anni del Novus Ordo l'eloquente spiegazione della sua preferenza per la messa tradizionale stilata da Rusty Reno in un editoriale di dicembre 2019 intitolato "Failed Leaders" (in particolare la la sezione intitolata "Et Cum Spiritu Tuo"). Il dr. Joseph Shaw ha già garbatamente confutato, in un paio di articoli su Rorate, la descrizione dei "punti di forza e di debolezza delle due forme" proposta da Reno: "Reply to Rusty Reno, Part 1: The TLM and Catechesis", 3 dicembre 2019; "Reply to Rusty Reno, Part 2: The TLM and Community", 4 dicembre 2019. Ken Wolfe ha pubblicato una piccola riflessione personale sul *New York Daily News*, e sul suo blog p. Zuhlsdorf ha condiviso una serie di podcast dedicati all'anniversario. Tra i ritardatari possiamo aggiungere Christopher Carstens, "Silver and Gold", *Adoremus* Editorial, 16 gennaio 2020, e Mary Healy, "The Gift of the Liturgical Reform", *Homiletic & Pastoral Review*, 18 gennaio 2020, che ha suscitato svariate confutazioni, tra cui la mia: si veda "The Gift of Liturgical Tradition" in Peter Kwasniewski, *Reclaiming Our Roman Catholic Birthright: The Genius and Timeliness of the Traditional Latin Mass* (Brooklyn, NY: Angelico Press, 2020), pp. 161-79.

L'articolo di padre Landry è un notevole saggio di ingenuità. Lo stesso titolo del suo articolo contiene un enigma insolubile, dal momento che *non esiste* un unico modo in cui il Novus Ordo *deve* esser celebrato: esso è letteralmente aperto a migliaia di concretizzazioni fondate sulla scelta locale delle diverse combinazioni dei suoi moduli strutturali, opzioni musicali e adattamenti inculturati. Inoltre, l'autore sembra non rendersi conto che Papa Paolo VI, già a partire dal 1965 *escluse* espressamente uno stile tradizionale di celebrazione della Messa in Novus Ordo (in latino, con canto gregoriano, *ad orientem*, etc.) come estraneo all'intero progetto e allo scopo della riforma, anche se il Consilium aveva ignorato la bocciatura della *Missa normativa* da parte del Sinodo dei Vescovi del 1967. Non vi fu mai alcuna intenzione di preservare la continuità con la tradizione liturgica nel contenuto effettivo dei nuovi libri liturgici, come nemmeno nella loro introduzione e successiva amministrazione a livello curiale;[14] e se anche talvolta a prevalere sono delle opzioni cosiddette tradizionali, esse rimangono né più né meno che la particolare realizzazione scelta da questo sacerdote o da questa comunità di culto.

Chi studia i fatti da vicino può facilmente rendersi conto dell'incoerenza del tentativo di difendere un messale amorfo e volontaristico come base di una vita liturgica stabile, dignitosa e realmente unificante, ma quello con cui abbiamo a che fare è un triplice ostacolo: una profonda ignoranza, aggravata da cinque decenni di distanza; una tremenda atmosfera d'indifferenza; una tendenza ben intenzionata, ma dannosa, al *wishful thinking*

---

14 Si considerino le risposte pubblicate in *Notitiae* 14 (1978): pp. 301-2, 534-37: "Non bisogna mai dimenticare che il Messale di Papa Paolo VI, a partire dall'anno 1970, ha preso il posto di quello che impropriamente viene chiamato "Messale di San Pio V" e che lo ha fatto totalmente, sia per quanto riguarda i testi che le rubriche. Laddove le rubriche del Messale di Paolo VI non dicono nulla o dicono poco nello specifico in alcuni punti, non si può perciò dedurre che si debba seguire il vecchio rito. Di conseguenza, i molti e complessi gesti dell'incensazione secondo le prescrizioni del Messale precedente [...] non devono essere ripetuti"; "il Messale prima indicava all'*Agnus Dei* di battere il petto tre volte, e nel pronunciare il triplice *Domine, non sum dignus*, di battere il petto tre volte. [...] Poiché, tuttavia, il nuovo Messale non dice nulla al riguardo, non c'è motivo di supporre che si debba aggiungere alcun gesto a queste invocazioni"; e così via.

da parte di chi vorrebbe riattaccare degli arti mozzati con del nastro adesivo. Non serve da parte mia un'ulteriore confutazione di p. Landry, dal momento che, se avete il coraggio di aprire la sezione commenti del *Register*, vi troverete un bagno di sangue di dimensioni napoleoniche.

Più equilibrato è l'articolo di O'Brien, che riporta in maniera giornalisticamente corretta le varie opinioni sui motivi e sugli esiti della riforma. Ricasca comunque nel tentativo di fare buon viso a cattivo gioco rispetto a una rivoluzione del culto cattolico che resta profondamente preoccupante e problematica. Lo stesso titolo di questo articolo è più rivelatore di qualsiasi altra cosa al suo interno: La Messa *di Paolo VI*. Mai prima del 1969 era stato possibile dire: "La Messa di *X*". Neppure Pio V contribuì tanto al *Missale Romanum* da poter ragionevolmente chiamare la sua edizione del 1570 la "Messa *di Pio V*", se non in senso assai lato. Era la Messa della Curia romana, la Messa di San Damaso, di San Gelasio, di San Gregorio I, di Adriano, di San Gregorio VII, di Innocenzo III, di Gregorio IX, e così via - la Messa di *tutti* e di *nessuno*.[15]

L'articolo di Weigel è come molti dei suoi lavori recenti: breve, inconsistente e inconcludente, col richiamo obbligato al suo ultimo libro ed uno facoltativo alla sua "parrocchia Novus Ordo" preferita, in cui, grazie alle meraviglie di internet, si può scorgere, a migliaia di chilometri di distanza e nel comfort della propria casa, uno dei pochi luoghi sul pianeta Terra in cui il Novus Ordo è "fatto bene" - vale a dire, perlopiù in disaccordo coi desideri di Paolo VI ma con una miscela casalinga di tridentinismi e anglicanisimi.

L'aspetto forse più significativo è che nessuno di questi autori è in grado di abbandonarsi a un elogio incondizionato del Novus Ordo. Le affermazioni positive sono accompagnate da qualificazioni, da "se solo", da rimpianti e desiderata. Si ha l'impressione che quello che si celebra è l'anniversario non tanto di qualcosa che esiste, quanto di qualcosa che non è riuscito a esistere, o che

---

15 Di fatto, il rito romano, sebbene talvolta chiamato "rito di San Gregorio Magno", è quasi unico tra le grandi liturgie storiche in quanto non è tradizionalmente conosciuto col nome di uno dei suoi creatori (come, ad esempio, le liturgie di San Giovanni Crisostomo, di San Basilio, di San Giacomo, etc.), ma gode unicamente dell'autorità della Chiesa romana.

esiste solo in forma embrionale, compromesso in fase gestazionale. Intanto, il rito romano classico continua a vivere, nella sua forma pienamente matura, offerto secondo ferree rubriche che lo proteggono da qualsiasi diminuzione, arbitrarietà e prevaricazione di gruppo.[16]

Ci si chiede dove saremo tra altri cinquant'anni, al giubileo dei cent'anni. Quest'anniversario d'oro lascia presagire un esito probabile: ci saranno ancora meno articoli da parte degli ardenti sostenitori della riforma, dato che, secondo la sofisticata matematica vaticana per cui $2 + 2 = 5$, zero è meno di zero; e forse non ci saranno nemmeno articoli da Riforma della Riforma, quando lo scisma virtuale tra il neomodernismo dell'epoca conciliare e il tradizionalismo dell'epoca preconciliare si sarà trasformato in una vera e propria divisione, com'è inevitabile che accada – come, del resto, vediamo già accadere.

---

16 Certo, rispetto all'amorfia del Novus Ordo, che nessuno sembra in grado di controllare, anche il rito romano del 1962 appare maturo, ferreo e ben protetto dalle proprie rubriche. Ma la verità è che troveremo la *forma pienamente matura* del rito romano solo tornando indietro a prima che inizi la grande stagione della ritocchite novecentesca (Pio X per quanto riguarda il *cursus psalmorum*, Pio XII per quanto riguarda la Settimana Santa, le vigilie, le ottave e i paramenti). Per poter recuperare un Messale nella sua forma intatta, non intaccata da qualsivoglia pensiero di gruppo, dovremo in futuro affidarci al Messale del 1920, con le aggiunte apportatevi grossomodo fino alla Seconda Guerra Mondiale, per i motivi illustrati al capitolo 12.

Testamento del Signore, la messa è il sole delle nostre vite e il nostro tesoro. La amiamo in quanto è sostanzialmente e principalmente istituita dal Signore. Ma la amiamo anche nel modo in cui la Chiesa, a cui Gesù ne ha affidato la celebrazione, ce l'ha tramandata attraverso i secoli nelle diverse tradizioni liturgiche. È infatti per spiegare e manifestare agli occhi di tutta la Chiesa l'insondabile ricchezza di quel rito essenziale che il Signore ci ha lasciato in eredità che le preghiere e i riti si sono sviluppati, nel corso dei secoli.... Non possiamo in alcun modo rinunciare a un patrimonio lentamente edificato dalla fede dei nostri padri, dalla loro ardente devozione e riflessione teologica verso il sacramento della Passione del Signore. Nel momento in cui veniamo a contatto con la Messa di San Pio V - in cui possiamo anche contemplare il più puro capolavoro della civiltà occidentale, a un tempo gerarchico e sacrale - le nostre anime si elevano, i nostri cuori si dilatano, mentre le nostre menti gustano la più autentica dottrina eucaristica. Ecco perché vogliamo conoscere e amare ogni giorno di più la Messa tradizionale, il nostro tesoro, e perché non smetteremo di difenderla e di promuoverla.

— Abbé Franck Quoëx

Il reazionario non anela alla vana restaurazione del passato, ma all'improbabile rottura del futuro con questo sordido presente.

— Nicolás Gómez Dávila

⟨ 12 ⟩
Il Rito Romano di Ieri e di Domani

D OPO AVER ESAMINATO, NEI CAPITOLI PREcedenti, le più cruciali differenze tra i riti liturgici tradizionali (in primis quello della Chiesa di Roma) e il rito moderno assemblato da una commissione nominata da Paolo VI, è ora il momento di cimentarsi in un ultimo, ambizioso discorso: per quale motivo il movimento tradizionale deve dare la massima priorità al recupero delle ricchezze perdute nell'ondata di riforme della Messa di rito romano che hanno avuto luogo nella fase *preconciliare* della riforma liturgica – vale a dire, dall'istituzione da parte di Pio XII, nel 1948, della Commissione per la Riforma Liturgica, nella quale Annibale Bugnini trovò il suo primo incarico in Vaticano, fino a Giovanni XXIII, con la modifica del Canone Romano e la promulgazione di un *Missale Romanum* accompagnato da un nuovo codice delle rubriche, nel 1962. Più in particolare dimostrerò, in primo luogo, perché il Messale del 1962 rappresenta un punto di riferimento arbitrario e insoddisfacente.[1] Poi passeremo in rassegna altri elementi oggetto di modifiche: la Domenica delle Palme, il Triduo pasquale, la Veglia di Pentecoste, il Corpus Domini e la festa dei Santi Innocenti, quindi cinque caratteristiche generali della Messa e un excursus sui Primi Vespri. Da ultimo, mi soffermerò su aspetti pratici e canonistici, tra cui la questione di quale tipo di autorizzazione sia necessaria per poter recuperare i tesori della nostra eredità tridentina.[2]

---

1   A proposito di questo periodo e di quel "soggettivismo radicale" per cui i liturgisti cercavano sempre più di ridisegnare la liturgia in base alle loro teorie circa le esigenze moderne, si veda Dom Alcuin Reid, Lo Sviluppo organico, parte terza: "Il Movimento Liturgico e la Riforma Liturgica dal 1948 al Concilio Vaticano II".
2   Non prenderò nemmeno in considerazione la tesi favorevole al messale 1965, che una sparuta pattuglia di entusiasti presenta come l'ideale *via media*

IL RITO ROMANO DI IERI E DI DOMANI

Sebbene il problema dell'ingerenza papale nella liturgia sia vecchio di molti secoli, è un abisso quello che separa tutto quanto è stato fatto dai papi prima del XX secolo da ciò che è stato fatto da Pio X al breviario nel 1911, da Pio XII alla Settimana Santa e al calendario liturgico negli anni '50, e da Paolo VI a tutto ciò che riguarda il culto negli anni 1965-1975. Rispetto ai secoli precedenti, siamo davanti a una differenza qualitativa, non solo quantitativa. Possiamo inoltre dire che ognuno di questi passi papali è stato esponenzialmente più grave del precedente. Pio X riordinò una parte della preghiera del rito romano; Pio XII rimodellò il cuore del rito romano; Paolo VI sostituì l'intero rito romano con un rito moderno.

Per meglio intenderci: Pio X spostò alcune parti del breviario tradizionale, pur conservandone il contenuto materiale; sarebbe come se un papa prendesse l'*usus antiquior* e spostasse le orazioni, le epistole e i vangeli in luoghi diversi del messale, pur conservando gli stessi testi: materialmente la stessa cosa, formalmente diversa.[3] Altrettanto drastiche furono le riforme del calendario e delle rubriche di Pio XII; ma fu la sua alterazione della Settimana Santa a passare dalla struttura alla sostanza: le nuove cerimonie rappresentavano una mutazione delle precedenti, non una semplice riorganizzazione dei contenuti, con lo specioso doppio pretesto di eliminare le "corruzioni" e di promuovere la "partecipazione attiva" (senza spiegare come sia possibile aumentare la partecipazione offrendo ai fedeli *meno* cose a cui partecipare,

---

tra il 1962 e il 1969. Per una spiegazione, si veda il mio articolo "*Sacrosanctum Concilium*: The Ultimate Trojan Horse", *Crisis Magazine*, 21 giugno 2021 e i riferimenti lì riportati.

3 A voler essere precisi, si dovrebbe notare che Pio X aggiunse anche nuove antifone in ragione della nuova distribuzione e suddivisione dei salmi. L'intento di Pio X era certamente rispettabile: quello di ripristinare, per quanto possibile, la preghiera settimanale dell'intero salterio e di assicurare il giusto primato all'ufficio domenicale. I tradizionalisti oggi considerano il suo nuovo breviario come una soluzione estrema e imperfetta a un problema reale pressoché irrisolvibile. Non si è ancora trovata una soluzione che conservi l'*ordo psallendi* tradizionale e al contempo soddisfi i legittimi *desiderata* di Pio X. Si potrebbe dire che, come l'ufficio monastico ha storicamente mutuato da quello romano, così oggi l'ufficio romano potrebbe voler guardare come modello a quello monastico; come pure al realismo pastorale dei Bizantini, che richiedono che il clero in ministero attivo reciti solamente alcune, ma non tutte, le ore quotidiane.

come si vedrà più avanti in questo capitolo). Possiamo aggiungere che il messale del 1962 di Giovanni XXIII include non solo il difettoso materiale del suo predecessore, ma anche un problematico codice delle rubriche (1960) che, se risolve alcuni problemi lasciati da Pacelli, introduce anche novità che prefigurano il Novus Ordo. Infine, Paolo VI creò un nuovo insieme di riti liturgici con una somiglianza soltanto generica a quelli precedenti: la sua opera è diversa tanto materialmente quanto formalmente.

In breve: Pio X osò riordinare il rito romano, Pio XII osò rimodellarlo, Paolo VI osò rimpiazzarlo. Si può quindi dire che è meno problematico pregare il breviario di Pio X che seguire la Settimana Santa di Pio XII; e che il messale del 1962, per quanto difettoso, è complessivamente meno problematico del Novus Ordo.

PRIMA LA *LEX ORANDI*

Possiamo allora vedere come alcuni grandi ritocchi della liturgia erano già in cantiere ben prima che a Roncalli venisse in mente l'idea di un Concilio Vaticano II, e prima ancora che l'ombra di Montini si stagliasse sul soglio pontificio. Il Novus Ordo non emerse dal nulla, come un Mefistofele nel *Faust* di Goethe. Il terreno fu scrupolosamente preparato da decenni di utopismo accademico, di esperimenti ambiziosi e di prove sul campo. Il secondo dopoguerra fu un periodo irrequieto per la Chiesa, pieno di "esperti" smaniosi di modificare o abbandonare le vecchie forme liturgiche e di introdurne di nuove.

Nel dictum *lex orandi, lex credendi*, occorre prendere sul serio il fatto che al primo posto c'è la *lex orandi*: la dottrina è espressa principalmente nel culto e attraverso il culto che abbiamo ereditato. È vero, sappiamo che la dottrina può indirettamente confluire nella liturgia, come quando una nuova enfasi dottrinale porta a nuove feste o nuove Messe votive; e sappiamo che, oltre alla liturgia, esistono altri canali attraverso i quali la dottrina giunge a noi, come i canoni conciliari, le encicliche papali e i catechismi. Nondimeno, la liturgia è la "casa" della fede. È il canone primario che misura tutti i canoni, l'enunciato più autorevole della rivelazione, il catechismo primordiale che contiene e trasmette la nostra santa religione. Nelle parole di Dom Guéranger: "Come la virtù di religione contiene tutti gli atti del culto divino, così la Liturgia, che è la forma sociale di questa virtù, li contiene ugualmente tutti. Si può persino dire che la Liturgia è l'espressione più alta e più santa del pensiero e dell'intelligenza della Chiesa, perché essa si esercita nella comunicazione diretta con Dio nella confessione, nella preghiera e nella lode. [...] Dio doveva alla sua Chiesa un linguaggio degno di servire pensieri così alti, desideri così ardenti".[4]

Nel ventesimo secolo, tuttavia, il principio venne ribaltato nientemeno che da Pio XII[5] che, come noto, nella *Mediator Dei* pose la *lex credendi* a governare la *lex orandi*. Che lo volesse o meno, questa inversione permise alle teorie dei liturgisti - teorie basate su discutibili interpretazioni dei dati storici[6] e su una mentalità da meccanici che vede la liturgia come materia prima da sfruttare e riutilizzare - di ridisegnare i riti liturgici della Chiesa. John W. O'Malley riconosce a Papa Pio XII il merito dei "due decreti, del 1951 e del 1955, coi quali riorganizzò completamente le liturgie degli ultimi tre giorni della Settimana Santa per allinearle alle raccomandazioni dei liturgisti", preparando così la strada alle riforme liturgiche del Vaticano II.[7] Già prima dell'indisturbato regno di Bugnini tra il 1963 e il 1975, tanti "piccoli Bugnini" si erano divertiti a giocare con la liturgia, per motivi pretestuosamente "pastorali" tipici della sinistra operaia, o secondo

---

4 *Institutions liturgiques*, vol. I, 2a ed. (Parigi: Sociéte générale de librairie catholique, 1878), Pt. I, cap. 1, pp. 2, 4 (trad. personale).
5 Si veda Fr. Christopher Smith, "Liturgical Formation and Catholic Identity", in *Liturgy in the Twenty-First Century: Contemporary Issues and Perspectives*, ed. Alcuin Reid (New York: Bloomsbury, 2016), pp. 260-86.
6 Come la tesi a favore del *versus populum* - che persino Jungmann guardava con sospetto. Si veda il suo libro (per molti versi superato) *The Early Liturgy to the Time of Gregory the Great*, trad. inglese di Francis A. Brunner (Notre Dame, IN: University of Notre Dame Press, 1959), pp. 133-39.
7 John W. O'Malley, *When Bishops Meet: An Essay Comparing Trent, Vatican I, and Vatican II* (Cambridge, MA: The Belknap Press of Harvard University Press, 2019), p. 49, trad. personale. Pio XII rimane una figura complessa ed è lecito pensare che almeno una parte dei danni liturgici prodotti sotto il suo regno sia stata orchestrata da manovratori che approfittarono della sua salute in declino e del suo progressivo isolamento. Si veda il mio articolo "Lights and Shadows in the Pontificate of Pius XII", *OnePeterFive*, 22 settembre 2021; cfr. "Concidences during the Reign of Pius XII? Political Background to Vatican II and Liturgical Changes", *LifeSiteNews*, 25 maggio 2021.

motivazioni archeologiste che facevano da copertura a pure e semplici novità, un po' come i teologi del *ressourcement* avanzavano le loro idee *d'avant-garde* dietro a una facciata apparentemente patristica. Anche nell'Oriente cristiano si potevano (e si possono tuttora) trovare agitatori del genere, intenzionati a tagliare le lunghe litanie, rimuovere l'iconostasi, abbreviare questo o quel rito penitenziale, pretendere che tutte le preghiere sacerdotali siano pronunciate ad alta voce, etc. Fortunatamente, l'Oriente è così disorganizzato che alla fine non se ne fa praticamente nulla.

A caratterizzare la Chiesa occidentale è la benedizione e la maledizione di un'autorità centralizzata: quando un'idea s'impossessa della mente di un burocrate curiale e questi riesce a riversarla nell'orecchio del Papa: *voilà*, ecco che un miliardo di persone deve imboccare la nuova strada. È il genere di potere che un dittatore non oserebbe nemmeno sognare e che, pertanto, dovrebbe essere usato con una parsimonia che sfiori la catalessi. Tristemente, i papi del XX secolo hanno più volte speso la forza del loro ufficio per enormi progetti di costruzione e ristrutturazione, il che non è proprio il senso dell'ufficio petrino.

Il problema fondamentale è sempre stato questo. Il Novus Ordo e la Liturgia delle Ore di Paolo VI non sono che una versione estrema (certo, molto estrema) della stessa ritocchite papale che aveva animato le riforme liturgiche di Giovanni XXIII, Pio XII e Pio X.[8] Questo è senza dubbio il modo in cui lo stesso Montini considerava la questione: "Si è sentita l'esigenza", scriveva nella Costituzione Apostolica *Missale Romanum* del 3 aprile 1969, "che le formule del Messale Romano fossero rivedute e arricchite. Primo passo di tale riforma è stata l'opera del Nostro Predecessore Pio XII con la riforma della Veglia Pasquale e del Rito della Settimana Santa, che costituì il primo passo dell'adattamento del

---

8 Wikipedia (*incredibile dictu*) offre una buona panoramica fattuale delle "Riforme liturgiche di Papa Pio XII" (si veda "Liturgical reforms of Pope Pius XII"). Un confronto simile tra il messale di Pio X e quello di Giovanni XXIII si trova su http://www.traditionalmass.org/articles/article.php?id=18. L'indicazione di tali collegamenti a scopo informativo non costituisce alcun tipo di approvazione delle posizioni ivi espresse. Altri due siti web raccolgono panoramiche e studi sulle differenze tra l'antica Settimana Santa e la sua rielaborazione pacelliana: www.pre1955holyweek.com e www.restorethe54.com.

Messale Romano alla mentalità contemporanea" (*qui proinde primum quasi gradum posuit ad Missale Romanum novis huius temporis animi sensibus accommodandum*).

In realtà, quel che viene prima di tutto è l'eredità liturgica che riceviamo dai secoli che ci han preceduto. L'atteggiamento "Ortodosso" nei confronti della liturgia altro non è che l'atteggiamento "ortodosso" nei confronti della liturgia. Il Papa non è il padrone e proprietario dei riti liturgici al modo in cui Cartesio voleva l'uomo moderno padrone e proprietario della natura.

I LIMITI DI LEFEBVRE

Una difesa del Messale di Giovanni XXIII (comprensivo della Settimana Santa 1955) non può che basarsi sulla convinzione che, in Vaticano, tutto fosse teologicamente ineccepibile fino allo scoccare della mezzanotte del 10 ottobre 1962 e che, quindi, tutto quanto fosse stato promulgato prima di allora debba oggi essere accettato. E tuttavia molte degli elementi più "cringe" del Novus Ordo - ad es. le preghiere *versus populum*, la recita collettiva del Pater Noster (che mai aveva fatto parte della tradizione romana), l'uso del volgare (nella trovata del rinnovo delle promesse battesimali), la soppressione delle preghiere ai piedi dell'altare - vennero introdotte per la prima volta in occasione della Settimana Santa del 1955, quasi un ballon d'essai. Padre Carlo Braga, membro della Commissione Liturgica e braccio destro di Annibale Bugnini, descrisse il Sabato Santo di Pacelli come "la testa d'ariete che è penetrata nella fortezza della nostra liturgia ormai statica". [9] Quando Pio XII morì nel 1958, il rito romano già era sul tavolo operatorio, già i medici col bisturi in mano. Non è forse più probabile - se pensiamo al modo in cui i cambiamenti storici epocali avvengono solitamente per gradi e non compaiono come un *Deus* (o *diabolus*) *ex machina* - che lo smembramento del rito romano e la sua sostituzione con un altro rito nel 1969 siano stati preparati gradualmente, nel corso di molti anni, piuttosto che accadere improvvisamente "a causa del Vaticano II" o del dinamico duo Bugnini-Montini"?

---

9 Carlo Braga, "*Maxima Redemptionis Nostrae Mysteria*: 50 Anni Dopo (1955-2005)", *Ecclesia Orans* 23 (2006): p. 33; pubblicato in traduzione inglese su *NLM* dall'1 al 4 giugno 2022.

Il Rito Romano di Ieri e di Domani

Un passaggio dal *magnum opus* di Annibale Bugnini ci racconta cosa significasse lavorare in Vaticano tra il 1948 e il 1960:

> In dodici anni di vita (28 giugno 1948-8 luglio 1960), la Commissione [liturgica piana] tenne 82 adunanze e lavorò nel più assoluto segreto. Tanto che la pubblicazione dell'*Ordo Sabbati Sancti instaurati*, ai primi di marzo del 1951, colse di sorpresa gli stessi officiali della Congregazione dei Riti. La commissione godeva della piena fiducia del Papa, tenuto al corrente da mons. Montini e, più ancora, settimanalmente, dal P. Bea, confessore di Pio XII. Grazie a questo tramite si poté giungere a risultati notevoli anche nei periodi nei quali la malattia del Papa impediva a chiunque di avvicinarlo. Nonostante i limiti di persone e di cose, si deve onestamente riconoscere che il lavoro svolto fu enorme. Praticamente tutti i libri liturgici furono revisionati, compreso il rituale [...]. [La veglia pasquale "restaurata"] fu il segnale che, finalmente, la liturgia imboccava decisamente la via della pastorale. Seguì, nel 1955, l'estensione degli stessi principi innovatori alla settimana santa e, nel 1960, con il Codice delle Rubriche, al resto della liturgia, specialmente all'ufficio divino.[10]

Un altro argomento addotto dai sostenitori del rito piano della Settimana Santa è che nessun vescovo (ad es. Lefebvre) vi si oppose, all'epoca; laddove in seguito ce ne furono che si opposero al Messale del 1969. Dovevano quindi essersi accorti di un grave problema che c'era in quest'ultimo e non nel primo. Siamo forse giudici migliori di questi uomini dotati del carisma della successione apostolica e che queste esperienze le hanno vissute in prima persona?

Questo argomento finisce per autodistruggersi. La stragrande maggioranza dei vescovi vissuti in questo periodo non ebbe alcunché da obiettare né alle modifiche preconciliari né al Novus Ordo del 1969. Davvero crediamo che in soli quattordici anni (tra il 1955 e il 1969) l'episcopato mondiale si sia trasformato da impavido paladino della religione cattolica, pronto a opporsi a qualsiasi

---

10 Bugnini, *La riforma liturgica*, pp. 22-23. Si osservi che questa frase si trova all'inizio del suo voluminoso tomo di quasi mille pagine: quanto ha appena descritto non è che una sorta di riscaldamento in vista della gara olimpionica presto a venire!

riforma liturgica che non fosse un'espressione adeguata della fede, a massa supina, compiacente e indifferente che fece orecchie da mercante quando Paolo VI tradì quanto essa stessa aveva domandato sottoscrivendo la *Sacrosanctum Concilium*?

Perché una legge sia vincolante, deve avere il carattere della stabilità: *"lex dubia non obligat"*. Nel suo commento alle rubriche semplificate del 1955, Bugnini afferma che tale riforma non era che un "ponte verso la liturgia del futuro" e, come già detto, p. Braga ricordava la nuova Veglia Pasquale come una "testa d'ariete". Quindi se, da un lato, colonna teologica portante del *Summorum Pontificum* è il principio per cui il vecchio rito, avendo pieno diritto di cittadinanza nella Chiesa, non è mai stato né può essere abolito; e se, dall'altro lato, il vecchio rito è stato progressivamente riformato tra il 1948 e il 1968, prima che venisse lanciato, nel 1969, il vero e proprio Novus Ordo, *perché* la forma ammessa dell'inabolibile rito romano dovrebbe trovarsi in un anno a caso nel bel mezzo di vent'anni di riforme via via più audaci? La ragione, si dà il caso, è puramente accidentale: si tratta di una prassi decisa per la Società Sacerdotale San Pio X da Mons. Marcel Lefebvre.

SEDEVACANTISMO?

Secondo alcuni, mettere in discussione le riforme liturgiche dei papi porta, in definitiva, al sedevacantismo. Se il Papa è il Papa, dobbiamo tutti seguire rigorosamente ciò che egli promulga. Se uno si rifiuta di farlo, o dubita della legittimità di ciò che ha prescritto, o continua a celebrare un rito nella sua forma antecedente, quel qualcuno sta (almeno implicitamente, se non esplicitamente) mettendo in discussione il fatto che il papa rivesta quella carica: pensa cioè o che non ci sia alcun papa, o che il papa sia qualcun altro, o che forse (come sostiene il sedeprivazionismo) ci sia un papa *materialiter* ma non *formaliter*.

Ma non c'è motivo di arrivare a questa melodrammatica conclusione. La questione se certe revisioni della liturgia siano buone o cattive, meritevoli o meno di essere accettate, in continuità o in contrasto con la tradizione, è semplicemente altra rispetto a quella se un determinato papa sia o meno il papa – a meno che, nell'ottica ultramontanista di un William George Ward, non si creda che l'ufficio del papa gli garantisca scelte prudenziali infallibili e impossibilità di errore in *qualsiasi* campo. Tolta questa pia ultra-credenza, si può benissimo pensare che un papa validamente eletto abbia emanato una legge liturgica cattiva e che un certo, pigro conservatorismo, unito a una certa nebulosità teologica, possa aver impedito ai suoi successori di rimediare al pasticcio[11]. Si possono avere ragioni estremamente valide (è ciò che questo intero libro cerca di dimostrare) per continuare a utilizzare un rito tradizionale rifiutandosi di usare ciò che vorrebbe rimpiazzarlo – e il tutto ricordando il papa nel Canone.[12]

FESTE O TEMPI LITURGICI PARTICOLARI
La Settimana Santa

I riti della Settimana Santa, con i loro magnifici canti gregoriani, profonde preghiere, un simbolismo denso e un cerimoniale elaborato, si sono sviluppati lungo un arco di tempo plurisecolare, a partire dall'antichità fino al Medioevo. Gli elementi centrali di tali riti derivavano dalla antica tradizione romana e dalla tradizione gallica (o franca). Questi due affluenti si unirono nel tardo Medioevo per dar forma a quel rito romano, ormai maturo, che sfociò nel Messale di S. Pio V del 1570. Esattamente come ogni altro rito liturgico cristiano di discendenza apostolica, il rito tridentino raggiunse uno stato di perfezione, una bellezza di forme e pienezza di contenuti tale da non permettere ulteriori miglioramenti

---

11 In effetti, la pratica liturgica tra i sedevacantisti è varia. Alcuni seguono tutte le riforme di Pio XII (ovviamente non quelle di Giovanni XXIII), come il gruppo chiamato CMRI. Invece altri, come il gruppo di padre A. Cekada, non seguono queste riforme. Il sedevacantismo *in quanto tale* non determina una linea di condotta liturgica. Allo stesso modo, molti fedeli non sedevacantisti seguono la forma più o meno "pura" del 1962, soprattutto la SSPX, mentre sempre più tradizionalisti "approvati" accettano o persino frequentano la liturgia pre-pacelliana, sia pure in modo frammentario; e sotto questo aspetto, i sacerdoti diocesani o singoli monasteri hanno più libertà degli ex istituti Ecclesia Dei, con centinaia di sacerdoti e un gran numero di parrocchie da tenere in considerazione.

12 Per una riflessione su questi temi, si veda John Lamont, "Is the Mass of Paul VI Licit?", *Dialogos Institute*, 20 marzo 2022, http://dialogos-institute.org/blog/wordpress/disputation-on-the-1970-missal-part-1-dr-john-lamont/.

sostanziali.[13] Come per la Divina Liturgia di San Giovanni Crisostomo giunta a maturità, così per il Rito Romano Tradizionale: nulla di essenziale si doveva aggiungere o rimuovere; da quel momento innanzi, ogni cambiamento avrebbe riguardato soltanto questioni di dettaglio, come l'inserimento nel calendario di nuovi santi, magari riducendone altri a semplici commemorazioni.

Tragicamente, Pio XII si lasciò persuadere della necessità di una "revisione" della Settimana Santa, un tempo liturgico che non aveva conosciuto alcun significativo cambiamento per oltre 500 anni. Con la scusa di "ripristinare ai loro orari originali" le cerimonie del Triduo Sacro, tutta la Settimana Santa cadde sotto la lente della Commissione Piana – una sorta di prova generale per il futuro Consilium – e così la Domenica delle Palme, il Venerdì Santo e la Veglia Pasquale subirono modifiche di una magnitudine senza precedenti nella storia della Chiesa latina.[14] Più che di un ritocco o di una revisione si trattò di una ricostruzione: una demolizione con riciclo dei vecchi materiali per il nuovo edificio. Nel 1951, Pio XII inaugurò una Veglia Pasquale sperimentale, e nel 1955 promulgò i nuovi riti liturgici per il resto della Settimana Santa. Per questo spesso si sente chiamare la *vecchia* Settimana Santa (cioè quella tridentina), la "Settimana Santa ante 1955"

Ricordo ancora distintamente la prima volta che ho partecipato a una intera Settimana Santa ante 1955. Mi aspettavo di esserne impressionato; ma ne sono rimasto stupefatto. Mi aspettavo di

---

13 Per un raffronto dettagliato tra la venerabile Settimana Santa romana e la Settimana Santa pacelliana, si veda la serie in nove parti di Gregory DiPippo su NLM, sotto il titolo di "Compendium of the 1955 Holy Week Revisions of Pius XII", dal 26 marzo 2009 all'11 maggio 2009; P. Stefano Carusi, "The Reform of Holy Week in the Years 1951-1956", *Rorate Caeli*, 25 luglio 2010; Philip J. Goddard, *Festa Paschalia: A History of the Holy Week Liturgy in the Roman Rite* (Leominster: Gracewing, 2011).

14 Prima dei cambiamenti di Pio XII, tutte le liturgie della Settimana Santa venivano celebrate al mattino presto, un orario in cui si situavano ormai da diversi secoli, dopo il Medioevo. I liturgisti, a ragione o a torto, vollero cambiare tali orari: una Messa serale per il Giovedì Santo, una liturgia di metà pomeriggio per il Venerdì Santo e una liturgia notturna per la Veglia Pasquale. Indipendentemente dai meriti o demeriti di questi mutamenti d'orario, è chiaro che essi *non richiedevano alcun cambiamento* nell'effettivo contenuto dei riti liturgici. Oggi quando si celebrano i riti ante 1955 lo si fa in genere in ore più tarde della giornata.

uscirne sbalordito; e mi ha lasciato folgorato, stimolandomi al contempo a capire meglio *cosa* fosse successo. Le prossime pagine evidenzieranno alcune delle principali caratteristiche della Settimana Santa tridentina abbandonate da Pio XII.

La Domenica delle Palme

L'antica liturgia della Domenica delle Palme incomincia con la c.d. *Missa Sicca* (o "Messa secca"),[15] che prevede una Epistola, un Graduale e un Vangelo, e poi un Prefazio che introduce la benedizione delle palme – tutto ciò, si badi, *prima* ancora della processione con le palme, dell'ingresso in chiesa dopo aver bussato sulla porta con la croce astile, e dunque la Messa del giorno, con il canto della Passione secondo Matteo. Questa *Missa sicca* è forse la più perfetta esemplificazione del principio cattolico di "sacramentalità", presente nell'antico messale. Con ciò intendo il principio secondo cui Dio, dopo averci creato un mondo, ci si rivela usando come Suo linguaggio, o vocabolario, le cose che ha creato: piante, animali, persone, eventi, diventano segni o simboli; e a sua volta, la Santa Madre Chiesa, avendo ricevuto questo linguaggio dal Suo Signore, comunica con Lui (e con noi) nella medesima lingua. Ecco come il prefazio della *Missa sicca* della Domenica delle Palme trasmette questa verità:

> È veramente cosa degna e giusta, equa e salutare, che noi sempre e dovunque rendiamo grazie a te, Signore santo, Padre onnipotente, eterno Dio, che ricevi lode nell'assemblea dei tuoi santi. A te servono le tue creature, perché esse solamente te riconoscono per loro creatore e loro Dio. Te celebrano tutte le opere tue, te benedicono tutti i santi tuoi, proclamando liberamente, davanti ai principi e ai potenti di questo secolo, il gran Nome del tuo Figlio Unigenito, innanzi al quale stanno gli Angeli e gli Arcangeli, i Troni e le Dominazioni, tutta la celeste milizia, cantando senza fine l'inno della tua gloria: Santo, Santo, Santo è il Signore Dio degli eserciti...

---

15 Una "Messa secca" è un rito liturgico che segue la struttura di base della Messa ma che culmina con la consacrazione di qualcosa di diverso dal pane e dal vino della Santa Eucaristia.

La prima preghiera di benedizione dopo il Prefazio ha una sorprendente affinità con la Consacrazione Eucaristica:

> Signore santo, Padre onnipotente, eterno Dio, degnati di benedire ✠ e santificare ✠ questi germogli d'olivo, che facesti germinare dal legno e che la colomba al suo ritorno nell'arca portò nel becco; cosicché chiunque ne riceverà, ottenga protezione per l'anima e per il corpo; e questo sacramento della tua grazia [*tuae gratiae sacramentum*] divenga, o Signore, rimedio della nostra salute.[16]

Autori come Alexander Schmemann, Aidan Kavanaugh e David Fagerberg amano parlare del "cosmo sacramentale", ma non esistono nella tradizione romana testi che trasmettano l'idea di una creazione santificata meglio di quelli dell'antica liturgia della Domenica delle Palme.[17] La terza preghiera di benedizione sottolinea il significato mistico di quanto facevano gli antichi ebrei e di quanto facciamo noi ora:

> O Dio, che per meraviglioso ordine della tua Provvidenza, anche delle cose insensibili usi per mostrare l'economia della nostra salvezza; concedi, te ne preghiamo, che i cuori devoti dei tuoi fedeli comprendano con frutto ciò che è misticamente significato nel fatto che oggi la folla, per ispirazione celeste, andò incontro al Redentore stendendo rami di palma e d'ulivo al suo passaggio. I rami di palma dunque figurano i trionfi sul principe della morte; i rami d'ulivo in qualche modo proclamano la spirituale unzione che era per venire. Infatti già allora quella pia moltitudine presentì quanto era prefigurato: che il nostro Redentore, compatendo le miserie dell'umanità, per la vita di tutto il mondo stava per entrare in battaglia col principe della morte, e che con la sua stessa morte avrebbe trionfato. E perciò gli presentò tali oggetti

---

[16] Si potrebbe anche aggiungere che questa preghiera - che caratterizza l'intera liturgia di questo giorno - è la risposta definitiva ai tradizionalisti che non tollerano un qualsiasi uso della parola "sacramento" che non sia limitato ai sette segni sacri che abitualmente indichiamo con questa parola. San Tommaso d'Aquino chiarirebbe semplicemente che dobbiamo comprendere che la parola "sacramento" è usata analogicamente per tipi diversi di cose, con il significato fondamentale di "segno che trasmette la grazia".

[17] Per ulteriori riflessioni in tal senso, si veda Claudio Salvucci, "Palm Sunday and the Sanctification of Creation", *Liturgical Arts Journal*, 17 aprile 2019.

dei quali gli uni esprimessero i trionfi della vittoria, gli altri la ricchezza della misericordia. Anche noi dunque, riconoscendo pienamente nell'avvenimento sia il fatto che il significato [simbolico], Signore santo, Padre onnipotente, eterno Dio, per lo stesso Signor nostro Gesù Cristo, umilmente ti supplichiamo, affinché in Lui e per Lui, di cui volesti fossimo membra, trionfiamo sull'impero della morte e meritiamo di partecipare della sua gloriosa risurrezione. Lui che è Dio, e vive e regna con te...

Il fatto che tali testi siano stati soppressi proprio negli anni '50, periodo in cui tra i liturgisti si parlava assai diffusamente di questo tema, ha un che di perverso, ma ben si inquadra in una logica più ampia, che vede le effettive riforme pregiudicare gli stessi obiettivi che asseritamente le giustificano. Ottimo esempio è il gran parlare di partecipazione attiva: più la liturgia veniva modificata per accomodare l'azione del popolo, più il popolo scompariva dalle chiese, perché percepiva che la grandezza del mistero della fede, il magnete che ci attira all'attività spirituale, stava scomparendo. Come afferma Joseph Ratzinger, una volta che la liturgia diventa uno spazio in cui sembriamo celebrare noi stessi come comunità e le opere delle nostre mani, essa non riveste più alcun significato trascendente che ci porti fuori di noi e alla presenza di Dio. Il risultato è che diventa rapidamente noiosa e non all'altezza dei divertimenti e delle distrazioni che offre il mondo.

Un altro elemento toccante della liturgia tridentina della Domenica delle Palme è il momento in cui il suddiacono bussa con la croce processionale alla base della porta chiusa della chiesa, quando vi arriva la processione. A bussare è il Re della Gloria, giunto alle porte di Gerusalemme per farvi il Suo ingresso trionfale, accompagnato dagli "Osanna" del popolo - sapendo però benissimo che solo pochi giorni dopo quegli osanna si trasformeranno in "crucifige!". Il fatto che al popolo, che canta all'esterno della chiesa, rispondano solo alcuni cantori rimasti all'interno, rappresenta la separazione dell'uomo decaduto dall'angelica Gerusalemme celeste, separazione che soltanto la passione di Cristo - inaugurata dal Suo ingresso nella Città Santa - poteva cancellare, spalancandoci le porte della città del Paradiso.

IL RITO ROMANO DI IERI E DI DOMANI

Il Giovedì Santo

Nel Giovedì Santo ante 1955, una cosa che mi è apparsa subito abbastanza nuova era l'omissione della Lavanda dei Piedi (o *Mandatum*), una cerimonia che si è inserita nella Messa solo a metà del XX secolo, causando un profluvio di dibattiti e distrazioni. A quali uomini lavare i piedi? Al consiglio parrocchiale? Scegliendo a caso? Per metà tra i poveri e per metà tra i benefattori? Bisogna includere le donne? E che dire dei protestanti, o addirittura dei non cristiani? In altre parole, la lavanda dei piedi, come così tante altre cose nelle moderne liturgie, si è rapidamente trasformata in terreno per una battaglia politica. Quel che si è dimenticato è la vera origine di questa cerimonia, nei monasteri, dove l'abate lavava i piedi ai confratelli più giovani o un monaco lavava i piedi a dei poveri accolti per l'occasione.

Nel rito ante 1955, la Lavanda veniva celebrata come una paraliturgia (cioè una cerimonia modellata sullo schema di una liturgia) *successiva* alla Messa. Poteva svolgersi, ad esempio, al piano inferiore della chiesa, dove era stato allestito un altare temporaneo sormontato da candele. Dopo che gli altari del piano superiore erano stati spogliati dei sacri lini, a imitazione dell'umiliazione patita da Cristo durante la Passione, tutti si portavano al luogo scelto per la Lavanda. Qui, tredici uomini si sedevano in fila su sedie o panche (il numero tredici deriva da una visione di San Gregorio Magno). Il sacerdote, il diacono e il suddiacono entravano, insieme agli accoliti.

La cerimonia iniziava con il canto solenne del Vangelo, dopo di che il sacerdote indossava un grembiule (o "gremiale") e lavava i piedi ai tredici uomini mentre il coro eseguiva il canto *Ubi caritas*. Terminato, il sacerdote tornava all'altare, cantava un certo numero di versetti salmodici, il Padre Nostro e infine una Colletta; dopodiché, fatto un inchino, tutti uscivano. Celebrare la Lavanda da sola e dopo la Messa le conferisce un posto e una dignità speciali; in questo modo, ci si può concentrare più direttamente su questa lezione di umiltà, la lezione del superiore che serve l'inferiore. Si accorda anche meglio all'idea che prima di tutto adoriamo Dio, per amor Suo, e poi, con la Sua grazia, andiamo nel mondo ad amare gli altri uomini, fatti a Sua immagine.

Il Venerdì Santo

La celebrazione solenne del Venerdì Santo ante 1955 si apre con il canto di due Letture e di due Tratti, che permettono ai fedeli di entrare lentamente e delicatamente all'interno dell'immenso mistero che si celebra in questo giorno. Segue il canto della Passione secondo San Giovanni da parte di tre diaconi (o, in loro vece, dei tre officianti, purché tutti siano almeno diaconi), in cui domina e conduce la melodia in tono basso la voce di Cristo; poi il narratore, con i suoi interventi intermittenti e pragmatici; e infine quel tono acuto e inquietante di chi presta la voce a Pietro, a Pilato, ai Giudei, alla folla e a ogni altro personaggio più oscuro. Finita la Passio, i lettori si separano e il diacono canta, in un tono speciale, il Vangelo "proprio" del giorno che racconta la sepoltura di Cristo. Particolarmente appropriati sono il silenzio che si osserva, in ginocchio, dopo la Morte del Signore, e il diverso modo in cui è cantata la parte relativa alla deposizione e sepoltura (nello stesso modo vengono cantate la Passione secondo Matteo la Domenica delle Palme, quella di Marco il Martedì Santo e quella di Luca il Mercoledì Santo).[18]

Dopo le c.d. Grandi Intercessioni (o Preghiera Universale), ha luogo la venerazione della Croce, che incomincia con una processione dei ministri che, scalzi, genuflettono tre volte nel percorso verso il presbiterio: la prima volta, all'estremità opposta della chiesa; una seconda volta in mezzo alla navata; e un'ultima volta proprio davanti alla Croce, che giace su un cuscino, come un sovrano orientale adagiato su un sontuoso sofà. Il canto degli *Improperia* e dell'inno *Crux fidelis* accompagna la lenta

---

18 L'antica prassi era quella di affidare il canto a tre diaconi che non avevano altro ruolo nella liturgia se non quello di cantare la Passione (cfr. Pio Martinucci II, pp. 27, 90). Inoltre, alcune letture dovevano essere cantate solo in presenza di lettori ordinati. Sotto l'influenza del Movimento Liturgico, il *Memoriale Rituum* del 1950 permette ai ministri della Messa di fungere da diaconi della Passione, poiché al di fuori di cattedrali e monasteri è improbabile trovare una schiera così nutrita di ministri. Non rientra tra le finalità di questo libro entrare nel merito dei pro e dei contro di questi accomodamenti volti a promuovere la liturgia cantata in assenza dei ministri abituali, ma sono comprensivo nei confronti degli sforzi per ricostruire una cultura della liturgia solenne e cantata, dopo la desolazione musical-rituale dell'ultimo mezzo secolo.

processione dei tanti fedeli; ed è un bene anche per noi che questo bel rito richieda i suoi tempi: esso brucia come incenso prezioso il nostro "prezioso" tempo.

L'aspetto più curioso della venerabile liturgia del Venerdì Santo è il modo in cui viene trattata la Santissima Eucaristia. Solo un'Ostia magna è rimasta dalla sera precedente, in un calice (non una pisside) coperto da patena e palla, il tutto coperto da un velo di seta bianca e tenuto fermo da un nastro della medesima fatta. L'Ostia, velata, viene portata in processione dal celebrante sulle potenti note del *Vexilla Regis*. Ne danno il tono le prime due strofe:

> Ecco i vessili avanzano
> del Re, splende il misterio
> di croce, ove, immolandosi
> Cristo la vita diedeci.
>
> Dal core suo, che lancia
> crudel trafisse, sgorgano,
> acqua e sangue che lavano
> il colpevole spirito.

Il sacerdote incensa il Santissimo Sacramento e poi depone l'Ostia sul corporale; prepara il calice con il vino e con l'acqua; incensa le oblate e l'altare; si lava le mani; e dunque dice l'*Orate Fratres*: "Pregate, fratelli, affinché il mio sacrificio e il vostro siano accettabili presso Dio Padre Onnipotente" - ma non riceve alcuna risposta. Canta la Preghiera del Signore nel tono feriale, eleva con una mano l'Ostia perché tutti La possano vedere e adorare, fraziona l'Ostia e ne fa cadere un frammento nel vino non consacrato, e poi La consuma recitando le consuete preghiere, che invece omette quando beve il vino dal calice.

I riti del Venerdì Santo simboleggiano i diversi momenti della Passione. Come Cristo venne catturato e condotto davanti al tribunale, così l'Ostia viene portata fuori dall'altare in cui era stata riposta; come Cristo venne innalzato sul Calvario, così l'Ostia viene sollevata in alto; e come Cristo fu deposto dalla croce e collocato nel sepolcro, così l'Ostia è consumata dal sacerdote. In modo quasi brusco, la liturgia si conclude con l'inchino del sacerdote verso l'altare e con la sua uscita silenziosa dal presbiterio. Per quanto la si cerchi, la Presenza Reale di Cristo nel Santissimo Sacramento non si trova più: né nella chiesa, né nel tabernacolo, né sull'altare e nemmeno nei fedeli: *Lui non c'è più*. In questo momento, la desolazione del Venerdì Santo raggiunge il suo apice: il Figlio ha messo in atto la sua resa totale, e noi attendiamo la Risurrezione e il rinnovarsi del glorioso sacrificio della Messa.

Solo il sacerdote riceve la Comunione; per tutti gli altri, al centro della scena è l'*Adorazione della Croce*. Gli accoliti, il diacono e il suddiacono, i fedeli: tutti comunicano, per così dire, al mistero della Croce; è Lei che "sostituisce" la Santa Comunione, al Venerdì Santo. Certo, incontriamo il mistero della Croce ogni volta che riceviamo l'Eucaristia; ma i veli del pane e del vino possono distrarci, in un certo qual senso, dalla nostra unione con la morte di Cristo. Una volta all'anno, il Venerdì Santo fa risaltare visibilmente la Croce: è la Croce il segno sacro che tocchiamo e baciamo.[19]

Nella sua elaborazione medievale, codificata nel rito tridentino, il Venerdì Santo è l'unico giorno dell'anno in cui riviviamo

---

19   Gregory DiPippo: "È vero che un tempo ai fedeli veniva data la Comunione, il Venerdì Santo e, *solo* in questo senso, la mutilazione del Venerdì Santo del 1955 ritorna effettivamente a una pratica antica. Si può discutere legittimamente su questa particolare questione. Mi limiterò a far notare, a tal proposito, che ogni *altro* rito storico della cristianità è giunto alla stessa conclusione a cui il rito romano era giunto nel XIV secolo: in *nessun* rito cristiano storico c'è *alcun* rito di Comunione il Venerdì Santo. (In effetti, il *Consilium ad exsequendam*, rendendosi conto di quanto nel 1955 il rito romano si fosse allontanato, sotto questo aspetto, sia dalla propria tradizione che dalla più ampia tradizione liturgica cristiana, prese seriamente in considerazione la possibilità di eliminare del tutto la Comunione [del Venerdì Santo, NdT] quando creò il Novus Ordo). Tuttavia, questa questione specifica dimostra anche appieno l'incompetenza e la doppiezza dei creatori della Settimana Santa del 1955, perché letteralmente ogni singolo Ordo del rito romano che dice qualcosa su come si svolgeva il rituale del Venerdì Santo afferma che vi era un rito di frazione (come Andrieu documentò in una serie di articoli sulla *Revue des Sciences Religieuses* nel 1922-24), e tuttavia nel 1955 lo rimossero. Questo perché la loro intenzione non fu mai quella di ripristinare nella loro integrità le tradizioni storiche del rito romano. La loro prassi fu sempre quella di decidere in anticipo cosa avrebbero cambiato, per poi andare a pescare nei libri liturgici più antichi del rito romano, o di altri riti, una presunta giustificazione per il cambiamento che già in precedenza avevano deciso di operare. In breve: nulla di diverso dalla procedura con cui si è creato il Novus Ordo" (commento su Facebook).

realmente quella stessa desolazione vissuta dalla Vergine Maria e dagli apostoli; e qual modo migliore di far ciò avrebbe potuto trovare la Chiesa che privarci, in questo giorno, della comunione sacramentale? Colui che è morto è nella tomba, separato da noi. E invece la liturgia guida la nostra adorazione verso la fonte di vita, la Croce, con la quale Egli ha conquistato la nostra salvezza; e ci fa pregare per i bisogni della Chiesa e del mondo intero.

La liturgia del Venerdì Santo è molto più simile a una Messa di quanto lo sia l'esaltata *Actio Liturgica*, con distribuzione della Santa Comunione, di Pio XII, o anche il suo successivo rimpiazzo nel *Novus Ordo*; tuttavia, ha il sapore di una Messa tragicamente incompleta, si potrebbe persino dire di una Messa "vuota". Questa strana e sconfortevole sensazione era accentuata dalla combinazione di una grande solennità e di una severa semplicità, resa possibile dal livello di dettaglio cerimoniale proprio del rito precedente al 1955 e in seguito in gran parte scartato. All'inizio, le Letture e i lunghi Tratti sono intonati senza nulla che li preceda; alla fine, il sacerdote riceve in silenzio l'Ostia - e poi la liturgia si interrompe, quasi fosse stata decapitata, come una tragedia interrotta a metà dell'atto, senza dare agli attori il tempo di finire le loro battute, la trama lasciata in sospeso. Per quanto Gesù dica, nel Vangelo: "Tutto è compiuto", la liturgia trasmette forte il sentimento che "tutto è *incompiuto*". Questo mi sembra un meraviglioso paradosso tipicamente liturgico: proprio nel giorno che ci pone davanti all'evento storico con cui si è oggettivamente compiuta la nostra Redenzione, la stessa liturgia, attraverso cui ci uniamo soggettivamente a Cristo, si permette di avere il massimo carattere di incompletezza. Tutti i cambiamenti dagli anni '50 in poi hanno notevolmente minimizzato quanto sorprendentemente diversa dovesse essere la sensazione trasmessa da questo giorno, come rappresentazione vivente (*"vivax repraesentatio"*) di quel giorno in cui dal massimo disordine scaturì il ripristino di quell'ordine infranto dal peccato di Adamo.

La Settimana Santa di Pio XII abbrevia le Passioni secondo Matteo, Marco e Luca eliminando i racconti dell'Istituzione dell'Eucarestia. In questo modo, i resoconti sinottici di questo evento non ricorrono mai nell'anno liturgico del messale del 1962.[20] Se a questo aggiungiamo la radicale riprogettazione delle cerimonie del Venerdì Santo, che deliberatamente elimina o minimizza tutto quanto imita il rito della Messa, come può tutto ciò *non* esprimere un radicale divorzio tra l'Istituzione dell'Eucaristia e il Sacrificio della Croce?

Gli esegeti sottolineano come Cristo, durante l'Ultima Cena, bevve solo tre delle quattro coppe di vino prescritte dal cerimoniale giudaico; la quarta fu il "vino" che prese sulla Croce poco prima di dire: "Tutto è compiuto". La *Pesach* della notte precedente viene ora portata a compimento con la quarta coppa di vino, mostrando l'unità del Sacrificio incruento del giovedì e di quello cruento del venerdì. Sotto la guida dello Spirito Santo, nell'antico rito del Venerdì Santo troviamo una coppa di (mero) vino che viene bevuta e che, in unione all'Ostia consacrata la sera precedente, collega allo stesso modo le due liturgie.

La Veglia Pasquale

La Veglia Pasquale ante 1955 è *sublime*. Quella del 1955 o del 1969 dà piuttosto l'impressione di una raccolta arbitraria di rituali. Nella Veglia Pasquale tridentina, questi rituali si fondono in un singolo atto di culto unitario, come un uomo che cammina, passo dopo passo, verso un determinato obiettivo. Potente ricapitolazione di *tutti* i misteri del cristianesimo – dall'intima natura di Dio alla rivelazione della Ss. Trinità, dall'incarnazione del Verbo alla Redenzione nel sangue e alla gloriosa Risurrezione – la Veglia antica ha in sé una maestà, una serie crescente di simboli che si mescolano ma non si confondono, che le orazioni, le letture e le cerimonie presentano secondo un ritmo calmo e maestoso: il fuoco, il cero, l'acqua, a cui *direttamente* si rivolgono parole cariche di potere, pronunciate con autorità. La Chiesa prende il comando dei rudimenti della creazione e, letteralmente, *ordina* loro di servire Cristo per la salvezza delle anime.

Innestate alla liturgia troviamo due cerimonie che ricordano una Messa secca (*"missa sicca"*): anzitutto, un Prefazio, preceduto

---

20 Vi si ritrova solo un frammento della Passione secondo Luca (Lc 22,14-20), in una messa votiva, quella di Nostro Signore Gesù Cristo, sommo ed eterno sacerdote.

dal consueto dialogo, che precede la consacrazione del Cero; poi, la medesima struttura si ripete per la consacrazione dell'acqua. In entrambi i casi, partiamo da elementi materiali e li mettiamo da parte per Dio, chiedendogli di renderli, in un certo senso, Sé stesso: di renderli sacramenti, o segni sacri della Sua grazia.

La liturgia inizia fuori dalla chiesa con la benedizione del fuoco: non del cero, ma solo del fuoco stesso, simbolo dell'eterna natura divina.[21] Da questo fuoco si accende il trikirion, un candeliere a tre braccia ricco di diversi simbolismi: rappresenta anzitutto la Ss. Trinità; ma anche la progressiva rivelazione della Trinità nella storia della salvezza, dal momento che le candele del trikirion vengono accese una ad una durante la processione verso il presbiterio; o anche i tre giorni passati da Cristo nel sepolcro, e le tre Marie che si avvicinano alla tomba il giorno di Pasqua. Questa canna rappresenta poi il serpente di bronzo che Mosè scolpì e mise sopra un'asta per guarire gli Israeliti nel deserto. La processione culmina nell'*Exsultet*, il cui testo ha un senso *solamente* nel contesto precedente alle riforme piane, in cui le varie azioni descritte nell'*Exsultet* vengono effettivamente eseguite al momento corrispondente sul cero pasquale. Il diacono inserisce i cinque grani di incenso nel cero, simbolo dell'"Agnello, immolato fin dalla fondazione del mondo" (Ap 13, 8), per poi accenderlo attingendo da una delle tre candele del trikirion: la seconda Persona della Ss. Trinità si incarna per salvarci. Da questo momento in poi, ogni luce e fiamma nella chiesa viene tratta dal cero pasquale.

Le dodici Profezie si caratterizzano per una convincente direzionalità. Esse trattano dell'acqua, della luce, del fuoco e del sacrificio, con un tema di fondo: resistere al maligno e sconfiggerlo (tema reso esplicito nelle preghiere che circondano la benedizione del fonte battesimale).[22] La prima metà circa di esse si incardina sulle maggiori figure dell'antico testamento: Adamo, Noè, Abramo, Mosè, e un accenno a Re Davide. La seconda metà passa invece alla chiamata di Israele, l'antico e il nuovo. L'ultima lettura è il

---

21 Si veda il mio articolo "God as Fire", *NLM*, 14 marzo 2016.
22 Nei messali ante 1955 si trova una rubrica secondo cui, durante le Profezie, quanti si preparano al battesimo devono ricevere l'esorcismo e le altre cerimonie preparatorie.

racconto tratto dal libro del Profeta Daniele dei tre giovani, Sidrach, Misach e Abdenago, che si rifiutarono di adorare il gigantesco idolo di Nabuchodonosor e vennero gettati nella fornace ardente. Viene cantata in un tono speciale, sorprendentemente lirico e gioioso.

Poi, l'antifona *Sicut cervus* si presta perfettamente ad accompagnare la processione che si porta dal presbiterio al battistero, o al fonte battesimale in fondo alla chiesa: "Come il cervo anela ai corsi d'acqua, così l'anima mia anela a Te, o mio Dio". Dopo aver ascoltato tutte queste Profezie, è giunto il tempo di rendere realmente e sostanzialmente presenti quanto esse promettono, nell'acqua rigenerante del battesimo, così che in Cristo siano sepolti e risorti dei nuovi cristiani. La solenne processione al fonte, aperta dal cero pasquale, rende chiaro che quel cero è la colonna di fuoco che conduce verso il Mar Rosso, e che Israele sta per essere liberato dalla schiavitù egizia passando attraverso le acque dispensatrici di morte e donatrici di vita. Nella cerimonia di Pio XII, invece, l'acqua da benedire viene curiosamente posta nel bel mezzo del presbiterio, così che tutti possano "vedere", dopodiché l'acqua battesimale appena consacrata viene portata in processione al fonte battesimale durante il canto del *Sicut cervus*. Ne risulta demolito l'antico simbolismo, sopra descritto, della processione al battistero.

La liturgia nel suo complesso è caratterizzata da molte deliziose "irregolarità", come il canto di un triplice Alleluia seguito da un Verso e da un Tratto,[23] nessuna antifona d'Offertorio, nessun Agnus Dei e, al posto di un'antifona di Comunione, dei Vespri abbreviati con un Magnificat. Proprio come con le irregolarità del Venerdì Santo, tali caratteristiche fanno percepire distintamente la verità che questa liturgia è *diversa* da tutte le altre. Questa sua stranezza è uno stimolo ad una più profonda partecipazione interiore. Potrebbe lasciare i fedeli confusi? Sì, certo: ed è un bene. Il duello mortale tra la Vita e la Morte non è una merenda tra amici.

L'antica Veglia Pasquale è un vasto inno di lode alla forza di Dio che si rivela nella creazione del mondo, nella creazione del

---

23 Il Tratto è un canto penitenziale, quindi è davvero insolito che venga dopo un Alleluia: è il chiaroscuro della Veglia pasquale, in cui non siamo più confinati nelle tenebre della morte ma ancora non siamo emersi nella piena luce del giorno.

vecchio Israele e nella creazione del nuovo Israele; è dotata di un respiro cosmico, di una prospettiva storica e di una immersione nel mistero come non se ne trovano da nessun'altra parte nell'anno liturgico. Tutte le sue parti sono perfettamente interconnesse, senza quegli imbarazzanti momenti in cui si passa in modo disorganico, modulare, da un rituale all'altro, senza quelle cesure cerimoniali così tipiche del lavoro dei comitati vaticani dopo il 1948.

La Veglia Pasquale ante 1955 può a buon diritto definirsi la punta di diamante del rito tridentino. Proprio come per la Domenica delle Palme e il Venerdì Santo, rimango esterrefatto che un qualsivoglia riformatore possa aver osato mettere le mani su un così perfetto connubio tra arte e teologia. Quasi tutto ciò che ho appena descritto – quasi tutto! – è stato ridotto in macerie o riconfigurato in un modo nuovo. Mi ha detto una volta un amico sacerdote, che ha celebrato entrambe le forme della Settimana Santa (ante e post 1955/1962): "Le antiche liturgie sono coerenti in quel che contengono e nel quando lo presentano; le nuove versioni sono spezzettate e caotiche".[24] Nel movimento per ripristinare la tradizione nella Chiesa cattolica, recuperare la vecchia Settimana Santa e ridarle la dovuta preminenza è un compito di primaria importanza.

La Veglia di Pentecoste

Un'altra vittima degli anni '50 fu la Veglia di Pentecoste. Già ai tempi di Tertulliano, che morì a metà del III secolo, la Vigilia di Pentecoste era il secondo giorno più consueto per l'iniziazione dei fedeli che per qualche motivo non erano stati battezzati a Pasqua (ad esempio per malattia), o se c'erano ulteriori neofiti che desideravano entrare nella Chiesa.

Così, già dal V secolo, è ben attestato lo svolgersi nel giorno precedente la Pentecoste di una liturgia che riflette sensibilmente, quasi rispecchia, quella della Veglia Pasquale. Quasi una "ultima

---

24 E concludeva così: "I riti liturgici antichi fanno risaltare il legame integrale ed essenziale tra sacrificio della Croce e sacrificio eucaristico. Le nuove versioni [pacelliane] lo minimizzano sistematicamente... In effetti, alcuni degli individui che avevano lavorato sulla Settimana Santa "rinnovata" hanno poi lavorato sul *Novus Ordo*, e quando sono arrivati a dover risolvere alcuni problemi che essi stessi avevano creato, ne hanno dato la colpa non ai loro pasticci, ma alla "vecchia liturgia"! Si può essere più falsi?"

eco" della grande Veglia Pasquale, la Veglia di Pentecoste funge da stupenda "cerniera" per congiungerci alla grande Festa dello Spirito Santo e alla lunga stagione liturgica in verde che segue. Come tipico per tutte le vigilie, anche questo era un giorno di digiuno e di astinenza, per ben prepararsi alla solennità ventura. Le orazioni che seguono le profezie (sei, non dodici come il Sabato Santo) - ricche in dottrina e dolci nel tono - "si concentrano, ognuna a modo suo, sulla continuità tra i due Testamenti".[25] Per fare solo due esempi, le orazioni dopo la seconda e la quarta profezia recitano:

> O Dio, che con la luce del Nuovo Testamento hai spiegato i miracoli compiuti nei primi tempi, così che il Mar Rosso fosse la figura del sacro fonte e la liberazione del popolo dalla schiavitù dell'Egitto prefigurasse i sacramenti del popolo cristiano; concedi che tutte le nazioni che hanno ottenuto la primogenitura di Israele per merito della fede siano rigenerate con la partecipazione del Tuo Spirito.
>
> Onnipotente ed eterno Dio, che per mezzo del tuo Unico Figlio hai mostrato di essere il coltivatore della tua Chiesa, curando con bontà ogni tralcio che porta frutto in quello stesso Cristo, che è la vera vite, affinché produca frutti più abbondanti; non permettere che le spine del peccato prevalgano contro i tuoi fedeli, che hai trapiantato come una vigna fuori dall'Egitto per mezzo del fonte battesimale; ma, protetti dalla santificazione del tuo Spirito, siano arricchiti di frutto perpetuo. Per lo stesso Signore Nostro... nell'unità del medesimo Spirito Santo...

In queste splendide preghiere cogliamo lo stretto legame tra il battesimo in Cristo e la rinascita tramite lo Spirito Santo; e il legame, non meno stretto, tra l'incorporazione a Cristo, vera vite, e la fecondità spirituale del tralcio. La scomparsa di queste preghiere nella drastica riduzione della Veglia operata da Pio XII (e così nel Messale nel suo complesso) è a dir poco tragica.

La snellita versione della veglia di Pio XII si libera di tutte le Profezie, dei Tratti, delle Orazioni, della Benedizione del Fonte e delle Litanie dei Santi e riduce il giorno a una normale Messa

---

25 Gregory DiPippo, "The Suppression of the Ancient Baptismal Vigil of Pentecost", NLM, 18 maggio 2018.

(con minime variazioni), oscurando il forte legame che la vecchia liturgia stabiliva tra battesimo e cresima. Nella versione pacelliana si respira un'atmosfera brusca, emaciata, "dietetica": senza quel peso e quella densità che ci si aspetterebbe dalle cerimonie che concludono la Pasqua e inaugurano la festa, l'ottava e la stagione di Pentecoste. Pensiamoci: la domenica di Pasqua è debitamente preparata dalla Veglia pasquale, dal Triduo e dalla Settimana Santa nel suo complesso; e anche il Natale è debitamente preparato da una Veglia che si dischiude in tre distinte Messe, come un germoglio che si apre nella pienezza del fiore (Mezzanotte, Aurora e Giorno). Non meno spazio e magnificenza merita la Santa Pentecoste. Se la Pasqua dev'essere come un'unica grande festa (come andavano ripetendo a ogni piè sospinto i novatori, senza mostrare gran comprensione di quel che stavano dicendo), allora, e a maggior ragione, ha perfettamente senso chiudere questo periodo di gioia per la risurrezione di Cristo con un'eco della grande Veglia pasquale, quasi l'aprirsi e il chiudersi di delle grandi porte, prima che s'apra su di noi il prossimo "capitolo" della storia della salvezza nella solenne festa di Pentecoste, con la sua ottava e la lunga serie di domeniche verdi che da essa prendono il numero. Come la Veglia Pasquale ante 1955 unisce l'oscurità del Sabato Santo alla piena luce della Domenica di Pasqua, così la Veglia di Pentecoste ante 1955 unisce profondamente il mistero pasquale all'effusione dello Spirito Santo.

La Veglia di Pentecoste ante 1955 è la forma rituale celebrata nell'arco di almeno un millennio, da ben prima del Concilio di Trento fino al proto-rivoluzionario pontificato di Pio XII. La versione pacelliana, per contro, ebbe un'ingloriosa vita di circa quattordici anni prima di essere rasa al suolo da Bugnini & Co. nel messale del 1969. La "Veglia 1955-1969" è un atomo, un granello di polvere, nella storia millenaria del culto cattolico-romano (come lo è il Novus Ordo, un granello di polvere un po' più grande ed irritante). Come il patrimonio tridentino di cui fa parte, la Veglia tradizionale si può fregiare di un antico lignaggio: ha, dalla sua parte, tutta la forza della tradizione immemorabile. È *questa* gloriosa liturgia la Veglia di Pentecoste del rito romano: è tempo di reclamarla. Dalla nostra i documenti storici, il *know-how*, i sacerdoti e i fedeli pronti a questa restaurazione. *Tolle, et lege; lege, et ora; ora, et laetare.* Prendete e leggete; leggete e pregate; pregate e gioite.

Altri due esempi dal calendario liturgico

Passiamo al Corpus Domini. Questa festa fu istituita da papa Urbano IV nel 1264, in risposta alla richiesta fatta da Nostro Signore a Santa Giuliana di Liegi all'inizio del XIII secolo. La festa era corredata di una sua Ottava. Il punto di un'ottava è quello di crogiolarsi, per così dire, alla luce di un grande mistero per otto giorni, numero simbolico della vita eterna. L'ottava permette di prestare il dovuto onore al Signore, o a Sua Madre, o a un santo particolarmente importante. Era quindi inconcepibile che una festa volta a ringraziare Nostro Signore per il dono di Sé stesso nella Santa Eucaristia, offrendogli speciale omaggio una volta all'anno, si celebrasse per un giorno soltanto. Circa 500 anni dopo, il 16 giugno 1675, Nostro Signore apparve a Santa Margherita Maria Alacoque e le disse: "Perciò ti chiedo che il primo venerdì dopo l'ottava del Santo Sacramento sia dedicato a una festa particolare per onorare il mio Cuore. In quel giorno ti comunicherai e gli tributerai un'ammenda d'onore, per riparare le indegnità che ha ricevuto durante il periodo in cui è stato esposto sugli altari. Ti prometto che il mio Cuore si dilaterà per effondere abbondantemente le grazie del suo divino amore su coloro che Gli renderanno quest'onore e procureranno che anche altri glielo rendano". E così nacque la festa del Sacro Cuore. Ma quello che vorrei far notare è che Gesù ha chiesto specificamente che questa festa fosse "il primo venerdì dopo l'ottava del Santo Sacramento". Assurdo, allora, che Pio XII nel 1955 abbia soppresso *tutte* le ottave ad eccezione di quelle di Natale, Pasqua e Pentecoste![26]

Prima del 1956, erano almeno 23 le ottave osservate in tutte le diocesi. Queste ottave avevano tre forme base: privilegiata, comune e semplice, e in ragione del grado si determinava la precedenza (o meno) sulle altre feste e l'Ufficio del giorno. Al livello

---

26 La festa del Sacro Cuore è ancora il venerdì della settimana dopo il Corpus Domini, ma in assenza dell'ottava che le ha dato il suo posto, appare come un momento devozionale isolato piuttosto che il completamento di un arco.

più alto, ogni giorno nell'ottava veniva trattato come il giorno della festa stessa. Al livello più basso, si sarebbe osservato solo l'ottavo giorno (o "ottava") con una messa propria. Tutto ciò rendeva il calendario considerevolmente più ricco, più intrecciato con i misteri di Cristo e la memoria dei Suoi santi. La perdita delle ottave è connessa a un problema più grande: la perdita, o il diradarsi, della nozione di *tempo sacro*, che ha sempre più lasciato il posto a un approccio allo scorrere del tempo mondano, lineare, orientato al lavoro. Le continue spinte per "accorciare la liturgia" devono essere comprese da questo punto di vista. Gli uomini d'oggi pensano di avere così tante cose più importanti da fare che adorare Dio. L'incapacità di vedere e sentire che il culto è l'attività migliore, più nobile, più umana e più divinizzante che possiamo compiere è, senza dubbio, la nostra più grave malattia spirituale.

L'ultimo esempio che prendo dal calendario liturgico è la festa dei Santi Innocenti. Prima del 1956, c'era la bellissima usanza per cui questa festa del 28 dicembre, in ossequio al triste carattere della strage dei bambini innocenti, veniva celebrata in paramenti viola, senza Gloria, con un Tratto al posto dell'Alleluia, e con un *Benedicamus Domino* al posto dell'*Ite Missa Est*; mentre invece nel loro giorno dell'ottava (che, ricordiamo, rappresenta la vita eterna) la stessa Messa veniva celebrata in paramenti rossi, con Gloria, Alleluia e *Ite Missa Est*, ad annunciare il loro trionfo celeste come martiri.[27] Questo, a mio avviso, è un perfetto esempio della finezza teologica e psicologica dell'antica liturgia. Ancora una volta, con l'eliminazione dell'ottava nel 1955, quest'usanza fu abbandonata.

CARATTERISTICHE GENERALI DELLA MESSA

Non è stato solo il ciclo temporale e santorale a soffrire di "ritocchite", ma anche alcuni aspetti generali della Messa. Descriverò cinque di questi aspetti che sono stati modificati o scartati nel periodo precedente al 1962, e che meritano tutti di essere

---

27 Se il ventotto cadeva di domenica, però, i paramenti per la festa sarebbero stati rossi, si sarebbe cantato l'Alleluia, etc.

recuperati: le pianete plicate e gli stoloni; le orazioni multiple; la ripetizione delle letture da parte del sacerdote; la più frequente recita del Credo; e l'uso del "Benedicamus Domino" al posto dell'"Ite, missa est" nei giorni senza il Gloria.

Pianete plicate e Stoloni

Tra gli elementi insoliti che i fedeli possono osservare nelle celebrazioni della Settimana Santa ante 1955, così come anche in altri giorni penitenziali, troviamo la cosiddetta "pianeta plicata" e gli "stoloni".[28] È utile comprendere le origini di questi paramenti.

I primi cristiani, ai tempi dell'Impero Romano, non avevano paramenti liturgici distintivi, ma semplicemente indossavano ciò che erano abituati a indossare all'epoca – il loro "vestito della domenica", potremmo dire. Il mantello che avvolgeva completamente chi lo indossava era chiamato casula (più tardi detta anche pianeta). Il diacono e il suddiacono che cantavano le letture, per comodità, si toglievano la casula o la piegavano avvolgendola su una spalla, così da potersi muovere più liberamente e tenere in mano i lezionari (non dimentichiamo il caldo che può provare un chierico rivestito di pesanti paramenti, soprattutto nell'afa estiva di un'affollata chiesetta mediterranea illuminata da una miriade di candele!). Col cambiare delle mode secolari, la Chiesa, sempre conservativa nella sua mentalità, ha conservato l'uso degli abiti romani originali, che col tempo vennero a essere visti come vesti sacerdotali destinate ai servizi liturgici. Più tardi, nel V secolo, furono introdotti per il diacono la dalmatica, più pratica e sontuosa, e per il suddiacono la tunicella. Inizialmente, questi paramenti erano bianchi e adornati con le bande verticali viola

---

28 "Nell'uso moderno, la rubrica di base prevede che le pianete plicate siano indossate al posto della dalmatica e della tunicella nei giorni di digiuno e penitenza in cui si usa il viola. Ciò include le domeniche e le ferie di Avvento e Quaresima – con l'ovvia eccezione delle domeniche "in rosa" – così come i giorni delle Tempora (eccetto quelle di Pentecoste) e durante la benedizione delle candele e la processione della Candelora. Pianete plicate, di colore nero, venivano inoltre utilizzate il Venerdì Santo. Naturalmente, tutto quanto detto in proposito della pianeta plicata vale anche per lo stolone, che in realtà è solo un'altra forma della pianeta plicata". Shawn Tribe, "History and Designs of the Folded Chasuble", *Liturgical Arts Journal*, 4 dicembre 2017.

tipiche della toga senatoria romana; erano visti come paramenti "espressivi di gioia e di innocenza [il che li rendeva] del tutto inappropriati per le stagioni penitenziali".[29] Lo stesso traspare anche dalla preghiera che il diacono pronuncia quando indossa la dalmatica ("Rivestimi, o Signore, con l'abito della salvezza e la veste della gioia, e cingimi sempre con la dalmatica della giustizia") e il suddiacono quando indossa la tunicella ("Il Signore mi rivesta con la tunica della gioia e con l'abito della letizia").

Conseguentemente, nelle stagioni penitenziali – che a Roma sono sempre state contraddistinte dal perdurare delle usanze più antiche – la casula piegata continuò ad essere utilizzata, per tutto il Medioevo, passando per il Barocco, fino ai tempi di Pio XII. Nella prassi precedente al 1955, il diacono e il suddiacono indossavano una pianeta ripiegata (plicata) sul davanti, invece della dalmatica e della tunicella. Il suddiacono si toglieva questa pianeta per l'Epistola riprendendola una volta terminata. Il diacono si toglieva la pianeta plicata e la sostituiva con una stola larga (o stolone) prima del canto del Vangelo; la rimuoveva solo al termine delle abluzioni, rindossando la pianeta plicata (in alcuni casi, la stessa pianeta veniva arrotolata a formare una stola larga, il che è di fatto l'origine storica di quest'ultimo paramento). Nel 1955, Pio XII decretò che il diacono e il suddiacono dovessero d'ora innanzi indossare, in modo alquanto incongruo, i loro paramenti di gioia e d'innocenza durante la Settimana Santa. Quattro anni più tardi, nel 1960, il codice delle rubriche di Giovanni XXIII abolì del tutto le pianete plicate e gli stoloni. In questo modo, uno dei segni più evidenti dei giorni o delle stagioni penitenziali – Avvento, Quaresima e Quattro Tempora – fu consegnato all'oblio; e i papi dimostrarono ancora una volta che un loro colpo di penna poteva fare più danni agli usi liturgici di qualsiasi orda d'invasioni barbariche, di guerre, piaghe, carestie o rivoluzioni.

---

29 Si veda Henri de Villiers, "The History of the Folded Chasuble, Parte 1", *Canticum Salomonis*, 23 marzo 2018. Per lo stesso motivo, il diacono indossa una dalmatica bianca per il canto del Preconio Pasquale o (*Exsultet*). Cfr. Shawn Tribe, "Use, History and Development of the 'Planeta Plicata' or Folded Chasuble", NLM, 8 marzo 2009.

Orazioni multiple

In ogni Messa ci sono tre preghiere molto importanti chiamate "Orazioni": la Colletta, poco dopo l'inizio; la Segreta, detta in silenzio alla fine dell'Offertorio; e il Postcommunio, recitato dopo le abluzioni finali. Per secoli, per i sacerdoti è stato normale dire o cantare più di una serie di orazioni durante la Messa.[30] Le rubriche spesso indicavano al sacerdote quali preghiere aggiuntive usare. Ad esempio, in Avvento, a partire dalla prima domenica, il Messale prescriveva l'aggiunta di una seconda colletta dedicata alla Beata Vergine Maria e di una terza colletta per la Chiesa o per il Papa, ma se ci fossero stati dei santi da commemorare, si sarebbero invece utilizzate le loro preghiere. Per avere un'idea della potenza di queste preghiere, ecco la Colletta "per i vivi e per i morti", che si diceva ogni giorno dal Mercoledì delle Ceneri alla Domenica di Passione:

> O Dio onnipotente ed eterno, che hai impero sui vivi e sui morti e che hai misericordia di tutti quanti sai che saranno tuoi per merito della fede e delle buone opere: umilmente ti imploriamo, perché tutti quelli pei quali ci siam votati a effondere le nostre preghiere, sia che il mondo presente ancora li trattenga nella carne, sia che il mondo a venire, deposto il corpo, già li abbia accolti, possano, per intercessione di tutti i tuoi santi, ottenere dalla clemenza della tua bontà il perdono di tutti i loro peccati.

E *questo* si pregava ogni giorno, per quasi un intero mese all'anno. Tutte le altre collette, poi, hanno una forza del tutto comparabile.

La domenica i santi, invece di essere semplicemente ignorati, venivano commemorati. Per darci un'idea di come ciò sarebbe funzionato nella pratica, prendiamo, ad esempio, la domenica 30 giugno 2019. Ho preso questa data perché è la tipica "costellazione" di ricorrenze: è la Terza Domenica dopo Pentecoste, nell'Ottava del Sacro Cuore e della nascita di San Giovanni Battista, ma è anche la Commemorazione di San Paolo, sempre accompagnato in commemorazione dal suo compagno nell'apostolato romano,

---

30 Ciò avveniva anche durante il canto di Lodi e Vespri. Per maggiori dettagli, si veda il mio articolo "In Defense of Multiple Orations", NLM, 8 febbraio 2021.

San Pietro. Così, a Messa, il sacerdote avrebbe recitato o cantato cinque collette: quella della domenica, seguita da San Paolo, San Pietro, il Sacro Cuore e San Giovanni Battista. Una confluenza del genere era, comunque, piuttosto rara: nella maggior parte dei casi le orazioni erano tre.

In altre occasioni, il sacerdote poteva aggiungere (specialmente nelle Messe private) orazioni votive o per esigenze della comunità, attingendo allo straordinario patrimonio di preghiere della tradizione romana. Tra le varie intenzioni troviamo collette:

- Per implorare l'intercessione dei santi
- Per le persone costituite in autorità e per coloro che sono sotto la loro responsabilità
- Contro i persecutori e i malfattori
- In tempo di terremoto
- Per domandare la pioggia
- Per domandare il bel tempo
- Contro i temporali e le tempeste
- Per ottenere lo spirito di penitenza
- Per chi soffre tentazione e tribolazione
- Per allontanare i pensieri malvagi

E immagino che qualche lettore, forse, starà già pensando: "aspetta un secondo, tutto ciò suona quasi come la Preghiera dei Fedeli!" E in un certo senso, avrebbe ragione. Il rito romano *aveva già in sé* un modo di pregare per i bisogni del celebrante, della comunità locale, del mondo circostante o di alcune categorie di persone. C'era già tutto.

Prima del 1955, il numero massimo di Orazioni ad una messa letta, in giorni normali, era di cinque o sette (a seconda delle circostanze). Nel 1955, questo numero fu ridotto a tre, e le orazioni obbligatorie per le varie stagioni liturgiche furono abolite. Nel 1960, la possibilità di orazioni aggiuntive fu ulteriormente ridotta, e completamente abbandonata per la maggior parte delle domeniche dell'anno. Il tutto fu fatto in un'ottica di semplificazione razionale e di snellimento, apparentemente sul presupposto che per i fedeli non sia possibile o auspicabile avere più di un "tema" per una determinata "funzione", il che è un insulto alla nostra intelligenza e una catena per la nostra devozione. L'ultimo passo sarebbe stato il Novus Ordo, che non ha mai più di un gruppo di orazioni per Messa.

Ripetizione delle letture da parte del sacerdote

Prima del 1956, durante una Messa Solenne, il sacerdote all'altare leggeva silenziosamente da solo tutte le Antifone, le Orazioni e le Letture della Messa, anche se nel frattempo gli altri ministri le stavano cantando, in base al loro ruolo nella liturgia. Questa usanza si sviluppò a partire dalla Messa letta, in cui il sacerdote si era ormai abituato a pronunciare tutto. Nel 1955, ai sacerdoti fu ordinato di non leggere più da sé le Letture durante la Settimana Santa; e nel 1960 di non farlo mai, se qualcun altro già le stava recitando. Nel 1969, con il Novus Ordo, ai sacerdoti fu indicato di non dire Kyrie, Gloria, Credo, Sanctus o Agnus Dei se a cantarli c'era un coro o anche il popolo; piuttosto, dovevano cantare con loro, o ascoltarli.

Questo processo fu un errore, e per due motivi. Sul lato pratico, esiste un valore devozionale soggettivo o personale nel leggere, con i propri occhi e le proprie labbra, l'epistola, il Vangelo e tutto l'Ordinario della Messa. Consente di conservare, di giorno in giorno, la massima continuità testuale e cerimoniale, indipendentemente dal carattere più o meno solenne della liturgia offerta. A livello teologico, dobbiamo ricordare che il sacerdote sta all'altare *in persona Christi*. Come la maggior parte delle preghiere (e i prefazi) sono pregati per *Dominum nostrum Jesum Christum*, allo stesso modo tutte le azioni di culto procedono dai ministri della Chiesa, attraverso Cristo (rappresentato dal sacerdote) fino a Dio Padre. Quest'orientamento patricentrico riguarda anche le letture, non semplicemente didattiche ma latreutiche. Così, il sacerdote agisce: come se stesso, come membro della Chiesa (nelle preghiere ai piedi dell'altare, prima della Comunione e in alcune parti dell'Offertorio); *in persona Christi* durante la consacrazione e, in un modo diverso, quando ripete quanto detto da altri; *in persona Ecclesiae*, per tutto il resto. Traspare qui la profonda ratio teologica per cui il rito antico non conosce la concelebrazione: salvo una quasi-concelebrazione durante la Messa di ordinazione del sacerdote, nel rito antico c'è sempre e soltanto *un sacerdote-celebrante* per cui "passa" l'intera liturgia, in una ininterrotta linea di mediazione e ripresentazione dell'Unico Sommo ed Eterno Sacerdote.

Quando recita l'Introito, il sacerdote sta nella persona di Cristo-profeta, perché annuncia il mistero che si andrà a compiere. Quando prega le nove invocazioni del Kyrie, implora la misericordia di Dio onnipotente, agendo di nuovo e visibilmente nella persona del Sommo Sacerdote, che offre sacrifici per conto di noi, peccatori. Quando legge il Vangelo, lo legge come immagine viva di Cristo. Nulla di tutto ciò sminuisce o diluisce il ruolo proprio degli altri ministri o del popolo; piuttosto, non fa altro che ricondurre alla massima unità l'azione liturgica facendola fluire da e ritornare a quello stesso Alfa e Omega, a Cristo stesso, la cui unità di essere e di azione è sensibilmente rappresentata dal celebrante.

La recita del Credo

Il credo niceno-costantinopolitano non era in origine incluso nel Rito romano; come molte altre caratteristiche della Messa, venne importato dalla Francia. Tuttavia, una volta che vi aveva trovato il suo posto, iniziò il consueto processo per cui venne assegnato a sempre più occasioni, per ragioni di appropriatezza. Nel Rito tridentino, si recita in tutte le domeniche e nelle feste maggiori della Madonna e degli Apostoli (nonché nei relativi giorni d'ottava), ma anche nelle feste degli Angeli (poiché la loro creazione è menzionata nel Credo), dei Dottori della Chiesa (perché il Credo incarna la dottrina cattolica, di cui essi furono i più accesi difensori e interpreti), e nella festa di S. Maria Maddalena, perché "Apostola degli apostoli", onorata dalla prima apparizione del Signore risorto.

Il tutto mi sembra perfettamente ragionevole e appropriato. Di cosa lamentarsi? L'opportunità di cantare una delle bellissime versioni gregoriane del Credo dovrebbe essere sempre la benvenuta; e per quanto riguarda la Messa Bassa, recitarlo prende poco più di un minuto, e ci dà l'opportunità di onorare la Santissima Trinità con tre inchini del capo e una genuflessione.[31] Nel 1956

---

31 Si china il capo all'inizio, per il Padre; al nome di Gesù; e al *simul adoratur et conglorificatur* per lo Spirito Santo: una perfetta confessione trinitaria fatta col corpo. La genuflessione avviene, naturalmente, al *Et incarnatus est*.

gli irrequieti riformatori abolirono il Credo per le messe degli Angeli, di Santa Maria Maddalena e dei giorni delle ottave, e per qualche altra messa; nel 1960 fu abolito per i Dottori della Chiesa e per le Messe Votive solenni.

Il Benedicamus Domino

Nel rito tridentino, ogni volta che in una Messa si recitava il *Gloria*, il sacerdote (o il diacono) concludeva la celebrazione con l'*Ite, Missa est*; se invece non c'era il *Gloria*, la formula usata era *Benedicamus Domino*. (In entrambi i casi la risposta era: *Deo gratias*). Questa era solo una delle tante finezze con cui i giorni di festa venivano distinti dai giorni feriali o da quelli penitenziali. Con le rubriche del 1960, ogni Messa si conclude con l'*Ite, Missa est*, e il *Benedicamus Domino* viene utilizzato solo quando alla celebrazione segue una processione o un'altra funzione. È un piccolo dettaglio, chiaramente, ma tanti piccoli dettagli uniti formano un'impressione generale. C'era, e c'è, una certa unità di spirito nelle rubriche tridentine. Questa unità è andata via via perdendosi con le riforme degli anni '50 e dei primi anni '60, prima di essere semplicemente gettata dalla finestra da metà anni Sessanta in poi.

I PRIMI VESPRI

Anche se questo capitolo, come il resto del libro, si concentra sulla S. Messa, desidero soffermarmi su un punto importante che riguarda l'Ufficio divino. Se vogliamo restaurare un'autentica *vita liturgica* è imprescindibile ristabilire il primato dei Primi Vespri. I manoscritti più antichi di cui disponiamo già indicano, per il rito romano, la presenza dei primi vespri nelle feste; e lo stesso vale per tutte le liturgie classiche. Il rito bizantino, ad esempio, prevede *soltanto* Primi Vespri. Non è esagerato affermare che quest'usanza fa parte di quanto abbiamo ereditato dal culto giudaico della sinagoga. L'abolizione dei primi vespri per la maggior parte delle feste avvenne nel 1955, con la semplificazione delle rubriche da parte di Pio XII, *De Rubricis ad Simpliciorem Formam Redigendis*, a motivo della quale venivano addotte ragioni di comodità dei chierici: "Poiché in questa nostra epoca i sacerdoti, e specialmente quelli in cura d'anime, sono gravati ogni giorno da nuovi e vari doveri di apostolato, così che difficilmente possono dedicarsi alla recita dell'Ufficio divino con la necessaria tranquillità d'animo [...]". Ma non si vede come l'abrogazione dei Primi Vespri fosse un passo obbligato, o in qualche modo compatibile con il genio del rito romano.[32]

La cancellazione per legge dei Primi Vespri (ignorando invece la possibilità di ometterli eccezionalmente) fu riconosciuta come un errore quando si trattò della revisione dell'Ufficio Ambrosiano, che mantiene i Primi Vespri per tutte le feste ed aggiunge i Secondi Vespri per le solennità. È quindi urgente, parallelamente al recupero del messale ante 1955, la ristampa di breviari ante 1955, sia romani che monastici; e, un giorno, arriverà il momento di recuperare sapientemente il "Breviario di sempre", ossia un breviario che osservi l'antico e costante *ordo psallendi* romano, distrutto dal radicale riordino dell'Ufficio da parte di Pio X nel 1911. Sempre più sacerdoti oggi riprendono in mano qualche antica versione dell'Ufficio preconciliare, il che è un bene: pregare l'Ufficio è un elemento *essenziale* per assimilare la saggezza e la pietà della liturgia tradizionale, nella quale la Messa non sta sola, come un'isola. Essa è il culmine, ma non l'intera montagna. Le lezioni del Mattutino, ad esempio, e il Martirologio di Prima sono di importanza vitale per sacerdoti che desiderino comprendere appieno la natura sacrificale del sacerdozio e il modo in cui, nel corso dei secoli, è stato vissuto. Inoltre, cantare pubblicamente una parte dell'Ufficio – almeno Terza e Vespri, la domenica – è fondamentale per ogni serio tentativo di restaurare pienamente una cultura cattolica.

CASI DI DISAPPLICAZIONE DEL *MISSALE ROMANUM* 1962

Dopo aver analizzato questi elementi del Rito romano classico persi o mutilati a partire dal 1951, vorrei ora affrontare alcune questioni pratiche e canonistiche.

È bene notare che alcuni cambiamenti introdotti con il *Codice delle Rubriche* del 1960, incluso nel Messale del 1962, non vengono

---

32 Ecco perché il 1955 rappresenta il vero spartiacque della distruzione liturgica: fu la prima volta che i testi e le cerimonie vennero cambiati per semplificare le rubriche, piuttosto che essere le rubriche umili servitrici dei testi e delle cerimonie.

quasi mai osservati nelle celebrazioni odierne della messa tradizionale.[33] Queste discrepanze non solo sono tollerate, ma financo praticate da prelati di alto rango, almeno alcuni dei quali sanno perfettamente che, così facendo, stanno seguendo le rubriche più antiche. L'esempio più ovvio è il mantenimento del Confiteor appena prima della comunione,[34] che fu abolito nel 1960, ma è tenacemente sopravvissuto, tanto che oggi è molto più comune la sua recita che la sua omissione. Un altro esempio è il fatto che il sacerdote si inchini verso il crocifisso quando dice l'"Oremus"; quando, secondo le rubriche del 1960, dovrebbe invece inchinarsi verso il messale.

Stando alle rubriche che regolano il Messale del 1962, in effetti, la Messa può essere accorciata, proprio come avviene nel Novus Ordo. Qualora si abbia una cerimonia prima della Messa, come la processione della Candelora o delle Rogazioni, è previsto che le preghiere ai piedi dell'altare siano omesse, per cui è possibile avere una Messa "in forma straordinaria" senza la recita di alcun Confiteor;[35] e quando alla Messa segue una cerimonia, come l'assoluzione al tumulo o la processione del Corpus Domini, si dovrebbe omettere l'ultimo Evangelo. Anche se molti sacerdoti tradizionali non seguono queste regole sciocche e arbitrarie che mutilano la Messa, le rubriche del Messale del 1962 richiedono comunque questo.

Inoltre, la Pontificia Commissione Ecclesia Dei, prima di essere riassorbita nella Congregazione per la Dottrina della Fede, aveva più volte dato indicazioni che l'approccio alle rubriche potesse essere un po' più – per così dire – flessibile. In un modo di procedere tipicamente "romano", invece di emanare precise istruzioni, ha pubblicato un *Ordo* liturgico con due caratteristiche degne di nota. In primo luogo, si indicava che nelle Messe *de tempore* di Avvento, Settuagesima, e Quaresima (cioè Messe senza il Gloria),

---

33 Si veda "*Summorum Pontificum* & the Rite of Écone" nel weblog *The Rad Trad*, 7 luglio 2014.
34 Si veda il mio articolo "Why the Confiteor Before Communion Should Be Retained (or Reintroduced)", *NLM*, 27 maggio 2019.
35 Se cioè si saltano le preghiere ai piedi e si omette il Confiteor alla comunione (come suppongono le rubriche).

si poteva utlizzare il *Benedicamus Domino* al posto dell'*Ite missa est*. In secondo luogo, faceva un piccolo riferimento, quasi *en passant*, alla "ottava del Corpus Domini", come a lasciare intendere che, in realtà, è ben possibile osservare un'ottava di questa festa. So personalmente di due monasteri benedettini che celebrano l'intera ottava del *Corpus Domini*, con Messa e Ufficio della festa, con tanto di processioni, adorazione e benedizione eucaristica.

Ma ancora più importante è il fatto che, quando ancora esisteva, la commissione *Ecclesia Dei* ha concesso all'Istituto Cristo Re e alla Fraternità di San Pietro il permesso di utilizzare la vera Settimana Santa Tridentina per tre anni consecutivi (2018, 2019 e 2020), e si parlava di una decisione volta a rendere il permesso permanente. Un'autorizzazione ufficiale venne accordata anche per l'antica Veglia di Pentecoste. Ma, al posto dell'atteso permesso permanente, l'ufficio vaticano per il rito antico ha chiuso i battenti e nel 2021, con *Traditionis Custodes*, è stata annunciata una terrificante campagna volta a eliminare la tradizione liturgica romana dalla faccia della terra.[36] Possiamo quindi affermare con certezza che i termini della questione sono fondamentalmente cambiati. Non si tratta più di questioni di dettaglio come "possiamo usare le pianete plicate e gli stoloni?". Si tratta ora di vita o di morte, di sopravvivenza o estinzione. Dato che l'odio dei modernisti attualmente al potere è diretto contro la tradizione cattolica nel suo complesso e sotto qualsiasi aspetto (si pensi al selvaggio accanimento contro la celebrazione *ad orientem* del Novus Ordo, a onta della legge liturgica che ben lo permette!), la questione di ciò che si può o non si può fare nell'ambito della tradizione si è da un lato semplificata e dall'altro spalancata, e le sottigliezze giuridiche si contano tra i primi caduti di guerra. Possiamo e *dobbiamo* fare tutto quel che è necessario per salvare la tradizione romana, nella sua interezza e purezza, come uno dei più grandi tesori della Chiesa cattolica, parte eminentemente integrante del suo bene comune.[37]

---

36   Per un'analisi completa si veda Peter Kwasniewski, ed. *From Benedict's Peace to Francis's War: Catholics Respond to the Motu Proprio* Traditionis Custodes *on the Latin Mass* (Brooklyn, NY: Angelico Press, 2021).
37   In questo senso il mio saggio "*La vera obbedienza nella Chiesa*" argomenta la necessità di decisioni ed azioni radicali.

L'INTRINSECA PERMISSIBILITÀ DELLA LITURGIA ANTE 1955

Il principio fondamentale è questo: un rito liturgico possiede autorità *da sé stesso*, dal suo uso prolungato nel tempo e dalla sua accettazione da parte dei fedeli, e non primariamente dai decreti di qualsivoglia autorità. Il peso intrinseco della tradizione immemorabile è tale che nessun papa può abolirla o abrogarla. Potremmo definirlo il "sacro e grande" principio, secondo le parole di Benedetto XVI nella *Lettera ai Vescovi* del 7 luglio 2007: "Ciò che per le generazioni anteriori era sacro, anche per noi resta sacro e grande, e non può essere improvvisamente del tutto proibito o, addirittura, giudicato dannoso. Ci fa bene a tutti conservare le ricchezze che sono cresciute nella fede e nella preghiera della Chiesa, e di dar loro il giusto posto".

Benedetto XVI è stato sempre coerente testimone del fatto che considerava il *Summorum Pontificum* come l'espressione di una posizione propriamente teologica ed ecclesiologica – ossia, non meramente disciplinare. Per esempio, in risposta all'affermazione che il suo scopo nel pubblicarla sarebbe stato principalmente la riconciliazione della FSSPX, egli replicò: "Questo è assolutamente falso! Per me era importante che la Chiesa preservasse la continuità interna con il suo passato. Che ciò che prima era sacro non divenisse da un momento all'altro una cosa sbagliata. [...] Il mio intento, tuttavia, come ho detto, non era di natura tattica: m'importava la cosa in sé".[38]

L'argomento con cui *Summorum Pontificum* testimonia la perdurante liceità del messale del 1962 e degli altri riti tradizionali attesta esattamente lo stesso per tutta l'eredità tridentina in generale – tra cui la vecchia Settimana Santa, la Veglia di Pentecoste, l'ottava del Corpus Domini, la diversità tra la festa dei Santi Innocenti e la sua ottava, le pianete plicate e gli stoloni, le orazioni multiple, il "raddoppio" delle letture, la recita del Credo e l'uso del *Benedicamus Domino*. La liturgia tradizionale ha più autorità ecclesiale di qualsiasi decisione di un papa o di un ufficio curiale.

---

38 Benedetto XVI, *Last Testament: In His Own Words*, trad. personale da quella inglese di Jacob Phillips (New York: Bloomsbury, 2016), p. 202.

Nelle memorabili parole di Martin Mosebach: "La liturgia È la Chiesa: ogni Messa celebrata nello spirito tradizionale è incommensurabilmente più importante di qualsiasi parola di qualsiasi papa. È il fil rouge da tracciarsi attraverso le glorie e le miserie della storia della Chiesa; laddove continua ad essere celebrata, le varie fasi di governo papale arbitrario non saranno che note a piè di pagina nei libri di storia".[39] P. John Hunwicke da voce alla medesima sensibilità cattolica: "Le grandi tradizioni liturgiche apostoliche fanno parte del *datum* apostolico; il *Depositum fidei*; la *Tradizione che ci arriva dagli Apostoli*; tutti siedono accanto al Canone della Scrittura, ai Simboli della Fede e al Ministero. La *Lex orandi*, che ha un posto d'onore rispetto alla *Lex credendi*, è di pari grado – forse addirittura superiore – ai decreti dottrinali dei grandi Concili ecumenici e dogmatici. Sta ben al di là dei capricci, dei pregiudizi e delle antipatie personali di ogni singolo papa".[40]

Un tempo, il permesso ufficiale della Ecclesia Dei (o, ora, della quarta Sezione della CDF/DDF) poteva forse essere utile per rassicurare le coscienze più delicate ed evitare l'arbitrarietà (soprattutto quando si tratta di definire una linea per degli istituti con sacerdoti sparsi in tutto il mondo, per i quali sarebbe auspicabile una serena unanimità di approccio), ma chiedere e ottenere un permesso esplicito non è affatto necessario. Negli anni di *Summorum Pontificum*, sempre più chiese diocesane iniziavano a celebrare la vecchia Settimana Santa; le autorità lo sapevano, e non facevano nulla per fermarle. Una maniera tipicamente italiana per dire: "fate pure, basta che non facciate figure ridicole". Per noi stranieri, specie di mentalità anglosassone, non è sempre facile comprendere un approccio basato su un'approvazione tacita, non verbale; c'è chi preferirebbe una conferma scritta, precisa, in linguaggio giuridico. Dobbiamo però tenere a mente che per i funzionari vaticani è molto più difficile e pericoloso mettere qualcosa per iscritto, piuttosto che darlo a intendere con cenni d'intesa.

---

39 Martin Mosebach, *The Heresy of Formlessness: The Roman Liturgy and Its Enemy*, ed. riv. (Brooklyn, NY: Angelico Press, 2018), p. 188, trad. personale.
40 "Popes, Liturgy, and Authority (2): A Single (*unicus*) Form of the Roman Rite?" *Fr Hunwicke's Mutual Enrichment*, 28 marzo 2022.

Il Rito Romano di Ieri e di Domani

L'esempio che ho fatto prima, quello dell'Ordo per l'*usus antiquior* pubblicato dal Vaticano, illustra bene il metodo dei sacri palazzi: non troveremo mai un documento che dica espressamente "Si può usare il *Benedicamus Domino* o osservare l'ottava del Corpus Domini"; l'Ordo non fa altro che menzionare questi due elementi, in latino, senza altri commenti, così che se ne accorgano solo gli "intenditori" interessati.

È vero che, nel corso dei secoli, alcuni riti o rubriche sono promulgati dalla gerarchia, ma non è questo che conferisce legittimità ai riti e alle rubriche; la promulgazione non fa altro che riconoscere un determinato libro liturgico come l'edizione corretta o il modello per la sua categoria. Il mero fatto della promulgazione è condizione *necessaria* ma non *sufficiente* perché un libro liturgico possa dirsi accettato dalla Chiesa. Prima dell'invenzione della stampa e della centralizzazione del Messale Romano, il corrispettivo della promulgazione era semplicemente l'approvazione tacita; in altri termini, qualsiasi liturgia cattolica che fosse stata celebrata per lungo tempo senza alcuna eccezione da parte dell'autorità ecclesiastica poteva essere considerata "approvata" precisamente per il fatto di non essere stata condannata. Questo è l'atteggiamento che dobbiamo recuperare oggi. Non fu San Pio V a modellare il rito tridentino e a conferirgli autenticità; esso ne aveva già *di per sé*, prima ancora che quel Papa esistesse. Il messale del 1570 è, sotto tutti gli aspetti importanti, lo stesso messale della Curia Romana del 1474, che a sua volta trasmetteva il rito come ricevuto dai secoli precedenti, in una sequenza organica e continua. Al massimo, Pio V si assunse la responsabilità di precisare che una determinata *edizione* di un libro liturgico – un libro contenente testi e rubriche di un rito valido, legittimo e appropriato *in sé* – doveva essere, per ragioni prudenziali, quella usata all'altare. E in campo di decisioni prudenziali, tra l'altro, gli errori sono sempre possibili.[41]

---

41 Ad esempio, Pio V, forse per un eccesso di compensazione in un'epoca in cui i protestanti insistevano sull'importanza dei fondamenti biblici, soppresse le feste di San Gioacchino, di Sant'Anna e della Presentazione della Beata Vergine Maria perché derivate da fonti apocrife. Tutte e tre le feste furono rapidamente ripristinate dai successori di Pio V: Sant'Anna da

Male non fa, un papa, se decide di concedere un indulto, cioè un atto di legge positiva rivolto a individui o a gruppi, come nel caso degli indulti di Giovanni Paolo II (1984 e 1988) relativi all'uso dei libri liturgici del 1962, qualora quel papa abbia l'impressione di doverlo fare, o che facendolo aiuterà i beneficiari. Però, se ha ragione Benedetto XVI quando dichiara che non è necessario richiedere alcun permesso per il vecchio rito, perché non è mai stato abrogato e né mai si sarebbe potuto abrogare, allora logicamente gli indulti del 1984 e del 1988 non furono mai necessari. Inoltre, il "rito che non è mai stato abrogato" dovrebbe essere o il suo ultimo maneggiamento prima della sua sostituzione con il Novus Ordo – il che significherebbe tornare a quella lava semi-solidificata del 1967 – oppure, in ragione dell'instabilità del rito romano dal 1948 in poi, andrebbe piuttosto riferito allo *status quo ante*, ossia precedente al 1951/1955. Il permesso di celebrare il rito romano come era nel 1948, così, dovrebbe dirsi universale *non* in virtù di una legge positiva, ma della consuetudine, dell'uso *ab immemorabili*, della tradizione: proprio l'argomento in base al quale il *Summorum Pontificum* ha potuto affermare che l'*usus antiquior* non è mai stato abrogato. Questo, mi sembra, dev'essere il fondamento granitico della graduale restaurazione del Rito Romano tridentino, anche in quelle situazioni in cui un permesso esplicito non è stato né richiesto né ottenuto. Per dirla in altre parole, è piuttosto ridicolo immaginare che una Settimana Santa adottata per soltanto 14 anni circa (1955-1969) possa avere più diritto di cittadinanza o d'uso, maggiore forza vincolante o autorità canonica di una Settimana Santa celebrata per mille e più anni.

Sempre più fedeli e sacerdoti in tutto il mondo hanno ormai potuto godere del ricco splendore delle cerimonie della Settimana Santa ante 1955, ed è facile prevedere che quanti hanno sperimentato tutto ciò in prima persona mai vorranno tornare indietro. Quanti invece rimangono esitanti per scrupoli legati ai

---

Gregorio XIII nel 1584, la Presentazione da Sisto V nel 1585 e San Gioacchino da Gregorio XV nel 1622. Si può davvero credere che se un sacerdote avesse continuato a celebrare queste feste tra il 1570 e il 1584/1585/1622, sarebbe stato colpevole di alcun illecito? Si veda Gregory DiPippo, "Liturgical Notes on the Presentation of the Virgin Mary", *NLM*, 21 novembre 2021.

Il Rito Romano di Ieri e di Domani

"permessi" vaticani riflettano sulle tristi sorti della liturgia negli ultimi decenni: una pessima decisione dopo l'altra calate dall'alto, con gran danno per i fedeli, e spesso senza alcun riguardo per la tradizione ininterrotta (si pensi al sovvertimento degli ordini minori e del suddiaconato da parte di Paolo VI, al cedimento sulle chierichette da parte di Giovanni Paolo II, o alla facile concessione dei rescritti per la Comunione nella mano, estorta con la disobbedienza e tollerata nella vigliaccheria e nella tiepidezza della fede). Troppi gli esempi che potremmo citare in cui all'abuso si è permesso tutto, tutto si è proibito a ciò che è "sacro e grande".[42] L'ammissione di Benedetto XVI per cui l'*usus antiquior* non era mai stato abrogato, contrariamente al *modus operandi*, per decenni, di tutti i suoi oppositori, dovrebbe bastare a renderci altamente scettici nei confronti di quale che sia la linea "ufficiale".

Per un cattolico è semplicemente inconcepibile che una tradizione venerabile e immemorabile debba "giustificare" la sua esistenza, come davanti a un tribunale. Essa porta in sé la propria giustificazione, perché ci è stata donata dalla generosità della Divina Provvidenza, attraverso l'effusione dello Spirito Santo, ed è stata recepita e celebrata da innumerevoli cattolici per secoli o addirittura millenni. È vero, la gerarchia della Chiesa ha una certa responsabilità nel regolare questi aspetti, ma lo scopo della regolamentazione della liturgia è quello di garantire che essa ci giunga intatta nel suo splendore, non di strangolarla o di massacrarla. L'autorità è data per il bene comune, non per il bene privato di chi la esercita o per la promozione di strane filosofie. In breve: chi pensa che sia necessario un permesso esplicito per celebrare la Settimana Santa ante 1955 ancora non ha compreso i diritti intrinseci della tradizione immemorabile o i limiti dell'autorità papale e curiale.

L'argomento principale usato dai difensori di una rigorosa adesione ai libri liturgici del 1962 è quello per cui "dobbiamo fare

---

42 Si veda Peter M. J. Stravinskas, "Disobey and You'll Get Your Way", *Catholic World Report*, 26 gennaio 2022. Naturalmente non credo che né il permesso dato all'abuso né il divieto della tradizione abbiano alcun peso legale, tanto meno una forza moralmente vincolante.

quello che la Chiesa ci chiede di fare". Ma qui chi, o cosa è "la Chiesa"? In questo periodo di caos, non è più così evidente che "la Chiesa" si riferisca a un'autorità che promulga leggi per il bene comune del popolo di Dio. Almeno dal 1948 in poi, "la Chiesa" - in campo liturgico - significa l'azione di radicali che lottano per allentare i vincoli della tradizione, imponendo alla Chiesa la propria agenda improntata alla semplificazione, all'abbreviazione, alla modernizzazione e all'utilitarismo pastorale, e suggellando il tutto con l'approvazione papale: vale a dire, con un abuso del potere papale. Questi non sono giusti comandi a cui obbedire, ma aberrazioni che meritano di essere contrastate. Certo, la resistenza deve essere attuata con pazienza, intelligenza, in modo strutturato e corretto, ma nondimeno con la ferma intenzione di ripristinare, nel tempo, l'integrità e la pienezza del rito romano.

Inoltre, è semplicemente illogico aggrapparsi al messale del 1962 quando questo è soltanto un "fermo immagine" a caso nel mezzo di un *processo* di riforma liturgica di grossomodo venticinque anni, dal 1948 al 1975. Il rito del 1962, sebbene non sia teologicamente problematico come il Novus Ordo, *come liturgia* si rivela nondimeno carente. È assai più "piatto" del vero e integrale rito romano, specialmente per quel che riguarda il calendario e l'Ufficio divino: suffragi, preci, non-raddoppiamento delle antifone, ottave, commemorazioni, etc. La gran parte dei laici presta attenzione al solo *Ordo Missae*, ma sacerdoti e religiosi, e quei laici che vanno più al fondo della questione, sanno bene quanto il calendario influisca sull'esperienza quotidiana della liturgia. Ad esempio, i quattro giorni successivi al 1° gennaio sono le ottave delle *Comites Christi* e quindi la Vigilia dell'Epifania, oppure sono giorni a caso nel Tempo di Natale? Il 19 settembre 2020 era la festa di San Gennaro (*e basta*), oppure era il Sabato delle Tempora d'autunno, la festa di San Gennaro *e* la Vigilia (anticipata) di San Matteo (con Ultimo Vangelo proprio), etc. In breve, il messale del 1962 è un prodotto scadente, così come il breviario che lo accompagna; e sebbene entrambi siano di gran lunga migliori di ciò che è venuto dopo, non sono all'altezza della nostra eredità romana.

ARCHEOLOGISMO TRADÌ?

"Un secondo" - sento obiettare un immaginario interlocutore - "non state forse facendo la stessa cosa di cui rimproverate i vostri avversari, ossia riportarvi a forme precedenti disprezzando gli sviluppi successivi?" No, niente di quel che proponiamo si riduce a un "archeologismo tradì". È oggi ormai evidente che il Movimento Liturgico del secondo dopoguerra è andato disastrosamente fuori strada. Le modifiche ai libri liturgici iniziate da quel momento in poi furono motivate sulla base di teorie generali circa "ciò che è meglio per la Chiesa moderna", il che portò alle abbondanti contraddizioni e ambiguità di *Sacrosanctum Concilium*, al regno del terrore di Montini-Bugnini e al coronamento di ogni disgrazia: l'*Ordo Missae* del 1969 e gli altri riti coevi.

Il punto non è di tornare indietro all'infinito, ma di avere tra le nostre mani un messale che sia essenzialmente quello codificato da Trento e da Pio V, con quelle piccole aggiunte o emende che caratterizzano il lento progresso della liturgia attraverso i secoli. Dal 1570, per molti secoli è stato possibile prendere un vecchio messale, metterlo sull'altare e celebrarvi Messa. I cambiamenti erano così piccoli che il messale è rimasto praticamente lo stesso da *Quo Primum* al ventesimo secolo.[43] I santi vanno e vengono, ma persino il calendario è rimasto straordinariamente stabile. Dopo il regno di Pio XII, invece, è molto più difficile che un messale "vecchio" e uno "nuovo" (ossia uno pacelliano del 1955, uno roncalliano del 1962, uno montiniano del 1965/67) possano condividere il medesimo spazio ecclesiale; non sono intercambiabili l'uno con l'altro, nemmeno (e soprattutto) in alcuni dei più importanti momenti dell'anno liturgico. Questo già dimostra, sia pure a linee molto generali ma molto evidenti, che una rottura si è in effetti verificata; e, tutto ciò, *prima* del Novus Ordo del 1969.

---

43 Quello che si vede è un cambiamento più drastico nell'esplicitazione delle rubriche. Papa Clemente VIII riprese con forza in mano il Messale di Pio V con l'obiettivo di chiarire le rubriche. Qualsiasi edizione del Messale da Pio X in poi include un enorme insieme di rubriche inserite nella parte iniziale, che prima non c'erano. Tuttavia, resta indiscutibile il punto fondamentale per cui si potrebbe usare una qualsiasi edizione del Messale (il che varrebbe per la maggior parte delle feste e del ciclo temporale).

IL RITO ROMANO DI IERI E DI DOMANI

La condizione posta da Pio V per cui i riti più antichi di duecento anni alla data della *Quo Primum* dovevano continuare a essere utilizzati dopo la promulgazione del Messale tridentino ci offre un altro modo per capire come la nostra posizione sia sorretta dal buon senso. Un rito che ha *meno* di duecento anni dà l'idea di un'invenzione recente, ma un rito che esiste da due secoli o più ha acquistato il forte peso della consuetudine: qualcosa da non disturbare né sostituire. Questo, in effetti, è il nocciolo del problema della Messa di Paolo VI: ciò che voleva sostituire non era solo qualcosa di appena più vecchio di duecento anni, ma un rito con una storia bimillenaria in un continuo svolgimento che non mostra alcuna rottura epocale prima delle deformazioni del Movimento Liturgico, ma soltanto assimilazione, espansione e consolidamento. La regola di Pio V lascia inoltre intendere che qualcosa che ha *meno* di duecento anni difficilmente si potrà considerare "antico". Ad esempio, se alcune ottave e vigilie sono state abolite solo qualche decennio fa, e se la motivazione alla base di questo cambiamento merita di essere respinta, il loro recupero non potrà in alcun modo essere considerato un esempio di archeologismo. Si tratterà semplicemente di recuperare intelligentemente qualcosa che è andato perduto vuoi per caso fortuito, vuoi per un errore di trasmissione, vuoi per una politica sconsiderata; oppure di respingere, come si conviene, una innovazione. Del resto, come sottolinea Joseph Shaw, l'Antico Testamento ci offre esempi di restaurazione liturgica molto più drammatici di quanto lo sarebbe, per noi, il recupero dei riti pre-pacelliani.[44]

L'antiquarianismo, o archeologismo - spesso qualificato dall'aggettivo "falso" - è il tentativo di sorvolare gli sviluppi medievali e controriformistici per arrivare a una liturgia paleocristiana asseritamente "originale ed autentica". Non è corretto applicare questo termine all'accantonamento delle deformazioni moderniste, progressiste o utilitariste. Sarebbe ironico se un'iniziativa volta a *contrastare* il falso archeologismo venisse additata

---

[44] Joseph Shaw, ed., *The Case for Liturgical Restoration: Una Voce Studies on the Traditional Latin Mass* (Brooklyn, NY: Angelico Press, 2019), pp. 11-17.

come un esempio di tale fenomeno! Mettiamola così: il cattolico si è sempre contraddistinto per un intelligente antiquarianismo, nel senso che ha sempre avuto a cuore la salvaguardia della propria eredità storica, cercando di ripristinarla quando questa è stata saccheggiata o danneggiata. Tra i due fenomeni passa la differenza che c'è tra patriottismo e nazionalismo. È oltremodo ironico che ci siano molti più contenuti integri e risalenti al primo millennio nel rito tridentino che non nel rito moderno di Paolo VI.

La nostra situazione, nella Chiesa latina, è ormai di una chiarezza che non lascia spazio a dubbi: (1) il rito moderno di Paolo VI, ridicolmente dichiarato da Papa Francesco e Arthur Roche come "l'unica espressione della *lex orandi* del rito romano", si è imposto come una pseudo-tradizione fatta di vernacolarità, versus-populismo, informalità, banalità e orizzontalità, secondo la precisa quanto impietosa descrizione di William Riccio;[45] (2) la "Riforma della Riforma", sulla quale i conservatori speranzosi, durante il regno di Benedetto XVI, avevano scommesso fino all'ultimo centesimo, è definitivamente morta e sepolta; (3) la liturgia tradizionale latina, sebbene per nulla disponibile a tutti quelli che la desidererebbero, è saldamente radicata tra le giovani generazioni di tutti i continenti e in quasi tutti i Paesi, e non mostra alcun segno di cedimento. Molti sacerdoti tradizionalisti già preferiscono usare un messale risalente alla prima metà del XX secolo, e tra quelli che rimangono ligi al 1962 sono in molti che, almeno quando in compagnia di amici fidati, ammetteranno il fastidio che provano verso la Settimana Santa posticcia e il messale di Giovanni XXIII. Come ha detto C. S. Lewis: "Se hai sbagliato strada, andare avanti non ti porta più vicino alla meta. Se sei sulla strada sbagliata, progredire significa fare un'inversione a U e tornare sulla strada giusta. [...] Tornare indietro è la strada più veloce per andare avanti".[46]

---

45 Si veda "An Experience of Horror: 'My car broke down, and I went to the nearest Novus Ordo...'", *Rorate Caeli*, 5 agosto 2019.
46 C. S. Lewis, *Mere Christianity* (New York: HarperCollins, 2001), pp. 28-29, trad. personale.

IL RITO ROMANO DI IERI E DI DOMANI

IL RITORNO DALL'ESILIO

Si sente dire, a volte, che il vecchio rito è "congelato nel passato". Io non la vedo così. Nel "wild west" che è il mondo della Tradizione, specialmente di lingua anglofona, uno "sviluppo organico" *sta tutt'ora avvenendo*: solo che non va nella direzione dell'irraggiungibile utopia modernizzante sognata da Paolo VI, ma piuttosto verso il recupero, pezzo per pezzo, di quegli elementi nobili, distintivi e altamente espressivi propri della liturgia romana che sono stati scartati o metamorfizzati durante il ventesimo secolo. Se il più grande esempio di ciò rimane senz'altro il ritorno sempre più diffuso alla Settimana Santa ante 1955, si vede però qua e là il recupero di vigilie, ottave, collette multiple, letture contestuali delle parti del proprio e molte altre caratteristiche che furono soppresse per legge. Quando il clero e i fedeli provano queste antiche usanze, si rendono conto che esse *hanno pienamente senso*, e funzionano magnificamente. Dev'essere stato qualche strano attacco di follia che ha portato, a suo tempo, alla loro soppressione

Forse per la prima volta a partire dalla *Pastor Aeternus* del Concilio Vaticano I, e certamente per la prima volta dalla *Sacrosanctum Concilium* del Vaticano II, abbiamo il privilegio di vivere in un momento in cui è realmente possibile compiere i passi necessari per recuperare la nostra gloriosa eredità liturgica. *Dobbiamo* farlo noi, o non lo farà nessuno. L'atmosfera febbrile dell'attuale pontificato, inoltre, contribuisce enormemente a rendere più facile un riesame delle questioni liturgiche. Il Signore vuole farci vedere, in modo molto chiaro, che dobbiamo cercare principi e fondamenti più solidi della volontà autocratica di chiunque sia al momento seduto sul trono papale o dei centellinati permessi dei suoi mandarini curiali. Se il Papa non onorerà la tradizione, trasmettendola senza maneggiamenti e pasticci, noi, per parte nostra, siamo costretti dall'amore per i nostri predecessori nella fede e per il tesoro che da loro abbiamo ereditato, dalla nostra dignità di figli di Dio ed eredi del Suo regno, a difendere la tradizione cattolica, ad affermarla, a viverla e a trasmetterla, intatta. Per quanti di noi credono che il rito tridentino rappresenti, nel suo insieme come nelle sue parti, l'apice del Rito romano, un Messale riferibile al 1948, o la stessa *editio typica* del 1920 di Benedetto XV, offre oggi il terreno stabile di cui abbiamo bisogno.

Mi è capitato di sentire l'opinione, e sono incline a condividerla, che sia stato per una speciale misericordia della Divina Provvidenza che, dopo un certo momento, i riformatori postconciliari, nel loro smisurato orgoglio, abbiano semplicemente deciso di accantonare la vecchia tradizione liturgica, come messa in un sepolcro o in un congelatore, o come un santo scomodo ed esiliato in una provincia lontana, e di ricominciare più o meno da zero scrivendo su una tabula ormai rasa. Se avessero continuato a ritoccare i riti liturgici tridentini con aggiornamenti e revisioni a non finire ci saremmo ritrovati con un ibrido confuso di vecchio e nuovo – qualcosa di molto più incoerente e schizofrenico dei libri liturgici paolini, che manifestano un'estetica *Bauhaus* abbastanza coerente. I riformatori presero una strada più audace, una strada inconcepibile per un cattolico convinto, avviandosi così al fallimento totale; nel frattempo, la liturgia tradizionale è rimasta più o meno intatta, pronta ad essere riscoperta. "*O felix culpa* che ci ha conservato una così grande liturgia!" Certo, e l'abbiamo visto, alcuni gravi danni erano già stati fatti alla Settimana Santa, alle vigilie, alle ottave, ai paramenti e così via, ma nel quadro più ampio delle cose, questi passi falsi pacelliani sono di facile correzione. In questo momento, lo sviluppo organico del rito romano prende la forma dell'abbandono dell'iconoclastia di metà Novecento e del ripristino della bellezza del rito nella sua pienezza tridentina.

Con la saggezza del senno di poi, possiamo identificare lo spirito malvagio che si cela dietro ai cambiamenti dal 1948 alla vigilia del Concilio Vaticano II e oltre: lo spirito del razionalismo di Pistoia, dell'utilitarismo pastorale, del riduzionismo neoscolastico, del falso archeologismo e, soprattutto, del "presentismo", l'idea che tutto debba essere giudicato in base alle nozioni moderne e ad esse adattato. C'è stato *un qualche* cambiamento positivo, nel secondo dopoguerra? Sì: è il minimo aspettarsi che almeno qualche idea sia sulla strada giusta. La priorità data alle ferie quaresimali, con le loro antichissime Messe stazionali, è l'esempio di un buon passo nella giusta direzione.[47]

Nel 586 a.C., gli ebrei dei tempi antichi furono violentemente strappati al Tempio di Gerusalemme e al suo culto sacrificale, e condotti in esilio dove del loro culto divino tradizionale non avevano che il ricordo. Settant'anni dopo, nel 516 a.C., iniziarono a tornare nella terra dei loro padri - quelli che, ascoltando Esdra, anelavano al vero culto ed erano pronti a rifarsi una vita nell'antica terra. Nei nostri giorni - Deo gratias! - ci è data la medesima grazia: al termine di settant'anni di cattività liturgica, iniziata intorno al 1948 con la fatidica creazione della commissione piana per la riforma liturgica, non solo l'*usus antiquior* sta tornando nelle nostre chiese, ma vi tornano anche i più autentici riti dell'*usus antiquior*. Possiamo oggi dire col salmista: *Quis dabit ex Sion salutare Israel? Cum averterit Dominus captivitatem plebis suae, exsultabit Jacob, et laetabitur Israel.* "Chi darà da Sion la salvezza ad Israele? Quando il Signore farà tornare dalla schiavitù il suo popolo, esulterà Giacobbe, si rallegrerà Israele." (Sal 13,7).

---

47 Naturalmente il Rito romano commemora sempre i santi le cui feste non si celebrano a causa delle ferie quaresimali, dato che la tradizione non nutre alcun pregiudizio nei confronti delle orazioni multiple. Il decreto della CDF del 25 marzo 2020, *Cum Sanctissima*, prevede occasioni in cui le feste dei santi possono nuovamente avere la precedenza su alcune ferie quaresimali (ad esempio, San Tommaso d'Aquino il 7 marzo, San Gregorio Magno il 12 marzo e San Patrizio il 17 marzo). Si trattava di una leggera correzione a un privilegio forse eccessivo nei confronti di ogni singola feria. È ironico che questa normativa, che rispondeva a uno dei desiderata enunciati in *Summorum Pontificum*, sia stata di fatto ignorata da *Traditionis Custodes* meno di un anno e mezzo più tardi.

⟦ EPILOGO ⟧
Opposizioni

ὁ μὲν οὖν πιστός, ὡς χρή, καὶ ἐρρωμένος οὐδὲ δεῖται λόγου καὶ αἰτίας, ὑπὲρ ὧν ἂν ἐπιταχθῇ, ἀλλ'ἀρκεῖται τῇ παραδόσει μονῇ.

Ho men oun pistos, hōs chrē, kai errhōmenos oude deitai logou kai aitias, huper ōn an epitachthēi, all' arkeitai tēi paradosei monēi.

Colui che è più saldo nella fede - come è giusto - non ha bisogno di ragionamenti e motivazioni per ciò che gli è prescritto, ma gli basta la sola tradizione.
— San Giovanni Crisostomo

AL CULTO DELL'UOMO CHE SI È FATTO DIO, LA Chiesa oppone il culto del Dio fatto uomo.

All'assenza di Dio nel mondo, la Chiesa oppone la Sua Presenza Reale sull'altare.

Alla banalità e alla sterilità del male, la Chiesa oppone la meravigliosa Croce vivificante.

Ai meccanismi sacrificali del liberalismo, la Chiesa oppone l'unico Sacrificio liberatorio del Calvario.

All'impero del principe di questo mondo, la Chiesa oppone l'irruzione del regno dei cieli.

Ai lamenti e ai sogni umanistici inefficaci, la Chiesa oppone i suoi potenti Sacramenti di vita e di morte.

Alla vuota monotonia del materialismo, la Chiesa oppone l'adorazione e la vigilanza delle schiere degli angeli, ognuno della propria specie e con la propria voce di lode.

Al nichilismo autoreferenziale dei sensi, la Chiesa oppone gli unici esseri umani pienamente reali: i santi.

Al culto del libero arbitrio, la Chiesa oppone il servizio della carità.

All'ossessione per l'attività, la Chiesa oppone il potere imperscrutabile del riposo ai piedi di Cristo.

Alla comunicazione istantanea, la Chiesa oppone la comunione senza tempo.

Alla ricerca della novità e della rilevanza, la Chiesa oppone la sua perpetua novità e la sua essenziale rettitudine.

Alle asfissianti autolimitazioni dell'arte moderna, la Chiesa oppone la grandezza e la creatività delle arti nutrite nel suo grembo.

Al rumore del mondo moderno, la Chiesa oppone la quieta e sottile voce di Dio.

Alla cacofonia dei suoni amplificati, la Chiesa oppone il silenzio imperturbabile della sua preghiera.

Ai cliché snervanti della musica mondana, la Chiesa oppone la freschezza elevante del suo canto.

All'inondazione di parole vuote e di immagini mutevoli, la Chiesa oppone una sola Parola di densità infinita e un solo stabile insieme di segni.

Ai piaceri soffocanti della carne che finisce in vermi, la Chiesa oppone il volo della contemplazione e la gloria della resurrezione.

Alla noia mortale di una vita senza Dio, la Chiesa oppone il perdersi in Cristo e l'esser da Lui ritrovati.

All'idolatria del progresso e della modernizzazione insensata, la Chiesa oppone l'inesauribile fecondità della tradizione immemorabile.

Se mai dovesse esservi un corpo di persone che si facesse chiamare "la Chiesa" ma *non* si opponesse al mondo in tutti questi modi, sapremmo che questo non è e non può essere la Sposa immacolata di Cristo, che Gli è permanentemente unita, che Lo imita, che Gli è fedele; non è e non può essere il Corpo Mistico fondato e sostenuto da Gesù Cristo, suo Capo e Maestro. A sua volta, ciò può portarci a constatare che la Chiesa è più piccola, più dispersa, più un piccolo resto di quanto fossimo soliti pensare in precedenza.

E può anche portarci a constatare l'incrollabile centralità della vita religiosa tradizionale, in cui si concentrano e si cristallizzano, si incarnano e si esaltano tutte le caratteristiche della vera Chiesa.

⸤RINGRAZIAMENTI⸥

COME ACCENNATO NELLA PREFAZIONE, QUESTO libro ha vissuto una lunga gestazione. Che sia arrivato a uno stadio tale da poter essere serenamente affidato all'editore – a dispetto delle rimanenti imperfezioni, di cui sono fin troppo consapevole – è merito di innumerevoli amici che hanno liberamente dedicato il loro tempo a discutere del nostro comune amore per la storia e la teologia liturgica, alcuni dei quali hanno offerto commenti e correzioni al manoscritto, in toto o in parte. Meritano uno speciale ringraziamento in proposito Gregory DiPippo, Stan Metheny, Matthew Roth, P. Thomas Crean e un esperto rubricista che deve rimanere anonimo. Sono altresì grato a quanti mi hanno invitato a tenere conferenze poi diventate alcuni dei capitoli del presente volume: Stuart Chessman, Ronan Reilly, Alex Begin, Frank Bruno, p. Richard Cipolla, p. Gerald Saguto e il canonico William Avis, tra gli altri. Versioni precedenti di alcuni capitoli sono state pubblicate online su *Rorate Caeli* (capitoli 2, 3, 4, 5 e 8), *New Liturgical Movement* (capitolo 7 e parti dei capitoli 6, 10, 11 e 12), *The Remnant* (capitolo 9), *OnePeterFive* (parti dei capitoli 6 e 11), *LifeSiteNews* (parte del capitolo 11) e *Views from the Choir Loft* (parte del capitolo 10). La gran parte dei capitoli 1 e 12 è pubblicata qui per la prima volta.

{APPENDICE}
Papa Paolo VI sulla Riforma Liturgica

CONFUSIONE E FASTIDIO
Udienza Generale, 17 marzo 1965[1]

LA NOSTRA CONVERSAZIONE FAMILIARE, IN un'udienza come questa, non può non ritornare sul tema del giorno: l'applicazione della riforma liturgica alla celebrazione della santa Messa. Nostro desiderio sarebbe di chiedere a voi, se il carattere pubblico di questo incontro non lo impedisse, come facciamo in altri incontri a carattere privato, quali siano le vostre impressioni su questa grande novità. Essa merita che tutti vi facciano attenzione. Ebbene, Noi pensiamo che la vostra risposta alla Nostra domanda non sarebbe dissimile da quelle che Ci pervengono in questi giorni.

La riforma liturgica? Si possono ridurre a due categorie queste risposte. La prima categoria è quella delle risposte che notano una certa confusione, e perciò un certo fastidio: prima, dicono questi osservatori, si stava tranquilli, ciascuno poteva pregare come voleva, tutto era conosciuto circa lo svolgimento del rito; ora tutto è novità, sorpresa, cambiamento; perfino il suono del campanello al Sanctus è stato abolito; e poi quelle preghiere che non si sa dove andarle a trovare, quella comunione ricevuta stando in piedi; e la fine della Messa che termina in tronco con la benedizione; tutti che rispondono, molti che si muovono, riti e letture che si recitano ad alta voce...; insomma non c'è più pace e si capisce meno di prima; e così via.

Non faremo la critica di queste osservazioni, perché dovremmo mostrare come esse rivelano scarsa penetrazione del senso dei riti religiosi, e lasciano intravedere non già una vera devozione

---

[1] Si noti che poco prima (il 7 marzo 1965) furono introdotti un rito di concelebrazione e un rito per la comunione sotto le due specie.

e un vero senso del significato e del valore della santa Messa, ma piuttosto una certa indolenza spirituale, che non vuole spendere qualche sforzo personale d'intelligenza e di partecipazione per meglio comprendere e meglio compiere il più sacro degli atti religiosi, a cui siamo invitati, anzi obbligati ad associarci.

Ripeteremo ciò che in questi giorni da tutti i Sacerdoti pastori d'anime e da tutti i bravi maestri di religione si va ripetendo: primo, che si produca al principio qualche confusione e qualche fastidio è inevitabile; è nella natura d'una riforma pratica, oltre che spirituale, di abitudini religiose inveterate e piamente osservate, produrre un po' di sommovimento, non sempre a tutti piacevole; ma, secondo, una qualche spiegazione, una qualche preparazione, una qualche premurosa assistenza tolgono presto le incertezze e danno subito il senso ed il gusto d'un nuovo ordine. Perché, terzo, non si deve credere che dopo qualche tempo si ritornerà quieti e devoti o pigri, come prima; no, il nuovo ordine dovrà essere diverso, e dovrà impedire e scuotere la passività dei fedeli presenti alla santa Messa; prima bastava assistere, ora occorre partecipare; prima bastava la presenza, ora occorrono l'attenzione e l'azione; prima qualcuno poteva sonnecchiare e forse chiacchierare; ora no, deve ascoltare e pregare.

Speriamo che presto celebranti e fedeli possano avere i nuovi libri liturgici[2] e che questi rispecchino anche nella nuova forma, sia letterale che tipografica, la dignità di quelli precedenti.

L'assemblea diventa viva ed operante; intervenire vuol dire lasciare che l'anima entri in attività, di attenzione, di colloquio, di canto, di azione. L'armonia d'un atto comunitario, compiuto non solo col gesto esteriore, ma con il movimento interiore del sentimento di fede e di pietà, imprime al rito una forza e una bellezza particolari: esso diventa coro, diventa concerto, diventa

---

2 Si noti che Paolo VI usa l'espressione "nuovi libri liturgici" già nel 1965: molti, anche tra le alte sfere vaticane, ritenevano che le modifiche del 1965 fossero "la fine" della riforma liturgica, poiché queste avevano (più o meno) realizzato quanto si poteva dedurre da una lettura progressista della SC. A posteriori possiamo constatare che si trattò soltanto di una fase intermedia per strappare i fedeli alle buone consuetudini e destabilizzare la loro pietà in modo da consentire i passi più radicali già decisi da Bugnini e i suoi sodali prima del Concilio.

ritmo d'una immensa ala volante verso le altezze del mistero e del gaudio divino.

La seconda categoria dei commenti che a Noi giungono circa le prime celebrazioni della nuova Liturgia, è invece quella degli entusiasmi e delle lodi. Chi dice: finalmente si può capire e seguire la complicata e misteriosa cerimonia; finalmente ci si prende gusto; finalmente il Sacerdote parla ai fedeli, e si vede che agisce con loro e per loro. Abbiamo testimonianze commoventi, di gente del popolo, di ragazzi e di giovani, di critici e di osservatori, di persone pie e desiderose di fervore e di preghiera, di uomini di lunga e grave esperienza e di alta cultura. Sono testimonianze positive. Un vecchio e distintissimo signore, di grande animo, e di finissima, e perciò sempre insoddisfatta, spiritualità, si sentiva obbligato, al termine della prima celebrazione della nuova Liturgia, a presentarsi al celebrante per dirgli candidamente la sua felicità per aver finalmente partecipato, forse per la prima volta in vita sua, in pienezza spirituale al santo sacrificio.

Può darsi che questa ammirazione e questa specie di santa eccitazione si calmino e si distendano presto in una nuova tranquilla consuetudine. A che cosa non si abitua l'uomo? Ma è da credere che non verrà meno l'avvertenza della intensità religiosa che la nuova forma del rito reclama; e con essa la coscienza di dover compiere simultaneamente due atti spirituali: uno di vera e personale partecipazione al rito, con quanto di essenzialmente religioso ciò può comportare; l'altro di comunione con l'assemblea dei fedeli, con la «*ecclesia*»; atti che tendono il primo all'amor di Dio; all'amore del prossimo il secondo. Ecco il Vangelo della carità che va attuandosi nelle anime del nostro tempo: è veramente cosa bella, nuova, grande, piena di luce e di speranza.

Ma avete compreso, carissimi Figli e Figlie: questa novità liturgica, questa rinascita spirituale, non può avvenire senza la vostra volonterosa e seria partecipazione. Tanto Ci preme questa vostra corrispondenza che, come vedete, ne facciamo tema di questa Nostra parola; e nella fiducia che voi davvero le facciate buona accoglienza, Noi vi promettiamo tante e tante grazie del Signore, che appunto fin d'ora la Nostra Apostolica Benedizione vuole a ciascuno di voi assicurare.

IL RITO ROMANO DI IERI E DI DOMANI

LA MESSA È LA STESSA
Udienza Generale, 19 novembre 1969[3]

Diletti Figli e Figlie!

Vogliamo richiamare la vostra attenzione sull'avvenimento che sta per compiersi nella Chiesa cattolica latina, e che avrà la sua applicazione obbligatoria nelle Diocesi italiane a partire dalla prossima prima Domenica dell'Avvento, che cade quest'anno il 30 novembre; e cioè l'introduzione nella Liturgia del nuovo rito della Messa. La Messa sarà celebrata in una forma alquanto differente da quella che, da quattro secoli ad oggi, cioè da S. Pio V, dopo il Concilio di Trento, siamo soliti a celebrare.

Il cambiamento ha qualche cosa di sorprendente, di straordinario, essendo considerata la Messa come espressione tradizionale e intangibile del nostro culto religioso, dell'autenticità della nostra fede. Vien fatto di domandarci: come mai un tale cambiamento? E in che cosa consiste questo cambiamento? Quali conseguenze esso comporta per coloro che assisteranno alla santa Messa? Le risposte a queste domande, ed a simili provocate da così singolare novità, vi saranno date e ampiamente ripetute in tutte le chiese, su tutte le pubblicazioni d'indole religiosa, in tutte le scuole, dove s'insegna la dottrina cristiana. Noi vi esortiamo a farvi attenzione, procurando di precisare tosi e di approfondire qualche po' la stupenda e misteriosa nozione della Messa.

Ma intanto, per questo breve ed elementare discorso, cerchiamo di togliere dalle vostre menti le prime e spontanee difficoltà sollevate da un tale mutamento, in relazione alle tre domande, che subito esso ha fatto sorgere nei nostri spiriti.

Come mai tale cambiamento? Risposta: esso è dovuto ad una volontà espressa dal Concilio ecumenico, testé celebrato. Il Concilio dice così: «L'ordinamento rituale della Messa sia riveduto in modo che apparisca più chiaramente la natura specifica delle singole parti e la loro mutua connessione, e sia resa più facile la pia e attiva partecipazione dei fedeli.

Per questo, i riti, conservata fedelmente la loro sostanza, siano resi più semplici; si sopprimano quegli elementi che col passare

---

[3] Una traduzione inglese è apparsa su *L'Osservatore Romano*, edizione inglese, del 27 novembre 1969.

dei secoli furono duplicati, o meno utilmente aggiunti; alcuni elementi invece, che col tempo andarono perduti, siano ristabiliti, secondo la tradizione dei santi Padri, nella misura che sembrerà opportuna o necessaria» (*Sacrosanctum Concilium* 50).

La riforma perciò, che sta per essere divulgata, corrisponde ad un mandato autorevole della Chiesa; è un atto di obbedienza; è un fatto di coerenza della Chiesa con se stessa; è un passo in avanti della sua tradizione autentica; è una dimostrazione di fedeltà e di vitalità, alla quale tutti dobbiamo prontamente aderire.

Non è un arbitrio. Non è un esperimento caduco o facoltativo. Non è un'improvvisazione di qualche dilettante. È una legge pensata da cultori autorevoli della sacra Liturgia, a lungo discussa e studiata; faremo bene ad accoglierla con gioioso interesse e ad applicarla con puntuale ed unanime osservanza.

Questa riforma mette fine alle incertezze, alle discussioni, agli arbitri abusivi; e ci richiama a quella uniformità di riti e di sentimenti, ch'è propria della Chiesa cattolica, erede e continuatrice di quella prima comunità cristiana, ch'era tutta «un Cuor solo e un'anima sola» (Act. 4, 32). La coralità della preghiera nella Chiesa è uno dei segni e una delle forze della sua unità e della sua cattolicità. Il cambiamento, che sta per avvenire, non deve rompere, né turbare questa coralità: deve confermarla e farla risonare con spirito nuovo, con respiro giovane.

Altra domanda: in che cosa consiste il cambiamento?

Lo vedrete; consiste in tante nuove prescrizioni rituali, le quali esigeranno, da principio specialmente, qualche attenzione e qualche premura. La devozione personale ed il senso comunitario renderanno facile e gradevole l'osservanza di queste nuove prescrizioni. Ma sia ben chiaro: nulla è mutato nella sostanza della nostra Messa tradizionale. Qualcuno può forse lasciarsi impressionare da qualche cerimonia particolare, o da qualche rubrica annessa, come se ciò fosse o nascondesse un'alterazione, o una menomazione di verità per sempre acquisite e autorevolmente sancite della fede cattolica, quasi che l'equazione fra la legge della preghiera, «*lex orandi*», e la legge della fede, «*lex credendi*», ne risultasse compromessa.

IL RITO ROMANO DI IERI E DI DOMANI

Ma non è così. Assolutamente. Innanzi tutto perché il rito e la rubrica relativa non sono di per sé una definizione dogmatica, e sono suscettibili di una qualificazione teologica di valore diverso a seconda del contesto liturgico a cui si riferiscono; sono gesti e termini riferiti ad un'azione religiosa vissuta e vivente d'un mistero ineffabile di presenza divina, non sempre realizzata in forma univoca, azione che solo la critica teologica può analizzare ed esprimere in formule dottrinali logicamente soddisfacenti. E poi perché la Messa del nuovo ordinamento è e rimane, semmai con evidenza accresciuta in certi suoi aspetti, quella di sempre.

L'unità fra la Cena del Signore, il Sacrificio della croce, la rinnovazione rappresentativa dell'una e dell'altro nella Messa è inviolabilmente affermata e celebrata nel nuovo ordinamento, come nel precedente. La Messa è e rimane la memoria dell'ultima Cena di Cristo, nella quale il Signore, tramutando il pane ed il vino nel suo Corpo e nel suo Sangue, istituì il Sacrificio del nuovo Testamento, e volle che, mediante la virtù del suo Sacerdozio, conferita agli Apostoli, fosse rinnovato nella sua identità, solo offerto in modo diverso, in modo cioè incruento e sacramentale, in perenne memoria di Lui, fino al suo ultimo ritorno (cfr. De la Taille, *Mysterium Fidei*, Elucid. IX).

E se nel nuovo rito troverete collocata in migliore chiarezza la relazione fra la Liturgia della Parola e la Liturgia propriamente eucaristica, quasi questa risposta realizzatrice di quella (cfr. Bouyer), o se osserverete quanto sia reclamata alla celebrazione del sacrificio eucaristico l'assistenza dell'assemblea dei fedeli, i quali alla Messa sono e si sentono pienamente «Chiesa», ovvero vedrete illustrate altre meravigliose proprietà della nostra Messa, non crediate che ciò intenda alterarne la genuina e tradizionale essenza; sappiate piuttosto apprezzare come la Chiesa, mediante questo nuovo e diffuso linguaggio, desidera dare maggiore efficacia al suo messaggio liturgico, e voglia in maniera più diretta e pastorale avvicinarlo a ciascuno dei suoi figli ed a tutto l'insieme del Popolo di Dio.

E rispondiamo così alla terza domanda che ci siamo proposti: quali conseguenze produrrà l'innovazione, di cui stiamo ragionando? Le conseguenze previste, o meglio desiderate, sono quelle della più intelligente, più pratica, più goduta, più santificante partecipazione dei fedeli al mistero liturgico, cioè alla ascoltazione della Parola di Dio, viva e risonante nei secoli e nella storia delle nostre singole anime, e alla realtà mistica del sacrificio sacramentale e propiziatorio di Cristo.

Non diciamo dunque «nuova Messa», ma piuttosto «nuova epoca» della vita della Chiesa.

Con la Nostra Apostolica Benedizione.

CAMBIAMENTI NELLA MESSA PER UN MAGGIORE APOSTOLATO
Udienza Generale, 26 novembre 1969[4]

Diletti Figli e Figlie!

Ancora noi vogliamo invitare i Vostri animi a rivolgersi verso la novità liturgica del nuovo rito della Messa, il quale sarà instaurato nelle nostre celebrazioni del santo Sacrificio, a cominciare da domenica prossima, prima Domenica dell'Avvento, 30 novembre

Nuovo rito della Messa: è un cambiamento, che riguarda una venerabile tradizione secolare, e perciò tocca il nostro patrimonio religioso ereditario, che sembrava dover godere d'un'intangibile fissità, e dover portare sulle nostre labbra la preghiera dei nostri antenati e dei nostri Santi, e dare a noi il conforto di una fedeltà al nostro passato spirituale, che noi rendevamo attuale per trasmetterlo poi alle generazioni venture.

Comprendiamo meglio in questa contingenza il valore della tradizione storica e della comunione dei Santi. Tocca questo cambiamento lo svolgimento cerimoniale della Messa; e noi avvertiremo, forse con qualche molestia, che le cose all'altare non si svolgono più con quella identità di parole e di gesti, alla quale eravamo tanto abituati, quasi a non farvi più attenzione. Questo cambiamento tocca anche i fedeli, e vorrebbe interessare ciascuno dei presenti, distogliendoli così dalle loro consuete devozioni personali, o dal loro assopimento abituale.

---

[4] Una traduzione inglese è apparsa su *L'Osservatore Romano*, edizione inglese, del 4 dicembre 1969.

Ci dobbiamo preparare a questo molteplice disturbo, ch'è poi quello di tutte le novità, che si inseriscono nelle nostre abituali consuetudini. E potremo notare che le persone pie saranno quelle maggiormente disturbate, perché avendo un loro rispettabile modo di ascoltare la Messa si sentiranno distolte dai loro consueti pensieri e obbligate a seguirne degli altri. I sacerdoti stessi proveranno forse qualche molestia a tale riguardo.

Che cosa fare in questa speciale e storica occasione? Innanzi tutto: prepararci. Non è piccola cosa questa novità; non dobbiamo lasciarci sorprendere dall'aspetto, e forse dal fastidio, delle sue forme esteriori. È da persone intelligenti, è da fedeli coscienti informarsi bene circa la novità, di cui si tratta. Per merito di tante buone iniziative ecclesiali ed editoriali questo non è difficile. Come altra volta dicevamo, sarà bene che ci rendiamo conto dei motivi, per i quali è introdotta questa grave mutazione: l'obbedienza al Concilio, la quale ora diviene obbedienza ai Vescovi che ne interpretano e ne eseguiscono le prescrizioni; e questo primo motivo non è semplicemente canonico, cioè relativo ad un precetto esteriore; esso si collega al carisma dell'azione liturgica, cioè alla potestà e all'efficacia della preghiera ecclesiale, la quale ha nel Vescovo la sua voce più autorevole, e quindi nei Sacerdoti, che ne coadiuvano il ministero, e che come lui agiscono «*in persona Christi*» (cfr. S. Ignazio, *Ad Eph.* I, V): è la volontà di Cristo, è il soffio dello Spirito Santo, che chiama la Chiesa a questa mutazione. Dobbiamo ravvisarvi il momento profetico, che passa nel corpo mistico di Cristo, ch'è appunto la Chiesa, e che la scuote, la risveglia, e la obbliga a rinnovare l'arte misteriosa della sua preghiera, con un intento, che costituisce, com'è stato detto, l'altro motivo della riforma: associare in maniera più prossima ed efficace l'assemblea dei fedeli, essi pure rivestiti del «sacerdozio regale», cioè dell'abilitazione alla conversazione soprannaturale con Dio, al rito ufficiale sia della Parola di Dio, sia del Sacrificio eucaristico, donde risulta composta la Messa.

Qui, è chiaro, sarà avvertita la maggiore novità: quella della lingua. Non più il latino sarà il linguaggio principale della Messa, ma la lingua parlata. Per chi sa la bellezza, la potenza, la sacralità espressiva del latino, certamente la sostituzione della lingua volgare è un grande sacrificio: perdiamo la loquela dei secoli cristiani, diventiamo quasi intrusi e profani nel recinto letterario dell'espressione sacra, e così perderemo grande parte di quello stupendo e incomparabile fatto artistico e spirituale, ch'è il canto gregoriano.

Abbiamo, sì, ragione di rammaricarci, e quasi di smarrirci: che cosa sostituiremo a questa lingua angelica? È un sacrificio d'inestimabile prezzo. E per quale ragione? Che cosa vale di più di questi altissimi valori della nostra Chiesa?

La risposta pare banale e prosaica; ma è valida; perché umana, perché apostolica.

Vale di più l'intelligenza della preghiera, che non le vesti seriche e vetuste di cui essa s'è regalmente vestita; vale di più la partecipazione del popolo, di questo popolo moderno saturo di parola chiara, intelligibile, traducibile nella sua conversazione profana.

Se il divo latino tenesse da noi segregata l'infanzia, la gioventù, il mondo del lavoro e degli affari, se fosse un diaframma opaco, invece che un cristallo trasparente, noi, pescatori di anime, faremmo buon calcolo a conservargli l'esclusivo dominio della conversazione orante e religiosa? Che cosa diceva San Paolo? Si legga il capo XIV della prima lettera ai Corinti: «Nell'assemblea preferisco dire cinque parole secondo la mia intelligenza per istruire anche gli altri, che non diecimila in virtù del dono delle lingue» (19 ecc.).

E Sant'Agostino sembra commentare: «Purché tutti siano istruiti, non si abbia timore dei professori» (P. L. 38, 228, Serm. 37; cfr. anche Serm. 299, p. 1371). Ma del resto il nuovo rito della Messa stabilisce che i fedeli «sappiano cantare 'insieme, in lingua latina, almeno le parti dell'ordinario della Messa, e specialmente il simbolo della fede e la preghiera del Signore, il Padre nostro» (*Sacrosanctum Concilium* n. 19)

Ma ricordiamolo bene, a nostro monito e a nostro conforto: non per questo il latino nella nostra Chiesa scomparirà; esso rimarrà la nobile lingua degli atti ufficiali della Sede Apostolica; resterà come strumento scolastico degli studi ecclesiastici e come chiave d'accesso al patrimonio della nostra cultura religiosa, storica ed umanistica; e, se possibile, in rifiorente splendore.

IL RITO ROMANO DI IERI E DI DOMANI

E finalmente, a ben vedere, si vedrà che il disegno fondamentale della Messa rimane quello tradizionale, non solo nel suo significato teologico, ma altresì in quello spirituale; questo anzi, se il rito sarà eseguito come si deve, manifesterà una sua maggiore ricchezza, resa evidente dalla maggiore semplicità delle cerimonie, dalla varietà e dall'abbondanza dei testi scritturali, dall'azione combinata dei vari ministri, dai silenzi che scandiscono il rito in momenti diversamente profondi, e soprattutto dall'esigenza di due requisiti indispensabili: l'intima partecipazione d'ogni singolo assistente, e l'effusione degli animi nella carità comunitaria; requisiti che devono fare della Messa più che mai una scuola di profondità spirituale e una tranquilla ma impegnativa palestra di sociologia cristiana. Il rapporto dell'anima con Cristo e con i fratelli raggiunge la sua nuova e vitale intensità. Cristo, vittima e sacerdote, rinnova ed offre, mediante il ministero della Chiesa, il suo sacrificio redentore, nel rito simbolico della sua ultima cena, che lascia a noi, sotto le apparenze del pane e del vino, il suo corpo e il suo sangue, per nostro personale e spirituale alimento, e per la nostra fusione nell'unità del suo amore redentore e della sua vita immortale.

Ma resta ancora una difficoltà pratica, che l'eccellenza del sacro rito rende non poco importante. Ma come faremo a celebrare questo nuovo rito, quando non abbiamo ancora un messale completo, e quando ancora tante incertezze circondano la sua applicazione?

Ecco. gioverà, per terminare, che vi leggiamo alcune indicazioni, che Ci vengono dall'officina competente, cioè dalla Sacra Congregazione per il Culto Divino. E sono queste:

«Quanto all'obbligatorietà del rito: 1) Per il testo latino: i sacerdoti che celebrano in latino, in privato, o anche in pubblico per i casi previsti dalla legislazione, possono usare, fino al 28 novembre 1971, o il Messale romano o il rito nuovo. Se usano il Messale romano possono però servirsi delle tre nuove anafore e del Canone romano con gli accorgimenti previsti nel testo ultimo (omissione di alcuni Santi, delle conclusioni, ecc.). Possono inoltre dire in volgare le letture e la preghiera dei fedeli. Se usano il nuovo rito devono seguire il testo ufficiale con le concessioni in volgare sopra indicate.

2) Per il testo volgare. In Italia tutti coloro che celebrano col popolo, dal 30 novembre prossimo, devono usare il *"Rito della Messa"*, pubblicato dalla Conferenza Episcopale Italiana o da altra Conferenza nazionale. Le letture nei giorni festivi saranno prese: o dal Lezionario edito dal Centro Azione Liturgica; o dal Messale Romano festivo usato finora. Nei giorni feriali si continuerà ad usare il Lezionario feriale, pubblicato tre anni fa. Per chi celebra in privato non si pone alcun problema, perché deve celebrare in latino. Se, per particolare indulto, celebra in volgare: per i testi deve seguire quanto è stato detto sopra per la Messa col popolo; per il rito, invece, deve seguire l'apposito "Ordo", pubblicato dalla Conferenza Episcopale Italiana».

In ogni caso, e sempre, ricordiamo che «la Messa è un Mistero da vivere in una morte di Amore. La sua Realtà divina sorpassa ogni parola... È l'Azione per eccellenza, l'atto stesso della nostra Redenzione nel Memoriale, che la rende presente» (Zundel).

Con la Nostra Apostolica Benedizione.

Ho offerto un commento dettagliato dei testi sopra riportati nel capitolo 4. Sembra proprio che Paolo VI avvertisse spesso il bisogno di rivolgersi a quegli "incontentabili" che si lamentavano della marea di cambiamenti piovuti sulla liturgia romana nel decennio tra il 1964 e il 1974 circa. Papa Paolo parlava, curiosamente, come se un'entusiasta maggioranza di clero e laici si stesse precipitando ad abbracciare la nuova forma della Messa con zelo e partecipazione attiva, come felici cittadini di un Paradiso Comunista dei Lavoratori. Le prove, sia accademiche che aneddotiche, insieme al calo sempre più vertiginoso della frequenza domenicale durante tutti gli anni Sessanta e Settanta, suggeriscono che ad apprezzare le vibrazioni psichedeliche dei *Bugnini Boys* non fosse che una piccola minoranza.[5]

Le filippiche di Paolo VI, quindi, erano dirette non soltanto alla maggioranza dei suoi correligionari, il che già sarebbe stato

---

5   La hit dei Beach Boys "Good Vibrations" (Buone Vibrazioni) apparve nel 1966, l'anno a cavallo tra il Messale provvisorio del 1965 e la *Missa Normativa* del 1967.

empio a sufficienza; erano in realtà dirette anche contro secoli di pratica cattolica e tradizionale la quale, a dispetto di eventuali difetti o margini di miglioramento, aveva tenuto un gran numero di battezzati attaccati alla Chiesa e alla loro Fede con una serietà e un impegno raramente riscontrabili, e mai superati, nelle pratiche religiose diverse dal cattolicesimo.[6]

Vado ora a offrire ulteriori citazioni di Paolo VI che rivelano tutta l'ampiezza, o meglio la ristrettezza, del pensiero del pontefice circa il significato della *participatio actuosa* nonché a proposito del protervo atteggiamento di quanti si ostinatamente a opporsi alla gloriosa marcia del progresso.

DISCORSO ALL'ASSEMBLEA PLENARIA DELL'EPISCOPATO D'ITALIA, APRIL 14, 1964

[La riforma liturgica] ci offre modo di rieducare religiosamente il nostro popolo, di purificare e restaurare le sue espressioni di culto e di pietà, di ridare dignità, decoro, semplicità, buon gusto alle nostre cerimonie religiose: senza questo restauro interiore ed esteriore non è da sperare che la vita religiosa possa largamente sopravvivere nel mutato costume moderno. [Raccomandiamo di] promuovere il canto sacro, il canto religioso e corale del popolo. Ricordiamo: se i fedeli cantano, non disertano la Chiesa; se non disertano la Chiesa, conservano la fede e la vita cristiana.

UDIENZA GENERALE, 13 GENNAIO 1965

Con codesto sforzo di dare esatta e viva applicazione alla Costituzione conciliare sulla sacra Liturgia voi [laici] dimostrate di possedere quell'intelligenza dei tempi che Cristo raccomandava ai suoi primi discepoli (cfr. Matth. 16, 4), e che la Chiesa d'oggi va svegliando e riconoscendo nei Cattolici adulti; [...] Voi dimostrate di comprendere come la nuova pedagogia religiosa che il presente rinnovamento liturgico vuole instaurare. [...] Adesso la sua premura [i.e. della Chiesa] si allarga, modifica certi aspetti oggi inadeguati della disciplina rituale, e tende coraggiosamente, ma

---

6 Si veda il mio articolo "Could the Traditional Latin Mass Be Improved – And Should It Even Attempted?", *NLM*, 26 maggio 2015.

Papa Paolo VI sulla Riforma Liturgica

pensatamente ad approfondire il significato essenziale, la esigenza comunitaria ed il valore soprannaturale del culto ecclesiastico, mettendo in migliore evidenza, innanzi tutto, la funzione che vi esercita la Parola di Dio, sia quella della S. Scrittura, sia quella didattica e parenetica della catechesi e dell'omelia; e dando alla celebrazione sacramentale la sua limpida e insieme misteriosa centralità. Per comprendere questo progresso religioso e per goderne i frutti sperati dovremo tutti modificare la mentalità abituale formatasi circa la cerimonia sacra e la pratica religiosa, specialmente quando crediamo che la cerimonia sia una semplice esecuzione di riti esteriori e che la pratica non esiga altro che una passiva e distratta assistenza. Bisogna rendersi conto che una nuova pedagogia spirituale è nata col Concilio; è la sua grande novità; e noi non dobbiamo esitare a farci dapprima discepoli e poi sostenitori della scuola di preghiera, che sta per cominciare. Può darsi che le riforme tocchino abitudini care, e fors'anche rispettabili; può darsi che le riforme esigano qualche sforzo sulle prime non gradito; ma dobbiamo essere docili ed avere fiducia: il piano religioso e spirituale, che ci è aperto davanti dalla nuova Costituzione liturgica, è stupendo, per profondità e autenticità di dottrina, per razionalità di logica cristiana, per purezza e per ricchezza di elementi cultuali ed artistici, per rispondenza all'indole e ai bisogni dell'uomo moderno.

DISCORSO AI PARROCI E AI PREDICATORI QUARESIMALISTI DI ROMA, 1 MARZO 1965

Si tratta di mutare tante abitudini, che sotto molti aspetti sono pur rispettabili e care; si tratta di disturbare i fedeli pii e buoni per proporre loro forme nuove di preghiera, che subito non capiranno; si tratta di guadagnare ad un'espressione personale e collettiva di preghiera tantissima geme, che in chiesa prega e non prega come vuole; si tratta di incrementare una scuola più attiva di orazione e di culto in ogni assemblea di fedeli, d'introdurre cioè in essa aspetti, gesti, usi, formule, sentimenti nuovi; un attivismo, diremmo, religioso, ancora per molti inusitato; si tratta, in una parola, di associare il popolo di Dio alla azione liturgica sacerdotale. Ripetiamo: è cosa difficile e delicata; ma aggiungiamo: necessaria, doverosa. provvidenziale, rinnovatrice. E speriamo anche: consolatrice.

IL RITO ROMANO DI IERI E DI DOMANI

**OMELIA NELLA CHIESA PARROCCHIALE
DELL'IMMACOLATA IN ROMA, 27 MARZO 1966**

[Il Concilio] ha stabilito che i cristiani abbiano a capire ciò che dice il sacerdote[7] e a partecipare al sacro Rito; ad essere non dei semplici assistenti al Divin Sacrificio, ma anime vive. [. . .] Ecco l'altare disposto a dialogo con l'assistenza; ecco la rinuncia notevole al latino, scrigno pregevolissimo, custodia dei tesori della Chiesa. È stato aperto: e la lingua viva parlata entra ora nella preghiera dei fedeli. In tal modo le labbra, specie degli uomini, tanto spesso mute e come sigillate, si dischiudono, finalmente, e l'intera assemblea può interloquire, rispondere, a colloquio col sacerdote [. . .]. Non più, dunque, il triste fenomeno di saper di tutto, di conversare su ogni argomento umano, e rimanere silenziosi, indifferenti, nella Casa di Dio! Quanta sublimità nella recita corale durante la Messa del «Padre nostro che sei nei Cieli . . . »! In tal modo la Messa festiva non solo è obbligatoria, ma diventa piacevole; anzi, oltre che un dovere, si afferma quale diritto

Paolo VI sarà stato anche profetico riguardo alla contraccezione, ma non lo fu affatto in tema di liturgia, come dimostra il passaggio che segue.

UDIENZA GENERALE A CASTEL GANDOLFO, 13 AGOSTO 1969

[La] liturgia, per opera d'un intenso e lungo movimento religioso, coronato, anzi canonizzato dal recente Concilio, ha assunto incremento, dignità, accessibilità e partecipazione nella coscienza e nella vita spirituale del Popolo di Dio, e più Noi auspichiamo che ne assuma nel prossimo avvenire.

UDIENZA GENERALE A CASTEL GANDOLFO, 20 AGOSTO 1969

Un'altra categoria, arricchita di numero e di ansietà dopo le riforme liturgiche conciliari, è quella dei sospettosi, dei

---

7 Questa affermazione è, ovviamente, una palese menzogna di Paolo VI, dal momento che il Concilio non prese alcuna posizione in tal senso, e anzi ne assunse una diversa. Una bugia che Paolo VI ripeté in decine di occasioni e che uomini come Papa Francesco e l'arcivescovo Roche sono ben felici di perpetuare. Si veda "The Council Fathers in Support of Latin: Correcting a Narrative Bias", *NLM*, 13 settembre 2017. Si veda anche "Christ's Universal Dominion and the Modern Tower of Babel", in *The Road from Hyperpapalism to Catholicism: Rethinking the Papacy in a Time of Ecclesial Disintegration* (Waterloo, ON: Arouca Press, 2022), vol. 2, cap. 58.

critici, dei malcontenti. Disturbati nelle loro pie abitudini, questi spiriti non si rassegnano che a malincuore alle novità, non cercano di capirne le ragioni, non trovano felici le nuove espressioni del culto, e si rifugiano nel loro lamento, che toglie alle formule di prima il loro antico sapore e impedisce di gustare quello che la Chiesa, in questa primavera liturgica, offre alle anime aperte al senso e al linguaggio dei riti nuovi, collaudati dalla sapienza e dall'autorità della riforma post-conciliare. Uno sforzo non difficile di adesione e di comprensione darebbe l'esperienza della dignità, della semplicità, della moderna antichità delle nuove liturgie, e ne porterebbe la consolazione e la vivacità dalla celebrazione comunitaria nel santuario della singola personalità. La vita interiore porterebbe una superiore pienezza.

UDIENZA GENERALE, 22 APRILE 1970

Precisiamo subito: l'orazione comunitaria e liturgica sta riprendendo una sua diffusione, una sua partecipazione, una sua comprensione, che è certamente una benedizione per il nostro popolo e per il nostro tempo. Dobbiamo anzi portare avanti le prescrizioni della riforma liturgica in atto, le quali sono state volute dal Concilio, sono state studiate con sapiente e paziente cura dai migliori liturgisti della Chiesa e suggerite da ottimi esperti delle esigenze pastorali. Sarà la vita liturgica, bene curata, bene assorbita nelle coscienze e nelle abitudini del popolo cristiano quella che terrà vigile ed operante il senso religioso nel nostro tempo, così profano e così dissacrato, e che darà alla Chiesa una nuova primavera di vita religiosa e cristiana.

UDIENZA GENERALE, 3 NOVEMBRE 1971

La Chiesa orante, come si sa, ha avuto nel Concilio la sua magnifica esaltazione. Non lo possiamo dimenticare anche per il fatto stimolante della riforma liturgica. Questa riforma, per l'intenzione stessa che l'ha provocata, quella pastorale, di ravvivare l'orazione nel Popolo di Dio, un'orazione pura e partecipata, cioè interiore e personale, e al tempo stesso pubblica e comunitaria, merita grande considerazione anche al confronto delle condizioni spirituali del 'mando moderno. Non è un semplice fatto rituale, di sacrestia, o di erudizione arcaica e puramente liturgica; è un'affermazione religiosa piena di fede e di vita, è una scuola apologetica per tutti i ricercatori della verità vivificante, è una sfida spirituale in mezzo al mondo ateo, pagano, secolarizzato.

UDIENZA GENERALE, 6 AGOSTO 1975

Il Popolo dev'essere composto di fedeli, che sanno, che partecipano, che in certa misura concelebrano col Sacerdote, perché egli, *alter Christus*, è interprete di Dio presso il Popolo, e interprete del Popolo presso Dio. La liturgia è comunione di animi, di orazioni, di voci, di *agape*, cioè di carità. Non basta l'assistenza passiva alla sua celebrazione, occorre una partecipazione. Il Popolo deve considerare la celebrazione liturgica come una scuola, dove si ascolta e si impara; come un'azione sacra, promossa e guidata dal Sacerdote, alla quale anch'egli, moltitudine di cuori vivi e fedeli, concorre, rispondendo, offrendo, pregando e cantando. Oh! se il Concilio, se l'Anno Santo avranno favorito l'impegno di far partecipare e cantare liturgicamente il Popolo, avranno compiuto un'opera religiosa e comunitaria di grandissimo valore: chi canta, partecipa; chi partecipa non si annoia, ma gode; chi gode della preghiera si conserva, anzi si sviluppa come cristiano; e chi è cristiano si salva!

Dal nostro punto di vista privilegiato, a più di cinquant'anni di distanza, mentre guardiamo la riforma liturgica che implode su sé stessa o è lentamente abbandonata da un movimento tradizionalista sempre più forte, godiamo del vantaggio, duramente conquistato, di sapere quel che mai dev'esser fatto alla propria, preziosa eredità; accompagnato da un'incrollabile determinazione a continuare a riscoprire e promuovere tale eredità per il bene delle anime. Perché la grande ironia è che non è, né è mai stata, la "nuova" liturgia a fungere da "scuola apologetica per tutti i ricercatori della verità vivificante, è una sfida spirituale in mezzo al mondo ateo, pagano, secolarizzato". Vediamo invece, e sempre più, quanto questa descrizione ben si addica al rito romano classico, risorto come fenice dalle sue ceneri.

FONTI PER GLI EPIGRAFI

In apertura. Sal 10, 4 / Joseph Ratzinger, Prefazione a *Lo sviluppo organico della liturgia* di Dom Alcuin Reid, Trad. Valentina Poggi (Siena: Cantagalli, 2013), p. 7.

Capitolo 1. Dom Prosper Guéranger, *Institutions liturgiques*, vol. I, 2ª ed. (Parigi: Société générale de librairie catholique, 1878), cap. 1, pp. 4-5. Trad. personale / John Henry Newman, *Loss and Gain: The Story of a Convert* [1848] (Londra: Longmans, Green, and Co., 1906), Parte I, cap. 7, p. 44, Trad. personale. / H. J. A. [Henry] Sire, *Phoenix from the Ashes: The Making, Unmaking, and Restoration of Catholic Tradition* (Kettering, OH: Angelico Press, 2015), 226, Trad. personale.

Capitolo 2. Guéranger, *Institutions Liturgiques*, vol. I, cap. 1, p. 3, Trad. personale. / Herman Schmidt, "The Structure of Mass and Its Restoration, as Reflected in the New Holy Week Ordo", in *Studies in Pastoral Liturgy*, ed. Placid Murray (Maynooth: Furrow Trust, 1961), pp. 25-46, citato in Reid, *Lo sviluppo organico*, p. 346 / Rodolfo de Rivo, *De canonum observantia* (1397), 6, prop. VI, Trad. personale da quella inglese di Aelredus Rievallensis, pubblicato su *Canticum Salomonis*, 26 dicembre 2021.

Capitolo 3. Joseph Ratzinger, commento in *Simandron – Der Wachklopfer. Gedenkschrift für Klaus Gamber (1919-1989)*, ed. Wilhelm Nyssen (Colonia: Luthe-Verlag, 1989), pp. 13-15, citato in *Theologisches*, 20.2 (Feb. 1990), pp. 103-4, Trad. personale da quella dell'autore. / Sire, *Phoenix*, pp. 270-71; 274.

Capitolo 4. Intervista all'abbé Philippe Laguérie, "The Battle for the Mass Is Won", concessa ad Anne Le Pape per il quotidiano *Présent* il 18 gennaio 2022, Trad. personale da quella inglese di Jerome Stridon, pubblicata su *Rorate Caeli*, 22 gennaio 2022. / Nicolás Gómez Dávila, *Escolios a un Texto Implícito: Selección* (Bogotá: Villegas Editores, 2001), Aforsima n. 2220, p. 171, Trad. personale.

Capitolo 5. Joseph Ratzinger, lettera al prof. Wolfgang Waldstein, "Chiesa Viva" n° 140, 1984, p. 6, testo tedesco originale in "Zum motu proprio *Summorum Pontificum*", *Una Voce Korrespondenz* 38/3 (2008), pp. 201-14 / Sire, *Phoenix*, p. 451.

Capitolo 6. Roberto de Mattei, *Love for the Papacy and Filial Resistance to the Pope in the History of the Church* (Brooklyn, NY: Angelico Press, 2019), p. 84, in italiano in "Il Concilio Vaticano I e il sinodo del 2014", *Corrispondenza Romana*, 5 novembre 2014. / *Catechismo della Chiesa Cattolica*, nn. 1124 (*in parte*) e 1125 (*in toto*).

Capitolo 7. San Tommaso d'Aquino, *Summa theologiae* II-II, q. 93, a. 1; ibid., ad 3. / Sire, *Phoenix*, p. 205.

Capitolo 8. Nicholas Gihr, *Das Heilige Messopfer – Dogmatisch, liturgisch und aszetisch erklärt – Klerikern und Laien gewidmet* (Freiburg im Breisgau: Herder, 1922), p. 516, trad. personale. / Michael Moreton, citato in p. John Hunwicke, "A Pontifical Act Lacking *Auctoritas*", in *From Benedict's Peace to Francis's War: Catholics Respond to the Motu Proprio* Traditionis Custodes *on the Latin Mass*, ed. Peter Kwasniewski (Brooklyn, NY: Angelico Press, 2021), p. 31, Trad. personale. / Guéranger, *Institutions liturgiques*, cap. 14, p. 397; Trad. personale.

Capitolo 9. Martin Mosebach, *Subversive Catholicism: Papacy, Liturgy, Church*, Trad. personale da quella inglese di Sebastian Condon e Graham Harrison (Brooklyn: Angelico Press, 2019), pp. 66-67. / Roberto de Mattei, "Reflections on the Liturgical Reform", in *Looking Again at the Question of the Liturgy with Cardinal Ratzinger: Proceedings of the July 2001 Fontgombault Liturgical Conference*, ed. Alcuin Reid (Farnborough, UK: St. Michael's Abbey Press, 2003), p. 136, Trad. personale.

Capitolo 10. Dom Ansgar Vonier, *The Collected Works of Abbot Vonier* (Londra: Burns Oates, 1952), vol. 2, p. 82, Trad. personale. / Sire, *Phoenix*, p. 276.

Capitolo 11. Sap 3:11, 19; 4:3-5. / Giob 13:4-5, 7, 11-12. / Sal 72:18-20. / Sal 87:13.

Capitolo 12. Abbé Franck Quoëx, "Le Messe, notre trésor", Revue *Le Baptistère*, n. 1 (Marzo 2003), http://salve-regina.com/index.php?title=La_Messe,_notre_trésor; Trad. personale. / Nicolás Gómez Dávila, *Escolios*, Aforisma n. 1313, p. 106, Trad. personale.

⁅ FONTI DELL'OPERA D'ARTE ⁆

TUTTE LE IMMAGINI PRESENTI IN QUESTO LIBRO (compresa quella in copertina) sono di pubblico dominio, libere da copyright e messe a disposizione dal Rijksmuseum di Amsterdam. Le descrizioni di seguito incluse sono state gentilmente concesse dal museo. La pagina in cui compare l'opera è indicata nella colonna di sinistra.

iv	*Kerkinterieur met mis* [Interno di chiesa con messa], Johannes Bosboom, acquerello, 1827-1891
x	*Viering van Maria-Lichtmis, Witte Donderdag en Pasen in de rooms-katholieke kerk* [Celebrazione della Candelora, del Giovedì Santo e della Pasqua nella Chiesa cattolica romana], Bernard Picart (bottega di), stampa, Amsterdam, 1724
xii	*Titelpagina voor Breviarium Romanum* [Frontespizio del Breviario Romano], Theodoor Galle (forse), da Peter Paul Rubens, stampa, Anversa, 1614
xxxiii	*De vier kerkvaderen* [I quattro padri della Chiesa], Cornelis Bloemaert (II), da Abraham Bloemaert, stampa, Utrecht, 1629
243	*Mis van de Heilige Gregorius met verschijning van Christus* [Messa di San Gregorio con apparizione di Cristo], Mattheus Borrekens, da Abraham van Diepenbeeck, stampa, Anversa, 1625-1670
347	*De viering van de mis* [La celebrazione della Messa {recte: Divina Liturgia}], Jacques Callot, incisione, da Girolamo Muziano, Roma, 1608-1611
422	*Ignatius van Loyola heeft een visioen van de Drieëenheid* [Ignazio di Loyola ha una visione della Trinità], Hieronymus Wierix, stampa, Anversa, 1611-1615

⹋[BIBLIOGRAFIA CONSIGLIATA]⹌

QUESTA BIBLIOGRAFIA NON ELENCA TUTTE LE opere citate in questo libro. Il suo scopo è piuttosto quello di raccomandare i libri che l'autore ha trovato utili per delineare il contesto, illustrare o sviluppare ulteriormente gli argomenti trattati in queste pagine. Non c'è alcuna pretesa di esaustività, dato che per ogni categoria si potrebbero elencare ulteriori libri. I lettori che cercano bibliografie più ampie le troveranno in altre mie opere sulla liturgia e in *The Traditional Mass* di Michael Fiedrowicz. Le categorie sotto riportate, in una certa misura, si sovrappongono.

IL RITO ROMANO CLASSICO E LA MESSA TRIDENTINA

Hebdomada Sancta. The Rites and Ceremonies for Use by the Laity. Holy Week Pre-1955 Liturgy, Latin and English. N.p.: Roman Seraphic Books, 2021.

Beaubien, Richer-Marie. *Your Mass and Your Life.* Trad. ing. di Ella-Marie Cooper. Cinque volumi. Saint Marys, KS: Angelus Press, 2020.

Bellarmino, S. Roberto. *On the Most Holy Sacrifice of the Mass.* Trad. ing. di Ryan Grant. Post Falls, ID: Mediatrix Press, 2020.

Bergman, Lisa. *Treasure and Tradition: The Ultimate Guide to the Latin Mass.* Homer Glen, IL: St. Augustine Academy Press, 2014.

de Chivré, Bernard-Marie. *The Mass of Saint Pius V: Spiritual and Theological Commentaries.* Trad. ing. di Ann Marie Temple. Winona, MN: STAS Editions, 2007.

Dulac, Raymond. *In Defence of the Roman Mass.* Trad. ing. di Peadar Walsh. N.p.: Te Deum Press, 2020.

Fiedrowicz, Michael. *The Traditional Mass: History, Form, and Theology of the Classical Roman Rite.* Trad. ing di Rose Pfeifer. Brooklyn, NY: Angelico Press, 2020.

Gihr, Nicholas. *Das Heilige Messopfer – Dogmatisch, liturgisch und aszetisch erklärt – Klerikern und Laien gewidmet.* Freiburg im Breisgau: Herder, 1922.

Guéranger, Dom Prosper. *The Traditional Latin Mass Explained.* Trad. ing. di Dom Laurence Shepherd. Brooklyn, NY: Angelico Press, 2017.

Lefebvre, Msgr. Marcel. *The Mass of All Time*. Edited by Fr. Patrick Troadec. Trad. ing. a cura di Angelus Press. Kansas City, MO: Angelus Press, 2007.
Lefebvre, Dom Gaspar. *St. Andrew Daily Missal*. Great Falls, MT: St. Bonaventure Publications, 1999. [Questo messalino riproduce il calendario liturgico ante 1955 la Settimana Santa tradizionale.]
Leonardo di Porto Maurizio, San. *The Hidden Treasure: Holy Mass*. Charlotte, NC: TAN Books, 2012.
Ross Williamson, Hugh. *The Great Prayer: Concerning the Canon of the Mass*. Leominster: Gracewing, 2009.
Spataro, Roberto. *In Praise of the Tridentine Mass and of Latin, Language of the Church*. Trad. ing. di Zachary Thomas. Brooklyn, NY: Angelico Press, 2019.
von Cochem, Martin. *The Incredible Catholic Mass*. Pubblicato originariamente in inglese col titolo di *Cochem's Explanation of the Holy Sacrifice of the Mass*. Charlotte, NC: TAN Books, 2012.
Walsh, Milton. *In Memory of Me: A Meditation on the Roman Canon*. San Francisco: Ignatius Press, 2011.

STUDI COMPARATIVI O CRITICI

(Anon.) *The Problem of the Liturgical Reform: A Theological and Liturgical Study*. Kansas City, MO: Angelus Press, 2001.
Belleza, Jose Isidro. *"Lex Loquendi, Lex Orandi": On the Reform of the Roman Offertoria*. Berkeley, CA: T.S.O. Publishing, 2019.
Byrne, Carol. *Born of Revolution: A Misconceived Liturgical Movement*. Volume 1: "Active Participation." N.p.: Holyrood Press, 2020.
Casini, Tito. *The Torn Tunic. Letter of a Catholic on the "Liturgical Reform."* Pubblicato in inglese da Fidelity Books in 1967; ripr. Brooklyn, NY: Angelico Press, 2020.
Cekada, Anthony. *Work of Human Hands: A Theological Critique of the Mass of Paul VI*. West Chester, OH: Philothea Press, 2010.
Coomaraswamy, Rama P. *The Problems with the Other Sacraments Apart from the New Mass*. San Rafael, CA: Reviviscimus, 2010.
Davies, Michael. *Liturgical Time Bombs in Vatican II. The Destruction of Catholic Faith Through Changes in Catholic Worship*. Rockford, IL: TAN Books, 2003.
——. *Pope Paul's New Mass*. Kansas City, MO: Angelus Press, 2009.
Dobszay, László. *The Restoration and Organic Development of the Roman Rite*. A cura di Laurence Paul Hemming. London/New York: T&T Clark, 2010.
Farret d'Astiès, Cyril. *Un heureux anniversaire? Essai sur les cinquante ans du missel de Paul VI*. Paris: Presses des Déliverance, 2020.

Gamber, Klaus. *The Reform of the Roman Liturgy: Its Problems and Background.* Trad. ing. di Klaus D. Grimm. San Juan Capistrano, CA: Una Voce Press and Harrison, NY: The Foundation for Catholic Reform, 1993.
Goddard, Philip J. *Festa Paschalia: A History of the Holy Week Liturgy in the Roman Rite.* Leominster: Gracewing, 2011.
Graham, Daniel. *"Lex Orandi": Comparing the Traditional and Novus Ordo Rites of the Seven Sacraments.* N.p.: Preview Press, 2015.
Hazell, Matthew, ed. *Index Lectionum: A Comparative Table of Readings for the Ordinary and Extraordinary Forms of the Roman Rite.* N.p.: Lectionary Study Aids, 2016.
Kwasniewski, Peter A., ed. *From Benedict's Peace to Francis's War: Catholics Respond to the Motu Proprio* Traditionis Custodes *on the Latin Mass.* Brooklyn, NY: Angelico Press, 2021.
———. *Ministers of Christ: Recovering the Roles of Clergy and Laity in an Age of Confusion.* Manchester, NH: Crisis Publications, 2021. [Traduzione italiana: *Ministri di Cristo: Recuperare i ruoli di clero e laici in un'epoca di confusione.* Verona: Amicitia Liturgica, 2023.]
———. *Noble Beauty, Transcendent Holiness: Why the Modern Age Needs the Mass of Ages.* Kettering, OH: Angelico Press, 2017. [Traduzione italiana: *Nobile bellezza, sublime santità. Perché la modernità ha bisogno della Messa tradizionale.* Tradotto da Giovanni Maria Olivari. Verona: Fede & Cultura, 2021.]
———. *Resurgent in the Midst of Crisis: Sacred Liturgy, the Traditional Latin Mass, and Renewal in the Church.* Kettering, OH: Angelico Press, 2014. [Traduzione italiana: *Rinascita. La messa tradizionale come soluzione alla crisi della Chiesa.* Tradotto da Andrea de Meo Arbore. Verona: Fede & Cultura, 2022.]
———. *Reclaiming Our Roman Catholic Birthright: The Genius and Timeliness of the Traditional Latin Mass.* Brooklyn, NY: Angelico Press, 2020.
———. *Tradition and Sanity: Conversations and Dialogues of a Postconciliar Exile.* Brooklyn, NY: Angelico Press, 2018.
Lamont, John. "Is the Mass of Paul VI Licit?" *Dialogos Institute*, 20 marzo 2022. http://dialogos-institute.org/blog/wordpress/disputation-on-the-1970-missal-part-1-dr-john-lamont/.
Leone, Don Pietro. *The Destruction of the Roman Rite.* Fitzwilliam, NH: Loreto Publications, 2017.
Mole, John W. *Whither the Roman Rite?* Ottawa: Word of God Hour, 2000.
Mosebach, Martin. *The Heresy of Formlessness: The Roman Liturgy and Its Enemy.* Edizione riveduta e ampliata. Trad. ing. di Graham Harrison. Brooklyn, NY: Angelico Press, 2018.

———. *Subversive Catholicism: Papacy, Liturgy, Church*. Trad. ing. di Sebastian Condon and Graham Harrison. Brooklyn: Angelico Press, 2019.

Nichols, Aidan. *Looking at the Liturgy: A Critical View of Its Contemporary Form*. San Francisco: Ignatius Press, 1996.

Ottaviani, Card. Alfredo, Bacci, Card. Antonio, e un gruppo di teologi romani. *The Ottaviani Intervention: Short Critical Study of the New Order of Mass*. Trad. ing. di Anthony Cekada. West Chester, OH: Philothea Press, 2010.

Pristas, Lauren. *The Collects of the Roman Missals: A Comparative Study of the Sundays in Proper Seasons Before and After the Second Vatican Council*. London/New York: Bloomsbury T&T Clark, 2013.

Ross Williamson, Hugh. *The Great Betrayal: Thoughts on the Destruction of the Mass*. Waterloo, ON: Arouca Press, 2021.

Schneider, Athanasius. *The Catholic Mass: Steps to Restore the Centrality of God in the Liturgy*. Manchester, NH: Sophia Institute Press, 2022.

Shaw, Joseph, ed. *The Case for Liturgical Restoration*. Brooklyn, NY: Angelico Press, 2019.

Wetherell, John. *"Lex Orandi, Lex Credendi": An Examination of the Ethos of the Tridentine Mass and That of the Novus Ordo of Paul VI*. Cambridge: The Saint Joan Press, 2005.

VARI TEMI LITURGICI

Batiffol, Pierre. *History of the Roman Breviary*. Trad. ing. di Atwell M. Y. Baylay. London: Longmans, Green and Co., 1912; repr. N.p.: Forgotten Books, n.d.

Calvet, Dom Gérard. ["Un monaco benedettino"] *Discovering the Mass*. Trad. ing. di Jean Pierre Pilon. London: The Saint Austin Press, 1999.

———. *The Sacred Liturgy*. London: The Saint Austin Press, 1999.

Dix, Gregory. *The Shape of the Liturgy*. London/New York: Continuum, 2005.

Duffy, Eamon. *The Stripping of the Altars: Traditional Religion in England 1400–1580*. Seconda edizione. New Haven/London: Yale University Press, 2005.

Journet, Charles Cardinal. *The Mass, The Presence of the Sacrifice of the Cross*. Trad. ing. di Victor Szczurek, O.Praem. South Bend, IN: St. Augustine's Press, 2008.

Kwasniewski, Peter A. *Holy Bread of Eternal Life: Restoring Eucharistic Reverence in an Age of Impiety*. Manchester, NH: Sophia Institute Press, 2020.

——, ed. *John Henry Newman on Worship, Reverence, and Ritual: A Selection of Texts*. N.p.: Os Justi Press, 2019.
Lang, Uwe Michael. *Signs of the Holy One: Liturgy, Ritual, and Expression of the Sacred*. San Francisco: Ignatius Press, 2015.
——. *Turning Towards the Lord: Orientation in Liturgical Prayer*. San Francisco: Ignatius Press, 2004.
——. *The Voice of the Church at Prayer: Reflections on Liturgy and Language*. San Francisco: Ignatius Press, 2012.
Martin, Marie-Madeleine. *Immortal Latin*. Trad. ing. di Brian Welter. Waterloo, OH: Arouca Press, 2022.
Monti, James. *A Sense of the Sacred: Roman Catholic Worship in the Middle Ages*. San Francisco: Ignatius Press, 2012.
Parsch, Pius. *The Breviary Explained*. Trad. ing. di William Nayden and Carl Hoegerl. St. Louis: B. Herder Book Co., 1952; repr. N.p.: Os Justi Press, n.d.
Ratzinger, Cardinal Joseph. *The Spirit of the Liturgy*. Trad. ing. di John Saward. Edizione commemorativa con l'opera omonima di Romano Guardini. San Francisco: Ignatius Press, 2018.
——. *Theology of the Liturgy: The Sacramental Foundation of Christian Existence. Collected Works of Joseph Ratzinger*, volume 11. A cura di Michael J. Miller. San Francisco: Ignatius Press, 2014.
Reid, Alcuin, ed. *Liturgy in the Twenty-First Century: Contemporary Issues and Perspectives*. London/New York: Bloomsbury T&T Clark, 2016.
——, ed. *T&T Clark Companion to Liturgy*. London/New York: Bloomsbury T&T Clark, 2016.
Tück, Jan-Heiner. *A Gift of Presence: The Theology and Poetry of the Eucharist in Thomas Aquinas*. Trad. ing. di Scott G. Hefelfinger. Washington, DC: Catholic University of America Press, 2018.
von Hildebrand, Dietrich. *Liturgy and Personality*. Steubenville, OH: Hildebrand Project, 2016.

STORIA E BIOGRAFIE

Amerio, Romano. *Iota Unum: A Study of Changes in the Catholic Church in the XXth Century*. Trad. ing. di John P. Parsons. Kansas City: Sarto House, 1996.
Blanchard, Shaun. *The Synod of Pistoia and Vatican II: Jansenism and the Struggle for Catholic Reform*. New York: Oxford University Press, 2020.
Bolton, Charles A. *Church Reform in 18th-Century Italy (The Synod of Pistoia, 1786)*. The Hague: Martinus Nijhoff, 1969.

Bibliografia consigliata

Bullivant, Stephen. *Mass Exodus: Catholic Disaffiliation in Britain and America since Vatican II*. Oxford: Oxford University Press, 2019.

Chiron, Yves. *Annibale Bugnini, Reformer of the Liturgy*. Trad. ing. di John Pepino. Brooklyn, NY: Angelico Press, 2018.

———. *Paul VI: The Divided Pope*. Trad. ing. di James Walther. Brooklyn, NY: Angelico Press, 2022.

Davies, Michael. *Cranmer's Godly Order: The Destruction of Catholicism through Liturgical Change*. Fort Collins, CO: Roman Catholic Books, 1995.

———. *Modernism: Developed from a lecture delivered to Pro Ecclesia et Pontifice*. N.p.: Pro Ecclesia et Pontifice, n.d.

de Mattei, Roberto. *Love for the Papacy and Filial Resistance to the Pope in the History of the Church*. Brooklyn, NY: Angelico Press, 2019.

———. *Saint Pius V*. Trad. ing. di Giuseppe Pellegrino. Manchester, NH: Sophia Institute Press, 2021.

———. *The Second Vatican Council: An Unwritten Story*. Trad. ing. di Patrick T. Brannan, Michael J. Miller, and Kenneth D. Whitehead. Edited by Michael J. Miller. Fitzwilliam, NH: Loreto Publications, 2012.

Dwyer, Robert J. *Ecclesiastes: The Book of Archbishop Robert Dwyer. A Selection of His Writings*. A cura di Albert J. Steiss. Second edizione. Waterloo, ON: Arouca Press, 2021.

Fanous, Daniel. *A Silent Patriarch. Kyrillos VI (1902-1971): Life and Legacy*. Yonkers, NY: St. Vladimir's Seminary Press, 2019.

Gnocchi, Alessandro and Mario Palmaro. *The Last Mass of Padre Pio*. Trad. ing. di Marianna Gattozzi. Kansas City, MO: Angelus Press, 2019.

Graber, Bishop Rudolf. *Athanasius and the Church of Our Time*. Trad. ing. di Susan Johnson. Palmdale, CA: Omni Publications, n.d.

Hull, Geoffrey. *The Banished Heart: Origins of Heteropraxis in the Catholic Church*. London/New York: T&T Clark, 2010.

Meloni, Julia. *The St. Gallen Mafia: Exposing the Secret Reform Group within the Church*. Gastonia, NC: TAN Books, 2021.

Muggeridge, Anne Roche. *The Desolate City: Revolution in the Catholic Church*. Rivisto e ampliato. New York: HarperCollins, 1990.

Murr, Charles Theodore. *The Godmother: Madre Pascalina, A Feminine Tour de Force*. N.p.: Pubblicazione indipendente, 2017.

Murr, Charles Theodore. *Murder in the 33rd Degree: The Gagnon Investigation into Vatican Freemasonry*. N.p.: Pubblicazione indipendente, 2022.

Reid, Alcuin, ed. *A Bitter Trial: Evelyn Waugh and John Carmel Cardinal Heenan on the Liturgical Changes*. San Francisco: Ignatius Press, 2011.

———. *The Organic Development of the Liturgy. The Principles of Liturgical Reform and Their Relation to the Twentieth-Century Liturgical Movement Prior to the Second Vatican Council.* Seconda edizione. San Francisco: Ignatius Press, 2005.

Sire, H. J. A. [Henry]. *Phoenix from the Ashes: The Making, Unmaking, and Restoration of Catholic Tradition.* Kettering, OH: Angelico Press, 2015.

IL MOVIMENTO TRADIZIONALISTA

Eleven Surveys for the History: The Ancient Liturgy and the Motu Proprio Summorum Pontificum *as Seen by the Catholic Faithful of Nine Countries in the World.* Les Dossiers d'Oremus/Paix Liturgique. Croissy: Oremus, 2017.

Priest, Where Is Thy Mass? Mass, Where Is Thy Priest? Seventeen Priests Tell Why They Celebrate the Latin Mass. Second edition. Kansas City, MO: Angelus Press, 2004.

Chessman, Stuart. *Faith of Our Fathers: A Brief History of Catholic Traditionalism in the United States, from* Triumph *to* Traditionis Custodes. Brooklyn, NY: Angelico Press, 2022.

Dashiell, David, ed. *Ever Ancient, Ever New: Why Younger Generations Are Embracing Traditional Catholicism.* Gastonia, NC: TAN Books, 2022.

Houghton, Bryan. *Judith's Marriage.* Pubblicato originariamente da Credo House, 1987; repr. Brooklyn, NY: Angelico Press, 2020.

———. *Mitre and Crook.* Pubblicato originariamente da Arlington House Books, 1979; repr. Brooklyn, NY: Angelico Press, 2019.

———. *Unwanted Priest: The Autobiography of a Latin Mass Exile.* Brooklyn, NY: Angelico Press, 2022.

Kwasniewski, Peter A. *True Obedience in the Church: A Guide to Discernment in Challenging Times.* Manchester, NH: Sophia Institute Press, 2021. [Traduzione italiana: *La vera obbedienza nella Chiesa: Una guida al discernimento in tempi difficili.* Verona: Fede & Cultura, 2022.]

Larson, Anne M., ed. *Love in the Ruins: Modern Catholics in Search of the Ancient Faith.* Kansas City: Angelus Press, 2009.

Mohrmann, Christine. *Liturgical Latin: Its Origins and Character.* Washington, DC: Catholic University of America Press, 1957. [Ristampa disponibile presso Lulu.]

Normandin, Yves. *Pastor Out in the Cold. The Story of Fr. Normandin's Fight for the Latin Mass in Canada.* St. Marys, KS: Angelus Press, 2021.

Bibliografia consigliata

STUDI SULLA TRADIZIONE

Agius, George. *Tradition and the Church.* Rockford, IL: TAN Books, 2005.

Dekert, Tomasz. "Tradition, the Pope, and Liturgical Reform: A Problematization of Tradition in the Catholic Church and Catholic-Orthodox Rapprochement." *Nova et Vetera* (English ed.) 20.1 (2022): 101-31.

de Mattei, Roberto. *Apologia for Tradition. A Defense of Tradition Grounded in the Historical Context of the Faith.* Trad. ing. di Michael J. Miller. Kansas City, MO: Angelus Press, 2019.

Kwasniewski, Peter A. "The Pope's Boundedness to Tradition as a Legislative Limit." In Kwasniewski, ed., *From Benedict's Peace to Francis's War: Catholics Respond to the Motu Proprio* Traditionis Custodes *on the Latin Mass,* 222-47. Brooklyn, NY: Angelico Press, 2021.

McClay, Wilfred M. "The Claims of Memory." *First Things,* January 2022. Disponibile online.

Pieper, Josef. *Tradition as Challenge. Essays and Speeches.* Trad. ing. di Dan Farrelly. South Bend, IN: St. Augustine's Press, 2015.

———. *Tradition: Concept and Claim.* Trad. ing. di E. Christian Kopff. South Bend, IN: St. Augustine's Press, 2010.

Ripperger, Chad. *Topics on Tradition.* N.p.: Sensus Traditionis Press, 2013.

Stanley, Tim. *Whatever Happened to Tradition? History, Belonging, and the Future of the West.* New York: Bloomsbury Continuum, 2021.

VARIE

Calderón, Álvaro. *Prometheus: The Religion of Man. An Essay on the Hermeneutics of the Second Vatican Council.* Trad. ing. di Inés de Erausquin. Saint Marys, MS: Angelus Press, 2021.

da Silveira, Arnaldo Vidigal Xavier. *Can Documents of the Magisterium of the Church Contain Errors? Can the Catholic Faithful Resist Them?* Trad. ing. di John R. Spann and José Aloisio A. Schelini. Spring Grove, PA: The American Society for the Defense of Tradition, Family and Property, 2015.

———. *Can a Pope Be . . . a Heretic? The Theological Hypothesis of a Heretical Pope.* Trad. ing. di John Spann. Porto: Caminhos Romanos, 2018.

Kwasniewski, Peter A., ed. *Are Canonizations Infallible? Revisiting a Disputed Question.* Waterloo, ON: Arouca Press, 2021.

———. *The Road from Hyperpapalism to Catholicism: Rethinking the Papacy in a Time of Ecclesial Disintegration.* 2 volumes. Waterloo, ON: Arouca Press, 2022.

Lamont, John R. T. and Claudio Pierantoni, eds. *Defending the Faith against Present Heresies.* Waterloo, ON: Arouca Press, 2020.

Martin, Malachi. *Windswept House: A Vatican Novel.* New York: Doubleday, 1996.

Schneider, Athanasius, and Diane Montagna. *Christus Vincit. Christ's Triumph Over the Darkness of the Age.* Brooklyn, NY: Angelico Press, 2019.

[INFORMAZIONI SULL'AUTORE]

PETER A. KWASNIEWSKI ha conseguito un Bachelor of Arts in Arti Liberali presso il Thomas Aquinas College e un Master of Arts e un PhD in Filosofia presso la Catholic University of America, con una specializzazione nel pensiero di San Tommaso d'Aquino. Dopo aver insegnato all'Istituto Teologico Internazionale in Austria, si è unito al team fondatore del Wyoming Catholic College, dove ha insegnato teologia, filosofia, musica e storia dell'arte e diretto il coro e la schola fino al 2018. Oggi è scrittore e oratore a tempo pieno, con articoli per siti web e periodici come *New Liturgical Movement*, *OnePeterFive*, *Rorate Caeli*, *The Remnant*, *Catholic Family News* e il *Latin Mass Magazine*. Il dott. Kwasniewski è autore pubblicato ampiamente in ambito accademico e divulgativo sui temi della teologia sacramentale e liturgica, della storia e dell'estetica della musica, della dottrina sociale cattolica, delle questioni che riguardano la Chiesa contemporanea e della storia ed estetica della musica; è inoltre compositore di musica sacra i cui pezzi per coro sono stati eseguiti in diversi paesi in tutto il mondo. Autore di oltre venti libri, le sue opere sono state tradotte in almeno altrettante lingue. È direttore di una casa editrice, la Os Justi Press.

Potete visitare i sui siti ai seguenti indirizzi:

www.peterkwasniewski.com
www.CantaboDomino.com
www.osjustipress.com
www.soundcloud.com/drkwasniewski
www.facebook.com/ProfKwasniewski
www.youtube.com/@DrKwasniewski

ALTRI LIBRI DI
PETER KWASNIEWSKI
IN TRADUZIONE ITALIANA

Nobile bellezza, sublime santità. Perché la modernità ha bisogno della Messa tradizionale (Fede & Cultura)

Rinascita. La messa tradizionale come soluzione alla crisi della Chiesa (Fede & Cultura)

La vera obbedienza nella Chiesa: Una guida al discernimento in tempi difficili (Fede & Cultura)

Ministri di Cristo: Recuperare i ruoli di clero e laici in un'epoca di confusione (Amicitia Liturgica)

Rivendicare la nostra primogenitura cattolico-romana (Amicitia Liturgica)

www.ingramcontent.com/pod-product-compliance
Lightning Source LLC
Chambersburg PA
CBHW032003060526
44107CB00158B/1371/J